한국민주화운동사 **2**

유신체제기

민주화운동기념사업회 연구소 엮음

돌베개

한국민주화운동사 2
─ 유신체제기

민주화운동기념사업회 연구소 엮음

2009년 12월 28일 초판 1쇄 발행
2025년 1월 15일 초판 5쇄 발행

펴낸이 한철희 | 펴낸곳 주식회사 돌베개 | 등록 1979년 8월 25일 제406-2003-000018호
주소 (10881) 경기도 파주시 회동길 77-20 (문발동)
전화 (031) 955-5020 | 팩스 (031) 955-5050
홈페이지 www.dolbegae.co.kr | 전자우편 book@dolbegae.co.kr

책임편집 김희진 | 편집 오경철·이경아·김형렬·조성웅·신귀영
표지디자인 박대성 | 본문디자인 박정영·이은정 | 마케팅 심찬식·고운성
제작·관리 윤국중·이수민 | 인쇄·제본 영신사·경일제책

ISBN 978-89-7199-323-1 (세트)
ISBN 978-89-7199-369-9 (93910)

책값은 뒤표지에 있습니다.

이 도서의 국립중앙도서관 출판시도서목록(CIP)은 e-CIP 홈페이지
(http://www.nl.go.kr/ecip)에서 이용하실 수 있습니다.(CIP제어번호: CIP2009004027)

한국민주화운동사 **2**

발간사

분단과 전쟁, 그리고 독재. 해방 이후 한국 사회는 온갖 격변의 소용돌이가 휘몰아쳤던 혼돈과 모색의 시기를 거쳤다. 이 같은 시기에 정치, 경제, 사회 등 각 분야에서 세계적으로 주목할 만한 성과를 이룩할 수 있었던 것은 반세기에 걸쳐 치열한 투쟁을 전개해온 민주화운동이 있었기 때문이다. 한국민주화운동의 역사는 혼돈의 한가운데서 끊임없이 도전하고 극복하면서 새로운 역사를 만들어온 치열한 모색의 과정이었으며, 거의 반세기에 걸쳐 수백 명이 독재정권에 의해 희생당하고 수백, 수천만 명이 참여했던, 국민의 피와 땀으로 이루어낸 거대한 드라마였다.

그러나 한국 사회에서는 여전히 과거를 어떻게 기억하고 표상화할 것인가를 둘러싼 논쟁이 진행되고 있다. 분단체제하에서 국가권력은 과거사를 자신들의 정치적 목적에 맞게 정의하였다. 따라서 민주화운동 역사를 올바로 정립하는 것은 국가에 의해 왜곡된 기억에 대한 도전이며 현재진행형인 민주화운동으로서 기억투쟁의 의의를 갖는다.

민주화운동 역사를 정리하고 기록하는 것은 무엇보다 민주화운동을 경험하지 못한 새로운 세대를 향한 것이며, 또 동시대인이면서도 민주화운동의 밖에 있던 이들을 향한 것이기도 하다. 정당한 기억의 공동체를 확산해가는 것은 곧, 민주주의의 가치를 공유한 공동체가 확대되는 길이기 때문이다. 아울러 민주화운동의 역사 정리는 밖을 향해서만이 아니라 민주화운동에 직간접으로 참여했던 안에 있는 이들을 향한 것이기도 하다. 이는 민주화운동 참여자의 자기학습 과정인 동시에 내적 성찰의 근거를 마련하는 것이기 때문이다.

이러한 문제의식에서 민주화운동기념사업회 연구소는『한국민주화운동사』개설서를 발간하기로 결정하고, 2007년부터 발간작업에 착수하였다. 한국민주화운동에 대해서는 많은 연구들이 진행되었으며, 그 연구성과 또한 상당 정도 축적되어 있다. 그럼에도『한국민주화운동사』를 발간하는 것은 분산되어 있는 한국의 민주화운동에 대한 연구성과들을 종합하고, 이를 통해 민주화운동사를 체계적이고 종합적으로 정리해보고자 하는 목적에서이다.

『한국민주화운동사』는 총 3권으로 구성되어 있다. 제1권은 한국전쟁 시기로부터 유신 이전의 제3공화국 시기까지 전개되었던 민주화운동을 다루었고, 제2권은 유신체제 시기의 민주화운동을 다룬다. 2010년에 간행될 제3권은 유신정권 붕괴 이후부터 6월민주항쟁을 거쳐 문민정부 수립 이전, 즉 1992년까지 전개된 민주화운동을 다룰 예정이다.

이번에 발간하는『한국민주화운동사』제2권은 3부로 나누어 서술하였다. 1부에서는 유신체제 전기, 즉 1972년 유신헌법 선포로부터 1975년 긴급조치 9호 선포 이전까지의 시기에 전개된 민주화운동을, 2부에서는 유신체제 후기, 즉 1975년 긴급조치 9호 선포 이후부터 1979년 10·26정변, 즉 박정희 대통령이 사망하기까지의 시기에 전개된 민주화운동을, 3부에서는 각 부문에서 전개된 민주화운동을 서술하였다. 좀더 구체적으로 살펴보면 다음과 같다.

1부 1장에서는 유신체제의 성립과 그 구조적 성격을 다루었다. 주요 내용은 유신체제 성립의 배경, 유신헌법의 성격, 유신체제하에서 시도된 사회적 동원체제(새마을운동과 사회문화적 통제시스템) 등이다. 2장은 유신 전기에 전개된 민주화운동을 1972～1973년의 시기와 1974～1975년의 시기로 나누어 서술하였다.

2부 1장에서는 긴급조치 9호의 출현 배경과 성격을 분석하고, 민방위 훈련, 주민등록제도, 반상회와 같은 사회적 통제 및 동원 기제, 새마을운동과 새마을교육, 충효교육과 같은 이데올로기적 동원기제를 다루었다. 2장에서는 긴급조치 9호하에서 전개된 반독재민주화투쟁을 종합적으로 개관하였다. 3장에서는 유신체제의 붕괴를 초래한 부마항쟁에 대해 서술하였다.

3부에서는 유신체제하에서 전개된 다양한 반독재민주화투쟁에 대한 각론적 분석을 시도하였다. 1장에서는 종교계에서 전개된 민주화운동, 2장에서는 언론·출판계에서 전개된 민주화운동, 3장에서는 지식인·문화계에서 전개된 민주화운동, 4장에서는 인권운동, 5장에서는 노동운동, 농민운동, 도시빈민운동 등을 다루었다.

『한국민주화운동사』 제2권을 간행하기까지 많은 분들이 협조와 수고를 아끼지 않았다. 우선 조희연(총론), 홍석률(제1부 제1장), 이기훈(제1부 제2장), 전재호(제2부 제1장), 허은(제2부 제2장), 유영국(제2부 제3장), 강인철(제3부 제1장), 김서중(제3부 제2장), 황병주(제3부 제3·4장), 김원(제3부 제5장 제1절), 이호룡(제3부 제5장 제2절), 조배원(제3부 제5장 제3절) 등이 필자로서 참여했다. 또 유영국, 전재호, 정용욱, 홍석률, 정해구, 이호룡 등이 편찬위원으로 참여했고, 오창헌, 서중석, 김영수, 정용욱, 차성환, 이수인, 이용성, 박인배, 윤수경, 이원보, 권영근, 김수현 등이 감수를 맡아주었고, 최종적으로 이호룡이 교열감수를 맡았다. 물론 각 장·절의 집필은 필자들이 맡았지만 그 과정에서 여러 번에 걸친 토론과 수정이 있었다. 그런 점에서 이 책은 공동작업의 결과라 할 수도 있다. 쉽지 않은 과정이었음에도 불구하고 『한국민주화운동사』 제2권 간행에 참여해주신 분들과, 이 책의 출판을 맡아준 도서출판 돌베개에도 감사의 마음을 전한다.

"만일 한 사람이 꿈을 꾸면 한 사람의 꿈으로 남을 뿐이지만, 모든 사람이 같은 꿈을 꾸면 그것은 현실이 된다." 브라질의 운동가였던 카마라 대주교의 말이다. 아직 충분치 않지만 민주주의를 향한 꿈을 현실로 만들어낸 모든 분들께 이 조그마한 성과를 바치고자 한다.

2009년 12월
민주화운동기념사업회 이사장 함세웅

차례

제1부 유신체제의 성립과 유신 전기 반독재민주화투쟁의 전개

제1장 유신체제의 성립과 억압구조

제2장 유신 전기 반독재민주화투쟁의 전개

제2부 긴급조치 9호와 유신 후기 반독재민주화투쟁

제1장 긴급조치 9호의 지배구조와 이데올로기

제2장 긴급조치 9호 시기 반독재민주화투쟁

제3장 부마항쟁과 유신체제의 붕괴

제3부 각 부문에서의 민주화운동

표 차례

사진 출처

* 이 책에 실린 사진들은 모두 민주화운동기념사업회 소장 자료입니다.

제2부 4월혁명 직후의 민주화운동

제3부 박정희 정권과 유신 이전의 민주화운동

총론

유신체제하 반독재민주화투쟁의 전개와 그 성격

유신체제의 배경과 성격

유신체제는 1972년 유신헌법 선포로부터 박정희 대통령이 사망하는 1979
년까지 시기의 정치체제를 가리킨다. 이 시기는 한국현대사 속에서 민주
주의가 철저히 말살된 '한국 민주주의의 최대 암흑기'였다. 박정희는 1972
년 유신헌법을 선포하여 대통령직선제를 폐지하고 간선제로 전환하였으
며, 유신정우회維新政友會를 신설하여 대통령이 국회의원의 3분의 1을 임
명케 함으로써 의회를 대통령 통제하에 두도록 하였다. 나아가 국민에 대
한 각종 감시와 통제 기제를 제도적으로 강화하였다. 국가기구 내에서 공
안통치기구가 막강한 힘을 행사하였다. 이 체제는 선거민주주의적 방식으
로는 유지가 불가능할 정도로 정치적 위기가 심화되는 상황에 대응하여
대단히 높은 수준의 폭압과 감시를 동원할 수밖에 없었다.

유신체제는 이미 1960년대 박정희 정권의 위기로부터 잉태되고 있었
다. 1961년 쿠데타를 통해 집권한 박정희는 1963년 '민정이양'을 위한 선
거에서 대통령으로 당선된 이후 1967년 선거에서 재선에 성공하였다. 그

러나 1969년 박정희 정권은 연임만이 허용되었던 당시 헌법을 개정하는 작업에 착수하였다. 소위 '3선개헌'이었다. 이는 장기집권에 대한 우려를 낳았고, 전 국민적 반대투쟁을 촉발하였다. 3선개헌반대투쟁이 1960년대 말 1970년대 초의 다른 정치사회적 저항과 맞물리면서 박정희 정권은 심대한 정치적 위기를 맞이하였다.

정치적 위기는 1960년대 말 이후의 경제적 위기와 중첩되면서 전반적인 체제위기로 전화되고 있었다. 주지하다시피 1960년대는 수출지향적이고 노동집약적인 산업화의 시동기였다. 박정희 정권은 정부 차원에서 강력한 수출드라이브 정책을 실시하였고, 내부의 경제적 자원과 외국차관을 수출 증진과 성장 촉진에 집중적으로 투여하였다. 이 과정에서 많은 수출지향 기업들이 출현하였고, 이들은 1960년대 후반부터 일정한 수출 성과를 드러내기 시작하였다. 그러나 이러한 노동집약적 산업화는 1970년대 초부터 병목지점에 도달하게 되었고, 이들 수출지향 기업들—이들의 다수는 차관기업이기도 하였는데—중 많은 수가 부도 위기에 몰리면서 한국 경제에는 전반적 위기가 조성되고 있었다. 이를 극복하기 위하여 박정희 정권은 기업들의 부채를 초법적인 방식으로 유예하는 '8·3조치'를 1972년에 시행하였지만 전반적인 위기는 수습되지 않았다. 이처럼 정치적·경제적 위기가 맞물리면서 박정희 정권은 유신 전야에 심대한 체제위기에 빠져들고 있었다. 이 체제위기는, 1960년대 노동집약적 산업화의 위기, 초기 산업화의 모순에서 비롯된 기층민중의 생존권투쟁, 군부통치의 장기화에 대응하는 반독재민주화투쟁의 고양으로 인한 정치적 위기의 만성화, 미국과 중국의 수교 등 동북아에서의 국제적 냉전구조의 해체로 인한 반공 이데올로기의 위기가 상호작용하면서 확대되었다.

이러한 위기 상황 속에서 출현한 '전체주의'적 체제가 바로 유신체제였다. 3선개헌 직후 치러진 1971년 대선에서 박정희 후보와 김대중 후보의 접전을 겪은 후, 박정희를 정점으로 하는 군부통치 엘리트들은 선거를 통한 정권 재창출이 사실상 불가능하다는 위기의식을 갖게 되었고, 그에 따라 아예 직선제를 폐지하고 통일주체국민회의를 통해 대통령을 간접선출하며 대통령 연임 조항을 없애는 등 장기집권을 제도적으로 보장하는 반민주주의적인 유신헌법을 만드는 방향으로 선회하였던 것이다.

유신체제는 바로 이처럼 심대한 체제위기에 직면한 박정희 정권이 1인종신집권체제 구축을 통하여 '폭력적인 방식'으로 위기를 타개하고자 한 시도라고 규정할 수 있다. 유신정권은 1960년대까지 그나마 일정하게 존재하고 있던 민주주의적 형식성과 절차성을 완전히 청산하고 억압적 국가기구를 중심으로 전방위적인 탄압을 가하며, 이를 통해 점차 고양되어 가는 민중적 저항을 억제하는 '초강압적 군부정권'이라는 성격을 띠었다.

그러나 이러한 체제의 억압적 재편은 역으로 국민들의 더 큰 정치적 불만과 저항을 촉발하였다. 그러자 정치적 불만을 억제하기 위하여, 언론과 국회에 대한 강도 높은 통제와 탄압이 자행되었고, 이는 또다시 국민적 분노와 저항을 촉발하는 '정치적 악순환'을 낳았다.

이러한 정치적 악순환의 정점에 '긴급조치 9호' 시대가 존재한다. 유신체제의 수립 이후에도 저항이 확산되고 국민들의 정치적 불만이 제어되지 않자, 유신정권은 유신헌법이 보장하고 있는 긴급조치권을 악용하여 1975년 긴급조치 9호를 선포하였다. 이를 통해 박정희 정권은 유신헌법과 대통령을 비판하는 모든 형태의 말과 행동을 금압하고, 특히 그것을 국민들에게 감추기 위해 언론보도 자체를 통제하였다. 정부에 대한 비판을 봉쇄하기 위하여 비판적 표현과 보도 자체를 처벌하는 ─ '민주주의의 최소기준'에서 보더라도 도저히 상상할 수 없는 ─ 억압적 체제였기 때문에 일체의 저항운동은 불법화되었지만, 역으로 저항의 잠재력은 대단히 확장되었다. 1999년 12월 제정된 '민주화운동 관련자 명예회복 및 보상 등에 관한 법률'은 민주화운동을 "1969년 8월 7일 이후 자유민주적 기본질서를 문란하게 하고, 헌법에 보장된 국민의 기본권을 침해한 권위주의적 통치에 항거하여 민주 헌정질서의 확립에 기여하고 국민의 자유와 권리를 회복·신장시킨 활동"이라고 정의하고 있는데, 이는 여야 합의를 통해 3선개헌이 국회에 발의된 시점으로부터 유신정권을 포함하여 전두환 정권에 이르는 시기가 '자유민주적 기본질서를 문란하게 한 권위주의적 통치' 시기로 규정되었다는 것을 말해준다. 이처럼 유신체제 시기는 민주화 이후 여야 합의에 의해서, 심지어 유신체제기의 집권세력에 의해서까지도 반민주주의적이라고 규정된 시기였다. 2008년 9월 28일 열린 '대한민국사법60주년기념식'에서 이용훈 대법원장은 유신체제기와 1980년대 5공화국 시대에 "사법부가 헌법상 책무를 충실히 완수하지 못"하고 잘못된 판결을 내림으로써 "국민에게 실망과 고통을" 안겼다고 공식적으로 사과한 바 있다.

유신체제하 반독재민주화투쟁의 전개

유신체제는 박정희를 정점으로 하는 군부세력이 국민들의 의사에 반하여 장기집권을 도모한 체제였기 때문에 국민들의 불만과 불신을 샀다. 국민들의 불만과 불신을 배경으로 하여 반독재민주화투쟁은 점차 대중적으로 전개되어갔다. 유신체제는 바로 이러한 반독재민주화투쟁을 극단적인 폭력으로 억압하였던 체제였고, 그것은 역으로 국민들의 또 다른 불만과 불신을 촉발함으로써 체제 붕괴에까지 이르렀다고 할 수 있다.

유신체제가 국민들의 자유와 저항운동을 통제·억압하는 방식은 확연하게 두 시기로 나뉜다. 이에 따라 유신체제하에서의 반독재민주화투쟁의 전개 과정도 크게 두 개의 소시기로 확연하게 나뉜다. 첫째 소시기는 유신

체제의 성립부터 긴급조치 9호가 발동되는 1975년 5월까지이며, 둘째 소
시기는 긴급조치 9호 발동부터 박정희암살사건이 발생하는 1979년 10월
26일까지의 시기이다.

먼저 간단하게 제1소시기에 반독재민주화투쟁이 어떻게 전개되었지
살펴보자. 1972년 10월유신이 군대를 동원한 위압적 분위기 속에서 이루
어졌기 때문에, 한동안 반독재민주화투쟁은 소강국면을 맞았다. 유신이라
는 장기집권 시도에 대한 국민들의 불만과 저항이 내연內燃하는 상황에서,
1973년 8월 김대중납치사건—8월 8일 도쿄의 그랜드팔레스 호텔에 있던
김대중이 한국 중앙정보부에 의해 납치되어 현해탄 어느 지점에서 살해될
운명에 처하였으나 미국의 개입으로 살해되지 않고 서울의 자택으로 돌려
보내진 사건—이 발생하였는데, 이는 유신체제의 부도덕성에 대한 국민들
의 공분을 불러일으켰다. 이후 한편에서는 학생들이 유신에 반대하는 투
쟁을 확대해갔고, 다른 한편에서는 유신헌법 철폐, 즉 개헌을 요구하는 투
쟁이 재야인사*들을 중심으로 확대되어갔다. 먼저 1973년 10월에는 학생
들이 오랜 침묵을 깨고 시위를 조직화하였다. 1974년 초부터는 '개헌청원
100만인서명운동'이 본격화되었다. 개헌청원서명운동은 시작한 지 2주일
만에 10만 명에 육박하는 시민들의 서명을 받기에 이르렀다. 이처럼 개헌
청원서명운동이 급속히 확산되자, 정부는 1월 8일 유신헌법이 부여한 긴
급조치권을 발동하여 "헌법을 부정·반대·왜곡 또는 비방하는 일체의 행위
및 헌법의 개폐를 주장·발의·제안 또는 청원하는 일체의 행위를 금지"하

---

* '재야'(在野)라는 말은 한일협정반대투쟁이 고양되는 1960년대 중반부터 사용되기 시작하였는데, 이
용어가 중요한 정치적 의미를 띠게 된 것도 바로 유신체제하에서였다. 유신체제하에서는 의회와 정당
정치의 공간이 현저히 억압되었기 때문에, 제도정치인이면서도 제도정치 내에서 활동할 수 없는 인사
들이 다수 배출되었다. 이들이 장외에서 본격적인 반유신활동을 하게 되고, 따라서 장외정치활동이 본
격화되었던 것이다. 재야는 이러한 '탄압받는 제도정치인'들과 정당정치의 외부에 있는 지식인들(교
수, 문화예술인, 언론인, 종교인 등)을 포괄하는 개념이었다. 재야에 대해서는 한승헌, 1985; 이정희,
1997; 조희연, 2006 참조.

는 '긴급조치 1호'를 발동하였다.

이와 함께 학생들의 전국적인 반유신시위 시도를 '북한의 사주를 받는 좌경용공사건'으로 만든 이른바 '전국민주청년학생총연맹'(민청학련)사건이 발생하였다. 1974년 4월 3일 서울대, 연세대, 성균관대, 이화여대 등 주요 대학에서 시위와 함께 민청학련 명의의 "민중·민족·민주선언"과 "민중의 소리" 등의 유인물이 뿌려지자, 중앙정보부는 이날 오후 "공산주의자의 배후조종을 받은 민청학련이 점조직을 이루고 암호를 사용하면서 200여 회에 걸친 모의 끝에 화염병과 각목으로 시민폭동을 유발하였으며, 정부를 전복하고 노농정권을 수립하려는 국가변란을 기도하였고, 그 배후에는 '인민혁명당' 그룹이 있다"고 발표하며 밤 10시를 기해 긴급조치 4호를 발동하였다. 민청학련사건은 한편에서는 유신에 반대하는 학생들의 저항이 전국적인 범위로 확산되고 있음을 보여주었으며, 다른 한편에서는 학생들에 대한 가혹한 탄압과 인민혁명당 관련자 8명에 대한 사형으로 인하여 유신체제의 폭압성에 대한 공분을 더욱 확대시켰다. 1995년 4월 25일 사법제도 100주년을 맞아 문화방송(MBC)이 판사 315명을 대상으로 설문조사를 실시한 결과, '우리나라 사법사상 가장 수치스러운 재판'으로 인혁당사건이 선정되었다. 1975년 4월 9일 인혁당사건 관련자 8명에 대해서 사형 판결이 확정된 지 20시간 만에 가족에게도 알리지 않은 채 형이 집행되었는데, 국제법학자협회는 이날을 '사법사상 암흑의 날'로 선포하기도 하였다.

민청학련사건으로 박정희 정권과 반독재민주화투쟁세력 간의 공방이 치열해지는 가운데, 1974년 8·15 경축식에서 '문세광에 의한 박정희 저격사건'이 발생하였고, 이 와중에 육영수 여사가 총탄에 맞아 사망하였다. 유신정권은 육영수 여사에 대한 국민적인 추도 분위기를 반독재민주화투쟁을 제어하기 위한 계기로 삼고자 하였으나, 요원의 불길처럼 번져가는 반독재민주화투쟁을 막을 수는 없었다.

이 과정에서 박정희 정권은 국민적 저항의 확산을 보도하는 언론들에 대해서까지도 재갈을 물리고자 하였다. 1974년 말 『동아일보』에 대한 광고탄압사태도 이러한 맥락에서 발생하였다. 이는 기업들의 『동아일보』 지면광고를 원천봉쇄하여 언론을 경제적으로 굴복시키려는 시도였는데, 역으로 언론의 자유를 향한 해직기자들의 큰 흐름을 만들어내는 계기가 되었다. 이 무렵 반독재민주화투쟁의 대중화는, 유신에 반대하는 각계 인사들의 연대투쟁을 발전시켰다. 그 상징적인 사례가 1974년 11월 '민주회복국민회의'의 창립이다. 여기에는 국회에서 쫓겨난 김대중이나 김영삼 같은 정치인에서부터 해직언론인, 문화예술인, 대학교수 등이 참여하였다.

1970년대 전반기는 유신체제 수립 직후의 잠복기를 제외하고는 반독재민주화투쟁이 각계각층으로 확대되고 저항의 수준 또한 고양되어가는 과정이었다. 민주화운동의 이러한 발전에 대응하여 유신정권은 1975년 5월 13일 급기야 긴급조치 9호를 선포하였다. 이는 4월 30일 베트남 패망을 계기로 반공의식과 정치적 위기의식이 고조되는 데 편승하려는 것이기도 하였다. 긴급조치 9호 선포를 계기로 유신체제기는 제2소시기로 진입하였다.

유신체제 시기가 한국민주주의의 암흑기라고 할 때, 긴급조치 9호 시기는 그 암흑기 중에서도 더욱 '극단의 시기'였다. 유신헌법 선포 이후 반독재민주화투쟁의 중심 의제가 '유신헌법철폐'였다고 하면, 긴급조치 9호는 유신헌법에 대한 비판과 개헌 시도 자체를 금압·처벌하고자 하는 법이었다. 긴급조치 9호의 '기이한 성격'은 유신헌법에 대한 비판을 금지하는 것은 물론, 이 긴급조치를 '비방'하는 행위 자체, 나아가 긴급조치 9호 위반행위를 '보도'하는 것 자체를 처벌의 대상으로 삼았다는 점이다. 하나의 법이 그 법을 비판하는 행위를 처벌하는, '법 위의 법'이었다는 것이다. 유신정권의 폭압과 그에 대응하는 반독재민주화투쟁과 그 대중화는 1970년대 후반 긴급조치 9호 시기에 더욱 두드러진다.

긴급조치는 반독재민주화투쟁을 금압하고자 하는 유신정권의 시도였지만, 반독재민주화투쟁의 확산을 막을 수는 없었다. 이 시기 재야세력들은 3·1절과 같은 경축일에 유신에 반대하는 선언을 발표하는 식으로 투쟁의 물꼬를 이어가고자 하였다. 대표적인 것이 1976년 3월 1일 발표된 '3·1민주구국선언사건'(명동사건)이다. 이 선언에는 함석헌, 윤보선, 정일형, 김대중, 윤반웅, 안병무, 이문영, 서남동, 문동환, 이우정 등 대표적인 재야인사들이 서명하였는데, 긴급조치 9호 철폐, 투옥 인사와 학생 석방, 의회정치 복원, 사법권 독립을 촉구하는 내용을 담고 있었다. 이것들이 이 시기의 대표적인 반독재민주화투쟁의 이슈였다. 이러한 재야인사들의 시국선언에 대해서 유신정권은 주동자에 대한 투옥 등의 방식으로 탄압하였다.

긴급조치 9호하에서의 상황은 대단히 엄혹하였다. 그럼에도 학생운동은 점차 다수의 학생들이 동참하는 학생 '대중' 운동으로 변화해갔으며, 학내투쟁에서 가두투쟁으로 발전되어갔다. 특히 1977년경부터는 학내시위가 대규모화되었으며, 일부 대학에서는 캠퍼스 외부로 진출해가는 경향을 나타냈다. 한 예가 바로 1978년 6월 광화문시위사건이다. 6월 12일 서울대 캠퍼스에서 3,000여 명의 학생들이 유신헌법과 긴급조치 철폐를 외치며 캠퍼스를 휩쓸고 다녔는데, 그 연장선상에서 6월 26일 가두시위 계획을 천명하고 이를 실행에 옮겼다. 광화문에서의 시위는 실제 성사되었는데, 이는 이미 유신체제와 긴급조치 9호에 대한 국민들의 이반이 광범위하게 이루어지고 있었음을 의미한다.

유신체제에 반대하는 학생운동과 재야운동의 확산과 함께, 노동자와 농민 등 기층민중들의 저항도 확산되고 조직화되어갔다. 사실 유신체제는 장기집권체제였을 뿐 아니라, 1970년 11월 전태일의 죽음이 상징하듯 여성 노동자들을 '순응적인 산업전사'에서 점차 '투쟁전사'로 변모시킨 노동자 억압체제이기도 하였다.

노동자들은 '저임금―장시간 노동'으로 상징되는 열악한 조건에 대해서 노동조합을 새롭게 결성하거나 혹은 기존의 노동조합을 민주화하는 투쟁을 전개하였으며, 임금상승이나 근로조건 개선 등의 이슈를 내걸고 투쟁하였다. 전태일의 죽음 이후 결성된 청계피복노동조합(전국연합노조 청계피복지부)의 '노동교실' 사수투쟁 등은 1970년대의 전 기간에 걸쳐서 이루어진 '영웅적인' 투쟁이었다고 할 수 있다. 이 외에도 1972년 한국모방(이후 원풍모방) 노동자들의 노조민주화투쟁, 1974년 2월 반도상사 노동자들의 민주노조 결성투쟁 등 많은 노동자들, 특히 여성 노동자들의 투쟁이 치열하게 전개되었다.

1970년대 말에는 노동자들의 이러한 투쟁이 점차 확대되어갔는데, 유신정권은 노동자들의 생존권투쟁을 국가안보에 대한 저해 요인으로 불온시하는 것은 물론, 간첩작전 수행하듯이 진압하고 가혹하게 처벌하였다. 개별 기업의 노사분규에 대해서도 경찰, 안기부 등의 억압기구들이 직접 사용자와 함께 진압작전을 벌이는 식이었다.

노동자들의 초보적인 권리투쟁이나 노조 결성 자체도 탄압받는 현실에서 산업선교회를 비롯한 종교계의 지원활동이 활발하게 전개되었다. 1976년 동일방직사건은 유신체제하에서 노조운동에 대한 가혹한 탄압과 그에 대한 필사적인 저항을 가장 상징적으로 드러낸 사건이었다. 농성 해산에 맞서 노동자들의 '알몸저항'이 이루어졌고 공안기관의 지도하에 구사대들은 노조대의원대회에 참석하는 여성 노동자에게 '똥물을 투척하는 만행'을 저지르기까지 하였다.(조희연, 2007, 214쪽)

긴급조치 9호하의 엄혹한 상황에서 농민운동의 확산도 괄목할 만한 것이었다. 1976년 11월부터 1978년 5월까지 진행된 함평고구마피해보상 투쟁은 하나의 이정표가 된 농민투쟁이었다. 1978년 여름 경북 영양군에서는 감자피해보상투쟁이 전개되었는데, 이 투쟁을 주도하던 가톨릭농민회장 오원춘이 안기부에 의해 납치당하는 사건도 발생하였다.

유신체제는 이처럼 민중들의 생존권투쟁을 반정부투쟁으로 간주하여 극단적으로 탄압한, 그래서 민중들의 생존권투쟁마저도 곧 정치적 투쟁으로 전환시킨 비탄력적인 억압체제였다. 그런 의미에서 노동자의 생존권투쟁이 유신체제 붕괴를 앞당긴 정치투쟁으로 전환된 사건이 바로 YH사건이었다. 1979년 8월 9일 YH무역 여성 노동자 187명은 회사의 위장폐업에 항의하여 신민당사 4층을 점거하고 농성을 시작하였다. 8월 11일 경찰의 진압작전이 대단히 폭력적으로 이루어지고, 이 과정에서 신민당원과 기자 등이 무수한 폭력을 당하였으며, YH 노동자 김경숙이 옥상에서 추락하여 사망하였다.

박정희 정권은 YH사건을 문제 삼아 김영삼 총재를 국회에서 제명하였다. 김영삼제명사건 발생 3일 후인 10월 16일에 7만여 명의 부산 시민들이 부산시청 앞과 광복동 일대 거리에서 시위를 벌였다. 이른바 부마항쟁의 시작이었다. 18일에는 부산 일대에 계엄이 선포되었다. 마산에서는 18일 밤부터 시위가 발생하였고, 20일에는 마산·창원에 위수령이 발동되었다. 부마항쟁에는 학생뿐 아니라 도시하층민, 도시자영업자 등 이전에는 적극적으로 시위에 참여하지 않던 계급·계층이 합류하고 있었다. 부마항쟁은 경찰서 11곳에 불을 지르고 경찰 차량 10여 대를 파괴하는, 당시로서는 상당히 전투적인 방식으로 전개되었다. 1970년대 말에 이르러 반독재 저항운동과 독재국가의 억압적 탄압이 상승작용하면서 체제가 붕괴되고 있었음을 부마항쟁은 잘 보여주었다.

이로부터 1주일이 지난 10월 26일, 김재규는 중앙정보부의 안가에서 박정희와 차지철을 향해 네 발의 실탄을 발사하였다. 박정희와 김계원 비서실장, 김재규 중앙정보부장, 차지철 경호실장이 동석하고 2명의 모델과 가수가 시중을 들고 있던 중앙정보부 안가의 만찬에서 김재규는 권총을 꺼내어 자신이 '유신의 심장'이라고 표현한 박정희를 향해 방아쇠를 당겼다. 이른바 1979년 10·26정변이다. 이로써 유신체제는—많은 유산을 남긴 채—종결되었다.

유신체제하 반독재민주화운동의 구성과 그 특징

유신체제하 반독재민주화투쟁은 다른 시대의 저항운동과 비교할 때 다음과 같은 독특한 특징을 보여준다. 1972년 유신헌법과 1975년 긴급조치 9호가 국민들의 불만과 저항을 법으로 금압한 시도였기 때문에 국민들은 이러한 불만과 저항을 공개적으로 표현하기가 어려웠다. 하지만 반독재 정치인들과 각 분야의 비판적 지식인들로 이루어진 재야, 학생, 노동자와 농민 등 기층민중들의 운동은 조직화된 형태로 반독재민주화투쟁을 확산시켜갔다. 유신체제하의 반독재민주화투쟁은 박정희 정권에 저항하는 학생운동과 재야운동이 전면에 서면서 대중화되고, 노동자·농민을 중심으로 하는 기층민중운동이 성장하면서 더 풍부해져갔다고 할 수 있다.

이런 의미에서 반독재민주화투쟁에는 크게 세 가지 구성 부분이 존재했다고 볼 수 있다. 첫째는 반독재민주화투쟁의 선두에 있었던 학생운동이었다. 유신정권하에서의 반독재민주화투쟁은 민주화가 진행된 현재의 시점에서는 상상할 수 없는 폭압적 조건 속에서 전개되었다. 유신정권은 자신에게 저항하는 국민들과 반독재민주화투쟁을 부단히 '빨갱이'로 매도하는 '극단적인 반공주의'적 전략을 사용하였다. 국민들 사이에 레드콤플렉스(적색공포증)가 광범하게 존재하는 상황에서, 이러한 전략은 일정하게는 효과를 발휘할 수 있었다. 그러므로 독재타도를 요구하고 저항운동을 하는 정치적·이념적 공간 자체가 대단히 협소하였고, 결국 상대적으로 이

넘적 순수성을 인정받을 수 있는 학생운동이 반독재민주화투쟁의 주력으로 선두에 서게 되었다. 유신체제의 전 기간에 걸쳐서 학생들은 가장 큰 희생을 감수하면서 투쟁을 선도해갔고, 반독재민주화투쟁을 국민적인 운동으로 만드는 데 크게 기여하였다.

다음으로는 재야운동이었다. 재야는 유신체제가 말살한 의회정치 공간으로부터 쫓겨나서 거리에서 반독재민주화투쟁에 동참하였던 김대중, 김영삼 등을 비롯한 야당인사들과, 사회 각 영역의 대표적인 지식인으로서 반독재민주화투쟁에 적극 나섰던 교수, 언론인, 문화·예술인, 성직자 등 다양한 지식인 집단들로 구성되어 있었다. 이들은 1974년 개헌청원100만 인서명운동에서부터 매년 3·1절에 민주회복선언을 발표하는 형태로 유신 반대투쟁의 불씨를 이어갔으며, 이를 대중화하는 데 기여하였다. 특히 성직자들은 산업선교회와 같은 형태로 노동자들의 생존권투쟁을 엄호·지원하였고, 유신정권의 반공주의적 공세에 맞서서 열악한 조건에서 막 성장을 시작한 민중운동에 대한 '우산역할'을 헌신적으로 수행하였다. 폭압적 조건 속에서 반독재민주화투쟁에 쉽게 동참할 수 없었던 국민들은 민주화에 대한 열망을 학생운동이나 재야운동을 지지하는 방식으로 표출하였다고도 말할 수 있다.

다음으로는 노동자와 농민 등을 중심으로 하는 민중운동이었다. 박정희 개발독재가 이들 민중에게 강요하였던 '저임금-장시간 노동'의 고통스러운 조건 속에서 노동자들은 점차 저항적 존재로 변화하면서, 스스로의 권리를 옹호하기 위하여 민주노조건설운동, 어용노조민주화운동, 임금상승을 비롯한 생존권사수투쟁을 확대해나갔다. 이러한 민중운동은 반독재민주화투쟁에 단순히 독재정권에 반대하는 정치적 투쟁으로서만이 아니라, 기층민중들의 생존권을 옹호하고 독재정권이 기반하고 있던 '반민중적인' 수탈적 자본주의에 대한 반대투쟁 혹은 개혁운동으로서의 성격을 추가하였다.

이처럼 노동자와 농민 등 기층민중들이 반독재민주화투쟁의 중심을 이루면서, 반독재민주화투쟁의 '민중운동'으로서의 정체성이 형성되고 점차 강화되어갔다. 1960년대의 운동에서는 반독재민주화투쟁 내부에서 지식인운동(학생운동을 포함한)이 가장 중요하였다. 그러나 1970년대의 운동에서는 지식인운동과 구별되는 기층민중운동이 점차 중요성을 획득하였다. 강준만이 '경부고속도로와 전태일 분신'을 1970년대의 최고의 상징적인 사건으로 표현한 것도 이러한 의미라고 생각된다.(강준만, 2002, 5쪽) 이는 유신체제기 반독재민주화투쟁이 남긴 최대의 유산이었다고도 할 수 있을 것이다.

민중운동적 정체성은 1960년대 이후의 반독재민주화투쟁이 단순히 지식인 중심의 운동이 아니라 노동자, 농민, 도시빈민과 같이 사회경제적으로 착취당하고 배제된 계급·계층운동이어야 한다는 인식을 갖기 시작하였음을 보여준다. 이런 배경에서 민중들의 가혹한 현실을 담아내는 리얼리즘적인 작품들, 예컨대 『난장이가 쏘아올린 작은 공』 『객지』와 같은 소설들이 베스트셀러가 되는 현상이 나타났다. 노동자 스스로가 쓴 『어느 돌멩이의 외침』은 민중 자신의 변화를 잘 표현한다.

물론 1970년대 유신체제하에서의 투쟁이 개발주의적 프레임과 반공주의적 프레임을 넘어선 것은 아니었다. 박정희 정권은 반독재투쟁을 소수의 '친북적인 빨갱이'들이 주도하는 투쟁으로 몰아붙였으며, 언론을 통해 그들을 조국의 근대화에 '훼방을 놓는 세력'으로 부단히 매도하면서, 반독재투쟁의 대중화를 억제하고자 하였다. 이러한 반공주의적 프레임과 개발주의적 프레임은 어떤 의미에서는 저항 엘리트들도 공유하고 있었다고 할 수 있다.(김보현, 2006, 6장 3절) 그렇기 때문에 "독재는 오히려 빨갱이를 이롭게 한다"는 식의 저항 담론이 사용되기도 하였다. 이처럼 1970년대 유신반대투쟁은 지식인 중심의 자유주의적인 운동에서 기층민중운동적 정체성이 출현하고 부분적으로 급진화된 인식들이 출현하는 과도기적 성격을 지녔다고 할 수 있다.

다음으로 유신체제하의 반독재민주화투쟁은 급진적 세력뿐 아니라 자유주의적 지향을 갖는 세력들, 온건한 양심적인 세력들까지를 포함하는 연대투쟁이었다는 점을 지적할 수 있다. 이념적으로도 1980년대식의 '혁명적 급진주의'의 지향보다는 '저항적 자유주의'의 지향이 강하였다. 1950년대 이승만 정권과 1960년대 박정희 정권은 기본적으로 남북한 간의 극단적인 냉전적 대결에 기초하고 있었고, 거기서 발생하는 반공의식을 정권유지를 위해 적극 활용하였다. 그렇기 때문에 1950~1960년대의 조건 속에서 한국의 자유주의자들은 극우반공주의적 보수세력의 헤게모니하에 포섭되어 있었다. 그러나 1970년대 이후 박정희 정권이 점점 더 폭압적인 체제로 전화되어가면서 자유주의자들의 일부가 반독재민주화투쟁에 합류하기 시작하였다.

자유주의적 지향은 정치세력(혹은 개인)이나 사회운동세력 모두에서 찾아볼 수 있다. 정치세력의 경우, 유신체제가 유신에 반대하는 온건한 제도정치인들마저 배제하는 체제였기 때문에, 배제된 제도정치인들이 반독재민주화투쟁에 대거 참여하게 되었으며, 이들이 이른바 재야의 중요한 부분을 구성하고 있었다. 긴급조치하에서는 기독교를 중심으로 하여 구속·투옥된 양심수를 위한 '목요기도회'가 종로 5가 기독교회관에서 정기적으로 열렸는데, 여기에는 대학교수들이나 언론인들을 포함하여 정치인들도 모습을 드러냈다. 이들 중에는 급진적인 지향 때문이라기보다는, 자유민주주의적 신념에서 보더라도 유신체제를 도저히 용납할 수 없었기 때문에 참여하는 경우들이 많았다. 이 외에 당시 지식인으로서 반독재투쟁에 참여하고 지지하였던 언론인, 지식인, 종교인 등도 대체로 저항적 자유주의의 지향을 가지고 있었다고 할 수 있다. 예컨대 현재 뉴라이트 계열로 분류되는 안병직 교수, 김동길 교수, 김진홍 목사, 서경석 목사 등은 반독재민주화투쟁의 온건한 자유주의적 참여세력들이었다고 할 수 있다*

　　다음으로 유신체제하의 반독재민주화투쟁의 대중적 기반을 살펴본다면, 그것은 분명 유신체제를 위협하는 수준으로 발전하고 있었지만, 1980년대 초중반 혹은 1987년 6월민주항쟁 당시 반독재투쟁의 대중성과는 구별된다. 1980년대의 반독재민주화투쟁이 '전 국민적인 대중적 참여'에 기초하여 전개되었다고 한다면, 1970년대 반유신민주화투쟁은 국민들이 가지고 있었던 반공주의적 의식과 근대화 및 산업화에 대한 일정한 기대 때문에 대중적 참여가 상대적으로 제한적이었다. 더구나 유신체제하에서 반독재민주화투쟁에 참여하거나 지원하는 것이 가족의 생계, 때로는 참여자의 목숨을 위협할 수 있었던 것도 대중적 참여를 제약하는 요인이었다. 체제가 폭압적이었던 만큼 국민들이 반독재민주화투쟁의 현장에 직접적으로 참여하는 길이 제약되어 있었다는 것이다. 반독재민주화투쟁에 대한 대중적인 참여는 1980년대에 이르러서야 비로소 가능해졌다. 즉 광주학살과 제2의 쿠데타로 인하여 군부독재정권의 정당성이 근원적으로 파괴되고, 동시에 지배권력의 폭력성이 투명하게 노정됨으로써 독재정권을 용납

---

* 이런 점에서 1987년 이전의 반독재민주화투쟁은 아래 표와 같은 복합적 구성을 가지고 있었다. 1970~1980년대 반독재민주화투쟁은 저항적 자유주의(정치세력 및 사회세력)와 새롭게 출현한 진보주의적 사회운동세력의 결합이라고 할 수 있다. 이 시기에 독재체제에 전투적으로 저항하는 진보적 사회운동의 주도하에서 저항적 자유주의가 결합하는 방식으로 사회운동의 연합전선이 구축되어 있었고, 이것이 바로 1987년 6월민주항쟁 이전의 반독재민주화투쟁이었다. (조희연, 2004, 302쪽)

1987년 이전 반독재민주화운동의 복합적 성격

1987년 이전 반독재민주화투쟁	활동영역	'제도정치' 세력 + '사회운동' 세력
	이념적 지향	'자유주의적'(정치적·사회적) 세력 + '진보주의적'(정치적·사회적) 세력
	민주주의의 내용	'자유민주주의'적 세력 + '급진적 민주주의' 세력

하는 것 자체를 도저히 도덕적·인간적으로 용납할 수 없게 된 1980년대에 이르러서야 국민들이 직접적으로 반독재민주화투쟁에 동참하게 되었다. 1970년대에는 반독재민주화투쟁에 대한 '심정적' 공감은 대단히 컸지만 유신체제의 폭압성 때문에 직접적인 참여 자체는 제한되었다고 할 수 있다. 이것이 부마항쟁과 같은 아래로부터의 민주항쟁에 의해서 유신체제가 타도되기보다는, 박정희의 최측근에 의한 암살이라고 하는 일종의 '궁중쿠데타'의 형태로 유신체제가 종말을 고하게 된 이유라고 말할 수 있다.

유신체제기 반독재민주화투쟁의 또 다른 특징은, 해방 이후 저항운동의 역사에서 최초로 조직적 연대투쟁의 성격을 띠기 시작하였다는 점이다. 유신체제가 반독재투쟁의 조직화를 공안기관을 동원해 철저하게 차단하였기 때문에 지속적 조직화는 대단히 어려웠다. 단지 학생들은 동일한 캠퍼스 공간에 밀집되어 있었기 때문에, 학내의 여러 제도적 기제들을 이용하면서 초보적인 조직성을 갖춰갔으며, 그 결과 준準조직적인 운동으로 전개될 수 있었다. 예컨대 학내에서 이념서클은 학생운동가 양성과 반유신시위의 동원네트워크로서 학생운동이 조직적으로 전개될 수 있는 일정한 조건을 부여하였다.

1960년대에는 학생운동세력을 제외하고는 독립적인 사회운동세력이 가시화되지 못하였다. 제도정치세력과 사회운동세력의 연합은 한일협정반대나 3선개헌반대와 같은 사안별 연대의 성격을 띠고 있었으며, 학생운동세력의 저항을 야당이 지지하는, 혹은 야당의 반대투쟁을 학생운동이나 대중들이 지지하는 형식을 취하고 있었다. 그러나 1970년대에는 제도정치세력과 구별되는 조직화된 사회운동세력이 출현하기 시작하였다. 1974년 11월 '자유실천문인협의회', 1975년 3월 '동아·조선자유언론수호투쟁위원회', 1977년 12월 '해직교수협의회' 등이 그 예가 될 것이다.

재야 연합조직으로서는 1974년 '민주회복국민회의', 1978년 '민주주의국민연합', 1979년 '민주주의와 민족통일을 위한 국민연합'을 들 수 있다.(이우재, 1990) 이 조직들은 1980년대 혹은 1990년대의 운동조직들과 비교할 때, 상층 명망가들의 느슨한 연대조직의 성격을 띠었다. 독재정권이 운동의 조직적 발전과 확대를 철저히 금압하고 탄압하였기 때문에, 상근직常勤職을 갖는 지속적인 저항조직을 운영하기는 어려웠다. 1976년과 1978년에 발표된 "3·1민주구국선언" 같은 것도 상층 명망가들이 개인적인 소통을 통해서 서명으로 결합한 것이었으며 조직화된 운동의 성명서는 아니었다. 그러나 공안기관의 탄압에도 불구하고 낮은 수준의 조직이라도 유지하였다는 것은 이후 반독재민주화투쟁의 조직적 성장의 밑거름이 되었다고 말할 수 있다.

기층민중운동에서도 조직적 성격이 강화되어갔다. 유신체제는 기층민중운동이 조직화된 운동으로 전개되는 것을 철저히 억압하고 탄압하였다. 심지어 기층민중운동의 성장을 지원하는 영등포산업선교회나 NCC 인권위원회 등에 대해서도 철저한 감시와 탄압을 행하였다. 가톨릭노동청년회, 가톨릭농민회, 기독노동자회, 그리고 이들을 돕는 영등포산업선교회, 크리스챤아카데미, NCC 인권위원회, 수도권도시선교협의회 등은 1970년대 노동운동이나 농민운동과 같은 기층민중운동의 조직적 활동을 상징한다.

1970년대 유신체제는 국민들의 삶을 암흑의 질곡 속으로 몰아넣은, 한국현대사에서 전무후무한 폭압체제였다. 이 체제와 대결하는 고통스런 저항의 과정을 통해서 비로소 한국의 반독재민주화투쟁은 그 대중적 기반을 마련할 수 있었다. 1987년 6월민주항쟁에서 정점에 이르는 반독재민주화투쟁은 유신체제기에 형성된 동력과 자양분이 없었다면 불가능하였을 것이다.

1

유신체제의 성립과 유신 전기
반독재민주화투쟁의 전개

1972

유신체제의 성립과 억압구조·1970년대 초 국내외 정세·박정희의 국가비상사태 선언·한일협정의 발효와 베트남전 참전의 영향·국무총리의 이후통치기·재야 민주화운동에 대한 탄압과 3·1민주구국선언·한국 노동운동의 전개·비타구스키 전개·기타 광주 반대투쟁과 유신정권반대·1978년 재선임·민주화운동단체의 성장·부산대 교수시위의 양상·부산과 마산의 민주화운동·종교계의 민주화운동·인권기구·미친천의 민주통일당의 발족과 활동·유신체제의 붕괴·도시가 진통·도시사업 민주화운동의 확산·개신교와 산업선교·천주교 민주화운동의 등장과 역할의 구속사건·사회민주화운동·개헌 교육 최루탄의 연대·유신 전후 민주통일당의 자유언론실천운동·유언론노조운동·백지광 수립의와 결성과 지식인 저항운동 전개·문화예술인의 민주화운동·민주노조 탄생·농민운동·도시빈민운동

1979

제**1**장
유신체제의 성립과 억압구조

1
유신체제의 수립 배경과 과정

1970년대 초 국내외 정세 변화

주한미군 감축과 데탕트,
박정희 정권의 안보위기론

1970년대 초는 여러 국내외적 변화가 겹쳐지는 격동기였다. 역사 속에서 격동기는 모든 것들이 빠르게 바뀌어가면서 여러 가능성이 교차하는 시기라 할 수 있다. 당시 발생한 여러 변화들은 한국 사회가 민주화를 달성하고 남북관계를 개선하여 한반도에서 긴장을 완화시키고 평화를 공고히 할 수 있는 기회가 될 수도 있었고, 반대로 독재정권을 강화하고 남북관계를 더 불안하게 만드는 위기로 작용할 수도 있었다. 당시 박정희 정권은 1970년대 초 국내외적인 변화를 거의 모두 국가적 위기라고 규정하여 위기의식을 고취시키고, 이를 명분으로 자신의 권력을 강화하는 지배전략을 선택하였다.

1970년은 주한미군의 감축이 시작된 해였다. 한국전쟁 휴전 직후 미군은 2개 사단만 남한에 남기고, 나머지 부대는 모두 철수시켰다. 주한미군의 규모는 휴전 이후 크게 달라지지 않았다. 1960년대 초부터 미국 정부는 내부적으로 주한미군과 한국군 감축 계획을 심각하게 검토하였다. 그러나 1965년부터 한국이 5만여 명 규모의 전투병력을 베트남전쟁에 파병하자 감군 논의는 일단 중단되었다.(마상윤, 2003a)

베트남전쟁은 계속 확대되었고 미국이 승리할 가능성은 희박해져갔다. 미국의 존슨 대통령은 임기 말인 1968년 베트남전쟁을 협상을 통해 종결짓는다는 방침을 정하였다. 이때부터 주한미군 감축 문제가 다시 미국 정부 안에서 논의되었다. 당시 존슨 행정부는 베트남전쟁이 종결되고 파병되었던 한국군이 귀환하는 시기에 맞추어 단계적으로 주한미군도 감축한다는 계획을 수립하였다.(강석률, 2004, 21~29쪽)

1969년에 출범한 닉슨 행정부는 이른바 '닉슨독트린'Nixon Doctrine을 선언하였다. 닉슨독트린은 아시아 지역의 방위는 기본적으로 아시아의 당사국이 책임을 지도록 한다는 정책이었다. 미국은 기존의 아시아 국가와 맺은 방위조약 등 안보 공약을 그대로 준수하고 핵우산을 제공해주며 전쟁이 일어날 경우 해·공군을 지원해줄 수는 있지만, 적어도 지상군 병력을 비롯한 기초적인 방위 부담은 아시아 각국이 스스로 담당해야 한다는 것이었다.(배긍찬, 1999, 11~17쪽) 닉슨독트린이 한반도에 적용되면 주한미군을 감축 또는 철수할 가능성은 더욱 컸다. 그러나 한국의 상황에는 특수성이 있었다. 당시 한국은 5만여 명의 병력을 베트남에 보낸 상태였기 때문에 주한미군 철수 문제는 이와 연계될 수밖에 없었다. 그러나 닉슨 행정부는 내부 논의 끝에 마침내 1970년 3월 주한미군 1개 사단 2만 병력을 감축하기로 결정하였다. 당시 미국의 계획은 주한미군을 대폭 감축하는 대신 1971년부터 1975년까지 한국에 특별 군사원조를 해주어 한국군을 강화한다는 것이었다. 주한미군 감축 결정은 즉각 박정희 대통령에게 통보되었다.(신욱희·김영호, 2000, 4~5쪽) 박정희는 미국의 결정에 배신감을 느끼고 강하게 반발하였다.

박정희의 반발에는 이유가 있었다. 닉슨 행정부의 주한미군 감축 결정은 한국의 특수 상황을 고려하지 않은, 사실상 일방적인 것이었다. 당시 베트남 주둔 한국군은 전혀 철수하지 못한 상태였다. 한국군의 철수는 1973년에야 완료되었다. 이는 닉슨 행정부의 일방주의적 외교 행태라 할 수 있었다.

당시는 1960년대 후반의 심각한 안보위기의 여파가 그대로 남아 있었다. 북한은 1966년 하반기부터 남한에 대한 무력공세를 강화하였다. 대남 군사도발이 증가하였고, 특히 1968년에는 1월 21일 북한 특수부대 요원의 청와대습격사건, 1월 23일 미국 정보함 푸에블로호사건, 그리고 11월 울진·삼척지역 대규모 무장간첩 침투사건 등이 연달아 일어났다. 1969년 4월 15일에는 미국 첩보기 EC-121기가 동해상에서 북한 미그기에 의해 격추당하는 사건도 발생하였다.

당시 한국 정부의 관계자들은 미국 관리들에게 북한 지도부가 김일성의 환갑잔치를 서울에서 하기 위해 1972년까지 남한의 '적화통일'을 기도하고 있다고 주장하였다. 1970년대 초는 한국 안보의 중대 고비이기 때문에 주한미군까지 감축할 경우 심각한 안보위기를 피할 수 없다는 것이었다. 그러나 미국 정부는 이러한 정세 판단에 동의하지 않았고, 결국 한국 정부를 설득하여 주한미군 감축을 단행하였다. 당시 동맹국이었던 한국과 미국 정부 사이에는 북한의 남침 가능성과 한반도 안보 위험성에 대한 심각한 인식상의 괴리가 존재하였다고 볼 수 있다.(홍석률, 2005, 65쪽)

그러나 1968년 말 무력공세를 주도하던 북한 강경파 군부세력은 숙청당하였고, 1969년 하반기부터 북한의 무력공세는 현저히 줄어들기 시작하였다. 대남 도발 횟수는 1967년에 829건, 1968년에는 761건이었지만, 1969년에 134건으로 감소하였고, 1970년에는 106건, 1971년에는 58건으로 떨어졌다. 특히 남북대화가 한창이던 1972년에는 단 1건밖에 발생하지 않았다.(오창헌, 2001, 218쪽) 또한 1970년에 접어들면서 북한의 대외정책에도 변화가 나타났다. 북한은 1970년 초 일본과의 경제교류를 확대하고, 미국 정부에 접근하는 등 서방 국가들과의 관계 개선을 시도하는 모습을 보였다. 특히 1971년 9월부터 남북대화가 시작되자 일부 북유럽 국가들까지 북한과 외교관계를 맺는 등 북한의 대서방 접근은 상당한 결실을 거두었다. 1970년 이후부터 북한의 대외정책은 강경책이 아니라 서방 국가들과의 접촉과 교류를 확대하는 유화적인 흐름으로 바뀌어갔다.(홍석률, 2004a) 이 같은 상황을 고려할 때 박정희 정권의 북한 남침음모론, 안보위기론은 사실상 과장된 측면이 있었다.

주한미군 감축은, 자국 안보를 한미동맹 관계에 크게 의존해야 하였던 한국의 객관적인 상황, 그리고 미국 정부에 의한 일방적 결정 과정을 감안할 때, 실제로 안보위기를 불러일으킬 위험성을 안고 있었다. 그러나 주한미군 감축을 가능케 하였던 당시 국제질서의 변동과 결부시켜본다면, 당시는 한반도에서 평화를 정착시킬 수 있는 기회의 시기이기도 하였다. 주한미군 감축은, 동서 양 진영이 긴장완화를 시도하는 데탕트detente 및 미중관계 개선과 맞물려 추진된 정책이었고, 또한 그 때문에 가능한 정책이었다.

베트남전쟁의 외교적 해결과 닉슨독트린의 시행 과정에서 미국 정부는 소련 및 공산 진영과의 전반적인 긴장완화정책을 펼쳤다. 특히 중국과의 관계개선 문제가 주요 현안으로 등장하였다. 닉슨 행정부 출범 이후 미국 정부는 본격적으로 데탕트정책을 추진하였고, 한국 정부에게도 공산권 국가 및 북한에 대해 보다 유연한 정책을 취해줄 것을 권고하였다. 1970년 8월 15일 박정희 대통령은 특별성명을 통해 "북한 당국이 남침 기도를 포기하면 남북관계 개선을 위해 획기적인 제안을 할 수도 있다"고 밝히면서 남북 간 '선의의 경쟁'을 촉구하였다. 한국 정부가 대북정책에 있어 이처럼

유화적인 태도를 보인 것은 국제정세의 변화와 밀접한 관련이 있었다.(홍석률, 2004b, 9~20쪽)

데탕트 국면에서 특히 동아시아 국제질서와 관련된 가장 중요한 이슈는 미중관계 개선 문제였다. 1971년 4월 미국 탁구선수단이 중국을 방문하여 친선경기를 가지며 미중관계 개선이 가시화되기 시작하였다. 미중관계 개선은 동아시아 국제질서의 지각변동을 의미하였고, 당연히 한반도에도 직접적인 영향을 미쳤다. 더욱이 미국과 중국은 한국전쟁 당시 한반도에서 적대국으로서 격전을 치른 바 있다. 따라서 한반도 문제가 미국과 중국 사이에서 직접 거론될 가능성도 있었다.

데탕트 국면과 미중관계 개선은 한반도 안보라는 측면에서는 위기라기보다는 평화를 정착시킬 수 있는 기회였다. 데탕트 국면에서 소련과 중국 모두 미국과 우호적 관계를 구축하기를 원하였고, 따라서 행여 북한이 전쟁을 원한다 하더라도 소련이나 중국이 호응할 이유가 없었다. 따라서 데탕트와 미중관계 개선 국면은 남북관계 개선과 한반도 평화 정착은 물론 통일 문제에 있어서도 유의미한 진전을 이룰 수 있는 기회였다. 그러나 박정희는 데탕트 국면마저 안보위기론과 연결시켰다. 데탕트와 미중관계 개선은 한반도를 둘러싼 국제관계의 유동성을 심화시키고 강대국이 약소국의 이해관계를 일방적으로 무시함으로써 한국을 위기에 빠뜨릴 수 있다는 논리였다.

한편 이와 같은 국제관계 및 안보환경의 변화는 국내외의 경제상황 변화와도 맞물렸다. 세계 경제는 1960년대 말부터 스태그플레이션 국면으로 접어들었다. 유럽과 일본 경제가 부상함에 따라 세계 경제에서 미국 경제의 지위가 하락하였다. 미국은 이러한 상태에서 베트남전쟁을 치르면서 심각한 재정 적자에 직면하였고, 무역수지 적자도 심각하여 달러화의 가치는 하락하였다. 1971년 8월 닉슨 대통령은 달러화의 금태환 정지, 대외

경제협력자금 삭감, 10%의 수입과징금 부과 등의 조치를 공표하였다. 이는 1950~1960년대 국제 경제질서를 규정해온 브레튼우즈 체제의 붕괴와 보호무역주의의 대두를 동시에 의미하는 것이었다.(최용호, 1999, 85~86쪽) 자연히 수출의존도가 높던 한국 경제에 미치는 영향도 막대할 수밖에 없었다.

　1960년대 후반 한국은 경제성장률이 10%를 웃도는 고도성장을 하였지만, 그 과정에서 외채가 늘어났고 인플레이션도 유발되었다. 1970년 이후부터는 본격적으로 외채 상환의 부담을 져야 하였다. 한국 정부는 이러한 상황을 수습하기 위해 1969년 말부터 긴축통화정책을 실시하였다. 긴축통화정책은 한국 정부의 결정에 의해서만이 아니라 IMF와 AID의 압력에 따른 것이기도 하였다. 긴축통화정책 결과 경제성장률은 1970년부터 7~9% 수준으로 후퇴하였다.[*] 한국 기업들은 긴축통화정책으로 자금 마련이 어려워졌을 뿐만 아니라 서구 선진국들이 보호무역정책으로 선회하면서 수출에도 타격을 입게 되었다. 급기야 부실기업의 도산이 이어지자 기업가 집단은 지속적으로 정부에 긴축통화정책의 해제와 노동통제 강화를 요구하게 되었다.(이성형, 1985, 253~260쪽) 이에 박정희 정권은 국가기구를 통한 강력한 노동통제 등 더욱 노골적인 친기업정책을 펴는 것으로 화답하였다.

　하지만 1970년대 초 세계 경제의 변동으로 인한 한국의 경제적 이슈는 '안보위기론'만큼 유신체제 수립에 직접적인 명분과 계기로 작용한 것은 아니었다. 성장세가 다소 주춤하긴 하였지만 한국 경제는 기본적으로 고도성장 기조를 유지하였다. 실제로 박정희는 계엄령을 선포한 1972년

---

[*] 한국의 GNP 증가율은 1968년에 12.6%, 1969년에 15%, 1970년에 7.9%, 1971년에 9.2%, 1972년에 7%였다.

10월 17일 특별선언이나 유신헌법의 제안이유서 등에서 유신체제 선포의 필요성을 주장할 때 경제 문제는 거의 언급하지 않았다.

1971년 양대 선거와 박정희 대통령의 재집권 위기 박정희 대통령은 1971년 4월 대통령 선거와 5월 국회의원 선거를 거치면서 재집권의 위기에 봉착하였다. 1971년 4월 27일 대선에서 박정희와 야당 후보 김대중은 접전을 벌였다. 본격적인 선거전이 시작되기 전까지는 경제개발의 업적이 있고 조직과 자금 면에서 월등한 박정희의 무난한 승리가 점쳐졌다.[*] 그러나 야당인 신민당에서 '40대 기수론'이 대두되고, 젊은 후보 김대중이 1970년 9월 극적인 경선 끝에 후보 지명을 받았다. 김대중은 1970년 10월부터 각종 강연회와 연설회 명목으로 전국을 돌며 대중집회를 개최하는 등 적극적인 선거운동을 전개하였다. 그는 '4대국 안전보장론' '남북교류론' '대중경제론' '향토예비군제 폐지' 등 당시로서는 획기적인 공약을 잇달아 발표하였다. 이와 같은 공약들은 1970년대 초 격변에 대처하는 방식에 있어 박정희 정권과의 차별성을 보여주기에 충분하였다.

김대중은 신민당 대통령 후보로 지명되기 전인 1970년 4월 미국 부통령 에그뉴에게 보낸 편지에서, 급작스러운 주한미군 철수는 한반도에서 전쟁을 재발시킬 위험성이 있다고 지적하며 우려를 표시하였다. 이는 박정희와 큰 차이가 없는 입장이었다. 그러나 김대중은 그 대처 방식에 있어서 박정희와는 다른 관점을 보였다. 편지에서 그는 주한미군 감축의 조건

---

[*] 1970년 3월 주한미대사관은 1971년 대선에서 박정희의 승리는 확실하며, 그가 "선거 승리를 위해 억압적 조치를 취하거나 많은 선거자금을 사용할 필요도 없을 것 같다"고 예측하였다. ("U.S. Policy Assessment-Republic of Korea", Mar. 11, 1970, Pol 1 Kor S - US, Subject-Numeric Files 1970~1973)

시국강연회에서 연설하는 김대중 대통령 후보

으로 미국이 소련과 중국을 통해 북한이 남한을 침략하지 않겠다는 보장
을 받아내는 등의 국제적 여건을 마련하는 것이 필요하다고 주장하였다.
한편 3선개헌 이후 날로 심해지는 박정희의 억압적 통치와 언론통제, 부패
의 확산, 그리고 빈부격차 때문에 남한은 북한의 침투공작에 더욱 취약해
졌다고 진단하면서 안보를 위해서는 민주주의 발전이 중요하다고 밝혔다.[*]
즉 박정희 정권의 장기집권을 막고 민주주의를 발전시키는 것이 한국의
안보에도 도움이 된다는 주장이었다.

　　김대중의 선거공약은 급변하는 국제정세에 대해 반공 태세를 강화하
는 등의 수세적 차원에서만 대응할 것이 아니라, 오히려 능동적인 외교로

● "Memorandum from Kent Crane to Executive Secretary Ted Eliot", Apr. 17, 1970, Pol Kor S - US,
　Subject-Numeric Files 1970~1973.

주변 강대국으로부터 한반도의 안전에 대한 보장을 받아내고(4대국 안전보장론), 남북관계를 개선하자는(남북교류론) 것이었다. 이는 안보위기 의식을 고조시키고 국가 통제력을 강화하려는 박정희의 해법과는 확실한 차별성을 가졌다. 김대중은 또한 한국 경제의 당면 문제도 지역·계층 간의 불균형을 완화함으로써 해결할 수 있다는 '대중경제론'을 주장하여 관심을 끌었다.(정상호, 2008)

1971년 본격적인 선거전에 접어들자 김대중의 유세에 수많은 군중들이 몰려들었다. 판세는 예상 밖의 접전 양상을 보이며 예측불허의 상황으로 전개되었다. 박정희의 최대 약점은 장기집권에 대한 국민들의 우려와 견제심리였다. 박정희는 선거전이 예상 밖의 양상으로 치닫자, 선거 사흘 전인 4월 24일 부산 유세에서 자신이 대통령 선거에 출마하는 것은 이번이 마지막일 것이라고 공표하였다. 이와 같은 발언은 바로 다음날 서울장충단공원 유세에서도 거듭되었다.

선거 결과는 94만여 표 차이로 박정희의 승리였다. 선거에서 투개표 부정이 있었는지 확언할 수는 없지만 선거운동 과정에서 노골적인 관권개입과 금품살포가 이루어졌음을 감안할 때 박정희의 승리는 대단히 힘겨운 것이었다. 게다가 박정희는 선거 승리를 위해 차기 대통령선거 불출마를 공개적으로 선언하였고, 이는 향후의 정치적 행보를 스스로 제약하는 결과를 초래하였다.

더욱 심각한 것은 대선 직후인 1971년 5월 25일 실시된 총선의 결과였다. 선거 결과 공화당은 112석, 신민당은 89석을 각각 차지하였다. 공화당은 과반 의석은 얻었지만 개헌이 가능한 의석은 확보하지 못하였다. 득표율로 보더라도 공화당은 전국적으로 47.8%, 신민당은 43.5%의 표를 얻어 1967년 총선과 비교할 때 격차가 많이 줄었다. 특히 공화당은 대도시에서 야당에 완패하여 서울에서 전체 19개 선거구 중 단 1개, 부산에서도 8개

선거구 중 고작 2개의 선거구에서만 당선자를 냈다.(중앙선거관리위원회, 1973, 1,340~1,342쪽) 전체적으로 볼 때, 장기집권한 대통령과 집권당에 대한 대중의 견제심리가 뚜렷하게 드러난 결과였다.*

결론적으로 1971년 선거 국면을 통해 박정희가 헌정질서 내에서 선거를 통해 재집권할 수 있는 가능성은 희박해졌다. 다시 말해 박정희에게 재집권의 위기가 발생한 것이다. 또한 양대 선거를 통해 확인할 수 있는 중요한 사실은, 당시 여러 국내외적 상황 변화에 대해 박정희 정권과는 다른 차원의 대책을 제시한 김대중과 야당이 상당한 득표에 성공하였다는 것이다. 즉 당시 국내외적 변화에 대해 박정희와는 전혀 다른 방식의 대응도 존재하였으며, 그것도 한국 사회에서 무시할 수 없는 지지를 받고 있었음을 확인할 수 있다. 결국 유신체제의 성립은 이처럼 박정희와 차별적인 방식의 대응 방식은 무시되고 오직 박정희가 주장하는 위기론과 대처방식만이 강요되는 과정이었다.

남북대화의 시작과 국가비상사태 선언

남북대화의 시작　　　　1971년 7월 당시 미국 대통령 안보담당특별보좌관이었던 키신저가 베이징을 비밀 방문하여 미중 양국 간의 현안 문제를 논의하였다. 그 직후인 7월 15일 닉슨 대통령은 키신저의 베이징 방문 사실을 공표하면서 자신이 1972년 초 베이징을 방문할 것이라고 공식 선언하였다. 미중관계 개선이 돌이킬 수 없는 대세로 굳

---

* 미 국무부 정보조사국(Bureau of Intelligence and Research)은 1971년 한국의 선거 결과를 분석하며 "1975년에는 대통령을 바꾸겠다는 한국 대중의 의지가 강화된 것으로 보인다"고 하였다.("INR: Research Study" Jul. 21, 1971, Pol 14 Kor S, Subject-Numeric Files 1970~1973)

어지면서 한반도를 둘러싼 국제관계의 지각변동이 시작된 것이다.

1971년 7월 닉슨의 방중 선언은 남북한 집권자 모두에게 자국의 안보를 동맹국에만 무조건 의지하는 것이 아니라 무언가 능동적으로 스스로의 운명을 개척해야 한다는 필요성을 느끼게 하였다. 또한 냉전적 대결로 치닫던 강대국들이 상호 접근하는 새로운 상황 속에서 남북한 사이에도 대화 통로를 열어야 할 필요성을 느끼도록 만들었다.

닉슨의 방중 선언 직후인 1971년 8월 6일 북한의 김일성 수상은 미중관계 개선을 환영하면서 남한의 여당인 민주공화당과도 대화할 수 있다고 공표하였다. 한편 8월 12일 남한 대한적십자사는 남북이산가족 상봉을 위한 적십자회담을 북한 조선적십자회에 제안하였다. 마침내 1971년 9월부터 이산가족 상봉을 위한 남북적십자 예비회담이 판문점에서 시작되었다. 분단 이후 처음으로 남북대화가 시작된 것이다.

남북대화가 성사된 데에는 미중관계 개선이라는 국제관계의 변화가 직접적인 계기로 작용하였지만 국내적 요인도 간과할 수 없었다. 5·16쿠데타 이후 박정희 정권은 강력한 반공주의 정책을 추구하면서 '선건설 후통일론' '승공통일론' '유엔감시하 총선거론' 이외의 모든 통일 논의를 철저히 탄압하였지만, 그 같은 상황에서도 남북관계 개선을 촉구하는 목소리가 있었다. 1964년 1월 국회의원 서민호는 유엔을 통한 남북의 서신왕래, 체육인·언론인의 교류 등 제한적 남북교류 실시를 제안하여 파문을 일으켰다.(노중선, 1985, 434쪽) 한편 같은 해 11월 문화방송 사장이며 박정희의 사범학교 동창이던 황용주는 월간 『세대』世代 11월호에 기고한 글에서 남북한의 군축과 유엔 동시가입을 언급하여 구속되기도 하였다.(『동아일보』1964년 11월 11일자) 이 무렵 남북관계 개선 논의가 쟁점으로 떠오른 데에는 1964년 도쿄 올림픽에서 북한 여자 육상선수 신금단과 남한에 있던 아버지 신문준이 14년 만에 극적으로 상봉한 사건이 영향을 미쳤다. 불과 10분 만에 끝난 두 부녀의 상봉은 많은 사람들의 심금을 울렸다. 1964년 10월 27일 공화당 국회의원 이만섭은 의원 45명의 서명을 받아 '남북가족면회소 설치에 관한 결의안'을 국회에 제출하였다. 국제적십자사의 주관하에 남북가족면회소를 설치하자는, 당시로서는 획기적인 내용이었다. 그러나 이 결의안은 중앙정보부의 압력으로 본회의에는 상정되지 못하였고 끝내 철회되었다.

1966년 7월 국회는 '국토통일연구특별위원회'(위원장 서인석)를 구성하고 수차례의 공청회를 거쳐 1967년 1월 『통일백서』를 발행하였으며, 정부에 국토통일 문제를 연구할 전담 기구의 설치를 건의하였다.(김학준, 1985) 정부가 이를 수용하여 마침내 1969년 3·1절을 기해 국토통일원을 창설하였다. 그러나 국토통일원 발족 이후에도, 박정희는 본격적인 통일 논의는 1970년대 말에나 가능하다면서 통일 문제와 남북관계 개선에 적극성을 보이지 않았다.* 그러나 1971년 대통령선거 과정에서 김대중의 남북교류론이 큰 관심을 끌고, 국제정세도 남북 간의 접촉과 대화 문제를 계속 미룰 수 없는 상황으로 전개되자 마침내 이 무렵 남북대화를 시작한 것이었다. 남북대화는 국내 정치면에서 박정희의 입지를 강화할 수밖에 없었다. 확실히 대중적 인기를 끌 수 있는 정책이었기 때문이다. 결과적으로 남북대화는 박정희의 영구집권을 보장하는 유신체제의 수립을 시도하는 중요한 명분을 제공하였다.

그러나 남북대화가 시작된 이후에도 박정희의 안보위기론은 계속되어, 북한의 남침 위험이 임박한 현실이라는 주장을 계속하였다.** 남북대

---

* 박정희는 1970년 1월 9일 연두 기자회견에서 1970년대를 통일의 연대로 지칭하는 것은 성급한 표현이라며, 1970년대는 '통일의 준비기'가 되어야 한다고 밝혔다. 1971년 4월 대통령선거 유세에서는 통일 문제는 1970년대 후반에 가서나 논의해볼 수 있는 문제라고 말하였다.(김지형, 2008, 56~60쪽)
** 박정희는 남북대화가 진행되던 1972년 4월, 존슨 행정부 시기 국무부 차관보를 지냈던 윌리엄 번디가

화에도 불구하고 안보위기론을 고조시켜 국가의 통제력을 강화하고, 나아가 이를 자신의 재집권과 연결시키려는 박정희의 의도는 1971년 12월 국가비상사태 선포로 명백하게 드러났다.

국가비상사태 선포: 유신의 전주곡　1971년 대선 이후 박정희 대통령은 일시적으로 야당과 학생운동에 대해 유화적인 태도를 보였다. 박정희는 1971년 6월 김종필을 국무총리에 임명하였다. 이는 지난 대선 당시의 '차기 대선 불출마 선언'과 연결되어 박정희가 이제는 후계자를 양성하려는 것이 아닌가 하는 기대감을 불러일으켰다. 당시 공화당은 김성곤, 길재호, 백남억, 김진만이라는 4명의 실세를 중심으로 운영되고 있었다(4인체제). 이들도 나름대로 1975년에 박정희가 권좌에서 내려오는 것을 기정사실화하고 권력구조 개편을 논의하였던 것으로 알려졌다.(이상우, 1986, 203쪽)

　그러나 1971년 10월부터 박정희는 선거 이후 조성된 유화 국면을 급반전시키는 행동에 착수하였다. 10월 2일 국회는 야당인 신민당이 물가폭등, 실미도사건, 사법파동의 책임을 물어 제출한 오치성 내무부장관, 김학렬 경제기획원장관, 신직수 법무부장관에 대한 해임안을 표결에 붙였다. 표결 결과 오치성 해임안은 놀랍게도 가결되었다. 여당인 공화당이 과반을 점하고 있는 상황이었으므로 내부의 반란표가 없었다면 불가능한 일이었다. 당시 오치성 내무부장관은 장관 임명 직후 이른바 '4인체제'와 관련이 있는 도지사와 군수 등을 대거 인사이동시킴으로써 4인의 실세들과 갈

방한하였을 당시 지도까지 펴놓고 북한이 기습공격으로 서울을 점령하려 한다며 무려 1시간 가까이 설명하기도 하였다.("Telegram from the Embassy in Korea to the Secretary of State" Apr. 6, 1972 Pol Kor N - Kor S, Subject-Numeric Files 1970~1973)

등을 빚고 있었다. 박정희는 사실상 항명을 주도한 김성곤 등 4인체제의 인사들을 정보기관에 연행하여 가혹하게 조사하고 공화당에서 제명시켰다. 더불어 학생들의 교련반대투쟁과 반정부시위가 지속되자, 박정희는 1971년 10월 15일 서울 일원에 위수령을 내리고 군대를 동원하여 학생운동을 탄압하였다.

남북대화가 진행 중이었지만 안보위기와 북한위협론은 계속 강조되었다. 1971년 11월 30일 유재흥 국방부장관은 북한이 더욱 호전적으로 변화하고 있으며 20일 이내에 서울을 점령한다는 '20일 군사작전'을 채택하였다고 발표하였다. 이 발표를 가장 먼저 반박한 것은 동맹국인 미국이었다. 로저스 국무장관은 12월 1일 주한미국대사에게 한국 정부가 북한의 군사적 위협을 강조하는 캠페인을 벌이는 것은 아시아에서 긴장완화를 추구하는 미국의 정책은 물론 남북대화 분위기도 해치는 것이라며, 이와 같은 미국 정부의 우려를 한국 정부 요인에게 전달하라고 지시하였다.* 국내에서도 정부가 안보위기를 과도하게 강조한다는 비판적 견해가 존재했다. 예컨대 『동아일보』는 1971년 12월 1일자 사설에서, 타이완 정부가 미중관계 개선으로 대단히 큰 위기를 맞고 있음에도 불구하고 "변화에 대처하되 동요하지는 않는다"는 자세로 나름대로 차분히 대처하는 데 반해, 한국 정부는 너무 위기의식을 증폭시키고 있다고 지적하였다.

그럼에도 박정희는 1971년 12월 6일 갑자기 국가비상사태를 선언하였다. 이어 '국가보위에 관한 특별조치법안'(국가보위법안)을 국회에 제출한 뒤, 국회의장에게 서한을 보내 만일 법안이 통과되지 않으면 '비상사태

---

* 로저스 장관은 "한국 정부가 계속해서 과장된 안보위기론을 주장한다면, 미국 정부는 공개적으로 한국 정부의 안보 상황에 대한 평가와 의견이 다르다고 공표할 것"이라고 말하였다.("Telegram from the Secretary of State to the Embassy in Korea" Dec. 1, 1971, Pol Kor N - Kor S. Subject-Numeric Files 1970~1973)

를 극복하기 위해 비장한 각오로 임하지 않을 수 없다"고 하였다.(이경재, 1986, 171~175쪽) 이는 국회가 국가보위법안을 통과시키지 않으면 비상계엄령 등 더 비상한 조치도 취할 수 있음을 암시하여 국회를 위협한 것이었다.[*] 이 법안은 12월 27일 국회 본회의장을 점거한 야당 의원들을 피해 국회 제4별관에서 여당 및 무소속 의원들에 의해 단독처리되어 국회를 통과하였다.

'국가보위법'은 안보위기에 대응하기 위해 대통령에게 비상대권을 부여하는 내용을 담고 있었다. 대통령이 안보를 위해 언론을 통제할 수 있는 권한을 주는 등 정치적 억압에 악용될 소지가 있는 내용들도 있었다. 또한 노동자의 단체교섭권과 단체행동권을 제약하는 조항도 있었다. 박정희 정권이 국가비상사태를 빌미로 노동자의 기본 권리를 크게 제약하는 법률을 만든 것은 결국 노동통제를 강화함으로써 당시 기업들이 처한 어려움을 완화시키려는 것이었다. 국가비상사태 선포와 국가보위법 제정은, 당시의 국내외적 변화에 대해 박정희 정권이 현실적이고 합리적인 대응책을 마련하기보다는 지속적으로 위기감을 증폭함으로써 정치·경제·사회에 대한 국가의 개입과 통제를 극단적으로 강화하려 하였음을 뚜렷이 보여주었다.

---

[*] 이후락 중앙정보부장은 주한미국대사 하비브(Phillip C. Habib)에게 비상사태 선언 배경에 대해 설명하면서, 박정희는 원래 계엄령을 선포하려 하였지만 김종필 국무총리가 만류하여 보다 온건한 조치로 선회한 것이라고 하였다.("Telegram from the Embassy in Korea to the Secretary of State" Dec. 15, 1971, Def 1 Kor S, Subject-Numeric Files 1970~1973)

유신체제 기획과 수립

유신체제 기획과 8·3조치　　　1971년 9월 남북적십자 예비회담의 시작
　　　　　　　　　　　　　　　으로 남북대화가 시작되었지만 타협점을
찾는 일은 쉽지 않았다. 남북적십자 본회담의 의제와 인원 구성 문제를 협
의하기 위한 예비회담은 처음부터 난항을 거듭하였다. 그러던 중 1971년
11월 남한 이후락 중앙정보부장의 신임장을 받은 정홍진과 북한 조선로동
당 김영주 조직지도부장의 신임장을 받은 김덕현 사이에 비공식 대화채널
이 가동되면서 남북대화는 새로운 국면에 접어들었다. 두 인사의 접촉은
적십자회담과는 성격이 다른 '정치적 차원의 대화통로' 구축을 의미하였
다.(국토통일원, 1984, 84쪽) 이와 같은 별도의 물밑 대화통로를 통해 이후
락과 김영주가 서울과 평양을 상호 방문한다는 합의가 이루어졌다.

　　　1972년 5월 2일 이후락 부장은 비밀리에 평양을 방문하였고, 김일성
과 두 차례 회담을 가졌다. 북한에서는 김영주 대신 박성철이 5월 29일 남
한을 방문하여 박정희와 회담하였다. 이와 같은 남북 핵심 당국자의 상호
비밀방문은 키신저의 베이징 비밀방문과 마찬가지로 남북관계가 급진전
하는 전환점이 되었다.

　　　비밀방문의 성과로 1972년 7월 4일 '자주' '평화' '민족대단결'의 통일
3원칙을 천명한 남북공동성명이 발표되었고, 이후 남북적십자 본회담과
남북조절위원회 회담이 열리면서 남북대화는 급진전되었다. 그러나 박정
희 정권은 남북대화의 진전 국면마저도 남북관계의 예측 불가능성과 연결
시켜 위기의식을 조장하였다. 이는 데탕트와 미중관계 개선에 대해 국제
정세의 예측 불가능한 유동성을 강조함으로써 안보위기와 연결시켰던 것
과 마찬가지 방식이었다. 이후락 부장은 7·4공동성명을 발표하며, 반공
태세에는 변함이 없으며 이제는 "대화 없는 남북대결에서 대화 있는 남북

대결"로 옮겨간 것에 불과하다고 주장하였다.(김지형, 2008, 205쪽) 이러한 발언을 통해 남북한의 체제경쟁 논리와 안보에 대한 경각심은 더욱 강조되었다.

유신체제 수립을 위한 개헌 작업은 남북대화 국면과 밀접히 연계되며 구체화되었다. 당시 권력 실세들이 개헌을 위한 구체적인 작업을 시작한 것은 1972년 5월 이후락의 평양 방문 이전부터였던 것으로 보인다. 1972년 4월 16일 공화당 사무총장 길전식은 대통령과 국회의원의 임기를 6년으로 연장하는 내용의 개헌이 필요하다고 발언해서 파문을 일으켰다. 이 사건은 일종의 정치적 해프닝으로 끝났지만, 당시 주한미국대사관은 길전식 같은 정치가가 사전에 아무런 생각 없이 개헌 문제를 기자들과 이야기하였을 것 같지는 않다고 평가하였다. 그리고 "중앙정보부장 이후락과 전 국무총리 정일권이 미국대사관에 박정희의 집권을 계속 보장하는 방식으로 헌법이 수정될 것 같다는 암시를 준 직후에 길전식의 발언이 나온 것은 흥미롭다"고 국무부에 보고하였다.* 이처럼 개헌 작업은 늦어도 1972년 4월에 이미 시작된 것으로 보인다. 당시 정가에서도 1971년 4월 무렵부터 개헌에 대한 소문이 나돌았다.**

이후락의 5월 평양 방문으로 남북대화가 급진전됨과 동시에, 남북관계 개선과 통일을 명분으로 하여 유신개헌의 실무 작업도 가속화되었다. 개헌 작업은 여당인 공화당은 물론 김종필 총리를 비롯한 정부 고위관리들도 모두 배제된 상태에서 박정희와 이후락 중앙정보부장, 그리고 소수

---

* "Telegram from the Embassy in Korea to the Secretary of the Department of State" Apr. 17, 1972 Pol 15-5 Kor S, Subject-Numeric Files 1970~1973.
** 김대중은 1971년 4월 10일 미국대사관 직원과 만나서 박정희가 집권 연장을 위해 ① 1969년 개정된 헌법의 대통령 임기 조항을 헌법이 개정된 이후 3선이 가능하다는 방식으로 해석하거나, ② 통일될 때까지 박정희의 집권을 허용하거나, ③ 국회에서 대통령을 간접선출하는 방향으로 개정할 가능성이 있다고 말하기도 하였다.("Telegram from the Embassy in Korea to the Secretary of the Department of State" Apr. 10, 1972, Pol 15-1 Kor S, Subject-Numeric Files 1970~1973)

의 실무자만을 중심으로 전개되었다.(이경재, 1986, 211쪽) 대부분의 장관들은 1972년 10월 17일 박정희가 유신을 선포하기 몇 시간 전에야 이를 통보받았으며, 김종필 총리도 유신 선포 수일 전에야 그 사실을 전달받았다. 1972년 여름쯤 개헌 추진의 기본적 전략과 개헌안의 내용이 확정된 것으로 보인다.[*] 그러나 대통령특별선언과 계엄령 선포의 구체적 시점 자체는 1972년 10월 초 갑자기 결정되었다.(홍석률, 2005, 91쪽)

박정희 정권에게 있어 남북대화의 진전은 무엇보다 국내외 정세의 불확실성에 대한 위기감 조성이라는 방책과 연결되었지만, 또 다른 차원의 효과도 발휘할 수 있었다. 기본적으로 남북대화와 통일 문제는 민족주의적 명분을 지닌 것이었다. 이는 기존의 위기의식 고취와는 차원이 다른 것으로 비민주적인 정치체제를 민족주의적 명분으로 정당화하는 효과가 있었다. 즉 남북대화 진전에 따른 한반도 정세의 불확실성 때문에 대통령의 권력 강화가 불가피하다는 수동적 차원을 넘어서서, 통일이라는 민족적 과업을 성취하기 위해 정치적 변화가 필요하다는 보다 공세적 차원에서 유신체제 수립을 정당화하게 된 것이다. 실제로 유신체제의 수립 과정에서 남북대화와 통일담론은 중요한 명분으로 작용하였다.

한편 7·4남북공동성명으로 한국 사회가 어리둥절한 충격에 휩싸여 있던 1972년 8월 3일, 박정희는 '8·3조치'라는 또 하나의 충격적인 경제 조치를 단행하였다. 8·3조치는 기업들이 사채업자에게 빌려 쓴 채무를 모두 신고하도록 하고, 이를 시중금리보다 훨씬 싼 월리 1.35%(연리 16%)로 3년 거치 5년 분할상환하는 조건으로 채권채무관계를 조정하거나 차입기업의 출자로 전환시켜 기업의 채무 부담을 경감하고, 금융기관이 2,000억 원

---

[*] 당시 대통령 공보담당 비서였던 김성진은 자신이 박정희로부터 특별선언의 초안과 헌법개정안의 골자를 접한 것이 1972년 8월경이었다고 회고하고 있다. 유신체제를 수립하기 위한 작업은 이때쯤 마무리 단계로 접어들었던 것으로 보인다.(김성진, 1999, 348~349쪽)

의 특별금융채권을 발행하여 조달한 장기저리자금을 기업에게 지원하는 등의 내용을 담고 있었다.

8·3조치는 실질적으로 기업에 대한 엄청난 특혜였다. 사채 동결로 직격탄을 맞은 것은 당연히 고리대금업자들이었지만, 당시 동결된 사채 중에는 중간계층의 자금도 상당수 포함되어 있었다. 때문에 중산층 일부도 큰 피해를 입었다. 당시 언론들은 퇴직 공무원, 기업체 퇴직자, 기업체 사원 등 정액급여소득자와 시장상인, 의사, 판검사, 변호사 등이 많은 피해를 입었다고 보도하였다. 동결된 사채 가운데 가정주부들의 곗돈과 사설 서민금고의 자금이 차지하는 비중도 7~8%나 되었다.(이성형, 1985, 279쪽) '경제쿠데타' '경제적 유신 조치'라고 불렸던 8·3조치는 이처럼 당시 기업들의 재무구조 위기를 국가적 위기로 규정하고, 국가가 사적 소유관계에까지 개입해 기업가들에게 특혜를 주는 방식으로 이를 해소한 것이었다.

유신체제 수립의 원인이 중화학공업화를 위한 것이었다는 일부의 주장도 있다. 즉 중화학공업화를 위해서는 정부의 집중적인 자원 동원과 투자가 필수적이었기 때문에, 유신체제와 같이 정부와 대통령의 권력을 극대화하는 강력한 권위주의체제 수립이 필요하였다는 논리이다.(마인섭, 2000) 그러나 8·3조치가 분명히 방증하는 것은 이미 유신체제 수립 이전에 정부와 대통령의 경제 통제력이 사적 소유권까지도 제약할 정도로 강력하게 발휘되고 있었다는 점이다. 따라서 경제 분야에 대한 국가적 차원의 계획과 통제를 강화하기 위해 유신체제를 수립하였다는 논리는 성립하기 어렵다.

유신 선포와 개헌　　　　1972년 10월 17일 저녁 박정희 대통령은 비상계

엄령을 선포하고 대통령특별선언을 발표하였다.

서울 시내 곳곳에 병력이 배치되고 광화문에는 탱크까지 동원되었다. 특별선언의 내용은 ①국회를 해산하고 정치활동을 금지하며 ②헌법 일부 조항의 효력이 정지되고 그 기능은 비상국무회의가 대행하며 ③향후 새로운 헌법개정안을 공고하여 국민투표를 통해 확정하고 ④개헌안이 확정되면 1972년 말까지는 헌정질서를 정상화한다는 것이었다. "10·17특별선언"에서 박정희는 데탕트 국면에서 이뤄지는 강대국 사이의 협상 과정에서 약소민족의 이해관계가 훼손될 위험성에 대처하기 위해, 또한 기존의 헌법은 냉전시기에 만들어진 것인 만큼 남북대화와 통일이라는 새로운 과제를 추진하기 위해 새로운 정치체제 수립이 불가피하다고 주장하였다.(『동아일보』1972년 10월 18일자) 당시 헌법상 대통령은 국회를 해산할 권한이 없었다. 박정희는 5·16쿠데타에 이어 민주 헌정질서의 기본틀을 깨는 두번째 행동에 돌입하였다.

미리 준비된 개헌안은 10월 26일 단 하루 동안 비상국무회의에서 축조심의되고 다음날 공고되었다. 개헌안의 주요 내용은 통일주체국민회의 대의원에 의한 대통령 간접선거제, 국회의석 3분의 1을 사실상 대통령이 지명, 대통령과 국회의원 임기를 6년으로 연장, 대통령에 국회해산권 및 사실상 무제한적인 긴급조치권 부여, 국회의 국정감사권 폐지 등 모든 권력을 대통령 1인에게 집중시켜 실질적으로 박정희의 영구집권을 보장하는 내용이었다.

박정희가 내세운 개헌의 명분 중 하나는 기존 헌법이 냉전시기에 만들어졌기 때문에 평화통일을 추진하는 데 장애가 된다는 것이었다. 때문에 일부 관측통들은 개헌안에 영토조항 등의 변경을 예측하기도 하였지만 실제로는 통일 문제와 관련된 조항들은 거의 수정된 것이 없었다. 다만 조금

이나마 관련된 내용이 있다면 헌법 전문에 "조국의 평화적 통일의 역사적 사명에 입각하여"라는 구절이 삽입된 것과, 대통령 간접선거를 위해 구성되는 기구에 '통일주체국민회의'라는 명칭을 부여하고 이를 "조국통일의 신성한 사명을 가진 국민의 주권적 수임기관"으로 규정(제35조)한 것이 전부였다.

1972년 11월 21일 계엄령이 선포된 가운데 개헌안에 대한 찬반을 묻는 국민투표가 실시되었다. 총 유권자의 91.9%가 참여하여 무려 91.5%라는 놀라운 찬성률로 개헌안이 통과되었다. 그후 12월 13일에야 삼엄한 계엄령이 해제되었고, 15일에는 통일주체국민회의 대의원 선거가 실시되었다. 12월 23일 어떠한 선거유세나 공약 발표도 없이, 사실상 박정희만이 입후보할 수 있는 구도에서 통일주체국민회의는 찬반투표 끝에 박정희를 대통령으로 선출하였다. 12월 27일 박정희가 제8대 대통령으로 취임함으로써 유신체제 수립은 마무리되었다.

유신체제는 현대 한국정치사에서 가장 억압적인 정치체제의 수립을 의미하였다. 그러나 이 체제의 수립 과정에서 가시적인 저항은 거의 없었다. 5·16쿠데타 때에는 잠재적 저항 가능성이 있는 인사 2,000명 이상을 대대적으로 검거하였지만, 10월유신이 선포되는 과정에는 일부 야당 국회의원이 감금되어 고문당했을 뿐 대대적인 검거는 없었다. 또한 개헌안에 대한 찬성률이 90%를 넘기기도 하였다. 그럼에도 불구하고 당시 일반 대중들 다수가 유신체제 수립의 명분에 적극적으로 수긍하고 동의하였다고 보기는 어렵다.

우선 당시 국민투표는 계엄령하에서 진행되었다는 사실을 고려해야 한다. 5·16쿠데타 직후 1962년 헌법개정 때에는 국민투표 직전에 계엄령이 해제되었다. 3선개헌 때에는 계엄령 자체가 발동된 적이 없었다. 그러나 유신헌법 개정을 위한 국민투표는 삼엄한 계엄령이 내려져 있는 상황

장충체육관에서 투표를 하는 통일주체국민회의 대의원들

에서 진행되었다. 계엄령으로 인해 모든 정치활동이 봉쇄되고, 개헌안에 대한 비판이나 반대의견 피력이 엄격히 금지된 상태에서 국민투표가 이루어진 것이다.

　계엄령하에서 모든 언론은 계엄사령부의 엄격한 사전검열을 받아야 하였다. 신문사 편집국 관계자들이 서울시청에 주둔하는 군 공보장교에게 사전검열을 받아 신문을 발행하였다. 계엄령하의 언론검열은 유신체제 수립에 비판적인 언급을 막는 정도가 아니라, 정부에 조금이라도 비판적이거나 부정적인 요소가 있는 기사 일체를 삭제할 정도로 엄격하였다. 예를 들면 재난 관계 기사도 가급적 축소 보도할 것이 요청되었고, 필리핀 대통령의 부인 이멜다 마르코스의 사치한 삶을 다루는 것도 불허될 정도였다. 12월 13일 계엄령이 해제된 이후 사전검열은 사라졌지만 유신체제를 비판하는 내용이나 이를 비판적으로 언급한 외신보도, 학생 및 정치인의 발언에 대한 기사 일체를 수록하지 말라는 보도지침이 언론사에 내려지고 강

요되었다.※

　이러한 상황에서 당시 언론보도는 개헌안과 정치체제 개편을 찬양하고 그 정당성을 설파하는 글로 도배되었다. 나아가 정부는 퇴폐·폭력사범 일제단속, 추곡가를 13%나 인상하고 앞으로는 고미가 정책을 추진하라는 대통령의 지시, 산재보상보험 적용 확대, 모범 새마을공장 건설 등 각종 홍보성 정책들을 잇달아 발표하였고, 이는 연일 신문의 1면 첫머리를 장식하였다.(『동아일보』 1972년 10월 20일·11월 9일·10일·14일자)

　언론통제는 대중매체에만 국한된 일이 아니었다. 이 무렵은 중앙정보부 등 정보기관의 감시망이 대단히 치밀하게 뻗어있었기 때문에 다방과 같은 공공장소에서의 대화도 완전히 자유롭지 못하였다.※※ 국민들의 의식과 행동을 유신체제에 순응시키는 작업에는 사회적 차원의 통제와 압력도 대대적으로 동원되었다. 10월 17일 대통령 특별선언 직후부터 재향군인회, 한국무역협회 등 각종 사회단체의 지지성명과 광고가 신문지상을 장식하였다. 국가권력이 정치·사회·경제 전반을 장악하고 강력한 통제력을 행사하는 당시 상황에서 사회집단이나 단체들이 국가권력으로부터 자율성을 확보할 수 있는 공간은 현저히 줄어들었다. 그러므로 그러한 성명이나 광고가 완전히 자발적인 것이었는지에 대해서는 의문의 여지가 많다. 유신체제 지지 성명을 낸 사회단체들은 상상을 초월할 정도로 다양하였고, 전혀 정치적인 문제에 관여할 이유가 없는 단체들까지도 포함되어 있

※ "Telegram from the Embassy in Korea to the Secretary of State- The Korean Press Under the Martial Law" Dec. 22, 1972. Pol 23-8 Kor S, Subject-Numeric Files 1970~1973.

※※ 10월 17일 특별선언 발표 당시 일반인들의 반응을 살펴보기 위해 다방에 있었던 미국대사관원이 관찰한 바로는, 일부 다방 손님들이 고개를 가로저으며 황당해하는 모습을 보였지만, 계엄령 선포와 개헌 문제에 대해 무언가 말하거나 대화하는 것은 피하는 분위기였다.("Telegram from the Embassy in Korea to the Secretary of the Department of State" Oct. 17, Pol 23-9 Kor S, Subject-Numeric Files 1970~1973)

었다. 반공단체는 물론이고 주요 경제단체, 대한결핵협회 등 의료 관련 단체, 한국문인협회 등 예술단체, 각종 학회, 한국속기교육회, 한국아동도서보급회 등 비정치적 단체들도 모두 유신 지지 성명을 냈다. 순수 학술논문을 수록하는 전문학회지에도 '10월유신'의 필요성을 선전하는 글이 수록되었다.

박정희 정권이 5·16쿠데타 이후 구축하기 시작한 사상·문화적 통제력은 유신체제 확립 과정에서 유감없이 발휘되었다. 교육 현장에서는 공공연하게 10·17특별선언의 의미와 '10월유신'의 필요성 및 정당성이 선전되었다. 민관식 교육부장관은 교육연수회 명목으로 1,080명의 초·중·고 교장을 모아놓고, "10월유신에 선도적 역할"을 하자는 내용의 결의문을 채택하였다. 서울시 공무원 2만 명은 "시월유신"이라는 글씨가 쓰인 리본을 달고 다녔고(『조선일보』 1972년 11월 11일자), 전국 각지에서 10월유신을 지지하는 집회가 열렸다.

한편 1960년 4월혁명 때 학생시위를 주도하였던 이른바 '4·19세대' 45명도 10월유신을 지지하는 내용의 성명서를 발표하였다. 이들 일부는 조선일보사가 주최한 좌담회에 나와 4·19세대답게(?) 평화통일과 '한국적 민주주의' 확립 등 민족주의적 명분을 내세우며 10월유신의 당위성을 강조하였다.(『조선일보』 1972년 11월 19일자) '내 한 표로 10월유신 내 힘으로 남북통일' "한국적 민주주의 우리 땅에 뿌리박자" "잘 살려 하는 일에 너도 나도 앞장서자" 등의 표어들이 거리 곳곳에 나붙고 신문지상을 장식하였다. 이 무렵 『조선일보』는 10월유신 표어를 현상공모 하였는데, 당선작은 "엄마 아빠 투표하여 유신헌법 꽃피우자"였다.(『조선일보』 1972년 11월 12일자) 국민투표는 이처럼 개헌에 대한 찬반을 묻는 절차가 아니라 유신헌법을 '꽃피우는' 절차였다.

박정희는 10·17특별선언 말미에서 "그러나 만일 국민 여러분이 헌법

개정안에 찬성하지 않는다면, 나는 이것을 남북대화를 원치 않는다는 국민의 의사표시로 받아들이고, 조국통일에 대한 새로운 방안을 모색할 것임을 아울러 밝혀두는 바입니다"라고 하였다. 이러한 발언은 마치 개헌안이 통과되지 않으면 남북대화를 중단하고 무력 북진통일이라도 하겠다는 듯한 인상을 줄 수도 있었고, 계엄령 선포 정도가 아니라 더 비상한 조치도 취하겠다는 암시일 수도 있었다. 결국 박정희는 늘 그랬던 것처럼 민주 헌정질서 자체가 파탄날 수도 있는 상황을 암시하면서 자신이 추진하는 일에 순응할 것인지 파국을 맞을 것인지를 선택하도록 강요하였다.

유신체제 수립 과정에서 박정희는 각종 사회통제의 기제들을 이용하여 국민들의 선택을 남북대화에 찬성하느냐 반대하느냐, 중단 없는 전진 속의 번영을 원하느냐 혼란과 파국을 원하느냐는 식의 흑백논리로 몰아갔다. 때문에 유신헌법이 민주적인지 반민주적인지에 대해서는 논의조차 허용되지 않았다. 이러한 상황에서 국민들은 개헌안에 대한 찬반 여부를 선택하는 것이 아니라 권력의 전방위적인 공세에 순응하여 평온한 삶을 유지하느냐, 아니면 저항하여 위험에 처하느냐를 선택할 수밖에 없었다. 실제로 국민투표의 결과가 공표되었을 때 미국대사관은 "우리는 투표 결과를 개헌에 대한 찬반 의견의 반영보다는 일종의 순응훈련an exercise in conformity으로 보고 있다"고 하였다.•

개헌안 국민투표는 분위기와 절차뿐 아니라 기본적인 투개표 자체의 공정성에도 문제가 있었다. 당시 광범위한 투개표 부정이 있었는지 여부에 대해서는 확인이 어렵다. 그러나 국민투표 방식 자체가 대단히 파행적이었다는 사실만은 분명하다. 유신헌법에 대한 찬반 국민투표에는 이전의

• "Telegram from the Embassy in Korea to the Secretary of the Department of State" Nov. 22, 1972 Pol 15-5 Kor S, Subject-Numeric Files 1970~1973.

국민투표법이 그대로 적용되지 않았다. 기존 국민투표법은 선거관리위원회에 정당 추천 인사가 포함되고, 야당을 포함한 정당 인사가 투표 현장을 참관하는 것을 허용하고 있었다. 1969년 3선개헌 과정에서 진행된 국민투표도 이러한 절차 속에서 진행되었다. 그러나 유신 선포 직후인 10월 23일 비상국무회의는 '선거관리위원회에 관한 특례법'을 새로 만들어 선거관리위원회 구성에서 정당 추천인을 배제하였다. 나아가 '국민투표에 관한 특별법'을 만들어 정당인의 투표 참관을 배제하고, 선거관리위원회가 선정하는 '학식과 덕망이 있는 인물'이 참관하는 것으로 바꾸었다.(『동아일보』 1972년 10월 23일·25일자) 결국 선거관리위원회 구성과 투표 참관에 대한 공정성을 확보할 아무런 장치도 없이 국민투표가 진행되었다. 반대표를 던지고자 해도 눈치를 볼 수밖에 없는 분위기가 조성됨으로써 투개표의 공정성 자체에 원천적 결함이 존재하였던 것이다.

2
유신체제의 억압구조와 통치 이념

정치적 비민주성과 억압성

국민기본권 제약과 박정희 영구집권 체제　유신헌법을 기초로 마련된
정치체제는 기본적으로 비
민주적이고 억압적인 것이었다. 10월유신 이전의 헌법들은 비록 실제 운
용에서는 문제가 있었다 하더라도 헌법 조문의 내용 자체는 민주주의 국
가의 헌법으로서 큰 손색은 없었다. 그러나 유신헌법은 그 자체로 비민주
적이었을 뿐만 아니라 구체적 조항들도 민주주의의 기본 개념과 절차들로
부터 벗어난 것들이 많았다.

민주국가에서 헌법의 의미는 통치자의 자의적 권력 행사를 막고 국민
의 기본권을 명문화하여 보장하는 것이라 할 수 있다. 물론 유신헌법도 국
민의 기본권을 명시하고 있다. 그러나 이전 헌법들과는 달리 "모든 국민은
법률에 의하지 아니하고는 언론·출판·집회·결사의 자유를 제한받지 아니
한다"(제18조)는 방식으로 기본권이 법률에 의해 제약될 수 있다는 유보조
건을 명시하였다. 또한 앞선 헌법에는 기본권을 법률로 제한하더라도 기

본권의 본질적인 내용은 침해할 수 없다는 조항이 명시되어 있었지만(제32조 2항) 유신헌법에는 이 조항이 삭제되었다.*

유신헌법은 대통령에게 '긴급조치권'을 부여하여 국민의 기본권을 자의적으로 제약할 수 있는 길을 열어주었다. 유신체제하에서 취해진 일련의 긴급조치는 반대세력을 탄압하는 가장 강력한 법적 통제수단이었다. 유신헌법에 따르면 대통령은 "천재지변 또는 중대한 재정·경제상의 위기, 국가의 안전보장 또는 공공의 안녕질서가 위협받을 수 있을 때" 국민의 자유와 권리를 잠정적으로 정지하고, 국회와 법원의 권한에 관해서도 긴급조치를 취할 수 있는 권한이 있었다.(제53조)

유신헌법은 대통령의 "긴급조치는 사법적 심사의 대상이 되지 아니한다"(제53조 4항)고 명시하였다. 그 결과 유신체제하에서 국민들은 긴급조치에 의해 자신의 기본권이 침해당해도 이를 항변하고 시정할 수 있는 법적 통로가 전혀 없어졌다. 대통령의 긴급조치는 사법적 심사 대상이 아닌 그야말로 절대적인 것이었기 때문이다.

또한 위헌적인 법률에 의해 기본권이 제약당해도 이를 시정할 수 있는 방법이 사실상 봉쇄되었다. 과거 헌법에서는 대법원이 위헌적인 요소가 있는 법률을 심사하여 합헌 여부를 결정할 수 있었다. 그러나 유신헌법은 헌법위원회를 신설하여 위헌법률심사권과 탄핵결정권, 위헌정당해산권을 부여하였다. 헌법위원회는 9명의 위원으로 구성되는데, 대통령과 국회, 대법원이 각각 3명씩 지명하도록 되어 있었다. 그러나 실제로 유신체제하에서 헌법위원회가 위헌법률심사권을 행사한 적은 단 한 번도 없었다.(김영수, 2001, 586쪽)

---

* 유신헌법에서는 체포·구금될 때 법원에 적부심사를 신청할 권리와, 언론에 대한 검열제나 허가제 금지 조항 등도 삭제하였다. 또한 군인, 경찰 등이 직무 집행하는 것과 관련하여 받은 손실에 대해서는 국가 배상을 청구할 수 없다고 헌법에 명시하기도 하였다.(제26조 2항)

유신체제하에서의 국가통치기관의 구조는 일반적인 민주국가의 것과
는 현격한 차이가 있었다. 유신체제하의 최고 국가통치기관으로 헌법에
최우선적으로 명시된 것은 '통일주체국민회의'였다. 이는 유신헌법을 기
초하는 데 중요한 역할을 하였던 갈봉근도 자인하였듯이 "세계 어느 나라
에서도 똑같은 기구를 찾아볼 수 없는" 특이한 것이었다.(황병주, 2008, 298
쪽) 통일주체국민회의는 통일을 위해 국민의 총의를 모으는 '국민적 조직
체'였을 뿐 아니라 통일정책을 심의 결정하는 '국민의 주권적 수임기관'이
었고, 대통령은 물론 국회의원 3분의 1을 선출하는 국가기관이었다. 그런
데 이 기관의 최고권력자인 의장은 대통령이었다. 대통령이 의장으로 있
는 기관이 대통령을 선출하는 권한을 갖고 있었던 것이다. 결국 통일주체
국민회의는 사실상 대통령에게 모든 권한을 집중시켜 국회와 사법부 위에
서 통치할 수 있도록 고안된 기구였다.

　　통일주체국민회의를 구성하는 대의원들은 각 면·동에서 1명씩 선출
하는 것을 원칙으로 하였다. 관련 선거법에 의해 국민 직접투표로 1972년
12월 15일 2,359명의 통일주체국민회의 대의원이 선출되었다. 대의원들
은 정당에 가입할 수 없었고 국회의원이나 다른 공직을 겸하는 것도 금지
되었다. 따라서 대의원 선거는 정당들 사이의 경쟁이라는 일반적인 정치
과정과는 완전히 무관하게 실시되었다. '통일주체국민회의 대의원 선거
법'에 따르면 선거운동 기간 중 대의원 후보들은 합동연설회를 열긴 하지
만, 오직 후보자 자신의 경력, 입후보 취지, 그리고 '유신 과업'에 대한 자
신의 견해만을 발표할 수 있었다. 어떠한 방식으로든 특정인, 정당, 기타
정치단체나 사회단체를 지지 또는 반대하는 내용의 연설을 할 수 없었
다.(제42조) 게다가 정부는 공무원과 경찰을 동원하여 후보 등록과정부터
반정부 인사들이 통일주체국민회의 대의원에 출마하는 것을 원천봉쇄하
였다.(전재호, 2005, 112쪽) 2,000명이 넘는 대의원들이 소속 정당도 없고

어떤 정치적 단체도 만들지 못하는 상태에서 자신들의 정치적 입장을 형성하고 표출하는 것 자체가 불가능하였다. 때문에 통일주체국민회의 대의원들은 권력에 의해 더욱 쉽게 조종당할 수밖에 없었다.

통일주체국민회의는 국가의 통일정책을 심의·결정하는 권한을 갖고 있었지만, 유신체제하에서 이러한 권한을 실제로 행사한 적은 없다. 다만 1972년 12월과 1978년 7월, 두 차례에 걸쳐 박정희를 대통령으로 선출하였을 뿐이다. 유신체제하에서 대통령 선거는 일체의 선거운동이나 정견발표 없이 통일주체국민회의 대의원들이 장충체육관에 모여 선거를 하는 방식으로 이루어졌다. 일률적으로 검은 양복을 입은 대의원들이 체육관에 일사불란하게 줄을 맞추어 앉아 박정희와 정부의 업적을 홍보하는 영상물을 관람한 뒤에 투표를 하였다. 야당은 이처럼 비민주적 절차로 치러지는 대통령 선거 자체를 거부하였기 때문에 입후보자는 오직 박정희 한 명밖에 없었다. 두 차례 선거 모두 1~2표의 무효표가 나왔을 뿐 단 한 표의 반대표도 없이 99.9%라는 압도적인 찬성률로 박정희가 대통령으로 선출되었다.

한편 통일주체국민회의는 유신헌법에 따라 1973년 3월과 1979년 2월 박정희가 추천한 국회의원 후보들에 대해 찬반투표를 하였다. 결과는 물론 전원 찬성이었다. 이들은 '유신정우회'(유정회)라는 별도의 교섭단체를 구성하였다. 당시 국회의석은 총 219석이었는데 그중 3분의 2에 해당하는 146명은 지역구에서 주민 직접투표를 거쳐 선출되고, 3분의 1에 해당하는 73명은 통일주체국민회의를 통해 대통령이 사실상 지명하였다. 유신체제하의 국회의원 선거제도는 1개 선거구당 2명을 뽑는 중선거구제를 도입하였다. 그 결과 조직력과 자금을 가진 여당 후보는 최소한 2등은 할 수 있었다. 여기에 대통령이 의석 3분의 1에 해당하는 유정회 의원을 지명하였으니, 여당이 국회에서 3분의 2가 넘는 압도적 다수 의석을 차지하는 것은 전혀 어려운 일이 아니었다. 사실상 박정희의 영구집권을 보장해주는 정치제도나 다름없었다.

통일주체국민회의는 중앙은 물론 지방 말단까지 인적연결망을 지닌 전국적인 단일 조직체였다. 중앙에는 운영위원회와 회장단회의가 있었고 각 지방별로 지역회가 있었다. 지역회의 대의원들은 매월 1회씩 해당 지역 단위로 월례회를 개최하여 유신체제를 홍보하고 '국민총화'를 이룩하기 위한 선전·계몽활동을 수행하였다. 대의원들은 1974년부터 매년 1회씩 시도별로 6~8개 지역으로 나뉘어 통일 및 안보정책의 배경과 전망에 대한 정부의 보고를 듣는 통일안보보고회에 참여하였고, 새마을 연수 및 통일안보교육 연수에 참여하였다. 1978년까지 이러한 보고회와 행사에 참여한 통일주체국민회의 대의원들은 총 25만 2,869차례에 걸쳐 연인원 2,600만 명에 달하였다. 대의원들은 유신체제의 이념과 정부의 정책을 선전·홍보하고, 체제 유지를 위해 대중을 동원하는 조직으로 기능하였다.(전재호, 2005, 128~130쪽)

3권분립 파탄과 정치적 억압의 강화 유신체제하에서 민주국가의 기본 운영원칙인 3권분립은 심각하게 훼손되었다. 일반적인 민주국가의 헌법은 우선 국민기본권을 규정하고 다음으로 기본적인 국가권력구조를 규정한다. 국가권력구조를 규정할 때는 국민의 대표기관인 의회에 대한 규정을 먼저 한 다음, 대통령을 포함한 행정부, 마지막으로 법원의 순으로 하는 것이 통례이다. 과거 대한민국의 헌법들은 모두 이러한 순서로 배열되어 있었다. 그러나 유신헌법은 통일주체국민회의를 최우선에 놓았고(제3장), 그 다음에 대통령(제4장), 정부(제5장), 국회(제6장), 법원(제7장) 순으로 되어 있다.

유신체제하에서 국회의 권한은 심각하게 약화되었다. 대통령은 국회를 해산할 수 있었지만 국회는 대통령에 대한 탄핵권을 갖지 못하였다. 한국 정치에서 국회가 행정부를 견제하고 감시하는 중요한 장치였던 국정감사제도도 폐지되었다. 대통령이 개헌을 제안하면 이는 곧바로 국민투표를 거쳐 확정될 수 있었다. 과거처럼 국회의 동의를 받을 필요가 없었다. 반면 국회는 재적의원 과반수의 동의로 개헌안을 발의하더라도 다시 국회의원 3분의 2 이상의 찬성을 얻어야 의결할 수 있었다. 게다가 국회가 의결한 개헌안은 다시 통일주체국민회의에서 통과되어야 국민투표에 회부되어 확정될 수 있었다. 결과적으로 개헌은 오직 대통령만의 권한임을 명시한 것이나 다름없었다.

전체 의석의 3분의 1이 대통령 지명을 받은 유정회 의원들로 채워지고, 중선거구제에 따라 여당 의원의 지역구 당선이 실질적으로 보장받는 상태에서, 국회가 대통령의 의사에 반하는 결정을 내리는 것은 거의 불가능하였다. 또한 유신체제하에서는 이른바 '능률의 극대화'라는 명목으로 1년 중 임시국회와 정기국회 각각 1회씩 정도로 국회의 활동을 축소하는 것을 원칙으로 하였다. 유신헌법에서 정기국회의 회기는 90일, 임시국회의 회기는 30일을 초과할 수 없도록 하였으며, 양자를 합쳐 국회 개원일은 연 150일을 넘을 수 없도록 하였다.(제82조 제1항) 그러나 대통령이 국회를 소집하는 경우에는 회기일 제한을 받지 않을 수 있었다.

유신헌법은 이처럼 국회의 행정부 견제 기능을 무력화시켰을 뿐 아니라 국회 운영의 기본인 정당정치 자체에도 심각한 훼손을 가져왔다. 유신체제하에서도 야당이 존재하였고 국회의원 선거가 치러졌다. 1978년 제10대 국회의원 선거에서는 야당인 신민당이 32.8%, 여당인 공화당이 31.7%를 득표하여 야당이 더 많은 득표를 하기도 하였다.(오창헌, 2001, 258쪽) 그러나 유정회의 존재 때문에 국회의 여대야소 구도는 바뀔 수가 없었다.

1962년에 제정된 이른바 '제3공화국 헌법'에서는 그 의도야 어떠하였든 대통령과 국회의원 후보 요건에 정당의 공천을 필수요건으로 규정하고, 국회의원이 당적을 이탈하는 경우 의원직을 상실하도록 하였다. 그러나 유신헌법에서는 이러한 조항도 사라졌다. 또한 유정회의 존재는 여당인 공화당의 입지마저 애매한 것으로 만들었다.

사법부의 경우도 마찬가지였다. 유신체제 이전까지만 하더라도 사법부는 일정 부분 정부의 전횡을 견제하는 역할을 하였다. 예컨대, 정부가 관심을 갖고 있는 이른바 '시국사건'에서 일부 무죄판결이 내려지는 경우도 간혹 있었다. 1971년 7월에는 검찰이 사소한 비리 혐의를 들어 판사들에 대한 체포영장을 신청하자 서울형사지법 판사 37명과 민사지법 판사 44명, 그 밖의 다른 법원에서도 집단사표를 제출하는 '사법파동'이 일어나기도 하였다. 그러나 유신체제하에서 사법부 독립은 심각하게 훼손되고 사실상 대통령과 행정부의 종속적 기구로 전락하였다.

유신 이전의 헌법은 법관추천위원회*가 대법원장을 제청하고 대통령이 국회의 동의를 얻어 임명하도록 하였다.(제99조) 그러나 유신헌법에서는 법관추천위원회 제도를 없애고, 대통령이 국회의 동의를 얻어 대법원장을 임명하는 방식으로 바뀌었다. 또한 대법원 판사도 과거에는 대법원장이 법관추천위원회의 동의를 얻어 제청하면 대통령은 이를 곧바로 임명하도록 되어 있었다. 그러나 유신헌법에서는 대법원장이 제청하여 대통령이 임명하는 것으로 바뀌었다. 아울러 '법원조직법'에 따라 일반 법관의 임명과 보직 부여도 모두 대통령이 하도록 만들었다. 박정희는 1973년 3월 모든 법관들을 재임명하면서 무려 46명에 달하는 법관을 탈락시켰다.

---

* 법관추천위원회는 법관(판사) 4인, 변호사 2인, 대통령이 지명하는 법률학 교수 1인, 법무부장관, 검찰총장으로 구성되었다.(대한민국 헌법 6호, 제99조 4항)

유신체제하에서는 3권분립이 거의 말살되었을 뿐 아니라 정치적 탄압과 통제도 극도로 강화되어 야당 인사들에 대한 테러와 협박이 이전보다 훨씬 빈번하게 발생하였다. 유신 선포는 혹독한 고문으로부터 시작되었다. 유신 선포 직후 국회가 해산될 때 일부 야당 의원들은 군 헌병대와 보안사령부 요원들에 의해 체포·구금되어 비인간적인 고문을 당하였다.(이경재, 1986, 30~67쪽) 1971년 대선에서 박정희와 경쟁하였던 야당 정치인 김대중은 1973년 8월 8일 일본 동경에서 중앙정보부 요원들에 의해 납치되어 한국으로 강제 귀국 당하였다. 김대중은 보수야당 정치인이었지만 유신체제기에는 정계에서 철저히 배제되었고, 가택연금과 투옥을 반복하며 재야인사로 활동해야 했다.

유신체제하에서 국가권력의 억압적 폭력은 이전에 비해 한층 무자비하고 무차별적으로 자행되었다. 1973년 10월 당시 서울대 법과대학 교수였던 최종길은 유학 시절의 행적에 대한 근거 없는 제보가 문제가 되어 중앙정보부에 소환되어 조사를 받았다. 조사관들은 최종길에게 팬티와 러닝만 입힌 채 야전침대봉으로 허벅지와 엉덩이를 구타하는 등 가혹행위를 하였고, 결국 그가 사망하자 자살로 위장하였다.(대통령소속 의문사진상규명위원회, 2003, 54~55쪽) 한국에서 가장 유명한 대학의 법학교수가 이러한 취급을 당하였을 정도이니 당시의 상황이 얼마나 심각하였는지 잘 알 수 있다.

유신체제하에서 수차례 내려진 긴급조치를 위반해 재판을 받은 사람 중 절반 정도는 재야정치인과 학생 등 조직적으로 민주화운동을 전개한 이들이었다. 그러나 나머지 절반 정도는 음주나 일상적인 대화 중에 박정희와 유신헌법, 한국의 정치상황 등에 대해 비판하거나 풍자하다가 적발된, 그야말로 평범한 시민들이었다.(『한겨레신문』 2007년 1월 30일자) 이런 방식으로 수많은 정치범들이 양산되었다. 유신체제기 국가폭력은 야당 정치인이나 반정부투쟁가들에게만 가해진 것은 아니었다. 정권에 대해 적극적인 저항을 하지 않는다고 안전할 수 있는 상황이 아니었다.

사회·문화적 통제와 동원

새마을운동과 노동통제 및 동원　유신체제는 사회·문화적 측면에서도 국가의 억압적 통제를 강화하였다. 또한 '국민총화'라는 명분으로 체제 유지를 위해 국민을 체제에 순응시키고 나아가 적극적으로 협력하게 만드는 국민동원 체제를 강화하였다.

농촌진흥운동으로 시작된 새마을운동도 이와 같은 유신체제기의 사회적 통제 정책과 밀접하게 진행되었다. 새마을운동은 1970년 4월 박정희가 지방장관회의에서 제안한 새마을가꾸기운동에서 비롯되었다. 유신헌법 선포 이후 박정희는 새마을운동을 "10월유신의 실천 도량道場"이라 명명하면서 농촌을 넘어 전 사회적으로 본격 확대하였다.

'근면' '자조' '협동'이라는 새마을운동 구호가 거리 곳곳에 나붙고, 농촌과 도시에서 아침마다 "새벽종이 울렸네, 새 아침이 밝았네"로 시작되는 박정희 작사·작곡의 새마을노래가 울려 퍼졌다. 1973년 5월 새마을지도자연수원의 건립을 계기로 새마을운동은 유신정권이 내세웠던 '국민총화'와 '총력안보'라는 구호하에 국민을 규율하고 동원하는 운동으로 본격화되었다. 1974년부터 새마을교육은 농민뿐 아니라 대학교수, 기업인, 경제단체 간부, 고급 공무원, 장·차관 등 각계 지도층 인사들로 범위가 확대되었다. 1972년부터 1979년까지 새마을 합숙교육을 받은 사람이 67만 7,900명이나 되었고, 비합숙교육 인원은 연인원 6,953만 3,000명에 달하였다. 국민 1인당 평균 2회 정도의 연수를 받은 것이다.(전재호, 2005, 151쪽; 조희연,

2007, 168쪽) 새마을운동은 그야말로 10월유신의 이념을 국민에게 보급하고 규율하며, 국민들을 유신체제에 동원하는 '실천 도량'이었다.

유신체제하에서는 노동에 대한 통제와 동원이 한층 강화되었다. 이 시기에는 현대 민주국가에서 일반적으로 보장되는 노동자의 권리가 심각하게 제약받고, '국가경제발전'이라는 명목으로 노동자들의 희생이 일방적으로 강요되었다. 반공주의라는 전반적인 제약에도 불구하고 1953년 노동관계 법령이 제정된 이래 한국 사회에서는, 노동자가 권익 보호를 위해 노동조합을 설립하고 단체교섭을 하며 단체행동을 할 수 있다는 기본적인 권리는 형식적인 법적·제도적 차원에서나마 보장을 받았다. 그러나 유신체제가 절차적·제도적 차원의 민주주의를 크게 훼손한 것과 마찬가지로, 이 시기 국가의 노동정책은 법적·제도적 차원에서의 노동자 권리마저 노골적으로 제약하였다.

이미 유신체제 성립 이전에도 노동자들의 기본적인 권리를 억압하기 위한 여러 입법 조치가 단행되었던 바 있다. 1970년 1월 1일 '외국인투자기업의 노동조합 및 노동쟁의에 관한 임시특례법'이 제정되어, 외국인투자기업의 경우 노조 결성 및 쟁의 발생 시 노동청에 직접 신고하고 중앙노동위원회의 강제 중재를 받도록 하였다. 이는 외국인투자기업에서의 노동조합활동을 사실상 불가능하게 만들었다. 실제로 이 무렵 주로 일본 자본들의 투자가 활발하였던 마산수출자유지역에서는 노조가 결성된 기업이 하나도 없었다.(김삼수, 2003, 191쪽)

앞서도 언급하였듯 1971년 12월 27일에 제정된 '국가보위법'에는 근로자의 단체교섭권 또는 단체행동권 행사는 사전에 주무관청에 의무적으로 조정을 신청해야 하고, 그 결정에 따르도록 규정하는 조항이 들어 있었다. 이 조항은 형식적으로는 단체교섭 및 단체행동의 절차를 규정한 것으로 보이지만, 실질적으로는 교섭과 행동의 자유를 원천봉쇄한 것이었다.

이러한 법 조항은 시행령도 제정되지 않은 채 오로지 노동청 예규(103호) 같은 행정처리 지침에 의해 운영되었다. 이 예규에 따르면 단체교섭이 관청에서 조정·결정될 때까지 노동조합은 단체행동권 행사를 신청할 수 없게 되어 있었다. 이는 사실상 강제 중재 제도로서 노동자들의 자유로운 단체교섭 및 단체행동권을 제도적으로 억압한 것이었다. 유신체제하에서 노동자들은 일반적인 현대 민주주의 국가에서 보장되는 노동3권을 법적·제도적인 차원에서조차 누리지 못하였다.

유신정권은 '민족중흥' '국가발전'이라는 명목하에 노동자들을 동원하기 위한 여러 조치들을 취하였다. 1973년 말 '오일쇼크'를 계기로 상공부의 주도하에 공장새마을운동이 본격적으로 시행되었다. 공장새마을운동은 노동자의 근로 의욕을 고취시키고, 국가주의 사상을 주입하며, 생산성을 향상시키는 데 초점이 맞추어졌다.

최고경영자를 책임자로 하여 공장새마을운동 기구가 설치되었다. 그 밑에는 8~15인의 소규모 작업반으로 구성된 새마을 분임조가 만들어져 생산공정 개선, 품질관리, 원자재 절감을 위한 운동을 전개하였다. 이러한 분임조가 1980년대 초에 7만여 개나 만들어졌다. 공장마다 "공장 일을 내 일처럼, 근로자를 가족처럼" 등의 벽보가 부착되고, 각종 연수회 명목으로 대대적인 정신교육이 이루어졌다. 상공부는 세 개의 공장새마을연수원을 지정하여 운영하였는데, 제1·2 연수원은 회사의 간부급과 남성 노동자를 대상으로 하였고, 제3연수원은 여성 노동자를 대상으로 하였다. 여기서 배출된 수료생은 1977년까지 3만 8,797명에 이르렀다. 당시 연수원에서 교육을 받은 한 여성 노동자는 이렇게 말하였다.

우리는 아침 5시 50분에 일제히 기상하여 밤 10시 반 점호를 할 때까지 정신 차릴 틈도 없이 빡빡한 교육을 받았다. 〔……〕 강의 제목은 "국제정세와 우리의 안보" "국난극복사" [……] "충효와 나" "한국 경제발전과 우리의 과제" "새마을운동 성공사례"와 같은 것이었다. [……] 우리는 5시 50분에 기상하여 6시에는 운동장에서 군대식으로 점호를 받았다. 그리고 30분간 연수원 주위를 교관의 호령에 맞추어 달려야 했다. 교관은 우리에게 보조에 맞추어 "근면, 자조, 협동, 단결"이라는 구호를 큰 소리로 외치라 하였다.(이원보, 2004, 327쪽)

이처럼 새마을 연수는 단지 생산성 향상만을 목표로 한 것은 아니었고, 군대식 규율 속에서 유신이념을 주입하고 체제 유지를 위해 노동자들을 동원하려는 정치적 성격을 띠었다. 한국전력과 같은 정부투자기업에서는 매일 5분간 대통령 어록을 들은 뒤 업무를 시작할 정도였다.(이원보, 2004, 326~327쪽)

언론과 문화의 통제와 동원　　　유신체제기에는 언론에 대한 통제도 한층 강화되었다. 5·16쿠데타 직후 군사정권은 언론통폐합 조치를 단행하여 일간지 39개 사, 통신사 11개 사, 주간지 32개 사만을 남기고 나머지는 모두 문을 닫게 하였다. 경쟁사가 퇴출된 상황에서 살아남은 언론기관들은 호황을 누렸고, 일부는 정부로부터 차관 제공 등의 특혜를 받아 사세를 확장하였다. 기존 주요 일간지들은 1962~1970년 연평균 35~45%나 성장할 정도였다.(김서중, 2005, 177쪽) 자연히 언론기관의 사주들은 이미 1960년대부터 친정부적 성향으로 기울어질 수밖에 없었다. 그러나 기자들 중에는 정부의 독재적 행태에 대해 비판적인 견해를 피력한 사람들도 많았다. 1960년대 말부터 언론사에는 중앙정보부 요원 등 이른바 '기관원'이 출입하며 기사 작성과 편집에 관여하기 시작하였고, 일부 언론인들은 이에 저항하기도 하였다.

유신헌법은 제3공화국 헌법의 "언론·출판에 대한 허가나 검열과 집회·결사에 대한 허가는 인정되지 아니한다"는 조항을 삭제하였다.(제18조) 정부는 언론사를 길들이기 위해 사상 초유의 광고탄압을 자행하기도 하였다. 1975년에는 정권에 비판적인 성향의 『동아일보』 기자 163명과 『조선일보』 기자 33명이 대량 해고되기도 하였다. 1975년 이후부터 중앙정보부는 기사 내용과 편집에 일일이 간섭하는 일종의 보도지침을 언론기관에 하달하였다.(김서중, 2005, 198쪽) 강력한 언론통제의 결과, 신문들은 서로 비슷한 제목과 내용의 기사로 도배되었다.

한편 유신체제하에서 친정부적인 언론인들은 보다 적극적으로 체제에 포섭되어갔다. 1973년부터 정부는 각 부처의 대변인제도를 신설하였고, 11개 부처의 대변인 전부를 언론인으로 충원하였다. 제9대 국회에서는 유정회 의원 8명을 포함하여 19명의 전직 언론인들이 여당의 공천을 받아 국회의원이 되었다. 6명의 언론인이 대통령의 비서관으로 전직하였고, 1970년대 내내 문화공보부장관 자리는 언론인 출신 인사들이 도맡았다. 또한 일부 언론인들은 통일주체국민회의 대의원이 되기도 하였다.(김서중, 2005, 206쪽)

언론통제와 아울러 유신체제기에는 전반적인 문화적 통제가 이루어지고, 표현의 자유에 대한 통제와 억압이 기승을 부렸다. 국가권력은 일반 대중문화까지 직접적으로 통제하였다. 1975년 한 해 동안 무려 225곡의 대중가요가 정부에 의해 금지곡으로 지정되어 공연장이나 방송을 통해 불리는 것이 금지되었다. 이들 금지곡 대부분은 새로 만든 것이 아니라 이미 이전부터 보급되어 즐겨 불리던 것들이었다. 과거에는 아무런 문제없이 사람들이 즐겨 부르던 노래가 '퇴폐풍조 조장' '미풍양속 저해' 등의 이유로 금지되었다. 특별히 사회고발적인 내용의 가사가 없더라도 뉘앙스만 수상

거리에서 장발 남성들을 모아놓고 가위로 머리를 자르는 경찰

하면 금지곡으로 지정되는 것이 다반사였다. 양희은이 불렀던 〈아침이슬〉은 "태양은 묘지 위에 붉게 떠오르고"라는 가사에서 붉은 태양이 김일성을 상징하는 것 같다는 '엄청난' 이유로 금지되었다. 또한 현실 비판적 내용이 전혀 없는 노래라도 대학생 시위나 집회에서 불리게 되면 금지곡 지정을 면치 못하였다.(조희연, 2007, 222~223쪽)

나아가 박정희 정권은 1973년 2월 경범죄 처벌법을 개정하여 여성들의 미니스커트 착용과 남성들의 장발을 단속하였다. 경찰은 자를 들고 다니며 여성들의 치마 길이를 재고, 장발 남성들의 머리카락을 강제로 잘라버리기도 하였다.

표현의 자유에 대한 통제에서 종교도 예외가 될 수 없었다. 계엄령하

에서 정치활동을 목적으로 하는 옥내외집회가 금지된 상황에서 목사들이 예배 과정에서 행한 발언을 문제 삼아 이를 정치집회라고 규정하고 유죄 판결을 내린 적도 있었다. 이 판례에서 대법원은 "성인聖人이나 명현名賢의 진리에 관한 어록이나 명언이라 할지라도 그것을 인용하는 시기와 장소, 그 방법에 따라서는 법에 저촉될 수도 있는 것으로 무제한 면책된다고는 할 수 없다"고 하였다. 목사가 예배당에서 성경을 인용하며 한 발언 때문에 예배당에 모인 것이 정치집회로 간주되어 탄압을 받을 수도 있었던 것이 유신체제기 한국 사회의 현실이었다.(김영수, 2001, 587쪽) 이처럼 모든 형태의 표현의 자유가 억압받는 상황에서 1976년 연세대 학생들은 4·19기념일을 맞아 백지 성명서를 배포하였다. 아무것도 인쇄되지 않은 백지를 학생들에게 배포한 것이다. 이는 박정희 정권에 대한 비판을 굳이 글로 쓰고 이야기하지 않아도 된다는 상징적인 의미였다. 백지를 배포하였음에도 학생들은 모두 당국에 의해 체포되었다.(조희연, 2007, 202쪽)

박정희 정권은 이처럼 '엄청난' 언론·문화 통제를 통해 전반적인 표현의 자유를 극단적으로 억압하면서, 다른 한편으로는 문화예술인들을 유신체제에 협조적인 방향으로 유도하는 정책을 취하기도 하였다. 1972년 '문화예술진흥법'을 제정하였고, 1973년 3월 30일 '한국문화예술진흥위원회'를 창립하였다. 이에 극장, 공연장, 박물관, 미술관 등의 입장권 가격에 문화예술진흥기금이 자동적으로 부가되었고, '문화예술진흥위원회'는 이 기금 등을 이용하여 문화예술인을 지원하는 사업을 하였다. 이 위원회의 위원장은 국무총리였고, 부위원장은 문화공보부장관과 예술원 회장이었으며, 위원들은 장관들과 학술원 회장 등 문화 관련 단체장들이 맡았다. 인적 구성에서 분명히 나타나듯 이 위원회는 정부의 영향력하에 있을 수밖에 없었다. 문화예술진흥사업은 현실비판적인 문화예술인을 소외시키고 친정부적이거나 유신체제에 순응하는 문화예술인들을 육성하는 방식으로

진행되었다.(주강현, 2005, 632쪽)

유신체제의 통치 이념

박정희 정권의 통치 이념의 핵심은 이른바 '근대화'라는 이름으로 경제성
장을 강조하고, 이를 목표로 국민을 동원해가는 '조국근대화론'이라 할 수
있다. 조국근대화론은 당시 미국 및 서구 사회를 풍미하였던 근대화론과
제3세계 경제개발론을 민족주의 논리와 결합시킨 것이었다. 근대화론과
결합한 민족주의론은, 세계체제의 불균등성을 타파하기 위해 반예속·반종
속 논리를 강조한 당시 제3세계의 저항적 민족주의와 달리, 기존의 불균등
한 세계체제를 인정하고 그 속에서 민족적 지위 향상을 추구한 것이 특징
이다. 즉 가난한 제3세계 국가들이 경제개발을 통해 후진성을 극복하고 중
진국·선진국으로 지위를 상승시킨다는 국가발전 전략이다. 이러한 논리는
경제성장을 통한 발전이 국가와 민족의 지위상승을 가져올 것이라는 성장
주의 논리, 과정보다는 결과를 중시하는 실용주의 논리를 바탕으로 하고
있었다.

유신체제하에서 조국근대화론의 중요성은 더욱 강조되었다. 박정희는
10월유신의 기본방향을 모든 행위를 생산과 직결시키는 것이라 규정하고,
국회의 비능률이 국력배양을 저해한 가장 큰 요인 중 하나라고 하였다. 박
정희는 이러한 맥락에서 '생산하는 정치'를 강조하였으며, 10월유신의 기
본 이념은 민족 중흥의 과업을 완수하기 위해 "민족의 에너지를 총동원하
고 국력을 조직화하고 능률을 극대화"하는 것이라 하였다.(황병주, 2008,
288쪽)

유신체제는 또한 이념적으로 반공주의를 더욱 확대·강화하였다. 반공

이념과 반공 교육에 대한 강조는 남북대화 이후 오히려 전반적으로 강화되는 양상을 보였다. 7·4남북공동성명 직후인 1972년 7월 10일 문교부는 교육감 회의를 소집하여 남북공동성명이 반공 교육의 목적과 방침에 하등의 변동도 가져올 수 없음을 강조하였다. 유신체제 이후 단행된 3차 교육과정 개편에서 '국민윤리'가 사회과로부터 독립하여 필수교과로 되었다. 교과서는『국민윤리』와 실질적인 반공 교과서인『자유수호의 길』로 나뉘어졌고, 반공 교육의 수업시수도 늘어났다. 고교입시에 반공을 10% 이상 출제하도록 하였고, 학교 교육의 현장에서는 반공 글짓기대회, 반공 웅변대회를 수시로 개최하여 학생들에 대한 반공 규율을 강화하였다.(한만길, 1997)

유신정권이 조국근대화론 및 반공주의와 더불어 중요한 통치 이념으로 제시한 것은 '한국적 민주주의'였다. 박정희는 "인류가 발견한 가장 완벽한 정치제도가 민주주의"라고 하면서 민주주의 자체를 완전히 부정하지는 않았다. 이는 유신체제 이후에도 마찬가지였다.(전인권, 2003, 147쪽) 그러나 박정희는 집권기간 내내 서구 선진국가의 민주주의가 한국에 그대로 적용될 수 없다는 것을 강조하였다. 그는 민주주의를 언급할 때마다 항상 이를 제한하려는 수식어를 붙였다. '진정한 민주주의' '올바른 민주주의' '행정적 민주주의' '민족적 민주주의' 등이 그것이다.(전인권, 2003, 148쪽) 한국적 민주주의는, 절차와 형식 등 모든 면에서 민주주의의 틀을 벗어난 유신체제를 한국적 특수성, 또는 민족적 주체성이라는 민족주의적 명분으로 합리화하는 논리로 사용되었다. 이 시기 박정희 정권이 내세운 민족주의는 성장주의와 결합하였을 뿐 아니라 개인의 영구집권을 보장하는 독재 논리와도 보다 긴밀하게 결합하였다.

박정희는 한국적 민주주의의 정당성을 부여하기 위해 민주주의의 전통을 서구에서만 찾을 것이 아니라 한국의 전통에서 찾아야 한다고 강조하였다. 그는 신라의 화랑운동과 화백제도에서 민주주의의 전통을 발견할 수 있다고 주장하였다. 그리고 이러한 한국적 민주주의의 전통은 서구의 '대립'과 '투쟁' 대신 민족의 '융화'와 '협동'을 기반으로 하는 특징을 지닌 다고 강조하였다.(황병주, 2008, 286쪽)

조화와 협동에 대한 강조는, 천부인권을 갖는 독립적인 개인들 사이의 실질적인 계약에 의해 형성되는 국가라는 자유민주주의의 기본 개념에서 벗어나, 유기체적 국가관을 형성하고 이를 주입하려는 의도였다. 박정희 는 국민을 국가의 유기적 부속물로 편입시켜 국가와 개인의 일체화를 추 구하는 유기체적 국가관을 피력하였다. 박정희는 "민족과 국가라는 것은, 이것은 영생하는 것입니다. 특히 하나의 민족이라는 것은 영원한 생명체 입니다"라고 하였다.(전인권, 2003, 152쪽)

박정희 정권은 '충'忠과 '효'孝라는 유교적 윤리규범을 끌어와 유기체 적 국가관을 뒷받침하는 논리로 이용하였다. 유기체적 국가관에서 국가와 개인을 일체화하는 논리는 가족을 매개로 하는 것이었다. 즉 개인이 운명 적으로 소속된 가족이 생활의 공동체, 운명의 공동체가 되듯 국가 자체가 가족을 확대한 것으로 하나의 큰 가족이 된다는 논리였다. 때문에 박정희 는 "나의 가정이 하나의 조그마한 생활공동체라면 국가와 민족은 하나의 커다란 생활공동체이며, 이 두 공동체에 대한 애정은 그 본질에 있어서 조 금도 다를 것이 없다"라고 하였다.(박정희, 1978, 22쪽) 이러한 맥락에서 유 기체 국가의 운영원리로 '충'과 '효'가 유신체제 말기에 집중적으로 강조되 었다.

박정희는 1977년부터 충효 교육의 중요성을 강조하기 시작하였다. 1977년 2월 4일 문교부 연두 순시 과정에서 충효 교육의 필요성을 강조하 였고, 같은 해 4월 문교부는 충효 교육을 중심으로 한 "도의道義 교육의 강 화방안"을 마련하였다. 1978년 서울시교육위원회는 『충효 교육의 이론과 실제』라는 책을 만들어 1978년 7월 전 교직원에게 배포하였다.(전재호, 2000, 102~103쪽) 국민총화를 강조하고 충효를 강조하며 개인을 유기체 국가로 묶어가는 논리는 일제 말기 총동원체제하의 군국주의 논리와도 일부 유사성을 갖는 것이었다.

권위주의체제하의 통치 이념은 어떤 유토피아적 사상에 바탕을 둔 정교한 정치적·사회적 구상을 담은 체계적 논리보다는 개인의 윤리와 심성, 정신자세를 강조하는 경향을 갖고 있다. 그렇기 때문에 유신체제기 박정희는 민주적 제도와 절차의 문제를 국가에 대한 개인적 윤리로 환원시키는 경향을 가지고 있었다.(전인권, 2003, 148쪽) 이와 같은 유기체 국가의 국민윤리 규범으로 강조된 것이 바로 국민교육헌장이었다.

국민교육헌장은 1·21청와대습격사건, 푸에블로호사건, 울진삼척사건이 잇달아 일어나던 1968년 안보위기의 와중에서 제정되었다. 박정희는 1968년 1월 국민교육의 장기적이고 건전한 방향을 정립하기 위하여 민족주체성 확립에 기초를 둔 교육헌장을 만들 것을 문교부에 지시하였다. 이인기, 박종홍, 유형진으로 구성된 3인의 기초위원이 초안을 만들었고, 같은 해 7월 관련 전문가 44인으로 구성된 국민교육헌장심의회가 구성되었다. 심의회는 7월부터 9월까지 여섯 차례 모임을 열어 문안을 수정하여 완성하면서, 국민교육헌장은 국민의 총의를 대표하는 국회의 동의를 받아야 한다고 정부에 건의하였다. 이에 국회 문교공보분과위원회를 거쳐 1968년 11월 26일 국회 본회의에서 국민교육헌장이 만장일치로 가결되었다. 국회 논의 과정에서 정상구 등 일부 의원들이 "개인주의를 청산하고 전체주의적인 냄새가 나는 것이 다소 있다"고 지적하였고, 일제강점기에 낭송되었던 '교육칙어'와 비슷하다는 비판도 있었다. 그러나 국민교육헌장 동의안에 대한 의원들의 강력한 저지는 없었다. 마침내 1968년 12월 5일 국민교육헌장 선포식이 대대적으로 거행되었다.(윤해동, 2005, 83~84쪽)

국민교육헌장이 국가적 차원의 윤리규범으로 본격적으로 강조되고 보급된 것은 유신체제 수립 이후였다. 박정희는 10월유신 선포 직후 열린 1972년 12월 5일 국민교육헌장 4주년 기념 선포식에서 "10월유신의 정신이 곧 국민교육헌장의 이념과 그 기조를 같이 하는 것이며, 이 헌장 이념의 생활화는 곧 유신 과업을 주체적으로 실현하는 첫 장"이라고 강조하였다.(김한종, 2005, 185쪽) 1973년 국민학교와 중학교 교육과정 개편과 1974년 고등학교 교육과정 개편(3차 교육과정 개편)은 국민교육헌장의 이념을 교육현장에서 실천하는 것에 강조점을 두었다. 3차 교육과정은 완벽한 국정교과서체제를 구축하면서 유신의 이념, 국민교육헌장의 윤리규범을 강조하는 방향으로 교과서를 개편하였다.(신주백, 2005)

교과서와 교육과정은 물론 실제 현장 교육에서도 국민교육헌장의 이념을 내면화하기 위한 각종 실천활동이 강조되었다. 국민교육헌장 암송이 학생들에게 강요되었고, 각종 새마을 연수 등을 통해 일반 사회인과 노동자들에게도 암송이 강요되었다. 교육부는 국민교육헌장의 이념을 학교 현장에서 실천하는 데 필요한 학교 단위의 구체적인 방안을 개발하기 위해 연구학교를 지정하였다. 교사들은 수업지도안에 국민교육헌장과의 관련성을 기록하는 난을 별도로 두어 해당 수업이 국민교육헌장의 이념을 어떻게 반영하고 있는지를 제시해야 하였다.(김한종, 2005) 국민교육헌장의 이념을 실천하는 교육은 집 앞을 깨끗이 청소하고, 학교를 깨끗이 하며, 근검절약하고, 이웃 어른에게 인사 잘하는 보편적인 생활교육과 맞물려 진행되었다. 이를 통해 국민교육헌장에 들어 있는 이념이 학생들의 생활 속에 더 깊숙이 스며들어 신체와 정신을 규율하도록 하였다.

한편 1972년 유신체제가 수립될 무렵부터 국기에 대한 경례 때 "나는 자랑스러운 태극기 앞에 조국과 민족의 무궁한 영광을 위하여 몸과 마음을 바쳐 충성을 다할 것을 굳게 다짐합니다"라는 '국기에 대한 맹세'가 낭

청소년 선도 범시민대회에서 국민교육헌장을 낭독하는 모습

독되는 것도 추가되었다. 국기에 대한 맹세는 일제강점기 황국신민서사를 연상시키는 것이었다. 일제강점기 학교 조회와 각종 사회행사 때마다 시행되는 국가의례 과정에서 교육칙어와 황국신민서사가 엄격한 격식을 갖추어 낭독·암송되었듯이(오성철, 2006) 유신체제기에는 국민의례 때마다 국민교육헌장과 국기에 대한 맹세가 낭독되었다.

1974년 6월 22일 김종필 총리는 국민교육헌장 낭독을 의례화·규격화하는 규정을 만들어 관보에 게재하였다. 그에 따르면 헌장이 낭독될 때에는 행사장에 있는 모든 사람이 전원 기립하여 부동자세를 취해야 하고, 낭독자는 교육헌장을 반드시 두 손으로 받들어 낭독하되 낭독문을 연단에 올려놓으면 안 되고, 뒷짐을 지거나 연설하는 자세로 낭독하는 것도 금지되었다. 그리고 전국소년체전, 전국체육대회 등 각종 체육행사 때에도 국민교육헌장이 먼저 낭독된 뒤 개회선언이 이어졌다.

유신체제하 한국 사회의 모습은 일제 말기 군국주의나 전체주의 체제와 부분적으로 닮아간 측면이 존재하였다. 대단히 보수적이었던 한 언론인은 유신 직후 미국대사관원과의 만남에서 우리나라가 소련과 같은 공산주의 국가를 닮아간다는 우려를 피력하기도 하였다.*

유신체제기 국가권력의 억압과 통제가 이전에 비해 극단적으로 강화되고 국가권력에 의한 대중의 정치적·사회적·이념적 동원화 시도에도 불구하고, 당시의 한국 사회가 전체주의적 동원체제로 탈바꿈한 것은 아니었다. 설사 박정희가 전체주의적 질서 수립을 의도하였다 하더라도, 그러한 구상은 대한민국을 둘러싼 국내외적 구속력 때문에 실현되기 어려웠다. 유신체제는 한편으로는 반개인주의적이고 반자유주의적인 특성을 갖고 있었지만, 다른 한편으로 의회제, 다당제, 선거제 등을 매우 제한적으로나마 존치시킴으로써 전체주의체제와는 일정 정도 구분되었다. 사실 대중동원의 방식도 정당이나 어떤 일률적인 동원조직에 의해 수행된 것이 아니라 국가관료기구와 학교기구를 통해 비체계적인 캠페인 형식으로 진행되었다. 또한 유신체제를 정당화하기 위한 이념도 특정한 유토피아적 이상을 추구하는 정교하고 체계화된 이데올로기라기보다는 근면, 자조, 협동, 충성, 효 등 일정한 정신자세를 강조하는 차원에 머물렀다.

이와 같은 양상이 나타났던 원인은, 먼저 외적으로는 한국 사회가 갖는 자율성의 한계를 들 수 있다. 당시 한국 사회는 미국의 영향력과 서방진영의 지원으로부터 완전히 자유로울 수 없었다. 이와 같은 국제적 규정력은 한국 사회에서 전체주의체제가 출현하는 것을 제약할 수밖에 없었다. 또한 내적으로는 민주화운동세력의 견제도 중요한 역할을 하였다. 적

---

* "Telegram from the Embassy in Korea to the Secretary of State" Dec. 5, 1972, Pol 15 Kor S, Subject-Numeric Files 1970~1973.

어도 유신체제 이전에는 형식적이나마 민주적 절차와 제도가 존재하였고, 4월혁명에서 나타나듯 독재정권에 대한 대중적인 저항의 전통도 존재하였다. 그리고 이러한 경험과 전통을 바탕으로 유신체제기에도 민주화운동은 계속되었다. 이와 같은 국내외적 요인들 때문에 '유신이념'을 바탕으로 박정희가 추구하였던 일사불란하게 조직된 유기체적 정치체제와 실제 유신체제 사이에는 차이가 있을 수밖에 없었던 것이다.

제**2**장
유신 전기 반독재민주화투쟁의 전개

1

유신 직후의 정치상황과 반독재민주화투쟁

(1972년 10월~1973년 전반기)

유신 직후의 정치적 상황

유신 쿠데타와 정치지형의 변화

유신체제하에서 박정희는 모든 권력을 실질적으로 독점하였다. 대통령은 그 누구의 통제도 받지 않는 초헌법적 비상대권인 긴급조치권을 발동할 수 있었고, 실제로 박정희는 나머지 8년의 집권기간 동안 긴급조치권 발동을 9차례나 남발하였다. 1975년 5월 발동된 긴급조치 9호는 결국 박정희의 사후인 1979년 12월에야 해제되었다. 유신체제하에서 국회와 사법부는 완전히 무력해졌다. 대통령이 대법원장과 대법관, 법관의 임명권까지 가지고 있는 상황에서 법관들이 소신을 가지고 자율적인 판결을 내리는 것은 사실상 불가능하였다. 국회의 상황은 더욱 심각하였다. 대통령은 국회의원의 3분의 1을 임명할 수 있었고, 대통령에 의해 임명된 국회의원들은 국회에서 대통령의 친위대 노릇을 하였다. 대통령은 국회해산권과 법률안거부권을 가지게 된 반면, 국회의 국정감사권은 폐지되었고 회기도 대폭 줄어들었다.

유신 선포 직후 박정희 정권은 일체의 정당 및 정치 활동을 중지시켰다. 여당인 공화당의 간부들조차 중앙당사 출입이 금지되었으니 야당의 정치활동은 더 말할 것도 없었다. 특히 최형우, 조윤형, 조연하, 김록영 등 평소에 사찰기관들이 주목하고 있던 야당 의원들은 강제로 연행되어 폭행과 고문을 당하기도 하였다.

박정희가 대통령에 취임한 1972년 12월 27일 정치활동이 재개되었지만, 정당은 제 기능을 회복하지 못하였다. 한 선거구에서 2명의 의원을 선출하는 중선거구제가 실시되어 여당인 공화당은 의석을 수월하게 확보하였지만, 정권 창출이라는 정당 본래의 목적을 포기해버린 결과 정책결정 과정에서도 역할이 크게 줄어들었다. 게다가 대통령이 임명한 국회의원들로 별개의 교섭단체인 유신정우회(유정회)가 구성되면서 공화당의 역할은 더욱 축소되었다. 유신이념 구현을 목표로 삼는 유정회와 충성 경쟁을 벌이게 된 공화당은 정당으로서의 기능을 상실하고 권력자의 의지를 사회에 일방적으로 전달하는 역할만을 수행하게 되었다. 박정희는 공화당 주요 인사들을 공천에서 빼놓았다가 유정회 국회의원으로 임명하는 등 공화당과 유정회 사이의 충성 경쟁에 불을 붙여 자신의 권력을 강화하려 하였다.(심지연, 2004, 225~244쪽) 박정희의 이런 통치전술로 말미암아 여당까지 포함하여 의회와 정당은 무력화된 반면, 정보기관의 사찰과 공작정치는 전성기를 맞이하였다.

야당 탄압과 9대 총선　　야당인 신민당은 유신 선포 이전부터 분열을 거듭하고 있었다. 1971년 8대 총선을 준비하는 과정이던 5월 6일 당대표 유진산이 비례대표 전국구 1번으로 등록하면서 당내 주류와 비주류 사이에 2차 '진산파동'이라는 극단적인 내분이 벌어졌다. 신민당은 5월 10일 유진산이 사퇴하고 김홍일 전당대회의장이 당대표의 권한을 대행하면서 분열의 위기를 일단 수습하고 8대 총선을 치를 수 있었다.

총선 결과는 예상 밖이었다. 신민당은 유권자들이 박정희의 장기집권을 막으라는 뜻으로 많은 표를 몰아준 덕에 어느 때보다 많은 의석을 얻을 수 있었다. 전체 204석 중 공화당은 113석, 신민당은 89석(지역구 65석, 전국구 24석)을 차지하였다. 서울에서는 유진산이 출마를 포기한 영등포갑 한 곳을 제외한 18개 선거구를 신민당이 휩쓸었다. 신민당은 개헌저지선을 20석이나 넘겼고 임시국회 소집권도 확보하였다. 이 총선으로 박정희가 다시 대통령이 되는 방법은 쿠데타에 의존하는 길밖에 없게 되었다.(서중석, 2008, 166~167쪽)

그러나 신민당의 당내 불협화음은 더해만 갔다. 1972년 전당대회가 다가오면서 당내 최대 계파를 이끌던 유진산과, 김대중을 비롯한 반진산 연합세력의 당권 경쟁은 극에 달하였다. 대의원 선출방식과 전당대회 일정을 둘러싼 협상이 결렬되자, 진산 계열은 1972년 9월 26일 독자적으로 전당대회를 열고 유진산을 당수로 선출하였다.(서중석, 2008, 245~246쪽) 그러나 반진산 연합이 전당대회의 무효를 주장하고 따로 지도부를 선출하면서 신민당은 한 정당에 두 개의 지도부가 존재하는 사태를 맞게 되었다. 이후 중앙선거관리위원회가 유진산 측의 손을 들어주면서 유신체제 초기 유진산 계열이 신민당을 완전히 장악하게 되었다. 이에 유진산 계열의 당권 장악에 반발한 신민당 비주류 중 일부는 탈당하여 1973년 1월 27일 민주통일당을 창당하였다. 양일동을 대표최고위원으로, 김홍일과 윤보선을 상임고문으로 선출한 민주통일당은 선명한 야당성을 강조하였다.

9대 총선은 유신체제하에서 실시되는 첫번째 국회의원 선거였다. 8대 총선 당시 도시지역에서 참패하였던 박정희 정권은 한 선거구에서 2명의 국회의원을 뽑는 중선거구제를 도입하였다. 원래 중선거구제는 인구 등의 조건을 감안하여 한 선거구에서 2~5명의 의원을 뽑는 제도로, 소선거구제에 비해 선거구가 훨씬 넓으며 사표를 방지하고 소수정당의 원내 진출을 보장하기 위한 제도다. 그러나 유신체제하에서 중선거구제는 모든 선거구에서 국회의원 2명씩을 뽑는 방식으로 실시되었는데, 이는 여당 의원 선출을 보장하는 제도로 기능하였다.

이런 상황에서 1973년 2월 27일 9대 총선이 실시되었다. 신민당 내부에서는 일부 총선 거부 움직임도 있었으나, 당수 유진산은 '긍정 속의 부정'이라는 논리를 내세우며 총선 참여를 밀고 나갔다. 유신체제하에서 야당 내부에서도 권력에 대한 입장 차이는 두드러졌다. 당권을 장악하고 있던 유진산이 유신체제를 인정하였던 반면, 해외에서 유신반대투쟁을 벌이고 있던 김대중 계열이나 유진산 이후 총재가 되었던 김영삼 계열은 박정희 정권에 도전할 것을 요구하였다. 이에 유신체제를 창출하고 유지하던 핵심인 중앙정보부는 야당 인사들을 무력하게 만드는 데 더욱 힘을 기울였다. 유신 선포 이전 국회에서 박정희의 종신집권 시도에 대해 의혹을 제기하거나 박정희를 직접 비난하였던 국회의원들은 중앙정보부에 끌려가 심한 고문을 당하였다. 이들 중 일부는 구속되어 아예 9대 총선에 나오지도 못하였다. 반면 야당 인사들 가운데 일부는 중앙정보부나 경호실의 정치 공작에 말려들었다. 일부 국회의원들이 9대 총선 전에 중앙정보부에 가서, 당선된 후 유신헌법 개정 대열에 나서지 않겠다는 각서를 쓰고 출마하였다는 사실이 1974년 신민당의 총재 경선 과정에서 폭로되기도 하였다.(김충식, 1992, 151쪽)

1973년 2월 27일 실시된 9대 총선은 박정희 정권의 의도대로 순조롭게 진행되었다. 19명의 무소속 국회의원들이 당선되었고, 통일당은 단 2석을 얻었을 뿐이다. 신민당은 52명의 당선자를 내어 실제 득표율 32.6%보다 더 많은 36.3%의 의석을 차지하였으며, 유진산은 1973년 5월 7일 전당대회에서 총재로 선출되어 어느 때보다 강력한 권한을 행사할 수 있게 되었다. 10월유신은 결과적으로 유진산의 신민당 내 입지를 더욱 강화시켜주었다.

학생들의 유신반대투쟁의 태동과 정권의 탄압

유신이 선포된 직후 공개적인 학생운동은 현실적으로 불가능해졌다. 친위쿠데타로 계엄령이 내려지자 초억압적인 유신헌법이 통과되는 살벌한 상황 속에서 학생들은 소규모의 비밀조직을 만들어 유신반대투쟁을 시도하였고 그와 동시에 정권의 대대적인 탄압이 뒤따랐다.

먼저 고려대에서 『민우』民友지사건과 『야생화』사건이 발생하였다.[*] 1971년까지 고려대 학생운동은 이념서클 '한맥'과 '한국민족사상연구회'(한사회)가 주도하였으나, 위수령 선포 이후 한맥과 한사회가 해체되고 다수의 운동권 학생들이 제적되었다. 그러나 학생들은 바로 서클을 재건하기 위한 노력을 시작하였다. 당시 2학년이던 정발기, 최기영, 박세희 등은 자발적으로 모임을 가지면서 한맥을 재건하고 학생운동을 활성화시키고자 하였다. 그런 노력의 일환으로 이들은 1972년 5월 고려대 노동문제연구소를 방문하여 사무국장 김낙중과 간사 노중선 등을 만나 조언을 구하였고, 그들의 소개로 여름방학 기간 동안 강원도 도계탄광에서 노동자 생활을 체험하기도 하였다.

---

[*] 이하 민우지사건에 대해서는 정발기의 「NH회와 민우지 사건」(고대 민주동우회, 2003)을 참조하였음.

1972년 10월 유신이 선포된 이후 이들은 자신들의 모임을 'NH회'*라 하고, 정발기를 회장으로 선출하였으며 함상근과 김영곤에게 고문을 맡겼다. NH회원들은 우선 지하신문을 발행하여 학생대중 사이에서 반유신 분위기를 고양시키기로 하였다. 1972년 12월 2일 정진영, 박영환, 윤경로가 고려대 정문에 걸려있던 "한국적 민주주의 이 땅에 뿌리박자"는 내용의 현수막을 뜯어내 불태웠다. NH회는 1973년 3월 4일 개학일에 맞춰 "민족, 민주, 통일의 횃불을 들자"라는 제목의 유인물을 배포하였다. 그리고 3월 12일에는 지하신문 『민우』 1호를 발행하여 배포하였고, 이어 4월 15일 2호를 발행·배포하였다.

하지만 『민우』를 중심으로 한 NH회의 활동은 곧 공안 당국에 포착되었고, 1973년 5월부터 회원들이 구속되기 시작하였다. 중앙정보부는 이들 NH회원들이 고려대 노동문제연구소에 자주 출입하였던 것을 이용하기로 하였다. 당시 김낙중이 노동문제연구소의 사무국장이었는데, 그는 1955년 독자적인 평화통일 방안을 들고 북한을 방문하였다. 북한에서 미제국주의의 간첩으로 몰려 고생하다 1년 뒤 귀환한 그는 다시 남한에서 간첩 혐의로 구속되어 재판을 받았다. 간첩죄에 대해서 무죄를 선고받았으나, 5·16 쿠데타 이후인 1962년 6월 박정희 정권에 반대하는 비밀모임을 만들었다 구속되면서 보통군법회의에서 간첩으로 사형을 구형받기까지 하였다.(김낙중, 2006, 38~42쪽)

중앙정보부는 김낙중과 NH회원들을 연결시켜 간첩단사건을 만들어 냈다. 중앙정보부는 김낙중과 노중선, 그리고 한맥회원들이 탄광 체험을 하였던 홍국탄광의 관리인으로 있던 서울대 정치학과 출신 손정박 등을

---

* NH회는 민족주의(nationalism)와 휴머니즘(humanism)의 영문 첫 글자를 딴 것이다. 1972년 5월에 이 이름이 제안되었으나 보류되었다가, 10월에 정식으로 모임을 결성하면서 사용하였다고 한다.

민우지사건 선고 공판정에서 실형을 선고 받는 피고인들

체포하였다. 또 한맥회의 선배로 NH회원들과 자주 만나던 함상근, 김영곤
과 졸업 이후 노동문제연구소에 근무하던 천영세도 구속하였다. 중앙정보
부는 이들을 '고려대 침투 간첩단'으로 만들기 위해 혹독한 고문을 가하였
다. 시나리오의 내용은, 김낙중이 정발기 등 한맥회 회원들을 '포섭'하고,
이들에게 동조세력을 확보하여 인민봉기를 일으키라는 '지령'을 내렸으
며, 학생들은 사회주의 이론을 신봉한 나머지 북한 지령에 따라 현 정부를
타도하기 위해 NH회를 결성하여 반국가활동을 하였다는 것이었다. 중앙
정보부의 의도는 민우지사건을 간첩단사건으로 확대함으로써 전통적인
고려대 학생운동서클 '한맥'의 뿌리를 완전히 제거하려는 것이었다. 이 사
건으로 1973년 11월 김낙중은 징역 7년, 노중선과 손정박은 징역 5년, 함
상근은 징역 5년, 정발기·최기영·박영환·정진영은 징역 2년 6월을 각각
선고받았고, 윤경로·박세희·김영곤 등은 집행유예를 받았다. 특히 이 사

건 관련자들은 유신의 서슬이 시퍼렇던 상황에서 공정한 재판은커녕, 외부의 지원조차 제대로 받지 못하여 만기까지 형량을 다 채우고야 비로소 석방되는 고초를 겪었다.

고려대 학생운동에 대한 탄압은 한맥에 그치지 않았다. 1973년 5월에는 이른바 '검은10월단'사건이 터졌다. '검은10월단'사건은 한사회를 재건한 서클 등림회登臨會를 노리고 만들어졌다. 중앙정보부가 『민우』지사건을 맡았다면, 등림회에 대한 수사는 경찰이 담당하였다. 1972년 6월 제철, 박원복, 유영래 등이 철학과 김충렬 교수를 지도교수로 하여 한사회를 재건하고 등림회라는 이름으로 등록하였다. 이들은 한사회 시절 만들었던 『한사회보』에 이어 『등림회보』登臨會報를 발간하였다. 그러나 『등림회보』는 『민우』와 같은 본격적인 반정부신문이 아니라 서클의 회지에 불과하였다.

1973년 5월 등림회원 최영주, 제철, 유영래, 박원복, 유경식, 김용경, 이강린 등이 남영동 대공분실에 끌려가 갖은 고문을 당하였다. 연행된 이들에게는 『야생화』라는 유인물이 제시되었다. 『야생화』에 실린 글 중의 일부는 이전 『한사회보』나 『등림회보』에 실린 것들이었지만, 『야생화』는 회원들이 만든 회보는 아니었다. 게다가 지하유인물답지 않게 책자 형태를 갖추었고, 표지에 『야생화』 '검은10월단 발행'이라는 고무인까지 찍혀있었다. 경찰 수사관들은 이들에게 1972년 9월 뮌헨 올림픽에서 팔레스타인인들이 조직하여 이스라엘 선수단에 테러를 가하였던 '검은9월단'에서 착안해 '검은10월단'이라는 국가전복단체를 만들어 『야생화』라는 지하유인물을 발간하였다는 것을 인정하라고 강요하였다. 거의 한 달간 거듭된 고문 속에서 학생들은 자신이 하지도 않은 일들을 시인하였고, '검은10월단'이라는 살벌한 이름의 조직으로 묶여 기소되었다. 검찰은 이들에게 내란음모죄를 적용해 징역 5~10년을 구형하였다. 피고인들은 최후진술에서 모두 무죄를 주장하였다. 1973년 11월 19일의 1심 선고공판에서 제철과 최영주를 제외한 5명에게 집행유예가 선고되었고, 다음해 2월의 2심에서는 전원에게 집행유예가 선고되어 모두 석방되었다.

한편 『민우』와 『야생화』 관련자들이 구속되어 있는 동안 고려대에서는 석방을 위한 운동이 전개되어 재학생 2,544명이 서명하였으며, 김상협 총장이 서명철을 민관식 문교부장관에게 전달하였다. 김상협 총장은 1973년 12월 21일 검찰총장과 면담하고 구속학생들의 석방을 요청하기도 하였다.

전남대에서도 『함성』지사건이 발생하여 학생운동세력이 탄압을 받았다. 1972년 12월 전남대 학생 이강(법학과 2)과 김남주(영문학과 4 휴학) 등이 유신체제에 대한 항거를 시작하였다. 이들은 최초의 반유신 지하신문인 『함성』을 400부 제작하고, 이를 12월 10일 아침 전남대를 비롯한 광주 시내 대학과 고등학교에 살포하였다. 이들은 다음해인 1973년 3월 다시 『고발』이라는 제목의 지하 유인물을 100여 부 만들어 살포하였다. 『고발』은 유신체제를 극히 불안한 수탈과 억압의 체제로 규정한 뒤, "제4공화국의 운명의 날은 멀지 않았다"고 단언하며 젊은 학생들에게 4월혁명을 기억하라고 호소하였다.(『1970년대 민주화운동』 1, 325쪽)

유신정권은 이 사건을 대규모 변란사건으로 만들고자 하였다. 1973년 3월 30일 사건 주모자인 이강과 김남주 이외에도 전남대 졸업생 박석무와 전남대생 이정호(물리학과 2), 김정길(경영학과 2) 등을 구속하였고, 4월에는 김용래(법학과 2), 이평의(경제학과 4), 윤영훈(수학교육과 2) 등을 구속하였다. 이미 1970년에 학교를 졸업하고 광주에서 고등학교 교사로 근무 중이었던 박석무까지 억지로 연결하여 구속시켰고, 유인물 제작 과정을 보았거나 1~2장씩 받아 읽었던 친구와 후배들까지 내란음모 단체의 구성원으로 몰았다.(「전남대 함성지 사건, 민주화 발자취 ─ 6·3사태에서 6·10항쟁까지」, 『한국일보』 2003년 9월 4일자) 심지어 재수생이던 이강의 남동생도 사건에 연루시켜 구속하고 여동생까지 불구속기소하였다.

광주지검은 국가보안법과 반공법을 적용하여 박석무, 이강, 김남주에게 모두 징역 10년씩을, 이정호, 김정길, 김용래, 이평의, 윤영훈에게는 징역 5년씩을 구형하였다. 하지만 '내란음모단체'는 근거 없는 조작임이 재판 과정에서 드러났다. 1심 재판부는 피고들의 반공법 관련 부분은 모두 무죄로 선고하였다. 이어 2심 재판부도 박석무가 이 사건과 직접 관련이 없다는 사실을 인정하여 무죄를 선고하였고, 나머지 이강과 김남주에게는 징역 2년에 집행유예 3년, 이정호 등에게는 모두 징역 1년 6월에 집행유예 3년을 선고하였다.(『1970년대 민주화운동』 1, 324쪽)

이 사건의 재판은 유신정권의 바람과는 정반대의 결과를 초래하였다. 우선 공판 과정에서 홍남순 변호사, 함석헌 등 유명 재야인사들이 관여하였고, 서울의 학생들이 많이 내려와 공판을 방청하는 바람에 묻혀버리고 있던 『함성』이나 『고발』의 내용이 더 주목받게 되었다. 2심 재판이 진행 중이던 1973년 12월 20일 전남대생 1,023명이 국무총리에게 이강, 김남주, 박석무 등을 석방할 것을 요구하는 탄원서를 제출하기도 하였다. 투옥이 학생운동 주도자들의 투쟁의지를 꺾을 수 있던 것도 아니었다. 이강과 김정길 등 『함성』지사건 관련자들은 석방되자 1973년 12월부터 다른 지역 학생들과 연계하여 전국민주청년학생총연맹(민청학련) 투쟁에 적극 참가하였던 것이다.(윤한봉, 2004, 260쪽)

남산부활절연합예배사건

1973년 상반기까지 공개적으로 유신체제를 부정하거나 비판하고 민주적 개헌을 요구하는 움직임은 거의 없었다. 이 시기의 주목할 만한 사건은 1973년 4월 22일 젊은 교역자들과 기독 학생들이 부활절연합예배에서 시도한 유신반대투쟁이다. 1973년 부활절을 앞두고 제일교회 권호경 전도사는 많은 기독교인이 한자리에 모이는 연합예배 자리에서 나라의 민주화를 위해 기도할 수 있는 계기를 만들고 싶었다. 이런 생각을 박형규 목사에게 밝혀 동의를 얻은 권호경 전도사는 "주여 어리석은 왕을 불쌍히 여기소서" "민주주의 부활은 대중의 해방이다" "회개하라 이후락 부장" "꿀 먹은 동아일보, 아부하는 한국일보" 등의 내용으로 현수막 10개를 만드는 한편, 반석교회 김동완 전도사에게 전단 제작을 부탁하였다. 김동완 전도사는 한국기독학생총연맹KSCF 나상기 회장에게 전단을 전달하여 부활절 새벽예배 때 학생들이 뿌리도록 하였다. 하지만 부활절 당일 아침 남산 야외음악당에서는 군중들에게 전단만 배포할 수 있었고 현수막은 펼치지 못하였다.

현장에서 배포한 전단이 관계 당국의 손에 들어가자 수사본부가 만들어져 추적이 시작되었다. 1973년 6월 29일 박형규 목사와 권호경 전도사가, 6월 30일에는 김동완 전도사가 보안사령부에 연행되어 무자비한 수사를 받았다. 박정희 정권은 이 사건도 내란음모로 둔갑시켰다. 즉 연합예배에서 시위대를 조직하여 일부는 방송국을 점거하고, 다른 일부는 중앙청과 국회의사당을 점거하려 하였다는 황당무계한 혐의를 뒤집어씌운 것이다.

유신체제를 비판하였다는 이유만으로 성직자와 학생들에게까지 내란음모 혐의를 씌우자 기독교장로회와 한국기독교교회협의회가 즉각 대책활동에 들어갔다. 8월 7일 기독교장로회총회 산하 '교회와사회위원회'는 이 사건을 신앙과 선교의 자유권을 제약하는 것으로 보았다. 그리하여 기독교장로회는 8월 20일 예수교장로회, 감리교 등 6개 교단과, 가톨릭, 외국 선교사까지 포함하여 '박형규목사사건 성직자대책위원회'를 결성하였다. 결국 1973년 9월 27일 정부는 박형규 목사를 보석으로 석방하였다. 이후 기독교장로회와 한국기독교교회협의회 등은 한국의 정치현실에 대해 더욱 비판적인 태도를 취하게 되었으며, 박형규 목사는 유신반대투쟁의 전면에 나서며 이후 민주화운동의 상징적 인물이 되었다.(유시춘 외, 2005, 123~128쪽; 김정남, 2005, 48~51쪽)

2
대학가의 반유신 민주화시위와
개헌청원100만인서명운동

김대중납치사건과 그 파장

1973년 8월 박정희 정권의 반민주성과 야만성이 노골적으로 드러나 유신반대투쟁을 급격히 촉발시킨 사건이 발생하였다. 중앙정보부가 해외에서 적극적인 유신반대투쟁을 벌이고 있던 김대중을 도쿄에서 강제로 납치한 사건이 벌어진 것이다. 1972년 10월 17일 유신이 선포될 당시 일본에 체류 중이던 김대중은 국외에 머물면서 독재와 싸우기로 결심하고, 미국과 일본을 오가며 활발한 반유신활동을 벌였다. 김대중은 일본과 미국의 정계·언론계·학계 인사들과 만나 박정희 정권에 대한 미국과 일본의 지원을 중단시키는 일을 도와달라고 요청하고, 한국의 정치상황을 비판하는 글을 계속 발표하였다. 또 재미·재일 동포들과 협의하여 1973년 7월 6일 미국에서 한국민주회복통일촉진국민회의(한민통) 발기인대회를 개최하고 미국본부를 발족시켰다.(김대중씨납치사건 진상조사위원회, 1987, 120~124쪽)

김대중의 해외 반유신활동은 그렇지 않아도 국제 여론의 악화로 압박

받고 있던 박정희 정권을 자극하였다. 당시 중앙정보부장 이후락은 김대중의 해외 반유신활동을 봉쇄하기 위해 자진 귀국을 설득하는 등 여러 가지 공작을 추진하였다. 하지만 모두 성공하지 못하자 이후락은 마지막 수단으로 김대중 납치를 직접 지시하였다.[*] 중앙정보부 요원들은 1973년 7월 10일 한민통 일본지부 결성을 위해 일본에 간 김대중을 8월 8일 오후 1시 10분경 도쿄의 그랜드팔레스호텔에서 납치하여 결박한 채로 중정의 공작선인 용금호 화물창에 싣고 한국에 돌아왔다. 이들은 김대중을 감금하고 있다가 13일 밤 동교동의 자택 부근에 내려놓고 사라졌다.(국가정보원 과거사 진상규명을 통한 발전위원회, 2007b, 457~513쪽)

한편 납치 현장에서 당시 주일한국대사관 일등 서기관의 지문이 나오는 등 한국 정부가 관련되어 있다는 증거가 속출하였다.(국가정보원 과거사 진상규명을 통한 발전위원회, 2007a, 240쪽) 정보기관이 다른 나라에서 망명 중인 정치인을 함부로 납치한 이 사건으로 박정희 정권은 국내외적으로 큰 어려움에 처하게 되었다. 그렇지 않아도 유신 선포 이후 반민주적 정권이란 비난이 고조되던 차에 김대중납치사건은 박정희에 대한 국내외 여론을 결정적으로 악화시켰다. 당장은 한일 간의 긴장과 국제 여론의 악화가 문제였지만, 더욱 심각한 것은 국내의 상황이었다. 김대중납치사건은 유신체제 수립 이후 억눌려 있던 대학가와 재야, 언론 등 사회 각 분야의 반유신 움직임을 크게 활성화시켰다. 이 사건 이후 학생들 사이에서는 '더 이상 참을 수 없다'는 감정이 크게 확산되었으며, 이것이 1973년 하반기의 대규모 유신반대시위를 촉발하는 계기가 되었다.

---

[*] 박정희가 직접 지시하였는지 여부는 정확히 알 수 없다. 그러나 2007년 '국가정보원 과거사 진상규명을 통한 발전위원회'는, 무모한 공작에 대해 반대하는 실무자들에 대해 이후락 부장이 "나는 하고 싶어서 하는 줄 알아?"라며 계획을 강행하도록 하였고, 당시 주일 공사가 대통령의 결재를 확인하기 전까지는 공작을 수행하지 않겠다고 버티다 곧 적극적으로 협조하였다는 정황에 비추어 대통령이 지시하였을 가능성을 배제할 수 없고 최소한 묵시적으로 승인하였을 것이라고 판단하였다.

1973년 전반기까지 유신반대민주화투쟁은 산발적으로 일어났고, 규모도 그다지 크지 않았다. 오히려 공안 기관들이 사건을 조작해낸 측면이 강하였다. 그러나 1973년 8월 김대중납치사건이 발생하자 박정희 정권의 민주주의에 대한 탄압을 더 이상 묵과할 수 없다는 공감대가 광범위하게 형성되었고, 학생들을 중심으로 한 반유신세력들은 유신체제에 대한 본격적인 저항을 준비하기 시작하였다.

학생들의 유신반대투쟁의 확대

1973년 10월 서울대생의 유신반대시위

대학가에서 반정부 지하신문을 제작해서 몰래 배포하는 형태가 아닌 공개적이고 대중적인 유신반대투쟁은 1973년 10월 서울대 문리대 학생운동 그룹이 주도한 유신반대시위에서 촉발되었다. 1971년 10월 위수령 선포 이후 학생운동 주도자들이 제적되거나 강제 입영되고, 이른바 '서울대생내란예비음모사건'으로 이신범 등이 구속되면서, 서울대 학생운동은 큰 타격을 받았다. 그러나 곧 대열을 추스르기 시작하였다. 문리대의 경우 학생운동세력은 서클들을 통합하여 공개조직과 비공개조직으로 이원화하는 체계를 구축하였다. 또 문리대 학생회장에 운동권 후보를 당선시킴으로써 공식기구인 학생회를 장악하여 더욱 효과적인 투쟁체계를 갖출 수 있었다.(정윤광, 2004, 61쪽)

유신반대투쟁을 계획하던 서울대 학생운동세력들은 1973년 8월 김대중납치사건을 계기로 본격적인 대규모 시위투쟁을 준비하기 시작하였다. 서울대 문리대의 학생운동가들은, 2학기에 들어서면서 유신에 반대하고 민주화를 요구하는 시위를 벌이기로 하고 이를 준비하기 위한 논의를 여름 농촌활동 시기부터 시작하고 있었다. 그러나 1973년 가을에 바로 시위를 벌여야 하는지가 논란 거리였다. 군대를 다녀온 일부 복학생이나 4학년 학생들은 남아있는 투쟁 역량을 보존하자고 주장하는 준비론을 펼친 데 반해, 나병식, 정문화, 정찬용, 강영원, 그리고 서울대 상대의 김병곤 등은 선도적 투쟁에 즉각 돌입할 것을 주장하였다.(신동호, 2007a, 42~43쪽) 점차 투쟁론 쪽이 힘을 얻어갔고, 문리대 학생회장 도종수와 문리대의 대표적인 학생운동서클이던 부문회復文會의 회장 안양로가 10월 시위 준비에 참여하였다. 9월 초부터 4학년생인 나병식, 정문화, 이근성, 정찬용 등이 본격적인 시위 계획을 세우기 시작하였다.(유인태, 2004, 19쪽) 4학년과 3학년이 투쟁의 주요 역할을 맡아 기습적인 집회 시위를 벌이기로 하였다.

1973년 10월 2일 오전 11시 서울대 문리대의 각 강의실에는 "도서관에 불이 났다"고 외치는 소리가 들렸다. 시위 주동자들은 강의실 밖으로 몰려나온 학생들을 4·19기념탑 앞으로 인도하여 준비한 비상총회를 열고 선언문을 낭독하였다. 이들은 "오늘 우리는 전 국민 대중의 생존권을 위협하는 이 참혹한 현실을 더 이상 좌시할 수 없어 스스로의 양심의 명령에 따라 무언의 저항을 넘어서 분연히 일어섰다"고 밝혔다. 이들은 선언문에서 박정희 정권의 정보·파쇼통치가 자유민주주의의 신념을 철저히 말살하고 입법부의 시녀화와 사법부의 계열화를 가져왔으며, 학원과 언론에 탄압을 가해 영구집권을 기도하고 있다고 주장하였다. 또 경제적으로는 자립경제와 국민복지를 외면한 정권이 소수 독점자본에 영합하여 대일 경제예속을 가속화하고 있다고 비판하였다. 그리고 "너무도 참담한 조국의 현실을 직시하며 [……] 의연하게 악과 불의에 항거하여 이 땅에 정의, 자유 그리고 진리를 기어코 실현하려는 역사적인 민주투쟁의 첫 봉화에 불을 붙인다"고 선언하고, 다음과 같은 4개 조항의 결의사항을 낭독하였다.(『1970년대 민주화운동』 1, 274~275쪽)

① 정보·파쇼통치를 즉각 중단하고, 국민의 기본권을 보장하는 자유민주체제를 확립하라

② 대일예속화를 즉각 중지하고, 민족자립경제체제를 확립하여 국민의 생존권을 보장하라

③ 정보·파쇼통치의 원흉인 중앙정보부를 즉각 해체하고, 만인 공노할 김대중납치사건의 진상을 즉각 밝히라

④ 기성 정치인과 언론인은 각성하라

모여든 학생은 순식간에 500여 명*으로 불어나 문리대 역사상 드문 대규모 시위로 확대되었다. 이날 투쟁 지도부는 3분 정도만이라도 집회를 하고 선언문을 낭독할 수 있으면 다행이라고 생각하여 별다른 일정도 준비하지 않았다. 하지만 뜻밖에 많은 학생들이 모여 집회가 커지자 선언문을 몇 번씩이나 반복해서 읽었다.(신동호, 2004, 45쪽) 학생들은 스크럼을 짜고 교내를 돌며 구호를 외치다가 교외 진출을 시도하였다. 출동한 경찰이 교문을 막자 학생들은 연좌하여 농성을 시작하였다. 12시 30분경 경찰이 교내로 진입하여 학생들을 마구잡이로 체포·연행하였다. 이날 연행된 학생들만 180명이었는데, 그중 20명이 '집회 및 시위에 관한 법률' 위반으로 구속되고 9명은 불구속기소되었다. 57명은 구류처분을 받았고 94명은 훈방되었다.(『1970년대 민주화운동』 1, 276쪽)

이어 서울대 법대와 상대에서도 유신반대시위가 일어났다. 여름방학 무렵 나병식, 김병곤 등은 공동으로 2학기 시위를 시도하기로 하였다. 하지만 논의가 복잡해지면서 단과대학 별로 따로 준비하게 되었고, 10월 4일

* 이날 시위에서 정확히 얼마나 많은 학생들이 참여하였는지는 자료마다 다르다. 오유석 외, 2004a와 민주화운동기념사업회 연구소 편, 2006은 약 500명 정도로, 『1970년대 민주화운동』 1은 250여 명으로 추산하고 있다.

에는 법대, 10월 5일에는 상대 학생들이 시위를 벌였다.(김병곤, 2005, 70
쪽) 10월 4일 오전 11시 법대 학생 200여 명이 '정의의 종' 앞에 모여 결의
대회를 열고 교문을 나와 문리대 앞까지 행진하다 경찰에 의해 저지되었
다. 그 과정에서 31명이 연행되었고, 최동준은 구속되었다. 10월 5일 오전
10시 10분에는 서울대 상대 학생 300여 명이 "민주주의의 확립이 우리의
살 길이며 지상과제다"라는 내용의 선언문을 낭독하고, 김대중납치사건 진
상규명, 대일예속 청산, 자립경제 확립, 중앙정보부 해체, 학원자유 보장
등을 촉구하였다. 이들은 10월 15일까지 시한부 동맹휴교를 결의하고 연
좌시위에 들어갔다. 이날의 시위로 3명이 연행되었고, 이들 중 김병곤과
김병만은 10월 9일 구속되었다.(서울법대학생운동사편찬위원회, 2008, 387
쪽; 「서울 상대생 2명도 구속」, 『동아일보』 1973년 10월 9일자)

유신정권은 서울대생 시위에 강경하게 대응하였다. 연행된 학생들에
대해서 당시까지의 관례와는 달리 엄격히 대응하여 많은 학생들을 구속하
였다. 세 차례의 서울대생 시위에서 215명이 연행되어 120명은 훈방되었
으나, 95명이 구속, 불구속입건, 또는 구류처분을 받았다. 구속된 서울대
생은 모두 23명이었는데 문리대가 20명으로 가장 많았고, 법대 2명, 상대
1명이었다. 10월 11일 서울대는 97명의 학생들에게 제명(구속자 23명 전
원), 자퇴(18명), 무기정학(56명) 등의 징계를 내렸다. 이후에도 김일, 나병
식, 강영원, 황인성, 정문화, 강구철 등이 검거되어 10월 30일까지 구속자
는 30명으로 늘어났다.(유인태, 2004, 22쪽; 『1970년대 민주화운동』 1, 276~
278쪽)

박정희 정권은 저항의 확산을 두려워하여 시위 관련 보도를 엄금하였
다. 10월 3일 시위에 관한 기사는 어느 신문에도 실리지 못하였다. 10월 8
일 이후에야 시위 학생들이 구속되었다는 소식을 전할 수 있었을 뿐이다.
하지만 10월 3일부터 5일까지의 시위는 큰 반향을 불러일으켰다. 대규모

유신반대시위에 대한 소식은 금세 번져갔고 여러 대학의 학생들에게 큰 자극을 주었다.

한편 1973년 10월 25일 중앙정보부는 '유럽 거점 대규모 간첩단사건'을 적발하였다고 발표하였다. 북한의 공작원이 된 네덜란드 교포들이 유학 온 남한의 연구자들을 포섭하여 대규모 간첩단을 조직하였고, 서울대 법대 최종길 교수가 이와 관련된 조사를 받다가 간첩임을 자백하고 여죄를 추궁당하던 중 투신자살하였다는 것이었다.(『동아일보』1973년 10월25일자) 대학생들의 유신반대시위가 한창 확산되던 시점에 발생한 간첩단사건과 최종길 교수의 갑작스러운 죽음은 당시부터 숱한 의혹의 대상이었다. 최 교수는 중앙정보부의 수사 협조 요청을 받고 10월 16일 자진출두하였을 뿐이며, 혐의를 입증할 구속영장도 없었고, 범죄사실을 자백하였다면서 최 교수의 자술서는 없었다. 최 교수의 동생이 중앙정보부 감찰실 직원으로 근무하고 있었지만, 가족들은 검시에도 참여하지 못하고 장례를 치러야 하였다. 많은 사람들은 평소 시위 학생들에 대한 처벌을 탐탁지 않게 여겨 자주 반대하던 최 교수가 고문을 당하다 목숨을 잃었으며 중앙정보부가 자살로 조작한 것으로 짐작하였다. 하지만 워낙 독재의 서슬이 시퍼렇던 시절이라 의혹을 제기하는 데에만 그쳤다. 1974년 12월 천주교정의구현전국사제단이 최 교수의 추모미사에서 의혹을 제기하였다.[*]

---

[*] 이후 최종길 교수 유가족들은 1988년 검찰에 고발장을 제출하기도 하였다. 하지만 검찰은 구체적인 증거가 없다며 조사를 종결하였다. 최종길 교수 사건의 진상은 2000년대 들어와서 밝혀졌다. 2002년 의문사진상규명위원회는 최종길 교수가 중앙정보부에서 고문을 받다 숨진 사실을 밝히고, 그의 죽음이 민주화운동과 관련하여 불법한 공권력에 의해 행해진 '의문사'임을 인정하였다. 이어 2006년 2월 법원은 국가를 상대로 최종길 교수 유가족에게 고인의 죽음과 그동안의 고통에 대한 배상을 하라는 판결을 내렸다.

유신반대투쟁의 확산과 전국 대학의 동맹휴학　　1973년 11월부터 투쟁은 전국으로 확산되었다. 서울대생 이후 처음 유신반대시위를 시도한 것은 경북대생이었다. 10월 초 서울대생 시위 이후 한 달 정도 큰 움직임이 없었던 것은, 시위 소식을 접한 대학생들이 각 학교에서 투쟁을 준비하는 데 시간이 필요했기 때문이었다. 경북대에서는 정화영, 이강철, 임규영, 황철식 등이 유신반대시위를 준비하였는데, 1차로 10월 30일 오후 "언론인은 중립을 지켜야 하며 정의의 필봉을 들어야 한다"는 구호를 외치며 시위를 시도하였다. 그러나 대열을 제대로 이루지도 못한 채 실패하였으며, 강기용이 구속되었다. 이들은 가능한 모든 역량을 동원해 11월 5일 두번째 시위를 시도하였다. 11월 5일 오전 9시부터 준비를 시작한 주동 학생들은 10시에 몇 개의 조로 나누어 강의실로 뛰어 들어가 학생들에게 준비한 격문과 '경북대학교 반독재구국투쟁위원회' 명의의 "반독재민주구국선언문"을 나누어주면서 동참을 호소하였다. 강의실에서 200여 명의 학생들이 몰려나오면서 대열을 형성하였다. 이어 "박정희 물러가라"고 쓴 현수막을 앞세우고 유신헌법 철폐, 민주헌법 제정, 언론자유 보장, 민중생존권 보장, 김대중납치사건 진상규명 등의 구호를 외치면서 교내를 행진하였고, 잠시 교외로 진출하는 데까지 성공하였다.(임규영, 2004, 238~241쪽; 정화영, 2005, 186~188쪽; 오유석 외, 2004a, 239쪽)

　한편 이 무렵 각 대학 학생들은 동맹휴학을 결의하기 시작하였다. 11월 5일 서울대 사대 학생들이 동맹휴학을 결의하였고, 7일에는 서울대 공대와 상대, 문리대 학생 등이 "구속학생 석방" "언론자유 보장" 등을 주장하며 동맹휴학에 돌입하였다. 8일에는 서울대 교양과정부 학생 1,400여 명이 교정에서 "구속학생 석방"과 "처벌학생 완전 구제" 등을 요구하고, 18일까지 동맹휴학을 결의하였다.(『동아일보』 1973년 11월 8일자) 이날 서울대 가정대 학생 200여 명도 총회를 열고 구속학생 및 처벌학생 전원 구제를 요구하는 "총장에게 드리는 결의문"을 채택한 다음, 무기한 동맹휴학에 돌입하였다. 한국외대 학생회와 대의원회, 여학생회 등도 연석간부회의를 열고 11월 15일까지 동맹휴학을 결의하였다. 9일에는 서울대 농대 학생 600여 명[•]이 집회를 열고 2시간 동안 연좌시위를 하면서 언론자유 보장 등을 요구하는 내용의 결의문을 채택하였다. 이 외에도 서울대 치대와 농대, 한신대 학생들이 동맹휴학을 전개하기로 결의하는 등 동맹휴학이 급속도로 확산되었다.(『1970년대 민주화운동』1, 282쪽; 한국기독교사회문제연구원, 1983, 132쪽)

　대학가의 동요가 심각해지자 정부 당국은 사태 확산을 방지하기 위해 여러 방법을 동원하였다. 11월 8일 서울대 학·처장회의는 강의가 정상적으로 진행될 것이며, 동맹휴학은 결석으로 간주되어 출석일수가 부족할 경우 유급시킬 것이라고 경고하였다. 또 10일에는 동일한 내용을 담은 "등교 촉구 공고문"과 "가정통신문"을 동맹휴학한 단과대 학생들에게 발송하였다. 한편 학생들이 연행·구속되는 사례도 늘어났다. 서울대 문리대의 방인철이 11월 7일 구속되었고, 10일에는 서울대 문리대 학생회장 도종수가 구속기소되었다. 같은 날 서울대 문리대 대의원회 의장 박운석 등이 연행되고 유인물 500여 장이 압수되었으며, 한국외대 학생회장 노승국 등 7명이 연행되고 유인물도 압수되었다. 11월 13일에는 11월 5일 경북대생 시위와 관련하여 이강철 등이 구속되었다.

　정부 당국의 탄압에도 불구하고 학생들의 유신반대투쟁은 계속되었다. 11월 12일 이화여대 학생들은 채플 시간 이후, 학교 대강당에서 4,000

[•] 『조선일보』 1973년 11월 10일자에는 11월 9일 서울대 농대 학생시위 참여자의 수가 300여 명으로 집계되어 있다.

여 명이 모인 가운데 민주체제 확립, 언론·집회의 자유 보장, 구속학생 즉시 석방, 대학인의 양심의 소리에 정부는 귀 기울일 것 등의 주장을 담은 결의안을 채택하고, 요구가 관철될 때까지 가슴에 검은 리본을 달기로 결의하였다. 이날 서울대 약대 학생들도 17일까지 동맹휴학을 결의하였다. 서울대 법대는 학생들의 동맹휴학 결의를 우려하여 12일부터 17일까지 휴강 조치를 내렸다가 13일 취소하기도 하였다.(『동아일보』 1973년 11월 13일자)

11월 13일 고려대 총학생회 간부 20여 명은 학생회관 3층 회의실에서 자유민주주의 실현, 언론자유 보장, 학원사찰 즉각 중지, 구속학생 석방, 대일 굴욕외교 중지 등 5개 항의 결의문을 채택하고, 15일까지 시한부 단식농성에 돌입하였다. 고려대 정경대 학생 50여 명과 문리대 학생 20여 명도 학원자유 보장과 구속학생 석방을 요구하며 각각 강의실을 점거하고 농성에 돌입하였다. 이화여대 학생 4,000여 명도 다시 학교 대강당에 모여 "정부는 국민의 기본권과 생존권을 최대한 보장하는 진정한 민주체제를 확립하라"는 등 6개 항의 결의사항을 다시 다짐하고 〈애국가〉와 교가를 부른 다음 해산하였다.

11월 14일 연세대 학생 500여 명은 채플이 끝난 다음 학원자율화 보장, 구속학생 석방, 요구가 관철될 때까지 기도회를 가질 것, 17일까지 성의 있는 답변이 없을 경우 동맹휴학을 전개할 것 등을 결의하였다. 이날 서울신학대 학생들도 동맹휴학에 돌입하였고, 성균관대 학생회 간부들도 구속학생 석방, 언론자유 보장, 학원자유 보장, 학원 내 기관원 출입금지 등의 요구조건을 내걸고 농성에 들어갔다.(『동아일보』 1973년 11월 14일자)

11월 15일 고려대생 2,000여 명이 낮 12시 20분경 스크럼을 짜고 학교 뒤편으로 나와 기동경찰대와 투석전을 벌이며 충돌하였다. 이들은 대강당으로 돌아와 구속학생 석방, 학원사찰 중지, 자유민주주의 실현 등 3

1973년 겨울 유신반대 가두시위를 벌이고 있는 대학생들

개 항을 결의하였다. 시위가 격렬해지자 고려대는 11월 16일 휴교를 결정하였다. 이날 장신대 학생들도 학생총회를 열고 10일간의 동맹휴학을 결의하고, 전국 교회가 신앙과 양심에 따라 현실을 예의 주시하고 민족의 장래를 위해 기도할 것을 호소하였다. 한편 한국신학대 김정준 학장 등 교수 10여 명이 유신체제에 대한 항의의 표시로 삭발하기도 하였다.

　11월 16일 고려대와 이웃에 있는 서울대 상대 학생들이 선언문을 발표하여 정보·파쇼통치 즉각 중지, 대외의존적 경제정책 청산과 자립경제 확립, 학원과 언론의 자유 보장, 구속학생 즉각 석방 등을 결의하고 시위를 벌이다 63명이 연행되었다. 연세대 정법대 학생 200여 명도 오전 11시 "민족의 양심과 자유민주주의를 짓밟지 말라"고 주장하며 동맹휴학을 결의하고 교내 시위를 벌였다. 숙명여대 학생 3,000여 명도 학생총회를 열어 구속학생 석방을 요구하며 검은 옷을 입기로 결의하였다. 11월 17일 이화여대 학생 3,500여 명이 또다시 학생총회를 열고 수업거부를 결의하였으며,

서울대 음대, 연세대 의대·치과대·정법대, 중앙대 학생들도 교내에서 유신정권에 대한 성토대회를 열거나 동맹휴학을 결의하였다.

11월 20일에는 수도교회에서 80여 명의 기독청년들이 참여한 가운데 구속학생을 위한 기도회가 열렸다. 이 기도회는 "기독청년선언"을 발표하여 구속학우 석방 및 학원자유 보장, 정보정치 중지 및 중앙정보부 해체, 자유언론 보장, 대일예속화 즉각 중지 등을 정부에 요구하였다. 이날 한신대가 무기 휴교에 들어갔는데, 학생들은 총회를 개최하고 "우리는 오늘 고난의 십자가를 앞세우고"로 시작하는 제2선언문을 발표하였다. 이들은 자유민주주의체제 확립, 중앙정보부 해체, 학원·언론자유 보장 등 8개 항의 결의안과 4개 항의 행동강령을 결의하였다. 동시에 올바른 경제분배질서 확립 및 빈부격차 해소, 정권이 아닌 국민을 위한 경제정책 수립 및 외자도입 중단, 김대중납치사건과 관련된 한일경제 흑막 공개, 전 언론은 일본의 경제침략 현황을 고발할 것 등 4개 항을 촉구하였다. 전남대에서도 시국성토대회가 열렸고 이와 관련하여 22일 광주 서부경찰서는 김세곤, 이철환, 박진, 민상홍 등 4명의 학생을 연행하였다.

11월 말에는 시위 참여 학교가 늘어나고 양상도 더욱 격렬해졌다. 11월 21일부터 30일까지 전국 대학에서 벌어진 유신반대투쟁을 도표로 정리하면 〈표1〉과 같다.*

〈표1〉에서 보는 바와 같이 11월 말에는 학생운동이 활발하지 않던 대학에서도 대규모 시위가 발생하였다. 선배들의 지도나 동아리 활동도 없이 1학년들끼리 집회와 시위를 조직하기도 하였다. 1973년 11월 중앙대에서는 교양학부 1학년생들이 동지를 규합하여 연설문을 만들고 학생들을

---

* 시위의 양상이나 참여 학생들의 수는 『1970년대 민주화운동』 1, 282~288쪽을 근거로 하였다. 일부 시위의 참여 학생 수는 오유석 외, 2004a 등과 100~200명 정도 차이가 나기도 하지만 크게 다르지 않은 경우에는 『1970년대 민주화운동』 1을 기준으로 하였다.

표1 1973년 11월 21~30일 전국 대학의 시위 양상

일 자	학 교	참가인원	투 쟁 양 상
11. 21	서울대 공대 및 교양학부	1,200여 명	기말시험 거부, 가두 진출하여 시위, 100여 명 연행, 9명 즉심 회부
11. 22	감신대		결의문 발표
11. 23	인하대		가두시위로 4명 연행, 26일까지 임시휴강
11. 26	숭전대	600여 명	성토대회 이후 가두 진출 시도
	연세대 의대/치대	400/120여 명	외부 압력에 의한 휴교 조치 반대, 휴강 조기방학 반대 시위
	연세대 상대	300여 명	구속학생 석방 요구 시위
	서강대		총학생회 기말시험 거부
	서울여대	500여 명	구속학생 석방 요구 기숙사생 아침식사 거부, 시험거부 결의
	성균관대	300여 명	교내시위, 기말시험 거부
	고려대	200여 명	구속학생 석방
11. 27	성균관대	700여 명	오전 10시 문과대 앞에서 성토대회, 구속학생 석방, 비상사태 해제, 학원자유 보장, 대일예속 청산 등 요구, 기말시험 거부, 200여 명은 가두 진출하여 경찰과 충돌
	서강대	500여 명	교내시위
11. 28	이화여대	3,000여 명	채플 이후 가두시위, 이후 3,000여 명의 학생이 김옥길 총장 등 교수 30여 명과 함께 철야기도회
	동국대 경상대	100여 명	교내시위, 시험 거부
	한양대	60여 명	법정대 기말시험 거부
	성균관대	67명	총학생회장 등이 가두시위 벌이다 전원 연행
	건국대	700여 명	구속학생 석방, 망국적 장학제 개선안 철폐
11. 29	연세대	2,000여 명	수업거부, 자유민주체제 확립 등 주장하며 경찰과 대치, 일부는 철야농성
	고려대	500여 명	자유민주체제 확립 요구, 경찰과 투석전
	고려대 의대	150여 명	선언서 채택
	한양대	500여 명	비상사태 해제, 매판자본에 의한 대일 경제 예속화 탈피 결의
	동국대	800여 명	교내 성토대회 이후 교문 진출, 경찰과 투석전
	숙명여대	200여 명	교문에서 성토대회 강제해산, 800여 명은 강당에서 연좌시위
	수도여사대	500여 명	교내시위
	경희대	500여 명	교내시위
	감신대	200여 명	학원과 신앙 자유 요구하는 시국선언 이후 광화문까지 진출
	서강대	40여 명	학생회 대의원, 서클 대표 등 기하부 단식농성
	영남대 상경대	160여 명	기말시험 거부
11. 30	중앙대	1,000여 명	자유민주주의 확립, 학원사찰 중지, 언론자유 보장 요구. 교문에서 경찰과 충돌
	덕성여대	500여 명	기말시험 거부, 단식농성
	경북대	100여 명	교내시위
	서강대	200여 명	연좌시위
	홍익대	200여 명	시위
	단국대	400여 명	교내농성
	고려대	500여 명	결의문 채택, 조기방학 철회 등 요구 시위

모아 교내시위를 벌였다. 이들은 학교 정문에서 경찰과 투석전을 벌이다 후문을 나서 장승백이까지 진출하기도 하였다.(김영철, 2005, 93쪽)

이 시기 여학생들의 투쟁도 두드러졌다. 서울대 문리대 학생들의 10·2 시위에서도 여학생들이 활약하였지만, 11월에는 여학생들이 투쟁에 더욱 적극적으로 참여하였다. 남녀공학 대학의 여학생들은 이전보다 훨씬 열성적으로 시위에 직접 참여하거나 거들었다.(이철, 2004, 20쪽) 여자대학 학생들도 이전처럼 학교 안의 강당에서 성토대회를 여는 데서 그치지 않고 교문 밖으로 나가 경찰과 대치하며 적극적인 투쟁을 벌이기 시작하였다. 11월 28일의 시위에서 이화여대 학생들은 교문 밖 200m까지 진출하여 기동경찰과 대치하였다. 11월 29일 숙명여대 학생 200여 명도 교문에서 성토대회를 열었고, 800여 명의 학생이 대강당에서 문교부장관 인책과 구속학생 석방 등을 요구하며 연좌시위를 벌였다. 이날 수도여사대 학생 500여 명도 시위에 참여하였다. 12월 3일 이화여대 당국이 조기방학을 실시하자, 학생들은 이날 오전 10시 학교 교문 앞에 모였다가 오후 1시 검은 리본을 달고 서울시청 앞에 다시 모였다. 이들은 〈애국가〉와 〈우리의 소원〉을 부르고 "구속학생 석방"과 "언론은 무엇을 하느냐" 등의 구호를 외치며 시위를 벌였다. 12월 4일에는 대구 효성여대 학생 300여 명이 교내 성모상 앞에 모여 검은 리본을 달기로 결의하고 가두 진출을 시도하였다. 이들은 경찰에 의해 가두 진출이 저지되자 학교로 돌아와 12월 5일까지 단식농성에 돌입하였다. 이 시기 박정희 정권에 대한 여자대학 학생들의 투쟁은 가두투쟁, 단식농성 등 전반적으로 이전보다 훨씬 적극적인 양상을 보였다.

시위가 더욱 격렬해지고 전국으로 확산되자 각 대학들은 조기방학을 실시하였다. 서울대 문리대는 11월 22일 일찌감치 방학에 들어갔고, 한국외대도 11월 23일 기말시험을 취소하고 조기방학에 들어갔다. 춘천의 성심여대도 학생들의 시위 움직임 때문에 조기방학을 실시하였다. 중앙대,

고려대, 서강대, 홍익대, 단국대, 수도여사대도 11월 30일 학생들의 시위가 벌어지자 조기방학에 들어갔다.

그럼에도 불구하고 12월 들어 학생들의 반정부시위는 더욱 거세졌다. 12월 1일 고려대생들은 방학 공고문이 붙여진 교문을 밀고 들어가 교내 성토대회를 벌였다. 이들은 학원자율화와 대일 굴욕외교 중지 등을 결의하고 조기방학 철회를 요구한 뒤, 교문 밖으로 나와 시위를 벌이다 경찰에 의해 강제해산되었다. 동덕여대 학생들도 겨울방학 공고문이 나붙은 교정에서 조기방학 철회, 구속학생 석방 등의 결의문을 채택하였으며, 역시 방학에 들어간 단국대와 홍익대 학생들도 교내에 집결해 시위를 벌였다.

이날 영남지방의 경북대, 영남대, 부산대 학생 등도 격렬한 시위를 벌였다. 경북대 학생들은 교내 로터리에 집결하여 결의문을 낭독하고 도청을 향해 교외로 진출하였다. 경찰 저지선에 막힌 학생들은 연좌시위를 벌였고, 경찰이 페퍼포그와 최루탄으로 해산시키려 하자 투석전을 벌이며 격렬히 저항하였다. 이 와중에 교수와 학생들이 부상을 당하였고, 10여 명의 학생이 경찰에 연행되었다. 부산대 학생 1,000여 명도 학기말시험을 거부하고, 학원자유 보장, 구속학생 석방 등을 요구하였다. 이들은 교문 밖 진출을 시도하며 경찰과 대치하였다. 이들은 다시 오후 1시경에 부산 시내 부영극장 앞에서 교가를 부르며 연좌시위에 들어가 오후 5시경 경찰에 의해 강제해산될 때까지 투쟁을 계속하였다. 12월 3일에는 전남대 학생 1,000여 명이 교내시위를 벌였고, 그중 300여 명은 24시간 단식농성에 돌입하기도 하였다. 12월 이후 전국 대학의 주요 시위 양상을 표로 나타내면 〈표2〉와 같다.

12월이 되자 시위는 고등학교로 확산되었다. 12월 1일 경기고와 대광고는 학생들 사이에서 시위의 기미가 보이자 아예 조기방학을 실시하였다. 12월 5일에는 광주일고 학생 100여 명이 전남도청 앞에서 시위를 벌였

표2 1973년 12월 전국 대학 시위 상황

일 자	학 교	참가인원	양 상
12. 1	상명여사대	300여 명	비상사태 해제 등 결의, 요구 관철 때까지 흰 리본 착용
	중앙대 의약대	150여 명	학원자유, 민주수호, 언론자유 등 요구
	중앙대	500여 명	가두시위 중 12명 연행
	경북대	1,000여 명	도청 향해 진출, 연좌시위, 투석전
	영남대	500여 명	교내시위 후 가두 진출 시도
	부산대	1,000여 명	기말시험 거부, 가두 진출 시도, 부산 시내 연좌시위
	고려대	500여 명	방학중인 교내 진입, 성토대회, 교외 진출 시위
	동덕여대		조기방학 철회, 구속학생 석방 요구
	단국대	400여 명	교내농성
	홍익대	700여 명	교내시위, 투석전
	서강대	250여 명	문교부장관 사퇴, 학원사찰 중지 요구하며 교문 연좌시위
	서울대 법대	60여 명	도서관 앞 비상총회, 민주 기본질서에 입각한 새 헌법 제정 및 구속학생 석방 등 요구, 시한부 단식농성
12. 3	이화여대	500여 명	시청 앞에서 시위
	가톨릭의대	350여 명	학원사찰 중지, 구속학생 석방, 조기방학 철회 등 요구
	서울대 간호학과	150여 명	강의실에서 독재체제 철폐, 언론학원 자유보장 등 요구, 48시간 단식농성
	경북대	200여 명	조기방학 철회 등 결의
	전남대	1,000여 명	교내시위, 일부 단식농성
	한국항공대	400여 명	시국선언
	명지대	800여 명	기말시험 거부, 결의문 채택
	국제대		성토대회
12. 4	대구효성여대	300여 명	교내 성모상 앞 결의문 채택, 가두 진출 시도
	대구영남신학교		구국기도회 이후 시위, 43명 연행

고, 12월 8일에는 신일고 학생 120여 명이 4·19묘지기념탑 앞에서 언론자유 등의 구호를 외치며 시위를 벌였다.(한국기독교 사회문제연구원, 1983, 270쪽) 대학에 이어 고등학교까지 조기방학을 실시하지 않으면 시위의 확산을 막을 수 없는 상황이 되었다.

교수들도 학생들에게 지지를 보냈다. 11월 15일 한신대의 김정준 학장을 비롯한 10여 명의 교수가 삭발로 학생들에게 지지를 보냈고, 12월 3일에는 한국기독자교수협의회가 구속학생 석방을 요구하는 내용의 진정서를 대통령과 국무총리, 법무부장관, 문교부장관에게 보냈다. 11월 30일 이화여대 교무위원회는 법무부·문교부·내무부장관에게 건의문을 제출하였는데, 그 내용은 구속학생을 전원 석방할 것, 학생들의 요망 사항 속에 깃든 참뜻을 실천에 옮겨줄 것, 그리고 공개적으로 보고, 듣고, 말하고, 쓰고, 읽고, 해석하고, 비판할 수 있는 자유를 요구하는 것이었다. 12월 13일 전국대학총학장회의에서도 사태의 원인을 학생 탓으로만 돌릴 수 없으며, 대학의 고민을 정부가 이해해야 한다거나, 시위의 근본원인은 도외시하고 시위를 진압하니 이중인격자가 되는 것 같다는 주장들이 제기되었다.(『1970년대 민주화운동』 1, 291~292쪽)

사태가 커지자 정부도 유화책을 내놓지 않을 수 없었다. 12월 7일 박정희는 민관식 문교부장관에게 10월 2일 이후 학원사태와 관련해 구속된 학생들을 석방하고 학칙에 의해 내렸던 처벌을 백지화할 것을 지시하였다.(『1970년대 민주화운동』 1, 288쪽) 이 지시에 따라 그동안 형사처벌을 받은 학생 22명과 학사징계를 받은 97명의 학생들이 모두 구제되었다.*(『동아일보』 1973년 12월 7일자)

이날 오후 4시 구속되었던 학생들이 석방되자 서울구치소 앞에서는 100여 명의 학생들이 "악법·악정 철폐"를 외치면서 〈애국가〉를 부르고 만세삼창을 하였다. 다음날인 12월 8일 서울대 문리대 학생회 주최로 문리대 교정에서 석방학생 환영모임이 열렸다. 석방된 학생들은 기자회견을 열고, 유신헌법 철폐, 김대중납치사건 진상 규명, 학칙 개정, 노동조합활동 보장, 최종길 교수 사인 규명 등을 요구하고 민주주의 회복을 위한 투쟁을 계속해 나갈 것을 천명하였다.

---

* 반공법 위반으로 기소되었던 영남대 경제학과 1학년 박준식은 석방 대상에서 제외되었으나, 12월 14일 무죄판결을 받고 석방되었다.

이후 12월 10일 서울대 상대 학생 50여 명이 학원자유를 구체적으로 보장하기 위한 학칙 개정, 학원 내 언론·집회·출판·결사의 자유 보장, 교수협의회 권한 강화 등을 요구하였다. 11일에는 서울대 법대 학생들이 책임정치 구현, 언론자유의 제도적 보장, 학원자유의 적극적 보장 등을 요구하며 단식 농성을 벌이기도 하였다. 하지만 학생들의 요구사항 가운데 구속학생 석방과 처벌 백지화가 우선적으로 이루어진데다 이미 겨울방학이 시작되었던 탓에 대학가의 시위는 중단되었다. 이것은 투쟁의 성과를 확대하고 지속해갈 주체가 확립되어 있지 않았기 때문이었다.

10월 2일 이후 2개월간 학생들이 정부에 요구하였던 사항은 몇 가지로 요약된다. 우선 정치적으로 정보정치 배격, 자유민주주의 실현과 기본권 보장, 학원과 언론의 자유, 김대중납치사건의 진상규명 등을 요구하였다. 김대중납치사건은 당시 한국의 민주주의와 인권의 현주소를 단적으로 보여주는 것이었다. 중앙정보부의 정보·공작정치란 필연적으로 납치와 불법 감금, 협박 등 노골적인 정치 폭력을 수반하는 것이었으므로, 자유민주주의를 위한 기본적인 인권을 보장하기 위해서라도 당연히 정보정치 철폐를 요구하지 않을 수 없었다. 특히 이 시기 언론에 대한 통제가 이전에 비해 훨씬 강화되면서 학생들의 시위 자체가 보도되지 않는 일이 비일비재하자 이에 대한 비판도 고조되었다.

학생들의 요구는 정치적 민주화에만 그치지 않았다. 학생들은 빈부격차 확대, 종속된 경제구조, 민중생활의 피폐함 등의 문제를 고발하고, 경제적 자립과 민주화를 주장하였다. 특히 대일 경제예속의 심화를 지적하면서 민족자립경제 실현을 요구하는 구호가 빠지지 않았다. 또 재벌에 대한 특혜와 편중된 경제개발계획으로 인한 민중의 생활고 해결 등을 요구하기도 하였다. 이런 주장들은 결국 이듬해 민청학련의 "민족·민주·민중선언"으로 집약되었다. 한편 전국적인 지도부가 없는 상태에서도 2달 이상 지속된 유신반대투쟁의 열기는 학생들로 하여금 통일된 연대조직에 대한 강력한 필요성을 느끼게 하였다. 이 또한 민청학련 결성의 계기가 되었다.

개헌청원100만인서명운동과 긴급조치 1·2호

시국선언·언론자유수호투쟁과 개헌청원100만인서명운동

학생들의 시위는 사회 전반의 민주화 요구를 촉발시켰다. 학생시위를 제대로 보도할 수 없었던 기자들이 언론자유수호투쟁에 나섰다. 1973년 10월 19일부터 12월 초까지 『경향일보』 『동아일보』 『조선일보』 『중앙일보』 『한국일보』 『신아일보』 기독교방송, MBC(문화방송) 등의 기자들이 철야농성을 벌이거나 기자총회를 열고 언론자유수호를 결의하였다. 기자협회도 11월 29일 객관적 사실을 보도하고, 내외의 부당한 제재를 배격하며, 1971년 5월에 채택하였던 '언론자유수호행동강령'을 준수할 것 등 3개 항의 결의문을 채택하였다.(한국기독교사회문제연구원, 1983, 267쪽)

재야인사들도 시국선언을 통해 민주주의 회복을 요구하고 나섰다. 학생들의 유신반대시위가 들불처럼 번져가기 시작하던 1973년 11월 5일, 민주수호국민협의회 인사들의 시국선언이 서울 YMCA에서 발표되었다. 강기철, 계훈제, 김숭경, 김재준, 김지하, 박삼세, 법정, 이재오, 이호철, 정수일, 조향록, 지학순, 천관우, 함석헌, 홍남순 등 재야지식인 15명은 시국선언을 통해 박정희 정권의 "독재정치·공포정치로 국민의 양심과 일상생활은 더없이 위축되고, 우방 각국의 신뢰와 친선 관계는 극도로 실추되어 대한민국은 내외로 최악의 상태에 직면하게 되었다"고 당시 정국을 진단하였다. 따라서 박정희 정권에게 "이 중대한 현실을 직시하여 무엇보다도 민주적 제질서를 시급히 회복"하되, "결코 어떤 미봉으로 될 일이 아니요, 민주체제를 근저에서 재건설하는 것이 되어야 한다"고 요구하였다.(『1970년대 민주화운동』1, 280~281쪽)

이 시국 선언은 재야의 민주화운동이 다시 본격화됨을 의미하였다. 특히 유신 선포 이후 유명무실해졌던 민주수호국민협의회(민수협)가 다시 활동을 시작하였다.(김대영, 2005, 410쪽) 민수협은 1973년 12월 13일 각계의 원로 재야인사들로 구성된 시국간담회를 열었다. 김관석(NCC 총무), 김수환(추기경), 김홍일(전 신민당 당수), 백낙준(연세대 명예총장), 유진오(전 고려대 총장), 윤보선(전 대통령), 이병린(전 대한변협 회장), 이인(전 법무장관), 이정규(전 성균관대 총장), 이희승(전 서울대 문리대 학장), 한경직(목사), 함석헌(민수협), 김재준(민수협), 천관우(민수협) 등이 회동하였다. 이들은 박정희에게 "현 시국은 민주주의체제를 근본부터 제도적으로 회복하여 국민의 자유를 소생시키지 아니하고는 중대한 민족적 위기를 초래할 위험이 있으므로, 이에 대한 각하의 적절한 조처를 기대"하며, 이를 위해 국민 기본권 보장, 3권분립체제 재확립, 공명선거에 의한 평화적 정권교체의 길을 열 것 등이 요청된다는 내용의 건의문을 발송하였다.(『1970년대 민주화운동』1, 309쪽;『동아일보』1973년 12월 14일자)

1973년 12월 24일 시국간담회 참석자들이 중심이 되어 헌법개정청원운동본부를 구성하고, '개헌청원100만인서명운동'을 공식적으로 시작하였다. 공개적이고 전면적으로 유신체제를 거부하기 시작한 것이다. 운동본부에는 장준하(통일당 최고위원), 함석헌(종교인), 법정(불교인), 김동길(연세대 교수), 김재준(전 한신대 학장), 유진오, 이희승, 김수환, 백낙준, 김관석, 안병무(한신대 교수), 천관우(전『동아일보』주필), 김지하, 지학순, 박두진(시인), 문동환(한신대 교수), 김정준(한신대 학장), 김찬국(연세대 신학대 학장), 문상희(연세대 교수), 백기완(백범사상연구소장), 이병린, 계훈제(『씨올의 소리』편집인), 김홍일, 이인, 이상은(고려대 교수), 이호철(소설가), 이정규, 김윤수(이화여대 교수), 김숭경(의사), 홍남순 등이 참여하였다.(『동아일보』1973년 12월 24일자) 서명에 참여하는 방법도 독특하여 헌법개정청원운동본부의 서명자 30명 각자가 본부 역할을 하였다. 즉 대학생 연령층 이상이면 국민 누구나 연령 및 시·도·군을 명기하여 개인이나 집단으로 서명한 다음, 이것을 30명 중 1명에게 보내면 되도록 하였다.(김정남, 2005, 82쪽)

박정희 정권은 헌법개정청원운동을 좌시하지 않겠다는 뜻을 거듭 밝혔다. 먼저 12월 26일 김종필 총리가 전국의 모든 라디오 및 텔레비전으로 방영된 1시간 40분짜리 연설에서 "세상을 어지럽히는 자는 다스리지 않을 수 없다"고 경고하였다. 이어 28일에는 문공부가 공식적으로 유신체제에 대한 부정이나 도전을 허용하지 않을 것이라 밝혔다. 12월 29일에는 박정희가 대통령 담화를 발표하여 개헌청원서명운동을 "사회혼란을 조성하려는 불순한 움직임"으로 규정하고, "유신체제를 부정하는 일체의 불온 언동과 소위 개헌청원서명운동을 즉각 중지할 것"을 경고하였다.(『동아일보』1973년 12월 29일자) 유신헌법 개헌 논의를 정권 자체에 대한 도전으로 받아들였기에 극도의 강경 대응을 보이지 않을 수 없었던 것이다.(『동아일보』1974년 1월 7일자)

그러나 억눌려 있던 민주주의에 대한 요구가 일거에 폭발하듯, 개헌청원서명운동은 걷잡을 수 없이 확산되었다. 먼저 신민당이 합류하였다. 개헌청원서명운동이 폭발적인 지지를 얻자 제1야당으로서 이를 외면할 수 없었던 것이다. 신민당은 개헌 추진을 결정하였다. 민주통일당도 개헌청원100만인서명운동에 적극 참여하기로 하였다. 이어 개헌을 주장하는 시국선언이 시작되었다. 12월 31일 윤보선, 유진오, 김수환 등 15명의 인사들이 대통령에게 민주체제 회복 조치 등을 건의하였다. 이어 1974년 1월 7

일 오전 공화당 초대 총재와 4대 당의장을 지낸 정구영이 탈당 성명을 발표하였고, 전 사무총장 예춘호도 탈당계를 제출하였다. 정구영은 동아라디오방송DBS과의 대담에서 유신체제를 '삼권귀일'三權歸一체제라 평가하고, 공화당을 본연의 자세로 되돌린다는 것은 헛된 생각일 뿐이며, 자신도 재야인사들과 행동을 함께 할 시기를 기다린다는 입장을 표명하였다.(『동아일보』 1974년 1월 7일자)

문학인들도 개헌청원서명운동에 참여하였다. 1월 7일 이희승, 이헌구, 김광섭, 안수길, 이호철, 백낙청 등 문인 61명은 성명을 발표하여, 양심의 자유와 표현의 자유를 포함한 국민의 기본적 인권이 보장되어야 하고, 헌법개정청원은 국민의 당연한 권리이며 이 권리를 포기하지 않을 것이라는 내용의 결의를 밝혔다.(『동아일보』 1974년 1월 7일자) 그런데 1월 26일 서명한 문인들 가운데 이호철, 임헌영을 비롯한 김우종, 정을병, 장병희 등 5명의 문인이 반공법과 국가보안법 위반 혐의로 구속되었다. 이들이 일본에서 발행되는 한국어 잡지 『한양』에 한국을 비방하는 내용의 글을 기고하고 잡지사 간부들과 회합하였는데, 『한양』 관계자들이 '북괴 지도원'이었다는 것이었다. 그러나 『한양』은 창간호에 '5·16혁명공약'을 실었고, 박정희를 예찬하는 지식인들의 글을 많이 싣던 잡지였다. 이런 성격의 잡지를 억지로 문제 삼은 것은 유신체제를 반대하던 문인들에 대한 탄압이라고밖에 해석할 수 없다. 국내 문인 294명과 일본 문인 42명은 구속된 작가들에 대한 관대한 처벌을 요구하는 내용의 탄원서를 제출하였다. 서울지방법원은 1974년 이호철에게 징역 1년 6월을, 임헌영, 김우종, 장병희에게 징역 1년 집행유예 2년을, 그리고 정을병에게는 무죄를 선고하였다.(『동아일보』 1974년 6월 28일자)

긴급조치 1·2호 발동과 민주인사 투옥

거듭된 경고에도 불구하고 개헌청원서명운동이 계속 확산되자 결국 박정희 정권은 긴급조치로 대응하였다. 1974년 1월 8일 박정희는 긴급조치 1·2호를 발표하여 유신헌법에 대한 논의 자체를 금지시켰다. 긴급조치 1호는 유신헌법을 부정·반대·비방하는 일체의 행위를 금지하였을 뿐 아니라, 헌법 개정 또는 폐지를 주장·발의·제안 또는 청원하는 일체의 행위까지 금지하였다. 그리고 이런 사실을 알리는 일체의 행위도 금지하였다. 이를 위반할 경우에는 영장 없이 체포·구속·압수·수색하며 15년 이하의 징역에 처하도록 하였다. 긴급조치 2호는 1호를 시행하기 위한 비상군법회의 설치에 관한 것이었다. 박정희 정권은 1974년 1월 14일 개헌청원서명운동의 주도 인물인 장준하와 백기완을 구속하여 재판에 회부하였다. 비상군법회의는 이들에게 각각 징역 15년과 징역 12년을 선고하였다.(『동아일보』 1974년 1월 9일·16일·1975년 2월 2일자)

긴급조치 1호가 발표되자 기독교계를 필두로 항거가 시작되었다. 1974년 1월 17일 이해학 전도사, 김진홍 전도사, 이규상 전도사, 박윤수 전도사, 김경락 목사 등이 한국기독교교회협의회 총무실에서 구국선언기도회를 개최하여 긴급조치 1호 철회, 개헌논의 허용, 유신체제 폐지와 민주질서 회복 등을 주장하는 내용의 선언문을 낭독하고, 기독교회관 내 사무실에서 서명운동을 벌이다 즉시 출동한 경찰에 구속되었다. 이들 선언 참석자들과 인명진 목사는 1974년 2월 7일 비상보통군법회의에서 징역 10~15년의 중형을 선고받았다. 이들의 구국선언기도회사건이 극심한 언론통제로 제대로 보도되지 않자, 권호경 목사, 김동완 전도사, 이미경(에큐메니칼현대선교협의체 사무간사), 박주환(한신대 3), 박상희(한신대 3), 김용상, 차옥숭(한국기독교교회협의회 사무간사), 김매자(이화여대 3) 등이 "개헌청원운동 성직자 구속사건 경위서"를 작성하여 전국 교회에 우송하였다. 이들은 곧 구속되어 3~15년의 징역형을 선고받았다.

대학생들도 긴급조치 1호에 저항하였다. 1월 21일 서울대 의대 3학년 이근후, 김영선, 김구상 등 3명이 유신헌법반대시위에 참여하였다가 구속되어, 3월 30일 비상고등군법회의에서 징역 5~7년을 선고받았다. 이어 1월 24일 연세대 학생 고영하, 황규천, 이상철, 문병수, 김석경, 김향, 서준규 등이 학교 강당에서 유신헌법 철폐를 요구하는 성토대회를 열었다가 구속되어 3월 2일 비상고등군법회의에서 징역 3~7년을 선고받았다.(『1970년대 민주화운동』 1, 317쪽; 『동아일보』 1974년 1월 26일자)

3
민청학련과 긴급조치 4호

민청학련 조직과 투쟁

전국적인 유신반대투쟁 준비와 민청학련 조직　1973년 말 대규모 유신반대 시위의 전국적 확산을 경험한 학생운동세력은 더욱 전국적으로 확대된 유신반대투쟁을 적극적으로 시도하기 시작하였다. 이런 움직임은 서울대 문리대에서 시작되었다. 서울대 문리대의 복학생 그룹은 1973년 10월 2일 시위 이후 후배들과 접촉하면서 대학가의 동맹휴학과 시험 거부, 시위와 농성, 결의대회가 요원의 불길처럼 번져가는 상황을 목도하였다. 이들은 더욱 효과적인 투쟁을 위해 학생들의 유신반대투쟁을 조직적으로 전개할 필요성을 느끼게 되었다. 이들은 먼저 서울대 문리대에서 시작해 서울대의 단과대학, 서울 시내 대학, 나아가서는 지방대학까지 학생운동세력을 조직화하여 유신반대투쟁을 전개해야 한다고 생각하였다. 10월부터 선후배 간의 접촉이 있었고, 11월에는 서중석(사학과 67학번), 유인태(사회학과 68학번), 이철(사회학과 69학번), 안양로(정치학과 68학번) 등이 본격적으로 학생들의 유신반대투쟁

조직화에 대해 논의하기 시작하였다.(유인태, 2004, 24~25쪽)

12월에 접어들면서 나병식(국사학과 70학번), 정문화(외교학과 70학번), 황인성(독문학과 71학번), 그리고 정윤광(철학과 66학번)이 적극적으로 참여하기 시작하였다. 지방대학이나 서울 시내 다른 대학과의 연계도 본격화되었다. 경북대 학생운동의 중심인물이었던 여정남이 합류하였고, 연세대, 이화여대, 강원대 및 전남대의 김정길과 이강도 연결되었다. 서중석, 유인태, 이철, 정윤광 등이 중심이 되어 각 지역과 그룹의 학생운동가들을 만나면서 투쟁 의지를 확인하고 고취하며, 이들을 연결하여 전국적인 유신반대투쟁 네트워크를 조직하는 작업을 차곡차곡 진행하였다. 1974년 2월에는 서울대 상대의 김병곤도 합류하였으며, 1974년 3월 이후에는 유인태, 서중석 등이 맡았던 조직 연락과 지원 등의 책임이 이철, 정문화, 황인성, 김병곤 등에게 이양되었다.(이철, 2004, 91~96쪽)

1974년 1월 10일 서중석, 유인태, 이철, 나병식이 모여 조직 구성과 역할 분담을 결정하였다. 전국적 조직을 구성하는 방식은 이른바 '3-3-3제'였다. 이는 우선 유신반대투쟁의 핵심에 서울대를 두되 문리대-법대-상대의 3개 단과대를 주축으로 하고 의대와 공대, 사대를 연결하며, 이어 서울지역에서는 서울대-연세대-고려대의 세 학교를 주축으로 하여 이화여대, 서강대, 성균관대, 동국대와 긴밀한 관계를 맺고, 나아가 전국적으로는 서울대-전남대-경북대를 기본으로 하고, 부산대, 강원대 등은 경우에 따라 서울대와 직접 접촉하거나 전남대, 경북대 등에서 연락을 한다는 것이었다.(유인태, 2004, 28쪽)

서울대 상대는 학생회장 정금채 등이 적극적으로 나섰고, 서울대 공대에서는 서경석·신철영·신수철, 서울대 의대에서는 심재식·황승주, 서울대 사대의 경우 서종수 등이 참여하였다. 연세대의 김영준, 김학민, 최민화, 송무호가 참여하였고, 이화여대의 김은혜와 오성숙, 고려대의 강박인,

성균관대의 김수길, 한신대 김경남 등도 합류하였다. 그리고 동국대의 여익구, 서강대의 황민수, 박석률 등 서울 시내 대학들의 학생운동세력들이 연결되었다. 경북대와 전남대를 중심으로 한 지방대학의 투쟁 네트워크도 강원대의 정성헌, 부산대의 김재규, 영남대의 김광택 등으로 확산되었다.(이철, 2004, 96~97쪽)

비밀리에 투쟁을 준비하다 보니 개인적인 인간관계에 의해 서울과 각지 대학의 동지들을 규합해야만 하였다. 민청학련이 서울대, 그중에서도 문리대가 중심이 되고, 문리대 복학생들이 서울과 지방의 각 대학 인맥을 중심으로 연결될 수밖에 없었던 원인이 여기에 있었다.* 그런데 개인적 인맥이라고는 해도 이미 오래전부터 학생운동을 이끌어오던 서클들을 통해 형성된 것이었으므로 사적인 인맥이라고는 할 수 없었다. 각 대학의 담당자들을 연결하는 조직망을 구성한 다음, 실제로 각 대학에서 반정부시위를 조직하고 학생들을 움직이는 데에는 기존의 이념서클들이 큰 역할을 하였다. 서울대의 경우 법대는 사회법학회가, 상대는 한국사회연구회가 중심이 되었고, 이화여대는 새얼, 연세대는 한국문제연구회나 자유교양회, 인간걱정회 등이 핵심이었다. 지방도 마찬가지여서 경북대에서는 한국풍토연구회, 전남대는 교양연구회가 중심이 되어 각 대학별 투쟁조직이 구성되었다.(윤한봉, 2004, 256~263쪽)

1970년대 전반 기독교 학생조직을 제외하고는 체계적인 전국 단위의 대학생 연대조직은 존재하지 않았다. 그러나 각 대학의 이념서클들 간에는 다양한 형태의 인적인 유대 관계가 있었으며, 이는 선후배 관계를 통해 지속적으로 유지되었다. 학생운동에 적극 참여한 학생들은 각 대학의 이

---

* 당시 민청학련 주도자들도 이 문제를 우려하였지만 공식적 경로가 없는 상황이었으므로 별다른 방법을 찾지 못하였다. 이에 대해서는 서중석, 1992, 193~194쪽을 참조할 것.

넘서클들이 주최하는 학술대회나 토론회 등에 참가하면서 얼굴도 익히고 선후배들을 통해 정기적으로 교류하기도 하였다.(유인태, 2004, 25쪽; 임규영, 2004, 222~227쪽) 민청학련은 이런 이념서클 간의 인적 연계를 하나로 연결하여 전국적 조직을 구성하였다.

한편 민청학련의 결성 과정에서 기독교학생조직도 중요한 역할을 하였다. 1968년 기독교학생조직을 통합하여 출범한 한국기독학생총연맹은 당시 전국적으로 가장 많은 대학을 연결할 수 있는 연합조직이었다. 특히 70·71학번들 가운데 다수의 기독학생들이 유신반대투쟁에 적극적으로 참여하면서 반유신 학생운동의 중요한 축으로 부상하였다.

민청학련을 주도한 학생들은 전국적인 시위를 조직하고 그 파급력을 확대하기 위해 가톨릭과 개신교 등 종교세력과 선배들을 포함한 사회세력을 참여시키기로 하였다. 이 일은 서중석과 나병식이 맡았는데, 선배나 사회 인사들과 접촉하기는 하지만 그들의 지시나 간섭을 받지 않는다는 것을 원칙으로 하였다.(유인태, 2004, 28쪽)

정보 종합과 의사결정을 위해 회합이 반드시 필요하였지만 최소한으로 줄였다. 우선 모임을 가지는 사람 수를 3~5명으로 줄이고, 여러 사람이 만나는 회의 형태는 되도록 최소화하며, 되도록 일대일 접촉을 통해 정보를 전달하였다. 가명을 사용하면서 만나는 일시 등을 정할 때는 간단한 암호를 교환하고, 연락이 끊어질 때를 대비하여 2중으로 연결 가능한 선을 확보하였다.(정윤광, 2004, 61~62쪽) 이러다 보니 역할분담을 한다 해도 2중·3중으로 접촉하거나 같은 일을 반복하는 경우가 많았다. 또한 한 번에 다 모이기 어려우니 중간고리 역할을 하는 사람이 필요하였다.

1974년 2월 하순경 전국 대학 간의 연결이 거의 완료되자, 3월 7일 유인태의 집에서 서중석, 유인태, 이철, 나병식, 정문화 등 5명이 모여 현장 지휘와 연락을 분담하였다.(유인태, 2004, 31쪽) 3월 중순경부터는 이근성이 합류하였다. 이 투쟁조직체에 이름을 붙이면 박정희 정권이 반국가단체로 몰아갈 것이므로 이름을 짓지 않기로 하였고, 화염병 등을 사용하면 폭동죄를 뒤집어씌울 것이 자명하였으므로 자제하기로 하였다. 1974년 3월 말에서 4월 초 사이에 대규모 시위를 일으키는 데 대부분이 동의하면서, 최초의 선도 투쟁을 어디서 할 것인지 논의한 결과, 3월 11일 한신대에서 결행하기로 합의하였다. 지방에서도 구체적인 투쟁 계획이 수립되었다. 서울 및 중부지역은 서울대가, 영남지역은 경북대가, 호남지역은 전남대가 대학 간 연계를 담당하고, 다시 이 세 대학 학생들이 별도로 만나 서로 합의하여 진행하기로 하였다.(임규영, 2004, 247쪽)

1974년 3월 5일부터 서울대 황인성, 경북대 임규영(또는 이강철), 전남대 윤한봉 등은 보안을 위해 전국 각지에서 몇 번씩 모여 투쟁 방안을 논의하였다. 이들은 각지의 상황을 서로 알려주면서 일정을 조정하였다. 3월 11일 한신대에서 먼저 투쟁을 전개하고, 이어 경북대에서 대규모 시위를 진행하는 것으로 합의하였다.

1974년 3월 이후 유신반대투쟁의 전개 사전 계획에 따라 시도된 한신대에서의 투쟁은 성공하지 못하였지만, 경북대에서는 투쟁이 전개되었다. 본래는 3월 18일에 시위를 벌일 예정이었으나 계획이 누설되었을 가능성 때문에 21일로 연기하였다.(임규영, 2004, 251쪽) 정화영, 황철식 등이 3월 21일 오전 10시 유인물을 살포하고, 구호를 외치면서 200여 명이 시위를 벌였으나 예상보다 적은 숫자였다.(정화영, 2005, 197쪽) 바로 다음날인 3월 22일 이강철은 부산 구포역 앞에서 황인성과 윤한봉을 만나 전날의 투쟁 상황을 설명하고, 서울에서 시위를 감행하면 재차 투쟁을 시도하겠다고 하였다.

서울에서는 서강대에서 먼저 투쟁을 시작하고, 4월 3일 전국에 걸쳐 동시 시위를 벌이기로 하였다. 3월 28일 서강대생 300여 명이 학교 구내식당에서 '유신헌법 및 대통령 긴급조치의 철폐를 위한 성토대회'를 열고 선언문을 낭독하였다. 그 자리에서 임성균, 김윤, 박호용 등이 체포되었다.(김윤, 2003, 169쪽) 이날 이후 검거 선풍이 불어 닥치는 와중에도 투쟁이 계속되어 4월 1일과 2일 서울대 문리대에서 소규모 시위가 있었고, 연세대에서는 4월 1일 대강당에서 채플이 진행되는 동안 송구호가 선언문을 읽다 연행되었다.

4월 3일 학생들은 서울대, 연세대, 고려대, 성균관대, 이화여대 등에서 일제히 시위를 벌이면서 민청학련 명의의 "민중·민족·민주선언"과 전단, 그리고 "민중의 소리" 등의 유인물을 살포하였다.* 서울대 의대 학생 500여 명이 집회를 열고 교외 진출을 시도하다 차단당하였고, 서울대 문리대에서는 100여 명의 학생들이 4·19탑 앞에서 정부를 비판하는 내용의 유인물을 살포하였으며, 성균관대 학생 400여 명은 성토대회를 벌였다. 이화여대 학생들도 3,000여 명이 모인 채플 시간에 선언문을 낭독하였다. 그러나 대부분의 시위는 성공하지 못하고 금방 해산되었다.

'민청학련'은 "민중·민족·민주선언" 말미의 '행동사항'을 통해 서울 시내 학생과 시민들에게 오후 2시 시청 앞 광장과 청계천 5가에 집결할 것을 호소하였다. 실제 이날 저녁 이화여대생 40여 명이 청계천에서 시위를 벌이기도 하였으나, 이미 상당수의 학생들이 체포되고 시청 앞에는 경찰과 기관원은 물론 예비군까지 총집결한 상황에서 본격적인 시위는 시도할

---

* 전국민주청년학생총연맹이란 명칭은 1974년 3월 27일 김병곤의 방에서 이철, 김병곤, 정문화, 황인성 등이 유인물을 만들면서 나온 것이다. 유인물 하단에 누가 만들었다는 명의는 넣어야 하겠기에 황인성이 전국민주청년학생총연맹이라는 이름을 제안하여 편의상 만들어 놓은 것이었다. 그것이 긴급조치 4호가 발동되면서 실제 조직의 이름처럼 되어버렸다.(국가정보원 과거사 진상규명을 통한 발전위원회, 2007a, 181쪽)

수 없었다. 그리고 유신정권은 이날 오후 10시 긴급조치 4호를 발동하였다.

4월 3일 이후에도 투쟁 시도는 있었지만 큰 성공을 거두지 못하였다. 4월 3일과 4일 밤 이철, 유인태, 여정남 등이 모여 긴급조치 4호에 대한 반박 성명을 내기로 결정하였다. 정윤광, 나병식, 정문화, 이근성, 황인성 등도 여기에 합류하여 반박 선언문을 작성하고, 정찬용, 권오걸, 강구철 등이 명동이나 신촌에서 이 전단을 살포하였다. 4월 9일에는 서울대 공대 학생회가 유신철폐와 긴급조치 해제를 요구하는 내용의 유인물을 살포하고 시위를 기도하다 공대 학생회장 이종원 등 6명이 구속되었다. 한양대생 이우희, 이상익 등도 유신반대시위를 시도하다 실패하고 구속되었다. 전남대에서는 4월 초에 이미 문덕희, 이학영 등이 체포되었고, 예정되어 있던 거사일인 4월 9일 윤한봉, 박형선, 김상윤 등이 시위를 시도하였으나 모두 실패하고 연행되었다.(윤한봉, 2004, 271~273쪽) 이날 한국기독학생총연맹의 구성원들도 대거 구속되었다. 이직형 총무, 안재웅 간사, 정상복 간사, 나상기 회장 등 모두 26명의 관련자들이 긴급조치 4호 위반으로 구속되었으며(한국기독교사회문제연구원, 1983, 276쪽), 4월 13일에는 이철, 유인태, 강구철이 전국에 지명수배되어 현상금 200만 원이 붙었다. 얼마 후거의 모든 관계자들이 구속되었다.

이처럼 민청학련의 계획에 따라 투쟁이 전개되었지만 상황은 좋지 않았다. 즉 1973년 11월 이후 학교 현장의 많은 조직이 상당히 노출되었던 것이다. 그리하여 1974년 3월의 상황은 불과 몇 달 전인 11월과도 많이 달랐으며, 학교에 다니고 있던 후배 학생운동가들이 느끼는 학내 상황은 민청학련을 주도한 선배들과는 달랐다. 서울대 문리대의 경우, 사회학과 3학년에 재학 중이던 이종구는 1974년 2월 말경 선배들로부터 투쟁의 대략적인 계획을 전달받았고, 3월 학생회 선거가 끝나자 철학과 전홍표, 정치학과 강구철 등과 함께 유신타도투쟁을 준비하였다. 그러나 이들이 여러모로 검토해보아도 서클을 통해 조직화된 소수를 제외하고는 학생대중의 호응을 기대하기는 어려울 것으로 판단되었다. 3월 마지막 주 이종구, 강구철, 전홍표 등은 "잠적한 선배들이 학내 상황에 대한 감각이 없어 무모한 시도를 하고 있으니 빨리 실정을 전달해 불필요한 희생을 막자"는 결론을 내렸다.(이종구, 2003, 128쪽) 그러나 1974년 3월 28일 서강대생 시위 직후 서울대 문리대 학생운동권들이 대거 검거되었다. 3월 28일 체포된 서중석을 필두로 최병두, 이종구, 김국주 등이 연달아 검거되었고, 그러한 상황에서 사전 검거를 면한 강구철, 이해찬, 송운학 등은 기존의 계획을 무조건 추진할 수밖에 없었다.(이종구, 2003, 129쪽) 지방대학들도 상황은 마찬가지였다. 경북대의 경우도 1973년 11월의 투쟁 이후 학생운동세력이 너무 많이 노출되어 있었기 때문에 1974년 3월 21일 시위도 매우 어려운 상황에서 전개될 수밖에 없었다.(정화영, 2005, 197쪽)

긴급조치 4호와 박정희 정권의 탄압, 인혁당사건　　1974년 4월 3일 오후 10시 박정희는 특별 담화를 통해, "민청학련이라는 불법단체가 불순세력의 배후조종하에 그들과 결탁하여, 인민혁명을 수행하기 위한 상투적 방편으로 통일전선의 초기 단계적 지하조직을 우리 사회 일각에 형성하고 반국가적 불순활동을 전개하기 시작하였다는 확증을 포착하였다"면서, 이런 불순세력을 발본색원하기 위해 긴급조치 4호를 발동한다고 발표하였다. 총 12개 조로 이루어진 긴급조치 4호는 민청학련에 가입하거나 연락, 또 그 구성원에게 편의를 제공하는 일체의 행위를 금하며, 이와 관련하여 권유하거나 선전·선동하는 것 또한 금지하였다. 또 학생의 수업 거부나 시험 거부, 집회와 농성 등을 일절 금하는 것은 물론, 이런 사실을 방송·보도·출판 등을 통해 타인에게 알리는 것까지 금하였고, 위반자가 소속된 학교는 폐교처분을 할 수 있게 하였다. 특히 이 조치를 위반하였을 때는 법관의 영장 없이 체포·구속·압수·수배하며, 비상군법회의에서 심판하되 사형, 무기 또는 5년 이상의 유기징역에 처하도록 하였다.(김인걸 외 편저, 1998, 328쪽) 1974년 4월 4일자 신문들은 1면에 "반국가적 불순활동 발본색원" "시위 주동 위반자는 최고 사형, 위반 학교는 폐교처분" "학원시위 징역 5년~사형" 등 살벌한 제목으로 긴급조치 4호의 내용을 알렸고, 치안유지를 위해 필요하다면 병력이 출동할 수도 있다는 섬뜩한 문구들이 신문을 뒤덮었다.(『동아일보』 1974년 4월 4일자; 『한국일보』 1974년 4월 4일자; 『경향신문』 1974년 4월 4일자) 그리고 '사형' 운운은 위협에만 그치지 않았다. 이철, 유인태 등 전국에 지명수배된 학생들에게 거액의 현상금이 붙었다. 처음 50만 원에서 시작한 현상금은 나중에 300만 원까지 올랐다. 간첩에 대한 현상금이 30만 원이던 시절이었다. 집집마다 수배 전단이 돌았고, 전신주나 버스에도 전단이 나붙었다. 비상 반상회가 열렸고, 전시를 방불케 하는 검문검색이 실시되었다.

긴급조치 4호는 '전국민주청년학생총연맹'이라는 하나의 '단체'에 대해 대통령이 비상대권을 발동한 것이다. 박정희 정권의 경찰과 공안기관들이 언제부터 민청학련 관련자들의 동태와 대규모 투쟁 계획에 대해 파악하고 있었는지는 정확히 알 수 없다. 하지만 본격적인 투쟁을 개시하기 전인 1974년 초반 이미 정보 당국은 민청학련 관련자들의 동태를 예의 주시하면서 동향을 파악하고 있었던 듯하다. 3월 28일 서강대에서 시위가 일어나자마자 바로 다음날인 29일까지 서중석 등 수십 명을 검거하였던 것이라든지, 4월 3일 전국적 투쟁을 시도한 당일 오후 긴급조치 4호를 발동하였던 것 등은 이미 유신정권의 일정한 대비가 있었다는 사실을 방증한다.

3월 말부터 관련자들을 검거하기 시작한 유신정권의 공안기관들은 민청학련사건을 계기로 유신반대투쟁을 근본에서부터 말살하려 하였다. 대통령이 민청학련 관계자들을 인민혁명을 기도하는 불순세력으로 규정하는 내용의 담화를 이미 발표한 상황에서 중앙정보부 수사의 초점은 오직 관련자(특히 주동자)들이 공산주의 사상을 가지고 폭력혁명을 수행하려는 자임을 입증하는 데 맞춰질 수밖에 없었다. 수사관들에게는 무조건 관련 학생들의 가족 중에 부역자나 혁신계, 월북자, 심지어는 행방불명자를 찾아내고, 대남방송 청취 사실 등을 확인하며, 간첩이나 조총련 및 국내 혁신세력의 조종을 받았다는 진술을 받아내라는 지침이 내려져 있었다. 미리 발표된 담화문에 수사 결과가 짜 맞춰진 것이었다.

1974년 4월 25일 신직수 중앙정보부장이 민청학련사건에 대한 중간 조사결과를 발표하였다. 그에 따르면 민청학련은 공산계 불법단체인 인민혁명당 조직과 재일 조총련의 조종을 받는 일본 공산당원 및 국내 좌파 혁신계 등이 복합적으로 작용한 것이고, 민청학련을 조직하여 국가변란을 획책한 학생들은 그들의 사상과 배후관계로 보아 공산주의자임이 분명하다고 강조하였다. 1974년 5월 27일 비상군법회의 검찰부는 민청학련사건에 대한 조사결과를 추가 발표하였다. 서도원, 도예종 등 대구지역의 옛 혁신계 인사들이 인민혁명당을 재건하고, 여정남을 학원 담당으로 하여 대구지역 학생운동을 배후조종하다가, 여정남을 서울로 파견하여 이철, 유인태를 만나 이들을 조종하여 전국적인 대학생 조직을 만들도록 하였다는 것이다. 그리고 이들이 민청학련을 조직하고, 대규모 시위를 통해 군중을 폭도화하여 주요 공공건물을 점거·방화함으로써 정부의 기능을 마비시켜 정부를 전복하고, 임시 과도정부를 설립하여 궁극적으로 공산주의 정권을 세우려 하였다는 것이다.(『동아일보』 1974년 5월 27일자) 처음 중앙정보부는 민청학련이 인혁당을 사주한 것으로 하였다가, 나중에는 거꾸로 인혁당이 민청학련을 배후조종한 것으로 바꾸었다. 인혁당과 민청학련을 연결하는 고리는 여정남과 유인태였는데, 수사관들은 유인태에게 자신이 인혁당의 학원 담당책 여정남에게 모든 것을 지령하였다는 진술서를 쓰라고하였다가, 다시 무조건 여정남으로부터 모든 것을 지시받았다고 쓰라고강요하였다.(유시춘 외, 2005, 60쪽) 또 중앙정보부는 유인태, 이철 등 민청학련 지도부가 일본 공산당원이었던 하야가와의 소개로 조총련의 비밀지령을 받고 입국한 일본인 다치가와 등과 접촉하며 폭력혁명 선동을 지시받았으며 자금도 지원받았다고 발표하였다. 일본 『슈칸겐다이』週刊現代의자유기고가인 다치가와가 한국의 학생운동을 취재하기 위해 이철, 유인태등을 1973년 12월 28일과 1974년 4월 2일 인터뷰하였던 것은 사실이었다.그러나 민청학련을 간첩단으로 만들기 위해, 단순한 인터뷰는 공산혁명을지시한 것으로, 취재사례비 7,500원은 혁명자금 7만 5,000원으로 부풀려졌다.(다치가와, 2003, 255~257쪽; 국가정보원 과거사 진상규명을 통한 발전위원회, 2007b, 187~190쪽)

민청학련 주모자들이 인혁당의 지원을 받았다는 것은 고문에 의해 날조된 수사결과였다. 민청학련은 처음부터 외부의 지도나 명령을 받는 조직이 아니었다. 학생들이 만들었던 것은 1974년 상반기 유신반대투쟁을효율적으로 전개하기 위해 전국의 대학을 연결한 느슨한 연대에 불과하였다. 1974년 3월말까지는 이름조차 없다가 투쟁을 코앞에 둔 1974년 3월 27일 이철, 김병곤, 정문화, 황인성 등이 모여 유인물을 제작하면서 신뢰도를높이기 위해 '전국민주청년학생총연맹'이라는 이름을 붙인 것이었다. 3월27일 이전 투쟁을 시작하였던 경북대를 비롯한 연세대, 성균관대, 동국대,경희대 등이 민청학련 대신 각 대학의 반독재투쟁위원회 등의 명칭을 사용하였던 사실은 민청학련이 확고하고 완결된 체제를 갖춘 조직이 아니었음을 보여준다.(국가정보원 과거사 진상규명을 통한 발전위원회, 2007a, 182쪽)

민청학련을 배후조종한 단체로 지목된 소위 '인혁당 재건위원회'의 존재는 더욱 근거 없는 것이었다. '인민혁명당'은 민청학련사건 10년 전인 1964년에 문제가 된 단체로서, 당시 중앙정보부가 격렬하게 전개되던 한일회담반대투쟁을 잠재우기 위해 만들어낸 '북괴의 지령을 받는 반국가단체'였다.* 처음부터 민청학련을 공산주의자들이 배후조종한 인민혁명 조직으로 규정한 다음 수사를 진행하던 중앙정보부는 여정남 등이 인혁당사건 관계자인 도예종 등과 교류한 정황을 활용하였다. 서도원, 도예종 등 인혁당 관계자들이 연행되어 무지막지한 고문을 당하기 시작하였고, 이들이 1969년부터 인혁당을 재건하여 대구 및 서울에서 반정부 학생운동을 사주하였다는 수사결과가 발표되었다. 그러나 수사기관들이 발표한 인혁당 재건 조직에 관한 물증은 아무것도 없었다. 소위 인혁당재건위 관련자들 중 경북 출신의 서도원, 도예종, 하재완, 송상진, 전재권, 강창덕, 이재문 등은 경북민주수호국민협의회에서 활동했었고, 이들 중 서도원, 하재완이 여정남을 서울의 이수병에게 보내 연계를 도모한 사실은 있었다. 하지만 이는 모두 박정희 정권에 반대하는 민주화운동의 일환이었을 뿐이다.

　민청학련과 인혁당재건위 관계자들에게는 온갖 비인간적인 고문이 가해졌다. 민청학련 학생들은 모욕이나 협박은 예사고 쉴 새 없는 구타와 물고문, 잠 안재우기에 시달렸다. 인혁당 관계자들은 반복되는 전기고문과 구타, 물고문으로 심각한 육체적 정신적 손상을 입었으며, 심지어는 공판조서조차 변조되기도 하였다. 그 결과 당시 수사관들 중 일부조차 반발할

---

* 6·3항쟁 직후인 1964년 8월 중앙정보부는 "북괴의 지령을 받고 국가변란을 기도한 대규모 지하조직 인혁당을 적발하였다"고 발표하였다. 우홍선, 김배영, 김영광, 김금수, 도예종, 김한득, 박현채 등이 1962년 '인민혁명당'이라는 이름의 지하정당을 조직하고 반국가단체로서 세력을 확대하여 오다가, 1964년 한일회담반대투쟁을 정권타도투쟁으로 확대하도록 학생시위를 조종해 왔다는 것이었다. 하지만 우여곡절을 거친 후 검찰은 상당수의 관련자들을 석방한 다음 일부에게만 반국가단체 구성이 아니라 반공법상 찬양 고무로 다시 기소할 수밖에 없었고, 최종적으로는 2명에게 1~3년의 징역형이 선고되었다. 1964년의 1차 인혁당사건에 대해서는 민주화운동기념사업회 연구소 편, 2008, 437~438쪽; 국가정보원 과거사 진상규명을 통한 발전위원회, 2007b, 171~177쪽 등을 참조할 것.

법정에서 인혁당사건 최종 선고를 받는 도예종 등 13명

정도로 근거없는 수사결과가 만들어졌다.(국가정보원 과거사 진상규명을 통한 발전위원회, 2007a, 190~192쪽)

　재판도 공정치 못하기는 마찬가지였다. 비상보통군법회의는 인정 신문 이후 민청학련사건과 인혁당재건위사건을 1심판부와 2심판부로 분리 진행하였는데, 비공개로 진행된 재판은 각본에 따라 한두 차례의 심문, 한 차례의 구형과 최후진술, 그리고 선고의 순서로 일사천리로 진행되었다. 1974년 7월 8일 비상보통군법회의 제2심판부는 인혁당 피고인 21명 중 서도원, 도예종, 하재완, 송상진, 이수병, 우홍선, 김용원에게 사형, 김한덕, 유진곤, 나경일, 강창덕, 김종대, 전재권, 이태환, 전창일에게는 무기징역을 선고하였다. 다음날인 7월 9일 제1심판부는 민청학련 관련자 중 이철, 유인태, 김병곤, 나병식, 여정남, 김지하, 이현배에게 사형을, 황인성, 정문화, 이근성, 서중석, 안양로, 김효순에게는 무기징역을 선고하였다. 피고들은 검찰의 조사나 재판 과정에서 고문에 의한 허위 조작임을 거듭 주장하였지만 전혀 소용이 없었다. 오히려 1974년 7월 9일 변론을 하던 강신옥

변호사가 "직업상 이 자리에서 변호하고 있지만 차라리 피고인들과 같이 피고인석에 앉고 싶은 심정"이라고 발언한 것을 문제 삼아 긴급조치 위반으로 즉각 구속하기까지 하였다.(『1970년대 민주화운동』1, 361쪽)

재판정의 피고들은 최후진술을 통해 유신체제를 비판하고 저항의 정당성을 주장하였다.김병곤은 사형은 오히려 영광이며 국가와 민족을 위한 것이라면 당당히 사형을 받겠다고 하였고, 이철도 지금은 당신들이 우리를 재판하지만 당신들은 역사와 민중의 심판을 받을 것이라고 말하였다. 결국 사형을 선고받은 사람들 가운데 인혁당 관련자 7명과, 민청학련 관련자 중 인혁당과 직접 연결된 여정남은 1975년 4월 9일 대법원의 확정 판결 다음날 새벽 사형을 집행당하였다.

민청학련사건과 인혁당사건 등으로 수많은 학생과 교수, 종교계 인사들이 구속되자 이들에 대한 석방운동이 시작되었다. 구속자석방운동은 처음에는 종교계를 중심으로 전개되었다. 1974년 5월 7일부터 6월 10일까지 40일 동안 한신대 교직원과 학생들이 '구속학생과 교역자를 위한 연속 기도회'를 개최하였고, 5월 11일에는 기독교장로회 여신도회 전국연합회가 구속학생 석방을 요구하는 탄원서를 제출하였다. 5월 13일에는 예수교장로회(통합) 7개 노회장들이 모임을 갖고 구속 교역자와 학생들에 대한 선처를 요구하는 성명서를 발표하였으며, 다음날에는 예수교장로회 서울 각 노회가 구속 교역자·학생을 위한 기도회를 개최하였다.(한국기독교사회문제연구원, 1983, 277쪽)

구속자석방운동이 전개되는 중에도 재야인사들이 잇달아 구속되었다. 1974년 5월 8일 연세대 김동길·김찬국 교수가 긴급조치 4호 위반으로 구속되었고, 1974년 7월 6일 귀국하던 지학순 주교가 김포공항에서 중앙정보부 요원들에 의해 강제 연행되어 조사를 받았다. 이에 7월 8일 김수환 추기경이 주교단 상임위원회를 소집하였고, 10일에는 전국 6개 교구의 주교, 신부, 수도자, 평신도 등 1,500여 명이 명동성당에서 지학순 주교를 위한 기도회를 열었다. 그리고 주교단 명의로 "지학순 주교 연행에 관하여"라는 제목의 사건경위서를 발표하였다. 이날 지학순 주교는 중앙정보부에서 풀려나 성모병원에서 연금 상태에 놓였다. 7월 15일 지학순 주교는 성모병원에서 "민청학련사건에 대한 나의 입장"을 발표하여 부정부패가 만연한 현 체제는 3권분립이 안된 1인의 장기집권이며 인간의 기본권을 침해하고 있으므로 현 정부에 반대한다고 선언하였고, 이어 7월 23일 같은 장소에서 양심선언을 발표한 이후 중앙정보부에 다시 연행되어 구속되었다. 이에 7월 22일 수녀회 대표 600여 명이 지학순 주교를 위한 기도회를 열었고, 25일에는 명동성당에서 김수환 추기경이 '국가와 교회와 목자를 위한 기도회'를 집전하고, 지학순 주교 석방과 교회 쇄신을 기원하였다.(『암흑 속의 햇불―7·80년대 민주화운동의 증언』 1, 39~43쪽) 하지만 비상군법회의는 8월 12일 지학순 주교에 대해 징역 및 자격정지 15년을 선고하였다. 그리고 윤보선 전 대통령, 박형규 목사, 김동길 교수, 김찬국 교수 등이 7월 16일 민청학련을 배후 지원한 혐의로 첫 공판을 받았다. 한편 7월 11일 김상근, 이해동, 조승혁, 오충일 목사 등이 중심이 되어 구속자 가족과 교역자, 평신도들이 참여한 목요기도회를 개최하기 시작하였다. 목요기도회는 구속자 가족들이 구속자들의 소식을 전하고 교회와 가족들이 의견을 발표하는 중요한 기회가 되었다. 가톨릭계에서도 구속자석방운동은 계속되었다. 7월 30일 원주교구에서, 8월 5일에는 대전 대흥동성당에서, 8월 12일에는 명동성당에서, 14일 왕십리성당, 15일 원동성당, 16일 인천 답동성당에서 각 교구나 성당 혹은 전국의 사제들이 모여 지학순 주교와 고통받는 이들을 위한 기도회와 미사를 열었다. 이런 기도회와 미사는 지학순 주교만이 아니라 부당하게 구속당한 모든 사람들의 인권과 민주회복을 위한 것으로 확대되어 유신정권 내내 지속되었다.(『암흑 속의 햇불―7·80년대

민주화운동의 증언』1, 39~43쪽)

민청학련의 지향과 이념　　자유민주주의 실현을 기치로 내건 4월혁
　　　　　　　　　　　　　　　명 과정에서 민족주의가 제기되었고, 이
민족주의는 1960년대 학생운동을 중심으로 강화되기 시작하였다. 특히 한
일회담을 둘러싸고 군사독재정권과 투쟁하는 과정에서 학생운동의 이념
은 민족주의와 민주주의의 전투적 결합을 시도하였고, '반외세·반매판·반
봉건'과 '민족·민주의 참다운 길'을 모색하였다.(한일굴욕외교반대학생총연
합회, 1964) 그리고 1970년대에는 '민중'에 관심을 기울이기 시작하였다.
　1970년대에 접어들며 그간의 경제개발계획 결과 급증한 도시 노동자
계급의 문제가 현실로 부각되면서 '민중'을 인식할 수 있는 계기가 형성
되었다. 여기에 전태일의 죽음이 결정적인 역할을 하였다. 1970년대 초
부터 운동가들 사이에서는 학생운동만으로는 부족하며 민중의 삶 속으로
들어가야만 한다는 의식이 확산되었다. 이에 따라 이념서클별로 여름이
나 겨울방학 기간 동안 광산, 공장 등으로 현장활동을 다녀오기도 하였
다.(노진귀·정금채·임상택, 1992, 160~161쪽) 그리하여 1960년대의 3반
이념(반외세·반매판·반봉건)은 1970년대에 민중·민족·민주의 이념으로
발전하게 된다. 민청학련은 1974년 4월 3일 시위에서 "민중·민족·민주
선언" "민중의 소리" "지식인·언론인·종교인에게 드리는 글" 등의 유인물
을 배포하였다.
　민청학련 명의로 작성된 "민중·민족·민주선언"은 1973년 10월의 선
언문들과 비교해볼 때, 정치적 요구보다 사회·경제적 문제를 먼저 제기하
고 있는 것이 특징이다. 1차 석유파동의 영향으로 물가가 치솟아 민중들의
생활고가 가중되었던 데다, 전태일의 분신과 광주대단지사건이 불거지면

서 대학생들이 민중의 삶에 대해 더 많은 관심을 갖게 되었기 때문이다. "민중·민족·민주선언"은 당시 한국 사회의 지배체제는 부패특권체제이며, 권력배들과 소수의 부정특권 족벌들이 "기아수출입국, GNP 신앙을 교리로 내걸고 민족자본의 압살과 매판화를 종용하여 수십억 달러의 부채를 국민에게 전가"시키고, "기간산업을 포함한 주요 경제부문의 족벌 사유화를 획책"해왔으니, 이들이야말로 물가고와 경제파탄을 초래하게 한 주범이라고 주장하면서, 이렇게 민중을 수탈하는 "체제의 수호신은 바로 1인독재 체제와 정보·폭압정치"라고 규정하였다. 그리고 유신정권은 "폭압체제를 완비하여 언론을 탄압하고, 학원과 교회에 대한 억압을 더욱 가중시킴으로써 비판을 원천적으로 봉쇄"하고 있으며, 특히 유신정권이 내건 "남북대화는 영구집권을 위한 장식물 이상의 아무것도 아니"었고, "남북통일이 오로지 그들의 전유물인 양 떠들면서 폭력정치와 민중수탈 체제를 더욱 공고하게 할 때 통일의 길은 더욱 멀어지고 있다"고 분석하였다. 이어 "부패특권 족벌의 치부를 위한 경제정책을 시정하고, 부정부패 특권의 원흉을 즉각 처단"할 것, "근로대중의 최저생활을 보장"할 것, "모든 노동악법을 철폐함으로써 노동운동의 자유를 보장"할 것, "반민족적 대외의존경제를 청산하고 자립경제를 확립"할 것 등 사회·경제적 요구를 집중적으로 제기하였다.(『1970년대 민주화운동』 1, 355~357쪽) 자립경제와 신식민주의 청산을 추구하고 공공연하게 민중의 편임을 선언하는 이 민중·민족·민주의 3민이념은 민중주의적 민족주의 지향을 확고히 보여주고 있다.(김동춘, 1994, 240쪽)

　"민중·민족·민주선언"과 함께 배포된 한 전단에서는 근로대중과 지식인, 언론인, 종교인, 핍박받는 민중들에게 궐기를 호소하면서 다음과 같은 5개 항의 구호를 내걸었다.(『1970년대 민주화운동』 1, 357쪽)

① 굶어죽을 자유 말고 먹고 살 권리 찾자!

② 배고파서 못 살겠다 기아 임금인상하라!

③ 유신이란 간판 걸고 국민자유 박탈 마라!

④ 남북통일 사탕발림 영구집권 최후 수단

⑤ 재벌 위한 경제성장 정권 위한 국민총화

⑥ 왜놈 위한 공업화에 민중들만 죽어난다.

이는 1차 석유파동 이후의 어려운 경제적 현실을 반영한 것이기는 하지만, 학생들이 아니라 일반 민중들을 대상으로 하는 이런 전단의 존재 자체가 '변혁 주체로서의 민중'이란 인식을 더욱 뚜렷하게 드러내고 있다.

1974년 하반기~1975년 유신반대투쟁의 전개와 민주회복국민회의

긴급조치 1·4호 해제와 대학가의 구속학생석방운동

긴급조치 1호와 4호는 국내의 민주화운동을 일시적으로 침묵시키기는 하였지만, 해외에서의 유신반대투쟁을 강화시키는 결과를 낳았다. 유학생들과 교포들이 중심이 되어 미국, 일본, 서독 등 해외 각지에서 한국 민주화를 위한 단체를 조직하였고, 박정희 정권의 민주화운동 탄압과 한국의 인권 상황을 비판하고 나섰다. 미국과 일본의 야당과 언론, 지식인과 사회·종교단체들도 한국의 인권 현실에 대해 적극적인 관심을 표명하면서 박정희 정권에 대한 비판의 목소리를 높여나갔다. 여론의 압력은 의회에도 전달되었다. 1974년 7~8월 미국 하원 외교위에서 '한국 인권 문제 공청회'가 열리고, 한국의 인권 상황을 문제 삼아 군사·경제 원조를 대폭 삭감할 것을 논의하기에 이르렀다. 이렇게 되자 박정희 정권으로서도 더 이상 긴급조치를 유지하기 힘들었고, 8월 23일에 이르러 긴급조치 1·4호를 해제하였다.

긴급조치 1·4호 해제 직전 돌발사태가 발생하였다. 1974년 8월 15일 광복절 기념식장에서 대통령 부인 육영수 여사가 저격을 당한 것이다. 이 사건으로 육영수를 애도하는 분위기가 온 사회를 뒤덮었고, 일부에서는 유신반대투쟁이 소강상태에 빠질 것이라 생각하기도 하였다. 하지만 1974년 가을 개강한 대학가에서는 민청학련 관련 구속자 석방을 요구하는 운동이 본격적으로 시작되었다. 9월에는 주로 석방을 요구하는 서명운동이 벌어졌다. 9월 17일 고려대 총학생회가 구속학생 석방을 요구하는 내용의 유인물을 제작하였다가 사전에 압수당하였고, 18일에는 서울대 공대 학생 3명이 오전 9시 "긴급조치 위반 구속학생을 석방하라"는 현수막을 걸고 교문 앞에서 석방청원서명을 호소하며 전단을 배포하다 경찰에 연행되었다.

이화여대 학생들은 9월 23일 4,000여 명이 참석한 가운데 구속된 인사와 학생 석방, 국민기본권 보장, 불법적인 체포·구속·고문 즉각 중지, 학원자유 보장, 학문자유 보장, 언론자유 보장 등을 요구하는 6개 항을 결의하였다. 이날 이화여대 학생 김선숙, 정강자, 정선자 등이 연행되었다. 다음날인 24일에는 이화여대 총학생회가 구속자석방서명운동을 벌여 4,000여 명이 대강당에서 서명하였다. 이날 총학생회장인 이영화, 선교부장 정인숙이 중앙정보부에 연행되었다. 같은 날 감신대 학생들 100여 명도 교내 예배당에서 구속학생 석방을 위한 기도회를 거행하였고, 구속 학생과 성직자 석방, 자유민주주의 실행, 학원자유 보장, 부정부패 일소 등을 요구하는 내용의 성명서를 발표하였다.

이어 25일 한신대 학생 150여 명이 구속학생을 위한 철야 금식기도회를 열었으며, 26일에는 서울대 총학생회장단이 대학 당국에 구속학생석방 서명운동과 모금운동을 허가할 것을 요구하였으나 거부당하였다. 27일에는 홍익대와 한신대 학생들이 구속학생 석방을 요구하였고, 야당인 민주통일당도 '체포·복역자의 석방운동 추진을 위한 투쟁위원회' 설치를 선언하고, 긴급조치 위반자 즉시 석방과 학생·지식인 연행 중지를 요구하는 내용의 성명서를 발표하였다. 28일에는 한신대 교수 11명이 김종필 총리에게 공개서한을 보내 학원정상화를 위해 구속자들을 전원 석방할 필요가 있다고 주장하였다.

10월에 접어들면서 서명운동과 함께 석방요구 집회와 시위, 농성이 본격적으로 시작되었다. 9월부터 전개된 서명운동은 끊이지 않고 이어져 10월 2일 서울대 의대 학생들이 구속학생 석방을 위한 서명운동을 전개하였고, 4일에는 경북대의 단과대학 회장단이 "구속학생 사면 공개탄원서"를 제출하기로 하였으며, 7일에는 서울대 법대 학생들이 서명운동을 전개하였다.

이어 10월 8일 서울대 법대 학생 150여 명은 교내에서 성토대회를 열고, 구속인사 즉시 석방, 유신헌법 개정 등을 요구하며 도서관에서 단식농성에 돌입하였다. 10월 10일에는 고려대생 2,000여 명이 강당에서 집회를 열고 "구국선언문"을 채택하였다. 이들은 선언문에서 유신헙법 개정과 구속학생 석방, 언론자유 보장, 학원사찰 중지 등을 요구하였으며, 교외 진출을 시도해 경찰기동대와 충돌하였다. 이들 중 1,000여 명은 강당에서 철야농성에 들어갔다. 이날 서울대 상대 학생 150여 명도 임시비상학생총회를 개최하고 "정부는 구속학생 석방과 민주주의 회복을 위한 용단을 내릴 것"을 요구하며, 1주일간 동맹휴교에 돌입할 것을 결의하고 도서관에서 농성을 시작하였다. 감신대 학생 150여 명도 구속자 석방을 위한 기도회를 마치고 교외 진출을 시도하다 경찰의 제지로 해산하였다.

10월 11일 고려대 학생들은 전날에 이어 다시 2,000여 명이 아침부터 교문에서 기동대와 투석전을 벌였고, 오후에는 학생총회 명의로 난국을 타개할 길은 민주개혁밖에 없다는 내용의 양심선언을 발표하였다. 이에 고려대 당국은 19일까지 임시휴교를 결정하였다. 이날 한신대 학생 200여 명도 예배실에서 성명을 발표한 다음, 투옥된 성직자·지식인·민주학생 석 방, 언론·종교의 자유 보장 등을 요구하는 현수막을 들고 교외 진출을 시 도하였다. 한신대 2학년들은 다음날인 10월 12일부터 수업거부에 들어가 기도 하였다.

10월 중순 시위가 전국의 대학으로 급격히 확산되자 10월 16일 문교 부는 학생시위와 관련하여 서울대 의대·법대·문리대·사대·상대·약대, 중 앙대, 동국대, 동아대에, 10월 29일에는 고려대와 이화여대에 계고장을 보 냈다. 나아가 10월 29일 유기춘 문교부장관은 국회 문공위 답변에서 "계고 장을 자주 받는 대학은 대학정상화를 이룩할 수 있는 능력을 갖고 있지 않 다고 봐야 할 것"이며, "계고장을 자주 받을 만한 환경에 처한 대학은 차후 문교부가 대학 학사에 개입하게 되는 요건이 될 것"이라고 밝혔다.(『동아일 보』1974월 10월 29일자) 대학의 학사 운영에까지 개입하겠다는 박정희 정 권의 의지를 강하게 드러낸 발언이었다. 심지어 충남대는 휴교 이후 다시 시위 사태가 발생하는 것을 막기 위해 개강 이전에 학생들로부터 학업에 전념하겠다는 내용의 서약서를 친권자를 포함한 2명의 보증을 받아 제출 하도록 하였다.(『동아일보』1974년 11월 5일자)

하지만 학생들의 투쟁은 계속되었다. 10월 중하순 일자별 전국 대학의 시위상황은 〈표3〉과 같다. 특히 10월 30일 성균관대 학생 500여 명이 교내 에서 집회를 개최하였는데, 이 집회에서 학생들은 "박정희는 민족 앞에 영 광스럽게 퇴진하라"고 하여, 유신 선포 이후 최초로 박정희의 하야를 공개 요구하였다. 이에 11월 2일 문교부는 이 문구를 플래카드에 넣은 학생들을 제적할 것을 성균관대에 즉시 요구하였다.(『동아일보』1974년 11월 2일자) 시위가 걷잡을 수 없이 확산되자 정부는 휴강 지시를 내려 학교 문을 닫고

표3 1974년 10월 중하순 전국 대학 시위 상황

일 자	상 황
10월 14일	· 동국대생 200여 명, 건국대생 1,000여 명, 중앙대생 500여 명, 전남대생 400여 명, 부산대생 50여 명, 서울대 미대생 40여 명 성토대회 또는 시위
10월 15일	· 중앙대생 500여 명, 조선대생 200여 명, 부산대생 1,000여 명, 성심여대생 500여 명 구속학생 석방 요구하며 교내 농성과 성토대회, 혹은 가두시위 · 충남대 학생들 14~15일 연이틀 시위. 학생회가 해산되고 주동학생 6명 제적
10월 16일	· 경북대생 1,000여 명 시위. 학생회가 구속학생 석방을 요구하는 호소문을 대통령에게 발송 · 서울대 법대와 문리대, 숭전대, 동아대 학생들 시위. 서울대 의대생 동맹휴교 결의
10월 18일	· 경북대생 1,000여 명, 경희대생 800여 명 시위
10월 21일	· 광주제일고교생 500여 명 가두시위, 이화여대생 4,000여 명 교내집회
10월 17일	· 서강대, 국민대, 강원대, 홍익대, 감리교 목원대 학생 등 교내에서 성토대회 혹은 시위 · 경희대생 800여 명 가두시위 · 경북대생 1,000여 명 교내에서 언론자유와 구속학생 석방을 요구하며 시위. 이 중 약 600여 명 교외 행진 · 이화여대, 고려대, 가톨릭신학대 학생들 구속학생 석방과 유신헌법 개정 요구하며 집회
10월 22일	· 서울대 농대생 300여 명 교내에서 농성
10월 23일	· 이화여대생 4,000여 명 기도회 개최. 오후 5시 500여 명이 다시 구속자 석방을 위한 기도회 개최
10월 25일	· 이화여대생 2,000여 명이 구국기도회 이후 가두시위 시도. 경찰에 의해 봉쇄되자 정문 안 이화교 위에서 3시간 동안 연좌시위 · 아주공대와 장신대 학생 농성과 시위
10월 26일	· 가톨릭신학대생 300여 명 구국기도회 이후 유신헌법 철폐와 지학순 주교 석방 요구하며 가두시위
10월 28일	· 이화여대생 4,000여 명 대강당에서 유신헌법 철폐, 민주헌정 수립, 정보·파쇼정치 즉각 중지, 구속학생 석방, 언론탄압 중지 등을 결의하고 이화교에서 농성투쟁(11월 3일까지 휴강) · 고려대생 2,000여 명 민주헌정 회복과 자유언론수호 요구 교내시위 · 연세대와 아주공대, 서울대 약대 학생들 시위
10월 29일	· 한신대생 50여 명 세종로에서 유신체제 철폐와 언론자유선언 지지 선언하며 시위. 43명 연행. 교내에서 100여 명 철야농성기도회
10월 30일	· 성균관대생 500여 명 교내 집회 · 연세대생 1,000여 명 성토대회 이후 가두 진출 시도해 경찰과 투석전 벌여 50여 명 부상, 3명 연행 · 부산수산대 학생들 교내시위와 단식농성
10월 31일	· 연세대생 800여 명과 외국어대생 각각 교내시위, 가두 진출 시도

대학에 계고장을 보냈다. 10월 30일 현재 전국 72개 대학 중 44개 대학이 휴강으로 문을 닫았고, 13개 대학에 계고장이 발부되었다.

그러나 시위는 오히려 더 늘어났다. 11월 1일 한양대 학생 1,000여 명이 경찰과 투석전을 벌였으며, 홍익대 학생 100여 명도 농성과 시위를 벌였다. 서울신학대 학생 220여 명도 구속자를 위한 기도회를 개최하고 학생처벌 철폐를 요구하였다. 한편 이날 서울대 총불교학생회 회원 170여 명이 서울 시내 대각사에서 구국발원대회를 개최하고, 구속학생 석방, 민주헌정 확립, 민족경제 확립, 승단은 어용적 호국불교에서 깨어날 것 등 6개 항의 발원문을 채택하고 가두시위를 시도하였다.(『동아일보』 1974년 11월 2일자) 이어 11월 4일에는 한국외대 학생 1,000여 명이 유신헌법 철폐 등을 요구하며 가두시위를 벌였고, 전북대 학생 400여 명이 가두시위를 벌였다.(『동아일보』 1974년 11월 5일자) 11월 5일에는 한양대 학생 1,500여 명과 전남대, 영남대, 전북대 학생들이 시위와 투석전을 벌였다. 이어 11월 6일에는 영남대 학생 300여 명이 가두시위를 벌였고, 인하대에서는 1,000여 명의 학생이 농성에 참가하였다.

11월 7일경부터 대학생시위는 더욱 격화되었다. 특히 이전에 학생운동에 그다지 적극적이지 않던 대학의 학생들도 대규모 시위를 벌여 정권을 한층 긴장시켰다. 11월 7일 서울대 공대 학생 800여 명과 가톨릭의대 학생 400여 명, 항공대 학생 200여 명, 동아대 학생 900여 명이 경찰과 충돌하는 격렬한 시위를 벌였다. 8일에는 서울대 음대 학생 270여 명이 현실참여를 결의하였고, 동아대 학생 800여 명은 이틀째 농성을 계속하였다. 11월 11일에는 서울여대 학생 600여 명이 교내에서 농성을 벌였으며, 12일에는 아주대 공대 학생 300여 명이 교내농성에 돌입하였다. 11월 14일에는 숙명여대 학생 1,000여 명이 유기춘 문교부장관 퇴진, 유신철폐, 언론·인권탄압 배격을 외치며 가두시위를 벌였고, 연세대와 서울대 치대 학생들도 시위를 벌였다. 숙명여대 학생들은 15일에도 학생총회 이후 거리로 뛰어나와 500여 명이 참가하는 가두시위를 벌이다 5명이 연행되었다. 11월 18일 숭전대 학생들이 농성을 시작하였고, 서울대 의대 학생 150여명도 강당에서 집회를 열고 구속학생 석방과 유신헌법 철폐를 요구하였다. 11월 19일 다시 이화여대 학생 4,000여 명이 대강당에서 집회를 열고 구속자 석방과 유신헌법 철폐 등을 결의하였다. 이들 중 2,000여 명은 "나라를 구하자" "자유를 구하자" 등의 플래카드를 들고 가두 진출을 시도하기도 하였다. 20일부터 이화여대가 임시방학을 실시한 이후 방학에 들어간 학교가 늘어나면서 학생들의 시위는 잠시 줄어들었으나, 투쟁이 완전히 사라진 것은 아니었다. 12월 11일 전남대 학생 500여 명이 유신헌법 철폐와 구속학생 석방 등 10개 항을 요구하며 가두 진출을 시도하다 경찰과 충돌하였다.

한편 서울대에서 문교부 당국에 의해 백낙청 교수가 파면되는 사건이 발생하여 학생들을 더욱 분노하게 하였다. 백낙청 교수는 1974년 11월 27일 민주회복국민회의가 발족하자 여기에 참여하여 국민선언에 서명하였다. 문교부는 교육공무원이 정치활동에 참여하였다는 이유로 권고사직시키려 하였지만 백 교수는 이를 거부하였고, 결국 12월 9일 문교부 특별징계위원회는 파면 결정을 내렸다. 이에 12월 12일부터 서울대 법대, 상대, 문리대 학생들이 일제히 시위를 벌였으며, 백낙청 교수 파면 철회와 구속자 석방, 유신헌법 철폐를 요구하였다. 12월 18일에는 서울대 사대 학생 300여 명이 박정희 하야와 구속인사 석방을 요구하는 시위를 벌였다. 한편 서울대는 12월 19일 학생시위 주동자로 강대식 등 4명에게 무기정학처분을 내렸는데, 서울대 학생 83명이 이에 대한 항의 표시로 일제히 자퇴서를 제출하기도 하였다.

교수들도 다시 기본적인 민주적 권리를 요구하는 학생들의 목소리에

귀 기울일 것을 주장하기 시작하였다. 경북대 교수들은 학생들에 대한 가혹한 처벌에 항의하였고(『동아일보』 1974년 10월 31일자), 11월 18일 고려대 교수회의는 최근의 학생 동태가 다수의 움직임으로서 이유 있는 동요로 보아야 한다고 주장하며, 학생시위에 대한 정부의 자세를 비판하였다. 김상협 총장은 학생들의 현실 비판을 이해할 것을 정부에 촉구하였다. 연세대 박대선 총장도 11월 21일 학생들의 요구는 참된 민주주의 출현의 소망이라 믿는다고 하여 학생운동에 대한 지지를 표명하였다. 그리고 정부당국에 휴교 조치 등이 해결책이 되지 않는다고 지적하면서, 부정부패 일소와 민주화 청사진 제시를 요구하였다. 22일에는 연세대 교수 30여 명이 신학대 강당에서 '구속 교수·학생 석방을 위한 기도회'를 열고 김동길, 김찬국 교수와 구속학생 석방을 요구하였다. 12월 10일 서강대 교수회의도 정부에 의견서를 제출하여 인권회복을 요구하는 학생과 국민의 소리에 귀 기울이고 구속학생을 석방할 것을 요구하였다.

교수들은 백낙청 교수 파면 철회도 요구하였다. 12월 12일 서울대 문리대 교수 31명이 "백낙청 교수 파면 철회 요구서"를 문교부장관에게 전달하였다. 12월 18일에는 연세대, 경희대, 숭전대, 이화여대, 공주사대 등 교수들 44명이 "교수자율권선언"을 발표하여 "정치적 표현의 자유는 민주국민의 기본 권리로서 이러한 자유를 민주국민의 교육을 담당하는 교수들에게까지도 허용하지 않는다면, 이것은 우리 국가의 교육 이념과 우리 정부의 교육 목표에 관한 근본 문제가 되는 것"이라고 전제하고, 백낙청 교수에 대한 징계를 즉각 철회할 것을 촉구하였다.(『동아일보』 1974년 12월 18일자)

한편 10월 말부터 고등학생들이 반정부투쟁에 참가하였다. 1974년 10월 20일 광주일고 학생 500여 명이 오전 8시 30분 구속학생 석방을 요구하며 가두시위를 벌였다. 고등학생들의 시위는 11월 중순 이후 확산되었는데, 두드러진 곳은 광주였다. 11월 15일 광주일고 학생 200여 명이 조회를 마친 후 교문을 뛰쳐나와 유신헌법 철폐를 외치며 전남도청 광장까지 시가행진을 벌였고, 18일에는 광주 조선대부고 학생 60여 명이 도청 앞 광장에서 구속학생 석방을 요구하는 시위를 벌였다. 이에 따라 19일에는 광주 시내 7개 고등학교에 휴교령이 내려졌다.

서울에서는 11월 18일 경기고 학생들이 유신철폐를 주장하는 유인물을 배포하고 성토대회를 가지려 하였으나 교사들의 만류로 실패하였다. 23일에는 경기고 학생 40여 명이 종로 2가 YMCA본부 앞에 모여 "학원의 정당한 의사 표시를 탄압하지 말라"는 등 6개 항의 결의문을 낭독한 뒤 가두시위를 벌였다. 이날 동성고 학생 1,500여 명도 가두시위에 나섰다가 경찰의 제지로 학교에 돌아와 농성에 돌입하였다. 11월 25일 광신상고에는 각 교실에 "사회정의를 실현하는 길은 유신헌법을 무너뜨리는 것"이라는 내용의 유인물이 살포되었다.

민주회복국민회의 창립과 재야·정치권의 유신반대투쟁

천주교정의구현전국사제단과 자유언론실천운동

박정희 정권은 민청학련사건을 계기로 유신에 반대하는 민주화운동세력의 뿌리를 뽑으려 하였지만, 계속되는 인권유린과 언론탄압은 오히려 종교계와 언론계의 유신반대투쟁을 더욱 강화시켰다. 1974년 7월 지학순 주교 구속을 계기로 발족한 천주교정의구현전국사제단은 유신정권에 대한 가차 없는 비판을 통해 가장 강력한 투쟁의 구심 중 하나가 되었다. 지학순 주교 구속 이후 신현봉, 최기식, 함세웅, 김택암, 양홍, 오태순, 안충석, 장덕필 신부 등이 중심이 되어 지 주교 석방을 위한 전국순회시국기도회를 진행하였고, 김병상, 황상근, 문정현, 장덕호, 이계창, 송기인, 류강하, 정호경 신부가 여기에 열심히 참여하였다.(유시춘 외, 2005, 77쪽) 8월 29일 서울대교구의 소장 신부 23명이 명동성당 사제관에 모여 "주교단에 보내는 요망"을 채택하여 지학순 주교 구속에 대한 주교단의 명확한 입장 표명 등을 건의하고 공동행동을 모색하였다. 1974년 9월 23일 원주교구에서 열린 성직자 세미나에 참석한 300여 명의 신부들은 정식으로 '천주교정의구현전국사제단'이란 명칭의 사제단을 결성하기로 합의하고, 인권과 민주 회복을 위한 기도회를 계속하기로 결정하였다. 다음날인 24일 저녁 사제단 신부 300여 명*을 포함하여 1,500여 명이 참가한 첫 기도회를 개최하였다.(김정남, 2005, 55쪽; 『암흑 속의 횃불―7·80년대 민주화운동의 증언』 1, 44쪽; 유시춘 외, 2005, 77쪽) 9월 26일은 천주교정의구현전국사제단이 사실상 처음으로 세상에 모습을 드러낸 날이었다. 사제단은 명동성당에서 2,000여 명의 성직자와 신도가 참여한 가운데 순교자찬미기도회를 열고, 유신헌법 철폐와 긴급조치 무효화, 국민의 기본권 보장, 민주헌정 회복을 내건 제1시국선언을 발표하였다. 기도회가 끝난 뒤 성직자와 평신도들은 "유신헌법 철폐하라"는 현수막을 들고 명동파출소 앞까지 평화 시위를 벌이기도 하였다.(『암흑 속의 횃불―7·80년대 민주화운동의 증언』 1, 45쪽) 사제단은 이후 기도회를 계속 열면서 시국에 관한 선언문을 발표하여, 교회가 인권과 민주주의의 보호막이 되고, 사회정의의 실현을 위한 거점이 되며, 억눌린 자들을 위한 방패가 되겠다는 의지를 분명히 하였다. 1970년대 이후 한국민주화운동사에서 사제단은 중요한 고비마다 인권과 민주주의 수호를 위한 최후의 보루 역할을 맡았고, 그 역할은 오늘날까지 지속되고 있다.

한편 1974년 10월 이후 자유언론실천운동이 들불처럼 번져갔다. 1974

---

* 당시 한국의 평사제가 모두 639명이었으니, 전국 신부의 절반이 모인 셈이었다.

년 10월 24일 동아일보사 기자 200여 명이 모여 "자유언론실천선언"을 발표하였다. 이에 자극받은 30여 개 신문사와 방송사의 기자들도 연이어 '실천선언'에 나섰다. 자유언론실천운동을 억누르기 위해 박정희 정권은 우선 가장 선두에 나섰던 동아일보사 기자들을 억누르려 하였다. 박정희 정권은 『동아일보』에 광고를 싣지 못하도록 광고주들에게 압력을 넣었고, 『동아일보』는 광고 없이 간행되었다. 이에 항의하여 수많은 시민들이 5개월 가까이 『동아일보』에 자발적인 격려광고를 내 자유언론실천운동을 지지하였다. 그러나 정권은 동아일보사 사주측과 타협을 시도하였고, 결국 동아일보사는 자유언론운동에 핵심적인 역할을 한 기자들을 해고하였다. 1975년 3월 12일 동아일보사는 물론 동아방송의 기자와 PD들까지 해직기자들의 복직을 요구하며 제작거부 농성을 벌였고, 송건호 편집국장이 항의 표시로 사표를 제출하였다. 하지만 회사 측은 3월 17일 농성 기자들을 강제 해산하였다. 강제 해직된 기자와 PD들은 3월 18일 '동아자유언론수호투쟁위원회'(동아투위)를 결성하여 투쟁을 시작하였다.

한편 조선일보사도 1974년 12월 유정회 국회의원의 일방적인 주장이 『조선일보』에 실린 것에 대해 항의하는 기자 2명을 해고하였다. 기자들의 항의로 신문사측은 복직을 약속하였으나 지켜지지 않았고, 1975년 3월 6일부터 기자들은 6일간 신문 제작을 거부하였다. 사측은 기자들을 차례로 해고하였으며, 이들 32명의 해직기자들이 '조선언론자유수호투쟁위원회'(조선투위)를 결성하여 자유언론을 위한 투쟁을 계속하였다.(유시춘 외, 2005, 102~115쪽: 김정남, 2005, 101~116쪽)

문학인들도 유신반대투쟁에 나섰다. 1974년 11월 18일 광화문 문인협회 사무실 앞에서 문인 30여 명이 모여 자유실천문인협의회의 이름으로 "문학인 101인 선언"을 발표하였다. 문인들은 이 선언에서 김지하 등 지식인, 종교인, 학생 등을 석방할 것과, 언론·출판·집회·결사·신앙·사상의 자유를 요구하였다. 이렇게 출범한 자유실천문인협의회는 민주화를 위한 또 하나의 중심축으로 큰 역할을 수행하였다.(김정남, 2005, 84~86쪽)

민주회복국민회의 창립

민청학련사건 이후 재야의 활동은 오히려 더 활발해졌다. 그중 가장 두드러진 것이 1974년 12월의 '민주회복국민회의'(국민회의) 창립이다. 1974년 11월 27일 이병린, 함석헌, 천관우, 김홍일, 강원룡, 이희승, 이태영의 7인 위원회를 중심으로 재야인사 71명이 참여하여 "민주회복 국민선언"을 발표하였다. 이 선언문은 현행 헌법을 최단 시일 내에 합리적 절차에 따라 민주헌법으로 대체할 것, 반정부 인사들을 사면·석방할 것, 사회정의 실현에 의해 모든 국민이 경제발전의 혜택을 균등하게 누리게 할 것, 민주세력이 최대한 연대하고 모든 야당 역시 거당적으로 국민의 대열에 참여하여 줄 것 등을 주장하였다.(『1970년대 민주화운동』 1, 438쪽)

국민회의는 1974년 12월 25일 창립총회를 개최하여 정식으로 발족하였다. 윤보선, 백낙준, 이인, 정구영, 이희승, 김홍일, 유진오, 김재준, 김수환, 이정규, 윤제술, 정일형, 강신명, 정화암, 정석해, 진헌식, 홍익표, 김대중 등이 고문으로 참여하였고, 대표위원으로 윤형중(상임대표), 함석헌, 이병린, 강원룡, 천관우, 김정한, 이태영, 김영삼, 양일동, 김철이 선임되었으며, 홍성우, 함세웅(대변인), 한승헌, 김병걸, 김정례 등이 운영위원으로 선임되었다.

국민회의는 지속적인 활동을 위해 사무국을 설치하였고, 1975년 3월 초까지 7개 시도지부와 20개 시군지부를 결성하였다. 국민회의 지부 임원에는 목사 등 종교인과 신민당과 통일당 등 야당 당원들이 많이 참여하였다. 예를 들어 국민회의 김제군지부는 강희남 목사를 대표위원으로 하고, 윤영구 목사가 상임위원이 되었으며, 고문 8명 중 신민당 관계자가 4명,

종교인이 2명이었다. 또 운영위원 16명 중에 목사가 2명, 전도사가 2명, 장로가 3명으로 교회 관계자가 7명이며 신민당원이 4명, 통일당원이 3명이었다.(『동아일보』 1975년 3월 15일자)

하지만 지방 조직들은 국민회의 본부의 주도에 의해 조직된 것이 아니라, 지방 인사들에 의해 자생적으로 조직되어 명칭만 국민회의 지부로 통일한 경우가 많았다. 따라서 본부와 지부 사이의 조직적 관계는 매우 취약하였다. 또 명망가들의 임의적 결합체 성격이 강해서 지속적인 운동을 위한 효율적 체계를 구성하지는 못하였다.(한국기독교사회문제연구원, 1983, 149~150쪽)

국민회의는 윤보선, 김영삼, 양일동 등 정치인들이 참여하였음에도 불구하고, 범국민단체로서 비정치단체였으며, 정치활동이 아닌 국민운동을 통한 민주회복 달성을 목표로 표방하였다. 그러나 국민회의는 실질적으로 유신체제에 정면 도전하는 비제도권 운동정치를 시작하였고, 어떤 의미에서는 준정당으로서 재야의 존재를 극명하게 드러내 주었다.(김대영, 2005, 416쪽; 심지연, 2004, 253~256쪽)

국민회의의 결성에는 재야인사들이 중심이 되었던 민주수호협의회가 가장 큰 역할을 하였지만, 김영삼, 양일동 등 야당 총재들도 참여하였다. 이에 따라 국민회의는 재야와 야당이 함께 참여하는 유신반대투쟁협의체가 되었다.(정상호, 2005, 369쪽) 뿐만 아니라 기독교계와 가톨릭계도 국민회의 결성에 조직적으로 참여하였다. 천주교정의구현전국사제단 등 가톨릭계의 지원 아래 윤형중 신부가 상임대표위원으로 활동하였고, 대변인 함세웅 신부가 실무책임자로서 국민회의를 이끌어갔다.(김정남, 2005, 91쪽) 또 언론인, 교수, 문인 등 지식인들이 합류함으로써 재야 민주화운동의 외연이 크게 확장되었다.(김대영, 2004, 415~417쪽) 국민회의가 단기간 내에 전국적 조직을 결성할 수 있었던 것은 민주화운동 자체의 역량이 이전에 비해 성숙해졌을 뿐 아니라, 민주화에 대한 국민적 공감대가 크게 확산되었기 때문이기도 하였다.

전국적인 호응 속에 국민회의가 확대되어가자 정부의 탄압도 거세졌다. 박정희는 11월 30일 수출의 날 기념식과 12월 13일 전국검사장회의 등에서 개헌논의나 체제에 대한 도전은 용납하지 못한다고 공언하였다. 개헌 선언에 참가한 인사들에 대해서는 공공연한 탄압이 가해졌다. 먼저 국민선언에 참여한 교수들이 불이익을 당하였는데, 심지어는 교단에서 쫓겨나기도 하였다. 국립대학의 교수들은 바로 축출되었다. 1974년 11월 27일 서울대 백낙청 교수가 파면되고, 경기공전의 김병걸 교수가 권고사직당하였다. 사립대학 소속인 안병무, 문동환, 박봉랑, 서남동 교수에게도 경고조치가 내려졌다. 국민회의 임원에 대한 감시도 훨씬 강화되었으며, 어떻게 해서든 올가미를 씌워 구속시키려 하였다. 1975년 1월 17일에는 국민회의 대표위원 중 한 사람인 63세의 이병린 변호사가 간통 혐의로 구속되었고, 3월 22일에는 운영위원 한승헌 변호사가 반공법 위반 혐의로 구속되었다.

국민회의 시군지부 관계자들에 대한 탄압은 더욱 노골적이었다. 지부의 운영위원이나 고문 중에는 신원을 밝히지 못하는 사람도 많았다. 종교인이나 정당인이 아닌 경우 생업에 정권의 탄압이 가해지기도 하였기 때문이다. 산부인과 병원을 경영하던 국민회의 천안지부 김숭경 대표위원은 1975년 3월 18일 보건소로부터 전례 없이 외래환자와 전년도 입원환자의 인적사항을 조사받았는데, 이로 말미암아 병원 운영에 지장을 받았다고 주장하였다.(『동아일보』 1975년 3월 20일자) 경찰이나 수사기관이 국민회의 지부 관계자들을 미행하는 일은 다반사였으며, 불법으로 연행하거나 집을 수색하기도 하였다. 1975년 3월 경남 남해경찰서는 국민회의 남해군지부 결성을 위해 서명을 받으러 다니던 인사를 연행하고 그의 집을 수색하였으며, 함양경찰서는 함양지부 결성대회 참석자들의 호적을 조사하고

묵은 사건을 들춰내어 괴롭히기도 하였다.(『동아일보』1975년 3월 31일자)

1974년 하반기 야당의 유신반대투쟁

1974년 1월 신민당은 유신헌법 개정을 당론으로 확정하였으나, 총재 유진산이 긴급조치 1호 선포 이후 쓰러지고 곧 긴급조치 4호가 발동되자 별다른 활동을 벌이지 못하였다. 4월 28일 유진산이 세상을 떠나자, 1974년 8월 22~23일 임시전당대회를 열어 새로운 총재를 선출하였다. 이 전당대회에서 김영삼이 원외의 김대중으로부터 적극적인 지지를 받아 총재로 선출되었다. 김영삼은 선명 야당을 표방하였고, 신민당은 적극적으로 유신반대투쟁에 나서기 시작하였다. 학생들의 유신반대투쟁이 고조되던 1974년 10월 21일 신민당은 유신헌법이 "자유민주체제의 근간인 평화적 정권교체의 길을 배제하여 1인 영구집권을 가능하게 하였고, 분립되어야 할 3권은 대통령 1인에게 귀속되고 무제한의 긴급조치권마저 부여돼 헌법적 독재체제를 구축하고 있다"고 주장하면서, '헌법개정 기초심의 특별위원회 구성 결의안'을 국회에 제출하였다. 이 결의안은 공화당과 유정회에서 5명, 신민당에서 5명 등 10명으로 특별위원회를 구성하여, 1974년 12월 31일까지 헌법개정안을 만든다는 것―기한 내 완료하지 못할 경우 6개월 연장―을 주요 내용으로 하였다.(『동아일보』1974년 10월 21일자) 결의안이 국회 운영위원회에 상정된 10월 29일, 신민당 중앙상무위원회는 결의문을 채택하여 민주적 개헌을 지상과제로 추진하는 김영삼 총재의 지도 노선을 전폭적으로 지지하고 개헌 추진에 앞장설 것을 다짐하는 한편, 언론의 자유 선언을 지지하고 국민의 계속 지원을 요청하였다.(『동아일보』1974년 10월 29일자)

안필수 위원장과 김철 고문 등이 이끄는 통일사회당도 개헌운동에 동참하였다. 통일사회당은 11월 10일 정치위와 개헌추진위를 열고, 당의 모든 역량을 기울여 민주체제 재건·확립을 위한 개헌운동을 전개할 것을 결의하였다. 개헌청원서명운동과 국민회의 결성에 적극적으로 참여하였던 민주통일당은 11월 11일 대통령직선제 개헌 시안을 마련하고, 이 시안을 토대로 개헌을 적극적으로 추진하기로 하였다. 개헌안은 대통령을 임기 6년의 직선제로 하고 중임할 수 없도록 하는 것을 핵심으로 하였다. 국회는 상하 양원제로 하되 하원은 임기 4년의 직선제로, 상원은 하원 정당별 득표 비율에 의해 정당 추천의원으로 구성하도록 하였다. 그리고 하원에 국정감사권을 부여하며, 통일주체국민회의를 폐지하고 부통령제를 신설함과 동시에 대통령의 긴급조치권을 삭제하도록 하였으며, 구속적부심제도와 지방자치제를 실시할 것을 규정하였다.(『동아일보』 1974년 11월 11일자)

　　11월 12일에는 신민당의 정무회의가 개헌안을 확정하였는데, 통일주체국민회의 폐지, 주권재민의 원리와 기본권 절대화, 대통령의 4년 연임제, 국정감사권 부활 등을 주요 내용으로 하였다. 11월 14일 신민당 김영삼 총재는 기자회견을 열고, 세 가지 '헌법개정대강'을 발표하면서, 개헌을 위한 원외투쟁을 선언하였다. 신민당의 헌법개정대강은 ①3권 위에 군림하는 대통령의 지위와 권한에서 독재적 요소를 제거하고 ②대통령 선거는 직선제로 하고, 임기는 4년으로 하되 1차에 한하여 중임을 허용하며 ③통일주체국민회의와 헌법위원회를 폐지하고 탄핵심판위원회를 신설한다는 것을 내용으로 하였다. 김영삼은 개헌안 관철을 위해 모든 방법과 당 조직을 총동원하고 가두시위도 불사할 것이며, 우선 여당이 개헌특위안을 수용하기 전까지는 국회에서 신년도 예산안 심의를 거부하겠다고 밝혔다.(『동아일보』 1974년 11월 14일자) 이에 따라 11월 15일 신민당 소속 국회의원들은 국회에서 의원총회를 열고, 국회의사당에서 안국동 중앙당사까지 가두시위를 벌이기로 결의하였다. 김영삼 총재가 선두에 서서 스크럼을 짜고 "유신헌법 폐지하고 민주헌정 회복하라" "구속인사 석방하라" "언론자유 보장하라" "개헌만이 살 길이다" 등의 구호를 외치며 가두시위에 나섰다. 시위대열은 국회 정문에서 기동경찰과 여당 의원들에 의해 저지되었는데, 김영삼 등 13명이 연행되어 강제로 귀가 조치되었다. 하지만 이들은 다시 국회로 돌아와 농성에 돌입하였다.(『동아일보』1974년 11월 15일자)

통일당도 11월 27일 당사에서 개헌추진대회를 개최하고 가두시위를 시도하였다. 그 과정에서 당수 등 수 명이 경찰에 연행되었다. 12월 5일 신민당 소속 국회의원 55명과 통일당 의원 3명이 개헌과 구속자 석방을 요구하며 국회 본회의장에서 무기한 농성에 돌입하였다. 신민당은 개헌운동을 전국적으로 확산시키기 위해 개헌운동 지방 지부를 결성하기 시작하였다. 첫번째로 광주에 '개헌추진 전남지부'를 발족하였는데, 김영삼 총재와 소속의원 15명, 당원 100여 명이 경찰과 충돌하며 행진을 벌였다. 12월 27일 김영삼 총재와 의원 일동이 '개헌추진 경북지부' 현판식을 위해 대구를 방문하자, 상이군인 150여 명이 난동을 부리는 바람에 호텔에 10여 시간이나 갇혀 있었다. 이들의 난동은 다음날에도 계속되어, 12월 28일에는 신민당 경북도지부당을 점거하고 폭력을 행사하였다. 그리하여 최형우 의원과 기자, 신민당원들이 중경상을 입는 사태가 벌어졌다.(『동아일보』1974년 12월 28일자)

1975년 전반기 유신반대투쟁과 긴급조치 7호

유신헌법 찬반 국민투표 거부운동　　　1974년 말로 접어들면서 유신체제에 대한 저항은 더욱 확산되었다. 1974년 12월 공화당은 민청학련 구속자들에 대한 석방 가능성을 시사하며 불만을 잠재우려 하였으나 상황은 그 정도로 진정되기 어려웠다. 국민회의는 대정부 공세를 강화하였다. 1975년 1월 6일 국민회의 상임대표 윤형중 신부는 연두 기자회견을 열고, "1인의 장기집권과 권력의 집중, 폭압과 기본권 유린을 보장하는 현행 헌법의 철폐와 그에 따른 민주적 헌법의 채택 및 현 정권의 대오각성과 책임 있는 결단만이 현재의 난국을 타개하는 길"이며, "민주회복은 온 국민의 요구이고 현행 헌법의 존치를 희망하는 사람은 권력을 누리거나 권력에 기생하는 소수 권력층뿐"이니, 중대한 선택의 기로에 서있는 박정희 정권은 용기와 결단을 가질 필요가 있다고 주장하였다.(『동아일보』 1975년 1월 6일자) 이어 1월 7일에는 천관우, 조윤형, 김상현 등을 연사로 민주회복대강연회가 개최되어 1,000여 명의 청중이 참여하는 등 성황을 이루었다. 1월 8일 장준하는 박정희에게 공개서한을 보내 파괴된 민주헌정 회복을 위해 대통령 자신이 개헌을 발의하되, 민족통일의 기초가 될 수 있는 완전한 민주헌법으로 할 것이며, 이 헌법에 의해 자신의 거취는 물론 모든 미래 집권자들의 규범으로 삼을 것을 촉구하였다. 또 민주인사와 학생들을 조속히 석방할 것, 학원·종교 사찰을 중지할 것, 민생 문제를 해결하고 사회정의를 실현할 수 있는 경제정책을 강구할 것, 한반도의 긴장 완화와 평화통일을 위한 통일정책을 수립하되 민중의 대표가 참여할 수 있도록 할 것 등을 촉구하였다. 박정희 정권은 이런 저항의 목소리들이 퍼져가지 못하도록 동아일보사에 대해 광고탄압을 하는 등 언론통제를 위해 노력하였지만, 오히려 더 많은 사람들이 동아일보사에 성원을 보냈으며, 자유언론실천운동도 강화되어 갔다.(『동아일보』 1975년 1월 8일자)

국내의 유신반대투쟁이 강화되는 가운데, 박정희 정권에 대한 세계 여론, 특히 미국의 언론과 의회 내 여론도 악화일로를 걷고 있었다. 이에 박정희 정권은 유신헌법에 대한 찬반 국민투표라는 새로운 카드를 꺼내 들었다. 1975년 1월 22일 박정희는 특별담화를 발표하였는데, 그 내용은 유신헌법에 대한 국민들의 찬반 여부, 대통령에 대한 국민들의 신임 여부를 묻기 위해 국민투표를 실시한다는 것이었다.(『조선일보』1975년 1월 22일자)

민주화운동세력들은 공정한 민주적 절차, 언론탄압 중지, 구속자 석방 등을 요구하고, 자유로운 찬반투표가 보장되지 않는 국민투표는 기만행위에 불과하다고 지적하였다. 1월 23일 국민회의가, 1월 27일과 30일에는 천주교정의구현전국사제단과 민주수호기독자회가 각각 국민투표 전면 거부 의사를 밝혔다. NCC는 1월 27일 국민투표 실시에 관한 성명서를 발표하여, 국민투표에 앞서 현행 국민투표법이 개정되어야 하며, 무단 연행·구금·미행과 합법적인 집회 방해, 언론탄압 등 자유 분위기를 해치는 일체의 행위가 없어야 한다고 주장하였다. 야당도 국민투표를 거부하였다. 1월 22일 통일당은 국민투표는 일방통행을 강요하는 것에 불과하다고 즉각 선언하였으며, 신민당의 김영삼 총재는 국민을 우롱하는 짓이라고 밝혔다.(『조선일보』1975년 1월 22일·23일자) 1월 26일 김대중도 기자회견을 열어, 국민투표를 중지하고 재야인사와 대화부터 가질 것을 촉구하였다.(『조선일보』1975년 1월 26일자) 신민당은 1월 30일 국민투표는 유신헌법 철폐와 민주적 헌법개정을 요구하는 국민 여론을 무시한 억압정책 강화의 시나리오에 불과하다며, 국민투표 거부를 정식으로 결정하였다.(『조선일보』1974년 1월 31일자)

국민투표거부운동이 확산되자 박정희 정권은 탄압을 시작하였다. 이에 2월 3일 국민회의 윤형중 대표위원은 정부가 국민투표거부운동에 참여하다 연행된 사람들에게 향후 운동에 참여하지 않겠다는 각서를 강제로 받고 있다고 비판하면서, 신체의 자유가 박탈된 상황에서 작성된 모든 각서와 진술서 등은 무효임을 선언하자는 '양심선언운동'을 주창하였다. 이날 한국여성연합회도 기독교회관에서 긴급 인권위원회를 개최하고, 국민투표가 실시되기 전에 국민투표법을 공정하게 개정할 것과, 구속된 성직자나 민주인사, 학생의 진술서 등을 홍보자료로 악용하는 행위를 즉시 중지할 것을 요구하였다. 2월 6일에는 김대중, 윤보선, 김수환, 정구영, 홍익표, 유진오, 백낙준 등 국민회의 고문단이 박정희가 지금 해야 할 일은 재야와의 대화로 민주회복, 경제위기 극복 등의 공동관심사를 논의하는 것이며, 국민투표는 국면 타개에 도움을 주지 못한다는 내용의 성명을 발표하였다. 이어 2월 8일 윤보선, 김대중, 김영삼이 공동명의로 '국민투표 거부를 위한 행동강령'을 발표하였다. 이들은 2월 12일을 국민투표 거부의 날로 정하고, 야당, 종교계, 언론계, 교수·지식인, 학생, 노동자, 상공업자, 공무원 등이 정부의 투표 촉진 공세에 구체적인 행동으로 대응할 것을 촉구하였다.

2월 10일 국민회의 등 14개 단체가 국민투표 실시에 관한 공동성명을 발표하였다. 이 단체들은 "국민투표는 모든 국민이 열망하는 민주회복 요구를 거부하고, 현재의 독재체제를 그대로 유지할 것을 목적으로 계획 및 실시"되고 있으며, "현행의 국민투표법과 국민투표권의 운영 상태하에서는 국민투표란 단지 현 정권과 체제의 정당화를 위한 요식행위에 불과"하다고 지적하였다. 그리고 투표일 당일 각 교회와 성당에서 인권회복, 인간회복, 민주회복을 위한 예배·미사·기도회를 열 것이며, 독재정권의 폭력에 대해 양심선언운동을 전개할 것이라고 선언하였다. 특히 당국이 국민투표를 앞두고 국민에게 위기의식을 고취시켜 일방적 찬성을 유도하고 있으나, 민주회복이야말로 국민적 차원의 안보를 위한 첩경이라고 반박하고, 국민투표 거부를 요청하였다. 또 『동아일보』와 동아방송에 대한 광고 해약 사태에 대한 공동조사 실시를 제안하였다.(『1970년대 민주화운동』 2, 583~584쪽)

김영삼 신민당 총재는 투표 전날인 2월 11일 오전 10시부터 다음날 투표 종료 시한까지 32시간 동안의 당사 단식투쟁에 돌입하였고, 함석헌 등

유신체제 신임 국민투표에 직접 투표를 하는 박정희
대통령

종교인 5명도 서울 퀘이커하우스에서 단식기도에 들어갔다. 2월 12일 투표 당일에는 명동성당과 기독교회관에서 김대중, 함석헌 등 재야인사들과 목사들이 기도회를 열었고, 학교가 폐쇄되어 진입하지 못한 학생들도 명동성당의 국민투표 거부 기도회에 합류하였다.

1975년 2월 12일 강행된 국민투표에는 총유권자의 79.8%가 참여하였고, 그중 73.1%가 유신헌법에 대해 찬성표를 던진 것으로 발표되었다. 1972년 유신헌법에 대한 국민투표의 91.9% 투표와 91.5%의 지지율에 비하면 훨씬 저조한 것이었다. 게다가 투표과정에서는 부정행위까지 저질러졌다. 투표 다음날인 2월 14일 공화당 서울 제4지구당원 김진환과 경기도 여주군 능북국민학교 교사 허헌구는 신민당사의 국민투표부정적발센터를 찾아와 지구당 간부와 교장으로부터 투표용지를 받아 대리투표를 하였다고 폭로하였다.(『조선일보』 1975년 2월 14일자)

행정부 말단조직까지 동원된 '행정투표'로 선심 공세와 위협까지 퍼붓고(『동아일보』, 1975년 2월 14일자) 부정행위까지 저지른 사실을 감안한다면, 투표 결과는 박정희 정권에 대한 반감이 국민 다수에게로 확산되고 있었음을 보여준다. 저조한 지지율에도 불구하고 박정희는 투표 다음날인 2월 13일 압도적 다수표로 현행 헌법은 물론 대통령인 자신에 대한 신임이 확인되었다고 주장하면서, "국민총화를 바탕으로 거국적 정치체제를 발전시켜 나갈 것"이라는 내용의 특별담화를 발표하였다. 이어 2월 15일 긴급조치 1·4호 위반자 중 형이 확정되어 있던 56명을 구속집행정지로 석방하였다. 2월 17일에는 대법원 형사부가 지학순 주교, 김찬국 연세대 교수, 강신옥 변호사, 이철 등 23명의 피고인에 대해서도 구속집행정지 결정을 내려 이들을 석방하였다. 이날 석방된 사람들은 대법원에 상고한 경우였다.[*]

고문 폭로와 인권옹호투쟁 석방된 학생과 인사들은 민주투사로 열렬히 환영받았다. 신문은 석방 관련 기사를 대서특필하였고 석방환영회가 잇달아 열렸다. 이 자체가 유신정권에 대한 투쟁이기도 하였다. 예를 들어 1975년 2월 20일 한국기독학생총연맹KSCF이 주최한 '민주수호 출옥투사 환영회'에서는 "우리는 이겼다, 민주인사 만세"라는 플래카드가 내걸렸고, 김동길 교수와 KSCF 소속 석방학생들의 증언을 들었다. 이 환영회에서 KSCF는 유신헌법 철폐와 인혁당 인사들에 대한 인권유린의 진상규명을 요구하고, 고문·조작 담당자 엄벌과 중앙정보부 해체를 요구하였다.(『동아일보』 1975년 2월 21일자)

한편 민청학련 관련 학생들은 석방과 동시에 자신들이 당한 온갖 고문 사실을 폭로함으로써 또 다른 유신반대투쟁을 시작하였다. 1975년 2월 17

---

[*] 이날 석방에서 제외된 이현배, 유인태, 이강철, 김효순 등과 일본인 2명, 인혁당사건 관계자 중 사형 판결을 받지 않은 사람들은 훨씬 뒤에 석방되었다.

일 나병식(서울대 국사학과 4)은 중앙정보부에서 거꾸로 매달고 물을 끼얹는 고문(해전), 전신을 마구 두들겨 패는 고문(육전), 공중에 매달고 빙빙 돌리는 고문(공전) 등을 당하였으며, 총살 협박 등 온갖 육체적·정신적 고문을 당하고 허위자백을 강요받았다고 폭로하였다. 김정길(전남대 상대 2 제적)도 광주 보안대에서 "김일성 만세"를 쓰라고 강요받았으며, 이를 거부하자 온몸을 몽둥이로 마구 때리고, 물고문과 전기고문을 가해 제대로 걷지도 못할 지경이었다고 폭로하였다. 학생들의 폭로가 보도되자, 재야와 야당은 고문을 자행한 박정희 정권을 즉각 비난하고 진상조사를 요구하였다. 신민당은 확대간부회의를 열어 자체 진상조사를 결의하고, 관계자에 대한 응분의 조치를 요구하였다. 21일에는 법무부를 방문하여 고문사실에 대한 진상조사 요구도 함께 추진하였다.(『동아일보』 1975년 2월 17일·21일자)

1975년 2월 21일 민주회복구속자협의회 준비위원회가 발족하였다. 석방된 민청학련 관련자와 구속자 가족, 석방학생 등 200여 명이 참가한 가운데 박형규, 지학순, 김동길, 김찬국, 백기완, 강신옥, 김지하, 이철 등 8명을 위원으로 선출하였으며, 박형규 목사를 대표로 추대하였다. 이들은 민주회복구속자선언을 발표하여 "개헌만이 민족의 살 길이며, 유신헌법은 철폐되어야 한다" "극심한 생활고를 겪는 근로자, 농민, 소시민의 생존권이 보장되어야 한다" "특권·부정·부패 분자는 처단되어야 한다" "구속 중인 민주인사는 전원 석방되어야 하고, 정상 시민으로 복권되어야 한다" "민청학련·인혁당사건을 고문과 강압으로 조작한 중앙정보부는 해체되어야 하며, 그 관련자는 즉각 처단되어야 한다"고 주장하였다.

2월 15일과 17일 석방된 민청학련 관계자들이 취조 과정에서 행해진 고문과 조작 등을 폭로하면서 민청학련사건과 인혁당사건 진상규명운동이 본격화되었다. 2월 22일 국민회의는 김일성의 지시에 의해 인혁당이 민청학련을 배후조종하였다는 정권의 주장은 공소사실에도 없는, 도저히 납득할 수 없는 것이니, 사건이 조작되었다는 석방 학생들의 주장에 대해 의혹을 가진 국민 앞에서 공개재판을 통해 진상을 규명할 것을 요구하였다. 또 고문 문제에 대한 관민 합동조사도 요구하였다.(『동아일보』 1975년 2월 22일자)

인혁당 관계자들에 대한 고문과 인권유린을 처음 언급한 것은 종교계였다. 원래 1973년 박형규 목사가 구속되었을 때 시작되었던 기도 모임이, 1974년 4월 민청학련사건으로 수많은 학생과 종교인들이 구속되자 재개되었다. 특히 사건 관련자들이 수사 과정에서 온갖 고문을 당하였다는 사실을 알게 된 구속자 가족들은 종교계에 억울함을 호소하였고, 1974년 7월 11일 김상근, 이해동, 조승혁, 오충일 목사를 중심으로 교역자와 구속자 가족, 평신도들의 목요기도회를 열기 시작하였다.(유시춘 외, 2005, 131~132쪽) 개신교의 목요기도회와 가톨릭의 명동성당 기도회, 전·진·상 全·眞·常교육관(가톨릭의 성인사회 교육기관) 등은 1974년 9월경 구속자가족협의회의 탄생에 큰 도움이 되었다.

목요기도회에서 인혁당사건 관계자들의 억울함이 세상에 처음으로 알려졌다. 1974년 10월 10일 목요기도회에서 조지 오글 목사는 인혁당사건 관계자들이 아무런 증거도 없이 사형·무기징역 등의 중형을 선고받았음에도 불구하고, 그들이 반공법 위반 혐의를 받고 있다는 이유만으로 아무도 그들을 구출하려 하지 않는다고 안타까워하며, 그들을 위해 기도해줄 것을 호소하였다. 중앙정보부는 다음날 오글 목사를 연행하여 20시간 이상 조사하였다. 1974년 12월 14일 오글 목사는 단지 소외당하던 사람들의 인권을 지켜달라고 호소하였다는 이유만으로 한국에 온 지 14년 만에 한국정부에 의해 강제출국당하였다.

제임스 시노트 신부도 인혁당사건 관련 구속자들의 인권과 그 가족들에게 각별한 관심을 가지고 노력하였다. 특히 1975년 4월 9일 인혁당사건 관계자들에 대한 사형이 전격적으로 집행되던 날, 시신을 지키며 거세게 항의하는 한편, 박정희 정권의 비인도적 행위를 낱낱이 공개하는 역할도 맡았다. 박정희 정권은 1975년 4월 25일 시노트 신부의 체류연장 신청을 거부하였고, 이에 따라 4월 30일 시노트 신부도 한국을 떠나야 하였다.(김정남, 2005, 137~143쪽)

천주교정의구현전국사제단은 1974년 12월부터 인혁당사건에 대한 독자적인 조사를 개시하여 2월 24일 자체 진상조사 결과를 발표하였는데, 그 내용은 개별적인 반공법 위반 혐의는 있으나 반국가단체 구성과는 무관하다는 것이었다. 이어 천주교정의구현전국사제단과 구속자가족협의회는 정부에 민청학련·인혁당사건의 진상규명을 위해 재야와 합동으로 조사단을 설치할 것을 제안하였다.

박정희 정권은 고문 진상규명과 공개재판 요구에 대해 공공연한 탄압으로 대응하였다. 1975년 2월 21일 문화공보부 연두 순시에서 박정희는 민청학련사건 관련 학생들과 재야인사들은 "긴급조치가 아니더라도 국가보안법으로 극형까지 내릴 수 있는 명백한 내란음모죄의 범법자들"이라며, "문공부와 정보기관 및 수사기관은 이 사건의 경위와 내용 등 진상을 국민에게 모두 알리도록 하라"고 지시하였다. 요컨대 "인혁당은 세상이 다 아는 공산당"이니 "아무리 해도 못 알아듣는 사람은 다음에는 법으로 다스리겠다"는 것이었다.

고문 폭로에 대한 박정희 정권의 폭압적 대응이 가장 잘 나타난 것은 김지하의 경우였다. 1975년 2월 15일에 석방된 김지하는 12월 26일 『동아일보』에 연재중이던 옥중수기 "고행—1974"에서 자신이 목격하였던 사실을 폭로하면서 인혁당사건이 고문·조작극임을 주장하였다. 정권은 3월 13일 김지하를 반공법 위반으로 다시 구속하였으며, 3월 20일 중앙정보부는 김지하가 자필로 작성한 "나는 공산주의자"라는 진술서를 공개하였다. 정권에 저항하는 사람은 모두 '세상이 다 아는 공산당'으로 몰렸으며, 국제적인 관심의 대상이던 문인들도 혹독한 고문을 통해 공산주의자로 만들어졌다. 문공부는 "김지하 반공법 위반사건 자료"를 영어와 일본어로 번역해 해외에 배포하기까지 하였다. 그러나 한 달 뒤인 1975년 5월 김지하는 자신의 자술서는 고문에 의한 강요와 조작이라는 내용의 양심선언문을 교도소 밖으로 내보냈다. 이로써 박정희 정권의 부도덕성은 여지없이 폭로되었을 뿐 아니라 국제적으로 고문 국가라는 오명이 더욱 강화되었다. 1975년 6월 아시아아프리카작가회의는 김지하를 로터스상 수상자로 결정하였고, 유럽과 일본의 학자들은 그를 노벨상 후보로 추천하였다.

고문 폭로는 학생이나 문인들에 의해서만 이루어진 것은 아니었다. 2월 28일 조윤형, 홍영기, 조연하, 최형우, 김상현 등 야당 의원 13명이 "고문정치의 종식을 위한 선언"을 발표하고, 1972년 10월유신 직후 자신들이 보안사령부와 중앙정보부 등 수사기관에 끌려가서 물고문, 거꾸로 매달기, 알몸구타 등 갖가지 고문을 당하였다고 폭로하였다.(『동아일보』 1975년 2월 28일자)

3월 1일 국민회의는 3·1절을 맞아 명동성당에서 "민주회복국민헌장"을 발표하여 "민주주의에 역행하는 모든 법적·제도적 장치를 거부하며, 그 타파를 위해 분투"하고, "이 땅의 민주 건설을 위해 언제 어디서나 거국적인 민족민주의 국민운동에 헌신"할 것을 선언하였다. 그리고 강령 3장에서는 비타협·불복종·비폭력·평화적 투쟁을 결의하였다. 국민회의는 3월 3일 현 정권의 존립 근거는 폭력과 고문이라고 비난하는 내용의 성명을 발표하고, 정당, 법률가, 언론인, 종교계가 참여하는 인권유린 진상조사위원회의 구성을 제안하였다. 1975년 3월 15일 국민회의 김제군지부는 『동아일보』에 광고를 내어, "개헌만이 살 길이다, 석방인사 사면하라" "고문행위

자 엄단하라" "오글 목사 추방 취소하라" "동아 탄압을 중지하라" 등을 주
장하는 결의문을 발표하기도 하였다.(『동아일보』1975년 3월 15일자)

　1975년 3월 27일 민주회복구속자협의회가 발기대회를 열고 정식으로
발족하였다. 구속자협의회는 윤보선, 장준하를 고문으로 추대하고, 박형
규 목사를 위원장으로, 지학순, 김동길, 강신옥, 김지하, 백기완을 대표위
원으로, 이철을 대변인으로 선임하였다.(『동아일보』1975년 3월 28일자)

　한편 1975년 4월 9일 아침, 전날 사형 선고를 받았던 인혁당사건 피고
인 7명과 민청학련 관련자 여정남이 전격적으로 처형되었다. 국민회의는
10일 성명을 발표하여 피고인의 당연한 권리인 재심 기회조차 주지 않고
전격적으로 형을 집행함으로써, 이 사건에 대한 의혹이 영원히 사라지지
않을 것이라고 비난하였다.

대학가 유신반대투쟁의 전개과정과 긴급조치 7호　　　1975년 봄 대학가는
　　　　　　　　　　　　　　　　　　　　　　　　　　유신반대투쟁의 열
기에 휩싸였다. 1974년 3~4월 민청학련사건 당시의 침체된 분위기 대신
학생들 스스로도 놀랄 정도로 맹렬한 시위가 전개되었다. 1974년 민청학
련사건으로 많은 학교에서 학생운동세력은 큰 타격을 입었다. 하지만
1971년 교련반대투쟁 당시 제적되었다가 복학한 학생들이 서클 재건 작업
에 나섰다. 서울대가 캠퍼스종합화계획에 따라 관악캠퍼스로 이전하면서
문리대가 사회대, 인문대, 자연대로 분리됨에 따라, 학생운동 서클들도 단
과대학별로 사회복지연구회(사회대), 역사철학회(인문대), 과학사상연구
회(자연대)를 결성하여 신입생들을 모집하였다.(양관수, 2005, 69쪽)

　1975년 초반의 격렬한 유신반대투쟁은 민청학련사건으로 구속되었다
가 석방된 교수·학생들의 복교·복직 문제로부터 비롯되었다. 문교부가 석

방학생들의 복교나 교수들의 복직이 불가하다고 밝혔지만, 연세대, 한신대, 서강대 등은 복교·복직 방침을 밝히기 시작하였다. 교무회의에서 복교·복직 방침을 결정한 연세대와 서강대는 각각 총장이 문교부를 방문하여 학교의 입장을 밝혔으며, 2월 24일 연세대는 석방학생들이 제출한 복학원서를 수리하고, 김동길, 김찬국 두 교수의 복직도 승인하였다. 이에 대해 2월 25일 문교부는 석방학생의 복학 불허 방침을 각 대학에 지시하고, 불응할 경우 총·학장 임명을 취소하고 심지어 폐교 조치도 불사하겠다고 경고하였다.

하지만 1975년 2월 18일 한신대 김정준 학장은 석방학생 4명에 대한 즉시 복학 방침을 문교부장관에게 전달하였으며, 연세대는 3월 13일 교무위원회에서 두 교수의 복직과 석방학생 15명의 복학을 정식으로 결정하였다. 연세대 박대선 총장은 복교 조치는 진실과 자유를 사랑하는 모든 대학과 사회의 엄숙한 요청이며, 법과 정치를 넘어선 교육적·인도주의적 결정이라고 밝혔다. 문교부는 즉각 연세대에 계고장을 보내 15일까지 복교방침을 철회하지 않으면 총장과 이사장 승인을 취소하겠다고 통보하였다.(『동아일보』 1975년 3월 13일자)

그러자 3월 14일 연세대 총학생회는 학생 4,000여 명이 모인 가운데 노천극장에서 긴급학생총회를 개최하여, 학교 당국이 결정한 석방 교수 및 학생들의 복직·복교 조치를 전폭적으로 지지하고, 문교부에 계고 철회를 촉구하였다. 이들은 다음날에도 긴급학생총회를 열고 문교부장관에게 공개서한을 보내어, 석방 교수·학생들의 복직·복교 문제는 대학의 자율에 맡기라고 주장하였다.(『동아일보』 1975년 3월 15일자) 3월 19일 문교부는 연세대에 박대선 총장 해임과 김동길, 김찬국 교수 해직을 요구하고, 15일 이내에 조치가 없을 때는 연세대 이사장에 대한 취임 승인을 취소하고 관선이사 파견까지 고려하겠다는 방침을 밝혔다. 이에 연세대 총학생회는 19

일 오후 4시부터 4시간 동안 긴급집행부회의를 열고, 문교부장관에게 위협적 언사로 학원의 면학분위기를 해치지 말 것을 요구하면서, 총장 해임을 계속 요구할 경우 유기춘 문교부장관의 사임운동을 전개할 것이라는 경고문을 보냈다.(『동아일보』 1975년 3월 20일자) 3월 24일에는 법정대, 신과대, 음대 학생 400여 명이 30분간 자유토론을 벌인 다음, 문교부장관 해임과 석방 교수·학생 복귀를 요구하며 교내시위를 벌였다. 이어 3월 27일에도 학생 5,000여 명이 노천강당에서 긴급학생총회를 개최하고, 석방 교수와 학생의 복직·복학 문제를 대학의 자율에 맡기라고 요구하며, 극한투쟁도 불사하겠다는 결의를 보였다. 정법대 학생 300여 명은 28일에도 교내시위를 벌였다.(『동아일보』 1975년 3월 28일자)

이와 함께 언론자유실천운동에 대한 지지와 언론자유 실현도 이 시기 학생운동의 주요 쟁점이 되었다. 개강 직후인 1975년 3월 14일 서울대 교양과정부 학생 300여 명은 자유언론실천대회를 열고, "언론탄압을 중지하라" "동아일보와 조선일보 기자 해임을 백지화하고 즉각 복직시키라" "언론인들의 언론자유투쟁을 전폭 지지한다"는 3개 항의 결의문을 채택하였다. 3월 22일에는 서울대의 각 단과대학과 교양과정부, 여학생회 등에서 발행하는 학보의 학생 편집위원 50여 명이 대학언론자유 실천을 요구하는 내용의 건의서를 채택하였다.

연세대에서 시작된 석방학생들의 복교와 구속학생 석방 요구 집회는 다른 대학으로 확산되었다. 3월 19일 중앙대 예술대 학생회는 교내시위와 관련하여 제적된 송기원과 유성일 등 문예창작과 학생들에 대한 처벌을 백지화해달라고 진정하고, 24일까지 처벌이 철회되지 않으면 모두 자퇴하겠다는 의사를 밝혔다. 3월 29일에는 중앙대 총학생회도 이들을 구제해달라는 건의문을 학생 2,875명의 서명과 함께 총장에게 제출하였다.(『동아일보』 1975년 3월 20일·29일자) 3월 20일에는 서강대 총학생회가 석방학생 복교를 위한 서명운동을 벌여, 석방학우 복교 문제를 즉각 해결할 것, 학원 자율성을 최대한 보장할 것 등을 요구하였다. 3월 22일 오전 11시까지 전개한 서명운동에 전교생 2,000여 명 가운데 996명이 참여하였다. 3월 25일 성균관대 총학생회도 석방학생들의 복교를 촉구하는 내용의 성명서를 발표하고 서명운동에 나섰다.(『동아일보』 1975년 3월 25일자) 관악캠퍼스로 이전한 서울대 학생들은 이전과 달리 단과대학별 구분 없이 집회를 열기 시작하였다. 3월 24일 서울대 학생 1,000여 명은 '학원민주화를 위한 자유성토대회'를 개최하고, '서울대학교 학원민주화추진위원회'의 발족을 선언하였다.(『동아일보』 1975년 3월 24일자) 한신대 학생 150여 명도 3월 26일 교내 침묵시위를 벌였고, 3월 28일 서울대 공대 학생 300여 명이 교내집회를 열고 학원민주화선언을 발표하였다. 고려대 학생들도 3월 31일 1,500여 명이 참석한 가운데 반독재구국선언문을 낭독하고, 유신헌법 철폐와 미석방학생 석방, 고문정치 원흉 처단, 독재정치 중지 등을 요구하였다. 이어 가두진출을 시도하며 경찰과 충돌하였고, 200여 명은 학생회관에서 단식농성에 돌입하였다. 시위가 확산되자 문교부는 3월 27일 학생 동태 파악을 위해 35개 지방대학 학생처 과장들을 소집하여 회의를 여는 한편, 대학별로 시위 학생들에 대한 징계를 요구하며 압박을 강화하였다.(『동아일보』 1975년 3월 27일·28일자)

유신반대시위는 4월 초 절정에 달하였다. 4월 1일 연세대생 500여 명이 연세대 민주학생 일동 명의로 "대학구국양심선언"을 발표하였다. 민청학련사건 1주년이던 1975년 4월 3일 연세대생들은 전교생 7,000명 중 6,000명이 참가한 긴급학생총회를 열고 정문에서 투석전을 전개하는 한편, 일부는 후문을 통해 교외로 진출하였다. 음대 악단이 공대 옥상에서 행진곡을 연주하며 시위대를 고무하는 가운데 벌어진 이날 시위는 개교 이래 최대 규모였다. 결국 이날 이후 연세대에는 2개월간의 휴교령이 내려졌

고, 4월 10일 박대선 총장이 사임하였으며 거의 모든 학내 이념서클들이 해산당하였다.(신동호, 2004)

서울대 학생들도 4월 3일 시위를 벌였다. 새로 이전한 관악캠퍼스에서 최초로 최루탄이 터지고 투석전이 벌어졌다. 서울대생 2,000여 명은 도서관 앞 아크로폴리스 광장에 모여 "수감 중인 우리의 동료 이현배, 유인태, 김효순, 이강철을 즉각 석방하라" "모든 민청학련사건 관련자들을 즉각 사면·복교 시키라" 등의 4개 항을 결의하였다.(원혜영, 2005, 77쪽) 그리고 교문에서 투석전을 벌이는 한편, 일부는 후문을 통해 교외로 진출하였는데, 이날의 시위에서 100명 이상이 연행되었다.

1975년 봄 대학가의 유신반대투쟁 가운데 고려대 학생들의 투쟁은 더욱 두드러졌다. 일찍이 『민우』지사건과 『야생화』사건으로 타격을 받았던 고려대 학생운동권이지만, 그로 인해 오히려 민청학련사건과 연루된 학생 수가 적었기 때문에 이른 시간 내에 학생운동조직을 재건할 수 있었다. 청년문제연구회(청연), 민족이념연구회(민연), 도산연구회(아카) 등의 서클들을 중심으로 학생운동세력이 성장하였다. 이 서클들의 구성원들이 자연스럽게 상호 교류하면서 서클을 초월한 학생운동의 구심이 형성되었다. 이들 중 조성우·함호철·심재훈·도천수·설훈·홍의락 등은 인천 영종도에서 비밀결사를 조직하기도 하였다.

1975년 3월 26일 고려대 총학생회는 인권유린 행위를 즉각 중지하고 민주체제를 확립할 것, 언론에 대한 탄압을 중지할 것, 석방 학생들을 조속히 복교시킬 것, 그리고 『민우』지사건 관련 학생들을 석방하고 『야생화』사건 관련 학생들을 사면할 것 등을 요구하였다.(『동아일보』 1975년 3월 26일자) 그런데 성명서를 발표하는 정도의 대응은 미온적이라고 여겼던 고려대 학생운동세력들은 총학생회와 별도로 본격적인 유신반대투쟁을 준비하였다. 1975년 3월 27일 권순성, 박구진, 설훈, 김관회, 문학진, 최규엽,

신태식, 신계륜 등 고려대 2·3학년들은 1·2·3진으로 나누어 시위 집행부를 구성하고, 조직 동원과 선언문 작성, 시위대 선봉, 플래카드 관리 등의 역할을 나누어 시위를 준비하였다.

그 결과 이루어진 것이 3월 31일의 시위였다. 3월 31일 오전 10시 대강당에 모인 1,500여 명의 학생들은 비상총학생회(회장 도천수)를 구성하고, 반독재구국선언문과 결의문을 채택하였다. 이후 4월 6일에는 총학생회와 함께 대규모 시위를 감행하기로 하였으나, 그 직전에 총학생회 간부들과 민연 회원들이 모두 연행되고 말았다. 지도부가 사라졌음에도 박구진과 권순성 등은 임시대의원총회를 소집하여 시위를 강행하기로 결정하였다. 4월 7일 오후 5시 2,000여 명이 모여 석탑선언문을 채택한 뒤 밤늦도록 시위를 벌였다. 이어 500여 명의 학생들은 밤 9시 도서관에 진입하여 철야농성에 돌입하였다. 4월 8일 이들은 오전에 등교한 학생들과 합류해 모두 3,000여 명이 다시 격렬한 시위를 시작하였다.

결국 1975년 4월 8일 오후 5시 고려대를 대상으로 긴급조치 7호가 발동되었다.(『조선일보』 1974년 4월 9일자) 고려대에는 휴교령이 내려져 일체의 교내 집회와 시위가 금지되었다. 위반자는 3년 이상 10년 이하의 징역에 처할 수 있었으며, 국방부장관이 병력을 동원할 수 있도록 하였다. 한 대학을 상대로 대통령이 비상대권을 발동하는, 유례를 찾기 어려운 조치가 단행되었던 것이다. 서강대, 한신대도 1975년 4월 석방학생 복교와 학원민주화, 국민의 기본권 보장을 요구하며 격렬한 시위를 계속하였다. 고려대에 이어 한신대에도 휴교령이 내려졌고, 4월 9일까지 서울대의 8개 단과대학과 한국외대, 연세대, 서강대 등이 휴교에 들어갔다.

김상진의 자결　　　　박정희 정권이 긴급조치 7호를 발동하던 바로 그
　　　　　　　　　　날, 대법원은 인혁당사건 관련자 중 서도원, 도예
종, 하재완, 송상진, 이수병, 우홍선, 김용원과 민청학련 관련자 중 여정남
에 대해 사형을 확정하였다. 그리고 형이 확정된 지 불과 18시간 후인
1975년 4월 9일 새벽에 사형이 집행되었다. 국제법학자협회는 이날을 '사
법사상 암흑의 날'로 선포하였다. 당시 한국의 인권과 민주주의가 어떤 상
황에 처해 있었는지 단적으로 보여주는 사건이었다.

　하지만 충격과 두려움 속에서도 민주화 요구는 계속되었다. 4월 9일
이화여대 학생 4,000여 명이 대강당에서 채플 이후 결의문을 채택한 뒤 농
성에 돌입하였고, 서울대 음대, 한국외대, 중앙대, 한양대 학생들이 교내에
서 성토대회를 열고 시위를 벌이다 경찰과 충돌하였다. 4월 10일 중앙대,
건국대, 경희대, 경북대, 경기대, 숭전대, 인하대, 장신대, 감신대 등 전국
각지의 대학에서 반유신 성토 시위가 계속되었다.

　1975년 4월 유신반대투쟁의 정점에는 김상진이 있었다. 1975년 4월
11일 수원의 서울대 농대 학생들이 시국성토대회를 개최하였는데, 세 번째
연사로 등장한 축산과 4학년 김상진이 "양심선언"을 낭독하였다. "[……]
우리는 이제 자유와 평등의 민주사회를 향한 결단의 깃발을 내걸어 일체
의 정치적 자유를 질식시키는 공포의 병영국가가 도래하였음을 민족과 역
사 앞에 고발코자 한다. 이것이 민족과 역사를 위하는 길이고, 이것이 우리
의 자랑스러운 조국의 민주주의를 쟁취하는 길이며, 이것이 영원한 사회
정의를 구현하는 길이라면, 이 보잘 것 없는 생명 바치기에 아까움이 없노
라"까지 읽어 내려간 그는 준비한 칼을 꺼내 들고 청중들에게 "동요하지
말고 할 바를 다하라"고 이른 다음, 자신의 배를 칼로 갈랐다. 마지막으로
동료들에게 〈애국가〉를 불러달라고 하였던 그는 두 차례에 걸친 수술에도
불구하고 4월 12일 오전 8시경 서울대병원으로 이송되던 도중 숨을 거두

었다.

김상진은 서울대 농대의 이념서클인 한얼 소속이었다. 당시 한얼, 개척농사회, 흥사단아카데미, NSD 등이 연합한 농촌문제연구회가 농대 학생회를 움직이면서 1975년 3월 28일, 4월 4일, 4월 11일에 걸쳐 연속 집회를 열고 있었다. 이런 가운데 김상진은 4월 11일 집회 이전에 "양심선언" "대통령께 드리는 공개장"을 치밀하게 준비하고. 자신의 육성 녹음테이프를 만들어 CBS 등 방송국에 보냈다.

김상진이 병원으로 실려 간 다음 농대생들은 가두진출을 시도하였지만 실패하고 강의실에서 단식농성을 시작하였다. 그러나 곧 교직원들에 의해 강제해산당하였고, 김상진이 숨을 거둔 직후인 12일 오전 10시에는 기숙사마저 폐쇄되었다.(한국기독교사회문제연구원, 1983, 310쪽)

김상진의 죽음 이후 몇 곳에서 투쟁이 촉발되었다. 서울대 공대와 광주일고에서 김상진 추모집회와 시위가 벌어졌고, 4월 15일 국민회의는 성명서를 발표하여 김상진의 절규를 경청하지 않는다면 돌이킬 수 없는 파국을 맞을 수밖에 없다고 경고하였다.(『동아일보』 1974년 4월 15일자) 18일 명동성당에서 추도미사가 거행되었으며, 4월 22일에는 국민회가 주최하는 추도식이 열렸다.(신동호, 2007a, 91~93쪽)

그러나 1975년 4월 대학의 학생운동권은 상당히 어려운 상황에 처해 있었다. 긴급조치 7호로 정면 타격을 입은 고려대는 말할 것도 없거니와, 서울대에서도 1975년 4월 53명이 제적되고 16명이 무기정학을 당하였다. 전국의 대학들이 거의 문을 닫은 상황에서 4월 30일 남베트남 정권이 완전히 무너졌고, 관제 안보궐기대회가 판을 치는 속에서 5월 13일 긴급조치 9호가 발동되었다. 하지만 학생들은 '여러분의 진격'을 지켜보겠다던 김상진의 뜻을 잊지 않았다. 5월 22일 긴급조치 9호 이후 최초로 유신반대집회가 열렸는데, 그것은 서울대 학생들의 김상진 추모집회였다.

2

긴급조치 9호와
유신 후기 반독재민주화투쟁

1972

유신체제의 성립과 억압구조 · 1970년대 초 국내외 정세 · 남북대화와 시대적 국가비상사태 선언 · 학생들의 유신반대투쟁의 태동 · 운동과 새마을교육 · 국민총화의 이데올로기 · 제야 민주세력에 대한 탄압과 3 · 1민주구국선언 · 학생운동의 확대 · 개헌청원100만인서명운동과 긴급조치 · 정치권의 조직과 투쟁 · 유신반대투쟁의 고조 · 유신반대투쟁의 확대 · 개헌청원100만인서명운동과 긴급조치 · 세력과 세력권 지식인들의 계층 · 연합기구의 전개 · 기타 방면 반대투쟁과 유신철폐투쟁 · 1975년 전반기 국제와 대한민국 시대 · 제야 연대투쟁 · 반야 민중 구체 민주주의 계층 · 민주화 · 지역 민주화 도예사회의 성장 · 부산대 지식인 · 부산운동 시기별 전개 · 청년운동의 결합 · 연대기구 · 미산지역 민중운동의 총체와 확산 · 10 · 26 결의와 박정희 피살 · 유신체제의 붕괴 · 민주화운동 종교계의 대중화 · 종교계의 진출 · 도상과 민주항쟁의 폭발과 확산 · 위화 · 개신교회의 산업선교의 등장과 지하 · 전주교 민주화운동의 등장 · 민주운동 민주화운동 · 민주노조 민주노동 · 해외교 교외 천주교의 연대 · 유신 진주 여론통제와 민청학련 · 자유언론실천운동 · 출판문화운동 · 안식위들운동은 · 해외교 수형인회의 결성과 지사인 저항운동 · 문화예술계의 민주화운동 · 인권운동 · 노동운동 · 민주노조 단정 · 농민운동 · 도시민운동

1979

제**1**장
긴급조치 9호의 지배구조와 이데올로기

1
긴급조치 9호의 도입과 지배구조

긴급조치 9호의 도입

긴급조치 9호의 도입 배경　　박정희는 1974년 1월부터 정권이 종언을 고할 때까지 연이어 긴급조치를 발동하였다. 이는 국민의 모든 자유와 권리를 잠정적으로 정지하는 '국가긴급권'을 이용하여 국민의 가장 기본적인 권리를 제약하는 극단적 조치였다. 박정희 정권이 긴급조치를 남발한 이유는 1972년 10월 유신체제를 선포하였음에도 불구하고 종교계, 재야, 대학, 언론 등 사회 각 부문에서 유신철폐를 요구하는 민주화운동이 끊임없이 분출하였기 때문이다. 유신체제 선포 후 잠시 침묵하던 민주화운동은 1973년 10월 서울대 문리대 학생들의 시위를 계기로 재개되었다. 대학가에서 불붙은 시위는 11월 각 언론사들의 '언론자유수호선언' 발표 및 12월 '개헌청원100만인서명운동'으로 확산되었다.

박정희 정권은 개헌청원100만인서명운동을 억압하기 위해 1974년 1월 8일 긴급조치 1·2호를 발동하였고, 1974년 4월 3일 대학생들의 '전국민주청년학생총연맹' 결성 시도와 "민중·민족·민주선언" 발표 및 시위에 대해서는 긴급조치 4호로 대응하였다. 또한 1974년 8월 15일 대통령암살 미수사건 발생 직후인 23일 긴급조치 5호를 발동하는 동시에 긴급조치 1·4호를 해제하였다. 이후 8개월 동안 박정희 정권은 긴급조치를 새로 발동하지는 않았지만, 민주화운동을 지속적으로 탄압하였다. 1974년 9월 재발한 대학생시위에 대해서는 주동 학생을 구속하고 언론보도를 중지시켰으며, 시위 대학에 휴교령의 전 단계인 계고장을 송부하였다. 그리고 10월 동아일보사 기자들에 의해 '자유언론실천선언'이 시작되어 전국 31개 언론사로 확산되자, 광고주들에게 반정부적인 신문에 광고를 게재하지 못하도록 압력을 행사하였다. 또한 재야인사들과 야당이 개헌추진운동을 재개하자 유신헌법 찬반 국민투표 실시로 대응하였다. 국민투표는 1975년 2월 12일 비상계엄령하에서 찬반토론도 허용되지 않은 상태로 치러졌고, 결과는 국민들의 '압도적' 찬성이었다.

박정희 정권은 국민투표 결과에 고무되어 2월 15일 긴급조치 위반 구속자들을 석방하는 등 유화 조치를 취하였다. 그러나 이는 표면적 조치였을 뿐 실제로 문교부는 긴급조치 관련 석방학생들의 복학을 불허하였고, 정부 역시 자유언론실천운동을 주도하였던 『조선일보』와 『동아일보』 기자들을 해고하도록 사주들에게 압력을 가하였다. 그리고 4월 7일 고려대에서 시위가 일어나자 다시 긴급조치 7호를 발동해 고려대를 휴교시켰다. 4월 8일에는 대법원에서 인혁당사건 관련자 8명에 대한 상고가 기각되자, 다음날 바로 사형을 집행하였다. 또한 1975년 4월 30일 남베트남 정부가 공산군에 의해 붕괴되자, 각종 관변단체들을 동원하여 대규모 안보궐기대회를 개최하였다. 이는 반공·안보정국을 조성하여 유신체제에 대한 비판을 약화시키려는 전술이었다. 실제로 관변단체와 언론을 총동원한 정부 노력의 결과, 상당수 국민들이 안보위기라는 박정희 정권의 주장에 동조하여 방위성금 모금에 적극 참여하였다. 그에 따라 자연스럽게 반정부투쟁은 약화되었다. 곧이어 박정희 정권은 5월 13일 긴급조치 7호를 해제하는 긴급조치 8호와, 유신헌법에 대한 일체의 부정적 행위를 금지하는 긴급조치 9호를 발동하였다. 긴급조치 9호는 특정 사안에 대한 대응의 성격을 띠었던 기존 긴급조치와 달리 기존 내용들을 종합한 긴급조치의 '결정판'이었다.

긴급조치 9호의 내용　긴급조치 9호는 유언비어를 날조·유포하는 행위, 다양한 수단을 통하여 헌법을 부정·반대·왜곡 또는 비방하거나 그 개정 또는 폐지를 주장·청원·선동 또는 선전하는 행위, 이 조치를 공공연히 비방하는 행위, 그리고 사전허가를 받지 않은 학생의 집회·시위 또는 정치 관여 행위를 금지하였으며, 이를 위반할 경우에는 주무 장관이 위반자와 '범행' 당시의 소속 학교, 단체나 사업체 또는 그 대표자에 대하여 제적·해임·해산·폐쇄·면허취소 등의 조치를 취할 수 있으며, 아울러 이 조치에 의한 주무 장관의 명령이나 조치는 사법적 심사의 대상이 되지 아니한다는 내용을 담고 있었다. 이는 기존 긴급조치의 내용을 종합한 것으로서, 적용범위를 더욱 확대하고, 처벌규정도 한층 강화한 것이었다. 특히 헌법 개정에 대한 청원 자체를 금지함으로써 유신헌법을 신성불가침의 영역에 올려놓는 동시에, 헌법이 규정하고 있는 국민의 기본권을 박탈하였다. 긴급조치가 9호가 선포됨에 따라 특정 발언이나 표현이 실제로 유언비어인지 여부와는 관계없이 권력자의 비위에 거슬리기만 하면 언제라도 영장 없이 체포·구금될 수 있었고, 언론 봉쇄로 인해 누가 그러한 부당한 처우를 받게 되었는지조차 알 수 없게 되었다. 그리고 이 조치를 위반하였다고 권력자가 판단한 사람에게 취해진 징계 조치는 법의 심판 대상이 되지 않았기에 사실상 권력자는 무소불위의 절대 권력을 갖게

되었다.(한국정치연구회, 1993, 59쪽)

긴급조치 9호의 결과　　민주화운동은 긴급조치 9호로 인해 일정 기간 위
　　　　　　　　　　　축되었으나, 긴급조치 발동 9개월 후인 1976년 3
월 1일 "민주구국선언" 발표를 계기로 재개되었다. 그러나 박정희 정권은
새로운 긴급조치를 발동하지 않은 채 박정희가 사망할 때까지 4년 6개월
동안 긴급조치 9호를 유지하였다. '한국정치범동지회'에 따르면 긴급조치
9호로 구속된 인사들은 1,387명에 달하였고, 긴급조치 9호 관련 판결은
1,289건으로 그 피해자 수만도 974명에 이르렀다.(진실화해를위한과거사정
리위원회, 2007, 291쪽)

긴급조치 9호의 지배구조

박정희 정권은 1975년 긴급조치 9호를 발동한 이후에도 국민을 통제하고
민주화운동을 억압하기 위해 여러 정책들을 실시하였다. 대표적 사례가
박정희 정권이 1975년 7월 16일 새벽 3시 여당 의원만으로 날치기 통과시
킨 '4대 전시戰時입법'이다. 박정희 정권은 1975년 4월 인도차이나 반도가
공산화되자, 북한의 남침 위협이 높아졌다고 주장하면서, 7월 8일 사회안
전법, 민방위기본법, 방위세법, 교육관계법 개정안을 발표하였다. 그 외에
도 박정희 정권은 긴급조치 9호 발동 이후 학도호국단 부활, 주민등록제와
반상회 실시 등의 조치를 취하였다.

표1 긴급조치 위반 심급별 판결 현황

		1·4호	3호	9호 (1975)	9호 (1976)	9호 (1977)	9호 (1978)	9호 (1979)	합계
사건 수		36건	9건	126건	97건	103건	177건	41건	589건
판결수	1심	36	9	126	97	103	177	41	589
	2심	35	4	114	92	98	163	16	522
	3심	36	1	46	52	67	47	3	252
	(소계)	109	14	291	253	280	404	61	1,412
	기타 결정 (파기환송, 형경감 등)	2	0	5	12	12	17	1	49
인원수		155명	11명	251명	176명	167명	312명	68명	1,140명

출처: 진실화해를위한과거사정리위원회, 2007, 296쪽

표2 긴급조치 위반 유형별 판결 현황

유형	1·4호	3호	9호 (1975)	9호 (1976)	9호 (1977)	9호 (1978)	9호 (1979)	합계(%)
반유신 재야, 야당 정치 활동(재야정치인, 종교인, 교수, 기자 등 지식인)	12	9 (임금체불, 부당해고 등)	6	14	16	31	6	85 (14.5)
간첩	0		1	0	1	0	0	2(0.5)
학생운동 (유신반대, 긴조해제 주장 시위, 유인물 제작 등)	12		24	9	29	100	17	191 (32)
기타 (음주대화·수업 중 박정희·유신체제 비판 발언)	12		81	70	56	45	18	282 (48)
국내재산 해외도피, 공무원범죄 등 (긴급조치 9호 3·4·9항)	0		14	4	1	1	0	29(5) 긴급조치 3호(9건) 포함
계	36건	9건	126건	97건	103건	177건	41건	589(100)

출처: 진실화해를위한과거사정리위원회, 2007, 296쪽

학원 부문

학도호국단 부활: 학생들의 준準군사조직화

박정희 정권은 5월 13일 긴급조치 9호를 발동한 다음날부터 바로 대학에 대한 통제를 강화하였다. 이는 그동안 민주화운동의 가장 강력하고 상징적인 세력이었던 대학생들의 활동을 억압하기 위해서였다.

박정희 정권은 우선 14일 각 대학 내 서클 해산을 지시하였고, 20일 전국 98개 총학장회의에서 전 고교 및 대학에 학도호국단을 결성해 군사교육을 강화할 것을 지시하였다. 학도호국단은 본래 이승만 정권이 정치적 동원 수단으로 만든 것으로, 그 어용적 성격 때문에 1960년 4월혁명 이후 폐지되었다. 그런데 박정희 정권은 5월 21일 국무회의의 의결로 이를 부활시켰고, 9월 2일 중앙학도호국단 발단식을 가졌다.* 이에 따라 9월 문교부는 대학에서 기존의 학생회를 폐지하고 학도호국단을 조직하도록 강요하였다.

학도호국단은 유신체제를 강화하고 학생들에게 국가안보의식을 고취시킨다는 목표를 내세웠고, 대학을 군대와 유사한 조직으로 편성하였다. 곧 "정부에서 발표한 학도호국단 설치령은 대학을 전국 단위의 군사 편제로 만들었으며 대학교는 마치 군대의 사단 편제를 방불케 하였다. 총장을 당해 대학교의 학도호국단 단장으로 명하였는데 이는 군대의 사단장과도 같은 것이었다. 그리고 부단장은 학생처장이 맡게 하였다. 이화여자대학교에서도 이 편제에 따라 문리대학을 제1연대, 체육·사범·법정대학을 제2

---

* 1975년 5월 20일 유기춘 문교부장관은 전국대학총학장회의에서 "고등교육의 체제를 국가안보의 차원으로 바꿔 '일면 면학, 일면 국방'이라는 새로운 질서에서 교수와 학생들의 단결된 지혜와 힘으로 대학과 국가를 지켜야 한다는 단호한 결의를 보여야 할 시대적 요청에 따를 것"이라고 말하였다.(한만길, 1997, 340쪽)

중앙학도호국단 발단식에서 사열을 받는 김종필 국무총리

연대로, 음악·미술·의과·간호·약학·가정대학을 제3연대로 편성하였다. 그리고 학도호국단 간부는 이전의 학생회 회장처럼 직접 선출이 아닌 임명제로 하였다. 모든 간부는 "5학기 이상 등록된 학생 중 사상이 건전하고 신체 건강하며 지휘통솔력이 있는, 전 학기 성적 B학점 이상에 출석률 90% 이상인 사람 중에서 임명하게 하였다."(이화여자대학교, 1994, 396쪽) 특히 학도호국단 간부들은 1주일 동안 의무적으로 유신체제에 대한 이해를 높이고 애국심을 함양하는 정신교육을 받아야 하였고, 장학금과 취업에서 혜택을 받았다.* 또한 학도호국단의 학생 대표인 총학생장을 학생들

---

* 학도호국단 간부들은 1주일씩 경주 화랑수련원에 보내졌는데, 일정에는 매일 1~2시간씩 박정희 대통령 어록을 들으며 명상하는 시간이 있었다. 그 정신교육이 얼마나 효과적이었는지, 1주일 후 퇴교할 때에는 정말로 애국심에 불타올라 태극기를 향해 〈애국가〉를 부르면서 감격에 겨워 엉엉 울면서 나오게 만들었다.(강준만, 2002b, 277쪽)

의 직접선거가 아닌 간접선거로 선출하게 하였다. 이는 간접선거를 통한 유신체제의 대통령 선출방식이 자연스러운 것처럼 보이도록 하려는 것이었다.

학도호국단은 표면상 학생들의 국가안보의식 고취를 설립 목표로 내세웠지만, 실제로는 대학 내 친유신세력의 육성과 민주화운동세력의 약화를 목적으로 한 것이었다. 그러나 이러한 박정희 정권의 대학통제 조치는 도리어 학생들의 거부감과 반발만 초래하였다. 따라서 긴급조치 9호 시기에도 대학은 여전히 민주화운동의 본산이자 유신반대세력의 배출구로 기능하였다.

교수재임용제도 도입: 학원 내 민주화세력 제거조치

박정희 정권은 학생에 이어 교수들까지 통제하였다. 5월 13일 긴급조치 9호를 발동한 박정희 정권은 5월 20일에 전국 98개 대학 총학장회의를 소집하여 군사교육체제 강화를 지시하는 동시에 "국가안보를 위해 면학분위기를 조성해야 한다"는 명분으로 '문제교수'를 권고사직 시켰다. 이때 사직된 교수들의 상당수는 기독자교수협의회 회원들로서, 민청학련사건 구속자들을 위한 모금운동과 석방기도회, 1975년 1월 『동아일보』 광고탄압에 대항한 격려광고, 그리고 김찬국·김동길 교수의 출옥기념 강연회 개최 등의 활동으로 정부의 미움을 산 교수들이었다.

1975년 7월 16일에는 교육공무원법과 사립학교법을 개정하여 교수재임용제를 도입하였다. 문교부는 기존의 대학교수 인사제도, 곧 일정한 근무연한만 근속하면 연륜에 따라 자연히 승진하게 되어 있는 '연공서열제'가 불합리하다고 주장하면서, 일정 기한을 한도로 하는 '기한부임용제'를 도입하여 교수의 책임감과 연구 의욕을 고취하고 우수한 교수를 확보해야 한다는 논리를 제시하였다.(『제93회 국회문교공보위원회회의록』 제1호

〔1975.7.4〕, 한상권, 2001, 295쪽에서 재인용) 곧 기존의 불합리한 대학 인사 제도를 시정하고, 대학의 면학분위기 조성과 노쇠화 방지를 위해 교수들에게 인센티브를 주는 '기한부임용제'를 도입하겠다고 주장했다.

교수재임용제가 정부비판세력의 입에 재갈을 물리기 위한 악법이라는 반론이 거세지자, 문교부는 재임용이 기득권을 인정한다는 면에서 신규임용과 다르며, 실제로 시행되더라도 도저히 교수로서의 자격을 갖추었다고 보기 어려운 극소수가 심사 대상이 될 것이라고 해명하였다. 그러나 이러한 정부의 공언과 달리 기한부임용제는 재임용 여부를 심사할 공식 기구조차 구성하지 않은 채 제정되었다. 이에 대해 발의자들은 일단 법이 통과되고 난 후에 이를 집행할 위원회를 대통령령으로 만들면 된다고 변명하였다.(한상권, 2001, 295쪽)

결국 박정희 정권이 졸속 입법을 통해 교수재임용제도를 도입한 것은 유신체제에 비판적인 지식인들을 '합법적'으로 대학에서 축출하고 교수들의 어용화를 촉진하기 위해서였다. 1976년 2월 28일 정부는 교수재임용제를 통해 총 416명의 교수를 재임용에서 탈락시켰다. 표면적으로는 재임용 심사의 기준을 학문적 업적과 연구실적, 지도능력과 품위라고 발표하였으나, 실제로는 학원민주화를 주장하였던 '문제교수', 처우 개선을 주장하였던 교수, 학교와의 감정 문제, 심지어 총장의 개인 감정까지 개입되었다는 것이 공공연한 비밀이었다. 반면, 학원사태 예방 및 수습, 학생지도 '유공자' 등에게는 높은 평점이 주어졌고, 새마을 강연, 안보 강연, 평가교수 참여 등도 기준에 포함되었다.(『1970년대 민주화운동』4, 1,668~1,671쪽) 그러나 많은 해직교수들은 박정희 정권의 탄압에 굴하지 않고 1977년 12월 2일 "민주교육선언"을 발표하고, 1978년 4월 13일 '해직교수협의회'를 결성하는 등 민주화운동에 앞장섰다.

사회 부문

민방위대와 민방위훈련: 주기적 국민동원 체제

박정희 정권은 1975년 6월 27일 남베트남 공산화를 계기로 한국의 안보가 직접적으로 위협받고 있다고 주장하면서, 1972년 1월부터 실시하던 '민방공·소방의 날' 훈련을 '민방위의 날' 훈련으로 개편하였다. 이어 7월 25일 민방위기본법을 제정하고, 8월 22일에는 민방위기본법 시행령을 공포하였다.* 그리고 민방위기본법은 "적의 침공이나 우리 사회의 안녕질서를 위태롭게 할 재난으로부터 주민의 생명과 재산을 정부의 지도 아래 주민이 스스로 보호하기 위해 마련된 것"이며, "언제 일어날지 모르는 자연재난과 오늘날 우리가 직면하고 있는 국난을 우리 스스로의 힘으로 극복해 나가는데 꼭 필요한 법"이라면서 그 정당성을 내세웠다.(민방문제연구소, 1976, 37쪽) 이어 박정희 정권은 내무부에 민방위본부를 설치하여 그동안 각 부처 단위로 진행하던 민방위 관련 업무를 총괄·조정하도록 하였고, 9월 22일부터 30일까지 전국적으로 민방위대를 발족시켰다. 또한 12월 10일에는 민방위 표상(기, 복장, 모자 등)을 정하고, 1976년 5월 7일에는 민방위기본법 시행규칙을 만들었다.(내무부, 1990, 136쪽)

　　민방위기본법에 따르면, 민방위대의 대상은 17세 이상 50세 이하의 모든 남자였고, 그 외의 남자와 여자는 지원에 의해 참여할 수 있었다. 그러나 편입 대상자라도 중요 업무에 종사하고 있는 국회의원, 통일주체국

---

* 민방위기본법의 입법 취지는 "첫째, 민방위제도를 확립하여 군사방위와 함께 국가안전을 더욱 튼튼히 보장하며, 둘째, 민방위활동을 통하여 내 마을 내 직장은 스스로 지키겠다는 자위의 정신을 함양하여 자체방어능력을 제고하고, 셋째, 10대의 학도호국단, 30대의 향토예비군과 함께 40대를 민방위대로 조직화하여 거의 모든 국민이 참여하는 가운데 총력안보 태세를 확립하며, 넷째, 이러한 유비무환의 총력안보 태세로서 안정을 기하고 이를 바탕으로 국가의 도약과 발전을 도모하는 것"이었다.(내무부, 1990, 134쪽)

민회의 대의원, 경찰·소방·교정직·보도직 공무원, 군인, 군속, 향토예비군, 학도호국단원과 민방위 업무를 수행할 수 없는 심신장애자, 만성허약자 등 신체결함자는 제외하였다.

민방위대는 주소지를 단위로 하는 지역민방위대와 직장을 단위로 하는 직장민방위대로 편성되었다. 지역민방위대는 통리를 단위로 하는 통리민방위대와 읍면동을 단위로 하는 읍면동민방위기술지원대로 구성되었다. 통리민방위대는 관내 통리에 살고 있는 의무제 민방위대원과 지원자로 조직되며, 읍면동민방위기술지원대는 소방, 수방, 방공, 의료, 화생방 등 기술이 필요한 부문의 민방위를 위해 관내 통리민방위대원 중에서 읍면동장이 선발한 자로 편성되었다. 직장민방위대는 국가기관과 지방자치단체의 기관, 대통령령으로 정하는 공공기관과 업체 및 방위산업체에 조직되는데, 직장민방위대원과 읍면동민방위기술지원대원은 통리민방위대원이 되지 않도록 하여 중복을 피하였다. 한편 새로 민방위대원이 되는 사람은 의무적으로 통리장을 경유하여 읍면동장 또는 직장장에게 신고해야 하며, 이사나 퇴직시에도 반드시 신고하도록 하였다.(민방문제연구소 1986, 44~45쪽)

민방위대의 임무는 적의 침공이나 재난, 즉 민방위사태 발생시 주민의 생명과 재산을 보호하기 위해 정부 지도 아래서 주민이 수행해야 할 방공·응급 방재·구조·복구 및 군 작전상 필요한 노력 지원 등 일체의 자위 활동을 수행하는 것이었다. 이를 위해 민방위대원은 1년 중 10일간 총 50시간 이내로 민방위에 대한 교육과 훈련을 받아야 하였다. 또한 민방위 사태가 발생하거나, 발생할 우려가 있는 경우에 민방위대 동원령이 내리면 이에 응해야 하였다.

이렇게 박정희 정권은 긴급조치 9호 발동 이후 유명무실하던 기존 민방공 조직을 대폭 개편하여 민방위대를 설치하였다. 이를 통해 박정희 정권은 17세부터 50세 이하의 젊고 건강한 남성 중 군대, 학도호국단, 향토예비군과 같은 기존 군사 또는 준군사 조직에 소속되지 않던 성인 남성을 조직화하였다. 결국 박정희 정권은 총력안보 태세 확립이라는 명분 아래 민방위대를 통해 주기적으로 성인 남성을 동원하였고, 민방위교육을 통해 자신들의 반공주의 및 국가주의 담론을 주입시켰다.

한편 1975년 민방위본부에 의해 '민방위의 날' 훈련이 시작되면서부터, 모든 국민들은 매월 15일마다 북한 침략시 행동 요령을 반복해야 하였다. 곧 일반 국민들은 예외 없이 개인적 행동이나 일을 중단하고 주로 지하실과 같이 적의 공격에 피해를 입지 않을 만한 장소로 대피하고, 민방위대원은 긴급 상황에 대응하기 위해 출동해야 하였다. 이는 모든 국민에게 주기적으로 북한에 대한 경계심과 적대감을 상기시키는 동시에, 국민들이 국가의 통제에 따르는 것에 익숙하도록 만들었다. 결국 박정희 정권은 민방위의 날 훈련을 통해 총력안보를 내세운 유신체제를 정당화하고 국민들의 '체제순응적' 심성을 배양하려 하였다.

주민등록제도: 항시적 국민감시체제

박정희 정권은 국민 감시를 위해 주민등록제도를 이용하였다. 본래 주민등록제도는 1962년 5월 10일 주민등록법이 제정되면서 처음 도입된 것으로, 모든 대한민국 국민에게 이름, 성별, 생년월일, 주소, 본적 등을 시·읍·면에 등록하도록 하고, 세대의 전부 또는 일부가 이동할 때에도 퇴거와 전입 신고를 하도록 규정하였다. 1968년 5월 29일에는 "간첩이나 불순분자를 용이하게 식별·색출하여 반공 태세를 강화"한다는 명분으로 주민등록법을 개정하고, 12월 말까지 발급 대상자 1,574만 명 대부분에게 주민등록증을 발급하였다. 개정법에는 모든 국민에게 출생과 함께 13자리의 고유 식별번호를 부여하는 조치가 포함되었는데, 이런 형식의 등록번호제도는 전 세계에서 유일한 것이었다. 특히 정부는 개인의 행정과 금융 업무 등 일상생활에 주민등록번호가 사용되도록 함으로써 정부가 전 국민의 사생활을 파악할 수 있게 되었다. 또한 개정법에는 지문날인제도가 포함되었는데, 18세 이상의 국민들은 주민등록증을 발급받기 위해 동사무소에서 열 손가락 지문을 찍어야 하였다. 이 역시 전 세계에서 한국에만 있는 제도로 모든 국민을 잠재적 범죄자로 취급한다는 점에서 반(反)인권적 성격이 노골적으로 드러난 제도였다. 이는 국민을 국가의 주권자로 존중하지 않고, 국가를 국민의 보호자로 간주하는 '국가주의'의 문제점을 명확히 보여준다.(홍성태, 2008, 101쪽)

이에 더하여 박정희 정권은 1975년 7월 25일 "안보 태세를 강화하고 민방위대, 예비군, 기타 국가의 인력자원을 효과적으로 관리하여 총력전 태세의 기반을 확립"한다는 명분 아래 주민등록법을 개정하였다. 개정법은 주민등록증 발급 대상자의 연령을 17세로 낮추고, 사법·경찰 관리가 간첩 색출, 범인 체포 등의 직무를 수행할 때 주민의 신원이나 거주 관계를 확인할 필요가 있을 경우 '언제든지' 주민등록증 제시를 요구할 수 있도록 하였다. 이는 간첩이나 불순분자로 오인되지 않도록 항상 주민등록증을 소지할 것을 국민들에게 강요하는 '협박성' 조치였다.

이후에도 박정희 정권은 거듭 주민등록제도를 개정하였는데, 1976년 9월 22일에는 전 국민에게 주민등록증을 일제히 갱신하도록 조치하였다. 갱신 조치에 응할 수 없는 사람들, 특히 시국사건 등으로 도피 중인 사람들을 불심검문 등을 통해 검거하려는 목적이 담겨 있었다. 또한 1977년 12월 31일에는 주민등록증 발급 통지를 받고도 정당한 이유 없이 1년 이상 발급 신청을 하지 않은 자에 대하여 10만 원 이하의 벌금 또는 구류에 처할 수 있는 형벌 규정을 신설하였다.(김기중, 1999, 126쪽)

이렇게 박정희 정권은 주민등록제도를 통해 17세 이상 국민들의 이름,

성별, 생년월일, 본적, 주소 등 개인 및 가구 정보를 체계화시킴으로써 완벽한 '국민관리체제'를 갖추는 동시에, 주민등록증 소지를 강제함으로써 항시적인 '국민감시체제'를 완성하였다.

반상회: 주기적 국민감시체제

1976년 4월 30일 박정희 정권은 매월 말일을 '반상회의 날'로 지정하여 가구별로 모든 국민을 최말단 행정조직인 반 단위로 동원하였다. 이에 따라 5월 31일 전국에서 일제히 첫 반상회가 열렸다. 반상회는 식민지시기 애국반, 해방 이후 국민반, 그리고 1950년대 말 국민방國民坊과 유사한 조직으로, 1960년 민주당 정권 시기에 각 시도의 조례에 따라 매월 1회씩 개최하도록 정하였지만 제대로 실행되지 않았던 것을 박정희 정권이 부활시켰다.(박성환, 1986, 18쪽)

반상회의 기반인 반 조직은 지방자치법 제145조 제4항에서 "동과 리의 하부조직은 당해 자치단체의 조례에 정하는 바에 의해 둘 수 있다"는 규정과, 이 규정에 근거한 각 자치단체의 통반설치조례에 근거한 것이었다.(최일섭, 1982, 12쪽) 인천직할시 통반설치조례 제7조 제1항과 제2항은 "매월 25일은 정례 반상회의 날로 정하고 명예반장 또는 반장의 집에서 회의를 개최한다" "동장은 월1회 정기적으로 반상회를 개최한다. 다만, 동장이 필요하다고 인정할 때에는 수시로 회의를 소집할 수 있다"고 규정되어 있었다. 이와 유사한 규정에 따라 1976년부터 매월 25일 전국적으로 정례 반상회가 개최되었다.

박정희 정권이 반상회를 재정비한 것은 그들의 주장대로 주민들의 친목 도모와 공동관심사 토론을 통한 지역발전을 위해서만은 아니었다. 물론 반상회는 주민들의 주기적인 모임을 통해 마을의 개발사업을 논의할 기회를 제공함으로써 새마을사업을 실천하는 계기가 되었고, 행정부로서는 주민들의 애로사항과 숙원사업 청취를 통해 정책을 조정하는 계기가 되었다. 그러나 반상회는 정부의 반공교육, 국정 홍보, 또는 국민의 행동지침을 전달하는 장소로 이용되었다. 특히 정부는 반상회를 통해 비상시 행동요령, 간첩이나 거동 수상자 신고 요령, 유언비어 신고 요령, 그리고 정부에 대한 비판적 언동 금지 등의 사안을 적극적으로 전달하였다. 결국 반상회는 정부의 정책 홍보와 공지사항 전달과 함께 주민들의 동향 및 여론 파악의 도구로 이용되었다.

사회안전법과 보호감호소: 비전향 장기수의 완전 격리

박정희 정권은 긴급조치 9호 발동 직후인 7월 16일 반공법과 국가보안법 위반자에게 출옥 후에도 보안처분을 통해 사회로부터 격리시키는 사회안전법을 통과시켰다. 이 법과 그에 따라 설치된 보호감호소는 비전향 장기수에 대한 감시와 통제를 명문화한 제도였다. 형기를 마쳤음에도 불구하고 여전히 좌익 사상을 갖고 있다고 판단되는 사람에 대해서는 사회에 복귀할 수 없도록 한 것이다. 이 제도의 등장은 한국전쟁과 남북대결이라는 '분단체제'의 현실와 밀접히 연관되어 있었다. 한국전쟁 시기 체포된 비전향 장기수들은 대부분 4월혁명 이후 들어선 제2공화국의 20년형 감형 정책으로 인해 1970년대 중반 출소할 예정이었다. 그러나 박정희 정권은 그들을 완전히 격리시키거나 전향 작업을 통해 그들의 존재를 없애려 하였다.(최정기, 2002, 70쪽)

사회안전법은 비전향 장기수에게 '보안감호처분' '주거제한처분' '보호관찰처분'이라는 세 가지 보안처분을 부과하였다. 보안감호는 교도소와 유사한 보안감호시설에 수감하는 처분이고, 주거제한은 주거지를 제한하는 처분이며, 보호관찰은 주거지 제한은 없으나 주거지 관할 경찰서장에게 일정 사항을 신고하고 지시를 받아야 하는 처분이었다. 보안처분 기간은 2년이지만 검사의 청구에 따라 갱신할 수 있었고 갱신 회수에도 제한이 없었다. 보안처분의 면제 조건은 "반공정신이 확립되어 있을 것"(제7조 1항)이었다. 세 가지 보안처분은 사상범에게 전향을 강제하고 활동을 통제하는 수단이었고, 특히 '보안감호'는 전향을 거부하는 사상범을 무한정 구금할 수 있도록 하는 극단적 조치였다.(조국, 2002, 27쪽)

사회안전법은 민주주의의 기준에서 볼 때 상당한 문제를 지닌 것이었다. 첫째, '재범의 위험성'을 객관적으로 판정하는 절차가 보장되지 않았다. 곧 보안처분의 처분권자가 법무부장관이라는 사실(제7조 4항)은 사상범에게 법원으로부터 재판받을 권리를 박탈하는 것이었다. 둘째, 형기가 만료된 사상범에게 보안처분이라는 사실상의 추가 형벌을 부과한다는 것은 동일 범죄에 대해 거듭 처벌받지 않는다는 '일사부재리'의 원칙에 위배되는 것이었다. 셋째, 보안처분 기간이 2년이지만 검사의 청구로 갱신할 수 있고(제8조) 갱신 회수의 제한이 없기 때문에, 검사가 '위험성'이 있다고 판단하면 보안처분이 무한정 연장될 수 있는 것이었다.(조국, 2001, 27~28쪽) 따라서 정치범의 경우, 자신의 사상을 포기하고 전향하지 않는다면 형기가 끝났음에도 불구하고 무한정 감옥에 구금될 소지가 있었다.

결국 사회안전법과 보호감호소는 정치범들에게 자신의 정치적 신념을 포기하도록 강제하는 것으로, 민주국가가 보장하는 사상과 양심의 자유를 침해하는 악법이었다. 이는 비전향 장기수들을 대상으로 한 것이었지만, 잠재적인 대상이 될 가능성이 있던 민주화운동세력을 위협하는 수단이었다.

기타 사회통제제도: 장발과 미니스커트 단속, 금지곡

박정희는 정권 장악 이후 군軍의 가치와 규범을 사회 전반에 적용시키려 하였다. 대표적인 사례가 1970년대 들어 본격화된 개인의 머리와 치마 길이에 대한 통제, 곧 국민들의 외양에 대한 통제였다. 박정희 정권은 남자는 장발을 해서는 안 되며, 여자도 치마 길이가 너무 짧아서는 안 된다는 사고를 갖고 있었다. 이는 병사들에게 요구되던 '용모단정' 규정을 사회에 적용하려는 '획일주의적' 조치였다.

박정희 정권이 장발 단속을 시작한 것은 1970년부터였다. 그러나 세계적 유행을 따르려는 젊은 세대의 욕구를 간헐적인 단속만으로 억누를 수는 없었다. 그러자 박정희 정권은 1975년 긴급조치 9호 발동을 계기로 대대적인 장발 단속에 들어갔다. 1976년 5월 내무부장관은 대통령 보고에서 그동안 경찰에서 지도 단속과 아울러 자율적 각성을 촉구해 왔으나, 일부 사회지도층을 비롯한 국민의 무관심과 이해 부족으로 실효를 거두지 못하였기 때문에 향후 강력히 단속할 것을 표명하였다. 이를 위해 박정희 정권은 우선 행정부 산하 각급 공무원에게 솔선수범을 요구하였고, 관공서, 학교, 기업체, 공장 및 개인업소의 장에게는 소속원에 대한 조직적이고 자율적인 지도 단속을 요구하였다. 그러면서 이를 직장 및 도시 새마을운동과 연계시켜 범국민운동으로 추진하려 하였다.

박정희 정권의 강력한 조치에 따라 1976년 4월 말까지 55만 9,887명이 장발로 단속되어 이 중 2만 4,998명이 즉심에 넘겨지고 나머지는 훈방되었다. 서울시의 경우, 1976년 장발 단속 실적이 6,405건, 1977년과 1978년에는 각각 4,166건과 1만 6,340건이었다. 장발 단속은 1979년까지 지속되었다.(김명숙, 2003, 151쪽)

한편 1968년부터 미니스커트가 국내에서 유행하기 시작하였고, 1971년 봄부터는 핫팬츠가 젊은 여성들 사이에 큰 인기를 끌었다. 그러나 이런 옷차림은 미풍양속을 저해한다는 이유로 단속의 대상이 되었다. 처음으로 1969년 8월 제주에서 미니스커트를 입은 여성이 즉심에 회부되어 구류처분을 받았다. 이후 30cm 자를 든 경찰들이 길에서 여성의 치마 길이를 재기 시작하였고, 1970년에는 미니스커트 차림의 여성들이 즉심에 회부되는 일이 일상화되었다. 특히 박정희 정권은 1973년 2월 8일 경범죄처벌법을 개정하여 "성별을 알아볼 수 없을 정도의 장발을 한 남자 또는 미풍양속을 해하는 저속한 옷차림을 하거나 장식물을 달고 다니는 자"라는 조항(제1조 제49호)을 삽입하여 처벌을 정당화하였다. 미니스커트 단속은 장발 단속과 함께 1979년 박정희 정권이 붕괴될 때까지 지속되었다.(김명숙, 2003, 152쪽)

박정희 정권은 이러한 조치를 국민의 주체의식 확립과 건전한 사회기풍 정착, 그리고 건전한 미풍양속 수호를 위한 것이라고 주장하였다. 그러나 이는 명백히 개인의 기본권인 '신체의 자유'를 침해하는 것이었다. 그럼에도 불구하고 이런 조치가 지속된 이유는 개인의 신체에 통제를 가함으로써 정권의 힘을 과시하고, 결국 대중을 체제에 '순응적인' 인간형으로 만들려는 것이었다.

한편, 박정희 정권은 긴급조치 9호 발동 이후 전 사회적인 '총력안보' 분위기 조성을 위해 방송에도 손길을 뻗쳤다. 먼저 방송계에 압력을 가해 '방송정화실천요강'을 제정하도록 하였다. 방송정화실천요강의 핵심은 국론을 분열시키거나 공공질서를 문란케 하는 내용, 민족주체성 저해 내용, 경제 질서를 훼손하거나 노사분규를 조장하는 내용, 불건전한 남녀관계 묘사나 미풍양속을 해치는 퇴폐풍조 조장 내용, 장발 과다 노출 등 저속성을 띠는 내용 등을 금지하는 것이었다.(강준만, 2002b, 298쪽) 이후 박정희 정권은 자신들의 구미에 맞지 않는 가요들을 사회분위기 정화라는 명분으로 금지하였는데, 1975년에만 225곡을 금지곡으로 지정하였다. 또한 12월 1일부터 대마초 단속을 실시하여 많은 가수들을 구속하였다. 이렇게 박정희 정권은 방송을 통해 자신들에게 불리하거나 비판적인 내용을 보도하지 못하도록 하였을 뿐 아니라, 정권의 관점에서 볼 때 '미풍양속' '민족주체성'·'공공질서'와 부합한다고 여겨지는, 이른바 '건전한 내용'만을 보도하도록 만들었다. 이런 조치들은 방송을 통제하여 국민들의 사고를 정권이 설정해놓은 범주에 가두려는 의도를 지닌 것이었다.

2
긴급조치 9호의 이데올로기 기제

새마을운동과 새마을교육:
유신이념 실천 도량과 한국적 민주주의의 구현

1970년 농촌진흥운동으로 시작된 새마을운동은 유신체제 수립을 계기로 국민동원의 기제로 작동하기 시작하였다. 박정희 정권은 1973년 새마을지도자연수원을 건립한 후 많은 국민들을 새마을교육에 참여시켰는데, 주요 내용은 유신체제의 정당성과 총력안보체제의 필요성 및 새마을운동의 뿌리로서의 전통적 가치와 민족정신이었다. 특히 박정희 정권은 후자의 내용으로 정情, 존경의 원리, 절제, 단결, 지도자의 영도력 등 '집단주의적' 공동체 원리를 강조하였고, 이를 '건전한 국민동의와 사회윤리' 및 '민족주체성'의 뿌리로 지목하였다. 이는 새마을교육이 강조하는 핵심 가치들이 국가주의적·집단주의적 가치라는 점을 잘 보여준다.

결국 박정희 정권은 새마을교육을 통해 국민들이 유신체제가 요구하는 '이상적 인간형', 곧 국가주의와 집단주의에 충실한 인간형으로 개조되기를 원하였다. 그래서 박정희 정권은 새마을운동을 '유신이념의 실천 도량'이자 '한국적 민주주의'의 구현이라고 주장하였다.

또한 박정희 정권은 1973년부터 공장새마을운동을 시작하였다. 하지만 별 진전이 없자 1978년부터 한국노총을 통해 유신체제에 맞는 노동윤리를 노동자들에게 집중적으로 교육시켰다. 한국노총은 우선 지부 수준에서 공장새마을운동을 수행할 지도자인 노조 간부들을 노총중앙교육연수원에서 집중적으로 훈련시켰다. 그 내용은 새마을정신과 노동조합운동, 유신이념, 노조 지도자들의 이상형, (도시산업선교회와 가톨릭노동청년회를 지칭하는) 교회의 교리와 노조운동, 북한의 실정, 남한의 국가안보와 통일, 경제전망, 한국적 노사관계 등이었다. 특히 새마을교육은 회사가 가족이라는 공동운명체의 성격, 개인의 단결에 입각한 집단주의와 협동, 그리고 충성이라는 수직적 연대에 입각한 계급 간의 조화 이데올로기를 강조하였다.(최장집, 1997, 207~215쪽) 결국 박정희 정권은 공장을 대상으로 한 새마을교육을 통해 노조 지도자들에게는 강한 사명감을 지닌 국가정책의 충실한 수행자가 될 것을, 노동자들에게는 계급협조주의와 국가안보 이데올로기에 순응하는 인간이 될 것을 요구하였다.

충효 교육: 국민총화의 이데올로기

박정희 정권은 1977년부터 주체적인 민족사관의 정립을 내걸고 '충효忠孝 교육'을 추진하였다. 충효 교육의 목표는 충과 효를 근본으로 하는 한국적 도의 교육과 대북안보 교육을 철저히 하여, 전통문화 교육과 더불어 애국·애족하는 투철한 "국민고유정신"이 정립되도록 하는 것이었다.(서울시교육위원회, 1981, 950쪽) 충효 교육은 박정희가 2월 4일 문교부 연두 순시에서 '충효 사상'을 교육하라는 지시에서 비롯된 것으로, 문교부가 4월 '충효 교육을 중심으로 한 도의 교육의 강화 방안'을 마련하면서 본격화되었다. 주요 내용으로는 첫째, 각급 학교의 도덕 및 국민윤리 교육에 충효 정신을 강력히 반영하고 장학방침에 따른 지시사항 중 도의 교육 관련 사항을 적극 구현하도록 하며, 둘째, 충효 정신에 입각한 도의 교육 연구를 적극 장려하고, 셋째, 도의 실천에 수범垂範하고 존경받는 교사상 확립과 자질 함양을 위한 연수를 강화하며, 넷째, 학생의 올바른 가치관 확립과 예절 생활화를 위한 교육과정을 충실히 운영하고, 각종 수련 및 행사 교육을 효율적으로 추진하며, 다섯째, 도의 교육의 효과를 극대화하기 위한 가정, 사회, 유관기관과의 유대를 강화한다는 것이었다.(조진태, 1977, 59~60쪽)

이에 따라 서울시교육위원회는 1977년도 경애敬愛 교육 강화를 장학 방침의 목표로 정하고, 다음의 지도지침을 제시하였다. 첫째, 국민윤리, 국어, 국사, 사회 등 관련 교과를 통해 충효의 현대적 의미를 지도하여 충효사상이 한국 도덕규범의 근본임을 강조하도록 하였다. 둘째, 선현들의 충효 실천 사례를 발굴·활용하였는가를 점검하고, 정신 훈화나 전 교과에서 교육에 활용하도록 하였다. 셋째, 고전 읽기, 주생활목표 및 HR* 주제 설정, 일기 쓰기, 1일1선,** 부모님 돕기, 등하교시 부모님께 인사하기, 효행 발굴 표창, 스승·부모·가정·국가에 감사하기 등 충효 실천과 관련한 학생 활동 실적을 점검토록 하였다. 넷째, 국립묘지 헌화 봉사, 글짓기, 웅변대회, 어버이 초청 위안 등 현충일과 어버이날 행사의 교육 효과를 점검하도록 하였다. 또한 서울시교육위원회는 1978년 7월 충효 교육의 이론을 제공하고 실제 교육에 도움을 주고자 『충효 교육의 이론과 실제』라는 책을 만들어 전 교직원에게 배포하였다.(한국교육개발원, 1986, 91~93쪽)

---

* Home Room: 정규 학습 활동 이외의 특별 학습 활동.
** 一日一善. 하루에 한 번씩 착한 일 하기.

박정희 정권은 충효 사상의 확산을 위해 학교뿐 아니라 친정부 단체도 활용하였다. 먼저 대통령 장녀인 박근혜가 명예총재로 있던 '새마음범국민운동본부'를 동원하였다. 이 단체는 1977년 1월 대한구국봉사단, 구국여성봉사단 등의 단체가 중심이 되어 결성한 것으로, 충효를 바탕으로 한 경로사상의 사회적 확산을 목표로 삼았다.(『조선일보』 1977년 1월 25일자) 운동본부는 3월부터 범국민 정신운동의 일환으로 각 시도별로 새마음갖기 시민대회 및 궐기대회를 개최하였다. 이를 통해, 첫째, 충과 효의 민족적 이념이 국가와 민족 발전의 바탕임을 다짐하고, 둘째, 근면·절약·협조하는 생산적 국민이 되어 이웃을 헐뜯거나 거짓을 행하는 일을 삼가며, 셋째, 어른을 공경하고 법과 관습 등 질서에 순종하고 모든 살림을 사랑으로 다스리는 복지사회를 실현하기 위해 국민운동을 벌이겠다고 다짐하였다.(『서울신문』 1977년 3월 26일자) 1978년에는 방송을 통해 충효 사상을 확산시켰다. 방송국들은 '조상 전래의 충효 사상에 입각한 도의 사상 앙양' 지시에 따라 퇴폐적인 외래풍조 추방운동을 전개하는 동시에, 전통 미덕을 담은 프로그램을 기획하였다.(강현두·이강수, 1980)

이렇게 박정희 정권이 충효 사상을 강조한 것은 유신체제가 요구하는 이상적 인간형, 곧 국가와 민족을 위해 개인의 몸과 마음을 바치는 인간형이 한국의 전통에도 존재한다는 사실을 강조하여, 국민들이 유신체제를 자연스러운 것으로 받아들이도록 만들기 위해서였다. 특히 박정희 '1인지배체제'라는 정치 상황과 충효 사상이 결합되면서, "효를 중심으로 한 가부장적 질서 체계를 내면화하여, 그것이 국가에 대한 충성심으로 자연스럽게 전이됨으로써, 국민들로 하여금 박정희 체제가 추구하였던 통제 위주의 국가 정책에 순응"하게 하려는 의도였다.(한국교육개발원, 1986, 94쪽) 결국 박정희 정권은 충효 교육을 통해 국민들이 민족을 가족으로, 그리고 대통령을 가부장제의 수장으로 인식하도록 만들고자 하였다.

제2장
긴급조치 9호 시기 반독재민주화투쟁

1
긴급조치 9호 선포와 민주화운동

인도차이나사태 직후 유신정권의 공세와 학생운동

남베트남 패망과 안보위기론의 확산   1975년 5월 13일 박정희 정권은 유신체제에 대한 사회적 저항을 일절 용납하지 않기 위해 '국가안전과 공공질서 수호를 위한 대통령 긴급조치 9호'를 선포하였다. 긴급조치 9호는 유신헌법에 대한 개정 및 폐지를 주장하거나 발의 및 청원하는 것에서부터 선동·선전하는 것까지 모든 행위를 금지하였다. 또한 이러한 내용을 방송·보도하거나 그것을 제작·배포·판매하는 모든 행위를 금지하였다. 여기에 긴급조치를 위반한 본인뿐 아니라 소속 학교나 단체 또는 대표자나 장에게까지 책임을 물을 수 있도록 하여 처벌 규정을 한층 강화하였다.(전재호, 2005, 139쪽) 위반자로 분류되면 공권력이 법관의 영장 없이 체포·구금할 수 있었다. 이는 곧 박정희 유신정권에 대한 비판은 더 이상 법적 보호를 받을 수 없고, 무소불위의 절대권력에 그대로 노출된다는 것을 의미하였다.(『1970년대 민주화운동』 3, 665쪽) 이와 같은 사실은 유신체제기 제2기라 할 수 있는 긴급조치 9호 시기

동안 긴급조치 위반자들이 1,387명에 달하였던 사실에서 단적으로 드러난다.(조희연, 1995, 109쪽)

남베트남 패망은 사회의 관심을 반유신 민주화에서 안보위기로 돌릴 적절한 호재였다. 1973년 12월 '개헌청원100만인서명운동'에서 표면화되기 시작한 유신반대투쟁은 박정희 정권의 일련의 긴급조치 발동에도 불구하고 전국적으로 확산되었다. 따라서 유신정권은 정치적 위기를 돌파하고 민주화운동의 확산을 탄압하기 위한 새로운 방책이 필요하였고, 때마침 남베트남의 패망은 유신정권이 '긴급조치 9호'라는 초강경 탄압책을 선포할 수 있는 더없이 좋은 구실을 제공해주었던 것이다. 사이공 함락 직후인 1975년 4월 29일 박정희는 "국가안보와 시국에 관한 특별담화"를 통해 '북괴'의 도발 가능성을 강조하며 총력안보에 임할 것을 역설하였다.(『박정희 대통령 연설문집』 1, 424~431쪽)

박정희 정권은 남베트남 패망을 계기로 안보궐기대회를 대대적으로 개최하며 국가안보가 위기에 처해 있다는 인식을 전 사회적으로 확산시켜 갔다. 1975년 5월 13일 긴급조치 9호가 선포되기 직전 무렵 대대적인 총력안보궐기대회가 곳곳에서 열렸다. 1975년 5월 9일에는 서울대, 고려대, 연세대를 비롯한 8개 대학에서 교직원과 학생 등이 참여한 궐기대회가 개최되었다. 이날 각 대학 궐기대회에 참여한 인원은 모두 4만여 명에 달하였다. 서울대의 경우 한심석 총장이 직접 남베트남의 패망을 상기시키는 내용의 궐기사를 낭독하였다. 같은 날 이북5도청, 서울시교육회, 전국버스택시화물자동차조합, 경성방직, 유일고무주식회사, 대한모방 등에서 궐기대회를 열었다.(『조선일보』 1975년 5월 10일자) 5월 10일에도 회사원, 대학생, 초·중·고등학생 등이 동원된 궐기대회가 열렸으며, 11일에는 총력안보 서울시민궐기대회가 여의도에서 개최되었다. 긴급조치 9호 선포 이후에도 안보궐기대회는 이어졌다. 5월 27일에는 기독교·불교·천도교·원불교 등

반공궐기대회를 벌이는 서울대학교 학생과 교직원들

8개 종단 연합체인 한국종교인협의회가 국민총화에 앞장서겠다는 내용의
성명을 발표하였으며, 29일에는 총력안보 통장統長결의대회가 열렸다.

　　대중들뿐 아니라 상황을 보다 냉철하게 파악해야 할 언론, 학계, 종교
계 등 사회 각 분야의 지도인사들도 남베트남 패망을 활용한 박정희 정권
의 안보위기정국 조성 전술에 급속히 휩쓸려갔다. 5월 9일 대학교수들이
교수회의를 열고, 국가안보와 국민총화에 호응한다는 내용의 시국결의문
을 발표하였다.(『조선일보』 1975년 5월 10일자) 야당인 신민당도 안보위기
정국 조성에 일조하였다. 인도차이나사태의 악화가 초래한 새로운 정국에
직면하여, 김영삼이 이끄는 신민당은 기존에 천명한 대여 선명투쟁 노선
에서 후퇴해 공화당의 안보 공세에 부응하는 방향으로 선회하였다. 1975
년 5월 20일에 여야 합의로 '국가안보결의안'이 채택되었다. 국회의원들은
결의안에서 북한의 호전성과 도발이 한반도에 새로운 위기정국을 조성하

였고, 국내외로 "국가의 안보대책을 시급히 강구해야 할 시점"이라고 강조하였다.(『조선일보』 1975년 5월 21일자) 5월 21일 박정희와 단독 영수회담을 가진 신민당 총재 김영삼은 '선명노선'에서 후퇴하는 모습을 보였다.(이기택, 1987, 319~320쪽) 이러한 상황에서 7월 9일 이른바 4대 전시입법인 '사회안전법, 방위세법, 민방위기본법, 교육관계법'이 국회에서 큰 반발 없이 통과되었다. 신민당은 사회안전법 통과에 대해 반대 입장을 표명하였으나 강력한 반대투쟁을 전개하지 않아 민주화운동세력들로부터 비판을 받았다.(『암흑 속의 햇불-7·80년대 민주화운동의 증언』 1, 396쪽)

1975년 4월 남베트남 패망에 이어 1976년 8월 북한의 판문점도끼만행사건 역시 박정희 정권의 안보위기 부각 전술에 호재로 작용하였다. 그 밖에도 1976년 1월 영일만에서 석유가 발견되었다는 발표와 1977년 2월 수도를 이전한다는 발표 등을 통해 유신정권은 국민들의 관심을 다른 곳으로 돌리고자 하였다. 이와 같은 일련의 시도들은 유신정권이 1977년까지 비판과 저항을 억누르며 독주할 수 있는 사회적 분위기를 조성하는 데 적지 않은 기여를 하였다. 1977년까지 유신체제가 무난히 지속된 또 하나의 요인으로는, 1974년부터 석유파동·세계경제공황과 맞물려 크게 위축되었던 경기가 1976년 이후 전반적으로 회복되었던 점을 꼽을 수 있다.(『1970년대 민주화운동』 2, 667쪽) 여기에 1976년에는 쌀농사가 풍작을 거두었고, 1977년에는 해외건설과 관광수입의 증가에 힘입어 하반기에 경상수지 흑자를 달성하기까지 하였다.(『조선일보』 1977년 12월 10일자)

그러나 '선성장·후분배' 경제개발정책은 '분배적 정의'를 후퇴시킴으로써 빈부격차를 가속화하고 사회적 위화감을 조성하면서 저소득층의 불만을 고조시켰다. 1960년대 후반부터 경제규모는 급속히 확대되었으나, 1970년대 들어 소득분배 구조는 더욱 악화일로로 치달았다. 1970년에는 하위 40% 가계가 전체 가구 수입의 19.63%를 차지하던 것과 비교할 때

1976년에는 16.85%로 비율이 더 떨어졌다.(『1970년대 민주화운동』2, 668쪽) 1977년 이후 노동자·농민들은 성장제일주의 정책이 야기하는 문제점을 더 이상 묵과하지 않고 생존권 확보를 위한 행동을 표출하기 시작하였다. 이는 민주화운동 측면에서 보자면 새로운 동력의 등장이었다.(한국기독교사회문제연구원, 1983, 185쪽)

'긴급조치 9호'라는 강력한 탄압 조치도 민주화투쟁을 종식시킬 수 없었다. 1977년 하반기부터 본격적으로 재개된 민주화운동은 점차 각계각층으로 확산되어갔다. 긴급조치 9호는 수많은 제적생, 해직교수, 해직언론인, 해고노동자들을 양산하였고, 그중 다수가 연행·구속·투옥되었다. 하지만 이는 동시에 새로운 민주화운동 세대를 형성하는 과정이었다. 강력한 민중지향성과 과학적 실천성을 띤 '긴조 9호 세대'라는 학생운동 세대가 형성되었다. 재야 민주화운동세력도 긴급조치에 저항하는 모든 사회세력을 포괄하며 외연을 계속 넓혀갔고, 1979년 3월, 그동안 결성된 모든 민주화운동 단체들을 통합한 연대기구를 창설하며 유신정권 철폐에 앞장섰다.

김상진 추도시위 전개와 서울대생 5·22시위　　남베트남 패망을 계기로 박정희 정권이 대대적인 안보 이데올로기 공세를 펼치며 극단적이고 억압적인 통치 권력을 구축한 상황에서 민주화운동세력은 숨소리를 내기조차 쉽지 않았다. 그럼에도 불구하고 서울대생들이 5월 22일 시위를 전개하였고, 이는 긴급조치 9호 시행이라는 극단적인 상황에서도 학생들의 민주화 열기가 사그라지지 않았음을 확인시켜 주는 것이었다.

이른바 '오둘둘(5·22)시위'로 불리는 1975년 5월 22일 서울대 학생들의 시위는 긴급조치 9호 선포 이후 전개된 첫 시위였다. 문리대 4학년생을 이끌었던 민속가면극연구회와 문학회, 사범대 3학년생을 주도한 야학문제연구회, 그리고 1971년 위수령으로 제적되었다가 복학한 학생들이 4월 11일 시국성토대회에서 할복자살한 농대생 김상진을 추모하기 위한 시위를 준비해나갔다.[*] 인문대[**] 학생들은 '진오귀굿'과 조사, 조시 등 추도식에 필요한 내용들을 준비하였고, 사범대 학생들은 시위에 초점을 맞추어 시국선언문을 작성하였다. 시위 주도자들은 1975년 5월 22일에 제각기 김상진 군 장례식 및 추도식을 거행한 후 대규모 시위를 벌일 계획을 세웠다.

5월 22일 정오, 시위 주도 학생들이 누른 화재 비상벨 소리를 듣고 건물 밖으로 나와 웅성거리는 학생들 앞에 나타난 김도연과 박연호가 "의로운 죽음, 암장이 웬 말이냐"고 쓴 플래카드를 펼쳐 들고 도서관 앞 중앙계단으로 뛰쳐나갔다. 학생들은 교직원과 기관원의 저지를 뚫고 준비한 "조시"를 읽고 "반독재선언문"을 낭독하였다. '고 김상진 열사 장례식 추진위원회'의 명의로 발표된 "조시"에서 학생들은 김상진의 죽음 앞에서 더 이상 그대로 주저앉아 있을 수 없다는 결의를 밝혔다. 곧 1,000여 명의 학생이 모였고 경찰은 더 이상 시위를 막을 수 없었다.(긴급조치9호철폐투쟁30주년기념행사추진위원회 편, 2005, 26쪽) 학생들은 〈애국가〉〈정의가〉〈선구자〉 등의 노래를 부르고, 이어 500여 명이 교문 밖으로 스크럼을 짜고 나갔으나 출동한 경찰기동대에 의해 해산당하였다. 경찰은 강의실까지 난입하여 유인물을 가진 학생들을 무조건 구타·연행하였다.

---

[*] 서울대생들은 4월 11일 시위 추진을 결정하는 모임을 가졌다. 이날 모임에 참석한 이들은 이영창(문리대 문학회), 박연호(야학문제연구회) 등 시위를 이끌 '현역' 대학생들과 김근태, 유영표, 이호웅, 유상덕, 채광석, 채만수 등 '68·69학번 그룹' 대표들이 참석하였다. 문리대 문학회, 야학문제연구회, 민속가면극연구회 등은 서울대 내에서 시위 기획 등에 경험이 일천한 '순수' 모임들이었다. 하지만 이들은 김상진의 죽음을 헛되이 해서는 안 된다는 결의로 뭉쳐 있었다.(신동호 2007a, 103~104쪽)

[**] 1975년 관악캠퍼스로 옮긴 서울대 문리대는 인문대, 사회대, 자연대로 분리되었다.

관계 당국은 긴급조치 9호라는 강력한 억압 조치에도 불구하고 시위가 발생하자 과민한 반응을 보였다. 한심석 서울대 총장이 사임하였고, 치안본부장과 서울 남부경찰서장이 경질되었다.(이재오, 1984, 345쪽) 서울대 연극회, 가면극회,* 문학회 등의 주요 멤버 및 서울대생 300여 명이 연행되었으며, 이 중 56명이 구속되고 24명이 재판에 회부되었다.(오유석 외, 2004a, 446쪽) 긴급조치 위반으로 구속된 학생들은 형사소송법 적용도 받지 못한 채 3개월간 외부와의 면회를 금지당하였다.(『1970년대 민주화운동』 2, 660쪽) '5·22시위'는 긴급조치 9호 선포 직후 전개된 학생시위였다는 점에서 주목할 만하지만, 이것만으로 전반적인 침체 분위기를 반전시킬 수는 없었다. 긴급조치 9호 선포 이후 학생운동은 소강상태에 들어갔다.

여기에 '천주교정의구현전국학생총연맹사건'까지 발생하여 많은 학생들이 구속되는 바람에 학생운동은 더욱 침체되었다. 1975년 4월부터 일부 학생들이 전국적인 학생운동 기구를 조직하고자 회합을 거듭하였다. 이른바 '7인위원회'로 불린 이 모임에는 서울대의 심지연·박홍석, 중앙대의 이명준, 고려대의 한경남·조성우, 연세대의 김용석, 한국외대의 선경식이 참여하였다. 이들은 만일의 상황에 대비해 종교계의 보호가 필요하다고 인식하고 천주교계와 관계를 맺었다. 천주교 신자였던 이명준의 소개로 만난 명동성당 신부로부터 도움을 받았다.** 김상진의 할복을 목도한 이들은 4월 18일 명동성당에서 신부들의 도움을 얻어 김상진 추도식을 개최하였다.

---

* 긴급조치 9호 선포 이후 대학생들의 문화운동 서클들은 전투적 문예운동으로 학생운동에 적극 참여하였다. '5·22시위'는 구성원의 연행까지 불사하며 시위에 주도적으로 참여하는 문화패가 본격 등장함을 알리는 것이었다.(주강현, 2005, 650쪽)

** 이 사건 관련자 한경남의 구술에 따르면 종교의 외피를 써야 한다는 것은 학생들만의 생각이 아니었다. 명동성당 이기정 신부가 이들에게 인혁당사건처럼 실제로 사형을 당하는 사태를 막기 위해서는 종교적 보호막을 갖출 필요가 있다고 권유하였다고 한다. 7인위원회 구성원들은 명동성당 지하에서 긴급 영세를 받았고, 이후 세례명을 암호로 사용하였다.(고려대학교민주동우회 편, 2008, 311쪽)

'7인위원회'는 유신헌법 철폐, 긴급조치 9호 철회, 학도호국단 배척 등을 목적으로 하는 대학 간의 조직적인 연대투쟁을 모색하였다. 이들은 전국 18개 대학을 연결할 것을 결정하고, 연맹 결성을 위한 준비 작업에 들어가 "발기문" "제1시국선언문" 등을 제작하였다. 한편 이들은 서울대 학생들의 5·22시위를 주시하고, 5월 27일 "반독재투쟁선언문" "고 김상진 열사를 추모하는 조사 및 조시" 등의 유인물 500부를 제작하였다. 하지만 수사 당국에 활동이 포착되어 6월 3일 대거 검거되었다.(오유석 외, 2004b, 124~125쪽)

'천주교정의구현전국학생총연맹사건'과 관련되어 모두 23명이 구속되었다.● 구속된 학생들은 법정에서도 "유신헌법과 긴급조치를 부정하는" 자신들을 '유신법정'이 재판할 수 없다고 주장하고, "유신정권 물러가라" "유신판사 물러가라"고 외치며 법정투쟁을 벌였다. 유신정권은 괘씸죄로 이들에게 징역 3~15년이라는 중형을 선고하였다.

각 대학의 지하유인물 배포 박정희 정권은 1975년 6월 7일 대통령령 제7645호로 학도호국단 설치를 공포하며 학원에 대한 통제를 더욱 강화해갔다. 각 대학의 총학생회와 단과대 학생회가 자동적으로 해체되었고, 각종 서클도 함께 해체되어 자율적인 학생 활동은 불가능한 상태가 되었다. 11월 서울대 1·2학년생들이 학도호국단 사열식에서 '받들어 총'에 대해 야유를 보내자 청와대가 사열식을 다시 실

● 관련 사건으로 구속된 23명 중 1명은 군 복무 중에 검거되었으므로, 일반재판을 받은 이로 한정하면 22 명이었다. 연세대 출신 김철은 군 복무 중이라 군사재판을 받았다.(신동호, 2007a, 136쪽) 나머지 22명 의 명단은 다음과 같다. 심지연, 박홍석, 서상섭, 송영길, 장성효(이상 서울대), 한경남, 조성우, 박계동, 이정국, 김헌웅(이상 고려대), 김용석, 강기종(이상 연세대), 선경식, 정민수, 민병권, 우영제, 윤서영, 이 명복(이상 한국외대), 이명준(중앙대), 박진선(이화여대), 최열(강원대), 여석동(경북대).

시할 것을 명령하였다. 이 시기 대학이 처한 현실을 그대로 보여주는 웃지 못할 사례라 하겠다. 대학뿐만 아니라 언론도 철저한 통제를 받아 기성언론은 사회비판 역할은커녕 사실보도라는 기본적인 역할도 제대로 수행하지 못하는 상황에 처하였다.

이에 각 대학 학생들은 〈표3〉과 같이 (지하)유인물들을 자체적으로 제작·배포하는 새로운 운동 형태로 유신체제의 폭압성을 알려나갔다. '천주교정의구현전국학생총연맹사건' 이후 학생운동이 침체상태에 빠지면서 학생들은 지하유인물 배포투쟁을 전개하였다. 긴급조치 9호 시기 지하유인물 배포투쟁의 시발점은 1975년 6월 중앙대 학생들의 지하신문 배포였다. 이석표 등 중앙대 학생들은 국내외 현실을 대학생과 고등학생들에게 알리기 위해 당시 『타임』에 실린 한국 관련 기사를 번역하고, 서울대 농대생 김상진의 양심선언문을 수록한 『시론정보』時論正報라는 지하신문 제작을 준비하였다. 신문 제호로 『중앙시론』이 아닌 『시론정보』를 선택한 것은 지하신문을 중앙대 교내만이 아닌 각 대학과 고등학교까지 살포하기 위한 방편이었다.(긴급조치9호철폐투쟁30주년기념행사추진위원회 편, 2005, 124쪽)

이들은 6월 15일 지하신문 제작 현장에서 모두 검거되었다. 중앙대의 지하유인물 사건 이후 각 대학에서 다수의 지하유인물이 제작·배포되기 시작하였다. 학생들은 지하신문에서 주로 1975년 4월 11일 유신정권에 항의하며 할복자살한 김상진의 양심선언문이나 해외 언론의 한국 소식, 그리고 김지하의 양심선언* 등의 내용을 담았다. 긴급조치 9호 이후 대부분의 대학생들은 다른 대학에서 무슨 일이 일어나고 있는지 알 수 없었다. 이

---

* 여기서 말하는 양심선언은 김지하가 1975년 3월 14일 재구속된 후 감옥에서 외부에 있는 조영래와 연락하여 만들어진 선언을 말한다. 1975년 2·15조치로 석방되었던 김지하는 인혁당사건이 조작된 것이라는 내용의 옥중수기를 『동아일보』에 게재한 후 반공법을 어겼다는 이유로 재구속되었다. 김지하의 양심선언은 김지하가 독자적으로 작성한 것이 아니었고, 그를 구명하기 위해 조영래 등 여러 사람의 첨삭을 거쳐 만든 '집체작품'이었다.(신동호, 2007a, 230쪽)

표3 1975~1976년 지하유인물 배포사건

대 학	일 시	유인물명칭	내 용	비 고
중앙대	1975.6.15	시론정보	김상진 양심선언문 수록. 이석표, 백상태, 안정배, 김기선, 경영준 등 2심에서 집행유예로 풀려남.	긴급조치 9호 아래 최초의 지하유인물 사건
고려대	1975.9.17		도서관에서 반체제 유인물 60여 매 살포. 60여 명이 연행되었으나, 배포자는 검거되지 않음.	
수도여사대	1975.9.23	2천 수도인의 함성	과학교육과 배경순이 유인물 제작. 학교 당국의 유인물 수거로 학생들이 읽지는 못함. 배경순은 2심에서 집행유예 2년 받음. 문건을 간접 입수하여 후배에게 전달하였던 이화여대생 고광순도 검거.	긴급조치 9호 아래 최초의 여대생 지하유인물 배포사건
이화여대	1975.10.10	새벽	연세대, 이화여대, 서울대 등에 배포. 이형량, 정경임, 정선자 등 구속. 유신철폐와 박정희 정권 퇴진 요구하는 선언문과 김지하의 양심선언 등 미공개 유인물을 소책자에 수록.	
부산대	1975.10.10		재일교포 학생 김오자가 전단 살포. 노승일 등 검거.	'재일교포간첩단 사건'과 연계됨
서강대	1975.10.23	제3호 자유서강	대명농민학교 영어교사로 재직중이던 김윤이 같은 학교 수학교사 권오성과 함께 "제3호 자유서강"이란 제목의 유인물 200매 제작. 권오성이 유인물을 서강대 교내에 배포. 김윤은 1974년 3월 교내 유신철폐투쟁 주도.	
한신대	1976.3.24	한신 선언문	한신대 4학년 박남수가 학생 우편함과 예배실 의자에 긴급조치 해제를 주장하는 "한신선언문" 200매 배포. 선언문은 전점석, 최갑성 등과 함께 제작.	
서울대	1976.4.9		조성두 등 3명이 김지하를 지원하는 내용의 전단 살포.	
계명대	1976.6.15	4·19 선언문	'홍정회'를 결성하여 운동을 이끌었던 졸업생 백현국(교사)이 회원들과 유신헌법을 반대하는 "4·19선언문"과 김상진 유서를 회람하고 유인물을 복사·살포. 백현국 외 5명이 긴급조치 9호 및 반공법 위반으로 유죄판결 받고, 군복무 중이던 서석국 등 3인도 검거.	

러한 상황을 고려할 때 이들의 시도는 주목할 만한 것이었다.

수도여사대와 이화여대 학생들의 지하유인물 사건에서 알 수 있듯이, 여대생들은 지하유인물 배포를 통해 긴급조치 9호를 비판하고 민주화운동을 전개하는 데 일익을 담당하였다. 학생운동이 일천하였던 수도여사대에서 배경순은 9월 23일 유인물을 통해 양심의 자유마저 통제하는 긴급조치 9호 시대의 암울한 상황을 비판하며 "자유와 민주주의의 전통이 다시 부활하는 때를 위해 과감히 구국투쟁 대열에 참여하자"고 외쳤다.(이재오, 1984, 347쪽)

지하유인물 『새벽』을 제작하여 서울대, 연세대, 이화여대 등에 배포하였던 이화여대 학생들은 김지하의 "양심선언"을 알리고, 그를 구명하는 데 초점을 맞추었다. 서울대, 고려대, 이화여대의 흥사단아카데미 소속 학생들도 같은 목적으로 김지하의 "양심선언"을 인쇄하여 각 대학에 배포하였다. 흥사단아카데미 학생들의 문건 배포는 흥사단을 매개로 하여 캠퍼스 단위를 뛰어넘어 추진되었다는 점이 특징이다. 흥사단아카데미는 학생운동과 무관한 조직이었으나, 긴급조치 9호 이후 학생운동과 밀접한 관련을 맺게 되었고 그 영향력도 크게 확대되었다. 이 사건으로 고려대 아카데미 소속 김태일, 서울대 아카데미 소속 조성두와 송영인, 이화여대 아카데미 소속 이정숙과 김영인 등 5명이 구속되었고, 송영인, 김태일 등은 징역 2년을 선고 받았다.

학생운동의 전반적인 침체기였음은 분명하였지만 학생들이 지하유인물 배포와 같은 소극적인 활동에만 그쳤던 것은 아니다. 1975년 11월 17일 국민대에서는 장영달, 유길상, 권운상 등이 비록 미수에 그쳤지만 반정부시위를 시도하였다. 민청학련사건으로 검거되어 실형을 살다가 2·15조치로 석방되었던 장영달은 이 사건으로 형집행정지가 취소되고, 이후 1979년 10·26정변까지 장기간 복역하였다.

침체된 상황을 돌파하기 위해 대학 간 연합시위가 시도되기도 하였다. 서울대와 경희대 학생들은 자체 역량만으로 시위를 전개하기에 한계가 있다고 판단하고, "민주·민족·통일의 깃발을 높이 들자"라는 제목의 유인물을 시위 당일 각 대학에 일제히 뿌리는 계획을 추진하였다. 그러나 시위는 준비 부족으로 예정일인 11월 17일에 이루어지지 못하였다. 양 대학 학생들은 날짜를 하루 미루어 시위를 감행하려 하였으나, 정보가 사전 누설되는 바람에 연합시위를 전개하지 못하고 체포되었다.

연합시위는 미수에 그쳤지만 시위를 위해 제작한 유인물은 경희대, 외대 등에 살포되었다. 학생들은 유인물에서 "민주주의와 자유의 전면적 회복 없이는 민족을 전쟁과 파멸로부터 구할 수 없다"고 강조하며 반독재투쟁에 함께 할 것을 요청하였다.(『암흑 속의 횃불-7·80년대 민주화운동의 증언』 1, 476쪽)

한편, 유신정권은 학생들의 반독재민주화투쟁에 찬물을 끼얹기 위해 대규모 재일교포학생학원침투간첩단사건을 조작·발표하였다. 부산대, 한신대, 서울대 의과대 등에 재학 중이던 재일교포 학생들이 간첩 혐의로 검거되었고, 해당 대학교의 유신반대투쟁을 이끌던 학생들도 더불어 검거되었다. 1975년 10월 18일 재일교포인 부산대생 백옥광이 간첩 혐의로 구속되었다. 같은 해 11월 5일 한신대생 전병성과 김명수가 재일교포 간첩 김현철과 관련되었다는 사유로 구속되었다. 11월 20일에는 서울대 의과대 본과 2학년인 재일교포 유학생 강종헌이 간첩이라고 발표되었고, 관련자들이 구속되었다. 중앙정보부는 이 사건 발표 후 학원가에서 발생하였던 일련의 시위가 간첩단의 사주에 의한 것이었다고 강조하고, 민주화운동이 마치 "북괴를 이롭게 하는 행위"인 것처럼 주장하였다.* 그러나 변호사들은 간첩죄 혐의는 근거가 없다고 반박하였다. 실제 사건 관계자 14명 중 3

---

* 언론과의 인터뷰에서 중앙정보부 담당자는 다음과 같이 언급하였다. "북괴를 왕래하며 간첩교육을 받고 내려온 공작원이 학원소요를 유발·확산시키기 위해 영향력 있는 학생들을 접촉·포섭해 시위를 조직화·과격화하는 등 일련의 과정이 적나라하게 드러났다. 또 한 가지 뚜렷해진 것은 북괴가 우리 사회 일각에서 일어났던 '자유화' '민주화'를 내건 움직임에 편승, 이를 확산시켜 국가변란의 기폭제로 삼으려 하였다는 것이다."(『조선일보』 1975년 11월 23일자)

명만이 실형을 받았고, 나머지는 모두 석방되었다. 또한 간첩 혐의로 실형을 받은 이도 1979년 10·26정변 이후 복교하여 학교를 다닐 수 있었다.(이재오, 1984, 350쪽)

재야 민주화운동에 대한 탄압과 3·1민주구국선언

긴급조치 9호 선포 직후 민주화운동세력 탄압　박정희 정권은 긴급조치 9호를 선포한 직후 학도호국단 결성, 학생서클 해체, 간첩단사건 조작 등을 통해 학생들의 민주화투쟁을 옥죄는 한편, 재야 민주인사들에 대한 탄압을 강화하였다. 우선 유신체제를 강력히 비판하였던 교수들을 대학에서 축출하였다. 유신정권은 '국가안보를 위한 면학분위기 조성'을 명분으로 이른바 대학 당국이 문제 교수들을 해직하도록 강요하였다. 1975년 5월 20일경부터 6월 초에 걸쳐 한신대의 안병무·문동환, 연세대의 서남동·이계준·양인응·김규삼, 고려대의 이문영·김용준·김윤환·이세기 교수 등이 줄줄이 해직되었다.

그런데 이들 중 다수는 '한국기독자교수협의회'의 회원들이었다. 한국기독자교수협의회는 대학교수들이 "그리스도 신앙의 확신을 깊이하며 복음의 증거를 하는 데" 목적을 두고 1966년에 창립한 단체였다.(『1970년대 민주화운동』 4, 1,670쪽) 한국기독자교수협의회는 민청학련사건 구속자들을 위한 모금운동과 석방기도회, 1975년 동아일보 탄압에 대한 격려광고 등의 활동을 전개하여 이미 정권으로부터 주목을 받고 있었다. 기독자교수협의회에 가입한 교수는 경희대 노명식, 서울대 한완상, 서울여대 이우정, 전북대 남정길, 부산교대 우창웅, 국민대 윤식 등이었다. 해직당한 기독자교수협의회 소속 교수들 중 문동환, 안병무, 이문영 등은 1975년 8월

17일 '갈릴리교회'를 설립해 활동의 중심으로 삼았다.(『1970년대 민주화운동』 2, 681쪽)

한국기독자교수협의회 소속 교수들의 대거 해직에 대해 여러 종교계 기관이 항의를 하였지만 정부는 이를 묵살하였다. 오히려 7월 9일 이른바 '4대 전시입법' 중 하나인 '교육관계법 개정법률안'을 통과시켰다. 개정된 교육관계법은 교수재임용제 신설을 주요 내용으로 하는 것으로, '문제교수'를 대학에서 축출하고 교수들의 어용화를 촉진하고자 마련된 제도적인 장치였다. 이 법에 따라 1976년 2월 28일 교수재임용제를 실시하여 총 416명의 교수를 재임용에서 탈락시켰다. 당국은 재임용 탈락 이유로 표면적으로는 교육자로서의 자질을 문제 삼았다. 하지만 실제로는 민주화를 외쳤던 문제 교수, 처우 개선을 요구한 교수 등이 부당하게 포함되었다.(『1970년대 민주화운동』 5, 1,670쪽) 이때 이화여대 김윤숙, 덕성여대 염무웅, 한양대 리영희, 연세대 성내운·송리성 교수 등이 재임용에 탈락되어 해직교수가 되었다.

한편, 1975년 8월 17일 이승만 정권 시기부터 반독재민주화투쟁에 앞장섰던 장준하가 사망하였는데, 사인은 의문투성이었다. 그는 박정희 정권하에서도 반독재민주화투쟁을 적극적으로 이끌었다. 박정희 정권이 유신쿠데타를 일으키자, 장준하는 통일당 창당을 주도하여 유신반대투쟁을 위한 하나의 구심점을 만들었다.(장준하선생추모문집간행위원회 편, 1995, 331~332쪽) 특히 1973년 12월 24일 유신헌법에 반대하는 '개헌청원100만인서명운동'을 주도하였다. 추진 10일 만에 서명자가 30만 명을 돌파한 이 운동은 박정희 정권이 구축한 유신체제의 허구성을 드러내고 정권에 큰 타격을 가하는 것이었다. 그 결과 긴급조치 1호의 첫 위반자로 구속되어 군법회의에서 15년형을 선고받았다. 지병 악화에 따른 형집행정지로 일시 석방되었으나, 1975년 8월 17일 경기도 포천군 이동면 약사봉 계곡에서 의문사 하였다.*

함석헌과 함께 공판장으로 들어가는 장준하

이어 민주회복국민회의 임원 김윤식과 계훈제가 10월 21일 긴급조치 위반 혐의로 구속되었다. 이들은 1975년 10월 3일 미국 ABC-TV 동경지국장과의 대담에서 유신의 부당성, 인권탄압 등에 대한 발언을 하였다는 이유로 구속되었다.

박정희 정권은 유신체제에 저항하는 언론인들에 대한 탄압도 늦추지 않았다. 자유언론수호투쟁으로 무더기 해고 등의 탄압을 받았음에도 불구하고 해직기자들은 '동아투위' '조선투위' 등을 결성하고 투쟁을 지속해나갔다. 이에 박정희 정권은 반공법을 동원하여 이들을 탄압하였다. 검찰은 『동아일보』 해직기자들이 가입하였던 청우회靑友會를 공산혁명과 정부 전

● 사망하기 전 신변을 정리하고 김대중·홍남순 등 재야지도자들과 은밀한 접촉을 한 것으로 보아, 3·1구국선언과 같은 유신체제를 겨냥하는 모종의 '거사'를 준비하였을 가능성이 조심스럽게 언급되고 있다.(오유석 외, 2004a, 453쪽)

복을 꾀하는 반국가단체로 규정하고, '동아투위' 핵심 인물이었던 이부영, 성유보 등을 1975년 6월 17일 구속하였다.

유신정권은 제도권 정치인사라고 예외를 두지 않았다. 1975년 8월 27일 통일사회당 당수 김철이 기자회견을 통해 긴급조치 9호 해제를 요구하자, 박정희 정권은 그를 즉시 구속하였다. 김철은 징역 3년형을 선고받고, 1977년 3월 형집행 정지로 풀려날 때까지 광주교도소에서 복역하였다.

이 사건과 함께 신민당 김옥선 의원 탄압사건은 일체의 비판을 용납하지 않으며 형식적인 정당정치체제만을 유지하고자 하였던 유신정권의 독재적 성격을 여실히 보여준다. 1975년 10월 8일 국회 본회의 대정부질문에서 김옥선 의원은 유신체제에 대해 강도 높게 비판하였다. 그 내용은 1인 통치의 장식물로 전락한 국회, 우익 독재, 전쟁심리 조성, 사이비 민주주의 조성 등을 지적하는 것이었다. 이 발언을 빌미로 정일권 국회의장은 김옥선 의원 제명 건을 법제사법위원회에 직권으로 회부하였으며, 10월 10일 법제사법위원회는 제명을 의결하였다. 13일 제명 처리를 준비하였던 여당은 김옥선 의원이 자진사퇴하자, 제명 처리 대신 만장일치로 사퇴 수리를 의결하였다.* 유신정권은 1976년 12월 7일 김옥선 의원에게 국회의원 선거법 위반죄를 적용하여 징역 1년 집행유예 2년을 선고하였다.

---

* '김옥선 의원 파동'은 피해 당사자인 야당에도 부정적인 결과를 초래하였다. 1975년 5월 21일 박정희와의 회담이후 '선명성' 후퇴 의혹을 샀던 김영삼은 여당의 김옥선 의원 제명 조치에 대해 강력히 대처하지 않아 다시 한 번 지도력에 대한 불신을 샀다. 이후 신민당은 주류와 비주류 간의 심각한 당내 내분을 표출하였다. (이기택, 1987, 321~325쪽)

1976년 3·1민주구국선언과 정권의 강경대응 1976년 3월 1일 명동성당에 서는 3·1절 기념미사가 열렸다. 2부로 나뉘어 진행된 이날 기념미사는 전국에서 올라온 20여 명의 가톨릭 사제들이 공동집전하고, 신·구교 관계인사가 참석한 가운데 개최되었다. 제1부에서는 강론을 담당한 김승훈 신부가 한국 사회가 당면하고 있는 제반 문제 즉, 유신헌법의 억압성, 사회기강 문란, 심각한 경제 문제 등을 극복할 수 있도록 기도하였다. 제2부에서는 신·구교 합동기도회가 개최되어 문동환 목사가 설교를 하였고, 이어 문정현 신부가 김지하 시인 구명을 호소하는 어머니의 편지를 낭독하였다. 뒤이어 서울여대 이우정 교수가 "민주구국선언서"를 낭독하였다. 함석헌, 윤보선, 정일형, 김대중, 윤반웅, 안병무, 이문영, 서남동, 문동환, 이우정 등은 공동명의로 발표한[*] 선언문에서 취지를 다음과 같이 밝혔다.

> 우리의 비원인 민족통일을 향해서 국내외로 민주세력을 키우고 규합하여 한 걸음 한걸음 착실하게 전진해야 할 이 마당에 이 나라는 1인독재 아래 인권은 유린되고 자유는 박탈당하고 있다. 이리하여 이 민족은 목적의식과 방향감각, 민주주의에 대한 신념을 잃고 총파국을 향해 한걸음씩 다가서고 있다. 우리는 이를 보고만 있을 수 없어 여야의 정치적 전략이나 이해를 넘어 이 나라의 먼 앞날을 내다보면서 "민주구국선언"을 선포하는 바이다.

재야인사들은 긴급조치 철폐, 의회정치 회복, 사법부 독립 등을 촉구하고, 성장위주의 경제발전정책을 근본적으로 재고할 것을 요구하였다.

---

[*] 문익환은 성명서 작성을 주도하였음에도 불구하고 곧 있을 4·19를 준비하기 위해 성명서에 이름을 넣지 않았다고 한다. (공덕귀, 1994, 210쪽)

또한 민족통일이 시대적 당면과제임을 제기하였다. 이들은 민족통일이 "오늘 이 겨레가 짊어진 최대의 과업"임을 분명히 하였다. 끝으로 박정희 정권은 교체되어야 한다고 주장하였다. 즉, 박정희 정권은 대외적으로 민주국가들로부터 신임을 잃고, 대내적으로 민주주의 파국과 경제 파탄을 야기하였기 때문에 마땅히 교체되어야 한다는 것이었다.

1976년 3·1절에 재야인사들이 "민주구국선언"을 발표하게 된 과정은 다음과 같다. 긴급조치 9호 선포와 유신정권의 공세 앞에서 별다른 대응을 하지 못하고 1975년을 보낸 뒤 새해를 맞이하게 되자 민주인사들은 상황을 타개할 방안을 모색하기 시작하였다. 이러한 분위기 속에서 문익환 목사를 중심으로 한 재야인사들이 3·1절을 계기 삼아 새로운 전환점을 마련하고자 시도하였다.

문익환 목사는 2월 12일 3·1절을 기해 선언문을 발표할 것을 제안하였고, 함석헌, 문동환, 이문영, 윤보선, 서남동 등으로부터 동의를 받았다. 이문영은 초안 수정을 도왔고, 윤보선은 유신헌법 철폐, 긴급조치 해제, 현 정권 퇴진과 관련된 내용을 보다 선명하게 강조할 것을 요구하였다.(『1970년대 민주화운동』2, 689쪽) 문익환은 독자적으로 선언문 발표를 준비하던 김대중으로부터도 동의를 받고 선언문에 이름을 올렸다. 문익환 목사는 2월 27일 신현봉 신부를 만나 선언문을 전달하고, 3·1절 기념미사에서 발표할 수 있는지를 타진하였다. 2월 28일 함세웅 신부를 만나 기도회 순서를 통해 발표하기로 최종 합의하였다. 감시, 미행, 연금 등이 비일비재하게 행해지던 억압적인 상황하에서 모든 것을 사전에 논의하여 준비할 여유는 없었다. 선언문 낭독자인 이정우도 미사 직전에야 낭독을 부탁받았을 정도였다.

당시 사회 문제에 관심을 갖는 기도회 모임에서 인권 문제와 관련한 보고나 성명서 등이 낭독되는 것은 자주 있는 일이었다. 어찌 보면 명동성당의 3·1절 기념 기도회도 1974년 이래로 종교계에서 흔히 하던 기도회들 중 하나에 불과하였다.(오유석 외, 2004a, 490쪽) 그런데도 박정희 정권은 이 기도회에 대해 '정부전복'이란 용어까지 사용하며 엄청난 사건으로 만들어버렸다.

3월 1일 자정 이우정 교수가 자택에서 연행되었고, 다음날 문동환·윤반웅 목사가 연행되었다. 이어 3월 3일 이문영·안병무 박사, 서남동·은명기·문익환·이해동 목사, 이종옥(이해동 목사 부인), 문호근(문익환 목사 장남), 김석중(이문영 박사 부인) 등이 잇달아 연행되었다. 3월 5일에는 이태영 박사가, 3월 6일에는 함세웅·김승훈 신부가, 3월 8일에는 김대중과 이희호, 그리고 정일형 의원이 연행되었고, 3월 9일에는 윤보선 전 대통령이 면담조사를 받았다.

1976년 3월 10일 검찰은 "일부 재야인사들의 정부 전복 선동사건"으로 규정하여 관련자 20여 명을 긴급조치 9호 위반 혐의로 입건한 사실을 공표하였다. 같은 날 문화공보부도 이번 사건을 '일부 반정부 정치세력'들이 종교의식에 편승하여 "마치 정부가 종교의식에 간섭하거나 탄압하고 있는 것처럼 잘못 인식시켜 국민을 현혹·선동하려는 저의에서 기도하였던 사건"이라고 하였다. 언론도 박정희 정권의 안보논리에 입각하여 종교가 정치에 개입하면 베트남과 같은 패망을 초래하며, 민주주의를 주장하는 것은 비현실적인 행위라 지적하였다.(『조선일보』 3월 14일자; 『1970년대 민주화운동』 2, 692쪽)

검찰은 민주구국선언의 내용 중 특히 "이 민족은 또다시 독재정치의 사슬에 매이게 되었다. 3권분립은 허울만 남고 말았다. 국가안보라는 구실 아래 신앙과 양심의 자유는 날로 위축되어가고 언론의 자유와 학원의 자주성은 압살당하고 말았다" "눈을 국외로 돌려보면 대한민국은 이제 국제사회에서 보기도 초라한 고아가 되고 말았다" "유신헌법으로 허울만 남은 의회정치가 회복되어야 한다고 주장한다" "사법부를 시녀로 거느리는 정권은 처음부터 국민을 위하려는 뜻이 없다고 보아야 한다" "농촌 경제의 잿더미 위에 거대한 현대산업을 세우려고 한 것이 망상이었다" "박정희 정권은 책임을 지고 물러날밖에 다른 길이 없다" 등등의 언급들이 긴급조치 9호를 위반한 내용들이라고 주장하였다.(『1970년대 민주화운동』2, 695쪽)

검찰은 선언문 작성에 직접 관련한 이들보다 훨씬 많은 18명을 기소하였다. 검찰은 이 사건을 종교계 내 민주화운동세력과 기존 재야 민주화세력을 대대적으로 탄압하는 기회로 삼고자 하였던 것이다. 이 같은 의도는 검찰이 3·1절 기념미사에 앞서 개최되었던 1월 23일 원주 원동성당의 신·구교 연합기도회와 원주선언사건을 연루시킨 것에서 잘 드러난다. 이외에도 검찰은 신·구교에서 민주화와 관련된 발언을 하거나 기도회를 개최하였던 신부와 목사들을 함께 기소하였다.(김정남, 2005, 152~153쪽)

재판은 12월까지 이어졌다.* 구속 인사들은 법정에서, 유신헌법과 긴급조치를 단호히 반대하기에 재판도 거부하는 것이 마땅하지만 "정당성과 양심을 밝히기 위해 재판에 임한다"는 입장을 밝혔다. 또한 이들은 최후진술에서, 무죄가 아니면 학생들보다 중형을 선고하라고 요구하는 결연한 자세를 보였다.(김정남, 2005, 156쪽) 12월 29일 2심 재판부는 관련자들에게 징역 1~5년의 중형을 선고하였다.** 집행유예를 선고받은 이해동, 안

---

* 3·1구속자의 가족들은 지속적인 모임을 갖고 다양한 방식을 통하여 사건을 국내외에 널리 알리려 많은 노력을 기울였다.(공덕귀, 1994, 215~217쪽) 이 모임은 이후 '양심범가족협의회'의 주축이 되었다.
** 관련자들에게 선고된 형량은 다음과 같다.
 문익환, 김대중, 윤보선, 함석헌: 징역 5년 자격정지 5년
 정일형, 이태영, 이우정, 이문영, 문동환, 함세웅, 신현봉, 문정현, 윤반웅: 징역 3년 자격정지 3년
 서남동: 징역 2년 6월 자격정지 2년 6월
 이해동, 안병무, 김승훈: 징역 2년 자격정지 2년 집행유예 3년
 장덕필: 징역 1년 자격정지 1년 집행유예 2년

병무, 김승훈, 장덕필 등 4인은 12월 29일 풀려나왔다. 그리고 재판은 상고심으로 이어졌다. 1977년 3월 22일 대법원은 모든 피고인들의 유죄를 인정하고 항소심의 판결을 확정지었다. 고령인 윤보선, 함석헌, 정일형과 여성인 이태영, 이우정에 대하여는 형 집행을 정지하였다. 문익환, 김대중, 문동환, 이문영, 윤반웅, 함세웅, 신현봉, 문정현, 서남동 등 9명은 계속 옥고를 치러야만 하였다.[*]

3·1민주구국사건은 전직 대통령, 야당 대통령 후보, 재야 원로 등 명망가들이 주도하였기 때문에 다른 사건들보다 많은 주목을 받았다.[**] 박정희 정권은 이 사건을 계기로 재야 민주화운동세력을 대대적으로 탄압하고자 하였지만, 결과적으로는 이후 재야 민주세력이 새로운 연합을 형성하는 계기를 제공해 주었다.

재야인사들의 "3·1민주구국선언" 선포는 커다란 사회적 파장을 불러왔다. 서울대, 한양대, 중앙대, 이화여대 등의 각 대학에는 선언문이 배포되었다. 그리고 기독교, 천주교 등 종교계를 중심으로 "민주구국선언" 발표자들의 행위가 정당하며, 처벌 조치가 가혹함을 지적하는 성명이 이어졌다. 1976년 4월 12일에는 NCC 인권위원회가 '3·1민주구국선언사건'과 관련하여 고난 받는 인권을 위한 기도회를 개최하였다. 이 기도회로 조남기 목사 등 5명이 연행되기도 하였다.

4월 22일 한국기독교장로회 전남노회는 당국의 발표가 사실이 아니라

---

[*] 관련자들의 석방일은 다음과 같다.(『1970년대 민주화운동』 2, 697쪽)
윤반웅 목사, 신현봉 신부: 12월 25일 성탄절
함세웅 신부: 1977년 7월 17일 제헌절
문익환, 문동환, 서남동 목사, 이문영 교수, 문정현 신부: 12월 31일
김대중: 1978년 12월 27일 9대 대통령 취임을 기해 형집행정지로 석방
[**] 김정남은 명망가가 중심이 된 이 운동 때문에 인권 및 노동 탄압과 관련된 민주화운동이 소외된 측면이 있다고 지적하였다.(김정남, 2005, 160쪽)

는 내용의 성명서를 발표하였다. 이들은 결의문에서 "3·1절 기도회는 그들의 민족적 애국심과 신앙·양심에 입각한 순수한 종교행위로서의 신앙고백임을 믿는 바이며, 결코 정부 전복의 음모가 아님을 확신한다"고 밝혔다. 더불어 전남노회는 유신헌법을 철폐하고 민주헌정을 회복하자고 주창하였다.

2
민주화운동의 침체 극복과 연대기구 결성 모색

학생운동의 침체 극복과 대규모 시위 전개

1977년 상반기 학생들의
시위와 유인물 배포

학생운동의 침체는 1976년 상반기까지 이어졌다. 학생들은 '3·1민주구국선언사건' 으로 재야 민주인사 수십 명이 구속되는 상황을 목도하고서도 이에 호응하는 시위를 조직하지 못하였다. 학생운동 내에서는 재야 민주화운동세력들의 움직임에 호응해야 한다는 요구가 있었지만 이를 시도할 역량이 축적되지 못한 상황이었다.(긴급조치9호철폐투쟁30주년기념행사추진위원회 편, 2005, 115쪽)

하지만 1976년 하반기부터 재개된 대학생시위는 학생운동이 침체기에서 점차 벗어나고 있음을 보여주었다. 1976년 하반기에 이르러 학생들은 유신반대투쟁 시위를 전개할 역량을 어느 정도 회복하였고 시위의 필요성도 인식하였다.[*] 이러한 상황에서 우발적으로 전개된 것이 1976년 10

[*] 1976년 서울대는 74학번의 주도로 이른바 운동권서클 중심의 언더그룹이 조직되어 있었다. 운동권서

월 15일 서울대 학생들의 시위였다. 이날은 서울대 축제 기간으로, 오후 3시경 서울대 본부 앞 속칭 '감나무골' 마당에서 농대 농악팀의 농무가 시작되었다. 추수감사제와 탈춤이 끝난 9시 30분경 모여든 학생들은 자연스럽게 스크럼을 짜면서 시위를 전개하였다. 학생들은 〈선구자〉를 합창하고, "독재 타도" "유신철폐" 등의 구호를 외치면서 교문 앞까지 진출하였으나 출동한 경찰에 의해 해산되었다. 이 사건으로 40명이 연행되어 조사받았고, 양관수, 전재주 등 2명이 제적되었다.(오유석 외, 2004a, 522쪽; 이재오, 1984, 352쪽) 1976년 하반기의 학내 분위기가, 학생들이 모이기만 하면 언제든지 시위로 전화될 수 있는 쪽으로 바뀌고 있었음을 알 수 있다.

서울대 축제시위가 그동안 쌓였던 유신반대투쟁의 분위기가 우발적으로 폭발된 것이었다면, 12월 8일 졸업을 앞둔 서울대 법대 4학년생들(박석운, 이범영, 백계문)의 시위는 치밀한 준비를 거쳐 일어난 것이었다. 이들은 8일 선언문 600부를 준비해 학생들에게 400여 부를 배포하였다. 이어 〈애국가〉를 선창하고 선언문 낭독을 한 뒤 〈정의가〉 등을 부르면서 시위에 들어갔지만, 학내에 주둔하고 있던 형사대에 의해 곧바로 진압되었다.

서울대 법대생들은 뇌물사건 공개, 1인독재와 장기집권을 보장하는 유신헌법 철폐, 긴급조치 해제, 학도호국단 해체 등을 포함한 8개 항을 결의사항으로 포함시켰다. 이와 함께 학생들은 "헌정질서의 파괴에 불과한 유신헌법"을 전면 부정한다고 선언문에서 밝혔다. 특히 학생들은 '박동선 뇌물사건'을 구체적으로 언급하고, 그 내용을 공개할 것을 강력하게 요구하였다. '박동선뇌물사건'은 이미 미국에서 1976년 10월 24일 『워싱턴포

클로 한국사회연구회, 농촌법학회, 농경회, 국제경제학회, 이론경제학회, 역사철학회, 흥사단아카데미 등 10여 개가 있었고, 서클 대표들이 모여 활동을 조율해나갔다.(신동호, 2007a, 285쪽) 서울대 내 학생운동 지도부에서는 전체적으로 '장기전론'이 우세하였지만, 학생운동 본연의 당면 투쟁도 병행해야 한다는 공감대가 형성되어 있었다.(신동호, 2007a, 261쪽)

스트』에 폭로되었으나 한국에는 제대로 알려지지 않았다. 박동선사건은 그동안 박정희 정권이 로비스트 박동선을 통하여 미국 국회의원들에게 뇌물을 주며 매수공작을 해왔음을 적나라하게 드러냈다. 이로 인해 박정희 정권의 도덕성은 대외적으로 크게 실추되었고, 미국과도 외교적 마찰을 겪었다.*

서울대 법대생들의 시위는 단발에 그치긴 하였지만 새로운 시위 양식의 전범을 제시하는 것이었다. 법대생들은 모든 역량을 동원해 시위를 전개함으로써 조직 전체가 와해되는 기존 방식을 지양하고, 시위 주동자가 모든 책임을 지고 나머지 활동가는 연루시키지 않는 새로운 방식을 택하였다.(신동호, 2007a, 269쪽) 또 주로 4학년생이 시위를 주동하도록 하였는데, 이는 졸업이 다가오면서 운동 일선에서 이탈하는 기존 관행을 극복하기 위한 것이었다. 졸업을 앞둔 법대 4학년생들이 시위를 주동한 이후 학생운동권 내에서는 4학년생의 시위 주동이 관례가 되었다.(『대학신문』 1980년 1월 7일자)

1976년 말부터 회복의 기미를 보이기 시작한 학생운동의 분위기는 1977년으로 이어졌다. 1977년 3월 28일 서울대생 3명(양춘승, 박찬우, 김천우)이 주도한 시위가 있었다. 이들은 유신정권 타도를 내용으로 하는 "민주구국선언문"을 학생 300여 명 앞에서 낭독하였다. 선언문에서 이들은 학원 자유를 말살하는 학도호국단제도와 학원사찰, 국민의 기본권과 생존권을 위협하는 경제개발정책, 굴욕적 외교자세 등을 강도 높게 비판하였다. 시위는 경찰 진압으로 인하여 선언문 낭독 도중 중단되었다. 시위 주도

---

* 1976년 12월 28일 정부는 지루하게 공방을 이어온 한미 현안을 매듭지었다는 내용의 성명을 발표하였다. 그동안 한미 양국 정부는 ① 박동선에 의한 미의회 공작사건 ② 주미대사관의 김상근 참사관 망명사건 ③ 미정보기관에 의한 청와대 도청사건 등을 놓고 공방을 벌였다.(『암흑 속의 횃불―7·80년대 민주화운동의 증언』 2, 35쪽)

표4 1977년 각 대학의 시위 미수와 유인물 배포사건

대 학	일 시	내 용	비 고
한신대	1977.4.7	반정부시위와 농성	한신대생 고난주간에 대정부비판
서울대	1977.4.11	서울대 2차 시위 반정부유인물 배포	서울대 공대생, 서울공대 비상구국학생총회 명의로 '구국을 위한 비상결의'라는 문건을 배포
감신대	1977.4.14	반정부시위 미수	사전 누설로 시위는 실패, '민주구국헌장'만 배포
이화여대	1977.4.16	반정부시위 미수	4·19반정부시위 계획하였으나 성공하지 못하고 유인물만 배포
성균관대	1977.4.19	반정부유인물 배포	경제학과 2학년 성종대가 단독시위, 유인물 배포
고려대	1977.4.19	반정부유인물 배포	
연세대	1977.4.19	반정부유인물 배포	'백지선언문' 배포*
전북대	1977.4.20	반정부유인물 배포	'유신헌법철폐' 등 13개 조항 결의문 채택·배포하고 시위 시도하였으나 미수에 그침
고려대	1977.4.21	반정부유인물 배포	황인국, 설훈, 이민구 등이 '구국선언문'을 제작·배포
한신대	1977.5.11	한신대 2차 시위, 반정부유인물 배포	'신앙고백선언서'를 채택하고 시위 전개. 유신철폐, 긴급조치해제, 박정희 정권 하야 등 주장해 4명 구속
서울대	1977.5.13	반정부유인물 배포사건	김창우, 서익진 등이 박정희 정권은 외세에 의한 독재체제라고 비판하는 문건을 작성 배포
국민대	1977.9	반정부유인물 배포	관련자 배기선
연세대	1977.10.12	반정부유인물 배포	노영민, 김거성이 채플에 참가한 학생들에게 '구국선언서' 배포
고려대	1977.11.4	반정부유인물 배포	고광진, 김성만 구속
서울대	1977.11.18	반정부유인물 배포 미수	김영현, 이을호, 반병율 등 6명 구속

학생들은 재판 과정에서 민주주의 실현을 요구하며 "국가안보의 참된 실현은 바로 유신체제의 철폐와 국민의사의 자유로운 표현과 그 종합에 의해서만 가능하다"고 지적하였다.(이재오, 1984, 355쪽)

1977년 4월 각 대학에서 민주화 요구와 시위가 잇달아 터져 나왔다.

* '백지선언문사건'은 연세대생 4명이 4.19를 맞이하여 백지선언문을 돌린 사건이다. 학생들을 체포한 담당형사는 백지를 돌린 학생들에게 긴급조치 9호를 적용할 수 없었다. '윤동주시비묵념사건'은 백지선언문사건으로 체포되었다가 훈방된 학생 1명과 다른 학생 1명이 윤동주 시비 앞에서 묵념을 한 사건이다. 학내에 상주한 형사들은 이들을 구금하였다가 처벌 명목이 없어 훈방할 수밖에 없었다.(신동호, 2007b, 61~62쪽)

〈표4〉에서 보는 것처럼 한신대, 감리교신학대, 이화여대, 연세대, 성균관대, 전북대 등에서 시위와 유인물 배포 시도가 연이어 발생하였다. 한신대 학생들은 4월 7일 고난주간 예배에서 현 정권의 퇴진을 요구하는 "고난선언"을 발표하고 시위와 농성을 벌였다. 이들은 선언에서 "정권 퇴진, 민주헌정의 확립, 민주교육 수립을 위한 제도개혁, 매판세력 제거와 소득의 정당한 재분배, 기독교인의 현실 개혁 참여" 등을 요구하였다.(『암흑 속의 횃불-7·80년대 민주화운동의 증언』 2, 425쪽) 더불어 "현 정부가 내세우는 평화통일정책은 민족적 여망인 조국통일을 이루기는커녕 오히려 국토분단을 영구화하려는 정책이 분명하다. 이에 대해 우리는 민주적인 평화통일이 우리의 당면 목표임을 재확인한다"고 천명하였다. 당국은 이 내용을 문제 삼아 주동 학생들에게 반공법 위반을 적용하였다.(한국기독교사회문제연구원, 1983, 192쪽) 또한 문교부장관 황산덕은 학교 측에 관련 학생 등을 제적할 것을 요구하였다.(오유석 외, 2004a, 536쪽) 한신대 학생들은 유신정권의 강경 조치에 구애받지 않고 5월 11일 다시 '신앙고백서'를 배포하며 시위를 시도하였다. 이 시위로 4명이 구속되었다.

4월 11일 서울대에서도 유인물 배포사건이 발생하였다. 이날 서울대 학생들은 재야인사들이 작성한 "민주구국헌장"을 배포하였다. "민주구국헌장"은 1976년 3·1민주구국선언사건에 대한 대법원 판결에 맞추어 윤보선 등 재야인사 10여 명이 작성한 것이다. 학생들이 재야 민주인사들의 운동에 호응하며 시위를 전개하였음을 알 수 있다.

이처럼 1977년 상반기로 접어들면서 각 대학에서는 유신반대시위가 본격화되었다. 비록 대부분의 시위가 사전에 계획이 누설되거나 대학에 상주하는 경찰들의 재빠른 제지로 단발성에 그치긴 하였지만, 1977년 상반기의 분위기는 학생운동이 침체기를 벗어났음을 보여주기에 충분하였다.

1977년 들어 본격적으로 활기를 띠기 시작한 반정부시위와 유인물 배포 시도는 하반기까지 꾸준하게 이어졌다. 유인물 배포는 대학생들에 의해서만, 그리고 대학 내 학생들을 대상으로만 이루어진 것은 아니었다. 전북 노회청년연합회 유인물 배포사건(1977년 4월 20일)에서 알 수 있듯이 종교기구의 연합청년단체가 매개가 되기도 하였다. 전북노회청년연합회 회원들은 한신대에서 발표된 "고난선언문"을 20일과 21일 양일간 전북대 캠퍼스, 이리, 전주 등에 배포하였다. 이와 관련하여 3명(최인규, 손인범, 최갑선)이 구속되었다. 전북 긴급임시노회는 5월 13일 청년들의 행동이 애국적·신앙적 행위임을 주장하고 석방을 요구하였다. 4월 24일에는 기독교장로회청년회 서울연합회 회원들이 예배 후 명동까지 가두시위를 전개하고, "기장청년 1977신앙고백선언"을 발표하였다. 이들은 선언을 통해 종교·언론·집회·결사의 자유 보장, 긴급조치 및 유신철폐, 현 정권 퇴진 등을 주장하였다.

1977년 하반기 대규모 시위의 전개　　1977년 하반기에 접어들자 각 대학에서 유신반대투쟁이 고조되고, 나아가 대규모 인원이 참여한 시위가 전개되기 시작하였다. 1977년 10월 7일 서울대생 시위는 이러한 하반기 학생운동의 전환을 알리는 것이었다. 서울대 사회학과는 학과창설 30주년을 기념해 "1920년대를 중심으로 한 민족운동의 사회학" 심포지엄을 준비하였다. 그런데 행사가 학교 당국에 의해 갑작스레 취소되고, 발표자들이 학과사무실에 구금되는 상황이 발생하였다.[*] 학술대회 발표를 듣기 위해 26동 강당에 모인 학생 400여 명은

---

[*] 주제발표자는 김석준, 조희연, 심완상 등이었고, 이들은 학생운동서클에 참여하고 있었다. 하지만 학술대회 주최측은 시위를 염두에 두고 학술대회를 준비하지는 않았다.(신동호, 2007b, 14~15쪽)

이 소식을 듣자 곧 발표자 구금 해제와 심포지엄 속행 등을 외쳤다. 더불어 학생들은 "학도호국단 자율화" "학보 및 신문 검열 폐지" "징계 대상 학생 면책" "총장은 사태의 책임을 지고 물러가라" 등을 복창하고, 〈선구자〉〈정의가〉 등의 노래를 부르며 시위를 전개하였다. 농성이 진행된다는 소식을 들은 학생들은 밖에서도 시위를 전개하였다.(이재오, 1984, 358쪽)

학술대회장에서 농성 중이던 학생들이 학원민주화 외에 학도호국단 문제를 이슈로 제기한 데에는 나름의 이유가 있었다. 학생들이 학도호국단의 '해체'가 아닌 '자율화'를 외친 것은 학생회 부활을 추구하였던 학생들과 학도호국단 내부 구성원들의 자성이 맞물려 도출된 결과였다. 학도호국단은 명목상 학생회의 후신이었지만 학생들의 지지를 전혀 받지 못하고 있었고, 학생들의 의사 결집은 비공식기구인 '과회장회의'를 통해 이루어지고 있었다. 이에 학도호국단 간부진 내에서는 학생들과 연대를 강화하기 위한 방안으로 '호국단 간부 피선제'를 강구하였다. 운동권 학생들 사이에서도 억압적인 상황 속에서 '피선제' 안을 수용하여 최소한의 진전이라도 이루는 것이 좋겠다는 의견이 대두되었다.* 하지만 '피선제'에 대한 논의가 서명운동으로까지 확산되자 학교 당국은 모든 것을 백지화하고 (『대학신문』 1980년 1월 7일자), 서명을 주도한 학생들을 징계하였다.(신동호, 2007b, 17쪽) 대학 당국의 터무니없는 조치는 대부분의 학생들로부터 강한 반발을 샀다. 이런 배경에서 10월 7일 심포지엄 개최마저 대학 당국이 일방적으로 취소하자, 학도호국단 자율화 요구와 총장 비판 구호가 동시에 외쳐졌던 것이다.

---

* 10월 5일 대의원을 맡은 서울대 학생들은 총장과 학교 당국에게 "① 과회장을 상설기구로 인정할 것 ② 과회장이 학도호국단의 예산과 결산 심의에 참여하도록 할 것 ③ 학도호국단 간부를 간선제로 선출하고, 이미 선출된 내년도 간부를 대학 당국에서 인정할 것 ④ 학도호국단 간부가 임의로 사퇴할 경우 즉시 수락할 것" 등의 요구사항에 대해 10월 7일까지 답변해줄 것을 요구하였다.(서울대학교 교수민주운동 50년사 자료집 편찬위원회, 2001, 283쪽)

경찰은 강의실 밖 시위를 진압한 후 농성 중인 학생 400여 명 전부를 저녁 7시 30분 연행하였다. 그중 8명이 구속되었다. 긴급조치 이후 최초의 대규모 시위라 할 수 있는 이날 시위로 서울대에서는 23명이 제적당하고 38명이 학사징계를 받았으며, 10개 단과대학이 10월 8일부터 20일간이나 휴업에 들어갔다.

연세대에서도 10월 25일 긴급조치 9호 선포 이래 최대 규모의 시위가 전개되었다. 1975년 4월 3일 대규모 시위를 벌였던 연세대에서는 긴급조치 9호 선포와 함께 거의 모든 학생조직들이 해체되었다. 기독학생회SCA만이 종교서클이라는 점 때문에 거의 유일하다시피 존속할 수 있었다. 이후 기독학생회는 도시·농촌봉사활동을 벌이며 연세대 학생운동의 구심점이 되었고, 이를 토대로 새로운 운동 세대가 배태되었다.(신동호, 2007b, 66~67쪽)

연세대 학생들은 1977년 초부터 '백지선언문사건' '윤동주시비묵념사건' 등을 일으키며 유신반대투쟁을 모색하였다. 10월 13일 노영민, 김거성 등 2명이 "학원과 언론 자유 쟁취" "박동선사건 철저 해명" "중앙정보부 해체" "노동자 권익투쟁 지지" 등의 결의를 담은 구국선언서를 배포하고 낭독하였다.(이재오, 1984, 360쪽) 긴급조치 9호 선포 이후 연세대에서 발생한 최초의 유신반대투쟁이었던 이 시위는 연세대 학생들의 유신반대 정서를 환기시키는 역할을 하였다. 대강당에서 김거성이 결의안을 낭독할 때 학생들이 자연스럽게 결의안을 복창함으로써, 모든 학생들이 민주화를 위한 열망을 서로 확인하였다.(신동호, 2007b, 76~77쪽)

고조된 분위기를 지속시키기 위해 연세대 학생들은 10월 13일의 구국선언서 낭독에 이은 2차 시위를 준비하였다. 10월 25일 연세대 학생 강성구가 대강당 4층의 폐쇄된 박물관 유리창을 깨며 플래카드를 늘어뜨리고, 밑에서 대기하고 있던 이상훈이 구호를 외치면서 시위가 시작되었다.(신동호, 2007b, 99쪽) 시위를 준비한 학생들은 연세대 총학생회 명의로 "1977 연세민주수호결사투쟁선언"을 배포하였다.

이날의 시위는 학생 2,000여 명이 동참하는 대규모 시위로 확대되었다. 시위 주동자의 연행을 보고 격분한 학생들이 시위에 적극 동참하였던 것이다. 4시간 동안 지속된 시위에서 연세대 학생들은 투석전을 벌이며 격렬히 저항하였다. 시위 학생 중 300여 명은 이화여대, 신촌로터리를 거쳐 서강대까지 진출하였다. 서강대에 진입한 학생들은 구호를 외치고 자진해산하였다. 이날 시위는 일본 『아사히신문』 1면에 보도될 정도로 파장이 컸다.(신동호, 2007b, 99쪽) 이 시위로 400여 명의 연세대생이 연행되었고, 그중 7명이 구속되었다.

연세대 학생들 역시 당시 대부분 대학의 시위에서 제기되었던 이슈들(유신헌법철폐, 박동선사건 해명, 학원자율침해 반대)을 반복해서 제시하였다. 이와 함께 부의 편중에 따라 생존권조차 위협받고 있는 노동자의 열악한 현실 개선도 함께 요구하였다.(『1970년대 민주화운동』 5, 1,879쪽) 이처럼 이 시기 대학생들은 선언문을 통해 노동자·농민 문제를 짚기 시작하였다. 이는 1976년 12월 8일 서울대 법대생들이 생존권을 위협하는 물가고와 기아임금을 지적한 것을 봐도 잘 알 수 있다. 이런 과정을 통해 1977년부터 노동자·농민들이 생존권투쟁을 전개하자 학생들도 이들의 현실에 더 많은 관심을 기울이며 사회민주화에 대한 의견을 적극적으로 개진해나갔다.

한편, 10월 31일에는 이화여대 학생 2,500여 명이 유신반대를 외치며 농성을 벌였고, 11월 11일에는 서울대에서도 대규모 시위가 전개되었다. 이날 서울대생 시위는 학생식당에서 10명의 학생들이 "민주구국투쟁선언문"을 낭독하면서 시작되었지만, 이후 2,500여 명의 학생이 동참하는 대규모 시위로 확대되었다. 경찰과 투석전을 벌이는 격렬한 시위였다. 시위는 경찰이 도서관에서 철문을 닫고 농성 학생들을 진압한 7시 40분경까지 이어졌다.(신동호, 2007b, 41쪽) 이날 저녁 약 500여 명은 다시 학교 정문 앞 버스정류소에 모여 경찰과 투석전을 벌였다.

11월 12일부터 18일까지 3차에 걸쳐 진행된 서강대 학생들의 시위는, 단발성으로 그치지 않고 연달아 벌어지며 시위 규모도 확대되어갔다는 점에서 주목된다. 11월 12일 첫번째 시위는 우발적으로 시작되었다. 같은 날 시위를 벌이다 서강대로 쫓겨 온 연세대 학생들이 교련수업을 받던 학생들 사이로 숨어들었고, 이들을 잡으려는 경찰의 거친 행동이 서강대생들을 격분하게 만들었다. 곧 수백 명의 학생들이 모여들어 유신철폐 구호를 외치며 운동장을 돌았다. 이 시위로 3명이 구속되었다. 이틀 뒤인 14일에는 긴급조치 해제와 구속자 석방을 요구하는 2차 반정부시위가 개최되었다. 이어 18일에는 '황토'라는 지하서클 멤버들인 정정수, 한승동, 김용진, 임영진 등의 주도하에 유신철폐를 주창하는 시위가 전개되었다. 11일 시위에 자극받은 이들이 다시 시위를 단행한 것이었다. 이들은 2,000여 장의 "서강선언문"을 강의실에 배포하고 시위를 전개하였다.(긴급조치9호철폐투쟁30주년기념행사추진위원회 편, 2005, 392~394쪽)

재야 연대조직 결성 제안과 지식인들의 저항

1977년 3월 민주구국헌장 발표　　　3·1민주구국선언사건으로 재야 민주화운동 관련 인사들은 강력한 탄압을 받았으나 대부분의 인사들은 민주화 달성에 대한 소신을 굽히지 않았다. 이에 유신정권은 민주인사들에 대한 불법적인 인신구속 등을 자행하며, 이들의 활동을 단순 감시하는 차원을 넘어서 아예 원천봉쇄하고자 하였다. 1977년 2월 21일 경찰은 구속자를 위한 특별미사에 참석하기 위해 명동성당으로 들어서는 구속자 가족들을 강제로 버스에 태워 시내를 돌아다니다 미사가 끝난 뒤에야 풀어주었다.

3·1절이 다가오자 제2의 민주구국선언사건이 발생할 것을 우려한 경찰은 3월 1일을 전후하여 불법적인 연행·연금을 대대적으로 벌였다. 기장 전남노회의 공식 요청으로 광주에 내려갔던 안병무 박사가 강압적으로 서울로 압송된 사건은 단적인 사례다. 안병무는 광주에서 세미나 강연을 마친 후 호텔에 투숙하던 중 3월 1일 경찰에 의해 내복 차림으로 서울로 압송되었다. 자택에 도착한 후에도 경찰들은 제2민주구국선언서의 초안을 찾는다는 명목으로 가택수색을 실시하였다.

3월 1일 NCC 인권위원회 주최로 서울 기독교회관에서 3·1절 기념예배가 열릴 예정이었다. 정부는 이를 방해하기 위해 대대적인 연금 조치를 취하였다. 2월 28일부터 3월 2일까지 110명이 넘는 종교계 인사들이 일시 가택연금을 당하였으며, 그 밖에도 많은 사람들이 소재확인, 행정확인 등의 방식으로 감시를 받았다.(『1970년대 민주화운동』 3, 951쪽) 연금을 당하였던 재야 민주인사들과 NCC는 불법 연행·연금·폭행·사찰 등 인권침해와 관련한 관권 남용을 비판하는 성명서를 각각 발표하였다.

3·1민주구국선언사건의 대법원 판결이 있던 날인 1977년 3월 22일 윤보선 전 대통령과 정구영, 윤형중, 천관우, 정일형, 양일동, 함석헌, 지학순, 박형규, 조화순 등이 최종판결과 관련하여 시국에 대한 입장을 밝히는 "민주구국헌장"을 발표하였다.* 이들은 "민주주의 실현과 민족의 자주권 및 조국의 평화통일을 위한 진지한 노력만이 유일한 민족적 구원의 길"임

---

* 서명자 중 주목되는 인물은 정구영이다. 그는 과거 공화당 총재까지 지냈다. 따라서 정구영이 "민주구국헌장"에 서명하고 재야세력에 합류하였다는 사실은 박정희 정권에 대한 적지 않은 타격으로 받아들여졌다.(윤보선, 1991, 414쪽)

을 강조하였다. 민주구국헌장의 내용에서 특히 주목되는 부분은 다음 인용문에서 알 수 있듯이 각계각층 민중의 민주화운동 참여와 통일투쟁을 위한 조직체 결성을 천명하고 있다는 점이다.

진실이 승리하는 것은 오직 그것을 믿는 사람들의 힘과 행동이 그것을 반대하는 사람들의 세력을 압도하는 경우뿐이다. 우리는 외국의 인권정치나 몇몇 명사들의 몇 장의 성명서만으로 민주주의가 승리할 수 있다는 환상을 품지 않는다. 민주주의의 승리를 보장하기 위하여서는 노동자, 농민, 봉급생활자, 중소상공업자, 공무원, 학생, 지성인, 종교인 등을 포함하는 각계각층의 민중이 행동으로 참여하고, 전 국민적인 민주화투쟁이 필요하며, 그것을 하나의 포괄적이며 구체적인 행동강령 아래 민주국민연합이 결성되어야 한다. 현 단계에서는 우선 무엇보다도 각 시민집단과 개인들이 각자의 결단과 창의와 책임 아래서 민주주의를 향한 단호하고도 적극적인 행동을 수행하여야 한다. 이것이 우리 민주주의의 운명을 결정하는 관건이 될 것이다.(『암흑 속의 횃불－7·80년대 민주화운동의 증언』 2, 419쪽)

"민주구국헌장" 작성자들은 모든 운동세력들과 기층민중의 강력한 연대를 구축할 필요성을 지적하고, 더불어 한국 사회의 모든 민중들에게 민주주의와 민족의 자주성 그리고 민족의 통일을 위해 나설 것을 요청하였다. 헌장의 내용은, 1976년에 발표되었던 "민주구국선언"과 전체적인 맥락은 유사하지만, '민주국민연합' 결성의 필요성을 강조한 점에서 차이가 있었다.

이후 재야 민주인사들은 시국 상황에 따라 "3·1민주선언"(1978년 2월 24일) "민주국민선언"(1978년 7월5일) "8·15선언"(1978년 8월 14일) "10·17국민선언"(1978년 10월 13일) 등의 선언문을 잇달아 발표하였다. 후자로 갈수록 정권에 대한 비판의 수위와 투쟁의 결의가 높아졌으며, 민중의 생존

권 문제를 지적하고 노동자 탄압을 강도 높게 규탄하였다.(최현명, 2001, 51쪽)

장문의 헌장을 발표한 재야인사들은 '민주구국헌장서명운동본부'의 이름으로 '서명운동' 지침까지 제시하였다. 1976년 3월 "민주구국선언" 발표를 의도적으로 문제시하였다가 오히려 역효과를 보았던 정부는 "민주구국헌장" 발표에 대해서는 일단 심각한 대응에 나서지 않았다.

당국은 서명자 10명에 대한 조사 정도로 사건을 일단락하려는 태도를 보였다. 그러나 "민주구국헌장"에 동조하고 서명하는 사람들의 숫자가 점점 많아지고, 4월 11일 서울대 시위와 같이 헌장이 대학가에 유포될 조짐을 보이자 정부의 태도는 급변하였다.(『1970년대 민주화운동』 3, 957쪽)

공안 담당자들은 "민주구국헌장"을 발표한 재야인사들보다 오히려 서명자들과 유포자들에 대해 더 민감하게 반응하였다. 당국은 서명자들을 모두 연행하여 수사하고, 일부는 구속 조치하여 헌장의 내용이 더 이상 확산되는 것을 막고자 하였다.

공안 당국은 4월 13일 서명운동본부 관련자들을 연행하였다. 이직형(NCC 인권위원회 사무국장), 조지송 목사(영등포 도시산업선교회), 정천대자가 중앙정보부에 연행되었고, 이창복(한국사회선교협의체 총무), 박종렬(박형규 목사의 아들) 등이 동부경찰서에 연행되었다. 다른 이들은 모두 일시 구류되었다가 풀려났지만, 박종렬은 4월 11일 서울대생 시위 당시 주동 학생들에게 "민주구국헌장"을 전달·배포하도록 하였다는 혐의로 4월 26일 구속되었다. 4월 15일 감리교신학대학에서 시위를 모의하다 사전 발각된 정명기 전도사와 4명의 학생들도 "민주구국헌장"을 소지하고 읽었다는 이유로 10월 15일 징역 1~2년을 선고받았다.*

---

* 헌장 소지와 유포를 죄목으로 구속당한 이들의 가족들은, 헌장을 직접 쓰거나 처음 선언한 사람들에겐

이후 6월까지 중앙정보부와 경찰은 헌장지지서명운동의 확산을 막기 위해 동아투위 관련 인사, 종교계 인사, 해직교수 등을 연이어 불법 연행하였다. 이러한 탄압으로 "민주구국헌장"서명운동은 더 이상 확산되지 못하였지만, 헌장지지서명자들 간에는 공고한 연대의식이 형성되었다. 이들은 제헌절을 맞아 "자유와 민주주의는 스스로 지키려는 투쟁 속에서만 그 쟁취가 가능하다"는 내용의 성명서를 발표하였다.

지식인들의 수난과 민주교육선언　　긴급조치 9호 시기 박정희 정권은 유신체제와 정권에 대한 어떠한 비판도 용납하지 않았다. 이러한 상황에서 사회현실을 직시하고 개선방향을 제시해야할 지식인들은 침묵이나 동조를 강요받았으며 대부분의 지식인들은 이에 따랐다. 하지만 비록 소수이나마 일군의 지식인들이 사실을 사실 그대로 발언하였고, 유신정권은 강력한 탄압을 가하였다. 그럼에도 이들은 냉전분단체제와 독재가 만든 우상을 타파할 수 있는 인식을 학생과 대중에게 제시하며 유신체제에 균열을 내는 데 일익을 담당하였다. 1976 ~1977년에 발생하였던 다양한 필화사건과 해직교수들의 저항이 이를 잘 보여준다.

1976년 4월 14일 예수교 수사 김명식이 쓴 장시 「10장의 역사 연구」가 문제가 되어, 김명식과 이를 돌려 읽은 5명이 긴급조치 9호 위반으로 구속되었다. 이 사건은 국내에 전혀 보도되지 않았다. 하지만 김정남이 이 시를

아무런 법적 처벌도 가하지 않으면서 이를 다른 사람들에게 보여주었다는 이유로 실형을 선고하는 것은 법의 형평성에 어긋난다고 항의하였다. 또한 헌장 지지서명에 참여한 이들은 10월 25일 성명서를 발표하여, "만약 민주구국헌장 자체가 문제라면, 애꿎은 학생들 대신 우리를 처벌해 줄 것"을 요구하였다.(『1970년대 민주화운동』 3, 960쪽)

일본 가톨릭정의평화협의회에 보내어 『세카이』世界에 게재됨으로써 일본에서는 널리 알려졌다.(김정남, 1984, 193쪽)

1977년 6월 13일에는 시인 양성우가 수사기관에 연행되어 같은 달 27일 국가모독 및 긴급조치 9호 위반 혐의로 구속되었다. 양성우는 광주 중앙여고 교사로 재직 중인 1975년 2월 광주 YWCA구국기도회에서 「겨울공화국」이라는 자작시를 낭송한 것이 문제가 되어 파면된 상태였다. 당국은 양성우의 혐의사실로 「노예수첩」이라는 장편시를 작성하고, 일본 잡지 『세카이』 1976년 6월호에 이를 게재해 국내 상황 및 국가기관에 관한 '왜곡된 사실'을 해외에 알리고자 시도하였다는 것을 들었다. 또 1977년 5월에는 한국의 현실을 주제로 한 「우리는 열 번이고 책을 던졌다」라는 시를 써 사실을 왜곡 전파하였다고 밝혔다.

서울형사지법은 1978년 2월 27일 양성우에게 징역 및 자격정지 3년을 선고하였다. 시인 김규동은 "감정의견서"에서 "문학의 본질상 결코 문제가 될 수 없다"고 증언하였다. 하지만 당시 예총위원장 이봉래는 "국가를 부정·파괴하기 위한 표현이며, 전근대적인 공산주의 수법의 문학사상"이라고 주장하였다. 결국 항소는 기각되었다. 양성우는 1979년 제헌절에 형집행정지로 풀려 나왔다. 양성우가 수감된 동안 고은과 조태일에 의해 그의 시집 『겨울공화국』이 출판되었다. 이와 관련하여 고은과 조태일도 긴급조치 9호 위반 혐의로 구속되었다가 기소유예로 풀려나왔다.(이상우, 1986, 381쪽)

1977년 9월 9일에는 강의시간에 경제현실과 사회정의 등에 대해 언급해왔던 조선대 국문과 임영천 교수가 반공법 및 긴급조치 9호 위반 혐의로 구속되었다. 1학기 강의 내용 가운데 '북괴'의 활동을 고무·찬양하고, '미군 철수' '유신정책' 등에 대한 유언비어를 날조하였다는 것이다. 공안 당국은 임영천 교수의 제자들을 고문하여 위증하도록 만들었다. 1978년 2월 광주지방법원은 임영천 교수에게 징역 및 자격정지 각 3년 6월을 선고하였다.

1977년 10월에는 박양호와 『현대문학』 편집장 김국태가 구속되었다. 박양호가 월간 『현대문학』 10월호에 발표한 「미친 새」라는 단편이 긴급조치 9호 위반이라는 것이었다. 공안 당국은 박양호와 김국태를 11월 11일까지 구속하였다가 석방하였다. 이 사건은 국내 언론이 아닌 일본 『아사히신문』을 통해 알려졌다. 소설 내용은 유신체제하에 철저하게 통제되고 있는 한국 사회를 우화적으로 그린 것이다. 이 소설은 학생과 지식인 사이에 화제가 되었으며, 당국이 회수에 들어갔을 때에는 이미 거의 매진되었을 정도였다.(『1970년대 민주화운동』 4, 1,646쪽)

1977년 11월 23일과 26일에 한양대 해직교수이자 언론인이었던 리영희와 서울대 해직교수이자 창작과비평사 사장이었던 백낙청이 연행되었다. 당국은 11월 30일 『우상과 이성』 『8억인과의 대화』에 담긴 내용을 문제 삼아 리영희를 반공법 위반 혐의로 구속기소하고, 『창작과 비평』을 통해 리영희에게 지면을 제공한 백낙청도 같은 혐의로 불구속기소하였다. 유신정권은 리영희의 저작이 학생들과 지식인들의 반공의식을 깨뜨리는 역할을 하자 공산주의자로 몰아 구속하였던 것이다.(리영희, 2005, 474쪽)

리영희필화사건이 알려지자 『조선일보』와 『동아일보』 해직기자, 해직교수, 자유실천문인협의회 등에서 항의성명을 잇따라 발표하였다. 변호인단도 변론을 통해 리영희의 저작들이 반국가단체 또는 국외 공산계열을 찬양·고무하였다는 증거가 될 수 없다는 점을 논증하였고, 검찰이 리영희와 백낙청을 기소한 것은 책의 내용보다는 이들의 민주화운동이 눈에 거슬려 구속한 경향이 강하다고 지적하였다. 해직교수들은 "연구자의 인식을 문제 삼는 구속과 입건은 연구와 저술 활동의 자유에 대한 심각한 위협이며, 나아가 학문의 존립근거 자체를 말살하는 처사"라고 항의하였다.

이처럼 리영희·백낙청 필화사건에 대한 재판은 커다란 사회적 관심을 끌며 1978년 1월부터 5월까지 11차례에 걸쳐 진행되었다. 1978년 5월 19일 리영희에게 징역 및 자격정지 각 3년, 백낙청 교수에게 징역 및 자격정지 각 1년이 선고되었으며, 항소심에서는 리영희에게 징역 및 자격정지 각 2년, 백낙청에게는 집행유예 2년이 선고되었다.

이 외에도 월간 『대화』가 휴간 조치를 당하고, 『월간중앙』이 자진 휴간하는 사건이 발생하였다. 『대화』 1977년 10월호에는 유신체제에 굴종하며 무기력한 모습을 보이는 제도언론을 비판하는 『동아일보』 해직기자 정연주의 글이 실렸다. 10월호 발간과 동시에 편집장 임정남과 필자 정연주가 중앙정보부로 연행되었다. 두 사람은 3~4일 뒤에 풀려났으나 『대화』는 무기한 휴간 조치당하였다.

박정희 정권이 동아와 조선 양 신문사 기자들을 대량 해고하면서까지 언론에 대한 통제기반을 구축하고 긴급조치 9호마저 선포된 상황에서 언론의 자유란 있을 수 없었다. 1978년 9월에도 『월간중앙』이 해직교수 한완상의 글을 게재한 것을 이유로 정부로부터 지적을 받았다. 경영진 측에서는 책임을 물어 간부진을 징계하고 기자 5명에게 사표 제출을 강요하였다. 기자들의 강력한 반발로 인사 조치는 철회되었지만, 경영진의 자진 휴간을 막지는 못하였다.(『1970년대 민주화운동』 4, 1,666쪽)

한편, 1977년 12월 2일 박정희 정권 시기에 해직당한 교수 중 13명이 "민주교육선언"을 발표하였다.* 이들은 대학의 자율성 상실과 학문의 자유 부재를 개탄하며, 대학의 획일화와 어용화를 강력히 비판하였다. 또한 학도호국단을 통한 대학 병영화, 대학 경영자들의 교수재임용제도 악용 등

---

* 13명은 김윤수(전 이화여대), 남정길(전 전북대), 백낙청(전 서울대), 안병무(전 한신대), 이계준(전 연세대), 한완상(전 서울대), 김용준(전 고려대), 김찬국(전 연세대), 노명식(전 경희대), 성내운(전 연세대), 염무웅(전 덕성여대), 이우정(전 서울여대), 김동길(전 연세대) 등이다.

을 지적하였다. 끝으로 해직교수들은 양심적인 학생들을 즉시 석방하고 복교시킬 것, 민주인사들을 석방하고 공민권을 회복시킬 것, 해직교수들을 석방하고 복직시킬 것 등을 강력히 요구하였다. 이들의 활동은 1978년 3월 24일 해직교수협의회 결성으로 열매를 맺었다. 이후 이들은 해직교수협의회를 통해 적극적인 지식인운동을 전개해나갔다.

3
학생운동의 전환과 유신철폐투쟁의 전개

연합가두시위 전개와 투쟁 방식의 전환

1978년 정세와 민중의 유신반대의사 표출　　1978년은 통일주체국민회의 대의원 선거와 국회의원 선거 등이 겹친 해였다. 5월 18일 제2대 통일주체국민회의 대의원 선거, 7월 6일 통일주체국민회의 대의원에 의한 간접선거로 이른바 '체육관 선거'로 불린 대통령 선거,* 그리고 12월의 제10대 국회의원 선거 등의 일정이 잇달아 잡혀 있었고, 이에 대한 대응 필요성은 민주화운동을 추동하는 중요한 정치적 요인이 되었다.

박정희 유신체제에 대한 대중적 불만이 고조된 것은 1978년의 사회·경제적 현실 때문이기도 하였다. 박정희와 관료들이 서민생활과 물가 안정에 국가경제정책의 역점을 두겠다는 공식 발언을 수차례에 걸쳐 하였을

---

* 5월 18일 선거를 통해 구성된 제2대 통일주체국민회의는 1978년 7월 6일 제9대 대통령으로 박정희를 선출하였다. 대의원 2,578명 중 찬성 2,577표, 무효 1표라는 수치가 보여주듯이, 이날의 선거는 박정희를 대통령으로 추대하기 위한 요식적인 행사에 불과하였다.

정도로* 1978년 하반기에는 물가가 크게 치솟아 서민들의 생활고를 압박하였다. 농촌에서는 정부가 경작을 강제한 신품종 노풍벼가 도열병에 속수무책으로 노출되면서 농가에 큰 피해를 주었다. 행정력을 동원하여 반강제적으로 재배를 강요하였던 정부가 피해보상에는 지지부진한 모습을 보임으로써 농민들의 공분을 샀다.(『암흑 속의 횃불-7·80년대 민주화운동의 증언』 3, 366~367쪽) 여기에 아파트특혜분양사건으로 대표되는 일련의 부정부패사건들로 인해(서중석, 2008, 191쪽) 민심은 급속히 이반되어갔다.

1978년에 들어서면서 노동자·농민의 기본권·생존권 확보를 위한 투쟁이 본격화되었다. 1977년 2월 발생한 방림방직 체불 문제 등으로 표출되기 시작한 노동자·농민 문제는 1978년 상반기에 동일방직사건으로 폭발하였다. 동일방직 여성 노동자들은 1978년 2월 똥물세례를 퍼붓는 비인간적 탄압에 맞서 지속적인 폭로투쟁을 전개하였다. 4월에는 함평고구마 사건이 발생하였다. 함평군 농민들은 피해보상을 요구하며 농민대회를 개최하고 단식투쟁을 전개하였다. 이에 학생과 재야 민주화운동세력들은 선언문, 성명서 배포 등을 통해 노동자·농민의 권익과 생존권 문제를 사회이슈화하고자 적극 노력하는 한편, 관련 대책위원회를 구성하여 지원활동도 병행하였다.

이처럼 1978년은, 1977년부터 본격적으로 터져 나오기 시작한 사회경제적 문제에 선거라는 정치적 사안까지 맞물리면서, 장기집권, 경제위기, 부정부패, 정경유착, 불평등 심화 등 정치·경제·사회·윤리의 모든 측면에서 유신체제와 집권세력의 한계가 노정된 해였다. 이에 따른 민심의 이반은 1978년 12월 국회의원 선거에서 그대로 표출되었다. 1978년 집권세력

---

* 박정희는 1978년 12월 3일 신임 각료들에게 물가 안정과 서민생활 안정에 역점을 두라고 지시하였고, 신현확 경제기획원장관은 경제정책의 중점을 성장보다 안정에 둔다고 밝혔다.(청사편집부, 1984, 388쪽)

10대 국회의원 선거에서 투표하고 있는 유권자들

이 정권말기적 징후를 보인 데 반해 김영삼을 중심으로 한 야당은 민주화 운동세력과 적극 연대하여, 유신 대 반유신, 반민주 대 민주, 재벌 대 서민 이라는 구도로 선거 국면을 형성시키며 대중의 지지를 이끌어냈다.(고성 국, 1992, 66~67쪽) 대중은 1978년 12월 12일 10대 국회의원 선거에서 야 당에 더 많은 표를 던졌다. 신민당은 득표율에서 공화당보다 1.1%(신민 32.8%, 공화 31.7%, 무소속 28.1%) 앞섰다.*

악화된 상황에 대처하기 위해 대통령 비서실과 공화당 등을 중심으로 한 집권세력은 1979년 초 한편으로 유신체제 수호 의지를 다지고, 다른 한 편으로 국정 전반에 대한 개편을 시도하였다. 그러나 그 결과는 대통령 경 호책임자에게 권력이 집중되는 기형적인 상황일 뿐이었다.(심지연, 2002, 264~265쪽) 체제 안정과 정권 안보를 위한 자정능력조차 상실해 버린 유 신정권은 극단적 조치로 대응할 수밖에 없었다. 1979년 신민당사 YH 여공 농성에 대한 강경 진압과 야당총재제명사건은 그 정점이었고, 이는 민중 적 저항을 폭발시키는 직접적인 계기가 되었다.

광화문 연합가두시위와 가두시위의 확산 1978년 초의 학생운동은 학 내에서 유인물을 배포하는 정도에 머물러 있었다. 3월 15일 서울대 농대에서 유인물이 배포되었고, 4 월 12일에는 이화여대 소강당에 반정부유인물이 살포되었다. 이화여대생 들은 5월 4일 또다시 반정부유인물을 배포하였다. 이들은 학도호국단 철 폐, 학원자유 보장, 유신헌법 철폐, 민주질서 회복, 긴급조치 철폐, 구속학

---

* 박정희조차도 이러한 선거 결과는 물가고와 조세부담에 대한 국민의 불만이 반영되었기 때문이라고 평 가하였다.(청사편집부, 1984, 386쪽)

생 석방, 노동자 인권 보장 등을 요구하였다.

4월 17일에는 부산대 학생들이 "부산대 자율화 민주투쟁 선언서"라는 제목의 유인물을 배포하였다. 부산대생들의 선언서 배포는 부산지역 학생 운동이 회복되고 있음을 보여주는 것이었다.* 이는 부산지역 대학가에서 민청학련사건 이후 최초로 발생한 유인물 살포사건으로 부산지역 유신반 대 민주화운동의 새로운 출발을 알리는 것이었다.(오유석 외, 2004a, 584쪽)

5월에 들어서면서 학생들은 유인물 배포에서 한걸음 더 나아가 시위 를 전개하기 시작하였고 그 규모는 점점 커져갔다. 6월에는 시내 중심가에 서 연합가두시위를 시도할 정도로까지 발전하였다.

1978년 5월 18일에는 제2대 통일주체국민회의 대의원 선거가 예정되 어 있었다. 학생들은 5월로 접어듦과 동시에 "유신헌법 철폐와 민주헌법 부활"을 외치며 격렬한 교내시위를 전개하였다. 5월 8일 서울대생 1,500여 명이 모여 "학원민주선언"을 발표하고 시위를 전개하였다. 학생들은 "통일 주체국민회의 대의원 선거 반대 동맹휴학 단행" "해고 노동자들을 위한 모 금활동 참여" "다양한 방식을 동원한 학내 언론 활성화" "각종 집회의 최 대한 활용" 등을 구체적인 행동지침으로 제안하였다.(『1970년대 민주화운 동』 3, 1,028쪽) 학생운동이 크게 억압당하는 상황에서, 유인물 제작·살포, 낙서, 비판적 가요 보급 등 다양한 방식을 동원할 필요가 있음을 지적한 것 이다.(한국기독교사회문제연구원, 1983, 202쪽)

이날 1시간여 동안 격렬하게 전개된 시위는 경찰기동대의 투입으로 진압되었다. 일부 학생은 봉천동, 신림동 등지에서 "유신철폐"를 외치며

---

* 부산지역 학생운동이 되살아나는 데 중요한 역할을 한 것은 '양서(良書)조합'이다. 중부교회 청년들을 이끌고 있던 김형기의 발의로 시작된 이 조합은 부산 특유의 운동 방식이었다. '양서조합'은 좋은 책과 정보를 공유할 수 있는 공간을 제공하였고, 교회·학교·사회에 흩어져 있는 의식 있는 청년들을 묶어주 는 커다란 저수지 역할을 수행하였다.(부산민주운동사편찬위원회, 1998, 397~398쪽)

가두투쟁에 나서기도 하였다. 이날 시위로 20명의 학생들이 연행되었다.(이재오, 1984, 367쪽) 서울대 학생들은 5월 8일 시위대가 제시한 지침에 따라 5월 19일부터 동맹휴학에 돌입하였다.

서울대 시위 바로 다음날인 5월 9일에는 이화여대생들이 시위를 전개하였다. 오전 10시 300여 명의 학생들이 모여 대강당에서 "결의문"을 낭독하며 시위가 시작되었다. 이후 시위 규모는 1,000여 명까지 불어났다. 학생들은 학도호국단 철폐와 학생회 구성, 학원사찰 중지, 구속학생 석방, 노동자 탄압 중지, 언론의 공정한 보도, 유신철폐 등을 요구하였다. 교내에 진입한 기동대는 곤봉을 휘두르며 여학생들의 시위를 폭력적으로 진압하였다. 이날 시위로 18명의 학생들이 연행되었다.

5월 14일에는 동국대생들이 석가탄신봉축대법회가 열린 여의도광장에서 유신철폐를 요구하는 유인물을 살포하였다. 5월 16일에는 한신대 학생들이 "5·16선언"을 발표하고 단식기도에 돌입하였다. 한신대 학생 150여 명은 학교가 통일주체국민회의 대의원 선거를 전후하여 휴강 조치를 취하기로 결정한 것에 항의하고, 현 정권 퇴진과 노동자·농민운동 탄압 중지, 독점재벌 재산 환원, 민족자립경제 수립, 박동선사건 규명, 매판문화 극복, 지식인의 기회주의 불식 등을 천명하였다. 형사가 난입하여 한신대 학생들을 강제로 해산시키고 10명을 연행하였다. 그중 2명이 구속되었다.(한국기독교사회문제연구원, 1983, 335~336쪽)

6월 1일에는 서울대 농대생 200여 명이 '농촌 문제에 관한 심포지엄' 중에 "민주구국선언문"을 낭독하고 시위를 전개하였다. 학생들은 유신정권에 반대하는 의미로 1주일간의 동맹휴학을 결의하였다. 이날 시위로 50명이 연행되고 3명이 구속되었다. 시위 결의에 따라 농대 학생들은 2일부터 10일까지 동맹휴학투쟁을 전개하였다.(『1970년대 민주화운동』3, 1,028쪽)

6월 12일 서울대생들의 시위는 1978년 투쟁의 전환점인 광화문 연합 시위의 발단이 되었다. 이날 시위에서 학생들은 광화문 연대시위를 제안하였다. 6월 12일 시위를 주도한 서울대 학생들은 "학원민주선언" "자연대생에게 보내는 글" "전국 대학생에게 보내는 메시지" 등을 낭독하였다. 이후 약 3,000여 명이 넘는 서울대생들이 3시간 동안 격렬한 시위를 벌였다. 일부 시위대는 관악구청과 신림동 등지에 재집결하여 시위를 벌이고 오후 4시에 해산하였다. 이날 시위로 60~70명이 연행되고 9명이 구속되었다.

학생들은 "학원민주선언"에서 유신체제를 신랄하게 비판하였다. 특히 굴욕적 대일외교와 통일주체국민회의를 통한 정권재창출 방식의 기만성이 주된 비판 대상이었다. 일본이 독도를 분쟁지역으로 삼는다는 언급에 대해* 정부가 제대로 대응하는 모습을 보이지 않자, 학생들은 "학원의 조그마한 움직임에 대해서도 마치 불구대천의 원수를 대하듯 신경질적으로 광분하는 현 정권이 무한한 민족사와 온 국민이 지켜보는, 그리고 막대한 경제적 이권이 달려 있는 독도 문제에 관해서는 어이하여 비굴하게 침묵하고 있는가"라며 강하게 비판하였다.

이와 함께 학생들은, 5·18 통일주체국민회의 대의원 선거에 대한 대중들의 거부 움직임이 예상보다 미약하게 나타난 이유를 유신정권의 선거 전술 때문으로 판단하였다. 학생들은 "정권은 선거에 기권하는 행위를 마치 반민족적이고 반국가적인 악덕인 양 선전하고, 심지어는 통반장까지 동원하여 직접·간접의 기권 공포의식을 조성하였다"고 강하게 비판하였다. 또 학생들은 이처럼 동원을 통해 이루어진 선거의 투표율(약 79%)은

---

* 1978년 들어 일본은 독도 문제를 이슈화하는 발언을 연이어 하였다. 5월 11일 소노다(園中) 일본 외상은 독도 주변에서 한국 순시선이 일본 어선에 실력행사를 한다면 한일관계가 기존처럼 유지되지 않을 것이라는 요지의 발언을 하였고, 5월 25일에는 참의원 상공위에서 독도영유권 문제는 3단계로 처리되어간다는 발언을 하였다. 같은 날 자민당은 독도 근해의 어업 문제가 비공식적 정치 절충으로 해결되었다고 언명하였다.(청사편집부 편, 1984, 361·363쪽)

"국민적 염원에 기초하지 못한 취약한 독재정권의 자기방어를 위한 말기적 획책"의 결과물일 뿐이라고 주장하였다.

이날 시위에서 학생들은 선언서를 통해 "박정희는 물러나라"라는 직접적 표현을 사용하고, "6월 26일 오후 6시 세종로 4거리에서 전 대학생·시민 반정부집회를 갖는다"고 선포하였다.(『1970년대 민주화운동』 3, 1,028~1,029쪽) 이 제안은 각 대학 학생들에게 빠르게 전파되었다.[*] 6월 24일 동국대 학생들이 수련회에서 광화문 시위를 예고하는 "학원민주선언"을 낭독하였다가 구속되는 사건이 발생하기도 하였다.(신동호, 2007b, 170쪽) 경찰은 '예고시위'에 대비하여 많은 민주인사들과 운동권 학생들에 대한 미행·감시·연금을 시행하고, 6월 26일 광화문 일대에서 삼엄한 검문·검색을 실시하였다. 하지만 이러한 정부의 대응도 시내 중심가에서 시도된 가두시위를 막을 수 없었다.

6월 26일 함석헌·박형규 등 민주인사들과 서울대·고려대·이화여대·숭전대 등 대학생 1,000여 명이 공권력의 통제를 뚫고 광화문에서 연합시위를 전개하였다. 삼엄한 검문·검색에도 불구하고, 6시 40분경 세종문화회관 앞에서 반체제가요 합창과 더불어 시위가 시작되었다. 시위대는 경찰의 폭력적인 진압과 연행으로 일시 해산하였다가 다시 집결하는 양상을 반복하며, 밤 10시 30분경까지 광화문 일대 도심지를 누비는 시위를 계속하였다.(한국기독교사회문제연구원, 1983, 340~341쪽) 시위에 참여하였던 대학생 70여 명이 연행되어, 이 가운데 20명이 구속되고 22명이 구류처분을 받았다. 현장에 있던 권오정 신부 등 신부 5명도 연행되었다.

---

[*] 6·12시위를 주도하며 예고시위를 하였던 이들은 주동자 없는 시위도 가능하다고 보았고, 2주 정도의 기간이면 전국 각 대학에 정보가 전달될 것이라고 판단하였다. 또한 이들은 6월 26일 시위를 알리기 위해 "전국 학우들에게 보내는 메시지"를 작성하여 발송하고자 하였다. 대부분의 우편물은 중앙우체국에서 수거되었으나 일부는 대학에 발송되었다.(신동호, 2007b, 168쪽)

1972년 이후 교내시위 수준을 벗어나지 못하던 학생들이 서울의 중심가로 진출해 대규모 반정부시위를 벌였다는 점, 그리고 6월 26일이라는 날짜를 사전에 예고한 시위였음에도 정권이 막아내지 못하였다는 점 때문에 이날 시위는 박정희 정권에게 큰 타격이 되었다.(신동호, 2007b, 173쪽) 국내 언론들은 이 사건을 일체 보도하지 않았지만, 이 사건을 보도한 일본 『아사히신문』은 학생들의 예고시위가 "당국의 신경을 곤두세워 일반 시민에게 반정부활동의 존재를 과시하는" 효과를 가져왔다고 지적하였다.(신동호, 2007b, 188쪽에서 재인용)

1978년 6월 26일 광화문 연합시위는 공안 당국의 철통같은 경비를 뚫고 시내 중심가에서 벌어짐으로써 대중에 대한 직접 선전에 성공하였을 뿐만 아니라, 대학생은 물론 재야 민주화운동세력까지 동참한 연대시위였다는 점에서 의의가 컸다. 광화문 시위는, 이후 시민들의 자발적 동참을 이끌어냈던 1980년대 민주화운동의 방식을 일찍이 제시한 것이었다.(신동호, 2007b, 189쪽)

학생들의 유신반대투쟁 고조와 가두시위 전개는 서울지역에서만 나타나는 양상이 아니었다. "우리의 교육지표"를 발표하였던 전남대 교수들이 6월 27일 경찰에 연행되자, 이에 격분한 전남대 학생들이 시위를 벌였다. 6월 29일 전남대생 700여 명이 교정에 모여 "전남대 민주학생 선언문"을 낭독하고 도서관에서 단식농성에 돌입하였다. 경찰은 도서관에 난입하여 무차별 폭력을 휘두르며 농성을 해산시켰다. 이날 전남대생 100여 명이 연행되었다.

전남대 학생들은 다음날 다시 시위를 벌였다. 6월 30일 오전 등교하였다가 교문에 나붙은 임시휴교 공고를 읽고 있던 전남대생들을 경찰이 무차별 폭행·연행하자, 학생들은 투석전으로 응수하였다. 이후 학생들은 오후 4시까지 광주 시내에서 산발적인 가두시위를 벌였다. 이날 시위에서 경찰의 폭력 진압으로 학생 100여 명이 부상을 입었고, 29일과 30일 이틀 동안 학생 500여 명이 연행되고 10명이 구속되었다. 심지어 유인물 제작을 도와준 YMCA 간사와 인쇄업자까지도 구속되었다.(한국기독교사회문제연구원, 1983, 342쪽)

한편 대학생들은 다양한 방식을 동원해 유신체제반대 주장을 확산하고자 하였다. 6월 29일에는 서울대, 이화여대, 연세대, 동국대, 홍익대, 부산대 등 6개 대학 학생들이 '전대학민주학생총연맹'이라는 공동명의로 작성한 "우국학도 유인물"이 각 대학 교정에 살포되었다. 이 유인물에는 "유신헌법 철폐" "학원자유 보장" "노동자·농민의 인권 보장" "민주인사 및 우국학생 즉시 석방" "현 사이비 언론의 대오각성" "현 정권의 사퇴" 등의 주장이 담겨 있었다. 7월 3일에는 부산대생들이 학교 운동장 스탠드와 창문 등에 "유신철폐"를 적어 놓았고, 7월 4일에는 조선대생들이 반정부유인물 500여 장을 배포하고 교내 곳곳에 페인트로 "유신철폐" 구호를 적어 놓았다. 7월 5일에는 다음날 개최되는 통일주체국민회의에 의한 대통령 선거를 반대하는 내용의 유인물이 서울 시내에 살포되었다.

침체기를 벗어나 본격적으로 고조되기 시작한 학생들의 민주화운동 열기는 여름방학 휴지기를 지나서도 사그라지지 않았다. 2학기로 접어들며 학생시위의 규모는 더욱 확대되었다. 9월 13일 서울대생들은 "민주회복 반독재선언" "민주시국선언" "민족·민주교육을 위한 우리의 주장" 등 세 가지 선언문을 배포하며 대대적인 시위를 전개하였다. 2,500여 명의 학생들이 참여한 이날 시위는 3시간 동안 지속되었다. 600여 명에 달하는 일부 서울대 학생들은 상도동 장승배기에 집결하여 반정부 구호를 외치며 가두 시위를 벌였다.

이날 학생들은 유신체제의 반민족·반민중·반민주적 성격을 비판하고 특히 '어용교수'들에 대해 비판의 날을 세웠다. 학생들은 "민주시국선

언"에서 "교육제도의 유신화는 학원을 소위 학도호국단이라는 병영질서
로 조직하여 반민족적 박정희 정권에 협력하는 굴종의 자세를 강요하고
있으며, 기회주의적 어용교수는 그 선봉이다"라고 강도 높게 비판하였다.
행동강령에도 어용교수들의 이름을 언급하며 이들의 수업을 거부할 것을
제안하였다.(『1970년대 민주화운동』 5, 1,919~1,920쪽) 이날 서울대생들
은 6월 시위를 모방해 10월 17일 오후 6시 세종문화회관 광장에서 유신
독재 타도를 위한 범시민학생궐기대회를 갖는다고 선언문을 통해 예고하
였다.

　9월 14일에는 고려대에서 3,000여 명이 참가하는 대규모 시위가 전개
되었다. 7월부터 시위를 치밀하게 준비해왔던 천상만, 이혜자, 오상석 등 3
명은• 각자 단과대 강의실에 유인물을 살포하며 학생들의 동참을 유도하
였다. 이들은 진압을 시도하는 기관원들을 뿌리치고 대강당에 300~400명
의 인원을 모을 수 있었다. 학생들은 "1978 민중선언"을 낭독한 뒤 교문 밖
으로 진출을 시도하였다. 경찰의 강력한 저지로 진출이 무산되자 학생들
은 연좌시위를 벌였다. 한편 200여 명의 학생들이 교문 옆에 자리한 기관
원 상주 초소를 부수고 학원 내 동태를 보고하는 경비일지를 불태웠다. 이
날 시위로 52명이 연행되고 7명이 구속되었다.

　고려대생들은 선언문에서 반제·반봉건·반독재운동의 역사적 전통을
되새기며, 유신헌법 철폐와 독재정권 타도를 위해 과감히 나설 때 "억압으
로부터의 자유, 불평등에서 평등으로의 길"을 쟁취할 수 있다고 역설하였
다. 9월 15일에는 전날 구속된 학생들이 석방될 때까지 수업을 무기한 거

• 이들 중 천상만과 이혜자는 기독교 사회참여운동그룹을 통해 배출된 인물들이다. 두 사람은 고려대 기
　독학생회(SCA)에서 함께 활동하였다. 오상석은 민족연구회라는 이념서클에서 활동하였다.(긴급조치9
　호철폐투쟁30주년기념행사추진위원회 편, 2005, 302~303쪽) 학내 운동세력이 침체되었던 시기 기독
　교 사회민주화운동단체들이 학생운동 재생산에 크게 기여하였음을 알 수 있다.

부할 것을 제안하는 내용의 유인물이 뿌려졌다. 또한 15일부터 고려대 곳곳에 "결국 고대는 입을 열었다"라는 제목의 유인물이 뿌려졌다.(이재오, 1984, 372쪽; 고려대학교 100년사 편찬위원회, 2005, 236~237쪽)

격렬한 대규모 시위까지는 벌이지 못한 여러 대학에서도 유인물 살포와 같은 유신반대 저항운동은 이어졌다. 경희대(9월 20일), 숙명여대(9월 13일, 29일), 서강대(10월 4일), 동국대(10월 6일) 등에서 유인물이 살포되었다. 10월 16일 원광대생들은 교내에 "유신철폐" "김지하 석방" 등의 반정부 구호를 써 붙였다. 10월 6일 숙명여대생 500여 명은 교정에 태극기를 걸어 놓고 유신철폐 요구와 함께 노래를 부르면서 2시간 30여 분 동안 시위를 벌이다 경찰에 의해 해산당하였다.

한편 10월 17일로 예고된 연합시위를 위해 여러 단위에서 준비 작업을 진행하였다. 대학 연합그룹과 서울대 내부그룹들이 광화문 예고시위를 치밀하게 준비해나갔다.* 이들은 대학생들의 유신반대투쟁 동참을 호소하는 유인물을 대량 제작한 뒤, 버스 환기통에 유인물을 올려 공중으로 날아오르게 하는 등 다양한 방식을 활용해 서울 시내와 대학가에 배포하였다.(오유석 외, 2004a, 611쪽; 황광우, 2007, 50~51쪽) 하지만 주도 학생들이 10월 17일 이전에 발각됨으로써 시위는 무산되었다. 이 사건으로 고려대, 서강대, 서울대, 성균관대 학생들 20명 이상이 대거 구속되었다.(이재오, 1984, 372쪽)

정부의 강력한 대처로 10월 17일 광화문에서는 시위가 벌어지지 않았다. 정부는 예고된 시위 날짜 하루 전인 16일부터 재야인사 300여 명을 강제 연금하였고, 당일에는 전국의 경찰 병력을 차출하여 종로와 광화문 일

---

* '대학 연합조직'은 1977년 1학기부터 모임을 가졌으며, 성균관대, 서강대, 서울대, 고려대, 이화여대, 연세대, 서울여대 등의 학생들이 참여하였다.(신동호, 2007b, 222~236쪽) 하지만 이 조직은 각 대학을 대표하고 운동을 총괄하는 위치에 있었던 것은 아니었다.

대에 삼엄한 경비망을 펼쳤다. 정부는 시위를 원천봉쇄하기 위해 교통을 차단하고 민방위 등화관제훈련까지 실시하였다.(한국기독교사회문제연구원, 1983, 205쪽)

비록 10월 17일 연합가두시위는 좌절되었지만 학생들의 유신반대투쟁은 지속되었다. 10월 25일 서울여대에서 학생들이 반정부유인물을 배포하였고, 11월 3일 인하대생들이 유인물을 배포와 함께 유신철폐를 외치며 시위를 전개하였다. 이 시위로 인하대생 4명이 구속되었다. 다음날 인하대생들은 구속학생 석방을 요구하는 유인물을 배포하였다. 11월 8일에는 서울대 공과대에서 반정부유인물이 배포되었다.

11월 9일에는 고려대생 200여 명이 학술강연회장에서 성명서와 격문을 배포하였다. 고려대생들은 유신체제로 인해 "권력의 집중화, 경제의 수탈 독과점화, 사회의 몰가치화, 문화의 획일화"가 초래되었고, 그 결과 "국민들은 약육강식과 생존경쟁의 논리에 빠져 신음하고 있다"고 지적하였다. 그리고 반민족·반민중·반민주적인 유신체제를 철폐해야 한다고 강조하였다.(『1970년대 민주화운동』 5, 1,924쪽) 이 밖에도 서울대(11월 13일)와 연세대(11월 30일)에서 학생들의 유인물 배포와 반정부 벽보 부착이 있었다.

1978년의 대미를 장식한 것은 경북대생들의 연이은 시위였다. 최용식, 장수원, 김동원 등이 유인물을 제작하여 11월 2일 약 200여 명의 학생들이 지켜보는 가운데 "1978 경북대 구국선언문" "호소문" "결의문"을 선창하고 교내시위를 전개하였다. 뒤이어 11월 7일 2,000여 명의 학생들이 대규모 시위를 벌였다. 11월 2일 동료의 구속과 제적처분을 지켜보고 분개한 학생들이 곧바로 준비하여 벌인 시위였다. 이들은 "제2 1978 경북대 구국선언문" 900장을 제작하여 11월 7일 배포하였다. 삽시간에 2,000명이 넘는 학생들이 모여 교내시위에 동참하였고 이는 곧 가두시위로 발전하였다. 학생들은 담장을 허물고 대구 시내로 진출하였다.(긴급조치9호철폐투쟁30주년기념행사추진위원회 편, 2005, 418쪽) 파출소 1곳과 경찰 차량 8대가 파손될 정도로 이날 시위는 매우 격렬하였다. 학생 200여 명이 연행되었고 그중 7명이 구속되었다. 경북대생들은 "제2 1978 경북대 구국선언문"에서 구속학생 석방, 현 정권 퇴진, 학원사찰 중지, 언론자유 보장 등을 주장하였다.(한국기독교사회문제연구원, 1983, 355쪽; 오유석 외, 2004a, 614쪽)

이 시기 감옥 안에서도 민주화투쟁이 전개되었다는 점을 확인하고 넘어갈 필요가 있다. 긴급조치 9호는 감옥조차 민주화투쟁의 공간으로 만들었다. 민주화투쟁의 지속과 확대로 구속자들의 숫자가 불어나면서, 자연스럽게 감옥에서도 민주화투쟁이 조직되었다.

1978년 3월 1일 서울구치소에 수감 중이던 양심범들은 3·1절을 맞아 "1978 옥중자유·민주·정의·진리 선언"을 발표하고 옥중시위를 벌였으며, 4월 19일에도 4·19기념 옥중시위를 벌였다. 5월 13일에는 서울구치소에서 통일주체국민회의 대의원 선거의 부재자 투표를 거부한 양심범들이 교도관들에 의해 심한 폭행을 당하는 사건이 발생하였다. 이에 양심범들은 "독재선거를 중지하라"는 구호를 외치며 농성을 벌였다. 선거일인 18일에도 서울구치소의 양심범 150여 명이 선거에 항의하는 농성을 벌였다. 이후에도 구치소의 양심범들은 외부 민주화운동에 호응하거나 대통령 취임에 반대하는 농성을 벌이며 옥중투쟁을 치열하게 전개하였다.(한국기독교사회문제연구원, 1983, 205쪽)

카터 방한 반대투쟁과 유신철폐투쟁

1979년 상반기 정부의 공세와 학생운동

1978년 후반 학생운동이 급격히 가열되어 격렬한 대규모 시위가 빈발하였던 것과 비교할 때, 1979년 상반기 학생운동은 호흡을 고르는 분위기였다. 상반기에 전개된 대규모 시위는 6월 25일 고려대생 1,000여 명이 벌인 카터 방한 반대시위 뿐이었다. 이 시기 학생운동의 숨 고르기 국면은 박정희 정권이 공안정국을 조성하며 민주화운동세력을 강력하게 몰아붙인 탓이었다.

1979년의 유신반대투쟁은 고려대생들의 '지하신문 발송'으로 시작되었다. 2월 24일 겨울방학 동안 정태헌 등 고려대생 5명이 1978년의 학생운동을 정리하는 내용의 지하신문을 만들어 고려대 학생 500여 명에게 발송하였다. 이들은 지하신문에서 "반민족 재벌독재 타도" "반민족 유신독재 철폐" "학원자유 쟁취" "기관원 추방" "노동운동 탄압 반대" "구속인사 석방" "제적학생 복귀" 등을 요구하였다. 더불어 통일은 "반통일세력의 붕괴와 정치적·경제적 민주 정립에서 비롯된다"고 언급하였다. 1970년대 후반기 학생들은 유신반대투쟁 선언문에서 '통일과제'에 대한 언급을 거의 빠뜨리지 않았는데, 고려대 지하신문 발송자들 역시 마찬가지였다.(이재오, 1984, 376쪽)

1979년 상반기 운동권 학생들의 주목을 끌었던 이슈 중의 하나는 병역 문제였다. 물론 이 문제는 민주화운동 전체에 영향을 미쳤던 사안은 아니었다. 하지만 운동권 학생들, 특히 긴급조치 9호 위반자로 낙인찍혀 입대해야만 하였던 이들에게는 중대한 사안이었다.

박정희 정권은 일찍부터 학생·청년 주도의 유신반대투쟁을 효과적으로 억제할 방안을 마련하고자 부심하였다. 그 결과 찾아낸 '묘안'이 민주화운동에 참여한 학생들을 입대시켜 사회로부터 격리시키는 것이었다. 1975년 7월 11일 당국은 병무청으로 대외비 문서를 내려 보냈다. 지시 내용은 긴급조치 위반으로 형을 받은 사범 중 "3년 미만의 형인 경우 병무사범에 준하여 처리"하라는 것이었다.

기존 병역법에 따르면 수형자들은 보충역으로 편입시키도록 되어 있었고, 이에 따라 긴급조치 위반자들도 보충역으로 편입되는 것이 당연하였다. 다시 말해 긴급조치 위반자들을 현역으로 입대시켜 사회로부터 장기간 격리시키는 것은 제도상 불가능하였다. 이에 박정희 정권은 "수형자일지라도 긴급조치 위반 수형자는 별도로 취급하는" 변칙을 만들어냈다.* 이로써 출옥한 학생·청년들을 다시 현역으로 입대시켜 3년 이상 사회로부터 격리시킬 수 있었다.

이로 인해 긴급조치 9호 위반으로 형을 산 이들이 출감과 동시에 다시 입대해야 하는 사태가 발생하기 시작하였다. 1977년 우영제(한국외국어대), 박성규·송병춘·김정환(서울대 사대) 등이 징역을 살고 출감하자마자 곧 강제입영당하였다.(『1970년대 민주화운동』 4, 1,758쪽) 1978년 말에도 박정희 정권은 109명을 특별사면하고, 이를 대대적으로 선전한 뒤 이들에게 입영 영장을 발부하였다. 사면은 복권이 아닌 잔여 형기의 집행을 면제하는 수준에 불과하였고, 학생들에게 가장 중요한 복교도 허용하지 않았다.

* 기존 병역법에서는 6개월 이상의 금고 또는 징역형을 받은 자는 자질 미달로 4급 보충역에 편입시켜 방위소집 대상에서조차 제외시켰다. 단 병역법 위반으로 형을 선고받은 '병무사범'은 동 규정을 적용치 않고 현역 입영 조치토록 하였다. '병무사범'이란 병역기피자, 병역의무의 면제, 연기 또는 그 기간의 단축을 목적으로 병무 사무를 담당하는 자에게 부정한 청탁을 한 자를 지칭하였다. 만일 병무사범의 경우까지 수형자라는 이유로 소집면제 처분을 내린다면 처벌이 효과적이지 못하기 때문에 징역과 병역 의무를 모두 부과함으로써 제도상의 허점을 보완한 것이다. 박정희 정권은 이 조항을 긴급조치로 실형을 살고 나온 학생들에게 변칙적으로 적용하여 민주화운동을 탄압하기 위한 수단으로 활용하였다.(『1970년대 민주화운동』 4, 1,758쪽)

특별사면으로 출감한 학생들은 박정희 정권의 부당한 병역 조치에 대해 항의하였다. 1979년 2월 9일 서울에서 이범영을 위원장으로 하는 병역문제대책위원회가 결성되었고, 3월 3일에는 병역문제대책위원회 호남지부가 결성되었다. 병역문제대책위원회는 "입영처분을 철회할 것" "병역의무를 정치적으로 악용하지 말 것" "퇴학·제명·제적·정학 학생들을 전원 복교시킬 것" 등을 요구사항으로 내걸고, 입영조치거부운동에 들어갔다. NCC 위원회, 해직교수들, 가톨릭정의구현전국사제단, 엠네스티 한국지부, 양심범가족협의회 등도 이들의 주장에 동조하며 지지성명을 잇달아 발표하였다.

유신정권은 병역거부자들의 주장에 대응할 명분이 마땅치 않자[*] 공권력을 동원해 사태를 수습하고자 하였다. 3월 8일 '병역기피에 관한 범죄단체 결성' 혐의로 대책위원회 호남지부 위원장인 백계문을 연행한 것을 시작으로 반병률, 김태경, 양관수, 장만철, 문국주(이상 서울대), 정민수, 최인규(이상 전북대) 등 대책위원 8명을 차례로 연행하고, 서울지부 위원장인 이범영을 수배하였다. 그리고 석방학생의 병역 문제에 대한 호소문을 국회의원들에게 전달하려던 최상일을 병역기피 방조 혐의로 구속하였다.[**]

1979년 상반기 학생운동의 주요 사안이 되었던 것은 미국 대통령 카터의 방한이다. 1979년 6월 지미 카터 미대통령의 방한 일정이 잡혔다. 학

---

[*] 투쟁위원회는 병무청이 병역 위반 및 기타 수형자들은 입영 제한 대상이 되지 않는다고 답변하자, 다음과 같은 구체적인 질의를 담은 반박문을 병무청에 다시 발송하였다. "첫째, 민원상담실에는 병무사범만을 제외한다고 공시되어 있는데, 소위 '기타의 수형 사실'이란 오직 긴급조치 위반만을 가리키는 것인가, 둘째, 의무는 권리에 수반되는 것인데, 권리는 인정치 않으면서 의무만을 강요하는 것은 법의 정신에 위배된다."(『1970년대 민주화운동』 4, 1,760쪽)

[**] 결국 유신정권 붕괴 이후 정부 당국은 관련 조항을 수정하지 않을 수 없었다. 1980년 3월 20일 정부는 "긴급조치 위반으로 수형 사실이 있거나 학원소요와 관련해 제적된 학생 중 복교자에 대해 병역법과 병무청 내규에 따라 병역특혜 조치를 취하기로 하였다"고 발표하였다. 결코 특혜라 할 수 없는 내용을 특혜라 언급한 것이다.(『1970년대 민주화운동』 4, 1,762쪽)

생 및 재야 민주화운동세력 모두는 즉각 카터의 방한을 문제 삼았다. 1977
년 초 카터 행정부와 박정희 정권은 주한미군철수 문제와 박동선사건, 한
국의 인권 문제 등을 두고 갈등을 계속하였다. 하지만 박동선사건이 1978
년 11월 외교적으로 타결되고, 유신정권이 김대중 등 일부 긴급조치 위반
자들을 석방하면서 양 정부의 갈등은 완화되기 시작하였다. 그 결과 카터
의 방한이 성사되었다.

카터가 6월 29일 방한한다는 소식을 접한 재야 민주화운동세력은 즉
각 반대하는 시위를 전개하였다. 고려대생들은 이에 호응하는 시위를 전
개하였다. 카터 방한을 4일 앞둔 6월 25일 고려대생 1,000여 명이 반대시
위를 전개하였다. 고려대생들은 카터의 방한이 유신체제 강화에 이바지하
고 그 결과 민주화의 저해 요소가 될 뿐이라는 내용의 성명서를 발표하고
도서관 앞에서 농성을 벌였다. 고려대생들은 이날 배포한 "6월민족선언
문"에서 "박정희 독재정권의 반민주·반민중적 과오를 더 이상 방관할 수
없다"고 언급하며, 유신철폐와 카터 입국 결사반대를 외쳤다. 이날 시위로
6명이 연행되고 3명이 구속되었다.(이재오, 1984, 377쪽) 그리고 전 한신대
생 김성종과 동월교회 집사 이철용이 6월 27일 광화문 교육회관 앞에 있던
카터 방한 환영아치를 불태웠고, 이로 인해 구류 처분을 받았다.

YH사건 이후 학생들의 유신철폐투쟁 고조　　1979년 8월 11일 YH사건
　　　　　　　　　　　　　　　　　　　　　　발생으로 정국은 급변하기
시작하였다. 대학생들은 9월 개강과 함께 YH사건을 주요 이슈로 하여 유
신철폐투쟁과 학원민주화를 위한 대규모 시위를 벌여나갔다.

9월 3일 강원대생 800여 명이 "YH사건 규탄" "유신철폐" "경제파탄 책
임" 등을 외치면서 교내에서 격렬한 시위를 벌이고 농성을 전개하였다. 이

들은 오후 12시 30분경 도서관과 강의실에 선언문과 결의문 1,000여 매를 뿌리고 학생회관에 모여 선언문과 결의문을 낭독한 후 가두시위를 시도하였다. 경찰에 의해 시위가 저지되자 학생회관 내에서 농성을 전개하였다.

9월 4일에는 대구지역 학생들이 대학연합시위를 시도하였다. 9월 4일 대구 시내 계명대, 영남대, 경북대 등 3개 대학이 연합으로 '사회정의 구현을 위한 경북학생협의회'를 결성하고, 협의회 명의의 선언문을 낭독하며 시위를 전개하였다. 3개 대학 중 경북대와 영남대 학생들의 시위 시도는 경찰의 방해로 실패하였으나, 계명대에서는 1,500여 명이 참가하는 대규모 교내시위가 전개되었다. 계명대 학생들은 "유신헌법 철폐" 등의 구호를 외치며 농성을 벌였고, 참여 학생은 2,000여 명으로까지 불어났다. 이후 학생들은 후문을 박차고 나가 가두시위를 벌였다. 학생들은 2·28의거기념탑까지 진출하였다. 경찰의 무차별 진압으로 87명이 연행되었고, 수백 명이 부상을 입었다. 체포를 면한 일부 학생들은 신민당 경북도지부 사무실로 피신하여 밤 11시 30분까지 농성을 벌였다.(이재오, 1984, 377~378쪽; 민주화운동기념사업회 연구소 편, 2006, 365쪽) 이 사건으로 계명대와 경북대 학생 5명이 구속되었다.

같은 시간 대구 시내 중심가에도 선언문이 살포되었다. 선언문에서 학생들은 특히 민중 생존권 문제 해결을 강조하였다. YH사건의 진상규명과 농협의 수탈행위 및 노동3권 유보조항 철폐를 요구하고, 더불어 경찰의 강경 진압 외중에 사망한 YH 여성 노동자 김경숙 양의 죽음에 사죄할 것을 주장하였다.

9월 11일에는 서울대생 1,500여 명이 시위를 전개하였다. 이날 학생들은 '민족민주선언' '학원민주선언' '경제시국선언' 등 세 가지 선언문을 발표하고, "외자-수출의 경제구조는 국내적으로는 노동자·농민의 착취·수탈 구조이며 대외적인 종속기구이다"라고 강하게 비판하였다. 이들은

표5 1979년 각 대학 긴급조치 위반사건 발생 및 시위 전개

일 시	대 학	내 용
1979. 2. 24	고려대	정태헌 등 3명, 긴급조치를 비방하는 내용의 유인물을 배포.
1979. 4. 6	고려대	이내영과 김경탁 등이 시위예비 혐의로 검거·구류.
1979. 4. 15		민주구국학생연맹사건. 각 대학 연합시위를 모색하였다는 혐의로 10여 명이 연행당함. 한신대, 고려대, 전남대 학생 등 5명 구속.
1979. 4. 17	한신대	4월혁명기념 마라톤대회 도중 "유신철폐"를 외치며 시위.
1979. 4. 22		4월혁명기념 교회학교수련회에 참석한 전주지구 기독학생들이 학교에서 처벌받음. 송채(전북대 자퇴), 손인성, 신응채(전북대 강사) 외 2명이 강제입영당함.
1979. 5. 10	계명대	계명대 기독학생회 연극반원들, 연극 공연의 내용이 사전검열 받은 것과 다르다는 이유로 현장에서 끌려나옴. 2주 후 5명이 정학 처분받음.
1979. 5. 15	영남대	영남대 탈춤 공연 중 '민주주의 장례식' 거행. 8명이 연행되고 2명이 구속당함. 8명 전원은 학교 당국으로부터 무기정학을 받음.
1979. 5. 22	성균관대	축제 때 사용한 무실학생회의 『노래모음집』과 관련하여 2명 구속, 5명 불구속입건당함. 학교로부터 모두 제적당함.
1979. 5. 30	서울대 농과대	축제 첫날 "유신철폐" 등의 구호를 외치며 농성.
1979. 6. 25	고려대	고려대생 1,000여 명, 카터 방한 반대시위. "6월민족선언문" 낭독.
1979. 9. 3	강원대	강원대생 800여 명, 'YH사건' 규탄하는 시위 및 농성. 최윤, 성낙철 등 6명 구속.
1979. 9. 4	계명대·영남대·경북대	3개 대학 연합으로 '사회정의 구현을 위한 경북학생협의회' 결성. 선언문 "이 어둔 역사의 조타수가 되지 못한다면"을 발표하고 연합시위.
1979. 9. 11	서울대	서울대생 1,500여 명, "민족민주선언" "학생민주선언" "경제시국선언" 등 세 가지 선언문 발표하고, 산발적 시위 전개. 70여 명 연행당하고 그중 5명 구속.
1979. 9. 18	경희대	경희대생들, "전체 대학생의 뜨거운 가슴에 호소한다"는 제목의 선언문을 배포. 윤종천, 정해랑 등 2명 긴급조치 9호 위반으로 구속.
1979. 9. 18	고려대	고려대생 유재욱과 박종혁이 "구국선언문"이라는 제목의 유인물 살포 혐의로 구속.
1979. 9. 20	서울대	서울대생 수백 명이 "민주민중선언"과 "1979 학원민주화선언" 및 "근로민중생존권수호선언" 등의 선언문을 배포하고 시위 전개.

일 시	대 학	내 용
1979. 9. 21	서울대	유신철폐 요구하며 대규모 교내시위 계속.
1979. 9. 26	이화여대	이화여대생 3,000여 명, "이화민주선언" 발표하고 반유신집회. 원혜경이 긴급조치 9호 위반으로 구속.
1979. 9. 27	연세대	연세대생 수백 명이 연고전 응원 연습 중 "유신철폐"를 외치며 교내시위 전개. 가톨릭 서클에서도 성명서 발표. 조영희와 13명이 긴급조치 위반으로 구속.
1979. 9. 28	고려대	연고전 마지막 날 시가행진 중 반유신선언문 배포. 설훈 등 6명 구속.
1979. 10. 5	서울대	서울대생 고영목, 김운태, 황순현, 조병태, 전동균, 윤욱준, 한철희, 손경명, 고세현, 박일용, 유동환 등이 변두리 극장에서 반정부유인물을 살포. 긴급조치 9호 위반으로 구속.
1979. 10. 14	고려대	고려대생 유인물사건 발생.
1979. 10. 15	부산대	"민주투쟁선언문" 살포.
1979. 10. 16	이화여대	"민주회복구국선언문" 배포하고 시위 전개. 박영숙 외 1명 불구속 입건.
	부산대·동아대	부마항쟁 발발. 부산대생 5,000여 명이 유신철폐, 독재타도, 학원탄압 중지 등 요구하며 교내시위 후 가두 진출하여 산발적 시위 전개. 저녁 이후 시민들 가세. 급격히 불어난 시위 군중이 격렬한 시위 전개. 파출소, 방송국 등 파괴.
1979. 10. 17	이화여대	나혜원, 진희숙 등 2인이 반정부유인물 배포 혐의로 구속.
	전남대	전남대 상담지도실 방화사건 발생. 27명 연행되고 그중 10명 구속.
	부산대·동아대	양 대학 학생들과 시민 합세하여 김영삼 총재 제명을 규탄하고 유신철폐 요구.
1979. 10. 18	서울대	임근묵, 반체제 가요 수집 혐의로 구속.
	한국외국어대	상경학부 학생들, 반정부유인물 살포.
	마산대·경남대	부산이 계엄령하에 있을 때 마산대·경남대 학생 1,000여 명 모여 반정부집회 개최. 이 중 300여 명 시내 진출하여 민주회복 요구하며 시위 전개. 시민들 합세하여 파출소와 방송국 파괴하는 등 격렬한 시위.
1979. 10. 19	서울대	서울대생 300여 명이 '강제휴학명령권'을 부여한 학칙개정안에 반대하며 시위.
1979. 10. 24	한국외국어대	김원일, 인원근 등 2명이 유인물 배포 관련하여 구속.
1979. 10. 25	계명대	계명대생 2,000여 명, 유신철폐 외치며 시위 전개.

박정희가 경제위기를 책임지고 물러나야 한다고 주장하였다. 이날 시위로 70여 명이 연행되었다. 서울대생들은 9월 20일 다시 시위를 전개하였다. 이날 수백 명의 학생들이 오후 늦게까지 교내 곳곳에서 격렬한 시위를 벌였고, "민주민중선언" "1979 학원민주화선언" "근로민중생존권수호선언" 등 세 가지 선언문을 배포하였다.(한국기독교사회문제연구원, 1983, 382~383쪽)

9월 26일에는 이화여대생들이 대규모 집회를 가졌다. 3,000여 명이 참석한 가운데 이화여대생들은 독재정권 퇴진을 요구하는 내용의 "이화민주선언"을 발표하였다. 9월 27일에는 연세대생들이 연고전 응원연습 도중 유신철폐를 외치며 시위를 벌였다. 이날 시위로 13명이 구속되었다. 연고전 마지막 날인 28일에는 고려대생들이 반유신선언문을 배포하였다.

10월에 접어들어서도 학생들의 유인물 배포와 시위는 이어졌다. 그리고 10월 16일 부산대 학생들의 시위로 시작된 부산지역 대학생들의 대대적인 유신철폐 투쟁은 부마항쟁으로 발전하며, 박정희 유신정권의 붕괴를 이끌어냈다.

이 시기 대학생들의 학원민주화 요구와 관련해 반드시 짚어봐야 할 사안이 '지도휴학제'이다. 9월 26일 서울대는 학생의 희망에 따라 휴학을 허가해온 기존 방식을 총장이 직권으로 휴학을 명할 수 있도록 개편하였다. 교칙 개편 후 서울대는 교내활동과 관련된 학생 22명을 '지도휴학' 방식을 통해 징계하였다.(민주화운동기념사업회 연구소 편, 2006, 365쪽)

10월 19일 서울대생 시위에서 배포된 "학원민주화투쟁선언"은 "지배세력을 훈련시키는 고급병영"으로 변질되고, '민주학생'을 철저히 통제하는 대학의 상황에 대해 강력히 비판하였다. 특히 서울대 학생들은 '지도휴학제'를 구체적으로 거론하며, '민주학생'들을 상대로 "일제 말의 저 유명한 '사상범예비검속령'을 재현하려는 음모"라고 신랄하게 비판하였다. 학생들은 행동강령에서 지도휴학제 완전 폐지, 부당 징계 전면 철회, 대학의 자주성 회복과 민주화 완수 등을 위해 끝까지 투쟁할 것을 천명하였다.* (『1970년대 민주화운동』 5, 1,939쪽)

---

* 이날 "강제 휴학생들이 보내는 글"이란 유인물도 함께 뿌려졌다. 이 문건에서는 '지도휴학제'를 "학생 보호라는 허울을 쓴 '강제휴학명령권'의 발동"이라고 비판하였다.(『1970년대 민주화운동』 5, 1,939쪽)

4

재야 민주화운동세력의 결집과 유신철폐투쟁

1978년 지식인·문인·청년운동과 민주주의국민연합 결성

**지식인·청년운동 강화와
"우리의 교육지표"사건**

재야 민주화운동도 학생운동과 마찬가지로 1978년 들어 더욱 활발한 움직임을 보였고, 이는 민주화투쟁을 하는 재야세력을 총망라하는 범국민적 반유신독재 연합전선 구축으로 연결되었다. 1978년 연초부터 재야 민주화운동세력은 성명서를 발표하고 인권기구를 발족하는 등 활발한 활동을 전개하였다. 1월 6일 긴급조치 9호 위반으로 구속되어 옥고를 치른 문익환, 함세웅, 이부영 등에 대한 환영식이 600여 명이 참석한 가운데 기독교 대강당에서 개최되었다. 이 자리에서 3·1민주구국선언사건으로 구속 또는 불구속 재판을 받았던 18명의 이름으로 "성명서"가 발표되었다.

재야 민주인사와 지식인 그룹들의 성명서 발표 방식은 크게 두 가지로 나누어 볼 수 있다. 하나는 민주인사 개인들이 연명하는 방식이다. 1978년 10월 17일 402명이 서명하여 발표한 "국민선언"도 여기에 속한다. 다른 하

나는 여러 단체가 공동성명을 발표하는 방식이다.(『1970년대 민주화운동』 3, 1,037~1,038쪽)

1978년 1월 12일에는 윤보선, 지학순, 조화순, 함석헌, 천관우, 박형 규, 정구영 등 민주인사 7인이 "민주국민에게 고함"이라는 제목의 성명서 를 발표하였다. 7인은 성명서를 통해 "유신체제 철폐" "긴급조치를 철폐하 고 모든 양심범을 석방하며 언론의 자유를 실현할 것" "인류 공동선에 기 여하는 외교관계를 재정립할 것" "근로자의 생존권을 보장하고 노동3권을 노동자에게 되돌려 줄 것" 등을 요구하였다. 더불어 이들은 "현재의 제도 와 법 체제하에서 선거란 민주주의와는 아무런 관련도 없는 요식행위"라고 규정하고, 그 어떤 선거도 인정할 수 없다는 입장을 천명하였다.(『암흑 속 의 햇불―7·80년대 민주화운동의 증언』 3, 232쪽)

3·1절 59주년 기념일을 맞아 민주인사 66명이 모여 "3·1민주선언"을 발표하였다. 이들은 선언서에서 유신체제가 만들어 놓은 국내 정치상황이 전근대적 절대왕권보다 더한 1인독재로 귀결되었고, 대외적으로는 정권유 지만을 위한 외교를 전개하며 국위를 손상시키고 있다고 지적하였다. 또 한 사회적으로 이기적 신앙심을 조장하고, 학원을 병영화하며, 언론에 대 해 강력한 통제를 가하는 한편, 경제구조는 근로자를 수탈하는 데 맞추어 져 있다고 비판하였다. 이와 함께 남북한 정권 모두 통일과 민주주의의 구 호를 단지 독재정권을 강화하기 위해 활용하고 있다며 날카롭게 지적하였 다.(『암흑 속의 햇불―7·80년대 민주화운동의 증언』 3, 246~251쪽) 그리고 민주헌법 제정, 양심수 석방, 인혁당 피고인들에 대한 공정한 재판, 학원 병영화 철폐, 언론통제 철폐 등을 구체적인 요구사항으로 제시하였다. 3·1 절을 전후하여 80여 명의 재야 민주인사들이 연금을 당하였다.

한편, 박정희 정권의 인권침해 조사와 법적 구제를 목적으로 한 '한국 인권운동협의회'가 1977년 12월 29일 발족되었다. 종교계 인사들이 중심이 된 이 기구에는 회장에 조남기 목사, 부회장에는 김승훈 신부가 추대되었다. 협의회는 발족 성명서를 통해 일제 식민통치가 남겨 놓은 인권유린의 상습화가 해방 이후에도 청산되지 못하여 지금까지 존속하고 있음을 지적하고, 특히 5·16쿠데타 이후 장기집권과 유신체제, 그리고 긴급조치로 인해서 자유와 민주와 인권의 정신이 결정적으로 파탄되었다고 언급하였다.

민청학련사건 관련자들이 중심이 된 '청년구속자'들도 1978년 5월 12일 '민주청년인권협의회'를 결성하였다. 1978년 1월 20일 민청학련사건 관련자 67명은 풀려나지 못한 6명의 석방을 촉구하는 성명서를 발표하였다.* 이 성명을 계기로 그간 흩어져 있던 석방자들이 연결되었다. 그중 일부는, 유신체제하에서 민주화를 요구하였다는 이유만으로 '요시찰' 인물이 되어 끊임없이 박해를 당하는 현실에 대처하기 위해서는 조직을 통한 대응이 필요하다는 데 공감하고 '민주청년인권협의회'를 결성하게 되었다. '민주청년인권협의회'는 1979년 '민주청년협의회'로 명칭을 바꾸고, 조직의 지향이 인권운동보다 민주화투쟁에 있음을 분명히 하였다.

1978년 3월 20일 동일방직, 원풍모방, 방림방적 등에 소속된 노동자 100여 명이 기독교방송국으로 몰려가 반인륜적 탄압을 받는 노동자들의 현실을 보도하지 않는 데 대해 강력히 항의한 사건은 재야 민주화운동 및 지식인운동에 커다란 자극제가 되었다. 당시 노동자들은 "새가 죽으면 크게 보도하고, 사람이 죽으면 보도하지 않느냐"고 절규하였다. 그리고 "산업선교회를 빨갱이로 보는 데 대해 왜 아무 말도 안하느냐"면서 '반공'지배 논리에 맹목적으로 복종하는 언론을 통렬히 비판하였다.

---

* 이들은 민청학련사건 관련자 중 이현배, 유인태, 이강철, 김효순 등을 대학 졸업자라는 이유로 석방에서 제외시킨 것은 행위 당시에 학생 신분이었던 사실을 도외시한 처사이며, 김지하와 장영달을 재구속한 것도 부당하다고 주장하였다.(『1970년대 민주화운동』 4, 1,706쪽)

그렇다고 해서 당시 민주화운동세력이 노동자·농민들의 현실에 전혀 관심을 기울이지 않았던 것은 아니다. 이미 1977년부터 민주화운동세력은 근로대중의 생존권 문제에 대한 관심을 표명하고 있었다. 1977년 방림방적 노동자들의 체불 문제가 사회적 이슈가 되자, 같은 해 9월 재야인사 106명은 '방림방적 체불임금 대책위원회'를 구성하였고, 12월 23일에는 윤보선, 함석헌, 지학순, 천관우, 박형규의 명의로 "한국노동인권헌장"을 발표하였다. 1977년 노동운동과 유신체제가 정면으로 대립하는 양상이 나타나면서, 재야인사들은 노동자의 비참한 현실을 직시하고 '민중연대'에 적극적으로 관심을 표명해나갔다.(김대영, 2005, 434쪽) 종교계와 재야 민주인사들은 1978년 3월 27일 '동일방직사건 긴급대책위원회'를 조직하여 이들과 연대하였다.

특히 노동자·농민들의 생존권투쟁에 대한 종교단체의 지원은 주목할 만한 것이었다. 농민들의 생존권투쟁에 대한 가톨릭농민회와 천주교의 지원활동(윤일웅, 1985, 220~224쪽), 노동자들의 근로조건 개선, 체불임금 지불, 노조 결성 등 기본권과 생존권 확보투쟁에 대한 도시산업선교회 및 가톨릭노동청년회의 지원은 유신체제하에서 노동자·농민운동이 뿌리를 내리는 데 큰 힘이 되었다.

여성 노동자들이 방송국으로 몰려가 자신들의 권익을 찾기 위해 강력히 항의하는 모습은 지식인들에게 자성과 결집의 계기가 되었다. 해직교수들은 '지식인들의 비겁과 무기력'을 자성하며 보다 적극적인 운동 방안을 강구하였다. 이에 3월 24일 연락이 닿는 해직교수들을 중심으로 먼저 '해직교수협의회' 발족을 결의하고, 당일 기독자교수협의회와 공동으로 "언론계 여러분께 보내는 공개장"을 발표하였다. 공개장에서 해직교수들은 동일방직사건 등 노동계 사태를 외면한 언론계를 질타하였다. 이후 준비과정을 거쳐 4월 13일 18명이 참가한 해직교수협의회가 공식 발족하였다. 해직교수들은 협의회 발족을 알리는 "동료 교수들에게 보내는 글"을 발표하였다. 해직교수협의회 발족은 기독자교수협의회라는 종교적으로 한정된 틀을 넘어서 민주화를 위한 반유신 지식인 집단을 결집시키는 계기가 되었다.*

문인들은 1974년 11월에 자유실천문인협의회를 결성해 민주화운동을 전개하고 있었고, 언론계에서도 해직기자들이 1975년 3월 자유언론수호투쟁위원회를 만들어 활동하고 있었다. 두 단체는 1978년에도 활발한 활동을 전개하였다. 자유실천문인협의회는 3월 13일 동대문성당에서 '김지하 시인을 위한 기도회'를 개최하고, 협의회 산하에 '김지하 구출위원회'를 만들었다. 4월 24일에는 백범사상연구소와 공동으로 '민족문학의 밤'을 개최하였다. 해직기자들은 3월 17일 동아투위 발족 3주년 기념식을 갖고, 언론자유를 억압하는 모든 악법과 제도를 철폐할 것을 촉구하는 성명서를 발표하였다. 해직기자들은 또 동일방직 노동자들의 투쟁에 동조하는 5일간의 단식농성을 벌였다.

다양한 인적관계로 얽혀 있었던 문학계, 학계, 언론계의 조직들은 적극적인 연대활동을 전개하며 민주화운동 발전에 일익을 담당하였다. 1978년 5월 18일 통일주체국민회의 대의원 선거 당일 윤보선, 정구영 등 재야인사와 해직교수, 해직언론인 등 66명이 "오늘의 우리 주장"을 발표하고, 통일주체국민회의 대의원 선거 무효를 선언하였다. 1978년 5월 26일에는 자유실천문인협의회와 해직교수협의회 공동명의로 "시인·지식인을 석방하라"는 제목의 문건을 발표하였다. 6월 9일에는 해직교수협의회, 기독자

* 한완상은 해직교수협의회의 발족 동기로 첫째, 기독자교수협의회(기교협)에 기독교와 관련 없는 교수들이 상당수 참여하게 되었다는 점, 둘째, 비기교협 교수들과 기교협 교수들의 연대로 '기교협'과는 다른 성격의 조직이 필요하게 되었다는 점, 셋째, 해외에서 해직교수들을 지원하려는 움직임이 있어 이를 전담할 창구가 필요하였다는 점 등을 들었다.(서울대학교 교수민주화운동 50년사 자료집 편찬위원회, 2001, 411쪽)

교수협의회, 동아투위, 조선투위 등 4개 단체가 공동성명서 "대학교수와 언론인에게 보내는 글"을 발표하였다. 이들은 성명에서 "교수가 대학과 나라와 겨레에 대해서 진실을 말하였던들, 언론이 사실을 보도하고 그에 대한 논평을 해왔던들, 결코 있을 리 없었던 대학생들의 수난입니다. 아니 민주교육과 자유언론이 없이는 나라와 겨레의 수난만이 있을 뿐입니다"라고 지적하였다.(『1970년대 민주화운동』4, 1,679쪽)

교수들의 자성을 촉구하는 이와 같은 외침에 대해 현직 대학교수들도 부분적인 동조 움직임을 보였다. 1978년 6월 27일 전남대 송기숙 등 현직 교수 11명이 "우리의 교육지표"를 발표하였다.* 이들은 유신교육이 국가주의 교육사상에 강하게 경도되어 있고, 민주주의를 배제한 민족중흥 구호는 전체주의와 복고주의의 수단으로 전락하였다고 비판하였다. 또한 이들은 지금 격동하는 국내외 정세 속에서 요청되는 것은 우리의 일상과 학원을 민주화하고, 3·1운동과 4·19혁명 정신을 계승하여 자주평화통일을 위한 민족역량을 함양하는 교육을 실시하는 것이라고 강조하였다.(김삼웅 편, 1984, 305쪽) 박정희 정권의 지배 이데올로기를 분단국가주의로 규정하며 비판하였던 것이다.

서명 교수들은 성명서 발표 직후 모두 중앙정보부 전남지부로 연행되어 조사를 받았다. 송기숙 교수는 긴급조치 9호 위반 혐의로 구속되었고, 나머지 교수들도 모두 해직되었다. 원래 이 성명서는 전 연세대 교수 성내운과 전남대 교수 송기숙이 작성하여 광주 및 서울의 각 대학 교수들로부터 서명을 받을 예정이었으나 차질이 생겨 계획대로 진행되지 못하고, 전남대 교수 11명과 이화여대의 이효재 교수만 서명을 하게 되었다. 성내운

* 서명한 11명은 김득진, 김정수, 김현곤, 명노근, 배영남, 송기숙, 안진오, 이석연, 이방기, 이홍길, 홍승기 이다.

교수는 1979년 1월 긴급조치 9호 위반으로 구속되었다.

유신정권은 '지도교수제'를 통해 교수로 하여금 학생들을 감시하도록 하였고, 시위가 벌어지면 교수들을 동원해 학생들을 제지하도록 하였다. 교수들은 유신정권의 압력과 학생들의 반발 속에서 이중의 고통을 받아왔던 것이다.(『1970년대 민주화운동』 4, 1,694쪽) 그러므로 현직 교수들이 발표한 "우리의 교육지표"는 암울한 현실에 짓눌려 있던 교육계에 신선한 충격을 주기에 충분하였다. 전남대, 조선대 학생들이 서명 교수들의 연행에 격렬한 시위를 벌였고, 각계의 지지성명이 이어졌다. 자유실천문인협의회(6월 29일), 한국인권운동협의회(6월 30일), 천주교 광주대교구사제단(6월 30일), 전국교구사제단(7월 10일) 등이 전폭적인 지지성명을 발표하였다. NCC 인권위원회도 "전남대 교수 11명이 죽음과 같은 교육계의 정적을 깨고 "우리의 교육지표"를 선언한 일은 이땅에 아직도 많은 양심적인 교육자들이 살아있다는 것을 실증하는 쾌거"라 평하고, 유신정권이 속히 과오를 시정하고 참다운 민주교육을 실현할 것을 촉구하였다.

민주주의국민연합 발족　　　1978년에 들어서며 각계의 반정부운동들이 본격적으로 분출하자 민주화운동세력 내에서는 분산된 힘을 하나로 모아 체계적인 활동을 전개하자는 논의가 대두하였다.(『1970년대 민주화운동』 4, 1,716쪽) 1978년 7월 '민주주의국민연합' 발족은 이와 같은 반정부운동의 고양과 인식의 전환에 따른 결과물이었다.

1978년 7월 5일 종로 5가 기독교회관에서 민주주의국민연합 발기대회가 예정되었으나 당국의 방해로 좌절되었다. 발기대회 전날 윤보선, 함석헌, 박형규, 조남기, 김승훈, 함세웅 등 40여 명이 가택연금을, 청년 운동가들은 강제 연행을 당하였다. 또한 당일 아침 일찍부터 대회장인 기독교회관 입구를 차단하고 구속자 가족들을 강제 귀가시켰다. 대통령 선거 기간까지 맞물리면서 만 4일 동안이나 불법 연금과 강제 연행이 자행되었다.

7월 5일 대회는 좌절되었으나, 발족선언문인 "민주국민선언"은 발표되었다. 개신교와 천주교 인사, 문인, 교수, 청년, 언론인, 양심범 가족, 노동자, 농민 등 12개 단체와 그 구성원 및 재야정치인 등 350여 명이 발족선언문에 이름을 올렸다. 민주주의국민연합은 규모가 대폭 증가하였다는 점에서뿐 아니라, 그간의 재야 민주화운동 발전을 반영하여 개인만이 아닌 소속 단체가 명기되었다는 점에서 기존 '민주회복국민회의'와 차이가 있었다.(김대영, 2005, 425쪽) 그러나 참여한 모든 이들에게 사전 동의를 구하였던 것은 아니었다. 민주주의국민연합 발족을 추진하였던 주체들은 범국민적 조직체로서의 면모를 갖추고자 하였고, 이에 발기대회에서 중앙과 지방을 포괄한 전국적 규모를 과시하고자 다소간 무리를 하였던 것이다.(『1970년대 민주화운동』4, 1,720쪽)

발기대회를 무산시킨 정부는 이후 민주주의국민연합 관련자들에 대한 강압적이고도 철저한 조사를 실시하였다. 문익환 목사를 비밀장소에서 조사하는 한편, 발족선언문에 이름이 올라있는 이들을 무조건 연행하여 조사를 하고 탈퇴를 강요하였다. 광주, 전주, 부산 등 지방에서는 조사가 더욱 심하게 이루어졌다.(『1970년대 민주화운동』4, 1,720~1,721쪽) 이처럼 출발점부터 탄압을 당하며 완전한 내적 통합을 이루지 못한 민주주의국민연합은 조직적인 활동을 전개하지 못하였다. 1979년 3월 '민주주의와 민족통일을 위한 국민연합'으로 체제를 확대 개편할 때까지 주로 성명전을 벌이는 데 그쳤다.(『1970년대 민주화운동』4, 1,720~1,721쪽)

1978년 8·15를 앞두고 민주주의국민연합은 박정희 정권을 정면으로 부정하고, 몰락을 앞둔 정권과 일전을 벌일 것임 강조하는 내용의 "8·15선언"을 발표하였다. 민주주의국민연합은 "8·15선언"에서 박정희 정권을 더 이상 변화하는 국내외 정세에 대처할 수 있는 통치능력과 정당성을 갖고 있지 못한 정권으로 규정하였다. 즉 유신정권은 "내외에서 몰려오는 전환기에 적응할 만한 어떠한 능력도 조건도 갖고 있지 않다. 민족의 통일을 말할 자격도 없으며 한반도의 평화와 통일을 이룩할 능력도 이념도 없다. 이제 그는 국민을 호령할 자격도 없으며 국민의 혈세를 관리·집행할 정당성도 완전히 잃었다"고 평가하였다. 민주주의국민연합은 당면 투쟁구도를 "한 사람에 의한 전 국민의 질식이냐, 전 국민에 의한 1인통치의 종결이냐를 결정짓는 싸움"으로 규정하였다. 끝으로 과도선거내각 임명과 자유로운 총선거를 통한 평화로운 정권교체를 요구하였다.

　"8·15선언"을 발표한 이후에도 민주주의국민연합은 계속해서 박정희 정권의 외교관계, 대통령 선출방식, 정통성 등 정치 문제에 대해 강도 높은 비판을 전개하였다. 1978년 9월 8일에는 인권운동협의회와 공동명의로 성명서를 발표하였다. 내용은 미국 하원의원 42명이 카터 대통령에게 박정희 정권의 비민주성과 인권 탄압을 비판하는 내용의 편지를 보냈음을 폭로하는 것이었다. 민주주의국민연합은 성명서에서 박정희 정권은 미 하원의원들의 행동을 주권 침해라고 반박하였지만, 이미 그럴 자격이 없다고 지적하였다. 즉 주권의 실체인 민중을 억압하는 정권이 주권 침해를 논할 자격이 없다는 것이다.(『암흑 속의 횃불-7·80년대 민주화운동의 증언』 3, 273~274쪽) 그리고 대한민국을 인권 탄압의 나라로 만들며 민족사에 오점을 남기고 있는 박정희 정권은 민주체제 확립을 위해 스스로 퇴진해야 할 것이라고 강조하였다.

　1978년 10월 13일에 개최된 금요기도회에서는 윤보선 전 대통령을 비롯한 한국인권운동협회장 함석헌, 부회장 문익환 목사 등 재야인사 402명이 서명한 선언문(10·17국민선언)이 발표되고, 이어 서명운동이 전개되었다. 이날 기도회에 참석한 118명이 즉석에서 추가 서명하였다. 재야 민주화운동세력은 선언문에서 유신헌법은 원천적으로 무효이며 '독재의 경전'에 불과한 것이라고 강조하였다.(한국기독교사회문제연구원, 1983, 352쪽) 이들은 유신헌법이 1971년 자신이 행한 '국헌준수선서'를 스스로 짓밟고, 법률적·헌법적 근거 없이 국회를 해산한 뒤 국민투표를 강행하여 만들어진 법에 불과하다고 지적하였다. 특히 유신헌법 부칙에 명시된 "이 헌법의 제정 과정에 대해 제소하거나 이의를 제기할 수 없다"(9조)는 조항은 유신헌법이 정당한 법절차를 거치지 않고 제정되었음을 스스로 폭로하는 것이라고 지적하였다.(『암흑 속의 횃불-7·80년대 민주화운동의 증언』 3, 277쪽) 선언문 발표 및 서명과 관련하여 문익환, 금영균, 공덕귀 등이 수사기관에 연행되었다. 민주주의국민연합은 계속되는 불법 연행·체포·구금·연금 사태에 항의하는 내용의 성명서를 발표하며, 현행법조차 스스로 지키지 않는 정부를 강하게 비판하였다.

12월 12일 실시될 제10대 국회의원 선거를 앞두고 민주주의국민연합 외 12개 단체가 12월 7일 "12·12 선거에 대한 우리의 입장"이란 공동성명서를 발표하였다. 이들은 비민주적인 선거 여건을 지적하고, '민주화와 인권'을 지향하는 선거가 되지 못한다면 이를 단호하게 거부하겠다는 입장을 밝혔다. 민주화운동단체들은 유신정권 재창출을 위한 선거를 반복해서는 국가의 발전이나 개혁을 기대할 수조차 없고, 하루라도 빨리 국민의 의사를 반영할 수 있는 민주적인 선거제도로 전환해야 한다는 입장을 성명서에서 분명히 밝혔다. 민주인사들마저 선거 여건에 대한 우려를 하지 않을 수 없던 상황이었던 만큼, 12·12선거 결과 야당에 대한 지지표가 더 많았다는 사실은 더욱 주목할 만한 것이었다. 이는 두말할 나위 없이 민심이 유신정권에서 떠났음을 확인시켜주는 것이었다.

연대기구 개편과 민중 주체 민주주의·민족통일 천명

'민주주의와 민족통일을 위한 국민연합' 결성　　1979년 3월 1일 '민주주의와 민족통일을 위한 국민연합'(민주통일국민연합)이 결성되었다. '민주통일국민연합'은 멀리는 재야 민주인사들이 1974년 발족시킨 '민주회복국민회의'를, 가깝게는 1978년 '민주주의국민연합'을 계승한 조직이었다. 1978년 7월 발기대회도 제대로 하지 못하고 성명전을 중심으로 유신반대투쟁을 전개하여왔던 '민주주의국민연합'은 김대중 석방을 계기로 새로운 조직으로 개편되었다. 1978년 12월 27일 제9대 대통령 취임식에 맞추어 사면된 김대중의 참가로 윤보선, 함석헌, 김대중이 공동의장이 되어 '민주통일국민연합'을 출범시켰다.˙ 이들은 출범식에서 "3·1운동 60주년에 즈음한 민주구국선언"을 발표하고, 유신체제 철폐와 민주정부 수립에 전력을 다할 것을 다짐하였다. 선언서는 1978년 총선 결과 민중이 유신체제를 거부하고 있음이 분명히 드러났다고 주장하면서, 박정희 정권은 사실상 패배하였다고 지적하였다.

　　'민주통일국민연합'은 민중이 중심이 된 민주주의와 민족통일 달성을 천명하였다. 의장단은 발족선언문에서 "성장하고 있는 민중의 힘을 바탕

˙ '민주주의와 민족통일을 위한 국민연합'의 조직구성은 다음과 같다.(한승헌 외, 1984, 28~29쪽)

　공동의장: 윤보선, 함석헌, 김대중

　중앙위원: 오태순(신부), 김승훈(신부), 함세웅(신부), 문동환(목사), 김관석(목사), 문익환(목사), 박형규(목사), 한승헌(변호사), 이태영(변호사), 김병걸(문인), 고은(시인), 이문영(전 고려대 교수), 서남동(전 연세대 교수), 안병무(전 한신대 교수), 한완상(전 서울대 교수), 이우정(전 서울여대 교수), 백낙청(전 서울대 교수), 김윤식(전 의원), 박종태(전 의원), 예춘호(신민당 국회의원), 백기완(백범사상연구소장), 계훈제(『씨올의 소리』 편집위원), 김종완(정치인), 심재권(민권운동가), 서경석(도시산업선교회 간사), 조성우(민권운동가)

　연대단체: 정치범동지회, 가톨릭정의평화위원회, NCC 인권위원회, 천주교정의구현전국사제단, 백범사상연구소, 양심범가족협의회, 민주헌정동지회, 한국기독청년협의회, 민주청년협의회, 자유실천문인협의회, 해직교수협의회, 서울지구인권선교협의회, 민주기독자동지회, 한국교회사회선교협의회, 기독자교수협의회, 한국인권운동협의회

으로 하여, 유신체제의 철폐와 1인 영구집권의 종식, 그리고 민주정부의 수립이라는 당면목표의 성취를 위하여" 헌신적인 투쟁을 전개해 나갈 것과 평화적 민족통일 달성이 지상목표임을 천명하였다.(『1970년대 민주화운동』 4, 1,727쪽) 통일 자체를 강조하던 것에서 한발 더 나아가 평화적 민족통일이 지상과제임을 분명히 한 점은 '민주통일국민연합'이 앞선 단체들과 구별되는 지점이었다.(윤선자, 2002, 291쪽)

　'민주통일국민연합'은 당국의 탄압으로 인해 발족 시점부터 험난한 길을 걸었다. 발족 선언과 동시에 3인 의장단(윤보선, 함석헌, 김대중)은 곧바로 무기한 가택연금을 당하였다. 이와 함께 관련자들에 대한 전국적인 조사가 시작되었다. 지방의 상황도 마찬가지였다. 4월 2일 전남 순천에서는 여러 인사들이 민주통일국민연합 발족선언문을 소지·배포한 혐의로 구속되었고, 부산에도 주요 민주인사들이 조사를 받거나 구속되었다.(『1970년대 민주화운동』 4, 1,728쪽) 위기의식을 느낀 박정희 정권은 재야 민주인사들에 대한 감시와 통제를 더욱 강화하였고, 의장단 가족들은 장바구니 내용물까지 조사를 받아야 하였다.

　5월 1일 '민주통일국민연합' 의장단은 윤보선 의장의 집에서 기자회견을 열어, 장기 연금과 전국적으로 심각한 인권침해 사태를 고발하는 내용의 성명서를 발표하였다. 더불어 카터 미국 대통령의 방한과 관련해 의장단은 과거 미국 대통령의 내한이 독재정치의 전면적인 지원이란 결과만을 초래하였다는 점을 언급하며 반대 입장을 분명히 하였다. 이는 카터의 방한이 한국의 인권 실태에 압력을 가하기보다는 결과적으로 인권탄압을 방조하여 박정희 정권에 대한 지지로 악용될 것이라는 우려가 컸고, 미 행정부 수뇌들의 방한 때마다 되풀이되었던 유신정권의 억압체제 강화가 다시 반복될 것이라고 판단하였기 때문이다.(오유석 외, 2004a, 647쪽)

　6월 11일 오후 3시 구속자 가족들과 청년 등 11명은 인권을 강조해온

광화문 4거리에 설치된 카터 미 대통령 방한을 알리는 아치

미국 대통령이 독재자와 대화를 나누어서는 안 된다는 내용의 플래카드를 들고 서울 광화문에 있는 미대사관 앞뜰에서 카터 방한 반대시위를 벌였다. 미대사관 구내 시위는 대사관측의 경찰 투입 요청으로 시위자 11명이 전원 연행될 때까지 15분간 계속되었다. 6월 23일 정오에는 윤보선을 비롯한 목사, 해직교수, 문인, 정치인 등 12명이 종로 화신백화점 정문 앞에서 카터 방한 반대시위를 벌였다.

카터 방한의 선발대가 도착한 6월 13일부터 카터가 한국을 떠난 7월 2일까지 재야 민주인사들과 NCC 회원, 구속자 가족 등이 감시를 받거나 연금되었고, 각종 미사나 기도회, 강연회 등도 제지당하였다.(오유석 외, 2004a, 647쪽)

공안사건 조작과 민주화운동세력의 규탄 　　민주화운동세력이 '민주주의와 민족통일을 위한 국민연합'을 결성하고, 노동자·농민과의 연대를 더욱 강화해가자, 박정희 유신정권은 용공사건을 조작하여 민주화운동을 탄압하고자 하였다. 1979년 3월 중앙정보부의 크리스챤아카데미 탄압은 이를 잘 보여준다.

크리스챤아카데미는 그동안 국내 교회 및 기관과 연계를 맺어가면서 각계의 지도자 양성을 위해 중간집단 육성 프로그램을 시행해왔다. 특히 노동조합이나 농민단체, 여성단체의 중간 지도층을 육성하고 노동자·농민들의 의식을 개발하는 데 힘을 쏟았다. 크리스챤아카데미는 1973년부터 준비해온 5개년 계획의 중간집단교육을 1974년 1월부터 본격적으로 시작하였다. 교육과정에서 동일 부문운동 활동가들이 연대의식과 네트워크를 형성할 수 있었고(이임하, 2005, 571~573쪽), 교육을 이수한 농민과 노동자들은 지역 농민운동과 민주노조운동을 이끄는 주체들이 되었다.

노동운동과 농민운동이 활성화되자 공안 당국은 크리스챤아카데미를 의식화 교육의 배후세력으로 지목하고, 크리스챤아카데미 간사들을 용공 혐의로 검거하였다. 1979년 3월 9일 크리스챤아카데미 여성사회분과 간사 한명숙의 검거를 시작으로 농촌사회분과 간사 이우재, 황한식, 장상환, 산업사회분과 간사 김세균, 신인령, 대학교수 정창렬, 김병태, 유병묵, 아카데미 원장 강원룡, 그리고 아카데미에서 교육을 받은 농민 및 노동조합 지부장들이 줄줄이 붙잡혀 들어갔다. 공안 당국은 사건을 조작하기 위해 불법 연행한 이들과 이후 구속된 이들에게 모욕적인 심문과 혹독한 고문을 가하였다.

중앙정보부는 아카데미 간사들이 비밀서클을 조직하여 사회주의 건설을 획책하였다고 주장하였다. 이에 가톨릭농민회와 천주교정의구현전국사제단은 "점증하는 민중의 각성을 봉쇄할 목적"으로 "당국의 필요에 따라

사건을 조작"하는 일이 더 이상 없어야 한다고 우려를 표하였다. 하지만 4월 16일 언론을 통해 크리스챤아카데미사건은 친북좌파 반국가단체 활동처럼 보도되었다.

중앙정보부의 발표가 있자 4월 18일 NCC 인권위원회와 사회위원회는 용공이란 점을 납득할 수 없으며, 진실 규명을 위해 적극 투쟁할 것임을 밝혔다.(『1970년대 민주화운동』 4, 1,529쪽) 4월 20일 '크리스챤아카데미사건 대책위원회'도 공안 당국의 조치에 대해 강하게 비판하였다. 이들은 성명서에서 크리스챤아카데미 간사들에 대한 탄압은 "반공을 빙자한 과잉 권력행사"에 불과하다고 규정하였다.(『1970년대 민주화운동』 4, 1,530쪽)

한명숙 간사가 불법 연행된 지 4개월 만인 1979년 7월 9일 이우재, 한명숙, 장상환, 황한식, 김세균, 정창렬에 대한 제1회 공판이 시작되었다. 재판은 박정희 사후까지 계속되었다. 1980년 1월 항소심 판결에서는 정창렬과 황한식이 무죄판결을 받았고, 김세균은 선고유예, 신인령은 집행유예로 석방되었다. 이우재, 한명숙, 장상환도 감형되었다. 항소심 재판부는 "지하비밀서클 구성"이라는 부분에 대해 혐의가 없다고 인정하였음에도 불구하고 나머지 세 사람에 대해서는 '여타 행위'를 문제 삼아 실형을 선고하였다.(『1970년대 민주화운동』 4, 1,551쪽)

'통혁당재건기도사건'은 크리스챤아카데미사건과 거의 같은 시점에 조사가 착수되었고, 1979년 4월 20일 크리스챤아카데미사건이 발표된 직후에 치안본부에 의해 공표되었다. 치안본부는 "북괴 지령에 따라 통혁당을 재건하여 통일전선을 형성하고 결정적 시기에 봉기하여 대한민국을 전복"하려는 세력을 체포·구속하였다고 대대적으로 발표하였다. 고려대 노동문제연구소 총무부장 임동규가 인척 및 선배들을 포섭하여 통혁당을 재건하려는 시도를 하였다는 것이다.

"북한 간첩단 검거"라는 언론보도가 되기 직전에 가족들은 구속 통지서를 받음으로써 피의자들의 소재를 파악할 수 있었다. 가족들은 공안 당국의 혐의사실이 사실과 다르다고 반박하였고, 저명한 경제학자들은 구속된 경제학자 박현채를 위해 재판부에 진정서를 제출하였다. 참고인으로 법정에선 한 경제학자는 박현채가 읽었다는 이른바 『독일농민전쟁』 등 세 권의 책은 농업경제를 전공하는 이들에게 필독서라고 증언하였다. 이 외에도 35명의 교수들이 박현채를 위해 진정서를 제출하였다.(『1970년대 민주화운동』 4, 1,783쪽) 이들에 대한 재판은 1980년 4월까지 진행되었다.

YH노동자투쟁 지지와 야당탄압 비판　　8월 11일 경찰 1,000여 명이 9일부터 신민당사에 들어가 농성 중이던 YH 여공들을 강제 해산시켰다. 이 와중에 여공 김경숙이 4층에서 떨어져 사망하고, 기자와 신민당 국회의원들이 무차별 폭행을 당하였다. 신민당 의원과 기자들은 엄중 항의하고 내무부장관의 사과 및 폭행 경찰 처벌을 요구하였다. 8월 14일에는 NCC 인권위원회가 내외신기자회견을 갖고, "역사에 없던 폭력정권"으로 유신정권을 규탄하고 "신앙과 양심에 따라 인권회복을 위해 계속 투쟁할 것"을 천명하였다.

YH사건을 담당한 공안 당국은 YH노조 간부들이 사회주의체제 건설을 지향하는 도시산업선교회 목사의 조종을 받아 사회혼란을 조성하고 변혁을 획책하였다고 주장하였다. 황당한 용공논리를 동원하며 책임을 모면하고자 하는 공안 당국의 모습은 도덕성을 크게 떨어뜨리며 사회적 공분을 불러일으켰다. 재야 민주인사들과 종교계 인사들의 규탄성명이 이어졌다.

1979년 8월 23일에는 종교계 및 재야인사들이 "민중생존권 보장" "YH사건 책임자 처벌" "언론과 종교 탄압 중지" "김경숙 양 사인 규명" "노동운동 보장" "YH사건 구속자 석방" 등을 촉구하였다. 바로 다음날인 24일에는 자유실천문인협의회와 해직교수협의회가 공동기자회견을 열었다. 이들은 YH사건으로 유신반대투쟁이 '중대한 새 국면'으로 접어들었다고 지적하고, 민주사회 건설을 위해 끝까지 투쟁할 것을 선언하였다. 이날 자유실천문인협의회와 해직교수협의회는 각기 "1979년 문학인 선언" "다시 새 학기를 맞이하면서"라는 성명서를 발표하고, 성명서를 통해 민중연대를 더욱 강화해 나가겠다는 의지를 밝혔다.(한국기독교사회문제연구원, 1983, 379쪽)

같은 날 예장, 기장, 감리, 복음, 성공회, 구세군 등 6개 교단 청년회원 100여 명이 YH사건과 관련해 기도회를 개최하고 기독교회관에서 철야 연합농성에 들어갔다. 이들은 "산업선교 탄압 말라" "구속인사 석방하라" "민주회복 이룩하자" "노동3권 보장하라" 등의 구호를 외쳤다. 8월 28일에는 기독교대한감리회도 기자회견을 갖고 "노동권 제약 법규 철폐"와 "YH사건 구속자 석방" 등을 요구하였다.(한국기독교사회문제연구원, 1983, 379쪽)

한편, 신민당 당사에서 발생한 YH사건은 박정희 정권과 신민당이 정면충돌하는 계기가 되었다. 그 결과 YH사건은 민중생존권 문제로 그치지 않고, 야당총재 의원직 제명, 부마항쟁으로 이어지는 정치적 격변의 시발점이 되었다.

1979년 5월 전당대회에서 김영삼이 온건파 이철승을 물리치고 총재에 당선된 이래, 신민당은 유신철폐를 공개적으로 요구하는 선명한 야당으로 거듭났다. 김영삼이 승리할 수 있었던 요인은 무엇보다 변화를 요구하는 신민당 지방 대의원과 일반 시민들의 관심과 지원이었다. 이들은 전당대회 당일 당사 밖에서 시위를 벌이며 대의원 투표에 압력을 행사하였다.(정상호, 2005, 365쪽) 1978년 총선에서 집권당보다 더 많은 득표를 하였다는 점도 1979년 들어 신민당이 선명한 야당으로 거듭날 수 있었던 주요한 요인 중의 하나였다.(오창헌, 2001, 257쪽)

YH사건 직후 정권과 야당의 갈등은 가파르게 고조되었다. 이에 박정희 정권은 김영삼을 총재직에서 박탈하기 위한 정치공작을 전개하였다. 정권의 조종하에 8월 13일 3명의 신민당 원외지구당 위원장이 김영삼을 비롯한 신민당 총재단에 대한 직무집행정지 가처분 신청을 서울 민사지방법원에 제기하였다. 법원이 이를 받아들여, 정운갑 전당대회의장을 신민당 총재 직무대행자로 선임하는 판결을 내렸다. 그러나 김영삼의 총재직을 박탈하는 유신정권의 강경 조치는 오히려 김영삼의 당내 입지를 강화시켜주는 효과를 낳았다.(오창헌, 2001, 262~263쪽)

9월 중순부터 유신정권은 반대세력에 대한 탄압의 강도를 더욱 높여갔다. 김대중의 경우 국회의원은 물론 외국인 기자의 방문까지 완전 봉쇄당하였다. 민주통일국민연합은 9월 24일자로 발표한 "박정희 정권의 말기적 증세를 규탄한다"는 성명서에서, 박정희 유신정권이 파국을 향해 치닫고 있다고 평가하였다. 또한 위기에 몰린 박정희 정권이 야당까지도 말살하는 것을 볼 때 1인 영구독재를 위해 '대량살육의 대탄압'까지도 일으킬 우려가 높아졌다고 내다보았다.

박정희는 김영삼 총재의 『뉴욕타임스』와의 인터뷰를 구실로* 10월 8일 무술경위를 출동시킨 가운데 여당 의원만의 본회의를 열어 김영삼을 의원직에서 제명하였다. 이는 30년 의정사상 초유의 일이었다. 대중의 지지를 받는 야당 지도자를 전격적으로 제명한 것은 민심의 이반을 더욱 재

---

* 1979년 9월 16일자 『뉴욕타임스』에는 김영삼 총재가 카터 미국정부에게 박정희 정권에 대한 지지를 철회할 것을 요구하는 내용을 담은 인터뷰 기사가 실렸다. 이에 박정희 정권은 공화당과 유정회에 지시하여 김영삼 총재에 대한 징계안을 국회에 제출하도록 하였다.

촉하는 결과를 낳았다.

1979년 10월 15일 부산대 학생들의 시위로 시작된 부마항쟁은 박정희 정권의 몰락과 1980년 광주항쟁까지 이어지는 거대한 정치적 소용돌이의 출발점이었다. 1979년 10월 28일 부산·경남지구 계엄군법회의에 따르면 부마항쟁으로 1,563명이 연행되었다. 박정희 정권은 부산·마산의 민주화 투쟁을 감당하지 못하고 핵심 권력층 내부의 분열을 거쳐 붕괴하였다.

이 와중에 '남조선민족해방전선'(남민전)이라는 대형 공안사건이 터졌다. 사건 관련자들은 급변하는 정치적 상황 속에서 여타 사건에 비해 사회적 관심을 제대로 받지 못한 채 재판을 받았다. 경찰은 1979년 10월 9일과 16일, 11월 13일 등 세 차례에 걸쳐 남민전사건에 대해 발표하였다. 1차 발표에서 남민전을 반국가단체로 규정하였다가, 2차 발표에서부터는 국가변란을 기도한 대규모 간첩단사건으로 규정하여 발표하였다.(경찰청, 2007, 243쪽) 남민전이 북한과 연계를 시도하였지만 미수에 그쳤고, 북한의 지령을 받았던 것도 아니었기 때문에 '간첩단'이란 발표는 잘못된 것이었다.(경찰청, 2007, 274쪽) 남민전사건 관련자로 83명이 조사를 받았고 최종 77명이 기소되어 73명에게 실형이 선고되었다.

1975년 남베트남 패망, 긴급조치 9호 선포 등 국내외 정세 변화에 주목하며 비합법 조직활동을 전개하기 시작한 남민전 핵심 인물들은 체제변혁을 지향하였고, 이들은 당면 변혁노선을 공산혁명이 아닌 민주변혁으로 상정하고, 반독재민주혁명에 실천활동을 집중하였다.(안병용, 1990, 270쪽) 남민전은 산하에 '한국민주투쟁국민위원회' '민주구국학생연맹'을 설치하고, 학생 및 사회 민주화운동에 대한 영향력을 확대하고자 하였다. 그러나 조직적 영향력은 미약하였다. 남민전에는 교사들, 학원시위 복역자들, 그리고 각종 민주화운동 관련 단체 인사들이 참여하였다. '민주투쟁국민위원회' '민주구국학생연맹'의 구성원 중 일부는 단지 반유신민주화투쟁을 위해 조직에 참여하였다.(경찰청, 2007, 274쪽) 1980년 1심 선고에서 집행유예 석방자가 26명이나 되었다는 점에서 알 수 있듯이 남민전 사건도 공안 당국에 의해 부풀려진 면이 적지 않았다.

긴급조치 9호 시기 유신반대민주화투쟁의 의의

긴급조치 9호 시기   '긴급조치 9호'는 1979년 10월 26일 박정희가 죽은 이후에서야 폐지되었다. '긴급조치 9호 시대'라 불리는 1975년 5월부터 1979년 10월까지의 기간 동안 유신정권은 1,390여 명에 달하는 긴급조치 9호 위반자를 양산하였다. 학생 및 재야인사들뿐 아니라 노동자, 농민, 어민, 행상, 부동산업자, 목회자 등 많은 일반 서민들이 유신체제에 대한 불만을 토로하다 구속되었다.(「대통령긴급조치9호 위반사건 판결요지」, 445쪽) 긴급조치 9호 시기는 반독재민주화세력만을 감금하고 억압하였던 것이 아니라 서민들의 일상생활까지 피폐화시켰다. 유신체제는 대중을 주기적·일상적으로 통제하고 구속하지 않으면 유지될 수 없는 체제였던 것이다.(전재호, 2005, 155쪽)

긴급조치 9호 선포 이후 2~3년 동안 유신체제는 커다란 저항에 직면하지 않고 유지될 수 있었다. 앞선 긴급조치 아래서 각 대학 학생운동세력과 재야 민주화운동세력이 큰 타격을 입어 이를 복구하는 데 적지 않은 시간이 소요되었으며, 계속 누적되었던 사회·경제적 모순이 표출되기까지는 일정한 시간이 요구되었기 때문이다. 또한 남베트남 패망을 긴급조치 9호의 호재로 활용하였던 박정희 유신정권은 이후에도 영일만 석유 발견, 수도 이전 등 이벤트성 사건을 터뜨리며 대중의 관심을 돌리고자 하였다. 이러한 상황들이 맞물리며 1977년경까지 유신정권은 공세적 입장에서 정국을 주도할 수 있었던 것이다.

그러나 강압적 통제를 기반으로 한 반민주적 독재정권이 부정부패, 정경유착, 사회적 불평등을 확대·심화시키면서 정치적 생명력을 항구적으로 지속한 사례는 역사적으로 없었다. 박정희 정권이 주창한 안보위기와 국민총화는 그 허구성을 체감하고 있던 민중들에 의해 밑으로부터 부정되었다. 1977년 하반기부터 학생들의 유신반대투쟁이 고조되기 시작하였으며, 1977년 노동자들도 생존권 확보를 위한 투쟁을 전개하기 시작하였다. 그리고 1978년 대중은 국회의원 총선에서 집권세력보다 야당에게 더 많은 표를 던져주며 박정희 유신정권에게 민심의 향배를 명확히 각인시켜주었다.

긴급조치 9호 세대의 형성과 운동 전개 　　박정희 유신정권은 긴급조치 9호를 통해 민주화운동을 그 어느 때보다도 강력하게 통제·탄압하였다. 하지만 학생 및 민주화운동세력들은 새로운 방식과 방향을 모색하며 운동을 지속하였고, 이후 민주화운동은 '부마항쟁'과 같은 독재정권 붕괴에 결정적인 역할을 하는 단계까지 확장되어갔다.

학생들은 긴급조치 9호 실시, 학도호국단제 실시, 기관원 상주 등으로 학생 자치활동이 사실상 불가능해 지고 학원통제가 더욱 심화된 상황에서 학원 및 사회 민주화를 달성하기 위한 다양한 운동 방식을 모색하였다. 공개활동이 불가능해지자 각 대학 학생들은 반합법·비합법의 소그룹을 만들어 학생운동을 이끌어갔다.

학생운동 조직의 비합법·반합법화는 민주화운동의 주도세력을 분쇄하려는 공권력의 강력한 탄압에 맞서는 불가피한 대응책이었지만, 이는 일반 학생들과 학생운동권이 문화적으로 괴리되는 결과를 낳기도 하였다. 탄압에 대응하며 학생운동세력은 체계적인 학습과 재생산 시스템을 마련해나갔다. 그 결과 긴급조치 9호 시기 학생운동세력은 정치적 사안을 중심으로 당면 문제를 이슈화하는 데 치중하였던 앞 세대들과 달리, 연속성·기획성·조직성을 갖춘 운동을 전개하기 시작하였다.(정태헌, 2007, 272~273쪽) 또한 학생들은 체계적인 학습과 실천을 통해 반유신민주화뿐 아니라 노농자·농민의 현실 해결, 분단체제 극복과 민족통일을 운동의 주된 과제로 분명히 설정하였다.

민중·민족 문제에 대한 관심은 탈춤·마당극과 같은 민중문화에 대한 관심으로 표출되었다. 1970년대 대부분의 대학생들은 통기타와 청바지로 상징되는 청년 대중문화를 통해 현실도피처를 찾기도 하였으나, 대학문화는 여기서 정체하지 않았다. 1970년대 초반부터 각 대학에서 탈춤부흥운동이 활성화되기 시작하였다. 민중·민족의식을 찾는 이 운동은 박정희 정권의 복고주의 문화정책과 근본적으로 달랐다. 긴급조치 9호 시대의 탈패와 연극패들은 5·22 서울대 시위가 보여주듯이 학내시위 전개에서 주요한 촉매제 역할을 담당하였다. 나아가 학내에 안주하지 않고 대중교육 프로그램에 참여하며 민중운동과의 연대를 구축하는 데 중요한 역할을 담당하였다.(주강현, 2005, 643쪽)

긴급조치 9호 시대 학생운동의 특징 중 하나는, 학내 활동과 학교 간 연대투쟁이 불가능한 상황에 처하자 흥사단아카데미나 기독교 관련 연합 서클 등이 학생들의 의식화와 학교 간 연대의 가교 역할을 수행하였다는 사실이다. 하지만 1977년 1학기에 이르러 학생들은 종교서클과 관련 없는 비합법 '대학연합조직'을 결성하여 연합시위를 도모하는 단계까지 나아갔다.

한편 공개집회를 열 수 없는 상황에서 학생들은 다양한 투쟁 방식을 모색하였다. 지하유인물 배포가 대표적인 예이다. 기성언론이 사실보도라는 기본적인 역할도 제대로 수행하지 못하는 상황에서 각 대학 학생들은 (지하)유인물을 자체적으로 제작·배포하며 유신체제의 폭압성을 알려나갔다.

유신체제하의 시위양식을 보면, 학생시위가 채 5분도 넘기지 못하고 진압되는 상황을 극복하기 위해 고층건물에서 밧줄을 타고 내려오는 방식까지 시도되었다. 비록 단발성이거나 미수에 그친 경우가 대부분이었지만, 긴급조치 9호 선포 이후 학생들의 계속된 시위 및 유인물 배포 시도는 민주화운동의 거대한 물꼬를 트는 출발점이었다. 학생들은 단 한 번의 시위로 학생운동 조직이 와해되는 것을 막기 위해 4학년생들이 시위 주동을 맡는 새로운 관례를 만들기도 하였다. 이와 같이 헌신적이며 지속적인 유신반대투쟁을 통해 학생들은 1977년 하반기부터 대규모 학내시위를 이끌어 낼 수 있었다. 나아가 대선·총선 등 선거가 맞물린 1978년에는 광화문에서 경찰의 통제를 뚫고 연합가두시위까지 벌이는 등 운동 방식의 전환을 이루었다.

이른바 운동권 학생들의 절박한 시도는 끝내 많은 학생들의 동참을 이끌어냈다. 대다수 학생들은 유신체제에 대해 비판적인 인식을 분명히 지니고 있었다. 다만 동참하여 의사를 표현할 수 있는 기회가 없었기 때문에 침묵하고 있었던 것이다. 1977년 후반 이후 연세대 시위 등 각 대학의 시위 과정에서 학생들은 기억 저편에 있던 민주화투쟁의 열망을 이끌어내 실천으로 옮겼다. 1977년 하반기 시위가 누구도 예상하지 못할 만큼 대규모로 확대되어갔던 이유가 바로 여기에 있었다.

민주화운동단체의 확대와 연대기구 발족

긴급조치 9호 아래 행해진 공권력의 민주화운동에 대한 탄압은 운동세력의 새로운 도약대가 되었고, 그 결과 유신정권 말기에는 모든 민주화운동단체들을 포괄하는 연대기구가 결성되었다. '민주수호국민협의회'와 '민주회복국민회의'를 이끌어 왔던 재야 민주인사들뿐 아니라 민청학련사건 관련자, 해직기자, 해직교수, 문인 등이 민주화운동의 새로운 자양분이 되었다. 1977년 12월 한국인권운동협의회, 1978년 3월 해직교수협의회, 1978년 5월 민주청년인권협의회 등이 발족하였고, 이미 조직되어 있던 자유언론수호투쟁위원회, 자유실천문인협의회 등과 함께 활발한 활동을 전개해나갔다.

이상의 민주화운동단체들을 바탕으로 1978년 7월 '민주주의국민연합'이 결성되었다. 1979년 3월 1일에는 '민주주의국민연합'이 확대 개편되어 '민주주의와 민족통일을 위한 국민연합'으로 출범하였다. 그리고 이 과정에서 조직결성 방식은 명망가 개개인들의 결집 차원에서 민주운동단체들이 중심이 되는 방향으로 선회하였다.(김대영, 2005, 425쪽)

종교단체, 문예단체, 지식인단체 등이 해당 분야에서 민주화를 달성하는 데 커다란 역할을 수행하였다면, 이들 단체들의 연대조직체인 민주주의국민연합과 민주통일국민연합은 단체들을 조직적으로 묶어내고, 각 단체들이 운동의 지향을 공유 및 확산하도록 하는 역할을 수행하였다. 특히 지식인들이 중심이 된 재야단체는 유신정권의 지배담론을 비판하고 민주화담론을 수립하는 데 커다란 역할을 수행하였다.(김대영, 2005, 441쪽)

민주주의국민연합과 민주통일국민연합은 명망가 중심, 지식인 중심의 성격이 강하며, 다양한 부문운동을 포괄하지는 못하였다고 볼 수 있다. 하지만 이 점을 놓고 이들 연대조직이 민중 배제적 조직이라 평가하기는 어렵다. 구성 주체가 지식인 중심으로 경도된 것은 이들의 민중에 대한 이해와 관심이 부족하였기 때문이기보다는 아직 노동자·농민·도시빈민의 이해를 대변하는 민중운동조직들이 독자적 역량을 갖추지 못하였던 현실이 반영된 것이라고 볼 수 있다.

끝으로 주목할 점은 유신체제하 재야세력이 유신반대투쟁을 주도하며 '준정당'의 역할을 수행하였다는 사실이다.(심지연, 2002, 196쪽) 정상적인 정당정치가 더 이상 작동할 수 없는 상황에서 재야 민주화운동세력이 집권세력에게 정치적 이슈를 제기하고 관철시키는 역할까지 떠맡았던 것이다. 1974년에 조직된 민주회복국민회의에 김영삼, 김대중 등 대표적인 야당 인사들이 참여한 사실은 이와 같은 상황을 방증한다.

**긴급조치 9호 시기
학생과 재야세력의 관계**
반유신민주화운동을 누가 주도하였는가는 이 시기 민주화운동에서 어느 부문을 주목하느냐에 따라 달라질 수 있다. 그러나 투쟁의 규모나 치열함, 그리고 폭발성을 주목할 때 학생운동의 역할에 크게 주목하지 않을 수 없다. 일체의 활동공간이 박탈되고 제적·구속·투옥의 가혹한 처벌이 횡행하는 상황에서도 학생들은 치열한 투쟁을 전개하였다. 사건 은폐를 통해 저항의 확산을 막고자 한 긴급조치 9호 시대 통치 방식의 결과 이들의 투쟁은 명망을 얻는 것과는 거리가 멀었다. 이 시기 학생운동 참여는 단호한 결단과 헌신적 희생만을 요구하는 것이었다.(조희연, 1995, 112~113쪽)

한편 저항담론을 창출하고 사회 각계에 이를 확산시킨 점을 고려한다면 재야운동세력의 주도적인 역할에 보다 주목해야 할 것이다.(김대영, 2005, 440) 재야 민주화인사들은 지속적인 선언문 발표를 통해 자신들의 입장을 천명하고 전파하는 데 힘을 쏟았다.

투쟁의 주도성을 논하는 학문적 관심과 상관없이 긴급조치 9호 시기 당시 학생이나 재야 민주화운동세력은 주도권을 잡기 위한 경쟁은커녕 공개적인 연대투쟁조차 어려운 상황이었다. 과거 1971년처럼 민주수호국민협의회와 민주수호전국청년학생연맹 같은 조직을 결성하는 것 자체가 이 시기엔 거의 불가능한 일이였기 때문이다.

그렇다고 해서 재야운동세력과 학생운동세력이 완전히 단절되어 있었던 것은 아니다. 재야세력과 학생들은 서로의 활동에 영향을 받고 상호 원조하며 민주화운동의 파급력을 확장시켜나갔다. 재야 민주화인사들이 시국선언을 발표하면 대학생들이 즉각 지지성명을 발표하거나 선언문 배포에 나섰다. 1977년 재야인사들이 "민주구국헌장"을 발표하고 서명운동을 추진하자, 학생들이 이에 적극 호응하며 지지시위를 벌였던 것이 대표적인 사례라 할 것이다. 재야인사와 인권단체들은 민주화운동을 전개하는 학생들을 무자비하게 탄압하는 정권의 조치에 강력한 비판을 가하였고, 상황이 조성되면 공동투쟁을 벌이기도 하였다. 1978년 6월 26일 학생들의 광화문 시위 예고에 사회민주화운동세력들이 적극적으로 참여한 것이 그 사례라 할 것이다.

민중 주체, 민주정부 수립, 민족통일 달성 지향

학생운동세력과 재야 민주화운동세력은 운동의 방향을 정립해나갔다. 이들은 민주화운동을 단순히 반독재민주화라는 구도에서만 바라본 것이 아니라, 저항 주체로서 민중을 상정하고 냉전분단체제를 극복해야 한다는 전체적 과제 속에서 파악해나갔다. 서남동, 안병무, 송건호, 리영희, 박현채, 백낙청, 강만길 등 비판적 지식인들은 냉전논리에서 벗어나 냉전·분단시대의 민족 현실을 직시할 수 있는 지식과 관점

을 제시하였다.(김영곤, 2005, 596~601쪽)

학생운동세력과 재야 민주화운동세력은 실천적인 투쟁을 통해 민중주
체의 민주정부 수립과 민족통일 달성을 운동의 목표로 확고히 설정해나갔
다. 1970년대 후반 이래 학생들은 '통일과제'에 대한 언급을 빠뜨리지 않
았고, 재야세력도 1979년 새롭게 확대 개편한 연대기구의 명칭을 '민주주
의와 민족통일을 위한 국민연합'이라고 한 것에서 잘 드러나듯이 평화적
통일을 지상과제로 분명히 상정하였다.

1970년대 후반 민주화운동세력은 민중과의 연대의 필요성을 자각하
고 또한 실천해나갔다. '민주통일국민연합'은 조직적 체계를 갖추었다는
점뿐만 아니라 민중운동과의 연대를 강조하였다는 점에서 기존 연합체와
달랐다.(김대영, 2005, 434쪽) 이들은 민주화 달성을 위해서는 민중과의 광
범한 연대가 필수라고 보았다. 이때 '민중'은 노동자, 농민, 봉급생활자, 중
소상공업자, 공무원, 학생, 지성인, 종교인 등을 포함하는 것이었다. 또한
이들은 근로대중 특히 노동자들의 구체적인 현실에 주목하고, 그들의 이
해를 대변하는 데 관심을 쏟았다. 1977년 방림방적 노동자들의 체불 문제
에 대처하기 위해 재야인사들이 대책위원회를 꾸렸던 것에서 알 수 있듯
이 재야인사들은 분출하는 노동 문제에 관심을 기울이며 '민중연대'를 실
천해나갔다.

학생들은 이미 근대화의 모순이 현실 속에 노정되고 있던 1970년대
초부터 민중의 현실에 관심을 표명해왔다. 여기에 1970년대 후반 학생운
동세력은 사회과학 학습을 심화하며 종속이론, 제3세계 변혁이론, 계급론
등을 적극 흡수해나갔다. 이들이 사용하는 '민중'이란 용어는 더욱 계급적
의미를 담고 있었다.(이기훈, 2005, 506쪽) 학생운동권 내에서 노동자들의
의식화와 노동현장으로의 투신을 중시하는 그룹들도 생겨났다. 1970년대
후반까지 현장 투신 학생들의 숫자는 그리 많지 않았지만, 이들의 활동은

1980년대 초반 학생들의 현장 투신 확산의 토대가 되었다.(정태헌, 2007, 276쪽)

이처럼 긴급조치 9호 시기 민주화운동의 주요 특징 중 하나는 민중연대를 과제로 설정하고 이를 실천해나갔다는 사실이다. 그런데 1970년대 재야 민주화운동세력이 민중과의 연대를 지향한 것은 분명하나 민중을 변혁주체로 상정하지는 않았고, 이는 진보적 성향을 보였던 '민중민주운동협의회'와 같은 1980년대 단체와 비교할 때 분명한 차이라는 지적도 있다.(김대영, 2007, 104~105쪽)

하지만 이에 대해서는 신중한 평가가 요구된다. '민주주의국민연합'의 발족선언문에는 '민중'이 민족통일의 주체로 명시되어 있고, '민주통일국민연합'의 발족선언문도 반독재민주화투쟁에서 '민중'의 역할을 크게 강조하고 민주주의 달성의 주체임을 분명히 하고 있기 때문이다. 1976년 3·1 민주구국선언 발표 당시와 비교할 때 1979년 '민주통일국민연합' 결성 당시의 재야인사들의 인식과 지향은 크게 변화하였음에 주목할 필요가 있다. 당시 연대기구 결성에 주도적으로 참여하였던 이문영의 언급처럼 1976년 전후 재야인사들이 '국민'이란 용어를 주로 사용하고 '개인' 중심이었다면, 유신체제 말기 재야인사들은 '민중'지향적이고 '연합'을 중시하였기 때문이다.(이문영, 2008, 323쪽) 연대기구들이 민중 주체의 민주주의와 민족통일을 지향하였다는 사실은 민중 주체의 변혁을 지향하였음을 의미한다. 따라서 계급성의 강조 측면에서 박정희 정권 말기 재야 민주화운동세력들과 1980년대 '민중민주운동협의회'를 결성하였던 민주화운동세력들 간에 입장 차이가 있었다 하더라도 양자는 단절적이라기보다 계승적인 측면이 더 컸다고 볼 수 있다.

제**3**장
부마항쟁과 유신체제의 붕괴

1
부마항쟁의 발생 배경

유신체제 말기의 사회·정치적 위기구조

경제적 불평등과 계급적 반감　　박정희 유신정권은 1979년 10월 16일 시작된 부마항쟁을 계기로 마침내 무너졌다. 부산과 마산에서 일어난 이 민주·민중적 항쟁*으로 말미암아 권력 핵심부에 고조되고 있던 갈등의 뇌관이 터짐으로써 자멸하고 만 것이다. 적대의식으로 가득 찬 부산·마산의 민중들이 반정부투쟁 대열에 폭발적으로

---

* 부마항쟁의 성격에 관해서는 민주항쟁론과 민중항쟁론 사이의 다툼이 있다. 그러나 이 글에서는 그러한 논쟁에 크게 주목하지 않는다. 기본적으로 이 글은 부마항쟁을 민주화운동(사)의 주요한 일부로 다루며 이러한 태도는 일반적으로 승인받고 있다. 하지만 부마항쟁의 주체에 주목할 때는 민중 부문의 주도성과 대거 참여를 인정할 수밖에 없고, 그런 면에서 '민중항쟁'의 성격을 부인할 수도 없다. 따라서 이 글은 부마항쟁을 '민주항쟁'이면서도 '민중항쟁'이라는 양면적 의미로 이해하고 있으며, 맥락상의 필요에 따라 양자의 용어를 선택적으로 쓸 수 있다는 입장이다. 다만 여기서 지칭하는 '민주화'는 절차적 민주화를 필수적으로 전제하되 궁극적으로는 실질적 민주화를 도달점으로 삼는 포괄적 개념을 뜻한다. 그런 범주의 민주화를 지향하는 민주항쟁 개념이라야만 민중항쟁의 본질과도 양립 가능하기 때문이다.

참여하고 있음을 직접 목격한 중앙정보부장 김재규는 박정희 제거만이 국민 희생을 최소화하면서 민주주의를 회복하는 길이라 판단하고 10·26정변*을 결행하였다.** 이로써 독재자 박정희가 사망하고 유신정권도 종말을 고하였다. 유신정권 붕괴의 직접 원인이 김재규의 10·26정변이었다 하더라도 정변의 결정적 계기가 부마항쟁이었던 만큼 부마항쟁 없는 10·26 정변이나 유신정권 붕괴는 가히 논하기 어려운 문제인 것이다. 부마항쟁의 발생 배경은 전국적 측면과 부산·마산의 지역적 측면으로 나누어볼 수 있겠는데, 그 가운데 먼저 들어야 할 것이 경제적 불평등과 사회적 부패의 전국적 확산이다. 유신체제 아래 만연한 경제적 불평등과 지배층의 부정부패는 민중들의 불만과 계급적 반감을 광범위하게 키워가고 있었고, 부마항쟁은 기본적으로 그러한 계급적 불만과 반감에서 터져 나온 민중의 폭발적 항거였다. 5·16쿠데타로 집권한 박정희 정권의 최대 약점은 정치적 정당성의 결핍이었다. 그들은 약점을 무마할 최선의 전략이 민생고의 신속한 해결에 있다고 보고, 장면 정부가 수립해 둔 '경제개발5개년계획'을 급히 손질하여 실행에 옮겼다. 결과적으로 이는 총량적 성장이라는 면에서는 상당한 성과를 거두었다. 오늘날 한국인들이 물질적 풍요와 '한강의 기적'을 자랑하게 된 것도 그 당시 거둔 경제적 성과의 연장인 것이다. 그러나 급속한 산업화와 경제성장은 다른 한편으로 특권층의 부정부패와 부의 지나친 편중을 초래하였다. 이에 대해 수많은 서민대중들이 상대적

---

* 지금까지는 김재규가 박정희를 살해한 이 사건을 단지 '10·26궁정동사태'나 '10·26사태' 또는 '10·26사건', 심지어 그저 '10·26'이라고만 부르기도 해왔다. 그러나 한국현대사에 거대한 일획을 긋게 만든 이 사건을 두고 그 정치적 성격조차 거의 드러나지 않는 흐릿한 용어로 방치해 두어서는 안 된다. 여기서는 적어도 정권의 향배에 이상이 발생하였음을 명확히 표명하는 의미로서 '10·26정변'(政變)이라 부르고자 한다. 그 편이 박정희 개인의 피살뿐 아니라 한국정치 전반의 운명과 향배에 더 관심을 기울이게 해주기 때문이다.
** 이는 정변을 일으킨 김재규 스스로의 진술에 의거해서 서술한 것이다. (김대곤, 2005, 244~251쪽)

박탈감과 불만을 갖게 되는 것은 당연한 귀결이었다. 정치적 정당성의 결핍을 보완하려고 채택한 고속의 경제성장정책이 역설적으로 새로운 정당성의 위기를 불러왔던 것이다.*

재무부가 발표한 조세수입 실적으로 살펴볼 때, 1976년 전국 피고용자의 74.9%가, 1978년에는 76.7%가 근로소득 면세점 아래의 임금을 받았다. 그만큼 많은 노동자들이 기아임금에 시달리는 동안 사회의 부는 소수에게로 집중되어갔다는 증거이다.(최장집, 1997, 334쪽) 게다가 부마항쟁이 발생한 1979년의 경우 제2차 석유파동으로 유류비가 59%나 뛰었고 전기료도 30% 인상되었다. 그 밖의 각종 물가도 덩달아 올라갔다. 그해 6월 20일 노동부 발표에 따르면 중소기업들은 극심한 자금난에 시달렸고, 전년에 비해 임금 체불이 7배나 증가하였다. 설상가상으로 정부가 1977년부터 도입한 '부가가치세제'의 압박과 고통이 1979년의 고유가 및 경제불황과 맞물려 상인과 자영업자들의 민심을 더욱 자극하였다. 모든 상품 거래에 10%의 세금을 부과한 이 조치는 당시로선 상거래에 엄청난 파란을 몰고 왔다. 그것은 사실상 10%의 가격 인상을 불러왔으며, 상인들은 세금 납부와 동시에 가격 인상에 따른 소비자와의 마찰에도 부딪혀야 했다.** 이래저래 소비자들의 구매력 위축 등 경제 전반이 침체에 빠져들었다.(이은진, 2008, 68쪽)

그에 반해 국가 자원의 압도적 부분을 중화학공업 부문에 쏟아부은 결과, 그를 중심으로 재벌들은 오히려 재편과 도약의 기회를 누렸다. 이 시기

---

* 흔히 '압축혁명'으로 일컬어지는 급속한 산업화와 경제성장의 이면에는 부의 과도한 불균형과 물질주의의 팽배라는 독소가 두고두고 문제되기 마련이다. 이는 박정희 정권 자신의 위기를 만드는 요인이기도 하였지만, 오늘날까지도 한국(이나 중국 등)에서 일어나는 온갖 사회 문제나 심지어 국제적 문제들의 원천이 되고 있다는 점은 반드시 깊이 연구되어야 할 또 다른 쟁점이다.
** 부마항쟁 당시 소상인들이 시위대에게 먹을 것을 주고 경찰에 쫓길 때 숨겨주는 편의를 적극 제공한 데에는 그와 같은 세금 압박에 대한 반감도 크게 작용하였다.

에 형성된 재계 판도는 제5공화국에 들어서도 거의 바뀌지 않았다.(이정복, 1995, 24쪽)* 그리고 사회적 특권층의 부패와 투기, 호사는 갈수록 더욱 기승을 부렸다. "1978년 4월 15일부터 수입자유화 시대가 열려 돈 있는 사람들의 물질세계는 더욱 풍요로워지기 시작하였다. 자가용 승용차도 하루 100대 꼴로 늘어나 이른바 '마이카 시대'에 점점 다가가고 있었다."(강준만, 2002, 168쪽) 이러한 현상들은 사회의 빈부격차를 한층 더 크게 벌리고 빈곤한 서민들의 상대적 박탈감을 강하게 자극하였다.

이 시기 서민들의 상대적 박탈감을 크게 자극하였던 특권층의 대표적 부패 사례 중 하나가 현대아파트특혜분양사건이었다. 1974년부터 서울 강남지역에서 시작된 아파트 열기는 1978년 절정에 달하였다. 어떤 아파트는 분양 경쟁률이 76대1이고, 또 어떤 아파트는 124대1이라는 등 사회가 온통 아파트 열기로 달아올랐다. 그 와중에 현대건설의 아파트 사업에서 결국 비리가 터져 나왔다. 1975년부터 건설이 시작된 현대의 강남 압구정동 아파트타운 가운데 1977년 9월에 착공한 5차분 분양이 문제를 일으킨 것이다. 총 728가구 중 절반은 사원용, 절반은 일반분양용으로 승인받아 지은 것인데, 평당 분양가가 30만 원이던 것이 준공도 되기 전에 3배 이상 뛰어올랐다. 사원용으로 승인받은 아파트를 사원이 아닌 일반인들, 그것도 특수층에게 분양한다는 소문이 나돌았고, 이는 곧 사실로 밝혀졌다. 당시 특혜분양을 받은 소위 '사회지도층' 인사는 600여 명에 달하였다.(강준만, 2002, 181~182쪽) 1978년 7월 4일 259명의 특혜분양자 명단이 언론에 공개되었는데, 거기에는 청와대 사정보좌관, 전직 장관, 예비역 장성, 고위 공무원, 언론인 등이 즐비하게 포함돼 있었다.(김희경 외, 1996, 121~122쪽)

당시 특권층들은 그렇게 서로 연줄을 통해 재산을 불리고 호사를 누렸

---

* 전두환에게 미운털이 박혀 5공 시절 해체된 재벌 국제그룹은 예외적인 경우이다.

특혜분양사건으로 물의를 빚은 현대아파트 건설현장

다. 여전히 가난하였던 서민들은 이런 소식들에 불만과 울분이 쌓여갔다. 성냥불만 그어 댕기면 언제든 폭발할 수 있을 정도로 마음의 화약통이 점점 커지고 있었다. 그리하여 부마항쟁이 일어나자 시위 군중은 관공서나 공화당사, 언론기관들에만 돌을 던지거나 각목을 휘두른 것이 아니라 고급 승용차나 주택, 심지어 병원 등에까지 적대감을 드러내 보였다.

장기집권과 폭압적 지배에 대한 정치적 반발　부마항쟁 발생의 이면에 작용하고 있던 또 다른, 더 직접적인 요인은 정치적인 것이었다. 곧 박정희 1인의 부당한 장기집권과 폭압적 지배에 대한 대중의 정치적 반감이 그것이다. 논리적으로만 보더라도 유신정권은 민주주의를 표방하면서도 민주주의를 부정하는 헌정질서의 자가당착을 저지르고 있었다. 이른바 '한국적 민주주의'라는 미명하에 대통령 직위를 직접선거라는 국민적 심판의 대상으로부터 배제해 놓고, 국회의원마저 총원의 3분의 1을 대통령이 지명하여 채웠다. 아무리 한국적이니 뭐니 수식어를 갖다 붙여도 민주주의라는 본질을 폐기하지 않는 한 그것은 앞뒤가 맞지 않는 속임수일 뿐이었다.

정부는 그러한 모순을 은폐하기 위해서 자연히 가공할 폭력과 억압을 저질렀다. 그 폭력적 억압과 부당한 집권 연장에 대한 불만은 당연하게도 진리와 논리, 또는 신앙과 양심의 세계를 일상으로 다루는 대학이나 종교단체에서 주로 터져 나왔다. 특히 캠퍼스 곳곳과 강의실까지 버젓이 감시하는 경찰과 정보 인력에게 대학인으로서의 자존심을 송두리째 내놓아야 하였던 지식인과 학생들의 숨죽인 분노는 오늘을 살아가는 젊은이들에겐 상상조차 할 수 없는 수준이었다. 물론 유신정권의 폭압은 거기서만 멈추지 않았다. 사회 전반을 병영화하며 통제의 감시망 아래 두었다. 헌법이나 체제에 대한 비판은 모두 빨갱이로 매도당하였으며, 대중은 제대로 저항할 방법이 없었다. 삼엄한 공포의 생태학이 밑바닥에 깔려 있었기 때문이다.(김석준, 2003, 151쪽)

유신정권이 일반 국민들을 억압하는 방식은 1차적으로 '반공법'과 '긴급조치'를 통한 법률적 통제였다. 이승만 정권 때부터 이미 야당과 정치적 반대세력을 탄압하기 위한 악명 높은 국가보안법이 있었지만, 박정희 정권이 신설한 '반공법'이 5·16쿠데타 이후로는 형법상 '신법 우선의 원칙'에 따라 우선적으로 적용되었으며, 특히 반공법은 결과만 가지고도 처벌이 가능하였기 때문에 목적범만 처벌하는 '국가보안법'에 비해 시민의 일상생활을 더욱 쉽게 통제할 수 있었다.(조국, 1992, 91~92쪽)* '긴급조치 9호' 또한 상상을 초월하는 억압력을 발휘하였다. 그것은 유신체제에 대한 어떤 형태의 반대나 비판도 금지하는 괴물 같은 법규였다. '진실·화해를 위한 과거사 정리위원회'가 2007년 1월 31일에 발표한 『2006년 하반기 조사보고서』에는 음주 대화 중 또는 수업 중에 박정희를 비판하거나 유신체제를 비판하는 발언을 한 것 등이 '긴급조치 9호' 위반이 되어, 1979년에만 18건이나 처벌되었다. 이와 같은 통제규정들은 단순히 법률적 제재 대상을 사회화하는 차원을 넘어서서, 사람들에게 서로에 대한 불신을 습관화시키고 체제순응적인 발언만 하도록 유도하는 잔인한 효과를 발휘하였다.(이은진, 2008, 105~106쪽) 이리하여 "1970년대 한국 사회는 문화도, 언어도, 공간도, 우정과 신뢰도 제거된 완벽한 침묵이 강요되는 사회"로 되어갔다.(김석준, 2003, 161쪽)

그 결과 유신체제에서는 개인의 인권보장을 중시하는 '자유주의'도, 주권재민을 본질로 하는 '민주주의'도 실제로는 존재하지 않았다. 그것은 여러 측면에서 절대왕정이 연상되는 체제였고, 그 속에서 최고 권력자 박정희는 사실상 종신제를 누리며 절대권력을 행사하고 있었다. 박정희는 이미 헌법상으로 절대권력의 장치들을 갖추어 놓았거니와, 법으로도 모자라 실제 국정 현장에서는 갖가지 위법·탈법의 사찰과 공작을 일삼았다. 경찰과 검찰은 기본이었고, 중앙정보부, 국군 보안대(현 '기무사'의 전신), 청와대 경호실까지 거의 모든 국가기구를 동원하여 사찰과 공작을 저질렀다. 그리하여 국회와 정당은 물론 사법부까지 속속들이 통제와 조종의 대

• 일상적인 대화에서 "6·25 도발은 소련 놈과 미국 놈의 책동에 의한 것이다" "공산주의의 목적은 나쁘지만, 그 방법은 나쁘지 않다. 공산주의자들의 과학적 관리법은 배울 점이 많다" 등의 발언은 반공법을 위반하는 것이 된다. 또한 유죄는 인정되지 않는다 하더라도 체포·구금되어 재판을 받기도 하였는데, ① 가옥을 철거하려는 철거반원에게 "김일성보다 더한 놈"이라는 언사를 한 경우 ② 영문을 모르는 상인이 붉은 낫과 망치의 도안과 North Korea, Land of Free라는 영문 글자가 부착된 잠바를 미 군인의 주문에 의해 제조 진열한 경우 ③ 경찰관의 부당한 처사에 항의하면서, "우리나라 법이 빨갱이 법보다 못하다"라고 발언한 경우 ④ "예비군 훈련이 지긋지긋하다. 안 받았으면 좋겠다. 내일 판문점 관광을 가는데, 그곳에서 북으로 넘어가버리겠다"라고 농담한 경우 ⑤ 술자리에서 상대방에게, "너는 김일성만큼 잘 하느냐, 현 정부가 무얼 잘하는 것이 있느냐"라고 말한 경우 ⑥ 재일동포 유학생이 "북한이 남한보다 중공업이 발달되어 있다"고 말한 경우가 그렇다.(조국, 1992, 93~94쪽)

상으로 전락시켜나갔다.*

1970년대 말에 이르러서는 그런 억압 체제에 대한 불만과 염증이 소수의 민주화운동세력에 그치지 않고 일반 대중에게도 퍼져나갔다. 그 결정적 증거가 1978년 12월 12일의 제10대 국회의원 총선거 결과였다. 집권 여당인 공화당은 의석수에서 제1야당인 신민당보다 7석 앞섰지만, 정당 득표율에서는 신민당의 32.8%보다 1.1% 뒤지는 31.7%를 얻는 데 그쳤다.** 또 제2야당인 민주통일당이 얻은 7.4%까지 합친다면 집권 공화당은 야당보다 득표율이 8.5%나 뒤처졌으며, 무소속후보들의 28.1%까지 합친다면 공화당 대 비공화당 득표율 격차는 31.7% 대 68.4%의 엄청난 것이었다. 게다가 그것은 공화당 스스로 이 선거를 "유신 제2기에 대한 신임투표"*** 라고 규정하며 전폭적 지지를 호소하는 가운데 얻어진 득표 결과였다.(손호철, 2003, 80~81쪽) 박정희의 유신체제와 그 정권에 대한 대중의 불만과 염증이 단적으로 드러난 것이다.

• 국회와 정당에 대한 공작은 이미 주지의 사실이지만, 사법부에 대한 공작도 심각하였다. 박정희 정권이 무너진 직후인 1980년 2월 서울제일변호사회가 당시 현직 법관 171명을 상대로 유신체제기 사법부에 대한 정부 권력의 압력 여부를 설문조사하였는데, '지금까지의 재판과 법관의 독립'이 완전하게 보장되었다고 답한 사람은 단 1명(0.6%)에 불과하였다. '법관 인사가 공정'하였다고 평가한 법관은 고작 3명(1.8%)에 그쳤다.(이상우, 1993, 387~388쪽)

•• 정당 득표율과 정당의 당선자 수가 역전된 이유는 다음과 같다. 즉 도시보다 농촌지역 선거구의 유권자 수가 대체로 적은 편인데, 여촌야도(與村野都)의 투표성향에 힘입은 집권 공화당이 농촌지역 당선자를 야당보다 손쉽게 많이 낸 때문에 득표율이 적어도 당선자 수는 오히려 많을 수 있었던 것이다.

••• 당시 공화당 의장서리 이효상은 선거 직전에 행한 유세에서 제10대 국회의원 선거를 유신 제2기에 대한 신임투표로 규정하면서 지지를 호소하였다.(『동아일보』 1978년 12월 12일자)

부산·마산 지역의 위기상황

지역경제 침체와 민심 이반　　　유신독재의 억압과 한국 경제의 반민중성
　　　　　　　　　　　　　　　　은 전국적이고 보편적인 현상이었지만,
부산과 마산의 지역경제는 상황이 더욱 심각하였다. 산업화 초기 이래 부
산의 경제구조는 신발·섬유·합판 등 경공업 부문이 주종을 이루어왔는데,
이들은 수출 의존성이 높은 노동집약적 업종들로서 심각한 저임금과 장시
간 노동에 기초하고 있었다. 섬유·종이·식품 등 노동집약 업종으로 구성
된 마산의 수출자유지역도 사정은 비슷하였다. 이는 자연히 지역주민들의
취업 불안과 저소득, 생활고를 불러왔고, 영세기업의 저임금 노동자나 실
업자 등 하층 노동자, 도시빈민층의 사회적 불만을 누적시켜갔다.

　　더욱이 1978년 말부터 시작된 제2차 석유파동으로 한국 경제는 극심
한 피해를 입었다. 1973년 제1차 석유파동 때 다른 나라들에 비해 크게 곤
란을 겪지 않았던 것이 오히려 화근으로 작용하였다. 당시 서구나 일본과
달리 유신정권은 에너지 절약형 경제로 체질개선을 시도하지 않고, 중화
학공업 중심의 확대정책을 그대로 밀어붙였다. 그 결과 1977년과 1978년
에 각각 12.7%와 11.6%이던 경제성장률이 1979년과 1980년에는 6.4%와
−5.7%로 격감하였다. 특히나 수입 원자재의 가공무역에 대부분 의존하던
마산과 부산지역 제조업계는 제2차 석유파동의 시련을 가장 직접적이고
혹독하게 치렀다. 유가 상승에 따라 석유뿐 아니라 원면·원단·원목·고무
등 원자재의 수입가격이 폭등하였고, 그것이 부산과 마산의 지역경제에
고스란히 부담으로 작용한 것이다.

　　실제로 1971년에는 전국 및 서울의 약 1.1배에 지나지 않던 부산지역
의 부도율이 부마항쟁이 발생하던 1979년에는 전국 평균의 2.4배, 서울의
3.0배에 달하였다. 1979년 마산지역의 부도율도 전년도의 2배가 훨씬 넘

는 37.7%나 되었다. 또 수출에 의존하고 있던 부산지역 경제는 1979년 당시 수출증가율이 10.2%로서 전국 평균증가율 18.4%에 훨씬 못 미쳤고, 상당수 부산시민이 실업으로 생존의 위기에 처하였다. 마산도 1970년대 말에는 수출자유지역의 가동률이 떨어지고 휴업하는 업체가 늘어나더니, 1979년 휴업 업체가 5개소, 1980년에는 11개 업체가 문을 닫아 입주 기업체는 88개 사(가동업체 85개 사)로 줄었다. 마산시 전체로도 9월 당시 24개 업체가 휴·폐업하였으며, 6,000여 명의 노동자가 일자리를 잃고 거리를 방황하고 있었다. 게다가 정부가 새로 강행한 부가가치세제의 압박 탓에 부가세 도입 이전(1977년)에는 24만 원 내던 마산의 가구당 세금이 도입 후(1978년)에는 무려 60만 원 이상으로 올라갔다.(『한겨레신문』 1988년 10월 16일자; 정성기, 2002, 250∼256쪽)*

민생 위기가 도래하고 사회적 불만이 누적되어 가는 가운데 부산과 마산 지역의 대학생들은 마침내 1979년 10월 16일과 18일에 각각 가두시위를 전개하였다. 그리고 학생들의 가두시위는 불만의 화약고에 불을 댕겼다.

야당 탄압과 지역민의 반감　　유신체제기 제1야당 신민당의 당권은 유진산−김영삼−이철승−김영삼의 차례로 이어져갔다. 유진산은 유신쿠데타 국면에서 계엄령으로 국회가 해산되고

---

* 당시 부산지역의 경제사정에 대해 "적어도 경제지표상으로는 4월 이후 급속도로 악화되던 부산 경제상황이 8월을 고비로 다소 회복되기 시작해 9월부터는 호전된 것으로 나타나고 있다"(『한겨레신문』 1988년 10월 16일자)는 반론도 있다. 하지만 그것이 당시 경제사정의 악화와 그로 인한 부마항쟁과의 연관성을 반박할 만한 근거는 될 수 없다. 왜냐하면 그러한 견해는 당시의 경제사정이 9월부터 '지표상으로' '다소' 호전되기 '시작'하였다는 것일 뿐, 지표상으로 나타난 약간의 경기회복세가 주민들의 생활현장에서 체감될 만큼 호전되려면 상당 기간의 시간적 지체를 요한다는 점을 고려해야 하는 것이다. 그리고 실제로도 한국 경제사정은 전체적으로 계속 악화되어 그 이듬해에 -5.7%라는 기록적인 저성장을 보였다.

정치활동이 금지되는 수모를 겪으면서도, '긍정 속의 부정'이라는 타협노선으로 유신에 대응함으로써, 당내 파벌들 사이에 격렬한 찬반 대립을 불러일으켰다.(이영훈, 2000, 124~125쪽) 1974년 유진산의 병사 이후 타협노선에 반발하며 등장한 김영삼이 첫번째 당권 장악에 성공하였다. 그러나 그도 곧 이어 인도차이나가 공산화되던 1975년 봄 박정희와의 청와대 회담 후 한때 선명성이 변질되었다.[*] 그 다음으로 당권을 장악한 이철승은 과거의 유진산을 연상시키는 '중도통합노선'을 내세우며 박정희의 구미에 한층 더 잘 맞게 신민당을 이끌었다.

그러나 1979년 5월 30일 벌어진 전당대회에서 선명투쟁론을 내세운 '김영삼 바람'이 이철승의 조직과 금력을 누르고 승리하였다. 김영삼은 2년 6개월 만에 다시 신민당 총재로 복귀한 것이다. 당시 김영삼 바람이 증폭된 데에는 김대중의 도움이 컸다. 6년 전 도쿄 납치사건으로 사선을 넘은 바 있던 그는 가택연금 상태임에도 전당대회 전날 중국집 '아서원'의 대의원 단합대회장에 나타나 800여 명을 향하여 김영삼 지지를 열렬히 호소하였다.[**] 그런데 당시 연금 상태의 김대중을 단합대회장으로 외출할 수 있도록 일시 풀어준 사람은 바로 중앙정보부장 김재규였다.[***]

---

[*] 김영삼 자신은 그 회담에서 박정희가 조만간 자진퇴임 할 것을 약속하는 등 공작적 발언을 하는 바람에 이후 침묵을 지켜주며 이용당한 것이라고 해명하였다.(김충식, 1992, 215쪽)

[**] 아서원에서 행한 1시간여의 연설에서 김대중은 이철승의 '중도통합론'이 말이 되지 않는 소리임을 다음과 같이 설파하였다. "택시 합승을 하더라도 방향이 같아야 되는 것이다. 신촌으로 가는 사람과 동대문 가는 사람은 합승이 불가능하다. 독재는 북쪽이고 반독재투쟁은 남쪽인데, 정반대 방향으로 가는 사람끼리 어떻게 중도통합이란 말인가. 내일 전당대회는 친유신파와 반유신파의 대결이다. 반드시 김영삼 동지를 총재로 당선시켜야 한다." (김충식, 1992, 306쪽)

[***] 10·26정변 뒤 계엄사 합동수사반에게 조사받은 당시 중정 외사국장 조성구는 김재규가 김영삼 측이 김대중을 참석시켜 단합대회를 연다는 첩보를 접하였음에도 김대중의 외출을 저지해야 한다는 하부의 건의를 무시하고 그를 방치하여 전당대회에서 김영삼이 유리하도록 해주었다고 진술하였다. 당시 상공부 차관보 김동규의 증언도 그를 뒷받침한다. 그는 10·26정변 1주일 전 사석에서 김재규가 "내가 공작을 해보니 김영삼 씨를 밀어주어야겠다는 생각이 들었어. 그래서 김대중 씨의 연금을 그날 하루만 풀어준 것이야" "누군가가 후세에 이 사실을 증언할 수 있어야 할 것 같아 말해두는 거야"라고 말하였다고 진술하였다.(조갑제, 1987, 79~80쪽)

김대중과 김재규의 도움에 힘입어 김영삼이 당권 회복에 성공하고, 강경한 유신반대투쟁에 나선 지 얼마 되지 않은 시점에 이른바 'YH사건'이 일어났다.[*] 1979년 8월 11일 새벽 2시, 신민당사에서 농성 중이던 YH 여공들을 상대로 경찰은 무자비한 강제 해산과 연행에 돌입하였다. 진압 경찰은 농성 여공들은 물론 현장에 있던 국회의원과 신문기자들을 닥치는 대로 구타·폭행하고 폭언을 서슴지 않았다. 신민당사도 아수라장으로 짓밟혔다. 황낙주 신민당 원내총무와 정대철 의원에게 주먹이 날아들었고, 당료들도 두들겨 맞아 중경상을 입었다. 신분증을 내보이는 기자들도 무차별로 구타당하였다. 코뼈에 금이 가고, 필름을 빼앗기고, 얼굴을 알아볼 수 없을 만큼 맞기도 하였다. 수십 명의 농성 여공들, 국회의원을 포함한 신민당원 30여 명, 취재기자 12명이 경찰의 폭력에 부상하였다. 그리고 끝내 농성 여공 김경숙이 참혹한 시신으로 발견되었다.(이광일, 2001, 217쪽)

이 사건은 노동자의 생존권투쟁에서 비롯되었으나 결코 노동운동사에만 기록될 단순한 사건이 아니었다. 그것은 이 사건이 독재권력 연장과 자본의 이익 옹호를 위해 야만적으로 인권을 유린하던 유신정권의 폭력성 — 권력도 권위도 아닌, 말 그대로의 폭력성 — 을 널리 알리는 데 기여함으로써, 선명야당의 기치를 내건 신민당에는 대여투쟁의 명분을 강화시켜주고, 국민들에게는 독재정권에 대한 분노와 저항의식을 강하게 자극하여주었기 때문이다.(성기철, 1995, 530쪽)

김영삼은 12일 오전 특별기자회견을 갖고 "이번 사건은 명백히 야당의 존재를 무시하고, 정당정치를 부인하는 일종의 쿠데타"라고 주장하며,

---

[*] YH사건의 시말에 대해서는 강준만, 2002, 227~235쪽; 김정남, 2005, 247~256쪽; 성기철, 1995, 524~530쪽; 이영석, 1987, 361~362쪽; 조갑제, 1987, 111~135쪽; 『1970년대 민주화운동』 5, 1,582~1,613쪽 등을 참조할 것. YH사건의 노동운동사적 성격과 의의에 대해서는 본서 제3부 5장 1절을 참조할 것.

당사에서 농성으로 맞섰다. 박정희 정권은 김영삼과 신민당을 단계적으로 탄압해 들어갔다. 8월에 YH 여공들과 신민당을 경찰의 폭력으로 짓밟은 후, 9월에는 법원이 신민당의 총재단 직무집행정지 가처분 결정을 내림으로써 김영삼의 총재직을 사실상 박탈하였다.* 그러더니 마침내 10월 4일, 『뉴욕타임스』와의 9월 16일자 기자회견 내용**을 문제 삼아 유정회와 공화당 소속 의원들이 김영삼을 의원직에서마저 제명해버렸다. 야당과 민주주의를 드러내 놓고 말살하는 반정치적 폭거였다.

그리고 곧이어 부마항쟁이 터졌다. 김영삼의 지역구는 부산 서구였고, 그의 고향은 부산·마산과 지척인 거제도였다. 그 주변 지역 일대의 주민들에게는 김영삼을 지역의 '인물'이며 자랑으로 여기는 정서가 널리 퍼져 있었다. 특히 마산지역 항쟁의 경우, 시위 참가자 대다수가 김영삼을 억압받는 인물의 상징으로 받아들이면서, 김영삼의 고난을 자신의 고난처럼 인식하였던 것으로 진술하고 있다. 당시 시위자들에 대한 검사의 공소장은 "평소 유신체제에 대하여 불만을 품고 있던 중 최근 세칭 YH사건, 신민당총재 제명사건 등이 발생하자, 이는 정부와 여당이 야당을 탄압하는 것으로 판단"하여 시위를 벌인 것으로 밝히고 있다. 또한 미국 대사관 전문도 김영삼 제명을 부마항쟁의 1차적 원인으로 추정하였다.(이은진, 2008, 99쪽)

그러나 부산과 마산에서 보여준 대중의 폭발적 진출을, 단지 김영삼을 지지하는 지역주민의 열정으로만 설명할 수는 없는 면도 있다. 예컨대 항쟁 첫날 밤 10시 쯤 부산 광복동 시위 군중 속에서 "김영삼!" "김영삼!" 하

---

* 비주류 측 당원들이 5·30전당대회 시 총재 선출 투표를 한 대의원들 중 공민권이 회복되지 않은 사람들이 포함되어 있으므로 총재 선출은 무효라고 주장하며 소송을 제기하자, 법원에서는 총재단 직무집행정지 가처분 결정을 내렸다. 신민당은 "야당을 말살하려는 정치조작극에 사법부가 하수인으로 전락" 한 것이라며 비난하였다.

** 그 내용은 "미국은 〔……〕 독재정권과 민주주의를 열망하는 다수의 한국 국민들 중 하나를 선택할 때가 되었다" 는 것이었다.

고 연호가 터져 나오자, 다른 한쪽에선 "여기서 김영삼이가 왜 나와? 우리
가 김영삼이 위해 시위하나?"라는 핀잔 섞인 반론이 튀어나오기도 하였다.[*]
이는 유신독재의 폭압에 대한 명백한 적대감과는 달리, 제도 야당이나 김
영삼 자체에 대해서는 민중들 사이에서도 애증이 복잡하게 뒤섞여 있었음
을 보여주는 대목이다. 이처럼 김영삼과 신민당에 대한 정권의 탄압은 개
인의 판단에 따라서는 그다지 중요하게 의식되지 않았던 문제일 수 있다.
그러나 일반적이고 평균적 의식 수준을 가진 많은 지역민들에게는 그것이
매우 심각한 문제로 받아들여졌던 것이 당시의 정서였다.

지역 민주화운동세력의 성장

부산지역 민주화운동세력의 성장

부마항쟁의 배후에 얽혀 있는 이상
의 객관적 배경과 아울러 한 가지
더 고려해야 할 사항은 항쟁의 주체적 역량 문제이다. 지역 민중의 불만과
울분을 가두투쟁으로 자극하고 결합해낸 원동력은 교내시위를 도심까지
끌고나간 학생들의 힘이었으며, 그것은 완전한 조직적 대오를 갖추지는
못하였다 할지라도 어느 정도 성장하였던 당시 학생 및 사회운동세력의
주체적 역량이 있었기에 가능하였다. 따라서 당시 지역 내 민주화운동세
력이 어떻게 성장하였고 그 수준은 어느 정도였는지도 함께 해명되어야
하는 것이다.

부마항쟁 직전인 1970년대 말에 이르기까지 부산의 민주화운동세력

---

[*] 당시 마산지역 시위 주도자의 한 사람이던 정성기는 "'김 총재 제명'사건은 계기 중의 하나에 불과" 할
뿐이라고 주장하였다.(『한겨레신문』 1988년 10월 16일자)

은 부산대를 중심으로 한 '학생운동'과, 종교계를 기반으로 형성된 '사회운동'의 두 갈래로 성장하고 있었다. 4월혁명으로 분출·고양된 부산의 학생운동세력은 1965년 한일협정반대투쟁을 고비로 침체기에 접어들었지만, 1969년 3선개헌반대투쟁을 거치면서부터 새로운 저항의 대열이 형성되었다. 부산대에서는 김재규(무역 68학번) 등의 주도로 1969년의 '한얼'과 1971년의 '사회문제비교연구회' 같은 이념서클이 만들어졌고, 법정대에는 비공개 스터디그룹도 등장하였다. 이는 당시 서울대의 '사회법학회'나 '후진국사회연구회', 이화여대의 '새얼', 고려대의 '한사회'나 '한맥', 경북대의 '정진회'나 '정사회' 같은 이념서클들이 결성되는 전국적인 분위기와 맥을 같이 한 것이었다.(부산대학교총학생회, 1985, 34쪽: 부산민주운동사편찬위원회, 1998, 394~395쪽) 1973년 12월 1일에는 1,500여 명의 부산대 학생들이 "학원자유 보장" "구속학생 석방" 등 5개 항을 내걸고 유신 이후 부산대 최초의 학내시위를 일으켰다. 그리고 오후 1시경부터는 남포동 부영극장 앞에서 700여 명이 교가를 부르고 연좌시위를 벌이다 44명이 연행되었다.(장동표 외, 2006, 184쪽)

하지만 1974년 봄, 김재규와 그의 후배들인 김해룡·이병철·강성숙·배권재 등이 유신철폐 투쟁을 협의하던 중 '민청학련사건'에 연루되어 대부분 구속되었다. 그리고 1975년 가을에는 '재일교포간첩김오자사건'으로 당시 반정부유인물을 제작·배포한 김오자(재일교포 유학생, 사학 3)는 물론, 그와 접촉한 김정미·박준건(철학 3), 김준홍·노승일(정외 3) 등이 구속되어 실형을 선고받았다. 이로써 대학 내에 재생산 기반을 제대로 구축하지 못하고 있던 부산의 학생운동세력은 거의 괴멸되는 위기를 맞게 되었다.[*] 이런

● 이때의 학원 탄압은, 특히 인도차이나 공산화를 배경으로 강화된 정권의 이데올로기 공세 속에서 전국 규모의 학원사건 및 간첩사건들이 조작되는 일련의 정세를 배경으로 하는 것이었다.

사정으로 부산대에서는 1974년부터 부마항쟁이 터질 때까지 단 한 차례도 학생시위가 일어나지 않았으며, 이 때문에 이른바 '유신대학'이라는 오명을 얻기도 하였다.(부산민주운동사편찬위원회, 1998, 395쪽)*

대학을 중심으로 한 부산의 학생운동세력이 침체에 빠져 있던 1970년대 중반 이래, 지역사회 한편에서는 사회운동세력이 성장하고 있었다. 이 무렵 부산지역의 사회운동은 보수동 책방골목에 위치한 중부교회가 가장 중심적 역할을 하고 있었다. 당시 중부교회는 부산지역 사회운동세력의 성장은 물론 학생운동이 침체에 빠진 순간 그 맥을 다시 잇게 해주는 새로운 피의 수혈자 역할을 하였다. 1974년부터 이 교회에 관여하기 시작하여 1976년 전도사를 거쳐 1978년 담임목사가 된 최성묵, 그리고 그를 도와 청년회원들을 이끌던 이명수, 박상도, 김형기 등이 이 교회의 운동적 정향을 확립하는 데 많은 역할을 하였다. 당시 서울에서 보낸 지하 유인물이나 갖가지 민주화운동 관련 정보들은 대부분 중부교회를 매개로 부산지역에 전파되었다. 각종 민권강연회와 사례발표회, 구속자를 위한 기도회, 대학생들의 그룹스터디 등도 흔히 이곳에서 이루어졌다. 이런 분위기가 영향을 미쳐 중부교회 교인들 가운데 1975년에서 1979년 사이에 긴급조치 9호 위반 등의 혐의로 구속된 사람만도 10여 명이나 되었다.** 그리고

* 그럼에도 이 시기 부산의 학생운동 세대가 이후의 민주화운동에 나름대로 기여한 바는 적지 않았다. 예컨대 노승일의 경우 출소 뒤 보수동과 부산대 앞에서 사회과학전문 서점 '태백산맥'을 경영하였는데, 이 서점은 운동권 학생들에게 공간을 제공하여 당시 부산대생들의 의식 형성에 일정 부분 기여하였다. 특히 1979년 10월 15일 부산대 교내시위를 주동하고자 "민주선언문"을 제작·배포한 황선용, 이진걸, 남성철 등에게도 의미 있는 영향을 미쳤다.(부산민주운동사편찬위원회, 1998, 395쪽)
** 대표적으로 『책방골목』 필화사건이 유명하다. 1976년 초 중부교회 대학생회는 대학생회지 『책방골목』 창간호를 발간하였는데, 부회장이던 조태원(부산대 토목 2)이 자유시 풍의 「인사말」을 써서 게재하였다. 그런데 그 내용 중 "진정한 자유와 민주주의를 실현시키자/한국적이니 유신이니 따위는 말고" 부분을 문제 삼아 중앙정보부 부산지부가 그를 끌고 갔다. 결국 조태원뿐 아니라 대학생회장 김영일(부산대 지리 3)과 회지를 배포한 이태성(동아대 수학 2)까지 모두 유죄판결을 받았다.(장동표 외, 2006, 103~104쪽)

중부교회의 청년부원들 중에는 비판적 의식을 지닌 동아대나 부산대 재학생, 또는 졸업생과 제적생들이 많았다. 그만큼 중부교회는 부산지역의 민주화운동에서 사회운동세력과 대학의 학생운동세력을 연결시키는 매개 고리로서 커다란 역할을 수행하였다.(부산민주운동사편찬위원회, 1998, 396쪽)

중부교회 외에도 부산YMCA나 동광교회, 연산동의 남부교회 등도 그러한 역할을 일정하게 수행하였다. 그러나 무엇보다 특별히 언급해야 할 것은 '부산 양서판매이용협동조합'(양서협동조합)이다. 양서협동조합은 주로 중부교회와 직·간접적으로 관련되어 있던 사람들이 창립하였는데, 1970년대 말 부산지역 민주화운동세력의 커다란 저수지 구실을 하였다. 당시 부산에서 민주화운동에 참여하였던 인사들이 대부분 관련을 맺고 있었기 때문이다. 양서良書를 매개로 한 양서협동조합은 당시 이사장이던 이흥록 변호사가 '거북선과 함께 세계 최초의 독창적 발명품'이라 칭하였을 만큼 독창적이고 선구적 방식으로 운동세력 결집과 교육·확산에 이바지한 부산 특유의 사회운동조직이었다.(부산대학교총학생회, 1985, 36쪽; 부산민주운동사편찬위원회, 1998, 397쪽)

양서협동조합을 처음으로 제안한 사람은 김형기였다. 민청학련사건으로 복역한 후 1976년에 부산으로 간 김형기는 박상도 등과 함께 중부교회 청년들을 이끌게 되었는데, 그가 부산으로 가기 전 서울의 협동교육연구원에서 배운 협동조합운동 실무에 관한 지식으로부터 착상하여 양서협동조합 설립을 제안하였다. 이후 김형기, 최준영, 김희욱, 박상도 등이 주도하여 조합창립총회를 열게 된 것은 1978년 4월 5일이었고, 4월 22일에는 이른바 양서만을 판매하는 조합 직영의 '협동서점'도 문을 열었다. 조합의 초대 이사장에는 이흥록 변호사가 추대되었는데, 그는 김광일 변호사 등과 함께 재정 및 심적 측면에서 조합에 큰 도움을 주었다.(부산민주운동사

편찬위원회, 1998, 397쪽)*

조합은 놀라운 속도로 성장하였다. 대학생 60~70명을 포함하여, 회사원·교수·교사·공무원·변호사 등으로 구성되어 있던 141명의 창립회원이 1년 반 만에 572명으로 불어났다. 1979년 10월 현재 조합원 572명 가운데 대학생은 100여 명이었고, 나머지 대부분은 젊은 직장인들이었다. 출자금도 700만 원을 넘어 독립채산이 가능할 정도가 되었다. 이리하여 양서협동조합은 서로 좋은 책과 정보를 교환하며 흉금을 털어놓고 시국을 걱정하는 만남의 광장이 되었다. 교회와 학교와 사회에 흩어져 있던 의식 있는 청년들을 불러 모으고, 그들을 다시 무엇인가 함께 하도록 묶어서 배출하는 커다란 저수지가 되어갔다.(부산민주운동사편찬위원회, 1998, 398쪽)

부마항쟁은 바로 그 즈음 발생하였다. 그래서 이미 정보기관으로부터 불순분자 집결단체로 주목받고 있던 양서협동조합이 '부마사태의 배후'라는 구실로 1979년 11월 19일 강제해산당하고 말았던 것은 당시로서는 전혀 놀라운 일이 아니었다. 오히려 그 후 2년 사이 부산에 이어 대구·광주·마산·울산·수원·서울 등지에 양서협동조합이 속속 조직되었는데, 그 원조元祖로서의 역할이야말로 당대 역사에서 놀라운 수확으로 기록되어야 할 것이다.

한편, 이 무렵 부산의 각종 사회운동기구들도 민주화운동의 대열을 갖추기 시작하였다. '부산 엠네스티'는 소설가 김정한과 노경규 지부장, 김광일 변호사 등이 이끌고 있었는데, 양심수 지원 등 인권 상황에 대한 관심과 지원 및 고발 활동을 펼쳤다. 도시산업선교는 '부산지역 특수선교회'(회장 최성묵 목사, 실무자 박상도)의 활동으로 나타났다. 부산지역 노동현장의 각종 부당 처우와 탄압 사례들을 수집하여 자료집을 배포하고, 사례발표

---

* 양서협동조합에 관한 더 상세한 내용은 차성환, 2004a와 본서 제3부 2장을 참조할 것.

회를 겸하여 노동 문제에 대한 기도회를 여는가 하면, 노동자 훈련 및 교육을 통해 민중의 의식을 깨우치는 일 등을 수행하였다. 물론 특수선교회의 산업선교활동은 중부교회·JOC·엠네스티·YMCA 등 다른 민주화운동단체들과의 연대 아래 이루어졌다. 'JOC'는 노동자 개인의 수양을 위주로 활동을 시작하였으나, 1974년 부산 태광산업의 노조 결성을 주도하였고, 1978년께부터는 동일방직 해고 노동자들의 부산투쟁*에 함께 나서는 등 사회운동적 역할로 점차 집중해갔다.(부산민주운동사편찬위원회, 1998, 358~359·397쪽)

그즈음 "부산대학교자율화민주실천선언문" 살포사건(약칭 '4·19선언문사건)이 발생하였다. 1978년 4월 17일에 일어난 이 사건에 가담한 대입준비생 전중근과 부산대의 정외영(사학), 서연자(미술교육), 이성동(의예) 등은 모두 중부교회에서 그룹 스터디를 함께 하며 사회의식에 눈뜬 이들이었다. 이들은 시위를 유도하고자 교정 길바닥과 강의실 칠판 등에 매직으로 "유신철폐" "박정희 정권 물러나라" "긴급조치 해제하라" 등의 구호를 쓴 뒤, "부산대학교자율화민주실천선언문"을 부산대 학생들에게 우편으로 보내거나 도서관 등에 뿌리다가 투옥되었다.(부산민주운동사편찬위원회, 1998, 398~399쪽)

1978년 7월 4일 부산대 교정에서 이른바 '반유신페인팅사건'이 발생하였다. 여느 교회들과 달리 감사헌금이나 십일조헌금을 받지 않고 거의 자력으로 생계를 꾸려간 이주학 목사의 남부교회에 다니던 부산대 학생 이상경(인문사회계열 1)과 이 목사의 아들 이희섭, 그리고 대입준비생 김승

---

* 여기서 동일방직 해고노동자들의 부산투쟁이란 1977~1978년에 있었던 동일방직 사건 당시 어용 노동운동가로서 노동자 탄압에 앞장섰던 전국섬유노조 위원장 김영태(이후 한국노총 위원장)의 통일주체국민회의 대의원 출마와 당선을 저지하고자 인천의 동일방직 해고 노동자 추송자 등 15명이 김영태 출마 지역인 부산에 와서 투쟁하다 연행·고문·투옥된 사건을 말한다.

영 등이 7월 3일 밤 야음을 틈타 부산대 운동장 스탠드의 벽과 바닥에 스프레이로 "유신철폐" "교련반대" "독재타도" 등의 구호를 페인팅하고 투옥되었던 것이다.(부산민주운동사편찬위원회, 1998, 399쪽)

이러한 일회적이고 고립·분산적인 사건들보다 더욱 중요한 것은 운동의 주체와 역량을 재생산하고 질적으로 발전하도록 이끌 수 있는 장기적 기반을 구축하는 작업이었는데, 이 또한 양서협동조합이나 중부교회의 역할과 크게 관련되어 있었다. 즉 청년·학생들의 문제의식이나 투쟁 의지가 중부교회와 양서협동조합 등을 통한 만남 속에서 저변을 넓혀갔고, 다시 그것이 대학 내에 들어와 조직적으로 규합됨으로써 운동의 자립적 조직기반과 재생산구조 형성에 크게 기여하게 된 것이다. 앞서 말한 대로 1974~1975년 민청학련사건과 김오자사건으로 부산대 내의 운동세력은 거의 괴멸되다시피 하였다. 중부교회 대학생회에서 만난 이상록과 조태원 등은 그러한 상황을 타개할 방도를 모색하였다. 그들은 1977년 말경부터 부산대 내의 학생운동 재건을 위해 의식 있는 후배들을 물색하기 시작하였다. 그로부터 몇 달 사이에 후배 고호석(영문 76학번), 이호철(행정 77학번) 등을 만나고, 그들 주위에 있던 인문사회계 학생들까지 끌어들여 학습모임을 조직하였다.(부산민주운동사편찬위원회, 1998, 399~400쪽)

그 무렵 김형기, 송세경, 최준영, 김희욱, 소진열, 설동일 등 서울지역으로부터 각자의 사정에 따라 부산으로 가게 된 학생운동가들이 중부교회나 양서협동조합을 통하여 그들의 경험과 지도력을 부산의 민주화운동세력에게 제공·접맥시킨 것도 결정적으로 중요한 역할을 하였다. 이들 가운데 특히 송세경·설동일 등이 부산대의 이상록, 고호석과 더불어 학습활동에 지도적 역할을 맡았는데, 이호철, 노재열, 송병곤, 윤연희, 주정민, 설경혜 등 부산대와 부산교대 재학생들이 거기에 참여하였다. 결국 그들 전원은 1980년대 초 소위 '부림사건'으로 체포되어 고초를 겪었다. 하지만 오히려 그 사건은 역설적으로 이들 대부분을 이후 부산지역 민주화운동세력의 실무적 기둥으로 성장시키는 데 공헌하기도 하였다.(부산민주운동사편찬위원회, 1998, 400쪽)

이리하여 1978년 말 쯤에는 부산대 내에 저항적 학생운동을 뚜렷이 지향하는 지하서클 하나가 태동하게 되었다. 이를 토대로 1979년 봄, 각 학년별 조직체계와 재생산 구조까지 갖춘 비공개 운동조직이 생겨났다. 즉 이상록, 고호석 등이 77학번과 78학번을 규합하고, 다시 그들이 79학번 신입생들을 조직화시키도록 함으로써 학번 간 재생산 라인이 구축된 조직 체계가 확립되었다. 사회과학 학습 지도는, 3학년 이호철과 노재열이 1학년(79학번) 그룹을, 4학년 고호석이 2학년(78학번) 그룹을, 4학년 이상록이 3학년(77학번) 그룹을 각각 책임지고 맡았다. 각 팀당 6~7명씩 1학년은 5~6개 팀, 2학년은 2개 팀, 그리고 3·4학년 몇 명 등을 포함, 약 50여 명의 인원이 체계적으로 조직되었다. 물론 저학년들은 자기 학습팀 외에는 서로를 잘 알지 못하도록 조직 보안에도 만전을 기하였다. 그리고 4학년인 이상록과 고호석은 향후 자신들의 진로를 각각 노동현장과 청년운동 기구로 정해 놓고, 학내활동에는 일정한 거리를 두기로 하는 등 매우 치밀하고 조직적으로 편성하였다. 이것이 일명 '도깨비집' 혹은 '사랑공화국'으로 불리며, 1980년대 초 '부림사건'을 통해 세간에 알려진 부산대 지하서클의 실체였다.(부산민주운동사편찬위원회, 1998, 334~339쪽) *

지하서클뿐 아니라 이념적 성향의 공개서클들의 활동도 1979년부터는 상당히 활발해졌다. 아카데미회(기러기회), ** 성아회成我會, 전통예술연

---

* '도깨비집'의 경우, 명확한 실체는 보이지 않으나 뭔가 일이 진행되고 있음을 감지한 외부 사람들이 붙인 이름이고, '사랑공화국'은 1979년 초 술자리에서 구성원들 사이에 농담처럼 오간 제의가 이후에도 조직의 이름처럼 계속 통용되었던 데서 유래한 것이었다.(부산민주운동사편찬위원회, 1998, 400쪽)
** 1970년대 박정희 정권의 세종대왕 숭배와 외래어 추방운동 와중에서 '아카데미회'도 '기러기회'로 바뀌어 표기되었으나, 실제 언어 관습상으로는 여전히 '아카데미'라는 이름이 자연스럽게 쓰였기 때

구회, 영목회嶺牧會, 동녘회, 가야야학팀 등이 꽤 체계적인 학습이나 현장 활동으로 활성화되었다.(부산대학교총학생회, 1985, 37쪽)* 거기에 YH사건이 발생하고 유신정권의 모순이 점차 극점에 도달해가던 1979년 하반기에 이르면서, 부산대 내에는 지하서클이 중심이 되어 공개서클들까지 포괄하는 상당히 광범위한 연대협의체도 모색되었다. 일단 1979년 9월, 부산대 안의 문창대(약대 앞 동산)에서 도깨비집의 고호석, 이호철, 노재열, 아카데미의 김종세, 영목회의 장상훈 등이 모여 시국 대응의 방향을 두고 정책협의회를 가졌다. 이것이 서클 간에 시위 문제를 조직적으로 협의한 최초의 연대회담이었다.(김종세의 증언)

연대회담에서는 일부의 시기상조론도 있었지만 다수의 참석자들이 시위의 필요성에 공감하였다. 다만 서클의 조직 보위를 위해 도깨비집은 전면에 나서지 않고 개인적 참여로만 국한한다는 원칙 등에 합의하였다. 이리하여 학내운동세력들 사이에서는 도깨비집·공대·법대·상대 등에서 "이번 2학기에 [시위] 한 건 한다"는 얘기들이 자연스럽게 흘러나오기 시작하였다.(부산민주운동사편찬위원회, 1998, 401쪽)

마산지역 민주화운동세력의 성장　　　마산지역의 학생운동은 마산 출신 서울 유학생 모임인 '재경마산학우회'를 맹아로 시작되었다. 1970년대 학생운동 그룹이었던 한석태, 설훈, 황성권, 주대환, 서익진, 박재완, 박진해, 김진식, 감정기, 한철수, 김종철

문에 여기서도 계속 아카데미로 칭하고자 한다. 세종대왕 숭배와 외래어 추방운동에 대해서는 강준만, 2002, 37~40쪽을 참조할 것.
* 일례로 아카데미의 경우, 1979년 신입회원으로 130여 명이 입회하였고, 그중 연말까지 계속 남아서 활동한 인원이 30여 명을 넘었다고 한다.(김종세의 증언)

등이 재경마산학우회를 통해 방학을 이용한 지역활동을 시작하였고, 이들이 경남대 정성기, 전재영, 이윤도, 동아대 신용수 등과 연결되면서 지역학생운동의 태동으로 이어진 것이다. 이들의 활동은 각종 소모임과 학술강연, 연극·탈춤운동, 양서협동조합운동으로 맥을 이어가면서 경남대 최초의 이념 동아리였던 '사회과학연구회'를 낳았고, 이러한 흐름이 10·18 마산항쟁으로 이어졌다.(『경남도민일보』 2001년 3월 6일자)

이처럼 마산지역에서 청년·학생층의 모임이 만들어지기 시작한 것은 마산 출신 서울지역 대학생들의 사회과학연구 소모임에 경남대 학생들이 참여하면서부터였다. 경남대 학생들의 소모임 참가는 당시 소모임을 주도하던 한철수와 주대환 등이 경남대 학생들의 참여가 필요하다는 인식과 함께 1977년 경남대에 수석합격한 정성기를 접촉하면서 이루어지기 시작했다.(『경남도민일보』 2001년 5월 8일자) 이후 정성기와 최청호를 비롯해 박재석, 이신모, 윤기수, 한석태 등이 이 소모임에 합류하여 월남성당 등에서 함께 학습을 시작하였다.(박철규, 2003, 203쪽) 서울과 마산지역 소모임 회원들은 1977년 5월 13일 서울에서 설훈(고려대 사학)과 서익진(서울대 경제)이 긴급조치 9호 위반으로 구속되자, 설훈·서익진돕기운동을 전개하였다. 이들은 공판을 방청하고, 영치금과 책을 넣어주는 등의 활동을 벌였다.(박철규, 2003, 203~204쪽)

1978년에는 이들 소모임 회원들을 중심으로 경남대 최초의 이념서클이라 할 수 있는 사회과학연구회가 발족되었다. 그리고 더욱 획기적인 사건으로는 시민들을 대상으로 한 양서협동조합운동이 부산에 이어 마산에서도 추진된 것이다. 이는 당시 한국철강 노동자였던 이광두가 상경하여 김진식, 박진해, 주대환 등에게 양서협동조합 결성을 제의함으로써 시작되었다. 이들은 재경마산학우회 출신들과 경남대 사회과학연구회, 그리고 이광두의 주변 인물 등을 중심으로 회원 모집에 착수하였다. 그리고는 마

침내 '경남양서보급회'와 그 직영서점 '집현전'을 출범시켰다.(『경남도민일보』 2001년 5월 8일자)

1978년 8월 12일 오후 6시 30분 YMCA 강당에서 열린 경남양서보급회 창립총회에는 회원 53명이 참석하였다. 사흘 후 발행된 기관지 『집현보』 창간호에는 128명의 회원 명단이 수록되어 있다. 이는 당시 창립 멤버들의 의지와 추진력이 얼마나 강하고 적극적이었는지를 보여준다. 이들의 직업은 대학생이 가장 많았고, 교사, 노동자, 공무원, 자영업자 등의 순이었다. 창립총회에서 회장에는 이광두, 총무에 윤성도, 감사에 김진식과 최항이 등을 선임하고 4개 분과위원회도 구성하였다.

1979년부터는 여성회원을 대상으로 김행자의 『인격의 자유화를 위한 서장』, 에리히 프롬의 『사랑의 기술』 등을 교재로 매주 세미나를 계속해 나가는 한편, 아놀드 하우저의 『문학과 예술의 사회사』를 교재로 시민 대상의 목요세미나도 개최하였다. 이들 세미나는 대개 소화보육원에서 열렸으며, 회원들을 대상으로 한국근대사와 노동운동 등에 대한 토요발표회도 진행하였는데, 주제는 "마르크스 경제학의 휴머니즘적 접근"(박재석) "리얼리즘 문학 소고"(황성권) "분단의 역사적 배경"(박진해) 등이었다.(박철규, 2003, 205쪽)

양서보급회는 단순한 서점이나 독서모임이 아니었다. 초보적 성격이기는 하나 일종의 지역민주화운동단체로 기능하였다. 즉 이들은 표면적으로 양서 보급을 표방하고 있었으나, 실제로는 그보다 더 근본적인 사회·정치적 민주화를 지향하고 있었다. 1979년 1월 말 집현전을 중성동으로 이전한 양서보급회는 2월 중순께 월남성당에서 당시 대표적 저항시인이었던 김지하의 시 세계를 소개하는 '김지하 문학의 밤'을 많은 회원들이 참석한 가운데 열었다. 3월에는 3·15마산시위 관련 자료와 서적을 수집하고, 기념일에 회원 10여 명이 '3·15의거 기념탑' 앞에 모여 꽃다발을 바치고 묵

념을 올리는 등 단절된 3·15정신을 이어나가려는 노력도 하였다. 그리고
이날 저녁에는 김진식과 박재석이 발제자로 나선 가운데 '3·15의거 추모
세미나'를 열기도 하였다.(박철규, 2003, 205~206쪽)

　하지만 서울에서 주대환이 긴급조치 위반으로 구속되고, 1979년 3월
박진해가 해군에 입대하면서 양서보급회의 활동도 점차 뜸해졌다. 무엇보
다 심각한 문제는 재정이었다. 결국 양서보급회는 7월 7일 임시총회를 열
어 그동안 회원들이 기탁한 도서를 반환하고 공식활동을 중단하기로 결의
하였다. 그렇지만 이 모임의 많은 회원들은 대부분 그해 10월의 부마항쟁
과정에서 마산지역 시위 발단에 결정적으로 기여하게 된다.(『경남도민일
보』 2001년 5월 22일자)

2

부산지역 항쟁[*]

항쟁의 발단: 부산대 교내시위의 분출과 시가지 진출

불발된 10월 15일 시위 부마항쟁은 1979년 10월 16일의 부산대 교내시위에서 발단되었으며, 그날 부산 시내 중심가 가두시위로 곧장 확산됨으로써 본격화하였다. 이처럼 부산대 시위가 부마항쟁 전 과정의 직접적인 발화점인 관계로 이를 기점으로 잡아 부마항쟁을 '10·16부마항쟁'[**]으로 부르기도 한다.(부산민주운동사편찬위원회, 1998, 401쪽) 하지만 시위는 이미 10월 15일 부산대에서 시도되었다. 그 시위가 불발로 실패해 버리는 바람에 이튿날인 16일 더 폭발적인 교내시위가 불붙게 되었으며, 그 충천한 에너지로 인해 도심지의 가두시위로까지 확산

---

[*] 부산지역 항쟁의 전개과정은 부산대학교총학생회, 1985; 부마민주항쟁기념사업회·부마민주항쟁십주년기념사업회, 1989; 부산민주운동사편찬위원회, 1998에 주로 의존하였음.

[**] 부마항쟁은 보통 '10·16부마항쟁'이라 일컫는 편이나, 이 항쟁에 참여한 주요 집단이나 지역에 따라서는 자신들이 대대적으로 항쟁에 뛰어든 날을 기준으로 해서 각기 다른 표현을 쓰기도 한다. 이를테면 동아대 학생들은 '10·17부마항쟁', 경남대 학생들과 마산지역 사람들은 '10·18부마항쟁' 등으로 부른다.

이 가능하였다. 그러므로 10월 15일에 있었던 부산대 교내시위 기도 자체가 부마항쟁의 발단에 중요한 의미를 지닌다고 볼 수 있는 것이다.

1979년 10월 15일 오전 10시쯤 조용하던 부산대 교정이 갑자기 술렁거리기 시작하였다. "오전 10시 도서관 앞"으로 모일 것을 촉구하는 두 종류의 등사판 유인물이 교내 곳곳에 뿌려졌기 때문이다. "민주선언문"과 "민주투쟁선언문"이 그것이다.(부산대학교총학생회, 1985, 40쪽)

공대 이진걸(기계설계 3) 팀이 뿌린 "민주선언문"은 학원민주화·언론자유·인권보장에의 신념을 확인하고, 정치권력과 야합한 관료독점자본의 구조적 모순 및 경제적 대외종속화를 비난하면서, 반민중적 유신헌법 철폐와 독재정권 퇴진을 요구하였다. 그리고 "제도화된 폭력성과 조직적 악의 근원인 유신헌법과 독재집권층의 퇴진만이 오천만 겨레의 통일의 첫걸음"이라면서, "형제의 피를 요구하는 자유와 민주의 깃발을 우리가 잡고, 반민주의 무리, 착취의 무리, 불의의 무리들을 향해" 나아갈 것을 주장하였다.(부마민주항쟁기념사업회·부마민주항쟁십주년기념사업회, 1989, 31쪽)

법정대 신재식(사회복지 2) 팀이 뿌린 "민주투쟁선언문"은 "한민족 반만년 역사 위에 이토록 민중을 무자비하고 처절하게 탄압하고 수탈한 반역사적 지배집단"은 없었다면서, 유신정권의 언론 봉쇄와 민중에 대한 기만 선전, 매판기업가와 관료세력에 의한 한국 경제 종속화, 병든 근대화의 표상인 노동자 탄압 등을 비판하였다. 그리고 야당파괴 음모는 "입으로나마 나불대던 민주공화국의 형식논리마저도 이제는 부정"하고 있음을 대변해준다면서, "박정희와 유신과 긴급조치 등 불의의 날조와 악의 표본에 의연히 투쟁"할 것을 제창하였다.(부마민주항쟁기념사업회·부마민주항쟁십주년기념사업회, 1989, 34쪽)

이상의 두 선언문은 전혀 별개의 경로로 작성되었음에도 유신정권을 '조직적 악의 근원' 또는 '악의 표본'으로 표현하는 등 똑같이 '악의 표상'

으로 보면서, 타율과 굴종을 박차고 나와 유신독재정권에 의연히 투쟁할 것을 호소하고 있다.(부산대학교총학생회, 1985, 41쪽) 박정희 정권 18년의 도달점이 막다른 곳까지 다다라 있음을 단적으로 상징해 보이는 듯하다.

그런데 애초 두 갈래로 진행되던 시위 준비가 "15일 오전 10시 도서관 앞"이라는 하나의 행동지침으로 일치되었던 것은 이진걸 쪽이든 신재식 쪽이든 인원 동원의 협력을 구하기 위해서는 어차피 이념서클들과 접촉하지 않을 수 없었던 구조적 요인 때문이었다. 즉 신재식과 이진걸이 당시 공개서클 '아카데미'의 김종세(수학 3)나 지하서클 '도깨비집'의 이호철(행정 3)과 접촉하여 지원을 받는 과정에서 시위 일시를 월요일인 15일 10시로 맞출 수밖에 없었던 것이다.* 하지만 두 팀의 공조는 제대로 이루어지지 않았다. 시간이 촉박하였다는 점을 감안하더라도, 시위 집결장소나 선언문 작성을 비롯한 많은 문제들에 대해 합의된 내용조차 연락이 닿지 않아 전달되지 못하는 등 여러모로 순조롭지 못하였다. 그 결과 비록 "도서관 앞"이라는 동일한 집결장소를 제시하기는 하였지만 서로 다른 두 종류의 유인물이 각기 따로 뿌려졌다.(김종세의 증언; 부산민주운동사편찬위원회, 1998, 403쪽)

결국 10월 15일 시위는 실패하고 말았다. 선언문에 지정된 10시에 학생들이 그리 많이 모이지도 않았고, 누군가 과감히 먼저 주도하는 적극적 선동도 없었기 때문이다. 유인물을 돌린 뒤 이진걸과 남성철은 10시 20분쯤 도서관 앞 잔디밭으로 나섰다. 하지만 학생들은 채 모이지 않고 사복경찰들만 군데군데 눈에 띄었다. 이에 10시 반쯤, 이진걸과 남성철은 실패한

---

* 따라서 부마항쟁의 단초가 되었던 10·16교내시위가 마치 학생운동세력과는 아무런 연계도 없이 고립된 상태에서 순진하고 무모하게 분출된 '불장난' 같은 것이었고, 그것이 들불처럼 번져 나갈 수 있었던 것도 온갖 '우연적 행운'들이 중첩되었기 때문이라고 설명하는 저널리즘적 서술은, 부마항쟁의 진상을 상당히 왜곡하거나 오도해온 측면이 많다. 그 가장 대표적인 예가 조갑제, 1987과 같은 책이다.(김현돈, 1985; 부산민주운동사편찬위원회, 1998, 404쪽)

것으로 단정하고, 구 정문을 통해 학교를 빠져나갔다. 그 뒤 10시 40분쯤 선언문을 받아 쥔 학생들이 교내 곳곳에서 도서관 앞으로 모여들기 시작하였다. 도서관 앞 잔디밭과 계단에 모인 300여 명의 학생들은 술렁거리면서 시위 주동자가 나타나기를 기다렸다. 학생들은 큰마음을 먹고 모였지만, 대학생활 동안 스크럼 대열 한 번 짜본 경험이 없던 터라 시위 주동자가 없는 상황에서 할 수 있는 일이란 아무것도 없었고, 긴장된 순간들만 하릴없이 흘러갔다.(부산대학교총학생회, 1985, 42쪽)

결국 시위를 하기 위해 모였던 학생들은 서서히 흩어지기 시작하였다. 학생들의 가슴은 분노와 안타까움으로 가득 찼다. "역시 유신대학의 오명은 어쩔 수 없는 것인가?" 그러나 바로 그런 안타까운 상황이 오히려 다음날(16일)의 대규모 시위를 폭발시키는 기폭제가 되었다. 당시 부산대 학생들은 '유신대학'이란 오명에 강한 모멸감과 자괴심을 느끼고 있었는데, 이러한 심리적 요인들은 1970년대 말의 한국 사회 모순에 대한 구조적 인식과 더불어 10월 16일의 시위에서 학생들의 힘을 결집시키는 데 큰 역할을 하였다.(부마민주항쟁기념사업회·부마민주항쟁십주년기념사업회, 1989, 266쪽)

10·16 교내시위와 시가지 진출　　　　10월 15일의 시위가 불발로 끝나자
　　　　　　　　　　　　　　　　　허탈하고 안타까운 분위기 속에서
도 학생들은 다음날 재차 시위를 시도해볼 방도를 모색하였다. 무엇보다 상대 경제학과의 정광민이 새롭게 적극 나섬으로써 활기를 띠게 되었는데, 아카데미의 김종세, 도깨비집의 이호철, 노재열 등과 법정대의 신재식 그룹 등도 또 한 번의 거사에 대비하였다. 정광민은 같은 학과의 전도걸과 황헌규, 경영학과 박준석 등 친구들을 만나 다음날 시위를 주동하겠다는

의사를 밝히고 도움을 청하였다. 그리고 김종세를 만나 동원을 부탁하였다. 협의 결과 정광민 그룹이 본관 뒤 상대에서부터 모아 온 인원과, 이호철·김종세 그룹 등이 도서관 앞에 모아 놓은 인원을 합류시키기로 하였다. 이후 김종세는 급히 이호철을 만나 정광민 주동의 16일 시위에 대한 대처 방안과 동원 계획에 대해 의논하였다. 이호철은 일단 자기 조직에 보고하였으나, 조직 차원의 동원은 조직의 안전 문제를 고려하여 자제키로 하였다. 그 대신 개별적 차원에서 각자 참여하기로 하고, 아카데미·영목·동녘 등 공개서클들의 의식 있는 멤버들을 집중적으로 접촉하여 알려나갔다.(김종세의 증언: 부산민주운동사편찬위원회, 1998, 406~407쪽)

정광민은 학과 동료 전도걸과 함께 그의 집 다락방에서 "선언문"을 작성하여 등사하였다. 정광민은 "선언문"에서 고도성장의 그늘에 가려진 비리와 부조리, 특혜로 얼룩진 권력층과 재벌의 결탁, 소득분배의 불균형으로 야기된 사회적 모순 등을 규탄하면서, 유신헌법은 "국민을 위한 법이라기보다는 한 개인의 무모한 정치욕을 충족시키는 도구에 지나지 않는다"고 규정하였다. 그리고 진리와 자유의 횃불을 밝히는 청년학도들의 총궐기를 촉구하면서, "유신헌법 철폐" "학원사찰 중지" "언론·집회·결사의 완전한 자유 보장" 등 7개 항의 '폐정개혁안'*을 제시하였다.(부마민주항쟁기념사업회·부마민주항쟁십주년기념사업회, 1989, 32~33쪽)

10월 16일 아침, 10시가 가까워오자 정광민은 인문사회관 강의실로 뛰어 들어가 "선언문"을 배포한 뒤 교단으로 올라가 두 주먹을 휘두르며 "저 유신독재정권에 맞서 우리 모두 피 흘려 투쟁"하자고 선동하였다. 이에 40여 명의 학우들이 일제히 의자를 박차고 밖으로 몰려 나갔으며, 인근

---

* 7개 항으로 구성된 '폐정개혁안'은 갑오농민전쟁 당시 전봉준의 '폐정개혁안'에서 그대로 따온 제목이다.

의 경영·무역·회계학과 학생들까지 가세하여 인문사회관 앞에는 순식간에 100여 명의 시위대가 형성되었다.

시위대가 정광민의 인솔하에 "독재타도" 등 구호를 외치며 도서관 앞에 이르렀을 때는 인원이 200여 명으로 불어나 있었다. 도서관 앞 잔디밭에는 이미 또 다른 200여 명이 모여서 기다리고 있었다. 박기채 총장을 비롯한 보직교수들이 몰려와 "학생들이 이러면 안 된다"며 해산을 종용하였지만, 오히려 시위대는 2,000여 명으로 불어났다. 이들은 구호를 외치며 운동장을 한 바퀴 돈 뒤 신정문 쪽으로 진출하였다. 정문을 가운데 두고 시위대는 경찰과 투석전을 벌였다. 곧이어 닫혀 있던 철문이 열리더니 최루가스를 내뿜으며 전투경찰 진압부대가 물밀듯이 교문 안으로 돌진해 들어왔다. 시위대는 운동장 스탠드 바로 밑까지 몰렸다. 경찰의 만행에 학생들의 적대감은 극에 달하였으며, 운동장 주위에서 구경하고 있던 학생들과 강의실에 있던 학생들까지 밖으로 나와 돌을 던지며 저항하였다. 오전 11시쯤 도서관 앞엔 다시 2,000명 이상의 학생이 모여들었다. 정광민이 또 나섰다. 전날의 "민주선언문"을 낭독한 뒤 "유신헌법 철폐하라" "학원사찰 중지하라" "구속학생 석방하라" "독재정권 물러가라" 등의 구호를 선창하였다.

학생들은 시내로 진출하기로 하고, 그 목표지를 놓고 잠시 의견을 모은 뒤 우선 학교를 뚫고 나가기로 하였다. 대열을 재정비한 학생들은 운동장을 돌며 "유신철폐" "독재타도"를 외쳐댔다. 대열에 참가한 학생들은 4,000~5,000명에 이르렀는데, 이날 교정에 있던 학생들의 절반은 족히 되었다.(부산민주운동사편찬위원회, 1998, 407~409쪽) 학생들의 공세에 가장 먼저 뚫린 곳은 구 정문 쪽이었다. 1,000여 명의 학생들이 구 정문 옆 블록 담장을 무너뜨리고, 그곳을 지키고 있던 진압부대 100여 명의 완강한 저항을 뚫었다. 500여 명의 학생들이 처음으로 교외 진출에 성공하였다. 이들

은 구 정문 우측의 주택가 골목 사이로 빠진 뒤 식물원 입구를 거쳐 온천장 방면으로 진출하였다.(제1진)

한편 운동장을 돌며 시위를 하고 있던 대열의 주류 속에서 일단의 학생들이 갑자기 사대부고 쪽으로 뛰기 시작하였다. 그리고 곧이어 사대부고 정문에서 진압부대와 접전을 벌이던 중, 역시 블록 담장을 무너뜨리며 1,000여 명이 바깥으로 밀고 나갔다. 이들은 부곡동 산업도로를 거쳐 온천장 방면으로 진출하였다.(제2진)

제2진이 진출한 지 15~20분이 지났을 때, 경찰의 강공에 밀려 잠시 흩어졌다가 다시 전열을 가다듬은 학생 600~700여 명이 다시 교외 진출을 시도하였다. 교외 진출에 성공한 이들은 제2진이 갔던 길을 따라 산업도로를 거쳐 온천장 방면으로 진출하였다.(제3진)

교외로 진출한 학생들은 세 갈래로 나뉘어 진압경찰과 공방을 벌이며 각기 시내를 향하여 나아갔다. 이들은 "2시 부산역 집결" 또는 "2시 시청 앞 집결"이라는 내용을 전파하며 시내버스를 타고 이동하였다. 학교에 남아 있던 나머지 학생들도 대부분 시내로 이동하였다. 시내로 향하는 버스의 기사들이나 안내양 및 승객들 중에는 시위대를 격려하는 사람도 많이 있었다. 심지어는 버스를 차단하기 위해 경찰차가 쫓아오자 더 빨리 차를 운전한 기사도 있었다.

경찰은 부산대 교문의 제1방어선이 무너지자 제2방어선인 서면과 제3방어선 부산역에서 학생들의 진출을 저지하고자 하였지만 성공하지 못하였다. 경찰은 처음 부산역에 도착하여 버스에서 내린 학생들을 속속 연행하였지만, 학생들을 가득 태운 버스들이 잇달아 부산역 정류소에 닿자 승강구 문을 열지 못하게 하고 시청 쪽으로 계속 가도록 강요하였다. 버스에 탄 학생들이 워낙 많아서 모든 학생을 끌어내릴 수가 없었기 때문이다. 나중엔 아예 정류소에 버스가 멈추지도 못하게 하고 그냥 통과하도록 하였

다. 그리하여 경찰의 제3방어선도 무너지고 말았다.(부산대학교총학생회,

1985, 45~48쪽; 부산민주운동사편찬위원회, 1998, 409~411쪽)

도심지 민중항쟁의 폭발과 확산

도심지 민중항쟁의 폭발　　10월 16일 오후 1시 30분쯤 시청 앞은 버스에서
　　　　　　　　　　　　　　내린 학생들로 붐비기 시작하였다. 학생들은 즉
석 토론회를 열었다. 지리적 여건상 그곳이 시위 집결지로는 부적당하다
는 결론을 내리고, '2시 부영극장 앞'에서 다시 모이기로 뜻을 모았다. 광
복동 다방가는 대학생 손님들로 붐볐으며, 골목은 책가방을 든 학생들로
뒤덮였다.

　　오후 2시가 되자 부영극장 앞에서 시위가 시작되었다. 부산대 상대 및
공대생 10여 명이 "유신철폐"를 외치자 주위에 흩어져 있던 학생들이 일시
에 스크럼을 형성하며 가두시위에 불이 붙었다.(부산대학교 민주화추진위
원회, 1984, 20~21쪽) 300여 명의 학생들이 어깨를 걸고 시위 대열을 형성
하며 연좌시위에 들어갔다. 이때부터 부영극장 앞·미화당백화점·동아데
파트·시청 앞 등 네 곳을 중심으로 약간의 시차를 두고 학생들의 시위가
시작되었다. 시민들 속에서는 "잘한다"라는 격려의 함성과 박수 소리가 터
져 나왔다.(부산민주운동사편찬위원회, 1998, 412쪽)

　　경찰기동대도 행동을 개시하였다. 시위대의 머리 위로 최루탄을 쏟아
붓더니 무차별 방망이 세례를 퍼부으며 닥치는 대로 학생들을 끌고 갔다.
이때 학생들 중 일부는 극장 안으로, 다른 일부는 상가로 급히 피신하였는
데, 깜깜한 극장 안에서 관람객들과 뒤엉켜 아수라장이 되기도 하였다. 오
랜 시간이 지나지 않아 시위대는 재집결하여 다시 대오를 갖추었다. 학생

들은 경찰에 쫓기면 거미줄처럼 뻗어 있는 골목길로 숨거나 시민들 사이에 섞여 있다가 다시 쏟아져 나오는 식으로 경찰의 최루탄과 방망이질에 끈질기게 맞섰다. 거미줄 같은 도심의 소방도로망과 골목길이 시위대의 이합집산에 더없이 좋은 환경을 제공하였다.

3시가 되자 부산대 학생들의 시위 소식을 접한 도심 인근 송도의 고려신학대 학생들과 대신동의 동아대 학생들도 삼삼오오 시내로 모여들기 시작하였다. 일면식조차 없는 서로 다른 학교의 남녀 학생들이 혹은 어깨를 걸고, 혹은 손을 맞잡고 도심의 골목길을 함께 뛰었다. 시위대의 머리 위로 최루탄이 쏟아져 내리며 경찰의 방망이들에 불꽃이 튀었다. 시위대는 대청동 미 문화원 방면으로 후퇴하였지만, 그것은 후퇴인 동시에 시위대의 새로운 진출이었다. 그들은 후퇴하면서 수십 개의 작은 시위대로 분산되어 경찰에 다시 대항하곤 하였다. 국제시장, 대청동, 보수동 지역에서 한 번씩 정면 접전을 벌인 후, 그들은 다시 돌아와 경찰의 뒤에서 또 시위를 벌였다. 바둑판 모양의 길들이 사통팔달로 이어진 이 지역에서 적게는 수십 명, 많게는 200~300명 규모로 나뉘어 흩어진 시위대는 수없는 갈래를 이루며 상가의 거리와 골목들을 누비고 다녔다. 시위는 멎을 줄을 모르고, 경찰의 전의는 땅에 떨어졌다.(부산민주운동사편찬위원회, 1998, 412~413쪽)

3시 30분쯤 새부산예식장 앞 거리에서는 전날 학내에서 못다 뿌린 "민주투쟁선언문" 200여 장이 시민들에게 뿌려졌다.(부산대학교총학생회, 1985, 51쪽) 그리고 이 시위대가 대청로로 진출하여 부산우체국 쪽으로 향할 때는 어느새 대열이 2,000여 명으로 불어나 있었다. 시내버스 안에 탄 승객들도 창밖으로 얼굴을 내밀며 박수를 쳤다.(부산민주운동사편찬위원회, 1989, 413쪽) 오후 4시쯤에는 시위 지역이 더욱 확대되어갔다. 이날 중부경찰서 상황일지에 보고된 내용에 의하면, 처음 2시경 광복동과 창선동, 남포동 일대에서 불붙고, 국제시장·신창동·보수동·대청동으로 번져가던 시위가 4시를 전후해서는 동광동·중앙동·용두산공원·동대신동 등지로 계속 확산되어갔다.(부산대학교 민주화추진위원회, 1984, 21쪽)

경찰과 시위대 간에 쫓고 쫓기는 공방전이 끈질기게 계속되었다. 학생들이 요리조리 골목을 빠져 나가면, 경찰이 그 꼬리를 따라다녔다. 하지만 경찰은 힘만 소모하였다. 진압 경찰이 한 시위대를 해산시켰다 싶으면 어느새 또 다른 시위대가 예기치 않은 골목에서 쏟아져 나오곤 하였다. 그야말로 속수무책이었다. 경찰의 내부 문건에서 분석한 것처럼 '도시게릴라식' 시위가 펼쳐지고 있었다.(부마민주항쟁기념사업회·부마민주항쟁십주년기념사업회, 1989, 72쪽) 지칠 줄 모르는 시위대와 열렬히 호응하는 시민들 사이에서 오히려 경찰이 죄인이었다. 몰리는 쪽은 학생이 아니라 경찰이었다. 경찰이 시위 학생을 붙잡아 몽둥이질을 하려 들 때마다 모여든 시민들이 "우우" 하고 야유를 보내며 욕설을 퍼부었다. 이날 경찰이 어느 시위대 하나 일망타진할 수 없었던 것은 시위대를 둘러싼 이러한 '분위기' 때문이기도 하였다.(부산민주운동사편찬위원회, 1998, 413쪽)

시민들은 시위에 직접 나서지는 않더라도 학생들에게 열띤 지지를 보냈다. 시위대가 지나가는 골목마다, 다방이나 빌딩의 사무실마다, 시민들은 너나 할 것 없이 손을 흔들어 환호하거나 힘찬 박수로 격려와 성원을 보내었고, 경찰에겐 야유와 욕설을 퍼부었다. 건물 위에서는 추격하는 경찰에게 재떨이·화분·병 등을 내리 던져 진압을 방해하는가 하면, 부산데파트 옥상에선 시위대 위로 색종이 가루를 뿌리기도 하였다. 가게의 상인들은 쫓기는 학생들을 얼른 가게 안으로 숨기고 셔터를 내려버리기도 하였다. 상인들은 자신이 팔던 것을, 일반 시민들은 호주머니를 털어서 직접 사온 김밥·빵·우유·삶은 계란·박카스·음료수·담배 등을 줄줄이 시위대에게 건네거나 던져주었다. 문방구점 주인은 태극기를 나눠주고, 노점상인은 자신들이 팔던 과일이나 먹을 것을 시위대에 나눠주기도 하였다. '묵자

골목'의 노점상 아주머니들도 학생들에게 먹을 것을 건네주었다. 이미 경찰은 학생시위대만을 상대로 싸우는 것이 아니라 온 시민을 상대로 싸워야 하였다. 시위의 양상은 단순한 학생시위의 차원을 넘어서고 있었다.(부산대학교민주화추진위원회, 1984, 21쪽; 부산대학교총학생회, 1985, 51쪽; 부산민주운동사편찬위원회, 1998, 415쪽)

퇴근 무렵인 6시가 되자 귀갓길의 직장인과 노동자들이 합세하여 시위대는 삽시간에 수천 명으로 불어났다. 낮 동안 경찰은 31명을 붙잡아 갔다. 29명이 학생이었고, 2명만이 일반 시민이었다. 낮의 시위는 분명 학생들이 주도한 시위였다. 그러나 어둠이 깔리면서 시위의 주도권은 점차 시민들에게 넘어가고, 시위 양상도 격렬해져갔다. 어둠이 짙어갈수록 주간의 비교적 온건하였던 태도와는 달리 적극적이고 공격적인 태도를 띠기 시작하였다. 본격적인 민중항쟁으로 전화된 것이다.(부산민주운동사편찬위원회, 1998, 416~417쪽)

6시 40분경, 마침내 부영극장 앞에서 언론의 취재차량(TBC-TV 소속)이 시위대의 투석에 밀려났다. 어용언론을 최초의 제물로 삼아 시위대의 물리적 공격 대상들이 떠오르기 시작한 것이다. 학생과 시민들의 돌이 정의의 화살처럼 날아갔다. "무엇 하러 여기 왔느냐"는 질타가 빗발쳤다. 취재차량은 허겁지겁 꽁무니를 뺐다.

저녁 7시, 도심의 대로가 시위 인파로 넘쳐흘렀다. 부영극장 앞 육교를 중심으로 시청 앞에서 충무동에 이르는 6차선 대로와 광복동 일대의 도로는 꽉 메워졌다. 시청 앞과 충무동 사이를 오가며 구호를 외치고 노래를 부르는 수만 명 인파의 장엄한 행렬은 밀려왔다 밀려가는 거대한 조수처럼 보였다. 이제 대학생은 완전히 소수였다. 시위대 속에는 넥타이를 맨 퇴근길의 회사원부터 노동자, 상인, 접객업소 종업원, 재수생, 교복 입은 고등학생까지 포함되어 있었다. 계층과 신분을 뛰어넘은, 말 그대로 혼연일체를 이루었다. "유신철폐" "독재타도" "언론자유" "김영삼 총재 제명 철회" 등을 절규하는 수만 군중의 성난 함성이 도심의 어둠을 불살랐다. 민중들은 스스로 감격하고 있었다. 유신독재의 압제 아래 그들이 단 한 번도 외쳐보지 못한 "독재타도"의 함성이었다.(부산민주운동사편찬위원회, 1998, 417쪽)

경찰 진압대가 공격해 들어오자 곧바로 민중들의 격렬한 저항이 시작되었다. 경찰은 〈애국가〉를 불렀다는 이유만으로 어린 우유배달 소년을 연행하기도 하였다. 경찰의 진압이 가혹해질수록 민중의 적대의식도 격화되어갔다. 시위대는 수백 명씩 몰려다니며 게릴라처럼 파출소를 공격하였다. 맨 먼저 8시 40분쯤 남포동 지하도 근처에 있던 500여 명의 군중이 벽돌과 돌멩이로 남포파출소를 습격하여 파괴하였다. 시위대가 집중적으로 돌과 병을 던지자 경찰은 차를 버리고 달아났다. 포니 순찰차와 작전차량이 화염에 휩싸였다. 박수와 환호 소리가 거리를 메웠다.

격화된 항쟁을 진화하기 위해 경찰은 "통금시간 연장"을 방송하며 '밤 10시부터 통행금지를 실시한다'고 발표하였다. 하지만 항쟁의 불길은 오히려 확산되어갔다. 영선고개로, 부산우체국으로, 동대신동으로 제각기 진출한 항쟁 대열은 보이는 대로 파출소를 부수고 불질렀다. 한 시위대가 부수고 간 후, 다른 시위대가 남은 것을 파괴하였고, 다시 다른 시위대가 그것을 이어받았다. 이날 밤 자정을 넘어 새벽 1시까지 계속된 민중들의 항쟁으로 남포·부평·보수·중앙·제1대청·흑교 파출소 등 모두 11개의 파출소가 파괴되었고, 여기저기 파출소에서 떼어내 온 박정희 대통령의 사진도 불태워졌다. 17일 아침 일본 언론들은 16일의 부산 시위가 민중봉기의 성격을 띠고 있다고 보도하였다.(부산대학교총학생회, 1985, 53~56쪽; 부산민주운동사편찬위원회, 1998, 417~419쪽)

항쟁의 확산　　　　　　10월 17일, 4월혁명 이래 초유의 대규모 민중항
　　　　　　　　　　　　쟁이 폭발한 전날 상황을 국내의 언론들은 전혀
제대로 보도하지 않았다. 그러나 시민들 사이에선 전날의 충격적인 항쟁
소식이 삽시간에 퍼져나갔다. 도시 내의 모든 가정과 공장, 사무실, 시장에
서 지난밤의 소식이 입에서 입으로 전해지며 아침부터 뜨거운 화제로 떠
올랐다. 공교롭게도 이날은 유신선포 기념일이었다. 오전 10시, 조방 앞
동천東川 옆의 부산시민회관에서는 각급 기관장과 공무원 등 2,500여 명이
모여 10월유신 7주년 기념행사를 갖고 유신체제 수호를 다짐하는 내용의
결의문을 채택하고 있었다. 시내에는 경찰과 진압차량들이 요소마다 진을
치고 삼엄한 경계를 펼쳤다.

　항쟁의 시발점이었던 부산대의 교문은 임시휴교 조치로 닫혀졌다. 휴
교 공고가 나붙은 신·구 정문에는 완전무장한 기동대가 출입을 통제하고
있었다. 그럼에도 1,000여 명의 학생들이 오전부터 구 정문 앞으로 모여들
어 "유신철폐" "학원사수"를 외치며 금정초등학교 옆을 지나 식물원 방면
으로 나아가다 30여 명이 연행되었다. 나머지는 다시 흩어져 전날처럼 시
내로 진출하였다. 동아대에서도 오전 9시 30분경부터 전날의 남포동 시위
에 참가했던 강명규, 이동관, 이용수, 김백수 등이 시위계획을 논의했는데,
10시가 되자 도서관 앞에서 벌써 시위가 시작되었다. 도서관에서 운동장
으로 내려온 학생들은 2교시 교련수업에 반발하며 시위를 시작한 법대 1
학년생들과 합류하여 스크럼을 짜고 "교련철폐" "유신철폐" 등을 외치며
교내시위를 벌였다.(동아대학교6월항쟁20주년준비위원회·동아대학교민주운
동사편찬위원회, 2007, 105~106쪽) 처음 100~200명에서 시작하여 순식간
에 2,000여 명으로 불어난 시위대는 운동장을 돌며 기동대의 최루가스에
맞서 대항하다 시내로 진출하였다. 교내에서 시위하던 중 학생들 사이에
"부영극장, 6시에 모이자"는 소리가 들려왔다. 이날 시내 항쟁에는 동아대

1979년 10월 16일 부산지역 시위 직후 휴교령이 내려진 부산대학교

학생들이 대거 가담하였다.(부산대학교총학생회, 1985, 57쪽)

정오부터 학생들이 광복동 등지의 다방과 음식점, 술집 등에 자리를 잡기 시작하자, 교수들도 이들을 '지도'하기 위해 함께 나와 시내 중심가는 온통 북새통을 이루었다. 그런 가운데 오후 3시쯤, 바로 코앞의 시청에서는 내무부장관 구자춘이 기자회견을 하고 있었다. 전날의 시위 진압 실패 책임을 물어 이미 아침에 부산시경 국장을 해임한 그는 기자회견에서 경찰 병력을 충분히 증강시킬 수 있다고 강조하고 있었다.(부산대학교총학생회, 1985, 59쪽)

그러나 저녁 무렵이 되자 다시 16일 밤과 똑같은 상황이 벌어졌다. 곳곳에서 시위대열이 형성되고 맹렬한 접전이 벌어졌다. 200~300명 규모의 시위대들이 무수한 갈래로 줄달음치며 중구·서구·동구의 거리로 확산되어갔다. 갈라진 시위대가 불어나 또다시 갈래를 낳는 식으로 시위는 줄기

차게 확대되었다. 시위대 없는 거리가 없었고, 〈애국가〉와 구호가 울려 퍼지지 않는 곳이 없었다. 경찰은 전날의 패배를 설욕하듯 무차별로 최루탄을 퍼붓거나 방망이를 휘둘렀지만, 시위대는 돌·병·가로수 버팀목·공사장 각목 등을 무기로 끈질기게 대항하였다. 또한 시위대를 뒤쫓는 경찰들의 머리 위로는 연탄재·화분·빈병 등 집어 던질 수 있는 모든 것들이 날아들었다. 이날도 경찰은 시민 모두를 상대로 힘겨운 전투를 벌여야만 하였다. 수십 갈래의 시위대가 중구·서구·동구 지역의 거의 모든 파출소와 경찰서, 공공기관을 공격하였다.(부산대학교총학생회, 1985, 59~60쪽)

새벽 1시 30분까지 계속된 항쟁에서 21개 소의 파출소가 파손되거나 불탔으며, 경찰차량 6대가 전소되고 12대가 파손되었다. 그리고 경남도청, 중부세무서, KBS, MBC, 부산일보사, 일부 동사무소 등이 날아든 돌멩이에 파괴되었다. 경찰서와 관공서 및 언론기관들은 전날보다 훨씬 많이 습격당하였다. 당시 시청 옆에 있던 국제신문사가 시청 방어 병력 덕분에 겨우 수난을 면하였을 뿐, 중구·서구·동구 지역에 있던 거의 모든 언론사와 공공건물이 파출소와 함께 시위대의 공격 목표가 되어 습격당하였다. 관제언론에 대한 시민들의 공격 대상에서 유일하게 예외가 되는 '대접'을 받았던 것은 기독교방송국이었다.* 경찰은 전날과 마찬가지로 3,400여 명의 대병력을 투입하였으나 항쟁 대열을 진압하지 못하였다. 급기야 밤 10시경에는 사령관 정상만 소장이 이끌고 온 육군 제2관구 소속 지역부대가 투입되기도 하였으나 시위대를 막기에는 역부족이었다. 오히려 대청동 미문화원 앞에서는 제2관구 사령관의 지프차와 호위차가 습격당하기까지 하였다.(부산대학교총학생회, 1985, 60쪽)

---

* 당시 기독교방송만은 유신체제의 억압 아래서도 진실을 알리고자 힘겹게 노력하는 편이었고, 시위대는 그 노력을 합당하게 평가해주었을 정도의 정치적 양식(良識)을 갖고 있었다.

계엄령 선포와 부산지역 항쟁의 종료

시위가 걷잡을 수 없이 확산되자 박정희 정권은 10월 18일 새벽 0시를 기해 부산지역에 비상계엄을 선포하고 2개 여단의 공수부대를 투입하였다. 유신 선포 이후 7년만의 비상계엄령이었다. 거리마다 계엄포고문과 박정희의 담화문이 나붙었다. "친애하는 국민 여러분"으로 시작된 이 담화는 자신의 강압적인 철권통치와 부패한 장기집권이 마치 국민의 자발적 지지에 따른 최선의 정치인 양 강변하고 있었다. 대학의 휴교, 집회와 시위 등 모든 단체활동 금지, 언론·출판 검열, 사업장 이탈 및 태업 금지, 야간 통금시간 연장, 영장 없는 체포 등을 알리는 포고문이 온 시가지에 나붙어 시민들을 위협하였다.(부산대학교총학생회, 1985, 60~61쪽)

탱크와 장갑차를 앞세운 계엄군이 각 대학과 관공서에 일제히 배치되었다. 부산대와 동아대 등의 운동장엔 군인들이 캠프를 치고, 정문은 착검한 무장 군인들이 지키고 있었다. 학교는 온통 군인들 세상이었다. 무장한 계엄군을 가득 실은 군 트럭들은 장갑차를 앞세운 채 부산대와 동아대 사이를 하루 종일 오가며 시민들을 위협하고 있었다. 일종의 심리전이었다. 그러나 계엄군의 '작전'이 심리전으로만 그치지는 않았다. 여단장 박희도 준장이 이끌고 온 한 공수부대는 얼굴에 시커먼 위장 크림을 칠한 채 참나무로 깎아 만든 몽둥이로 시민들에게 무자비한 폭력을 자행하였다. 길을 걷다가 그들과 마주친 20대 청년들은 이유도 알 수 없는 무차별 구타를 참아내야만 하였다. 전병진(당시 31세·당감동 253번지 거주)은 서면 한독병원 앞을 지나다가 "건방지다"는 이유로 공수부대 장교가 휘두른 M16 소총의 개머리판에 맞아 뇌수술까지 받아야 하였다. 당시 부산의 각 언론기관에는 그 같은 공수부대의 무자비한 폭행을 고발하는 제보가 빗발쳤으나, 언론사들은 침묵으로 일관하였다.

이날 저녁 시청 앞 광장에선 계엄군의 탱크와 장갑차가 포진하여 살벌한 분위기로 위협하고 있었다. 그 짓눌린 분위기를 뚫고 또다시 시위가 터져 나왔다. 빗속의 어둠이 깔린 18일 저녁 8시경, 남포동 동명극장 앞에 모여 있던 학생과 시민들은 "와"하는 함성과 함께 300여 명이 집결하여 "계엄철폐" "독재타도" 등의 구호를 외쳤다. 시위대는 스크럼을 짜고 남포파출소로 진출하여 돌 세례를 퍼부었다. 그들이 남포동으로 나오자 더욱 많은 시민들이 가담하였다. 2,000여 명으로 불어난 시위대가 구호를 외치며 시청을 향해 전진하였다. 이날은 특히 "김영삼 제명 철회" 구호가 다른 때보다 비교적 많이 나오기도 하였다. 시청을 방어하던 공수부대가 최루탄 공세를 가하며 총에 대검을 꽂은 채 전진하던 2,000여 명의 시위대 앞으로 돌진해 들어왔다. 그들은 '차려 총' 자세로 시위대를 헤집으며 달려든 뒤, 닥치는 대로 총을 휘둘렀다. 그들의 개머리판에 무수한 시민들이 쓰러지고 부상당하였다. 시위대는 비 내리는 남포동·광복동 거리로 뿔뿔이 흩어졌다.

이후 부산 시내는 다시금 강요된 침묵으로 빠져들게 되었다. 연 사흘에 걸친 시위로 부산에서만 모두 1,058명이 연행되었고, 66명이 군사재판에 회부되었다. 부산지역 항쟁은 이렇게 사그라져갔다.(부산민주운동사편찬위원회, 1998, 422쪽) 그러나 그 불길은 마산으로 번져 또 한 번 맹렬히 타오르게 된다.

3
마산지역 항쟁

마산지역 민중항쟁의 폭발과 확산

경남대와 마산지역에서의 시위 준비　　　마산의 경남대에서도 사회·정치의
식을 가진 일부 학생들을 중심으로
유신정권의 폭력적 억압성과 정경유착, 특권층의 부패와 부정 등에 대해
분노하며 저항의 의지를 키워가고 있었다. 사회경제적·정치적·역사적 여
건도 부산과 비슷하였다. 우선 산업구조상 부산과 마찬가지로 수출자유지
역 등 저임금·장시간 노동으로 버텨온 경공업에 대한 의존도가 높았고,
1979년 당시 경제가 활력을 잃고 침체기로 접어들었다. 정치적으로도 김
영삼에 대한 지지 정서가 부산 못지않게 강한 지역이었다. 부산은 서구가
김영삼의 지역구였지만, 마산 또한 김영삼의 본가가 있는 거제와 생활권
이나 정서면에서 거의 동일지역이어서, 김영삼에 대한 신민당 총재직 박
탈과 의원직 제명이라는 초유의 탄압에 많은 학생과 시민들이 분노하고
있었다. 민주화운동의 전통이라는 측면에서도 마산과 부산은 많은 부분을
공유하고 있었다. 잘 알려진 것처럼 4월혁명 당시의 서울·부산 등 전국적

유혈시위는 일찍이 마산의 3·15유혈시위에서 희생된 마산상고생 김주열의 참혹한 시신이 발견됨으로써 더욱 급진적으로 촉발·확산된 것이었다. 그럼에도 마산의 경남대는 '유신대학'이라는 오명을 쓰고 있었고, 이 점에서 부산대와 상당히 비슷하였다. 유신반대투쟁은 고사하고 오히려 유신지지시위를 벌인 전력이 있는데, 이 때문에 당시 경남대의 의식 있는 학생들은 강한 심리적 압박을 받고 있었다. 이런 상황에서 유신 말기 YH 여공 유혈진압과 김영삼제명사건 등 박정희 정권의 여러 폭정들과 마주치게 되었다.

1979년 2학기 개강이 얼마 지나지 않은 9월 중순경부터 경남대에서는 교내시위에 대한 계획이 대략 두 그룹에서 태동하기 시작하였다.(이은진, 2008, 114~132쪽) 그 하나는 양서보급회와 '집현전' 계열의 이윤도, 최청호, 정성기 등과 이들의 동료 그룹인 신정규, 최갑순, 옥정애 등이었다. 이들은 대체로 국제개발학과나 경제학과 등 사회과학계열 학생들이었고, 최갑순과 옥정애 등은 국어교육과 소속이었지만 가톨릭집회 등을 계기로 시국과 유신정권의 폭압성에 대한 비판의식을 키워오던 중 양서보급회를 통하여 이윤도, 정성기, 신정규 등과 접촉하였고, 경남대 출신의 시인 이선관으로부터도 영향을 받았다. 이들은 경남대의 종합대 승격 지연 문제 등을 이슈로 우선 학내시위를 벌이자는 계획을 신중히 논의하였다. 마산은 비록 3·15투쟁의 강한 전통을 간직하고 있지만, 장기간의 억압적 지배로 당시의 학생대중은 그 저항적 잠재력을 크게 손상당하였으며, 이 때문에 처음부터 정치적 문제를 건드리기는 곤란하다고 판단하였다. 하지만 시위가 계획대로 잘 진행되면 유신반대투쟁으로 고조시켜 시가로 진출한다는 복안을 가지고 있었다.(부마민주항쟁기념사업회·부마민주항쟁십주년기념사업회, 1989, 176~186·188~193쪽)

또 하나의 그룹은 국제개발학과 2학년 과대표이자 경남대 불교학생회장이던 정인권과 그의 동료 그룹이었다. 당시의 사회적 모순과 정치적 폭압성에 분노하고 있던 정인권은 학과 동급생들인 김철훈, 정만진, 전수언, 우상호 등을 비롯하여 선배인 신정규, 최청호, 이명희, 법학과의 한양수와 박인준, 경영학과 선배이자 학교 극예술연구회장인 이윤도, 경제학과의 정성기와 장정욱 등 학내의 다양한 인물들과 교류하고 접촉하였다. 그러던 중 반정부시위의 의지를 주변 동료나 선배들에게 여러 차례 피력하였다.

　　다른 통로로 시위를 준비하던 두 그룹은 마침내 만났다. 정인권 그룹은 신정규·정성기·최갑순·옥정애 그룹과 합류하여 신정규의 하숙집에서 함께 시위 계획을 구체화시켰다. 그리고 그들은 몇 차례 곡절 끝에 거사 날짜를 중간고사가 끝나는 10월 22일로 잡았다. 시위 당일의 주동은 정인권이 맡기로 하였다. 학보사 편집장 김명섭(경제학과 3)으로부터는 거사 때 방송시설을 기습적으로 사용하도록 협조한다는 응낙도 받아내었다.(부마민주항쟁기념사업회·부마민주항쟁십주년기념사업회, 1989, 160~167·190쪽)

10·18 경남대 교내시위와 시가지 진출

경남대 시위가 착착 준비되고 있는 도중에, 10월 16일 부산에서 항쟁이 터져 나왔다. 그리고 그 소식은 17일 아침부터 곧바로 마산과 경남대 캠퍼스 전역에 퍼져갔다. 학생들의 분위기가 더욱 고조되었다. 그날 밤 도서관 복도에서는 이윤도가 술에 취해 들어와 혼자서 〈애국가〉와 〈선구자〉 등의 노래를 불렀다. 일부 학생들이 욕설을 퍼부으며 불평하였지만 그것은 마치 다음날의 결전을 예고하며 긴장을 촉구하는 듯 묘한 심리적 효과를 학생들에게 심어주었다. 또한 그 순간 학보사 기자 이진욱(법학과 1)은 "경남대학 학우들에게"라는 제하의 격문을 적어 야음을 틈타 학내 10여 곳에 부착하였다. 거기에는 "독재타도" "유신철폐" "파쇼군사

독재 물러가라" 등의 구호와 함께 '민주대학생혈맹'이라는 그럴싸한 기명
도 있었다.(부마민주항쟁기념사업회·부마민주항쟁십주년기념사업회, 1989,
186·194쪽)

18일 아침이 되자, 교문 앞에 누군가가 부산항쟁 소식을 크게 보도한
『한국일보』를 100여 부 가져다 놓아 학생들을 자극하였다. 또한 지난 밤
이진욱이 곳곳에 붙여 놓은 벽보들도 온 학교를 발칵 뒤집어놓았다. 학내
에는 형사들이 대거 들어와 있었다. 학생들은 삼삼오오 모여서 온통 부산
의 시위 소식과 정국에 대해 이야기하느라 여념이 없었다. 강의도 제대로
이루어지지 않았으며, 캠퍼스 안 곳곳이 팽팽한 긴장감으로 뜨거워져갔다.

그런데 오후 2시가 조금 지났을 무렵 학교 당국이 지레 겁을 먹고 휴
교 결정을 내린 뒤, 방송으로 캠퍼스 곳곳에 이를 알렸다. "전 학생들은 강
의가 없으니 집으로 돌아가라"는 학교 당국의 갑작스런 안내 방송에 일부
학생들이 불평을 터뜨렸다. 그러자 그를 기화로 궁금증을 잔뜩 끌어안은
학생들이 교문 주위에 더욱 많이 집결하였다. 그것이 오히려 시위에 더 유
리한 여건을 만들어주었다. 교내 '노인당' 주변에선 100여 명의 학생들이
이미 오랜 시간 의견을 주고받고 있었다. 그러나 누구도 쉽게 시위를 선동
하고 나서는 학생은 없었다. 주위에 포진한 사복경찰들과 서로 눈치만 교
환하고 있었다. 그 순간 정인권이 뛰쳐나와 일장 연설을 토해냈다.(부마민
주항쟁기념사업회·부마민주항쟁십주년기념사업회, 1989, 170~171쪽)

학우 여러분! 〔……〕 도대체 지금 이렇게 앉아 무엇을 기다리고 있습니까?
〔……〕 우리 경남대만 과거 유신헌법을 전국 대학 중에서 유일하게 지지하
였다는 치욕적인 이유로 현재 전국대학생연합회에조차 가입하지 못하고 있
습니다. 〔……〕 책가방만 메고 당구장이나 들락거리고 술판만 벌이며 세월
을 보내고 〔……〕 미팅이나 즐기고 연애나 하려고 대학에 왔습니까? 그리고

여학생들은 (……) 치마만 두르고 화장이나 하며 멋이나 내고 다니면 대학생 값을 하는 것입니까? 며칠 전 서울의 모 여대에서 경남대의 학도호국단 앞으로 면도칼을 보내온 것을 여러분은 아십니까? (……) 학우여러분! 지금 부산에서는 연 이틀 동안 우리의 학우들이 피를 흘리며 유신독재에 맞서 처절히 싸우고 있습니다. 이 사실을 익히 알면서도 이렇게 앉아만 있다니 기가 찰 일입니다. 자고로 자유의 나무는 피를 마시며 성장한다 하였습니다. (……) 과감히 나가 싸웁시다. 죽는 것쯤은 조금도 두렵지 않습니다.

연설이 채 끝나기도 전에 "옳소" "나가자"는 고함과 동시에 스크럼이 형성되며 시위가 시작되었다. "유신헌법 철폐하라" "군사독재 타도하자" 등의 구호를 외치며 학생들은 교문을 향해 내려갔다. 어느새 1,000여 명의 학생이 모여들었다. 경찰병력 100여 명이 교문을 차단하자 잠시 대치하던 학생들은 운동장으로 몰려 올라가 재집결하였다. 한 여학생이 앞으로 나와 "유신헌법 철폐하라" "우리 모두 모입시다"라고 외치자 수많은 학생들이 박수를 치며 호응하였다. 경남대 병설 공업전문대 학생들까지 합세한 시위대열은 "학원자유" "민주회복" "독재타도" 등의 구호를 외치며 다시 교문을 돌파하기 위해 경찰을 향해 돌을 던지며 맞섰다. 이때 몇몇 시위 주동 학생들은 학교 앞 막걸리 집에 모여 "이런 상황에서 가두 진출은 불가능하니 시내에서 재집결하는 것이 좋겠다. 오후 5시에 '3·15의거 기념탑' 앞에서 모이자"고 결정하고, 학교 안으로 들어와 이를 전파하였다. 그렇게 해서 학생들은 교문 돌파를 중지하고, 담을 넘거나 학교 뒤편 길을 통해 산복도로 쪽으로 진출하여 시내로 나갔다.(부마민주항쟁기념사업회·부마민주항쟁 십주년기념사업회, 1989, 279쪽)

도심지 민중항쟁의 폭발적 확산[*] 10월 18일 오후 5시경 '3·15의거 기념탑' 주위 철길 위와 문화방송국 앞, 시외버스주차장 근처에는 수백 명의 학생들이 모여들었다. 기념탑은 전투경찰이 겹겹이 둘러싼 채였고 교통은 이미 차단된 상태였다. 그럼에도 문화방송국 근처에 있던 학생들이 먼저 "모입시다. 우리들은 평화적인 시위를 하고자 합니다"라고 외치며 도로 한가운데로 나왔다. 얼마 뒤 두 그룹의 학생들이 오동동 근처에서 합류하였다. 이들은 노래를 부르고 구호를 외치며 시가지 행진을 개시하였다. 도로 주변의 건물에서는 시민들이 창밖을 내다보며 열렬히 박수를 치고 응원을 보냈다. 어떤 시민들은 "학생들 잘한다"라고 소리치기도 하였다. 시내 중심가인 창동 근처에 모여 있던 학생들도 대열을 형성하고, 〈선구자〉〈봉선화〉 등을 부르며 어시장 도로로 내려갔다. 이들은 분수로터리를 돌아 '3·15의거 기념탑'에서 먼저 도착한 그룹과 합류하여 연좌농성에 들어갔다.

경찰은 이미 이를 해산시킬 능력이 없었다. 1,000여 명의 학생·시민들이 도로를 완전히 메우고 있었기 때문이다. 경찰은 고작 메가폰으로 학생들을 향해 "학생 여러분, 이성을 찾고 집으로 귀가합시다"를 외치고 있을 뿐이었다. 경찰은 대광예식장 쪽의 시위대를 향해 처음으로 최루탄을 발사하기 시작하였다. 최루탄이 펑펑 터지자 시위대는 주위의 골목길, 상점 등에 뛰어들었다. 어느 학생이 식당으로 뛰어 들어가자 식당주인이 물을 퍼부어 최루탄 가루를 씻어주기도 하였다. 이처럼 민중항쟁의 전 과정을

---

[*] 마산지역 항쟁의 가장 상세한 현장 보고는 부마항쟁이 일어난 지 6년째 되던 1985년에 발표된 논문 「10·18마산민중항쟁의 전개과정」이다. 무려 50여 명에 달하는 당시 참여자와 목격자들의 증언을 토대로 항쟁 현장을 매우 사실적으로 묘사하고 있는 역작이다. 여기서는 그에 의존하여 축약한 형태로 마산지역 도심지 민중항쟁의 현장을 소개한다. 원래 그 글은 박영주가 자신이 편집장으로 있던 『마산문화』 제4호(1985년 12월)에 게재하였지만, 여기서는 부마민주항쟁기념사업회·부마민주항쟁십주년기념사업회 편, 1989, 278~298쪽에 재수록된 판본을 인용한다.

통해 시민들은 시위대에 유형·무형의 지지와 성원을 보냈다.

　마산시의 중심지인 창동·부림시장·오동동·불종거리 일대는 상가가 밀집된 번화가여서 평소에도 사람들로 붐비는 곳이었다. 학생들이 이곳으로 진출하여 시위를 벌이자, 많은 사람들이 통근버스에서 내려 궁금한 마음으로 몰려들었다. 어두워졌을 무렵에는 엄청나게 불어난 군중들이 시내 중심가에서 웅성거리고 있었다. 학생들이 남성동파출소를 공격하고 최루탄이 터지자, 주위의 군중들도 자연스럽게 시위에 가담하기 시작하였다. 창동 4거리 근처의 군중들은 어느 틈에 〈애국가〉를 합창하고 있었다.

　창동 4거리에서 경찰과 대치하며 시위를 계속하던 중 누군가가 "경찰이 옥상에서 사진을 찍는다"고 외치자, 군중들은 주변의 상가나 사무실을 향해 "불 꺼, 불 꺼"라고 외치며 강제로 소등을 시키기 시작하였다. 불이 켜진 상점이나 사무실, 민가에는 돌멩이가 사정없이 날아갔다. "불 꺼" 하는 외침이 시위 군중의 구호였다. 각목·쇠파이프·돌멩이 등으로 무장한 청년들이 선두에서 길가에 세워둔 차량에 불이 켜져 있을 때는 사정없이 헤드라이트를 박살 냈다. 시위 군중들은 마치 거대한 물결과도 같이 어두운 거리를 휩쓸고 지나갔다. 예비군복을 입은 사람, 회사 작업복을 입은 사람, 웃통을 벗어젖힌 사람, 자갈을 치마에 싸들고 가는 젊은 여자, 포장마차에서 술을 마시던 사람 등 각양각색의 사람들이 뒤를 따랐다.

　오동동 다리에서 경찰 차량을 부숴 다리 아래로 처박아버린 시위 군중은 기세를 올리며 가야백화점 앞을 지나 공화당사로 향하였다. 셔터를 부수고 공화당사에 난입한 청년들은 책상을 뒤엎고 서류뭉치와 집기 등을 들고 나왔으며, 또 다른 청년들은 "공화당 경상남도지부"라고 쓰인 현판을 떼어 왔다. 도로 건너편에 있는 주유소에 가서 기름을 뽑아 집기와 서류, 현판에 뿌리고 불을 질렀다. 불길이 치솟자 주위의 군중들은 박수를 치며 환호성을 질렀다.

한 시위대가 수출자유지역 후문 앞에 위치한 양덕파출소에 이르자 경찰관들은 모두 도망갔다. 텅 빈 파출소에 난입한 청년들은 집기를 부수고 책상을 뒤엎었다. 군중들이 던진 돌멩이에 유리창도 모두 박살 났다. 한 청년이 벽에 나란히 걸린 태극기와 박정희 사진 액자를 떼어 나왔다. 대통령 사진 액자는 내동댕이쳐 박살을 내고 사진을 북 찢어버린 뒤, 태극기를 높이 치켜들었다. 이에 주위의 군중들은 "잘한다" "박정희 물러가라" "대한민국 만세" 등을 외치며 분위기를 돋웠다. 이러는 중 시위 군중 가운데서 누군가가 "무기고를 부수자"고 선동하였다. 하지만 주변의 군중들이 "야, 그건 놔두자"고 만류하여 무기고에는 손을 대지 않았다.

한편 시내 중심가에서도 시위 군중들은 어둠 속에서 경찰과 치열한 공방전을 벌이고 있었다. 남성동파출소, 창동 4거리, 시민극장에 이르는 도로에서는 시위 군중과 경찰의 밀고 밀리는 접전이 계속되고 있었다. 대형 직물판매 가게들이 밀집해 있는 부림시장에서는 몇 명의 청년들이 욕을 하면서 이들 가게의 셔터를 부수려는 듯 격렬하게 발길질을 하였다. 이 가게들 대부분은 많은 재산을 가진 부유층들의 것이었는데, 이는 청년들이 평소에 이들 부유층에게 느끼던 증오심과 적대감을 잘 보여준 행동이었다. 이와 비슷한 행동들이 곳곳에서 나타났는데, 예를 들면 자동차에 대해 등화관제를 하면서도 버스와 택시는 보내주고 불을 켰을 경우에도 구두로 불을 끌 것을 요구하였지만, 자가용차나 관용차만큼은 보내주지도 않았고, 불이 켜져 있으면 사정없이 헤드라이트를 박살 내버리거나 차를 빼앗는 등 노골적인 적대감을 드러냈다. 또한 도로변의 샹들리에가 켜진 고급 주택이나 고층건물 등에는 돌을 던져 유리창을 부수기도 하였다.[*]

---

[*] 이는 부마항쟁이 단순히 김영삼 신민당 총재의 제명에 대한 격분만이 아니라 본질적으로 계급적 적대감으로부터 비롯되었음을 분명히 드러내 보여준 것이었다. (박영주, 1989, 287쪽)

한편 불종거리와 오동동 일대에서도 많은 군중들이 시위를 계속하고 있었다. 시위 군중들은 트럭째로 빼앗은 빈 음료수 병을 경찰 저지선을 향해 던졌다. 시위대 중의 일부 청년들은 어디에선가 소형 트럭에 자갈과 벽돌, 각목 등을 잔뜩 싣고 와서 군중의 무기로 공급하였다. 자갈과 벽돌을 보급 받은 시위대들은 더욱 격렬하게 경찰과 맞서 싸웠다.[*]

시내 중심가에 모여 시위를 벌이던 엄청난 수의 시위 군중들은 시간이 흐르면서 남성동파출소 외에 다른 공공건물을 공격하기 시작하였다. 공화당사와 양덕파출소 방면으로 가장 먼저 진출하였고, 오동동파출소를 파괴한 시위대는 불종거리로 되돌아왔는데, 이 일대에서 시위를 하던 군중들 중 일부는 북마산파출소 쪽으로 진출하였다. 이보다 조금 늦게 부림시장, 분수로터리 일대의 시위대가 '3·15의거 기념탑'을 거쳐 마산경찰서로 향하였다. 이렇게 크게 세 방면으로 나누어진 시위 군중들은 새로운 군중들을 흡수해가면서 주로 공공건물을 공격하였다. 마산시청과 마산세무서도 공격을 받았다. 마산세무서를 공격한 시위 군중 속에서 "부가가치세를 철폐하라" "부가세를 없애라" 등의 외침이 터져 나왔는데, 그것은 당시의 과중한 세금 부과에 대한 상인들의 불만에서 비롯된 것이었다. 경기침체가 가속화되는 가운데 부가가치세 제도를 무리하게 실시하자 커다란 부담을 느낀 중소상인층의 불만은 고조되었다. 더구나 당시는 부가세 확정신고 마감일(10월 25일)을 며칠 앞두고 있을 때여서 세금에 대한 불만은 최고조에 달해 있었다.[**]

하지만 시위 군중들은 혼란의 와중에서도 '죄'가 없다고 판단되는 곳

---

[*] 이는 마산항쟁의 전 과정에서 시위대들이 계획적으로 시위를 선동하고 행동한 몇 되지 않는 사례 중의 하나이다.(박영주, 1989, 288쪽)

[**] 세금에 대한 이 같은 불만은 세무서 공격, 시장통에서 시위대에 대한 상인들의 지원 등으로 표출되었는데, 이는 요즘 식으로 말하자면 조세저항의 한 형태로 볼 수 있는 것이었다.(박영주, 1989, 293쪽)

은 공격하지 않았다. 시위대가 도립병원 앞을 지날 때 그중 몇 사람이 "도립병원을 부수자"고 소리치며 돌을 던지려 하였으나, 주변의 군중들이 "병원이 무슨 죄가 있느냐" "옳소, 병원은 놔두자"라며 적극 만류하였다.

이처럼 시위 군중들은 파출소 등의 공공건물을 주로 공격하여 파괴·방화하였는데, 이는 그들이 평소 민중들에게 증오의 대상이 되어온 탓이었다. 민중을 위한 행정기관이 아니라 민중 억압의 앞잡이 역할을 해온 것에 대해 민중의 분노가 폭발한 것이었다. 맨 앞에 서서 폭동을 지휘한 사람들은 흔히 깡패나 불량배들로 불리던 룸펜청년들이었다.*

시민들의 마음은 혼연일체가 되었다. 이미 누가 시위 군중이고 구경꾼인지 구별이 없었다. 경찰과 한참 공방전을 벌이던 시위 군중들이 바리케이드를 치고 연좌농성에 들어가자, 주위의 가게에서는 음료수를 박스째 가져와 그들에게 전해주기도 하였다. 시위 군중들은 비가 조금씩 내리는 가운데 〈애국가〉〈우리의 소원은 통일〉 등의 노래를 목이 쉬도록 부르며 시위를 계속하였다. 가장 늦게까지 시위가 전개된 곳은 불종거리 일대와 마산역 부근으로서, 이 일대의 시위대는 북마산 방면, 공화당사, 양덕파출소 방면의 시위대와 함께 가장 과격하게 싸웠다. 이날 시위는 새벽 3시까지 전개되었다.

---

* 사복형사들은 시위 군중들 사이에 섞이거나 골목길에서 시민인 체하며 서성거리고 있다가 고립되어 있는 사람들을 체포하여 파출소로 끌고 갔다. 또 경찰의 공격으로 시위 군중들이 후퇴할 때 뒤에 처지는 사람들을 체포해 가기도 하였다. 그래서 18일과 19일 이틀간 마산에서 체포된 500여 명의 시위 군중들 가운데 실상 가장 용감하게 싸운 사람들은 그리 많지 않은 것이 사실이다. 경찰이 가장 격렬하게 싸운 시위 군중들을 직접 체포하지는 못하였기 때문이다. (박영주, 1989, 290쪽)

위수령과 마산지역 항쟁의 종료

경찰은 시위가 계속 확산·격화되어 자체 병력만으로는 도저히 진압이 불가능해지자, 함안·고성 등 인근 지방 경찰서로부터 병력을 증원받아 반격에 나섰다. 또한 인근 창원에 있는 보병 제39사단의 병력 약 1개 대대가 15대의 트럭에 나눠 타고 18일 밤 10시 30분경 마산으로 투입되었다. 마산에 도착한 군인들은 밤 11시경부터 시내 주요 공공건물의 경비에 들어갔다.* 이들은 시위 군중들이 거의 해산한 뒤인 19일 새벽에 군인 1명·경찰 2명이 한 조가 되어 골목골목을 돌아다니며 청년들만 보이면 무조건 연행해 갔다. 또 노동자들이 시위대에 합세하는 것을 막기 위해 수출자유지역의 일부 회사는 잔업을 마친 노동자들을 퇴근시키지 않고 회사 내에서 강제로 재우기까지 하였다.(박영주, 1989, 294~295쪽)

다음날인 19일 아침, 당국은 청소를 하고 공공건물의 깨진 유리창을 갈아 끼우는 등 서둘러 시위의 흔적을 감추고 지웠다. 출근시간이 되었을 무렵에는 언제 시위가 있었나 싶을 정도로 시가지가 깨끗이 치워져 있었다. 시청·파출소·방송국 등 공공건물에는 착검한 총을 든 군인들이 경비를 서고 있었고, 장갑차와 탱크가 시가지를 누비고 다니는 등 살벌한 분위기였다. 언론은 그 커다란 사건에 대해서 단 한 줄도 보도하지 않았다.

19일 저녁 1개 여단 병력의 공수부대가 마산으로 급파되어 왔다. 제5공수여단이었다.(노찬백 외, 2002, 226쪽) 50여 대의 트럭과 지프에 나눠 타고 마산에 도착한 공수부대는 시내 요소요소에 배치되어 공포분위기를 조성하였다. 한편 내무부는 19일부터 마산과 창원 일원에 야간 통행금지

---

*아직 위수령이 내려지기 전이었는데도 군인들이 투입되었던 것이다.(박영주, 1989, 295쪽) 실제 위수령은 이 시점보다 37시간 후인 20일 정오에야 발포되었다.

시간을 밤 10시부터 다음날 새벽 4시까지로 연장한다고 발표하였다. 마산시는 매달 25일에 실시되던 반상회를 앞당겨 이날 저녁 6시부터 일제히 열고, 부산사태 및 마산사태에 대해 '불순분자들의 폭동'이라고 왜곡해 설명하였다.(박영주, 1989, 296쪽)

그럼에도 날이 어두워지자 많은 사람들이 자연스럽게 시내 중심가로 모여들기 시작하였다. 창동·불종거리·오동동 일대의 상가나 유흥업소는 밤이 되자 셔터를 내리고 일제히 철시를 해버려 암흑천지로 변하였다. 밤 8시경 창동 4거리 근처에서 몇 명의 청년들이 "모이자"라고 고함을 질렀다. 순식간에 수십 명의 청년들이 어둠 속에서 뛰쳐나와 대열을 형성하고 불종거리로 몰려갔다. 분수로터리에 이르러 북마산 방면에서 온 시위대와 합류한 군중들은 경찰의 방어선을 밀어붙이고 마산MBC를 향해 돌을 던졌다. 건물 3층까지의 유리창이 모두 박살났다. 시위대는 돌을 던지며 방송국 건물 안으로 진입하려 여러 차례 시도하였으나, 방어하는 경찰과 군인들의 완강한 저항에 부딪혀 밀려나기 시작하더니 다시 분수로터리까지 후퇴하였다. 이 일대에는 이미 수천 명에 달하는 군중들이 운집하여 연좌농성을 하고 있었다. 군중들은 "언론자유 보장하라"는 구호를 외치기도 하고, 〈애국가〉나 동요를 부르기도 하였다. 분수로터리에서 격렬한 공방이 벌어지고 있을 때 북마산·마산역·산복도로·오동동 등지에서도 산발적인 시위가 계속되었다.(박영주, 1989, 296~297쪽)

이날 시위는 20일 새벽까지 시가지 전역에서 산발적으로 계속되었는데, 전날과는 달리 대학생들은 거의 참여하지 않았다. 참가자는 주로 10대 후반에서 20대 초반의 실업자나 노동자들이었으며, 고등학생들도 많이 가담하였다. 경찰은 차를 타고 돌아다니며 시위 진압에 나섰고, 군인들은 골목길을 돌며 청년들만 보면 무조건 잡아다가 버스에 태우고 무차별로 두들겨 팬 후 경찰서 유치장으로 끌고 갔다.

정부는 10월 20일 정오를 기해 마산과 창원 일원에 위수령을 발동하였다. 그리고는 민중들의 정당한 반독재투쟁을 '일부 학생과 불순분자의 난동'으로 몰아세웠다.(박영주, 1989, 297쪽)

이틀에 걸친 격렬한 시위 과정에서 마산에서는 모두 505명이 연행되었다. 그중 59명이 군사재판에, 125명은 즉결심판에 회부되었다. 주로 진압경찰 측의 집계에 따른 부상자는 48명이었고, 법원·검찰청·경찰서·9곳의 파출소와 차량을 비롯하여 공화당사·시청·소방서·우체국·전화국·방송국과 여러 곳의 동사무소 등이 불타거나 유리창이 깨지는 등의 공격을 당하였다.(이은진, 2008, 28~32쪽)

4
부마항쟁의 귀결과 의의

10·26정변과 박정희 피살

부마항쟁의 불길이 인근 대구로 북상할 조짐을 보이던 중,* 10·26정변이 일어났다. 중앙정보부장 김재규가 대통령 박정희를 살해한 것이다. 1979년 10월 26일 밤, 중앙정보부 궁정동 안가의 만찬장에서 부마항쟁과 대야공작에 관해 대통령에게 보고하고 대화를 나누던 중, 정보부장 김재규는 미리 준비해 온 권총 등으로 박정희와 대통령 경호실장 차지철을 저격·살해하였다.

　사건 직후 김재규는 육군참모총장 정승화를 통하여 계엄령을 선포하고 국무회의를 소집하여 자신을 중심으로 새로운 정권을 수립하려 하였다. 그러나 사건의 전말을 알게 된 정승화가 협력하지 않음으로써, 비상국무회의를 소집한 상태에서 김재규는 전두환 휘하 보안사 요원들에게 체포

---

* 부마항쟁은 10월 20일 종료되었으나, 곧이어 대구의 주요 대학들에서 소요 움직임이 있었다. 이에 경북대와 영남대는 부마항쟁의 확산을 막기 위하여 10월 22일과 23일에 각각 휴교를 실시하였다. 하지만 10월 25일 계명대 학생 2,000여 명이 유신철폐를 요구하며 시위에 돌입하였다.

10·26정변 현장인 궁정동 안가에서 현장
검증 중인 김재규

되었다.* 정변을 일으킨 김재규는 정권 장악에는 실패하였지만 뒷날 법정
에서 그 스스로 '유신의 심장'이라 표현한 독재자 박정희 제거에는 성공하
였다. 그로써 유신체제도 급격히 무너졌다.

김재규가 일으킨 10·26정변의 공과를 판단하는 데는 아직 논쟁적인
부분이 남아있으나 다음 두 가지 사실만은 분명해 보인다. 첫째, 김재규의
10·26정변이 박정희의 절명과 함께 사실상 유신정권을 붕괴시켰으며, 체
제의 종말을 조금이나마 앞당겼다는 점이다. 김재규의 진의나 그가 가진
평소의 생각, 그리고 유신정권 말기를 지탱한 정보기관 수장으로서의 행
적을 어떻게 평가하든 간에 이는 하나의 역사적 사실이 된 것이다. 그 철옹

---

* 대통령 비서실장 김계원으로부터 김재규가 살해범이라는 사실을 전해들은 정승화 육군참모총장은 국
방장관 옆방으로 보안사령관 전두환을 불러 사실을 알린 뒤 체포를 명령하였고, 김재규는 10월 27일 새
벽 0시 20분쯤 국방부에서 김진기 헌병감과 보안사 오일낭 중령에게 붙잡혀 무장해제되었다. 그리고 곧
바로 보안사 요원들에 의해 세종로 분실을 거쳐 서빙고 분실로 압송되었다.(『광주일보』http://21.new21.
net/technote/read9.cgi?board=kwangju&y_number=3, 2009. 1. 7)

성 같던 긴급조치 9호가 해제되고, 짧았으나 '서울의 봄'을 가져오게 된 것도 엄연히 10·26정변의 결과라는 점만은 분명한 사실이다. 둘째, 10·26정변에 의한 박정희의 절명과 유신체제의 붕괴가 부마항쟁 과정의 연행자를 포함한 당시 시민과 운동 진영의 과도한 희생을 질적·양적으로 줄여주었다는 점이다. 모든 공안사건은 어떻게든 부풀리어 민중을 겁박할 제물로 삼던 당시 정권의 습성으로 보나, 김재규가 그의 "항소이유보충서"에서 밝혔듯 10·26정변 당시 만찬장에서 박정희와 차지철이 주고받은 그 끔찍한 대화로 보나,* 또한 항쟁 과정에서 연행된 구속자들을 북한 및 '남민전' 등과 실제로 연계시키려 하였던 당시 고문수사의 각본으로 미루어 보나,** 10·26정변이 발생하지 않은 가운데 부산과 마산 지역의 시위가 계속되었다면 피해는 훨씬 더 대규모로 확산될 상황이었다. 김재규의 거사는 그러한 흐름을 일단 끊어준 것이다.

물론 박정희의 죽음에도 불구하고 유신체제는 박정희 없는 유신체제, 즉 신군부체제로 계속 이어졌으며, 광주민중항쟁이라는 유혈투쟁과 6월민주항쟁 같은 전 국민적 투쟁 등 이후의 오랜 저항을 통해서만 이를 극복할 수 있었다는 사실은 김재규 식의 테러 방식으로는 결코 군사독재 해체가 불가능한 것임을 반증한다는 점도 부인하기 어렵다. 더군다나 김재규의 10·26정변은 민주화운동이 박정희를 정면으로 극복할 수 있는 기회를 차

---

* "앞으로 부산과 같은 사태가 생기면 이제는 내가 직접 발포 명령을 내리겠다. 자유당 때는 최인규나 곽영주가 발포 명령을 하여 사형을 당하였지만, 내가 직접 발포 명령을 하면 대통령인 나를 누가 사형시키겠느냐"라던 박정희의 발언이나, 200~300만 명을 죽였다는 크메르 루즈를 들먹이며 "우리도 시위대 100~200만 명 정도 죽인다고 까딱 있겠습니까"라고 맞장구쳤던 차지철의 발언들을 가리킨다.(김대곤, 2005, 249쪽)

** 대표적으로 부산지역 최성묵 목사, 마산지역 정인권, 김종철, 주대환 등이 취조받을 때의 정황을 증언한 내용(부마민주항쟁기념사업회·부마민주항쟁십주년기념사업회, 1989, 153~154·174~175·208~209·213쪽)을 보면, 수사 당국이 이들을 북한의 지령 또는 남민전과 관련시키려 획책하고 고문수사를 자행하던 중에 10·26정변이 발생하여 그러한 흐름이 중단된 정황을 읽을 수 있다.

단해버리고, 박정희의 비극적 죽음을 동정하는 묘한 정서를 만들어내면서 박정희 향수가 되살아날 불씨를 남겼다는 점에서 민주화의 진전에 심각한 독소를 뿌렸다는 주장도 있다.(차성환, 2008b) 하지만 역으로 전두환 신군부체제의 출현은, 유신체제가 어떤 방식으로 몰락을 고하였던 그 무렵으로서는 출현할 수밖에 없는 계급적·정치적 조건의 산물임을 반증하는 것일 수 있다. 전자의 주장에 동의하더라도 당시로서는 박정희 정권의 종식 그 자체가 무엇보다 중요했을 수 있다. 10·26정변이 아니었다면 박정희 정권의 종식이 그처럼 급속히 진행될 수 있었을지 아무도 장담할 수 없을 것이다.

유신체제의 붕괴

한국 민주화의 역사는 '이승만-박정희-전두환'으로 이어진 억압적 독재 정권들에 대하여 4월혁명-부마항쟁-광주민중항쟁-6월민주항쟁 등으로 대응해온 일련의 민중항쟁사였다.(부산민주운동사편찬위원회, 1998, 387쪽) 한국 민주화의 역사는 그러한 항쟁사의 흐름 위에서만 본질적으로 온전히 그려질 수 있다. 그러기에 한국 민주화 과정에서 특히 주요한 매듭점이 되는 위의 4대 항쟁의 기록과 현장은 어느 지역에 위치하든 그 지역만의 것이 아닌 국가 전체의 기억이자 자산으로 정의되어야 한다. 하지만 부마항쟁의 경우 박정희의 죽음이나 유신체제 붕괴가 그것의 직접적 결과는 아니라는 점에서, 그 역사적 의미를 평가하는 데는 다소 정교한 검토와 논의가 필요한 것도 사실이다.

　10·26정변과 박정희의 죽음은 유신체제가 직면하고 있던 여러 위기들의 결과였다. 그 위기의 얼개는 종속적 산업화 과정에서 나타난 중화학

공업화의 파행, 산업화와 도시화 속에서 급속히 팽창한 노동자와 중산층의 민심 이반, 제도 야당을 포함한 반유신 저항연대 구축, 제한적이긴 하나 한미 간 갈등의 심화 등 다양한 수준의 위기들이 첩첩이 어우러진 모습이었다. 바로 이런 위기들의 복합적 작용 속에서 부마항쟁으로 대표된 아래로부터의 저항이 폭발하였고, 그 대응을 둘러싸고 국가 내 권력 분파들이 갈등과 균열을 일으켜 정권 스스로 무너졌다. 즉 유신체제 붕괴의 1차적이고 직접적인 요인은 국가권력의 내부 갈등과 대립(10·26정변) 때문이었지만, 이러한 권력의 내부 갈등 자체를 불러일으키고 폭발시킨 것은 아래로부터의 투쟁(부마항쟁)이었던 것이다.(조현연, 2001, 194쪽)

요컨대 유신체제는 박정희의 죽음과 더불어 사실상 무너지기 시작하였으며, 그것은 김재규의 10·26정변에 따른 것이었고, 그 결정적 계기가 부마항쟁이었다. 그리고 신군부에 의해 체제가 다시 반동화되었다고 해서 그것이 부마항쟁과 10·26정변이 몰고 온 유신체제 붕괴의 역사적 의미를 무효화할 수는 없다. 이는 박정희 일파의 5·16쿠데타로 체제가 반동화되었다고 해서 4월혁명의 역사적 의미가 무효화될 수 없는 것과 같은 이치이다. 부마항쟁이야말로 10·26정변과 박정희의 죽음, 그리고 유신의 붕괴를 몰고 온 1970년대 민주화운동의 기념비적 성과임에 분명하다. 비록 국토 남단 두 도시의 경계 안에서 일어난 사건이지만 부마항쟁이 그러한 지역의 경계를 넘어 국가적 역사의 차원에서 정의되지 않으면 안될 이유가 여기에 있다.

민주화운동 대중화의 기초

1970년대 유신체제 붕괴의 결정적 계기로 작용한 점 외에도, 부마항쟁의 또 다른 성과는 민주화운동의 질적 도약을 선도하였다는 점이다. 즉 부마항쟁은 '운동의 대중성 확립'이라는 1980년대 민주화운동의 과제와 방향성을 구축하는 데 중요한 방향타가 되었다. 1960년의 4월혁명에서 학생과 시민들이 보여준 대중적 참여와 투쟁의 본보기는 박정희 정권의 반동적 압제로 장기간 잠복되어 있다가 1979년의 부마항쟁을 통하여 비로소 되살아나고, 그것이 1980년 광주민중항쟁을 거쳐 1987년의 6월민주항쟁에서 절정에 달하였다. 이처럼 부마항쟁은 4월혁명에서 시작된 민주화를 향한 대중적 궐기의 전통을 다시금 복원시켜 1980년대의 더 거대한 흐름으로 이어지게 해주었다. 민주화운동사를 좀 더 거시적이고 장기적으로 보자면, 부마항쟁의 역사적 의의는 오히려 여기에 더 큰 비중을 두어야 할 것이다.

'부마항쟁-10·26정변'을 전환점으로 하여 1980년대에 들어와서 민주화세력이나 민중들의 전반적 정세인식과 태도는 비약적으로 달라졌다. 그런 비약적 변화의 배경에는 부마항쟁과 서울의 봄으로 대표되는 일종의 '해방적 체험'이 자리하고 있었다. 그리고 그러한 해방적·저항적 체험은 광주항쟁을 직·간접적으로 체험함으로써 더욱 강화되었다.

'부마항쟁과 10·26정변', 나아가 '서울의 봄'을 거치면서 민주화세력이나 민중세력의 정세인식과 태도는 당당함과 자신감을 가지고 지배권력에 대응하는 쪽으로 바뀌었다. 1970년대 유신체제기 한국인의 의식 상황을 되짚어보면, 노동계가 생존권 차원에서 벌인 직장 내의 소규모 투쟁 이외에, 서민대중이 민주주의를 외치며 정치적 억압이나 권력의 횡포에 맞서 가두투쟁으로 항쟁을 확산시키는 것은 상상조차 할 수 없었다. 사북항쟁이나 광주민중항쟁, 그리고 인천5·3항쟁, 6월민주항쟁 등은 변화된

1980년대의 의식 상황이 반영된 사태 발전이었으며, 1970년대에는 결코 일어나기 힘든 현상이었다. 이것이 바로 부마항쟁과 서울의 봄을 거치며 학습된 대중의식 발전의 성과라고 말할 수 있다. 또 1980년대 학생·지식인운동도 유신체제기의 수세적 저항에 비하면 비약적으로 발전된 모습을 보이는데, 이 역시 부마항쟁과 서울의 봄, 그리고 더 나아가 광주항쟁에 대한 부채의식 등에 크게 영향받은 결과였다. 유신체제기와는 근본적으로 대조되는 모습이다. 이러한 1980년대 변화된 대중의식의 기점이 바로 1979년 부마항쟁이었던 것이다.

그러므로 부마항쟁은 광주민중항쟁이나 6월민주항쟁 당시 대중들을 거리로 다시 불러내게 만든 체험과 학습의 일대 발판이었다. 사실 박정희 정권 이래 1970년대까지 민주화운동은 오직 학생과 재야지식인 명망가들, 그리고 간헐적으로 합류하는 제도 야당만의 전유물처럼 인식되었다. 그러나 부마항쟁에서 청년·학생층과 기층 민중들이 같은 지역, 같은 거리를 누비며 하나의 대열을 이뤘던 체험과 그를 목격함으로써 얻어진 학습효과는, 곧이어 벌어진 서울의 봄을 통하여 다시 강화되고, 1980년대의 운동을 유신시기에 비할 바 없이 대중화된 모습으로 바꾸어 놓았다.

유신체제의 성립과 억압구조 · 1970년대 초 국내외 정세 · 남북대화와 국가비상사태의 선언 · 학생들의 유신반대투쟁의 태동과 청년운동 · 국민총화의 이데올로기 · 긴급조치 · 민청학련 조작과 투쟁 · 재야 민주화운동에 대한 탄압 · 3·1민주구국선언 · 학생운동 · 지식인의 저항 · 제야 인대준비 위원회와 세이인들의 저항 · 연합기독서회 재건 · 반유신운동의 확대 · 개헌청원100만인서명운동과 긴급조치 · 민청학련 사건 · 1·2조 · 민영환선 조례과 투쟁 · 재야 민주화운동의 저개와 유신반대투쟁 · 3·1민주구국선언 · 학생운동의 확대 · 유신반대투쟁의 다양화 · 신민당의 저항과 긴급조치 9호 · 세이운동과 세이인들의 저항 · 가톨릭 정의구현사제단운동과 다양화 · 개헌청원100만인서명운동 · 민주구국선언 · 학생운동의 전개와 지역별 전개 · 재야 인대준비 · 반유신운동의 확대 · 유신헌법통과 · 1978년 저항의 · 민주구국선언 · 종교계의 민주화운동 · 종교계의 민주화운동 · 한국기독교교회협의회의 인권위 · 변혁과 민주 주체 민주주의 · 민주화운동의 저항 · 부산의 교내사태 · 학생운동의 성장 · 재야의 민주화운동 · 도시산업선교회의 결성 · 반독재 민주화투쟁 · 10·26정변과 박정희 사망 · 유신체제의 동요 · 민주화운동 대중화 · 종교계의 민주화운동 · 한국기독교협의회의 인권위 · 마산지역 민주항쟁의 확산 · 유신체제의 붕괴 · 민주세력의 결집 · 노동운동 · 인권운동 · 부산·마산 민주항쟁 · 자유언론실천선언운동 · 출판문화운동 · 양서협동조합운동 · 에드고 · 원로 · 개신교의 연대 · 유신 친위 연대투쟁 · 지식인문화실천운동 · 인권운동 · 노동운동 · 민주노동 · 농민운동 · 도시빈민운동 · 교회 친구교의 연대 · 유신 친위 연대투쟁 · 지식인의 저항운동 · 문화예술계의 민주화운동 · 인권운동 · 노동운동 · 민주노동 · 농민운동 · 도시빈민운동 · 수원의회 결성과 지식인 저항운동

3

각 부문에서의 민주화운동

1
개신교계의 민주화운동

개신교계 민주화운동의 등장과 남산부활절연합예배사건

1950년대 한국 개신교계는 민주당에 속하였던 일부 지도자들의 활동에도 불구하고 압도적 다수가 이승만 정권을 적극 지지하였다. 4월혁명 이후 정치적 행동을 자제하던 개신교계는 1965년 봄부터 한일협정비준반대투쟁을 본격화하였다. 이 투쟁은 보수 교단들도 참여한 '범개신교적' 움직임이었고, 엄밀한 의미에서 민주화운동이라고 평가하기는 어렵다. 하지만 한일협정 조인 직후 김재준, 한경직, 강신명, 강원룡, 함석헌 등 개신교 지도자 215명 명의로 발표된 성명서에는 "온갖 형태의 독재와 모든 불의·부정·부패에 항거한다"는 내용이 포함되어 있다. 그리고 1967년 6월 총선거를 앞두고 벌어졌던 한국기독학생회KSCM의 '공명선거 캠페인'과, 여기에 강사로 참여한 장이욱, 현영학, 강원룡, 지명관, 노창섭, 서남동, 노정현 등의 개신교 지도자들, 한국기독교연합회*의 부정선거 비판 성명, 『사상계』

---

* 한국기독교연합회는 '한국기독교교회협의회'(KNCC)의 전신임.

를 통한 김재준 목사의 통렬한 부정선거 비판 등은 일부 개신교 지도자들이 이미 민주화운동에 참여하고 있었음을 보여준다.(김용복, 1982, 207~217쪽)

명실상부한 개신교계 민주화운동의 시발은 1969년의 3선개헌반대투쟁으로 볼 수 있을 것이다. 김재준 목사는 '3선개헌반대 범국민투쟁위원회'의 위원장을 맡아 막 태동하기 시작한 재야세력의 반독재투쟁을 이끌었으며, 이 조직에 참여한 정일형, 함석헌, 김상돈, 윤보선, 박형규, 문옥태, 문장식, 민승 등 개신교 지도자들은 염광회鹽光會*를 따로 결성하여 지속적인 민주화운동을 벌여나갔다. "많은 내부적 논란과 수정 끝에 〔……〕 지극히 애매한" 논조를 띠게 되기는 하였지만, 한국기독교연합회 역시 같은 해 9월 8일 3선개헌에 반대하는 내용의 성명서를 냈다.(김용복, 1982, 218~219쪽)

하지만 1970년대 초까지도 개신교계의 민주화운동은 지속성·안정성·조직성을 결여하고 있었다. 민주화운동에의 참여 역시 교단이나 단체 차원이라기보다는, 일부 선구적인 '개인들' 차원에 머물러 있었다. 유신체제 등장 이후에야 비로소 지속성과 안정성을 겸비한 조직적인 개신교계 민주화운동이 등장하였다. 1972년 12월 13일 기독교장로회 전주 남문교회의 은명기 목사가 포고령 위반 혐의로 유신 선포 이후 처음 구속되는 등(한국기독교사회문제연구원, 1983, 159쪽) 정권과 교회의 충돌 강도 또한 이전에 비해 현저히 높아졌다. 특히 1973년 4월의 '남산부활절연합예배사건'(남산부활절내란예비음모사건)은 개신교계 민주화운동의 수준을 한 단계 격상시키는 계기로 작용하였다. 말하자면, 남산부활절연합예배사건은

---

* 염광회는 1967년 2월 16일 "그리스도의 정신을 사회와 실생활에 구현함"을 목적으로 조직되었으며, 윤보선, 정일형, 전성천, 김준섭, 문장식, 김재준, 백낙준, 함석헌 등이 참여하였다.(한국기독교교회협의회 인권위원회 편, 2005, 49쪽)

개신교 교회가 민주화운동에 본격적·조직적·지속적으로 참여하는 계기가 된 '촉발促發 사건'이었던 셈이다.*

　1973년 4월 22일 남산에서 열린 부활절연합예배에서 박형규 목사와 권호경, 김동완 전도사 등 수도권도시선교위원회의 실무자들, 그리고 일부 한국기독학생총연맹KSCF 회원들은 연합예배에 참석한 신자들을 대상으로 '민주회복'과 '언론자유'를 촉구하는 내용의 유인물을 배포하면서 반정부시위를 시도하였다. 결국 이 시도는 성공하지 못하였지만, 공안 당국은 같은 해 6월 이들을 '내란예비음모죄'로 구속하였다. 이 사건은 개신교 전반에 넓고도 깊은 반향을 불러왔다. 한국 교회는 이 사건을 계기로 유신체제반대투쟁을 본격적으로 전개하게 되었고, 어느새 한국민주화운동의 주도 세력이 되어갔다.(김상근, 2006, 166쪽) 한국기독교교회협의회KNCC 스스로도 이 사건을 "보다 본격적이고 대규모적이며 공개적인 저항운동의 효시"로 평가하고 있다.(『1970년대 민주화운동』4, 34쪽)

　부활절연합예배사건은 세 가지 방향에서 중요한 후속적 움직임을 불러일으켰다. 첫째, 약 한 달 후인 5월 20일 한국 개신교계 민주화운동의 장엄한 개시를 선포하였던 "1973년 한국그리스도인선언"이 발표되었다. 둘째, 이 사건을 계기로 KNCC 민주화운동의 주역인 인권위원회가 탄생하였다. 셋째, 한국 개신교계의 민주화운동에 대한 국제적 지원 네트워크가 본격 가동되기 시작하였다. 말하자면, 부활절연합예배사건은 민주화운동에 대한 신학적·이념적 정당화, 개신교계 민주화운동의 제도화, 개신교계 민주화운동을 둘러싼 국제적 연대활동에서 결정적인 전환점이 되었던

---

* 교회는 그 자체로 사회운동 조직이 아니다. 따라서 교회가 상당한 위험 부담이 따르는 정치 행위에 나서기 위해서는, 해당 행위에 교리적 정당성을 부여함과 동시에 그런 행위를 불가피하게 만드는 어떤 계기가 필요하다. 더 정확히 말하자면, 종교 지도자들이 교회의 제도적 이익(institutional interests)에 대해 심각한 위협을 느끼고, 이들 사이에서 위기의식이 확산되는 계기가 필요한 것이다. 바로 이런 역할을 담당하는 정치적·종교적 사건을 '촉발 사건'이라 부를 수 있을 것이다.

셈이다.

〈표1〉에는 1970년대 개신교계 민주화운동에서 핵심 주체로 활약하였던 단체들의 형성 과정이 요약되어 있다. 1970년대 이전에 등장한 단체들, 즉 한국기독학생총연맹KSCF, 한국기독자교수협의회, 한국산업전도실무자협의회, 한국크리스챤아카데미, KNCC 교회와사회위원회, 한국교회여성연합회 등은 대부분 1960년대 말부터 1970년대 초에 걸쳐, 늦어도 유신체제 등장 이후 '민주화운동 단체'로 성격이 바뀌었다고 볼 수 있다. 그리고 서울지구교회청년협의회, 수도권도시선교위원회, 민주수호기독청년협의회, 크리스챤사회행동협의체 등 1971년에 등장한 네 단체는 모두 처음부터 민주화운동을 명확히 지향하면서 출범하였다. 부활절연합예배사건이 '개신교계 민주화운동 제도화'의 중요한 전환점이 되었다는 것은 KNCC 산하 위원회들, 즉 인권위원회, 선교자유수호위원회, 도시농촌선교위원회 URM의 등장을 통해서도 확인된다. 1976년 1월 KNCC 회원 교단 청년단체들의 연합조직으로서, 초교파적인 진보적 청년단체로 등장한 '한국기독청년협의회'EYCK 역시 KNCC와 '자매단체'의 관계를 맺고 있었다. 무엇보다 EYCK의 창립 자체가 "한국기독교교회협의회의 선각적 지도자들의 기독청년운동 활성화를 위한 노력"의 결실이었다.(한국기독청년협의회, 1985, 367쪽)

〈표1〉에 등장하는 단체들 가운데 '한국기독자교수협의회'는 단체 차원의 독립적인 민주화운동은 물론이고, 다른 여러 민주화운동 영역들과 연대 관계를 맺고 있었다. 무엇보다 이 단체는 "대학에서 기독학생운동을 지도하고 있는 교수들과 학생운동 실무자들이 중심이 되어 발족된 모임"이었으므로(편집부, 1970, 92쪽) 각 대학 기독학생회와 유기적인 관련을 맺으면서 기독학생운동의 발전에 크게 기여하였다. 또 이 단체 회원들은 '재야세력'의 핵심 인사들이었고, 많은 해직교수들을 배출함으로써 1977년 12월

표1 1970년대 개신교계 민주화운동 주체들의 형성 과정

설립	단체명	비 고
1948	한국기독학생총연맹 (KSCF)	대한기독학생회전국연합회(1948년), 한국학생기독교운동협의회(1959년)를 거쳐, 1969년 11월 KNCC 6개 회원 교단 소속 학생들로 '한국기독학생총연맹'이 결성됨.
1957	한국기독자교수협의회	기독학생회 지도교수 및 학생운동 실무자들로 발족.
1964	한국도시산업선교연합회	1964년 5월부터 회합, 1966년 1월 '한국산업전도실무자협의회' 조직, 1971년 '한국도시산업선교연합회'로 개칭.
1965	한국크리스챤아카데미	1959년 구성된 '한국기독교사회문제연구회'가 모체임. 1965년 2월 '한국크리스챤아카데미'로 명칭을 정하고, 이듬해 재단법인으로 전환.
1966	KNCC 교회와사회위원회	
1967	한국교회여성연합회	발족 당시 예장 통합, 감리교, 기독교장로회 여성단체로 구성. 1971년 11월 구세군, 성공회, 루터교 추가 가입.
1971	교회청년연합회	발족 당시 명칭은 '서울지구교회청년협의회'.(교청협) 이후 침체를 거쳐 1973년 12월 '교회청년연합회'(교청연)로 재건됨.
1971	한국특수지역선교위원회	연세대 도시문제연구소 내 도시선교위원회(1968년)가 모체임. 수도권도시선교위원회(1971년), 수도권특수지역선교위원회(1972년)를 거쳐, 1976년 2월 '한국특수지역선교위원회'로 개칭.
1971	민주수호기독청년협의회	교청협, KSCF, 전국신학생연합회의 협의체임.
1971	한국교회사회선교협의회	신·구교 연합. 한국산업문제협의회(1971년 1월), 크리스챤사회행동협의체(1971년 9월), 에큐메니칼현대선교협의체(1972년), 한국교회사회선교협의체(1975년)를 거쳐, 1976년 10월 '한국교회사회선교협의회'(사선)로 재발족.
1974	KNCC 인권위원회	1973년 11월 열린 '인권문제협의회'가 상설조직으로 전환됨. 1975년 1월 산하에 '법률자문위원회' 발족.
1974	한국기독교전국청년연합회	
1976	KNCC 선교자유수호위원회	
1976	한국기독청년협의회(EYCK)	KNCC 회원 교단 청년단체의 연합단체임.
1976	한국기독교사회문제연구원	1976년 12월 창립총회 당시는 '한국기독교산업문제연구원'이었음. 1977년 6월 개원. 1979년 2월 '한국기독교학술원'과 통합하여 '한국기독교사회문제연구원'이 됨.
1977	KNCC 도시농촌선교위원회 (URM)	KNCC 선교위원회 산하조직으로 발족.
1978	KNCC 여성분과위원회	KNCC 에큐메니칼위원회 산하조직으로 발족.

에 결성된 '해직교수협의회'의 주축을 이루었다. 또 이 단체 구성원들 중 서남동, 안병무, 문동환 등은 민중신학운동에서도 중심적 역할을 담당하였다.

'한국크리스챤아카데미'는 1965년에 창립된 이후 대화운동과 중간집단교육에 전력해왔는데, 민주화운동의 주체 양성 및 활동가 재교육 차원에서 중요한 역할을 담당하였다. 특히 창립 10주년인 1975년에 발표한 "지성인의 선언"은 "우리 사회가 첨예화된 양극화 현상과 만연한 권력화 현상을 극복해감으로써 인간화의 구체적인 실현을 이룩해야" 하며, 이를 위해 "이념적 차원에서의 자유와 평등의 동시적 구현, 문화적 차원에서의 시민문화의 전개, 행정적 차원에서의 행정민주화의 실현, 구조적 차원에서의 중간집단의 육성·강화"를 요청한 바 있다.(강원룡, 1985, 338쪽) 크리스챤아카데미는 중간집단교육의 일환으로 1974년부터 노동조합 간부들을 대상으로 한 교육을 지속적으로 실시하는 등 노동·농민운동의 발전에도 기여하였다. 이 와중에 1975년에 발간한 『내일을 위한 노래집』이 검찰에 의해 압수되는가 하면, 1976년 11월부터 발간하던 월간지 『대화』가 한국 노동현실을 고발하는 글을 게재하였다는 이유(긴급조치 9호 위반)로 1977년 10월 폐간되었고, 1979년 4월에는 6명의 간사들과 정창렬 교수가 반공법 위반 혐의로 구속되는 일을 겪기도 하였다. 크리스챤아카데미는 주로 독일 복음교회와 세계교회협의회WCC 등의 재정적 후원으로 건설되고 운영되었던 만큼, 개신교계 민주화운동의 국제적 네트워크 형성에도 기여하였다고 볼 수 있다.(이임하, 2005; 손홍규, 2004; 조승혁, 1981, 74~77쪽; 홍현영, 2005, 402~406쪽; 한국기독교사회문제연구원, 1983, 363쪽 참조)

유신체제기에 활동하였던 개신교계 여성지도자들의 민주화를 위한 노력도 주목된다. 그 중심에는 1967년 4월 창립된 '한국교회여성연합회', 그리고 이 단체의 회원이기도 하였던 '한국기독교장로회 여신도회전국연합회'(기장 여신도회)[*]가 있었다. 한국교회여성연합회는 유일한 초교파적 여성단체로서, 창립 당시 대한예수교장로회(통합) 여전도회전국연합회, 기독교대한감리회 여선교회전국연합회, 기장 여신도회 등이 그 회원이었고, 1971년 11월에는 구세군대한본영 가정단, 대한성공회 전국어머니연합회, 기독교한국루터회 여신도회전국연합회가 추가로 가입하였다. 한국교회여성연합회 스스로 1970년대의 활동에 대해 "다수 회원의 외면 속에 소수의 지도력에 의해 이끌려온 한계"를 인정하기도 하였지만(이현숙, 1992, 81쪽), 이 단체의 민주화운동은 기장 여신도회와 같은 일부 교단, 그리고 유신체제기에 회장을 역임한 이우정, 공덕귀 같은 일부 임원진에 의해 주도되었다. 이우정 회장은 1976년 '3·1민주구국선언사건'에 연루되어 구속되었고,^{**} 당시 한국교회여성연합회 인권위원장이었던 공덕귀는 남편(윤보선)이 같은 사건으로 투옥되었다. 최초의 행동이 부활절연합예배사건 구속자 석방 탄원인 데서 볼 수 있듯이, 한국교회여성연합회가 민주화운동에 뛰어든 직접적 계기 역시 부활절연합예배사건이었다. 이 단체는 1974년 5월 '인권위원회'를 설치하고, 특히 수감자와 그 가족을 돕는 활동에 주력하였다. 따라서 한국교회여성연합회는 KNCC 인권위원회, '구속자가족협의회'와 그 후신인 '양심범가족협의회'에서도 중심적인 역할을 맡게 되었다. 그러나 이 단체의 활동 반경은 여기에 제한되지 않고, 여성 노동자 생존권투쟁 지원, 빈민선교 지원, 언론·출판자유 투쟁 지원, 외국인 선교사 강제추방 항의, 국민투표거부운동, 기생관광 반대운동, 한국인 원폭피해자 지원활동, 재일·재미교포를 위한 민족차별 저항운동 등으로 확대되

---

* '여전도회'라는 이름으로 1953년 창립된 기장 여신도회는 1970년에 현재의 이름으로 개칭되었고, 1975년 5월 '인권옹호부'를 설치하면서 인권운동을 본격적으로 전개하였다.(한국기독교백주년기념사업협의회 여성분과위원회, 1985, 573쪽)
** 이우정은 이 사건으로 미국 『크리스처니티 앤드 크라이시스』Christianity and Crisis가 수여하는 인권상을 받기도 하였다.(이현숙, 1992, 72~73쪽)

었다. 나아가 여성의 목사·장로 안수 도입 혹은 확대, KNCC 내의 여성분 과위원회 설치 등과 같은 '교회민주화'운동도 벌여갔다.(이현숙, 1992, 54 ~160쪽; 이우정, 1985, 250~292쪽)

대한YWCA연합회도 한국교회여성연합회만큼은 아니지만 비교적 활 발한 활동을 전개하였다. 1974년에 두 차례 '구속자를 위한 기도회'를 개 최하고 구속자돕기운동을 펼쳤으며(한국기독교사회문제연구원, 1983, 290· 294쪽), 서울YWCA를 중심으로 이전부터 계속해온 다양한 여성근로자 교 육 사업을 1970년대에는 더욱 활발하게 전개하였다. 그리고 가족법개정운 동과 소비자운동을 본격화하였으며, 특히 1973년부터 시작된 화요·수요 강좌는 해직교수를 비롯한 재야인사들이 대중과 직접 만나는 장이 되기도 하였다.(한국YWCA50년사편찬위원회, 1976, 187~208쪽; 서울YWCA, 2002, 46·122~124·130쪽)

한편 〈표1〉에는 포함되지 않았지만, 기독교방송CBS 역시 정부의 직접 적인 통제를 받지 않는 유일한 민간방송으로서, 특히 보도 및 시사교양 프 로그램을 통해 한국 민주화운동에 기여하였다. 특히 1970년 3월 사옥을 종로 5가의 기독교회관으로 이전하고 그 다음달에 보도국을 신설하여 보 도 기능을 대폭 확대하면서, CBS의 민주화운동 지원 역할이 돋보이게 되 었다. 1972년 11월 중순에는 아침예배 발언으로 인해 조성호 PD가 '유신 선포 이후 최초의 언론인 구속사건'의 주인공이 되었고, 1978년 12월에는 보도 내용으로 인해 기자 3명과 아나운서 1명이 연행되었으며, 1979년 8 월에도 역시 보도 내용으로 인해 윤덕수 기자가 연행되었다. 1974년에는 CBS 기자총회가 유신 선포 후 처음으로 언론자유 수호를 결의하기도 하였 다. CBS는 1974년 10월 하순 동아일보 기자들의 "자유언론실천선언"을 기 점으로 거세게 타올랐던 언론자유투쟁 과정을 끈질기게 보도하였다. 그리 고 이듬해 3월 동아일보 기자들이 대거 해고되면서 언론자유투쟁이 좌절

CBS라디오 공개방송 현장

된 이후에는 '자유언론'으로서 CBS의 존재와 중요성은 더욱 커졌다.[*] CBS 는 〈뉴스레이다〉 〈CBS논단〉 〈현장의 소리〉 등 대폭 보강되고 다양해진 뉴 스 프로그램들을 통해 민주화운동 현장의 목소리를 국내외에 전하였고, 〈장군멍군〉 〈CBS칼럼〉 〈오늘을 진단한다〉 〈CBS교양강좌〉 등 시사교양 프 로그램들을 통해서도 비판적인 현실인식을 대중적으로 확산시켰다. 특히 1972년 4월부터 시작되어 정권의 압력으로 중단과 부활을 여러 차례 거듭 하였던 〈CBS교양강좌〉는 다수의 청중이 참여한 실제의 공개강좌로 이루

[*] 1970년대 초에 CBS 사회부장을 역임하였던 이정일은 1970년대 후반의 언론 정황을 다음과 같이 서술 한 바 있다. "언론에 대한 탄압은 극에 이르러 모든 보도가 당국의 통제 아래 들어갔다. 기독교방송만이 유일한 국민의 귀와 입이 되었다. 학생들 중에는 자신들의 활동을 먼저 기독교방송에 알리고 취재 요청 을 해왔을 정도였다. 타사 차량은 관제언론이라 하여 현장에 접근조차 못하였다. 결국 타사 기자들은 기독교방송 취재 차량에 편승해서 시위 현장에 가야 하였다. 기독교방송 뉴스를 통해 시위 사실을 알고 경찰이 출동할 정도였다." (사사편찬위원회, 2004, 192쪽)

어져 그 자체가 민주화운동의 성격을 띠었다.(사사편찬위원회, 2004, 144~
221쪽 참조) CBS는 개신교계의 민주화운동을 국내외에 폭넓고 신속하게
전달함으로써 개신교계 민주화운동을 측면 지원하였을 뿐 아니라, 그 자
체가 개신교계 민주화운동의 강력한 무기로 기능하였다.

한국기독교교회협의회와 인권위원회

유신체제기에 개신교계의 민주화운동을 주도한 것이 KNCC였다는 사실은
잘 알려져 있다. 1974년 이후 KNCC는 '인권위원회'를 전면에 내세워 박정
희 정권과 힘겨운 투쟁을 벌여나갔다. 1966년에 설립된 '교회와사회위원
회', 1976년에 한시적 조직으로 만들어진 '선교자유수호위원회', 1977년에
설립된 '도시농촌선교위원회'URM도 KNCC의 주요한 민주화운동 채널 역
할을 담당하였다. 개신교 학생운동을 대표하는 한국기독학생총연맹KSCF
과 개신교 청년운동을 대표하는 한국기독청년협의회EYCK는 KNCC의 자
매단체였는데, 참가 교단의 구성이 KNCC와 동일하였고, 한국교회여성연
합회도 대체로 그러하였다. 월간 『기독교사상』을 발간하던 대한기독교서
회, 그리고 CBS도 사실상 KNCC 산하조직이나 마찬가지였다. 이런 다양
한 위원회 조직들, 산하단체와 기관들이 민주화운동 전반에 대한 KNCC의
막강한 위상과 영향력을 뒷받침하였다.
　　해방 직후인 1946년 9월에 KNCC가 '조선기독교연합회'라는 이름으
로 처음 창립되었을 때, 이 연합단체에 참여한 교단은 장로교, 감리교, 성
결교, 구세군 등 4개 교단이었고, 여기에 국내의 각 선교부와 교회기관들
이 가입해 있었다.(전택부, 1979, 235쪽) 이 가운데 장로교의 경우, 1951년
의 교단 분열로 신학적 보수파인 고신파(예수교장로회 고신 측)가 KNCC에

서 이탈하였으며, 1953년의 교단 분열로 신학적 진보파인 기독교장로회가 KNCC로부터 배제되었다가 1959년에 회원권을 다시 획득하였고, 1959년의 교단 분열로 신학적 보수파인 예수교장로회 합동교단이 KNCC에서 이탈하였다. 또 1960년에는 대한성공회 교단이 KNCC의 회원 교단으로 가입하였던 반면, 1962년에는 보수적인 성결교 교단이 KNCC를 탈퇴하였고, 1966년에는 기독교대한복음교회의 KNCC 회원 가입이 허락되었다. 1970년부터 KNCC는 교단, 주한외국선교부, 교회기관에게 두루 허용되던 회원 자격을 교단만으로 제한하였으며, 단체의 명칭도 '한국기독교연합회' 대신 '한국기독교교회협의회'로 바꾸었다. 따라서 1970년 이후 KNCC는 창립 회원인 예수교장로회 통합측, 감리교(기독교대한감리회), 구세군의 3개 교단을 비롯하여, 추가로 합류한 기독교장로회, 성공회, 복음교회 등 6개 교단으로 구성되었다.

'한국기독교교회협의회'로 개편될 당시 KNCC 소속 6개 교단은 개신교 인구의 3분의 1 가량을 포괄하고 있었다. 이런 사실은 KNCC가 한국 개신교 전체를 대표하는 조직이 아니었을 뿐 아니라, 정치적·신학적으로 보수적이면서 KNCC에 참여하지 않은 개신교 교단들이 다수 세력을 이루었음을 의미한다. 그럼에도 불구하고 유신체제기에 한국 정부와 국제 사회는 KNCC를 '사실상의' 한국 개신교 대표체로 간주하였다는 점이 중요하다. 더욱이 KNCC를 주도한 개신교의 진보적인 인사들은 상대적인 내적 동질성, 상황에 대한 기민한 대응능력 등 소수 세력의 이점을 잘 활용하였다. 유신 선포 이후 KNCC는 직접 혹은 산하조직을 통해 언론자유, 민중생존권, 종교자유, 사법정의 등 다양한 분야에서 적극적으로 민주화운동을 전개하였으며, 그럼으로써 한국 사회와 국제 사회에 개신교의 진보적인 이미지를 뚜렷하게 각인시켰다.

유신 선포 이후 'KNCC 민주화운동의 핵심 창구' 역할을 수행한 인권위원회는 1974년 4월 11일에 창립되었고, 같은 해 5월 초부터 본격적인 활동을 개시하였다.(한국기독교교회협의회 인권위원회 편, 2005, 65~66쪽) 앞서 지적한 대로, KNCC가 인권위원회를 조직하게 된 직접적인 계기는 '남산부활절연합예배사건'이었다. 보다 구체적으로, 1973년 11월 23~24일에 "신앙과 인권"이라는 주제로 '인권문제협의회'가 열렸으며, 이 협의회 참가자들은 인권에 대한 인식을 공유하고 폭을 넓히는 한편, KNCC에 인권위원회를 조직할 것을 건의하였다. 그리고 같은 해 12월 10일 열린 KNCC 실행위원회는 이 건의를 수용하여 인권위원회의 조직을 결의하고, 구체적인 준비 작업에 착수하였다.(김상근, 2006, 166~167쪽)

인권위원회는 설립 직후부터 KNCC가 전개하는 민주화운동의 최전선에서 활동하면서, 특히 구속자석방운동과 구속자가족돕기에 헌신하였다. 인권위원회는 한국교회여성연합회와 마찬가지로 1974년 11월 결성된 '구속자가족협의회'와, 1977년 12월에 결성된 '한국인권운동협의회'에서 중심적 역할을 담당하였다. 인권위원회는 지역 차원의 조직들을 결성하는 한편, '법률자문위원회'를 만들어 구속자들에 대한 법률구조 활동을 펼쳤고, 아울러 정례적인 '목요기도회'를 개최하였다. 1975년 12월부터는 '인권주간'을 설정하여 각종 행사를 열었으며, 1978년 6월에는 주간 『인권소식』을 창간하였다.*

구속자와 그 가족을 위한 목요기도회는 1974년 7월 셋째 주부터 시작되었다. 즉 1974년 7월 18일 허병섭, 김상근 목사 등 구속자의 가족 22명이 기도회를 개최하였는데, 이후 '목요기도회'는 매주 목요일 오전 10시에 개최되는 것으로 정례화되었다. 1975년 5월 일시적으로 중단되었다가 재

---

* 인권위원회의 구체적인 활동상은 이 단체가 편찬한 『한국교회 인권선교 20년사』(1994)와 『한국교회 인권운동 30년사』(2005)에 기술되어 있다.

개된 '목요기도회'는 1976년 5월 4일부터 '고난 받는 형제를 위한 기도회'라는 이름으로 '금요기도회'로 변경되었고 1979년까지 계속 이어졌다. 기도회의 장소는 다소 가변적이었지만, 대부분은 기독교회관 강당에서 열렸다.(70년역사편찬위원회, 1994, 47·50·53쪽; 한국기독교교회협의회 인권위원회 편, 2005, 93쪽)* 목요기도회는 한국 교회와 신앙인들이 시대의 가장 처절한 아픔을 함께 나누는 장이었을 뿐 아니라, '시국사범'의 가족으로서 이중 삼중으로 고통받는 이들의 한이 가감 없이 표출되는 장이었다. 그런 만큼 목요기도회는 언론에 보도되지 않고 언로가 차단된 정보들이 자유롭게 발설되고 교환되는 시대의 아고라이자 신문고의 역할 또한 담당하였다.

나아가 목요기도회는 유신정권을 비판하는 내용의 중요한 성명서들이 발표되는 장으로도 기능하였고, 종종 가두시위로 이어지기도 하였다. 개신교 신자들만이 기도회에 참석하는 것도 아니었다. 그런 면에서 목요기도회는 한국에서 유일하게 서울 한복판에서 매주 합법적으로 열리는 '반정부집회'가 되어갔으며, 시간이 지날수록 이런 기능이 중요시되었다. 천주교계에서도 1974년 7월부터 이듬해 3월까지 거의 매주, 그리고 1976년 11월부터 이듬해 6월까지 매월 시국기도회를 개최한 적이 있지만, KNCC 인권위원회의 기도회처럼 수년 동안 매주 계속되는 시국집회는 대한민국 어디에서도 찾아볼 수 없었다. 그런 만큼 목요기도회 혹은 금요기도회는 정부기관의 집중적인 관심 대상인 것은 물론이고, 점차 국제적인 주목까지 받게 되었다. 기도회가 열리는 기독교회관은 천주교의 명동성당과 함께 민주화운동의 성지聖地가 되어갔으며, 유신정권에게는 가장 불쾌한 정치적 공간이 되었다.

---

* 1979년 12월 이후 중단되었던 '금요기도회'는 1982년 2월 11일부터 '목요기도회'로 재개되었다.(70년 역사편찬위원회, 1994, 82쪽)

산업선교와 빈민선교

1950년대 말부터 미국 선교사들의 주도로 시작된 개신교의 '산업전도' industrial evangelism 활동은 1968년에 '산업선교'industrial mission로 전환되면서 저항적인 '노동자 인권운동'의 성격을 강하게 띠게 되었다.[*] 산업전도 초기에 공장이나 공단에서 활동하던 목회자들은, 정치적 개입을 극구 경계하고 종전의 권위주의적 목회 패턴을 답습하던 이들이었다. 1950년대 말 공장에서 이루어진 개신교의 선교 활동은 노동자와 기업가를 아우르는 것이었고, 주된 활동 영역도 노동운동이 아니라 전교(傳敎)나 봉사활동이었다. 그러나 이들은 자신과 평신도 사이에 심각한 의사소통의 장애가 존재하며, 그에 따라 목회의 효과도 감소하고 있음을 깨닫게 되었다. 대안적 목회 모델을 모색하는 과정에서 평신도의 삶을 관찰하고 그들의 목소리를 경청한 산업전도 목회자들은 노동자들의 비참한 처지와 불의한 사회 상황에 점차 눈뜨게 되었다. 이런 과정에서 순전히 도시화와 산업화 추세에 대응하는 '전도'의 수단이던 특수선교가 사회구조적 변화를 지향하는 '사회운동'으로 성격이 바뀌고, '순진한 목회자'가 '신념화된 사회운동가'로 변화하였다. 1960년대 후반에 개신교의 '산업전도'가 '산업선교'로 변화되는 것이 의미하는 바는 정확히 이것이었다.(Kang In-Chul, 2000, pp.239~243)

개신교의 '산업선교'를 이끈 조직은 '도시산업선교회'였다. 대한예수교장로회 통합, 기독교대한감리회, 한국기독교장로회 등으로 구성된 교단별 조직은 1971년에 '한국도시산업선교연합회'가 출범함으로써 초교파적

---

[*] 개신교 도시산업선교의 역사와 활동에 대해서는 한국기독교산업문제연구원, 1978, 20~173쪽; 조승혁, 1981, 1~173쪽; 한국기독교교회협의회 편, 1983; 한국기독교교회협의회 도시·농어촌선교위원회 편, 1988; 영등포산업선교회40년사기획위원회, 1998, 35~205쪽; 홍현영, 2005 등을 참조하여 정리하였다.

연대의 틀을 갖추었다. '새신자 영입'을 중시하는 산업전도에서 산업선교로 전환되면서 나타난 중요한 변화 중 하나는 조직의 대상을 개신교 신자로 제한하지 않고 개방한 사실에서도 찾을 수 있다. 이 변화는 노동현장에 대한 도시산업선교회의 영향력을 대폭 확장시켜준 것으로 보인다. 그러나 노동운동으로 전환한 이후에도 도시산업선교회는 대체로 한국노총과의 협력 속에서 노동조합 지도자를 양성하고 단위 노동조합을 조직하는 데 활동의 중점을 두었다. 그러나 유신체제의 등장 이후 한국노총과의 협력 관계는 단절되었고 도시산업선교회의 활동에 대한 정부의 감시도 더욱 심해졌다. 이런 가운데 도시산업선교회는 일반 노동자들을 대상으로 한 '소모임활동'에 주력하였는데, 참여자 대부분이 여성들이었다. 도시산업선교회는 소모임으로 조직화된 노동자들을 의식화하는 데 힘을 쏟았는데, 이것은 도시산업선교회가 '소수 지도자' 중심의 활동에서 '밑바닥 노동자' 중심으로, '훈련·교육'의 방식에서 '의식화 작업'으로 전략을 변경한다는 뜻하기도 하였다.(영등포산업선교회40년사기획위원회, 1998, 135쪽)

1970~1974년에 걸쳐 개신교의 산업선교 단체들은 100여 개 노동조합에 4만여 명의 노동자를 조직하였는데, 이는 당시 한국노총 조합원 총수의 10%에 이르는 것이었다.(홍현영, 2005, 422쪽) 결국 유신 선포 이후 도시산업선교회는 이른바 '민주노조운동'의 산파 역할까지 본격적으로 떠맡게 되었던 것이다. 이런 상황에서 도시산업선교회가 여러 노동쟁의에 연루되는 것은 불가피해졌고, 이로 인해 정부와의 충돌 역시 불가피해졌다. 유신정권은 1977년 무렵부터 도시산업선교회를 '용공단체'로 몰아갔다. 1970년대에 도시산업선교회가 지원한 주요 노동쟁의들은 〈표2〉에 요약되어 있다.(홍현영, 2005, 423~424쪽)

한편 한국 사회에서 대도시의 달동네나 판자촌 주민들을 중심으로 도시빈민운동이 형성·발전되는 과정에서도 개신교 지도자들이 결정적인 역할을 담당하였다. 이런 움직임은 1960년대 말부터 개신교 지도자들의 주도하에 '도시선교' 혹은 '특수지역선교'라는 이름으로 개시되었다. 1968년 연세대 도시문제연구소 내에 조직된 '도시선교위원회'가 개신교 빈민운동의 맹아라고 할 수 있으며, 이를 통해 초기의 빈민운동 주역들이 배출되었다. 김진홍, 이해학, 박형규, 허병섭, 권호경, 김동완, 정용환 등이 대표적인 이들이었으며, 광주대단지사건에서는 전성천 목사도 중요한 역할을 담당하였다. 개신교계와의 협력 속에서 일부 천주교계 활동가들도 합세하였다.* '도시선교위원회'는 1971년 9월에 활동가들의 초교파적 연합체인 '수도권도시선교위원회'로 발전되었고, 이 단체를 중심으로 하여 주로 서울과 수도권 지역의 도시빈민 주거지역에서 본격적인 활동을 개시하였다. 개신교 빈민 선교의 주역들은 직접 판자촌에 들어가 살면서, 의식화 교육을 비롯하여 도시빈민들의 주거권과 생존권을 지키고 확장하기 위한 다양한 사업과 활동을 전개하였다. '수도권도시선교위원회'는 이후 '수도권특수지역선교위원회'(1972년), '한국특수지역선교위원회'(1976년)로 개편되면서 활동 지역을 점차 확장함과 동시에 활동가들의 훈련과 양성에도 힘을 쏟았다. 감리교의 경우 1975년 9월부터 총리원 선교국을 중심으로 독자적인 도시빈민 선교활동을 전개하기 시작하였으며, 이후 감리교 도시빈민운동의 중심은 '서울도시선교회'로 이전되었다. 개신교의 '수도권 빈민 선교'는 1970년대 초부터 빈민촌을 중심으로 한 교회 설립 움직임을 동반하였다. 활빈교회, 주민교회, 동월교회, 희망교회, 사랑방교회 등이 그런 대표적인 사례들이었다.(정명기, 1985; 이기우, 2000; 김기선, 2004; 가톨릭정의평화연구소, 1990, 174~176쪽; 김영곤, 2005, 557~561쪽; 차성환, 2005, 43~46쪽)

* 천주교 평신도인 제정구, 김혜경, 윤순녀, 박재천, 그리고 미국계 예수회 선교사인 정일우(John V. Daly) 신부 등이 그런 이들이었다.

표2 도시산업선교회가 지원한 주요 노동쟁의들: 1972~1979년

사업장	일시	노동쟁의	도시산업선교회의 활동
크라운전자	1972. 2	노조 결성	한국도시산업선교연합회, 영등포도시산업선교연합회의 지원
한국모방	1972. 4 1974	퇴직금 받기 및 노조민주화	영등포도시산업선교연합회가 노조 교육 및 지원
동아염직	1973. 1	신앙의 자유와 기숙사 사생활 간섭 금지 요구	영등포도시산업선교회 지원
대한모방	1973. 1	근로조건 개선	영등포도시산업선교회 지원
삼송산업	1974. 2	노조 결성, 산업선교회 축출 저지	인천기독교도시산업선교회 지원
반도상사	1974. 2~	노조 결성, 근로조건 개선 및 부당노동행위 저지	인천기독교도시산업선교회의 '부평지역 여성지도자 훈련' 및 지원
태양공업	1974. 3 1975. 1	노조 결성, 부당노동행위 저지	인천기독교도시산업선교회 지원
삼원섬유	1974. 8	노조 결성, 분회장 구속 및 분회장직 박탈 저지	인천기독교도시산업선교회의 노조 교육 및 지원
신한일전기	1974. 12	노조 파괴 저지	인천도시산업선교회 지원
신흥제분	1974. 12	노조 결성, 부당노동행위 저지	청주도시산업선교회 지원
한국마벨	1975. 8	노조 결성, 부당노동행위 저지	산업선교회와 JOC 회원들이 노조 결성 주도, 경수도시산업선교회 지원
동일방직	1976~	노조 파괴 저지	인천기독교도시산업선교회 지원
대일화학	1976~ 1981	노조정상화	영등포도시산업선교회 지원
한흥물산	1976. 2	노조 재건	영등포도시산업선교회 지원
해태제과	1976. 2 1979. 7	특근 거부, 8시간 노동 요구	영등포도시산업선교회, 한국교회사회선교협의회 지원
남영나일론	1976. 3	노조 개편, 임금인상	영등포도시산업선교회 지원
동남전기	1977. 2	노조 결성	산업선교회 회원 중심 노조 결성
방림방적	1977. 2	근로조건 개선, 체불임금 청산	산업선교회 회원들이 제기. 영등포도시산업선교회 지원
인선사	1977. 4	노조 결성, 유령노조와의 투쟁	한국교회사회선교협의회 지원
협신피혁공업사	1977. 7	민종진 가스질식사 항의	도시산업선교회에서 진상조사 및 지원
아리아악기	1978. 1	인질 농성사건	한국교회사회선교협의회 지원
대한방직	1978. 1	연장근로수당 받기, 복직 투쟁	영등포도시산업선교회 지원
진로주식회사	1978. 4	임금인상	선업선교회 회원들의 주도적인 제기
소나회사	1978. 5	퇴직금 받기	경수산업선교회 지원
대동전자	1978. 9	근로조건 개선	경수산업선교회 지원
YH무역	1979	폐업 철회	도시산업선교회 실무자들이 노동문제 정치화 지원

1970년대에 시작된 초보적인 '민중교회운동'은 1980년대 초에 이르러 더욱 조직적으로 전개되었다.[*] 한국의 도시빈민운동에서 개신교와 천주교를 포함한 그리스도교 인사들의 지도력은 1970년대는 물론 1980년대 중반까지도 비교적 확고하게 유지되었던 것으로 보인다.

학생과 청년의 민주화운동:
한국기독학생총연맹과 한국기독청년협의회

개신교의 경우, '기독학생운동'을 대표한 조직은 한국기독학생총연맹KSCF이었다. 이 단체는 1948년에 창립된 '대한기독학생회전국연합회'를 모태로 하는데, 1950년대 중반 이후 여러 학생운동 단체들이 병존하는 가운데 1959년 이들의 협의체였던 한국학생기독교운동협의회KSCC로 개편되었다가 1969년 11월에 KNCC의 6개 회원 교단 소속 학생들을 중심으로 결성되었다.(김천배, 1983) KSCF는 1970년대 초부터 개신교계의 민주화운동에 가장 적극적으로 참여한 세력 중 하나였으며, 전국 각 대학 캠퍼스에 조직된 학생회들을 통해 일반 학생운동과도 긴밀한 협력 관계를 유지하였다. 1969년의 통합조직 출범 직후부터 KSCF는 "한국을 새롭게"라는 슬로건 아래 정치적 민주화와 경제적 평등, 사회정의 실현을 강령으로 내세워 민주화운동에 적극적으로 참여하는 한편, '학생사회개발단'(학사단) 운동을 통해 민중운동과도 활발하게 결합하였다. 학사단 운동은 "학생운동의 방향을 일시적·일회적 정치투쟁에서 보다 지속적이고 민중지향적인 방향으

---

[*] 최종철에 의하면, 1980년대의 민중교회운동은 "기존의 사안별 투쟁 중심의 운동과 중간계층·지식인·청년·학생 중심의 운동에 대한 비판적 대안으로서, 지역적 기반을 갖는 민중의 교회운동과 노동운동에 헌신하려는 젊은 기독교 운동가들에 의해" 주도되었다.(최종철, 1994, 177쪽)

로 전환하려는 움직임"의 '선구적인 모델'이었다.(차성환, 2005, 30쪽) KSCF가 1971년부터 주도적으로 개최하였던 '부활과 4월혁명' 행사, 그리고 KSCF가 1970년대에 자주 열었던 '신문고'나 '인권강좌' 역시 종종 시국집회의 장으로 기능하였다.

1971년 10월 위수령 발동 이후 학생운동은 크게 위축되었다. 더욱이 1970년대 초 각 대학의 총학생회는 학생들로부터 신뢰와 지지를 받지 못하였고, 유신체제 등장 이후 이런 현상은 더욱 심해졌다. 학생운동은 서울대, 연세대, 고려대, 경북대, 부산대, 전남대 등 극히 일부 대학에서만 활성화되었고, 그나마 동아리나 서클이 운동의 지도력을 제공하고 있었으므로 학생운동의 전국적 연계는 전혀 불가능한 상황이었다. 당시 KSCF는 다른 서클에 비해 상대적인 보호와 혜택을 받으면서 전국적으로 가장 많은 대학에 연합조직을 갖고 있었고, 이로 인해 유신 선포 직후의 학생운동에서 선도적인 역할을 담당하였다. KSCF는 유신체제에 첫 파열음을 낸 1973년 봄의 남산부활절연합예배사건을 주도하였고, 이로 인해 KSCF 임원 5명이 연행되었다. 유신체제 성립 이후 학생운동권의 첫번째 시위로 전국 대학가에 큰 충격과 자극을 주었던 1973년 10월 2일의 서울대 문리대 시위를 주동하였던 것도 강영원, 나병식, 정문화, 황인성 등 KSCF 학사단운동 임원 출신들이었다. 대부분의 서울대 소속 KSCF 회원들은 이 일로 구속되거나 구류 처분 또는 지명수배를 당하였다. 1974년 봄의 민청학련사건 당시에도 KSCF는 이 단체의 조직적 기반으로 중요한 역할을 담당하였고, 이로 인해 KSCF 회원 26명이 구속되어 중형을 선고받았다.(최민화, 2004, 126~132쪽; 조병호, 2005, 110~119쪽)

개신교 학생운동 참여자들은 캠퍼스 단위의 기독학생회만이 아니라 개별 교회의 청년회 혹은 대학생회에서도 활동함으로써, 개신교 청년운동의 발전 과정에서도 핵심적인 역할을 담당하였다. 특히 1974년 민청학련

사건 당시 대부분의 기독학생운동 지도자들이 투옥되거나 제적되고 많은 학내 서클들이 등록취소되는 가운데, KSCF 자체는 1974~1976년에 걸쳐 침체기를 맞았지만 그 성원들은 개별 교회들로 흩어져 역량을 모으는 이른바 '교회화'敎會化 작업을 수행하였다.(한국기독학생총연맹, 1985, 394~395쪽) 아울러 학생운동 출신 인사들이 대학에서 제적되거나 대학을 졸업한 후 자연스럽게 교회 청년회로 모여들었던 것도 교회화 작업의 배경이 되었다.(한국기독교사회문제연구원, 1983, 217쪽) 이런 요인들이 서로 맞물려 작용하면서 1970년대 중반 개신교 청년운동의 급속한 재활성화가 가능하였다.

개신교 청년운동세력은 1960년대 말부터 형성된 개별 교회의 청년회·대학생회들이 주축이 되어 1971년 3월 결성한 서울지구교회청년협의회(교청)와, 1971년 4월 교청·전국신학생연합회·KSCF가 공동으로 결성한 '민주수호기독청년협의회' 등을 중심으로 민주화운동을 시작하였다.[*] 특히 1973년 봄의 남산부활절연합예배사건은 개신교 청년운동이 급속히 활성화되는 계기로 작용하였다. 그리고 개신교 청년들은 민청학련사건으로 청년운동 주역들이 대거 구속되는 이듬해 봄까지 적극적으로 조직을 확대시키면서 민주화운동에 나섰다. 개신교 청년운동은 군사정권의 탄압으로 일시적인 침체 국면을 맞기도 하였으나, 1975년 8월 '한국기독교장로회 청년회전국연합회' 재건과, 1976년 1월 한국기독교교회협의회 소속 교단 청년들로 구성된 한국기독청년협의회EYCK 창립 등으로 이전의 활성活性을 되찾았으며, 그 직후부터 대한예수교장로회(통합), 기독교대한감리회 등 한국기독교교회협의회 소속 교단들의 청년회전국연합회들이 진보

---

[*] 1960년대에도 교단별 청년조직을 비롯하여, YMCA와 YWCA, 한국교회청년협의회(KCYC) 등의 연합조직들이 존재하였지만, 이들의 활동이 민주화운동의 성격을 지닌 것은 아니었다.(박상증, 1962 참조)

적 사회참여 지향을 분명히 함으로써 대중적 기반을 확대해나갈 수 있었
다. 개신교 청년들의 민주화운동은 1977년 4월 광주와 서울의 부활절연합
예배와 시위, 1977년 12월 서울 수도교회에서 열린 성탄절연합예배와 시
위 등을 거쳐, 1978년 8~9월의 '전주대회사건'에서 절정에 이르렀다.(한
국기독청년협의회, 1985; 이대수, 1984) 개신교 청년들은 개별 교회에 설립
된 야학들을 통해 노동운동과 빈민운동의 활성화에도 기여하였다. 개신교
청년운동은 석방된 민청학련 관련자들이 주축이 되어 1978년 5월 창립된
'민주청년인권협의회'와 그 후신인 '민주청년협의회'(한국기독교사회문제
연구원, 1983, 207~208쪽)를 제외하면 1970년대 한국 사회에서 거의 유일
한 저항적 청년운동의 입지를 지녔다고 볼 수 있다.

천주교계의 민주화운동

천주교 민주화운동의 등장과 지학순주교구속사건

1950년대 한국 천주교회는 『경향신문』을 중심으로 야당(민주당) 지지 활동을 전개하였다. 박정희 정권 등장 이후 한국 천주교회가 군사정권과 공공연하게 충돌하게 된 첫번째 계기는 1967~1968년에 걸쳐 전개된 '강화도심도직물사건'이었다. 특히 1968년 2월 9일에 발표된 "강화도사건에 대한 주교단 공동성명"은 "한국 천주교회가 사회정의와 노동자의 인권 신장을 위해서 발표한 최초의 성명서로서 한국 천주교회사에서 길이 남을 문서"라는 평가를 받고 있다.(명동천주교회, 1984, 54쪽) 교회와 정권 사이의 두번째 큰 충돌은 1971년 10월 원주교구의 부정부패 추방운동 때 발생했다. 1971년 10월 5~7일 원주교구 신자들이 사흘 동안 가두시위를 포함한 '부정부패 규탄대회'를 열자, 같은 해 10월 중순까지 전국 교회와 단체 곳곳에서 이를 지지하는 움직임이 잇따랐다. 주교단 역시 11월 중순 "오늘의 부조리를 극복하자"는 공동교서를 발표하여 "부정부패로 혼미한 우리의 사회 실정"을 비판하였다. 나아가 주교단은 같은 해 12월 13~18일 열린 정기총회에서 1972년을 '정의·평화의 해'로 선포하면서 교구·본당에서 사회정의에 관한 교육을 실시하기로 결의하였고, 이 사업의 계획을 수립하고 추진하기 위해 주교단 차원에서 '사회정의추진위원회'를 구성하였다.(명동천주교회, 1984, 65~88쪽)

하지만 천주교계의 민주화운동이 지속성과 안정성, 조직성을 갖추게 된 결정적 계기는 유신체제 성립 후에 벌어진 '지학순주교구속사건'이었다. 말하자면 지학순주교구속사건은 천주교계의 민주화운동을 본격화시킨 '촉발 사건'이었다. 1974년 7월 6일 원주교구장인 지학순 주교가 박정희 정권에 의해 연행되어 구금되는 사건이 발생하였다. 외국 방문에서 돌아온 현직 주교이자 교구장이 공항에서 중앙정보부 요원에 의해 납치되듯 연행되는 사상 초유의 충격적인 사건이 발생하였던 것이다. 마침 하루 전인 7월 5일에는 한국 주교회의가 "정치범에 대한 사면, 부당 체포·고문 폐지" 등을 요구하는 "성년聖年 사목교서"를 발표한 상황이기도 하였다. 당시 지 주교는 반정부시위를 주모한 혐의를 받고 있던 김지하 시인에게 자금을 제공하였다는 혐의를 받았다. 지 주교를 민청학련사건의 배후 지원자 중 한 사람으로 몰아간 것이었다. 지 주교는 중앙정보부에서 풀려난 후에도 잠시의 연금을 거쳐 재차 연행된 후, 1975년 2월 중순까지 감옥생활을 해야만 하였다. 이 사건은 한국 천주교회를 발칵 뒤집어놓았다. 이계창 신부의 표현을 빌리면, "지학순 주교님이 구속되자 우리 가톨릭교회는 커다란 충격을 받았다. 그 사건은 안이하게 잠들어 있던 가톨릭교회를 뒤흔들어놓는 결과를 가져왔"다.(『암흑 속의 횃불—7·80년대 민주화운동의 증언』1, 348쪽) 지 주교와 더욱 가까이 있던 최기식 신부는 1982년에 수인囚人의 몸으로 재판정에서 짧지만 명료한 증언을 한 바 있다. "신부가 될 때부터 가난하고 고통받는 이들을 위해 일하겠다는 생각을 가졌으나, 정치·사회 문제에 깊은 관심을 가진 것은 지 주교님이 투옥된 후부터다."(『암흑 속의

출판기념회에서 꽃다발을 건네받는 지학순 주교

햇불-7·80년대 민주화운동의 증언』5, 151쪽)

　　1973년 4월에 있었던 개신교의 남산부활절연합예배사건과 유사하게,
천주교계의 민주화운동 역사에서 지학순주교구속사건이 지닌 중요성은,
이를 계기로 '민주화운동의 신학적 정당화'와 '민주화운동의 제도화'에 결
정적인 진전이 이루어졌다는 점에 있다. 신학적 정당화 문제는 제3절에서
다루기로 하고, 여기서는 민주화운동의 제도화에 대해서만 간략히 언급하
고자 한다. 지학순주교구속사건은 천주교계의 민주화운동을 제도화하고
주체를 형성하는 데 핵심적인 계기로 작용하였다. 특히 이 사건을 계기로
천주교 민주화운동의 핵심 주역인 천주교정의구현전국사제단(사제단)이
새롭게 등장하는 한편, 기존 산하조직이었던 천주교정의평화위원회(정평
위)도 본격적인 활동을 시작하였다는 사실이 중요하다. 〈표3〉과 〈표4〉가
이를 명확히 보여준다.

　　정의구현전국사제단은 지학순주교구속사건 직후인 1974년 9월에 결

표3 1970년대 천주교 민주화운동 주체들의 형성 과정

설립	단체명	비 고
1954	대한가톨릭학생총연합회	1972년 해체됨.
1958	가톨릭노동청년회(JOC)	
1966	한국가톨릭농민회	1964년, 가톨릭노동청년회 내에 '농촌청년부' 신설. 1966년, 가톨릭노동청년회 내에 '가톨릭농촌청년회' 발족. 1972년에 현재 이름으로 개칭.
1968	한국천주교평신도사도직협의회	발족 당시 '한국가톨릭평신도사도직중앙협의회', 이후 두 차례 개명을 거쳐 1976년에 현재 이름으로 개칭.
1970	천주교정의평화위원회	1975년, 주교회의 산하 조직으로 재조직됨.
1971	한국교회사회선교협의회	신·구교 연합 단체임.
1974	천주교정의구현전국사제단	
1975	대한가톨릭학생전국협의회	'대한가톨릭학생총연합회'의 후신임. 1984년 해체됨.
1978	명동천주교회청년단체연합회	

성되었다. 민주화운동만을 목적으로 삼는, 국제적으로도 유례가 드문 대규모 성직자 조직이 한국에서 등장한 것이다. 또 1970년 8월에 창립되었지만 거의 활동이 없었던 정평위가 1975년 12월에 주교회의 직속조직으로 재조직되면서 민주화운동의 핵심 주역 중 하나로 등장하였다. 정평위는 천주교의 범세계적인 공식 기구였던 만큼, 이 단체가 주교회의 산하조직으로 재출발하였다는 것은 한국 천주교회 전체가 민주화운동 참여를 공개적으로 천명하였음을 의미한다. 〈표4〉에서 보는 것처럼, 1974~1979년 사이에 가장 활발하게 민주화운동에 참여하였던 것은 정의구현전국사제단이었다. '교구사제단' 역시 정의구현전국사제단 계열이 대부분이었다는 점을 감안하면, 천주교계의 민주화운동에서 정의구현전국사제단의 비중은 더욱 커졌다고 보아야 할 것이다. 그 다음의 자리를 정평위와 가톨릭농민회가 차지하고 있다.

'한국천주교평신도사도직협의회'(평협)나 꾸르실료운동, 천주교 학생운동 등도 천주교계의 민주화운동 역사에서 정당하게 자리매김되어야 할

표4 사회참여 관련 문서의 생산자별 분포(1974~1979년)*

구분		1974	1975	1976	1977	1978	1979	합계
주교단 공동		5	3	2		1	1	12
주교 개인	김수환	3		2	3	4	7	19
	지학순	7	2	3	2	2	1	17
	나길모	3		1	1			5
	두봉	1		1	1		1	3
	윤공희			1	1		1	3
	김재덕	1				1	1	3
	황민성						1	1
	박도마					1		1
	소계	15	2	8	8	8	11	63
사제	정의구현전국사제단	15	28	3	7	8	9	70
	교구사제단	1	1		4	9	5	20
	사제 개인	2	6	12	12	14	8	54
	소계	18	35	15	23	31	22	153
주한 외국인선교사			1		1			2
수도자			1				1	2
정의평화위원회		1		5	9	7	13	35
평신도사도직협의회		2		1	1	6	1	11
꾸르실리스타		1						1
가톨릭농민회				1	7	10	15	33
노동	JOC		2			2		4
	기타					1		1
	소계		2			3		5
청년		1	1					2
대신학교 학생		2						2
대학생회		3						3
교구 신자 연합		3				1	1	5
본당 신자 연합				2			1	3
기타			1				1	2
합 계		51	46	34	49	67	67	314

것이다. 우선, 1968년 7월에 '한국가톨릭평신도사도직중앙협의회'라는 이름으로 창립된 평협 역시 1974년의 지학순주교구속사건 때부터 민주화운동에 참여하기 시작하였다. 창립 당시부터 전국 평협은 교구 대표(11개 교구)와 천주교단체 대표(8개 단체)로 구성되었는데, 처음부터 가톨릭노동청년회JOC가 단체 자격으로 참여하고 있었고, 1973년 2월에는 한국가톨릭농민회도 단체로 가입하였다. 따라서 지학순주교사건 당시에는 전국 평협으로 민주화운동 현장의 목소리가 신속하고 정확하게 전달될 수 있는 구조가 마련되어 있었던 셈이다.

평협은 천주교 민주화운동의 핵심 주역 중 하나인 정평위가 탄생하는 데 산파 역할을 담당하였다. 즉 1970년 8월 평협 총회 석상에서 정평위가 '한국천주교정의평화위원회'라는 이름으로 처음 결성되었고, 초대 정평위 회장도 당시 전국 평협 회장이었던 류홍렬이 맡았던 것이다.(전국평협출판분과위원회, 1988, 92~93·114~115·521쪽) 지학순 주교가 구속되자 전국 평협은 9월부터 본격적으로 개입하기 시작하였으며, 이후에도 1976년의 3·1절 명동사건, 천주교 성직자와 신자들에 대한 미행·감시·연행이 노골적으로 행해지던 1978년의 종교탄압 사건, 1979년의 오원춘사건 등에도 적극적으로 나섰다. 또한 서울교구 평협은 1978년의 동일방직사건에, 전주교구 평협은 경찰이 성당에 난입하고 신부와 수녀를 폭행한 1978년의 '7·6사건'과 오원춘사건의 대응과정에서 중요한 역할을 담당하였다.(명동

● 정의구현전국사제단 부설 '기쁨과희망사목연구소'가 발간한 『암흑 속의 횃불』 시리즈의 제1~3권에 실려 있는 '가톨릭계 주요 자료' 가운데, (선교사를 제외한) 외국인이 발표한 문서, 참여 주체가 모호한 문서, 사회참여에 반대하는 주장을 담은 문서 등을 제외한 후, 2개 이상의 단체가 공동으로 생산·발표한 문서로 확인되는 것들을 가톨릭 참가단체별로 분리하여 계산할 경우, 모두 314건의 자료를 추려낼 수 있다. 이 자료들은 대부분 기도회 등 투쟁의 현장에서 발표된 것들인데, 이 경우 행사의 '주최자'가 아니라 성명서나 강론 등의 '발표자'를 기준으로 삼았다. 이렇게 정리한 결과를 연도별·생산자별로 요약한 것이 〈표4〉이다.

천주교회, 1984, 131∼132·391·424·472·483∼484·496∼501·549·578쪽;
『암흑 속의 횃불—7·80년대 민주화운동의 증언』1, 274쪽)

　　한편 1970년대 천주교 학생운동의 중심 조직은 1954년에 창립된 '대한가톨릭학생총연합회'(총연)였는데, 이 단체는 1970년대로 접어들 당시 이미 전국 75개 대학의 가톨릭학생회와 교구별 대학생연합회를 갖춘 회원 수 1만여 명의 방대한 조직으로 성장하였다. 총연은 1970년부터 개신교 학생운동 단체인 KSCF와 공동으로 '부활과 4월혁명' 행사를 시작하고, '전태일 추도식'을 함께 거행하는 등 민주화운동에 본격적으로 뛰어들었다. 1971년 5월 국회의원 선거에 참관인을 파견한 것을 비롯하여, 6월에는 개신교 단체들과 함께 한영섬유 김진수 장례식을 거행하였고, 9월에 신·구교 연합으로 결성된 '크리스챤사회행동협의체'의 일원으로 '사회정의실현촉진기도회'(10월 8일), '사회정의실현연구세미나'(10월 15일)에 참여하였다. 그리고 10월 11일에는 개신교 청년·학생들과 연합으로 부정부패를 규탄하는 성명서를 발표하고 가두시위를 시도하였다. 1972년 2월부터는 전국을 순회하면서 11회에 걸쳐 〈금관의 예수〉 공연과 강연, 좌담회 등으로 구성된 '크리스챤문화운동'을 전개하였다. 그러나 '크리스챤문화운동'의 추진 주체와 과정을 둘러싼 학생과 지도신부 간 갈등으로 인해 1972년 8월 총연은 해체되었다.(김영근, 1985, 1,143∼1,147쪽; 홍보부, 1989, 28∼36쪽; 한국가톨릭학생운동사편찬위원회, 1995, 152∼177쪽; 명동천주교회, 1984, 74∼76쪽; 한국기독교사회문제연구원, 1983, 250쪽; 차성환, 2005, 39·42쪽) 요컨대 천주교 학생운동은 유신체제의 등장 직전에 이미 좌초 위기에 직면하였던 것이다. 총연 해체 이후 천주교 학생운동은 급격히 약화되어 전국적 조직 없이, 서울·전주·인천 등 일부 교구 혹은 연세대 등 일부 대학캠퍼스 단위의 활동으로 축소되고 말았다.* 그나마 이런 상태가 1975년까지는 유지되었지만, 그 후로는 유신정권 말기까지 거의 아무런 활동도 하지 못하였다.

1973년 10월 초 '서울대교구 가톨릭대학생연합회'는 KSCF, YWCA대학생연합회와 공동으로 '구속학생대책위원회'를 조직하여 11월 5일 합동기도회를 열었다. 11월 22일에는 구속학생대책위원회와 구속학생성직자대책위가 공동으로 '구속학생을 위한 기도회'를 개최하였다. 1974년 10월 24일에는 서울대교구 가톨릭대학생연합회가 명동성당에서 개최된 성년기도회에서 유신헌법 철폐와 지학순 주교 등 구속자 석방을 요구하는 내용의 성명서를 발표하였으며, 11월 17일에는 전주교구 가톨릭대학생연합회가 기도회를 열었다. 그리고 1974년 10~11월 가톨릭대학 신학부의 학생들이 여러 차례 격렬한 집회와 가두시위를 벌여 10월 말부터 11월 초에 걸쳐 가톨릭대학에 일시적인 휴교령이 내려지기도 하였다.

1975년 4월 18일 서울대교구 가톨릭대학생연합회는 4월혁명 15주년 기념일에 즈음하여 개신교 학생단체들과 공동으로 김상진 열사의 죽음에 응답하는 시국성명을 발표하였다. 같은 날 가톨릭학생 지도신부단이 주관한 '김상진 군 추모미사'가 명동성당에서 열렸으며, 인천교구 가톨릭대학생연합회와 전주교구 가톨릭대학생연합회도 각각 '4·19 15주년 기념미사'와 '부활과 4월혁명' 기도회를 열었다. 5월 16일에는 200여 명의 대학생 신자들이 명동성당 지하성당에서 '젊은이를 위한 미사'를 가진 뒤, 민주헌법 회복 등을 요구하는 내용의 결의문과 선언문을 발표한 후 가두시위를 벌였다. 같은 달 25일에는 18개 대학의 학생운동세력을 연결하여 명동성당에서 시위를 벌이기로 모의하였다가 미수에 그치고 관련자 22명이 긴급

● 총연 해체 후 상설적인 전국기구를 두지 않는 '전국의장단제도'가 몇 년간 운영되었으나, 이 제도는 거의 작동불능 상태였다. 1975년 2월에 '대한가톨릭학생전국협의회'라는 전국적 상설조직이 가까스로 복원되었으나, 이 단체는 직접적인 현실참여와는 거리를 유지하였다.(김영근, 1985, 1,149~1,150쪽 ; 홍보부, 1989, 37~42쪽)

조치 9호 위반 혐의로 구속되는 이른바 '천주교정의구현전국학생총연맹 사건'이 발생하였다. 이후 천주교 학생운동은 4년 이상 오랜 침묵 속으로 빠져들었다. 1979년 가을 연세대 가톨릭학생회에 속한 조영희, 박익서, 김재훈 3명이 반정부 선언문을 살포하였다가 구속당하는 일로 비로소 이런 휴면 상태를 벗어났지만, 개인 수준을 넘어선 조직적인 운동은 여전히 침묵 속에 잠겨 있었다.(명동천주교회, 1984, 106~107·138~140·269~272·314~315쪽;『암흑 속의 햇불-7·80년대 민주화운동의 증언』1, 266·276~277쪽; 한국기독교사회문제연구원, 1983, 261·264·283·286~288·292~294·311~312·384·388쪽) 본당을 중심으로 한 천주교 청년들이 민주화운동에 참여한 사례는 거의 없다.

〈표3〉에는 나타나지 않지만, 1970년 6월 창립된 '꾸르실료 한국협의회'도 지학순주교구속사건이 일어난 1974년 이후 주로 '전국 울뜨레야'를 통해 민주화운동에 동참하였다.* 1974년 10월 3일 대전 대흥동성당에서 열린 '제4차 전국 울뜨레야'에서 두봉 주교는 "사회정의와 꾸르실료운동"이라는 주제의 주제강론을 통해 "사회참여는 그리스도인의 신성한 의무"임을 강조하였고, 이 대회에 참석한 약 1,600명의 꾸르실리스타들은 선언문을 통해 지학순주교사건에 주교단이 일치하여 대처해줄 것을 건의함과 동시에 "의로운 민주사회의 수호자로서의 사명을 다할 것"을 다짐하였다. 1976년 10월 9일 광주 살레시오여고 강당에서 옥고를 치른 지학순 주교가 참석한 가운데 열린 '제5차 전국 울뜨레야'는 그 시간에도 여전히 옥고를

---

* 꾸르실료운동은 1949년 스페인에서 시작되었고, 한국에는 1967년에 도입되었다. '꾸르실료'(Cursillo)는 '단기 강습회'라는 의미이며, '울뜨레야'(Ultreya)는 "전진하자" "앞으로 가자" "힘을 내자"는 뜻의 스페인어이다.(꾸르실료 한국협의회, 1987, 44·49~58·298쪽) 꾸르실료의 민주화운동 참여에는 문창준의 지도력이 크게 작용하였던 것으로 보이는데, 문창준은 창립 당시부터 1980년대 초까지 꾸르실료 한국협의회의 회장을 맡았고, 1975년에 정평위가 주교회의 직속조직으로 재조직될 때 초대 회장으로 선출되었다.

치르고 있는 신부들과 평신도를 기억하는 자리가 되었다. 1977년 10월 1일 부산 시민회관에서 열린 '제6차 전국 울뜨레야' 역시 구속자를 위한 기도가 중요한 부분을 차지하였다. 10·26정변 직전인 1979년 10월 9일 인천 실내체육관에서 열린 '제8차 전국 울뜨레야'에서는 문창준 회장의 대회사, 김수환 추기경의 격려사, 윤공희 주교의 주제강론이 모두 오원춘사건을 일으킨 정부에 대한 비판과 구속자들을 향한 관심을 담고 있었다. 이날 대회에 참석한 3,500여 명이 채택한 "우리의 신앙선언"은 민중의 인권 수호와 사회의 인간화에 대한 강력하고도 절실한 의지를 담고 있었다.(꾸르실료한국협의회, 1987, 318~361쪽)●

1974년 7월 '지학순 주교 석방요구 기도회'를 개최하는 등 지 주교 구속 이후 민주화운동에 뛰어들기 시작한 여성 수도자(수녀)들도 커다란 역할을 하였다. 1970년대 민주화운동의 현장에서 수녀들은 가장 조용한 운동가이면서도 시국기도회나 가두시위마다 열성적이고 지속적으로 참여하였다. 이런 움직임의 중심 역할은 '한국여자수도회장상연합회'가 담당하였다. 여자수도회장상연합회는 1973년 2월 처음으로 '사회정의실현세미나'를 가진 데 이어, 지학순주교사건이 벌어지자 1974년 7월 22일 '지학순 주교를 위한 기도회' 개최와 촛불 행렬을 시작으로 본격적인 행동에 나서기 시작하였다. 여자수도회장상연합회는 1974년 9월 18일부터 26일까지

● 다음은 "우리의 신앙선언"의 한 대목이다. "그리스도는 '여기 있는 형제들 중에서 가장 보잘것없는 한 사람에게 잘해주는 것'이 곧 당신에게 잘해주는 것이라고 가르치셨다. 보잘것없는 한 명의 농부, 미약한 한 명의 여공이 매 맞고 목숨을 잃게 하는 권력과 폭력은 그리스도와 하느님을 거역하는 행위이다. 보잘것없는 한 사람의 '인권'이야말로 원자탄의 핵보다 위력이 클 수 있음을 우리는 믿는다. 결코 '종교는 민중의 아편이 아니다. 종교는 낮은 사람들을 들어 높이고, 거만한 자들을 내쫓고, 굶주리는 사람들을 먹이고, 권세 있는 자들을 빈손으로 돌려보내는 힘'인 것이다. '인간이 제도를 위해 있는 것이 아니고, 제도가 인간을 위해 있는 것'이라고 한 요한 바오로 2세 교황의 말씀에 우리는 전폭으로 따르며, 국가 사회의 잘못된 법과 잘못된 제도는 언제나 신속하게 개혁되어야 함을 우리는 주장한다."(꾸르실료 한국협의회, 1987, 349쪽)

34개 수도회 3,000여 명의 수녀들이 참가하는 '9일기도'를 가진 데 이어, 11월 11일에는 명동성당에서 '인권회복을 위한 기도회'를 개최하였다. 그리고 1977년 3월 28일 명동성당에서 열린 '3·1사건 구속자를 위한 미사'를 주관하였다. 전주교구와 부산교구 등 교구 차원의 '수녀연합회'도 때때로 민주화운동에 동참하였다. 1974년 10월 15~23일에는 부산교구수녀연합회가 까르멜수녀원에서 '지학순 주교를 위한 특별기도회'를 열었으며, 전주교구수녀연합회는 1979년 9월 10일 오원춘사건과 관련하여 교구 내 다른 단체들과 함께 기도회를 열고 공동성명서를 발표하였다.(명동천주교회, 1984, 106·119·144·167·182·413·549·580쪽) 반면 1970년대에 수도자가 아닌 평신도 여성들의 독자적인 민주화운동 참여 사례는 거의 발견하기 어렵다.

사제단과 정평위의 민주화운동

앞서 살펴본 대로, 천주교계 민주화운동의 두 핵심은 정의구현전국사제단과 정의평화위원회였다. 교회법이라는 관점에서 보면, 정평위가 주교회의에 의해 직접 설립된 '공인'公認 조직이었던 데 비해, 사제단은 신부들의 자발적인 참여에 의존하는 '비공인'非公認 조직이었다. 또 사제단이 순전히 성직계층만으로 구성된 반면, 정평위는 평신도 주도하의 평신도-성직자 연합조직이었다. 정평위의 조직은 창립 이후 1987년에 이르기까지 주교 총재, 평신도 회장, 평신도와 신부 부회장, 평신도 사무국장의 틀을 유지하였으며, 총재 주교 역시 대부분의 주요 결정을 회장단이나 위원들에게 일임하는 방식으로 평신도의 주도성을 인정해왔다.

　　사제단은 지학순 주교가 구속된 지 두 달 남짓 지난 후인 1974년 9월

26일에 창립되었다. 사제단의 창립 주역들은 지학순주교구속사건 발생 직후부터 이미 정권과의 정면 대결에 앞장서고 있었고, 젊은 사제들의 상설 모임이 만들어지자 이들의 움직임은 더욱 조직적으로 전개되었다. 지학순 주교구속사건과 관련하여 사제단은 전국을 순회하며 거의 매주 개최한 '인권회복을 위한 기도회'를 통해 "제1시국선언"(1974년 9월 26일) "제2시국선언"(1974년 11월 6일) "제3시국선언"(1975년 2월 6일) 등을 연거푸 발표하였다. 1974년 12월 21일, 사제단은 같은 해 7월 6일부터 당일까지 서울 19회, 지방 44회 등 모두 63회에 걸쳐 인권회복을 위한 기도회를 개최하였다고 발표하였다.(『암흑 속의 횃불−7·80년대 민주화운동의 증언』1, 51쪽) 물론 사제단이 주관하는 기도회는 이후에도 계속되었다. 1974년 말에 이르러 사제단의 사회적 관심과 민주화운동은 지학순 주교 구속 문제를 넘어 최종길 교수 사망사건, 외국인선교사 탄압 문제, 해직교수 문제, 동아일보 광고탄압사태로 대표되는 언론자유 문제, 민청학련사건과 인혁당사건 등으로 급속히 확대되었다.

사제단은 1974년 11월 27일 결성된 '민주회복국민회의'에도 적극적으로 참여하였다. 사제단의 윤형중·함세웅·신현봉·김택암·안충석·양홍 신부, 그리고 이창복과 박상래 등이 '민주회복국민회의'의 발기인으로 참여함으로써 사제단은 재야인사들과 공고한 연대를 구축하였는데, 사제단으로 대표되는 "가톨릭의 국민회의 참가는 종교계의 민주화운동에 있어서 획기적인 사건"이었다.(김대영, 2005, 417쪽) 사제단은 1975년에도 언론자유수호투쟁, 인혁당사건에 대한 대응, 김지하구명운동 등에 적극 나섰는데, 사제단과 협력하면서 구속자가족협의회 후원회 회장을 맡아 인혁당사건 해결에 매진하던 시노트 신부가 이 해 4월 30일 강제출국 당하였다.

사제단은 1976년 3월 1일 명동성당에서 개최한 '3·1절 기념미사'를 통해 개신교, 야당·재야인사들과 함께 "민주구국선언문"을 발표하였다. 이 선언에 공동서명한 17인 중에는 함세웅, 김승훈, 장덕필, 김택암, 안충석, 문정현, 신현봉 등 7명의 사제단 소속 신부들이 포함되어 있었다.(김대영, 2005, 426쪽) 특히 이 사건으로 사제단 소속 신부 3명(함세웅, 신현봉, 문정현)이 구속되고, 4명(김승훈, 장덕필, 김택암, 안충석)이 불구속 입건되었다. 1977년 3월 23일 재야인사 10인의 공동명의로 발표된 "민주구국헌장"에는 사제단의 정신적 지주인 지학순 주교와 윤형중 신부가 참여하였다. 1978년에 발표된 "3·1민주선언"에도 윤형중 신부와 지학순 주교를 비롯한 20명의 사제단 신부들이 서명자 66인 중에 포함되었다. 사제단은 1978년 7월 5일 결성된 '민주주의국민연합'과 그 후신으로 1979년 3월 1일 결성된 '민주주의와 민족통일을 위한 국민연합'에는 산하단체로 참여하였다.(김대영, 2005, 427~433쪽) 이 밖에도 1977년에는 민주화운동에 앞장섰던 사제단 소속의 김병상, 류강하, 정호경 신부가 각각 구속되었고, 1978년에는 문정현 신부가 연행되고 박종상 신부가 경찰에 의해 중상을 입는 일을 겪기도 하였다. 이때마다 사제단은 여러 차례 기도회를 열어 정권에 항의하였고, 1979년에도 오원춘납치사건으로 인한 교회와 국가의 대결에 앞장섰다.

앞서 밝힌 것처럼, 정평위는 1970년 8월에 창립되었지만 별다른 활동을 펼치지 못하다가, 1975년 12월 10일 주교회의 직속 조직으로 재편되는 것을 계기로 천주교 민주화운동의 주역 중 하나로 부상하였다. 더욱이 1975년 2월에 주교단이 향후의 모든 기도회는 정평위를 통해 거행할 것을 결정함에 따라, 천주교계의 민주화운동에서 차지하는 정평위의 위상이 더욱 높아졌다. 민주화운동의 과정에서 정평위는 사제단과 긴밀한 협력관계를 유지하였으며, 인적으로도 중첩되어 있었다. 예컨대 1975년 12월 당시 사제단 소속의 김병상 신부가 부회장으로 선출되었고, 그 이후에도 정평위의 신부 몫 부회장은 대부분 사제단 신부로 채워졌다. 1976년 3월 사제단의 주도로 '3·1명동사건'이 발생하여 7명의 사제단 신부들이 구속 혹은 불구속 입건되고 뒤이어 이들에 대한 재판이 진행되자, 정평위는 1976년 11월부터 1977년 6월 주교단이 제동을 걸기까지 8개월 동안 매월 시국기도회를 개최하였으며, 1977년 6월 이후에도 서울대교구를 비롯한 일부 교구 정평위들은 시국기도회를 계속하였다. 정평위는 1977년 3월에는 3·1 명동사건에 대한 대법원 선고공판에 대해 일치된 견해를 공식 표명해줄 것을 주교회의에 건의하기도 하였다. 1978년에는 동일방직사건과 관련하여 노동자들의 생존권 보호와 교권 수호를 위한 성명서 발표와 기도회 개최를 이어갔고, 1979년에는 '안동교구 오원춘사건 대책위원회'를 구성하여 농민 생존권과 교권 수호를 위해 노력하였다. 정평위는 1979년 3월 결성된 '민주주의와 민족통일을 위한 국민연합'에 사제단과 함께 산하단체로 참여하였다.(김대영, 2005, 433쪽) 특히 정평위가 1979년 5월 10일 발표한 "오늘의 한국 현실과 교회의 입장"이라는 제목의 백서는 정치·경제·사회·인권 분야로 나눠 한국의 불의한 현실을 고발하고, 이에 저항해야 하는 교회의 사명을 재천명한 것으로서, 천주교 민주화운동의 정신과 지향을 집약적으로 보여준 중요한 문서이다.

노동운동과 농민운동 지원

1970년대에 어용적인 한국노동조합총연맹(한국노총)에 대항하였던 이른바 '민주노조운동'은 대부분 1950년대 말 등장한 (개신교의 '산업전도'운동과 함께) 천주교의 가톨릭노동청년회JOC운동에서 비롯되었다. 산업노동자들을 대상으로 한 전교傳敎 혹은 전도傳道 활동이 시작된 시기, 그리고 이런 비정치적 활동이 '도시산업선교' 혹은 '산업선교'라는 이름을 내걸고 노동자들의 권익 옹호를 위한 '노동운동'으로 변화되는 과정이나 시기 면에서 천주교는 개신교와 매우 유사한 패턴을 보여주었다. 개신교의 산업선교회와 유사하게, 가톨릭노동청년회도 1960년대 중반을 고비로 육체노동자 중심의 조직으로 뚜렷한 전환을 이룸과 동시에 단순 전교나 전도 활동이 아닌 노동운동의 지향을 분명히 갖추기 시작했다.[*]

강화도의 심도직물 회사가 1967년 말부터 노동조합 결성을 주도한 JOC 회원 노동자들을 해고하고, 경찰도 배후조종 혐의로 강화본당 전미카엘 신부를 연행함과 동시에 교구장에게도 압력을 가하였는데, 이 사건(심도직물사건)은 JOC의 노선 전환 과정이 1960년대 말에 어느 정도 완료되었음을 보여준다. 천주교 주교단 역시 이 사건을 계기로 노동자들의 권익을 증진시키는 것이 교회가 선교 사명을 다하는 것이라고 여러 차례에 걸쳐 공개적으로 표명함으로써 JOC에 힘을 실어주었다.

국제적 조직망을 갖춘 JOC는 한국에서도 1958년 창립 이후 예비팀-투사팀-섹션-교구연합회-전국연합회로 이어지는 독특한 조직 방식을 유지해왔다. 1960년대에는 하부조직의 핵심인 '섹션'이 본당을 중심으로 조직되었으나, 1970년대에는 조직의 중심을 공장과 노동자 밀집지역으로 전환하였다. 동시에 회원의 자격도 천주교 신자가 아닌 이들로까지 확대하였다.(가톨릭노동청년회, 1986, 207쪽) 조직 중심의 이동과 회원 자격의 확대가 결합하면서 JOC는 노동현장 곳곳에 조직적 거점들을 다수 만들어내는 데 성공하였으며, 이를 기초로 노동조합 결성, 여론화, 분규 중재, 노동운동가 양성 등의 활동을 전개하였다. 당시 한 정부기관은 1975년 현재 JOC의 회원 수를 무려 5만 명으로 추산하기도 하였다.(홍현영, 2005, 422

---

[*] JOC의 노동운동에 관해서는 가톨릭노동청년회, 1986; 김말룡, 1984; 남영근, 1985; 강신모, 1999; 도요한, 2000; 김원, 2005 등을 참조하여 정리하였다.

쪽) 1970년대 JOC와 그 회원들은 태안산업박신정사건(1970년 12월), 한영섬유김진수사망사건(1971년 3월), 영창실업사건(1971년 11월), 대한주철천요셉산업재해사건(1971년 11월), 한국모방퇴직금체불사건(1972년 4월), 태광산업서울스웨터공장사건(1972년 6월), 남한제지신탄진공장사건(1973년 7월), 삼립식품사건(1973년 9월), 서울통상사건(1975년 3월), YH무역사건(1975년 5월), 한국마벨사건(1975년 8월), 동일방직사건(1976년 2월), 원주의 범양산업사건(1977년 7월), 아리아악기사건(1978년 1월), 태평특수섬유사건(1978년 3월), 한진콜크사건(1978년 8월) 등에서 노동 조건과 환경을 개선하기 위해 적극적으로 노력하였다. JOC는 1970년의 전태일 분신자살 직후 청계피복노조에도 투사를 파견하여 조직화를 진행하였고, 1977년의 '인선사유령노조사건'에도 적극 개입하였다.(가톨릭노동청년회, 1986, 163~183쪽; 김원, 2005, 336~353쪽)

    JOC는 천주교 농민운동의 발전과정에서도 모태 역할을 하였다. 노동운동이나 도시빈민운동에서는 개신교와 천주교가 유사한 발전 패턴을 보였지만, 농민운동에서는 천주교의 주도성이 보다 현저하게 나타났다. 천주교의 농민운동은 1960년대 중반부터 1970년대 초에 걸쳐 '노동운동의 발전적 분화'라는 방식으로 등장하였다. 1964년 10월 JOC 내부에 설치된 '농촌청년부'가 2년 후인 1966년 10월에 JOC로부터 독립하여 '가톨릭농촌청년회'JAC로 발전하였고, 이것이 1972년 4월에는 '한국가톨릭농민회'(가농)로 개편되었다. 창립 직후부터 가농은 조직망을 전국적으로 확대하면서 "농민권익 옹호"와 "사회정의 실현"을 목표로 한 본격적 농민운동에 나섰다.•

• 가톨릭농민회의 활동에 대해서는 한국가톨릭농민회, 1986; 한국가톨릭농민회, 1999; 정호경, 1984; 정호경, 1988; 윤일웅, 1984; 정성헌, 2000; 김태일, 2005 등을 참조하여 정리하였다.

가톨릭농민회는 1972년 창립 이후 약 10년 동안 '국내 유일의 농민운동 조직'으로서 한국 농민운동 전체의 발전을 선도하였다. 가농이 천주교 신자가 아닌 농민들도 회원으로 받아들였던 것은 이 단체의 영향력이 천주교를 넘어 농촌 전역으로 확대될 수 있게 만든 주요인이었다. 교회 역시 가농에 대한 지원을 아끼지 않았다. 1975년 2월 천주교 주교회의는 교구별로 가농을 육성하기로 결의하였고, 같은 해 9월에는 전국 9개 교구의 사제들이 참여한 가운데 '전국지도신부단'이 결성되었다. 1976년 춘계 주교회의는 가농을 교회 공식단체로 인준하여 농민운동을 지원하였다. 가농의 조직은 분회(부락 혹은 공소)-협의회(지역 혹은 본당)-연합회(도 혹은 교구)-전국본부의 체계로 구성되었으며, 1978년에는 10개 연합회로 구성되는 전국적인 조직망을 완성하였다.

　　농민의 권익을 옹호하기 위한 가농의 각종 활동들은 처음부터 '민주화운동'의 성격을 강하게 띠고 있었다. 당시 지도자들은 군사정권에 의한 조합장 임명제 등으로 농협의 농민자치 기능이 사실상 마비되었다고 인식하고, 가농으로 새롭게 출범한 첫해(1972년)의 사업목표를 '농협민주화'에 두는 등 창립 직후부터 1970년대 내내 꾸준히 농협민주화운동을 계속하였다. 그런 면에서 가농의 농협민주화운동은 한국민주화운동사에서 중요한 업적이다. 각종 실태조사와 의식조사를 통해 농촌 문제에 대한 과학적 접근을 시도하였던 것도 가농의 농민 생존권 옹호와 농민 민주화운동을 더욱 강력하게 만들었던 요인이었다.* 가농의 활동은 1972년부터의 농협민주화운동과 1975년부터의 쌀생산비보장운동을 비롯하여, 함평고구

---

* 가농은 1970년대에 농지 임차관계 실태조사(1974년), 비료수급 실태조사(1974년), 쌀생산비 조사(1975
　～1978년), 함평군 고구마 피해 실태조사(1977년), 농협 조합원 피해 실태조사(1977년), 노풍 피해 조사
　(1978년), 취락구조 개선사업 실태조사(1978년), 갑류 농지세 실태조사(1979년), 농민의식조사(1979년)
　등을 진행하였다.

마사건(1977~1978년), 춘천가농홍보지사건(1978년), 노풍피해보상활동
(1978~1979년), 오원춘사건(1979년) 등을 거치면서 국가와의 격렬한 충돌
을 겪었다.

3

민주화운동의 신학

종교인들이 민주화운동에 참여하는 데에는 이를 정당화할 신학적 자원이 반드시 필요하며, 이런 신학적 정당화 자원 없이 운동의 지속성은 보장되지 못할 것이다. 하지만 '운동의 신학'은 항상 운동 '이전'에 완제품의 형태로 존재하는 것이 아니며, '참여 체험'과 '체험 신학화神學化' 과정은 유기적인 상호영향 관계를 맺는다. 앞서 1절에서 서술하였듯이, 1973년 4월의 부활절연합예배사건은 개신교계가 '민주화운동에 대한 신학적·이념적 정당화'를 도모하는 결정적인 전환점이 되었다. 즉 한국적인 참여신학, 행동신학, 상황신학이 터져 나오는 계기가 되었다는 것이다. 개신교계의 민주화운동에 대한 신학적 정당화 시도 가운데 두 가지가 특히 중요한 것으로 보인다.

첫째, 개신교계의 민주화운동을 촉발시킨 부활절연합예배사건으로부터 약 한 달 후인 1973년 5월 20일 '한국기독교 유지 교직자 일동'의 명의로 "한국그리스도인선언"이 비밀리에 발표되었다. 이 선언문은 일본에서 활동 중이던 지명관, 오재식, 김용복 등이 당시 KNCC 총무였던 김관석 목사와의 협의하에 작성한 것이다.(김흥수, 1998) "한국그리스도인선언"은 당시 개신교 성직자들의 시국 인식을 명료하게 보여줌과 동시에, 개신교 민주화운동의 신학적·신앙적 기반을 제시하고 있다. 이 문서에서 개신교 교직자들은 유신체제를 "독재의 절대화" "사악한 무리들이 그 지배와 이익을 위하여 만들어낸 국민에 대한 반역"으로 규정하고, "한국의 현 통치세력은 공법과 설득에 의한 통치를 무시한 채 권력과 위압에 의해서만 지배하려 하고 있다"고 강력하게 비판하였다. 이런 맥락에서, "1972년 10월 27일 이후 국민의 주권을 전적으로 무시하고 제정한 법률·명령·정책 또는 독재를 위한 모든 정치적 절차에 대한 단호한 거부"를 천명하였다. 또 이들은 "우리들은 우리의 주 예수 그리스도가 유대 땅에서 눌린 자들, 가난한 자들, 멸시받는 자들과 더불어 사신 것 같이 우리도 그들과 운명을 같이 하면서 살아가야 할 것이라고 믿는다"는 신앙고백을 선언문에 포함시켰다. 그리고 선언문의 마지막 대목에서는 이와 유사한 내용을 다음과 같이 고백하였다.(한국기독교사회문제연구원, 1983, 158~159쪽)

우리의 주님, 메시아 예수는 유대 땅에서 가난한 자들, 눌린 자들, 멸시받는 자들의 사이에 계셨고, 그들과 함께 사셨다. 그는 로마제국의 대표자 본디오 빌라도 앞에 담대하게 서셨다. 그리고 진리를 증거하시는 도상에서 십자가에 못 박혀 죽으셨다. 그러나 백성들을 해방하기 위하여 죽음에서 일어나 변화의 능력을 전해주셨다. 우리는 오늘, 주님의 발자취를 따라갈 것을 결의한다. 그리하여 주님처럼 소외당한 동포들과 함께 살면서 정치적 압박에 저항하고 역사의 개조에 참여하려고 한다. 왜냐하면 이것만이 우리의 사랑하는 조국, 한국 땅에서 메시아의 나라를 선포하는 길이라고 믿기 때문이다.

당시 이 선언은 세계 개신교 교회들에도 널리 알려졌으며, "세계의 교회는 이 선언을 나치스하의 독일 교회가 고백한 '바르멘 선언'에 비교하여

'제2의 바르멘 선언'으로" 칭송하였다고 한다.(한국기독교교회협의회 인권위원회 편, 2005, 53쪽) 요컨대 1973년의 "한국그리스도인선언"에는 민주화운동에 동참하려는 단호한 결의만이 아니라, 곧 본격적으로 펼쳐질 '민중신학'의 주제들이 압축적으로 제시되어 있었다.

둘째, 1974년 11월 18일 강문규, 강원룡, 고용수 등 66명의 이름으로 발표된 "한국 그리스도인의 신학적 성명" 또한 민주화운동에 대한 신학적 정당화에서 중요한 위치를 점하고 있다. 이 선언은 당시 김종필 국무총리 등 고위 관료들이 나서 교회로 하여금 정부에 순종할 것을 요구하고 그리스도교인의 정치 참여를 불온시하는 데 반대하는 맥락에서 등장하였다. 이 선언은 "그리스도는 제도적 교회에 오신 것이 아니라, 이 세계, 이 역사의 한가운데로 오셨다"고 전제하면서, "제도나 법은 인권에 봉사하는 한에서 인정된다. 제도나 법이 사람을 위해 있지, 사람이 그런 것을 위해 있는 것이 아니다"고 주장하고, "절대화된 권력이 인간의 권리를 유린할 때, 그리스도 교회는 그것에 대한 투쟁을 감행할 수밖에 없다"고 선언하였다. 이 선언은 당시 빈번하게 발표된 시국 상황에 대한 교회의 발언과 실천적 행동들을 신학적으로 해명하고 뒷받침하는 역할을 하였다.(한국기독교교회협의회 인권위원회 편, 2005, 53~54쪽)

1970년대 개신교계의 민주화운동에 이념적·신학적 기반을 제공해준 원천은 세 가지로 요약될 수 있다. 그 하나는 1960년대에 걸쳐 진행된, 세계교회협의회WCC와 미국교회협의회USNCC의 '진보적인 신학적 전환'이었는데, 특히 제3세계의 발전과 인권에 대한 교회의 책임을 강조하는 신학이 큰 영향을 미쳤던 것으로 보인다. 선교신학의 측면에서는 '하느님의 선교' Missio Dei라는 개념이 부각되었는데,[*] 이 개념은 1952년에 독일 빌링겐에

---

[*] '하느님의 선교' 신학의 핵심은 다음과 같이 요약될 수 있다. "첫째, 하느님의 선교에서 선교의 주체는

기독교회관에서 열린 석방양심수 환영기도회 장면

서 열린 '세계선교협의회'IMC 대회에서 처음 본격적으로 논의되기 시작하였고, 1961년 세계교회협의회WCC와 세계선교협의회의 통합을 거쳐 1960년대에는 WCC의 공식적인 입장으로 정립되었다.(박근원, 1985, 183~184쪽) 이 새로운 선교신학은 1970년대 개신교계의 민주화운동과 인권운동에 가장 큰 영향을 미친 신학적 흐름이었으며, KNCC 안에서도 가장 적극적으로 민주운동에 참여하였던 기독교장로회 교단은 1970년대 초까지 "교육정책과 지침서"(1970년) "사회선언지침"(1971년) "신앙고백선언서"(1972년) "선교정책"(1973년) 등 역사적인 문서들을 통해 '하느님의 선교' 신학을 교단의 공식 입장으로 정립하였다.(한국기독교장로회 역사편찬위원회,

하느님 자신이다. 즉 선교는 인간의 행동과 활동으로 인간이 주도하는 것이 아니라 삼위일체 하느님의 활동인 것이다. 활동하시는 하느님은 선교하는 하느님이다. 둘째, 하느님의 선교의 현장은 이 세계이다. 피안의 세계, 죽은 다음에 오는 세계가 아니라 우리가 살고 있는 이 세상이다. 그리고 그것은 전 세계적이다. 셋째, 인간에 대한 하느님의 선교의 목적은 인간화이다. 인간으로 인간되게 하는 것이다. 이것이 인간의 구원이요 해방인 것이다." (한국기독교장로회 역사편찬위원회, 1992, 531~532쪽)

1992, 449~475쪽) 이런 변화와 중첩되는 두번째의 신학적 자원들은 서구의 세속화신학, '신의 죽음'의 신학, 정치신학, 희망의 신학, 혁명신학 등이었는데, 이 신학적 흐름들은 특히 1960년대부터 한국의 진보적 신학계에 큰 영향을 미쳤다. 1976~1977년경에도 대학생 신자들이 정치신학, 혁명신학, 세속화신학 등을 집단적으로 학습하였다는 기록에서 보듯이(한국기독학생총연맹, 1985, 396쪽), 이 신학들의 영향력은 1970년대까지 지속되었다. 이런 흐름 속에서 신학자들과 교회 지도자들은, 신학의 현장은 세상 한복판일 수밖에 없으며, 사회적 약자들을 위한 교회의 정치 참여가 필요하며 또한 정당하다는 실천적 메시지를 이끌어냈던 것으로 보인다. 마지막으로, 1960년대에 본격적으로 등장한 라틴아메리카 '해방신학'의 영향을 꼽을 수 있다. 해방신학은 1970년대 초부터 개신교와 천주교의 일부 진보적 신학자들에 의해 주목되었다.* 하지만 1970년대 초반에는 이에 관한 초보적인 문헌들만 소개되었고,** 해방신학의 고전인 구스타보 구티에레스 신부의 『해방신학: 역사와 정치와 구원』이 처음 번역되어 나온 것은 1977년이었다. 따라서 1970년대 중반까지 해방신학의 대중적 영향력은 제한적이었을 것이며, 1970년대 말에 가면 진보적인 청년층에까지 파급되기 시작한 것으로 보인다.*** 해방신학이 한국의 진보 신학계에 미친 영향

* 서남동은 "1970년대에 들어서면서 해방신학에 관심을 갖기 시작하였는데, 이때부터 나는 나의 신학의 방법론을 넓게는 사회과학적으로 좁게는 사회경제사적으로 세우려 하였습니다"라고 술회한 바 있다.(서남동, 1983, 164쪽) 또 함세웅 신부에 의하면, "당시〔1970년대 초〕진보적 지성인 또는 가톨릭과 개신교의 신학계 일부에는 라틴아메리카의 해방신학이 제2차 바티칸공의회의 가르침의 외면적 확대와 심화로서 이해·소개되고 있었다"고 한다.(함세웅, 1988, 270쪽)
** 1970년대 초반 한국에 해방신학 관련 문헌은 브라질의 카마라(Helder Camara) 대주교에 관한 것이 거의 전부였고, 카마라 대주교는 해방신학자라 보기도 어렵다. 카마라 대주교의 저작인 『정의에 목마른 소리: 폭력의 악순환』(김윤주 역, 분도출판사)과 『황무지를 옥토로』(이홍근 역, 분도출판사)가 각각 1973년과 1975년에 우리말로 번역·출간되었고, 1975년에는 카마라 대주교의 전기인 『돔 헬더 까마라: 정의와 평화의 사도』(조세드 브루키르 저, 이해찬 역, 한길사)가 번역되었다.
*** 김용복은 1979년 중반에 쓴 글에서 당시 개신교 청년운동가들 가운데 유행하던 신학 조류로 "해방신학, 정치신학, 혁명신학" 등을 꼽은 바 있다.(김용복, 1979, 77쪽)

은 지배자가 아닌 민중의 관점에서 시도되는 성서 해석, 사회경제사적인 신학 방법론, 서구 신학의 한계에 대한 예민한 비판의식 등으로 요약될 수 있다.

한국 개신교는 이런 신학적 기반 위에서 1970년대 중반 무렵부터 토착적 진보신학인 민중신학을 창안해냈다. 스스로 "민중을 신학의 핵심적 주제로 설정하고, 그것을 체계화하고, 그렇게 이룩된 민중신학이 모든 신학의 중심이 되어야 한다고 주장한 사람"으로 자부한 서남동은 자신이 이런 문제의식을 명료히 한 것은 1974년부터였다고 밝혔다.(서남동, 1983, 173~174쪽) 그가 『기독교사상』 1975년 2월호에 기고한 「예수·교회사·한국교회」는 민중신학의 출발을 알린 글이다. 서남동 자신은 이 글을 "예수는 민중과 자기를 동일화하였고, '민중의 소리'를 대변하였으며, 소외된 민중을 해방시켰는데, 그 후 교회사에 있어서 제도화된 교회는 그 민중을 저버렸다는 것이며, 그러나 지금은 복음이 다시 민중의 종교로 될 수 있는 지평이 열렸고, 한국 교회는 민중의 소리를 듣고 대변해야 하며, 또 대변하기 시작하였다는 것"으로 요약하였다.(서남동, 1983, 29쪽) 같은 해 3월 1일에는 한국기독자교수협의회가 보름 전에 출간한 동료 교수들을 환영하는 '3·1절 강연회' 자리에서 안병무가 '민족·민중·교회'라는 제목으로 강연하였다.(안병무, 1985) 한완상과 김찬국은 이 강연도 민중신학의 출발을 알린 사건으로 평가하였다.(심원 안병무 선생 기념사업위원회, 1998, 25·241쪽)

여기서 민중신학이 민주화운동 참여의 체험에서 우러난 신학이라는 사실이 중요하다. 1970년대에 민중신학을 만들어냈던 신학자들은 빈민촌에서 민중의 삶을 직접 경험하거나(현영학), 민중의 편에 섰다가 교수직을 박탈당하거나(현영학, 서남동, 안병무, 문동환, 서광선), 교도소에 갇혀 밑바닥 인생들을 만났던(서남동, 안병무, 문동환) 이들이었다.(박재순, 1990, 67·73쪽) 민중신학은 "책상머리에 앉아서 하는 신학"이 아니라 "재소자와의 만남" "창녀촌에서의 만남" 등 "현장에서 하는 신학"이었으며, 이런 과정에서 "민중의 눈으로 성서 읽기" "민중 역사주체론" "민중 메시아론" 등이 산출되었다.(황용연, 1995, 131쪽)

역으로 민중신학은 1970년대 후반의 개신교계의 민주화운동 현장에 강한 영향을 주었다. 예컨대 기독교장로회 청년회전국연합회 소속 신자들은 1976년 8월의 전국교육대회에서 "민중신학고백서"를 발표하였고, 이를 통해 "우리 자유의 젊은이들은 억압당한 민중을 해방하기 위해 끝까지 투쟁할 것을 선언한다. 왜냐하면 이것이 바로 예수의 뒤를 따르는 민중선교의 길이기 때문이다"라고 선언하였다. 결국 "1970년대 말 특히 1980년대 초반부터는 민중신학이 기독청년운동의 가장 중요한 신학적 기반으로 자리잡게" 되었다.(이대수, 1984, 82·92쪽) 민중신학은 1980년대 이후 대표적인 '제3세계 신학' 중 하나로 국제적인 주목을 받았다.*

한편 1974년 7월의 지학순주교구속사건은 젊은 사제와 신학자들을 자극하여 천주교 민주화운동을 신학적으로 정당화하는 데 많은 노력을 기울이도록 만들었다. 지 주교 구속 당시 정치 상황에 적극적으로 뛰어들었던 사제나 평신도 지도자들은 아직 세련된 '참여의 신학' 같은 것을 갖고 있지 못하였다. 이런 상황에서 다급한 대로 우선 '참여'하고 나중에 '신학'하는, 다시 말해 먼저 '충돌적 사건'이 앞서고 소박한 반정부 감정을 지속 및 세련화시킬 신학적 근거를 '사후적으로' 탐색하는 양상이 벌어졌다. 함세웅 신부는 이런 과정에서 형성된 신학적 통찰들을 '체험의 신학' '사건의 신학'이라고 명명하였다.(함세웅, 1996, 22쪽) 함세웅 신부는 제2차 바티칸공

---

* 특히 1979년 10월 아시아기독교협의회(CCA)의 후원으로 아카데미하우스에서 '신학연구모임'이 열렸는데, 여기서 발표된 민중신학 관련 논문들이 영어로 번역되어 1981년 『민중 시얼러지』(Minjung Theology)라는 이름으로 출간된 것이 민중신학 국제화의 주요 계기로 작용하였다.(한국기독교장로회 역사편찬위원회, 1992, 532쪽)

의회의 기본정신을 성당이나 강단이 아닌 투쟁의 현장에서 몸으로 체득하였음을 다음과 같이 진술하였다.

사실 당시 한국 교회는 제2차 바티칸공의회 이후 변화의 물결 속에 있었지만 피상적으로만 접근하였을 뿐, 세계 교회의 물결에 함께 하지 못한 초보적 단계에 머물러 있던 터였다. 지 주교 구속사건으로 전개된 기도회와 세미나 또는 피정 모임에서 우리는 사제적 신원, 신앙인의 자세와 그 사회적 소명 등을 묻게 되었다. 이 과정에서 우리는 성서를 새롭게 읽었으며, 그 해답의 실마리를 얻었고, 공의회의 기본정신을 구체적 삶의 현장에서 깨달았다. 특히 사목헌장의 가르침 안에 이미 우리가 제기하고 고민하였던 문제들의 해답이 모두 실려 있음을 확인하였다. 말하자면 우리는 제2차 바티칸공의회의 정신과 가르침을 성당이나 강단에서 배운 것이 아니라, 구체적 삶, 고민하고 울부짖으며 매 맞고 쫓기고 감옥에 갇혀 있으면서 그 무서운 억압의 현장에서 체험을 통해 터득하였다. 참으로 귀중한 현장 체험이었다. 사목헌장의 가르침은 바로 한국의 현실을 모형으로 하여 이룩된 것이라 생각되었을 정도로 참으로 우리에게 절실하게 다가왔다.(함세웅, 1996, 5쪽)

인용문에도 나타나듯이, 1970년대 천주교 민주화운동의 가장 중요한 이념적·신학적 기반으로서 기능하였던 것은 제2차 바티칸공의회였다. 특히 공의회 문헌인 『현대 세계의 사목헌장』이 투쟁의 현장에서 가장 즐겨 인용되었다. 특히 "교회가 언제나 어디에서나 참된 자유를 가지고 신앙을 선포하고, 사회에 관한 교리를 가르치며, 사람들 가운데에서 자기 임무를 자유로이 수행하고, 인간의 기본권과 영혼들의 구원이 요구될 때에는 정치 질서에 관한 일에 대하여도 윤리적 판단을 내리는 것은 정당하다"(76항)는 구절이 교회의 정치 참여를 정당화하는 맥락에서 가장 자주 인용되었다. 또 제2차 바티칸공의회를 소집한 교황이었던 요한 23세의 『어머니요 스승』『지상의 평화』도 사회참여 정당화의 전거로 자주 활용되었으며, 공의회의 결실이자 후속 작업으로 진행되었던 주교시노드(주교대의원회의)의 문서들, 특히 1971년도 세계주교대의원회의 최종 문서인 "세계 정의"와 1974년도 세계주교대의원회의 최종 문서인 "인권과 화해"도 자주 인용되었다. 무엇보다, 천주교 민주화운동의 핵심 주역이었던 정의구현전국사제단과 정평위는 모두 제2차 바티칸공의회에 근거하여 민주화운동을 전개해나갔다.(『암흑 속의 횃불－7·80년대 민주화운동의 증언』3, 70쪽;『암흑 속의 횃불－7·80년대 민주화운동의 증언』4, 400∼401쪽; 함세웅, 1988, 262∼270쪽)

1970년대 천주교계의 민주화운동 현장에서 발표된 문서 가운데, 정의구현전국사제단이 발표한 다음의 두 가지가 특히 주목된다. 그 하나는 1975년 3월 10일 사제단 주최로 명동성당 등 전국 14개 교구에서 일제히 개최된 '근로자들의 권익과 인권회복을 위한 기도회'에서 발표된 "인간회복을 위한 '민주·민생 복음 선포'"라는 제목의 선언문이다. 사제단은 이 문서에서 "우리 사회의 누적된 비극을 청산하기 위한 민주·민생을 위한 복음운동을 선포한다. 우리가 선포하는 복음은 이미 죽은 자를 천당으로 인도하기만 하는 복음이 아니며 구호물자의 도착을 알리는 자선냄비의 복음도 아니다. 고통받는 이웃을 하느님이 창조하신 인간다운 모습으로 되살리기 위한 복음이다. 가난하고 억눌린 자를 위해 우리 교회가 해방의 요람이 되기 위한 복음이다"라고 밝혔다.(『암흑 속의 횃불－7·80년대 민주화운동의 증언』1, 275·342쪽) 당시 서남동은 '민중'이라는 말이 24회나 등장하는 이 선언문이 "획기적"이고 "실로 놀라운 문서"이자, "지금까지 신·구교에서 내놓은 선언문들에 비해서 완전히 비약적인 진일보한 내용"이라면서 종교계의 민중론 발전에 크게 기여한 것으로 평가하였다.(서남동, 1983, 31쪽)

다른 하나는 1979년 3월 1일 명동성당에서 정평위 주최로 열린 '민족의 평화와 통일을 위한 기도 모임'에서 사제단이 발표한 문서로서, 그 직후 전국 각 교구 주보에 게재되었을 뿐 아니라, 이 주보들이 각지에서 압수·수색·탈취당하는 일이 벌어지기도 하였다.(『암흑 속의 햇불—7·80년대 민주화운동의 증언』 3, 336~337쪽) "민주·민족·민생의 민중 복음을 선포한다"라는 제목의 이 문서는 예수 그리스도의 복음이 "인간해방의 복음"이요, "민중을 위한, 민중의 복음임을 선포"하면서, 구체적으로 "민중의 권익과 창의가 보장되는 민주의 복음" "민족의 복음" "민생의 복음"을 제창하였다.(『암흑 속의 햇불—7·80년대 민주화운동의 증언』 3, 382~383쪽)

4

유신체제기 종교계 민주화운동의
특징과 의의

지금까지 살펴보았듯이, 1970년대의 종교계 민주화운동은 압도적으로 그리스도교적인 현상이었다. 다시 말해, 유신체제기 종교계 민주화운동의 주역은 그리스도교, 즉 개신교와 천주교였다. 이 시기 불교의 경우 민주화운동에 참여하는 이들은 거의 없었으며, 극소수의 승려와 학생·청년들이 간헐적으로 민주화운동에 가담하였을 뿐이다. 불교계의 민주화운동은 1980년대 이후라고 보는 것이 정설이다.* 1974년 11월 1일 서울대 총불교학생회 회원 170여 명이 대각사에서 민주화를 요구하는 '구국발원대회'를 가진 후 가두시위를 시도하였다가 10여 명이 연행된 바 있는데, 이 일은 "유신 이후 불교학생 최초의 궐기"였다. 1975년 초에는 민청학련사건 때 구속된 바 있는 여익구, 한국대학생불교연합회 회장인 전재성을 비롯하

---

* 불교의 사회참여 역사에 대해서는 최근 『한겨레』의 조현 기자가 짧지만 정확하게 지적한 바 있다. 그에 따르면, "1970~1980년대 개신교와 가톨릭이 민주화운동을 이끌 때도 법정과 지선 스님 등 일부 스님들만이 다른 종교 및 사회단체들과 교류하면서 사회참여에 나서는 수준이었다. 그러다 1980년대 후반 이후 실천불교승가회가 사회참여에 나섰고, 도법·수경·법륜·지율 스님 등이 환경운동과 구제활동 등으로 세상에 나왔다. 현실참여 폭이 넓어진 것은 1994년 조계종단 개혁 이후 개혁파들이 전면에 등장한 것이 계기가 되었다." (『한겨레』 2008년 7월 5일자)

여, 고준환, 황석영 등이 '민중불교회'를 결성하기도 하였다. 하지만 같은 해 5월 긴급조치 9호 발표 이후 여익구, 전재성, 최연 등이 중앙정보부에 의해 연행·구속되면서 민중불교회도 해체되고 말았다.(동국대학교 석림동문회, 1997, 436쪽) 그리고 1979년 11월 고려대 불교학생회가 다른 서클들과 함께 "1979학원민주화선언"에 동참하였다. 하지만 이들을 제외하면 불교계 학생들의 민주화운동 사례는 거의 발견되지 않는다.(한국기독교사회문제연구원, 1983, 289·335·389쪽 참조) 전체적으로 볼 때, 1970년대의 불교계는 계속되는 종단 내 분규에 시달리면서 '호국불교'를 내세워 군부정권과 유착되어 있던 편이었으며(동국대학교 석림동문회, 1997, 435쪽; 홍사성, 1989, 98쪽), 1970년대 민주화운동에 동참한 승려로는 법정이 거의 유일하다.* 불교계의 상황이 이렇다 보니 불교계의 민주화운동 현장에서도 종단의 각성을 촉구하는 목소리가 터져 나오곤 하였다.**

유교, 천도교, 원불교, 대종교 등 다른 주요 종교들에서도 민주화운동 참여 사례는 거의 발견되지 않는다. 사실 '군사독재 혹은 종속적 권위주의 국가체제하에서 왜 일부 그리스도교 교회들만이 민주화운동에 동참하였는가'라는 질문 자체가 한국의 종교계 민주화운동, 나아가 한국민주화운동 전체에서 중요한 함의를 지니고 있다.

---

* 법정은 1971년 4월 창립된 '민주수호국민협의회'에 참여하였고, 1973년 11월 재야인사 15인의 "시국선언"에도 참여하였으며, 1974년 1월에는 개헌청원운동에 참여한 일로 연행되었고, 같은 해 11월에는 '민주회복국민회의'에 참여한 바 있다.(김대영, 2005, 407~408쪽; 한국기독교사회문제연구원, 1983, 260·274·295쪽)
** 예컨대 앞서 언급한 서울대 총불교학생회의 구국발원대회에서도 6개 항의 요구사항 중에 "어용적 호국불교에서 깨어나라"는 내용이 포함되어 있었다. 또 1974년 11월 22일에는 고려대 불교학생회가 '한국불교도회'의 1974년 11월 15일자 "호국발원문" 발표에 반대하여, 대원암에서 '호국발원문 철폐 촉구법회'를 갖기도 하였다.(불교사연구소, 1995, 189쪽) 1978년 5월에는 유신헌법 철폐 등을 주장한 유인물이 '동국대학교 자유민주학생회' 명의로 석가탄신봉축대법회 장소인 여의도광장과 동국대 교정에 살포된 바 있는데, 이 문건에도 "민족현실 외면한 종단의 각성"을 요구하는 내용이 포함되어 있었다.(한국기독교사회문제연구원, 1983, 335쪽)

1970년대의 종교계 민주화운동이 개신교와 천주교에 의해 주도되었지만, 부문운동별로 보면 두 종교의 상대적인 강세와 약세가 대조되는 양상이 발견된다. 앞에서 살펴보았듯이, 개신교와 천주교가 유사한 발전 패턴을 보였던 노동운동·도시빈민운동에 비해, 농민운동에서는 천주교의 주도성이 보다 현저하게 나타났다. 개신교의 농민운동은 1970년대 중반 이후에야 비로소 태동하였고, 전국적인 농민운동 조직인 '한국기독교농민회총연합회'(1989년 초에 '한국기독교농민회'로 개편)가 창립된 것은 1982년 초였다.(한국기독교교회협의회 도시·농어촌선교위원회, 1988) 개신교 농민운동의 등장은 천주교에 비해 약 10년이나 지체되었던 것이다. 천주교 사회운동은 특히 1970년대에 민중운동 부문들에서 상대적 강세를 보였던 것과는 대조적으로, 청년운동과 학생운동 부문에서는 약세를 면치 못하였다. 천주교 청년·학생운동의 '상대적 저발전' 현상은 일반 학생 운동과 비교할 때는 말할 것도 없고, 개신교 청년·학생운동과 비교할 때조차 매우 두드러졌다. 요컨대 천주교의 경우 '민중운동 부문들(노동·도시빈민·농민운동)의 초강세' 그리고 이와 대조되는 '청년·학생운동의 후발성後發性과 약세'가 두드러진 특징으로 지적될 수 있으며, 여기에 정의구현전국사제단으로 대표되는 사제 그룹, 정의평화위원회와 평신도사도직협의회로 결집한 장년층 평신도 지도자 그룹의 '강세'를 추가해야 할 것이다.

1970년대 종교계의 민주화운동을 평가할 때 반드시 짚고 넘어가야 할 것 중의 하나는 당시 '전체' 민주화운동에서 '종교계' 민주화운동이 행한 역할이나 기여, 그것의 상대적 중요성과 비중에 관한 것이다. 한국의 그리스도교 민주화운동이 지닌 독특한 역할과 위상은 '국제적 비교'의 맥락에서 접근할 때 가장 잘 드러난다. 새뮤얼 헌팅턴의 표현을 빌면, 1970년대 한국 그리스도교의 민주화운동은 세계적 규모로 전개된 '민주화의 세번째 물결'third wave of democratization에서 한 부분을 구성한다고 말할 수도 있다.* 그러나 비교역사적 맥락에서 접근할 때, 한국의 그리스도교 민주화운동은 서구사회들이나 라틴아메리카 사회들에서 발견되는 그리스도교 민주화운동과 구분되는 중요한 특징들을 동시에 드러낸다.

무엇보다, 한국의 그리스도교 민주화운동은 해방정국과 한국전쟁, 그리고 4월혁명부터 5·16쿠데타까지의 '4·19정국'을 거치면서 거의 명맥이 끊긴 진보적·저항적 민중운동이 1970년대 이후 재등장하고 성장하는 데 결정적인 역할을 담당하였다. 또한 그럼으로써 진보적 종교지도자들은 그리스도교 사회운동과 저항적 민중운동의 관계라는 측면에서 독특한 '한국적 모델'을 만들어냈다. 다시 말해, 이미 존재하는 강력한 급진적 사회운동에 '맞서' '사후적으로' 등장하고 발전되었던 서구나 라틴아메리카의 그리스도교 사회운동과 달리, 한국의 그리스도교 사회운동은 저항적 사회운동의 폐허 위에서, 저항적 사회운동에 '선행하여' 등장하였고, 자신의 발전과정에서 저항적 사회운동의 '성장을 촉진'하는 역할을 담당하였던 것이다.(Kang In-Chul, 2000, p.226) '세속적' 사회운동과의 경쟁·긴장 관계 속에서 '종교적' 사회운동이 출현하고 성장하였던 서구 및 라틴아메리카 모델과는 달리, 한국에서는 세속적·종교적 사회운동의 상보적相補的이고 우호적인 관계가 지배적이었던 것이다. 예컨대 1970년대의 '민주노조운동'은 대부분 개신교의 '산업선교' 운동과 천주교의 가톨릭노동청년회 운동으로부터 동력을 제공받았으며, 한국 사회에서 도시빈민운동의 형성·발전과정에서도 개신교와 천주교 신자들이 결정적인 역할을 담당하였다. 천주교의 농민운동은 '국내 유일의 농민운동 조직'으로서 한국 농민운동 전체

---

* 헌팅턴은 남유럽, 라틴아메리카, 아시아를 포괄하는 '민주화의 세번째 물결'을 주장하면서, 제3의 민주화 물결이 초래된 5가지 원인 중 하나로 종교변동, 특히 "가톨릭교회의 권위주의에 대한 비판"을 제시한 바 있다.(Huntington, 1991, pp.72~85)

의 발전을 선도하였다.

전체 민주화운동에 비춰본 종교계 민주화운동의 역할과 위상에 대해서는 매우 다양한 평가가 가능할 것이고, 실제로도 상충하는 평가들이 제기되어왔다. 그러나 한 가지 부인할 수 없는 사실은 1970년대 그리스도교 민주화운동이 보여주었던 강력함과 지속성, 그리고 활동 영역의 광범위함에서 찾을 수 있다. 그리스도교 민주화운동의 이런 강력함·지속성·광범위함은 과연 어떻게 가능하였던 것인가? 여기서는 특히 다음의 5가지 요인들에 주목하고자 한다. ① '교회 내 사회운동 부문들'CSMSs의 형성과 발전, ②그리스도교 민주화운동의 포괄성과 '운동권' 형성, 특히 서울 종로 5가 기독교회관을 중심으로 한 '개신교 운동권'의 형성, ③그리스도교 교회들의 정치적 자율성과 예외적 민주화운동 참여, ④국제적 네트워크와 지원구조, ⑤개신교와 천주교의 활발한 연대활동 등이 그것이다.

'교회 내 사회운동 부문들'의 형성과 발전

여타 사회운동과 비교할 때 종교계의 사회운동은 몇 가지 두드러진 특징들을 갖고 있다. 우선, '교회 그 자체'Church as such는 결코 사회운동 조직이 아니다. 특정한 정치·사회적 쟁점에 대해 교회가 문제제기를 할 수는 있지만, 그렇다고 교회가 마치 '전문적 사회운동 조직'처럼 지속적·장기적으로 정치·사회적 쟁점들에만 몰입하는 것은 불가능하다. 아무리 진보적인 교회일지라도 '영적 양육'과 '사회운동' 사이에 어느 정도의 균형을 유지해야 하는 것은 불가피한 과업으로 남아 있게 마련이다. 두번째로, '전체로서의 교회'Church as a whole는 결코 '동질적인' 집단이 아니다. 1970년대 개신교계의 민주화운동을 이끌었다고 평가되는 KNCC조차 그 구성원을 살펴보면 교회의 민주화운동 참여에 대해 소극적이거나 심지어 반대하는 이들 역시 상당수를 차지하였으며, 회원 교단 전체로 볼 때도 '저항적 진보파'는 소수에 불과하였다. 같은 시기의 천주교회 내에도 민주화운동에 참여하기는커녕 오히려 유신정권과의 협력에 주력하는 교구들이 존재하였다.

게다가 교회가 선도적인 문제제기만을 수행하고 전문적 사회운동 조직에 그 역할을 이양한 뒤 운동 현장에서 철수할 수 있는 상황도 아니었다. 정치적·사회적 불만을 합법적으로 표출할 수 있는 통로들이 철저히 봉쇄되어 있던 1970년대는 교회가 역할을 이양할 전문적 사회운동 조직들이 거의 존재하지 않았다. 이런 상황에서 KNCC나 천주교회 내에 '전문적 사회운동 조직과 유사한 조직들'이 다수 출현하게 되며, 이 조직들이 그리스도교 민주화운동에 지속성과 안정성을 제공하게 되었다. 바로 이 조직들이 그리스도교 민주화운동의 핵심 주체들이었고, 이 주체들이 바로 '교회 내 사회운동 부문들'church social movement sectors: CSMSs이라 할 수 있다.

그리스도교 민주화운동의 포괄성과 '운동권'의 형성

1970년대 개신교계의 민주화운동은 청년·학생·노동·빈민·지식인 등 다양한 운동 부문을 포괄할 수 있는 장점을 보여주었다. 천주교의 경우에도, 청년 및 학생 부문은 상대적 약세를 면치 못하였지만, 노동·농민·도시빈민·성직계층·평신도지식인그룹을 아우르는 민주화운동의 포괄적인 내적 네트워크를 구성하고 있었다. 요컨대 교회가 이른바 '운동권'을 형성하였던 것인데, 이것은 당시 다른 사회운동 분야에서 볼 수 없었던 현상이었다. 한국의 사회운동 발전 과정에서 다양한 부문운동들을 아우르는 연합조직의 출현은 1980년대에나 발견되는 일이었다. 특히 '개신교 운동권의 형성'은 1970년대의 상황에서 개신교계가 전체 민주화운동에서 탁월한 지도력을 발휘할 수 있었던 중요한 요인이었다.

또한 '개신교 운동권의 형성' 과정은 기독교회관 건립, 그리고 주요 단체들의 회관으로의 결집에 의해 더욱 촉진되었다. 즉 1970년에 서울 종로 5가에 기독교회관이 준공되고, 이를 기반으로 이른바 '종로 5가권'이 형성되었던 것이다. KNCC가 발행한 『기독교연감』(1972년)을 살펴보면, KNCC 본부와 산하기구들을 비롯하여, 일부 회원 교단 본부, 선교회 본부, 그리고 기독교방송CBS과 상당수 KNCC 협력 단체들이 기독교회관에 입주해 있었던 것을 확인할 수 있다. 예수교장로회 통합 교단 본부와 일부 노회, 기독교장로회 교단 본부, 그리고 재한在韓 선교사들을 대표하는 장로교선교회연합 사무실도 이곳에 있었다. 개신교계의 민주화운동에 크게 기여한 KSCF와 한국기독자교수협의회, 한국교회여성연합회 역시 마찬가지였다. 그리고 KNCC 회원 교단들의 청년단체 연합기구로서 1976년에 창립된 EYCK도 창립 이후 줄곧 기독교회관에 사무실을 두었다. 이 밖에 한국찬송가위원회, 대한기독교교육협회, 한국기독교학교연맹, 한국기독교봉사회, 대한민국재향군목회, 한국가정문서선교회와 크리스챤신문사, 주간기독교사 서울총국 등 다수의 기관들도 기독교회관으로 합류하였다.

한마디로 기독교회관은 개신교 민주화운동의 거대한 '성채'요 '아고라'였다. 기독교회관을 중심으로 진보적인 개신교 인사들은 손쉽게 인적 연결망을 구축할 수 있었다. 이를 통해 긴밀하고도 강렬한 일상적 상호작용을 지속함으로써 공통의 종교 문화와 이데올로기를 형성·유지할 수 있었고, 전문적인 사회운동 기술을 익히고 전수할 수 있었으며, 필요할 때마다 긴박한 상황 전개에 능동적으로 공동 대응할 수 있었다. 대부분 회관의 2층 강당에서 매주 열린 기도회(목요기도회 혹은 금요기도회)에서는 사회적 약자들의 목소리가 생생하게 울려 퍼지거나 대변되었으며, 이로 인해 회관은 한국인과 국제 사회의의 주목을 늘 받으면서, 정부가 쉽사리 개입하지 못하는 '성역'聖域이 되어갔다. 이런 상황은 '기독교회관 사람들'에게 긴장감과 함께 상당한 자부심을 제공하였을 것이며, 이는 다시 독특한 '운동 문화'(Williams, 2003)를 강화하는 순환적 효과를 발휘하였다. 천주교의 경우, 1970년대부터 명동성당이 기독교회관에 비견할 '정치적 성역'으로 등장하였다.

교회들의 정치적 자율성과 예외적 민주화 참여

종교단체들은 일제강점기 이래 폭넓은 면세 혜택을 누려왔다. 뿐만 아니라, 군사정권은 1961년 6월 12일의 '사회단체 등록에 관한 법률'(사회단체등록법) 제정, 1965~1966년의 사회단체등록법 개정 시도, 1962년 12월 31일의 '집회 및 시위에 관한 법률' 제정 등을 통해 사회 전체에 대한 통제를 시도하였지만, 결국 종교조직을 예외로 인정함으로써, 결과적으로 종교계의 민주화운동이 활성화될 수 있는 '법적인 자유공간'을 제공하였다. 이것은 '권위주의 국가에 의해 시민사회가 극도로 위축되고 식민화된' 한국 사회 안에서조차 종교와 비非종교 사이에 국가의 규제력 격차regulatory gap가 존재하였음을 보여준다. 그러나 1970년대의 한국 사회에는 종교와 비종교 간 규제력 격차를 넘어서는 그리스도교 교회들만의 독특한 특혜지대가 존재하였다. 이는 종교와 비종교 사이에서만이 아니라, 여러 종교들 사이에서도 규제력 격차가 만들어져 있었음을 의미한다.

한국의 정치엘리트들이 종속되어 있는 국가—즉 미국—와 긴밀한 네트워크를 가질 수 있는 종교조직—즉 개신교와 천주교—이 국가권력의

YMCA에서 열린 각계 재야인사들의 시국강연회에 참석한 김수환과 함석헌

개입과 통제로부터 상대적인 자유를 향유하였다. 해방 후 한국의 개신교와 천주교는 모두 미국 교회의 영향력이 매우 크다는 특징을 갖고 있고, 미국이야말로 한국 정부의 대외적 자율성이 극도로 낮을 수밖에 없던 대상국가였다. 개신교와 천주교 교회들이 무소불위의 유신체제하에서도 국가에 대해 강력한 정치적 자율성과 발언권을 행사할 수 있었던 것도 바로 이런 미국 교회와의 끈끈한 관계가 크게 작용하였다. "(미국 교회에 대한) 종교적 종속성이 국내에서는 정치적 자율성의 원천이 되는", 일종의 '종속성의 역설'이 작동하는 상황에서 일부 개신교 지도자들과 천주교는 이런 정치적 자율성을 활용하여 민주화운동을 주도적으로 이끌어갈 수 있었다.

국제적 네트워크와 지원 구조

'국제적 네트워크와 협력·지원 구조'의 존재는 그리스도교의 민주화운동이 가진 독특한 특징이자 강점이었다. 개신교계의 민주화운동을 촉발시킨 1973년의 남산부활절연합예배사건과, 천주교계의 민주화운동을 촉발시킨 1974년의 지학순주교구속사건은 국제적 지원 구조가 본격적으로 형성·작동하기 시작하는 계기이기도 하였다. 개신교의 경우 1970년부터 세계교회협의회WCC와 아시아기독교협의회EACC*의 주요 인사들이 한국을 방문하기 시작하였으며, 1972년부터는 이후 한국의 인권 문제에 깊이 관여하게 될 인사들의 방한이 잇달았다. 이렇게 형성된 국제적 네트워크가 남산부활절연합예배사건을 계기로 EACC 부총무, 미국교회협의회USNCC와 일본교회협의회JNCC 공동조사단의 방문이 이어지면서 본격적으로 가동되기 시작하였다. 이 사건과 관련하여 WCC 선교국 총무, EACC 도시산업선교위원장, USNCC 총무, USNCC 극동아시아 총무, USNCC 도시산업선교회 총무, 미국연합감리교 세계선교본부, 미국연합장로교회 총무, JNCC 총무, 재일한국인교회, 독일교회, 파키스탄 기독교산업봉사회 등이 한국 정부 혹은 교회에 서신이나 전문을 보내왔다. 이후에도 개신교 인사들이 정권의 탄압을 당할 때마다 WCC, CCA, 미국·독일·일본 등의 NCC와 관련된 기관들, 세계기독학생회연맹WSCF 등의 대표들이 직접 방한하거나 성명서 발표 등으로 개신교계의 민주화운동을 성원하였다.(『1970년대 민주화운동』 1, 30~40·266~267쪽; 김영곤, 2005, 590~592쪽)

한편 지학순 주교 구속 직후인 1974년 8월 6일 교황청은 바티칸방송

---

* '아시아기독교협의회'의 명칭은 1957년 출범 당시 'East Asia Christian Conference'(EACC)였으나 1973년에 'Christian Conference of Asia'(CCA)로 바뀌었다.

을 통해 지 주교 구속에 충격과 우려를 표명하면서 공정한 재판을 촉구하는 내용의 성명서를 발표하였고, 같은 해 10월 12일에는 주한 교황청대사를 외무부로 보내 한국 정부의 관대한 조치를 요구하였다. 그리고 지 주교에 대한 실형 선고 다음날인 12월 13일에도 바티칸방송을 통해 이 사건이 큰 충격과 슬픔을 야기하였으며 사태의 추이를 주시하겠다고 밝혔다.(명동천주교회, 1984, 161·164쪽; 한국기독교사회문제연구원, 1983, 279·284쪽; 『암흑 속의 횃불-7·80년대 민주화운동의 증언』 1, 41쪽) 1970년대에는 교황청의 지시에 의해 각국 교회마다 설치된 정평위들, 그리고 한국에 선교사를 파견한 나라의 교회들이 한국 천주교의 가장 중요한 국제적 협력 네트워크를 이루고 있었다. 예컨대 1975년 11월 중순에 미국 가톨릭주교회의 국제정의평화위원회는 한국의 인권 문제에 관한 미국의 정책 변화를 요구하는 장문의 의견서를 하원 국제관계위원회에 제출하였다.(『암흑 속의 횃불-7·80년대 민주화운동의 증언』 1, 280쪽) 지학순주교구속사건 이후 한국에 진출한 골롬반선교회와 메리놀외방전교회 선교사들도 한국의 인권 상황을 국제사회에 알려나갔다. 또 한국과 이웃한 일본 천주교회—특히 일본가톨릭정의평화협의회—는 지학순주교구속사건 이후 가장 지속적으로, 가장 빈번하게 한국 교회를 성원하였다.(『암흑 속의 횃불-7·80년대 민주화운동의 증언』 3, 35～36·70～71·57～58쪽)*

한국에서 활동하는 외국인 선교사들, 한국에 선교사를 파견한 서구 교

---

* 예컨대 일본 가톨릭정의평화협의회는 지 주교 구속 직후인 1974년 7월 12일에 세계 교회에 호소문을 보냈고, 11월 17일에는 지 주교의 석방을 기원하는 기도회를 열기도 하였다. 이 단체는 1975년에는 김지하 구명운동에 적극적으로 뛰어들었고, 1976년 12월 3·1명동사건 관련자들에게 실형이 선고되었을 때도 이들의 석방을 요구하는 내용의 성명서를 발표하였다. 1977년 1월에는 한국의 인권 문제에 대한 미국 정부의 관심을 촉구하는 내용의 호소문을 미국의 먼데일 부통령에게 보냈다. 이 단체는 1978～1979년의 동일방직사건 때에도 적극적인 지원을 아끼지 않았다.(『암흑 속의 횃불-7·80년대 민주화운동의 증언』 1, 39～40·49·388～389쪽; 『암흑 속의 횃불-7·80년대 민주화운동의 증언』 2, 49·175～176·222·241～242쪽; 『암흑 속의 횃불-7·80년대 민주화운동의 증언』 3, 57～58·337쪽)

회들, WCC나 교황청과 같은 국제적 교단네트워크, 해외에 거주하는 한국인 신자들과 한국에서 활동한 경력을 지닌 외국인 선교사들, 노동자·농민·대학생·청년 등 각 부분별 국제기구들 등이 촘촘한 국제적 네트워크를 이루고 있었다. 그중에서도 1968~1969년경에 결성된 '50인모임', 그 후신 격으로 1970년대 초에 시작된 '월요모임' 등 개신교와 천주교 재한在韓 선교사들의 지속적이고 조직적인 움직임은 국내외를 연결하는 핵심적인 역할을 담당하였다. 월요모임은 외신 기사를 국내에 배포하는 한편 1973년부터 1981년까지 63편의 『진실보고서』Fact Sheets를 작성하여 한국의 민주화운동과 인권 관련 소식을 국제 사회에 알렸다.(짐 스텐츨, 2007, 특히 74~77·439~440쪽) 이런 네트워크 및 지원 구조는, 첫째, 한국 교회의 민주화·인권운동에 대한 물적·인적·이데올로기적 지원, 둘째, 박정희 정권의 억압, 한국의 실정, 민주화운동 상황 등에 대한 국제적 소개와 여론화, 셋째, 해당 국가에서의 로비활동과 여론 조성 등을 통한 박정희 정권 압박과 민주화운동가 보호 등의 다양하고도 중요한 역할을 수행하였다. 이런 국제적 네트워크와 지원·협력구조는 어쩌면 보잘것없는 세력에 지나지 않았던 1970년대의 그리스도교 민주화운동세력에게 군사정권조차 두려워할 정도의 '강력한 무기'가 되었다. 민주화운동에 우호적인 교구들이 상대적으로 많았던 천주교에 비해, 민주화운동에 적극적인 교단과 교회들이 상대적으로 소수였던 개신교에서는 국제적 네트워크와 지원이 더욱 위력을 발휘하였다. 이미 강조하였듯이, 1970년대에는 KNCC 내의 저항적 소수파가 'KNCC 전체'를 주도하였으며, 더욱이 당시 KNCC는 국제적으로나 국내적으로나 '한국 개신교 전체'를 대표하는 것처럼 비쳐지곤 하였다. 한국 개신교에 대한 KNCC의 대표성은 그것이 포괄하고 있는 '신자의 규모'로 인한 것이 아니라, 이 단체에 쏟아진 사회적 조명에 따른 '높은 가시성' 때문이었다. 그런데 '진보적 소수파의 주도성'을 뒷받침해준 가장 중요한 요인 중 하나가 바로 WCC를 비롯한 국제단체와의 연결망 및 지원 구조의 존재였던 것이다.

1970년대에는 한국 교회의 민주화운동을 지원할 목적으로 조직된 해외 단체들도 다수 등장하였는데, 지역적으로는 북미에 집중되어 있었고, 개신교 계통 단체들이 많았던 것이 특징이었다. 해외의 한국인 신자들, 한국에서 활동하다 귀국한 외국인 선교사들이 이 단체들의 주축을 이루었다. 미국연합감리회 선교사였던 오글 목사, 미국 메리놀외방전교회 선교사였던 시노트 신부, 미국인 선교사 하비 목사, 오스트레일리아장로회 선교사였던 라벤더, 일본인 사와 마사히코 목사 등 한국의 민주화운동에 참여하다가 추방당한 이들이 자국에서 한국 민주화운동 지원에 적극적으로 나섰던 것은 말할 것도 없었다. 1973년 남산부활절연합예배사건을 계기로 구성된 '일본 기독자 한국문제 긴급회의'도 이후 지속적으로 한국 개신교계의 민주화운동을 후원하였다. 1974년에는 미국에서 임창영 목사를 중심으로 '한국 수난자가족돕기회'가 결성되었다. 1975년 4월 KNCC 총무인 김관석 목사를 비롯한 4명의 개신교 성직자들이 구속된 것이 계기가 되어, 한국에서 선교사로 봉사하였던 페기 빌링스를 중심으로 '한국의 인권을 위한 북미주연합'이 결성되었다. 비슷한 시기에 독일에서도 한국의 인권 문제를 협의하는 기구가 구성되었다.(『1970년대 민주화운동』1, 32~33·36 ~37쪽; 김영곤, 2005, 589~590쪽) 최근 문동환 목사가 밝힌 바에 의하면, 1970년대 말 북미지역에는 목요기도회(뉴욕), 기독학자협의회, 한국 민주화를 위한 북미주연합, 한국의 인권을 위한 북미주연합 등이 구성되어 있었다. 또 유럽과 북미, 일본을 망라하는 '한국 민주사회 건설 세계협의회'가 1975년 11월 결성되어, 1977년 10월 '한국 민주화 기독자동지회'로 명칭을 변경하며 활동하였다.(김흥수, 2007; 『한겨레』 2008년 9월 18일자) 1973년부터 일본에서 발행된 『티케이통신』TK通信, 역시 같은 해부터 미국·캐나다·독일 등에 배포된 『진실보고서』 등도 지명관, 문동환, 재한 선교사 등 그리스도교 지도자들에 의해 주도되었으며(김영곤, 2005, 557쪽), 이런 노력들은 한국의 민주화운동에 대한 국제적인 관심과 지원을 이끌어 내는 데 크게 기여하였다.

개신교와 천주교의 연대

개신교와 천주교는 연합운동을 활발하게 전개하였는데, 이 역시 1970년대 종교계 민주화운동의 중요한 특징 중 하나였다. 특정 쟁점에 대한 일시적인 연대활동 외에도, 연대를 위한 제도화된 채널도 존재하였다. 전태일의 분신에 자극받아, 1971년 9월 개신교 6개 단체(영등포도시산업선교회, 기독교도시산업선교회, 한국기독학생총연맹, 크리스챤아카데미, 대한YWCA대학생협의회, 대한YMCA연맹)와 천주교 4개 단체(가톨릭노동청년회, 가톨릭노동장년회, 대한가톨릭학생총연맹, 안양근로자회관)가 공동으로 결성한 '크리스챤사회행동협의체'가 신·구교 연대기구로 가장 먼저 등장하였다. '크리스챤사회행동협의체'는 '에큐메니칼현대선교협의체'(1973년 3월), '한국교회사회선교협의체'(1975년 2월)를 거쳐, 1976년 10월에 '한국교회사회선교협의회'(사선)로 재발족하였다.(한국교회사회선교협의회, 1986, 6·80~81쪽) 또한 1968년 이후 교황청과 WCC 간 합의에 의해 전 세계적으로 조직되었고, 한국에서도 1년여의 준비 끝에 1971년 2월 창립된 '사회·개발·평화 한국위원회'Korean Committee on Society, Development and Peace(SODEPAX)가 새로운 연대기구로 등장하였다.(유홍렬, 1971; 김관석, 1970) 사선이 기층 민중운동을 중심으로 한 '아래로부터'의 연대 기구였다면, SODEPAX는 한국 정평위와 KNCC 차원에서 추진된 '위로부터'의 연대 기구였다.

1971년 9월 설립된 '수도권도시선교위원회'를 중심으로 한 개신교·천주교 공동의 빈민선교 역시 주목할 만하다.(한국교회사회선교협의회, 1986, 9쪽) '도시빈민운동'의 발전 과정에서도 일부 천주교 신자들이 처음부터 개신교 신자들과 긴밀한 협력 관계를 맺고 있었던 것이다. 1970년대를 거치면서 도시빈민을 대상으로 한 개신교·천주교의 선교 활동이 점차 분화되는 과정을 거쳤지만, 양자 간의 폭넓은 협력 관계는 계속 유지되었다. 반대로, 농민운동의 경우에는 개신교 농민운동가들이 가톨릭농민회의 우산 속에서 활동하는 경우가 많았다. 이 밖에도 개신교와 천주교 공동의 민주화운동은 1970년대에 '부활과 4월혁명' 행사* 등 다양한 영역과 수준에서 매우 활성화되었다. 또 개신교와 천주교의 연대 활동은 이른바 '재야세력'과의 연대를 포함하는 경우도 많았다.

그리스도교 민주화운동의 강력함과 지속성을 뒷받침해준 요인들은 이 운동이 한국의 '민주화운동 전체'에 효과적으로 기여할 수 있는 기제로도 상당 부분 작용하였다. 예컨대 그리스도교 교회들의 정치적 자율성과 국제적 네트워크는 민주화운동가들이 효과적으로 활용할 수 있는 안전한 방벽과 활동 공간, 스피커를 제공해주었다. 그리스도교 민주화운동의 포괄성으로 인해 이 운동의 현장은 재야운동, 학생운동, 민중운동과 폭넓게 중첩되었으며, 그로 인해 그리스도교 민주화운동은 다양한 영역의 활동가들이 교류하고 소통하는 장으로 기능할 수 있었다. 여기에 그리스도교 민주화운동의 '개방성'을 덧붙여야 할 것이다. 이미 살펴보았듯이 도시산업선교회, 가톨릭노동청년회, 가톨릭농민회는 회원 자격을 신자로 제한하지 않는 조직적 개방성을 띠고 있었고, 따라서 1970년대에는 이미 불교와 함께 한국의 '3대 종교'를 형성하고 있던 개신교와 천주교의 풍부한 자원들

---

* '부활과 4월혁명' 행사는 1960년대 말부터 개신교와 천주교 대학생들에 의해 매년 개최되었다.

이 노동운동, 농민운동, 빈민운동으로 공급될 수 있었다. 개신교의 목요(금요)기도회와 천주교의 시국기도회들 역시 사회적 약자나 정치적 불만세력 누구에게든 열려 있는 정치적 공간이었다. 이런 개방성으로 인해 숙련된 활동가들이 그리스도교 민주화운동으로 끊임없이 충원될 수 있었고, 이것이 다시금 그리스도교 민주화운동을 발전시키는 요인으로 작용하였다. 한국민주화운동에 끼친 사회심리적 기여도 무시할 수 없을 것이다. 해방정국과 한국전쟁을 거치면서 이미 한국 사회에서 '반공의 보루 내지 화신'으로 자리 잡은 그리스도교가 민주화운동 대열에 동참함으로써 공고한 반공 규율사회에서도 민주화운동이 전면적이고 극단적인 '빨갱이 사냥'의 대상으로 전락하는 것을 일정하게 억제하였다는 점, 그리고 사회적 신뢰와 존경의 대상인 성직자·수도자들이 민주화운동에 동참함으로써 민주화운동의 대중적 설득력과 공신력을 높여준 점 등이 그런 사례일 것이다.

제 **2** 장

언론·출판계의 민주화운동

1

언론계의 민주화운동

유신 전후 언론통제와 언론자유수호투쟁

1970년대 초반 언론인들이 벌였던 언론민주화운동은 유신정권의 폭압적인 통제로 제 역할을 못하는 신문들에 대한 일반인, 특히 대학생들의 비판을 계기로 시작되었다고 할 수 있다. 선거가 치러졌던 1967년부터는 '기관원'들이 상시 출입하면서 노골적으로 제작에 간섭하기 시작하였고,* 소위 '협조 요청'이라는 전화 통화로 기사의 단수가 줄어들거나 아예 기사가 송두리째 빠지는 일이 비일비재하였으며, 기자나 편집 간부들이 자기 검열을 하는 경우도 드문 일이 아니었다.(동아자유언론수호투쟁위원회, 2005, 69쪽) 이러한 현실에 저항하지 못하는 언론인들에 대해 학생들의 비판이 이어졌다. 1969년 9월 3일 연세대 총학생회가 "언론인들에게 보내는 메시지"를 통해 언론인의 양심·지성·용기를 촉구하였고, 1971년 3월 24일에는 서울대 법대 학생총회가 "언론화형식"을 거행하였으며, 25일에는 서울대

---

* 중앙정보부만이 아니라 경찰, 심지어 보안사나 정보사 같은 군 수사기관 기관원들도 출입을 하였다.

문리대 학생총회에서 "언론인에게 보내는 경고장"을 채택하였다. 이어 26일에는 서울대 문리대·법대·상대 학생회장단 30여 명이 동아일보사 앞에서 "언론인에게 보내는 공개장" "언론화형선언문" "언론인에게 고한다" 등의 유인물을 낭독하면서 이를 행인들에게 나누어주다가 경찰에 의해 해산되었다. 이 사건은 장성규 법대 학생회 부회장 등 학생 4명이 연행되면서 10여 분만에 끝났지만 언론인들에게 큰 영향을 미쳤다. 이 이후에도 학생들의 비판은 다른 학교로 확산되며 이어졌다.(동아일보사노동조합, 1989, 22~25쪽)

학생들의 비판이 이어지자 동아일보사의 심재택, 이종대, 전만길, 권근술, 김종철, 박종만, 김용정 등 4년차 이하의 기자들이 주도하여 1971년 4월 15일 김상만 사장 등의 만류에도 "언론자유수호선언"을 발표하였다. 이들과 문제의식을 공유한 선배 기자, 즉 송건호 논설위원, 김중배 사회부장 등도 합류하였다.(동아일보사노동조합, 1989, 25쪽) 이들의 움직임은 서울 소재 신문·방송사들은 물론 각 지역 신문·방송사들에까지 번져나갔다.(김민남 외, 1993, 355쪽) 16일 『한국일보』에 이어, 17일 『조선일보』, 『대한일보』, 『중앙일보』 기자들도 비슷한 내용으로 선언문을 채택하였고, 『중앙일보』 기자들은 선언문을 대통령과 중앙정보부장 등에게 발송하기도 하였다. 선언 대열에는 5월 초까지 중앙의 7개 일간지(동아, 조선, 한국, 중앙, 대한, 경향, 신아)와 1개 민간방송(문화방송), 2개 경제지(현대경제, 산업경제), 2개 통신사(합동, 동화), 그리고 지방의 『경남매일』, 『국제신보』 등의 기자들이 합류하였다. 5월 15일에는 한국기자협회가 자유언론수호 행동강령과 결의문을 채택하였다.(동아일보사노동조합, 1989, 26쪽) 하지만 1971년의 투쟁은 단발성으로 그쳤다는 한계를 지니고 있다. 조직적인 투쟁이 아니었기 때문이다.

학생들의 시위를 이유로 1971년 10월 15일 서울 일원에 위수령을 내리는 등 탄압을 강화하던 박정희 정권은 언론탄압도 강화하였다. 그 시발이 1971년 12월 17일 신문협회가 자율결의 형식으로 실시한 프레스카드제다. 이는 실질적으로는 박정희 정권이 주도한 것으로, 기자 수를 억제하고, 기자 신분을 정부가 인증하는 언론통제 제도였다. 프레스카드제 실시를 계기로 언론사는 대대적인 감원을 실시하였다. 일간지의 경우 본사는 2,564명 중 242명, 주재기자는 1,676명 중 925명이 프레스카드를 발급받지 못하였다. 이어 박정희 정권은 1972년 3월 7일 '정부출입기자대책'을 발표하고, 행정부처 기자실 47개를 18개로, 출입기자 790명을 465명으로 제한하였다. 그리고 1971년 12월 27일에는 "국가안보에 관한 사항과 국론 분열 및 사회질서 혼란의 위험이 있는 사항에 관한 언론·출판을 규제할 수 있다"고 규정한 '국가보위에 관한 특별조치법'을 통과시켰다.(김민환, 2002, 492~496쪽) 당시 언론은 비상계엄으로 내용 통제를 받은 것은 물론 일상적인 취재활동까지 제한받았다. 방송은 뉴스만이 아니라 오락 프로그램도 간섭하였고, 일부 찬송가에마저 금지곡 딱지를 붙이기도 하였다.(동아자유언론수호투쟁위원회, 2005, 74~76쪽)

언론탄압이 강화되자 기자들의 반발이 시작되었다. 1973년 3월 동아일보사에서 연판장사건이 발생하였다. 안성열, 조학래, 우승용, 이종대 등 정치부 기자가 중심이 되어 독자적인 편집권 행사와 신문지면 쇄신을 주장하는 연판장을 돌렸던 것이다. 회사의 방해에도 불구하고 기자 70%가 참여하였는데, 이는 기자들을 의식화하고 조직화하는 중요한 계기가 되었다.(동아자유언론수호투쟁위원회, 2005, 77~78쪽) 10월 19일에는 경향신문사의 젊은 기자들이 외부압력 배제, 사실보도 충실, 인사 쇄신, 급료 인상 등을 요구하였고, 10월 23일에는 전체 기자들의 모임 '소공회'가 결의문을 채택하였다. 한국일보사의 기자들도 11월 7·19·20일 등 여러 차례 철야 모임을 갖고 기사 누락에 대해 항의하였으며, 22일에는 "언론자유확립결의문"을 채택하였다. 11월 20일에는 동아일보사 기자들이 "언론자유수호 제2선언"을 채택하였다. 그 외에도 기독교방송국, 『조선일보』, 문화방송, 『중앙일보』, 『신아일보』 등에서 언론자유수호결의문을 채택하였다. 중앙 일보사의 부·차장 31명이 언론자유를 수호하지 못한 것을 반성하는 의미 에서 사표를 제출하기도 하였다. 하지만 유신정권은 오히려 11월 중순부 터 "국내외 여러 가지 어려운 사정을 인식하고 유신체제나 안보에 위해가 되는 기사는 싣지 않기로 한다"는 이른바 '자율방침'을 마련해 발행인들의 서명 작업을 종용하였다. 이에 대응하여 동아일보사 언론인들은 12월 3일 "언론자유수호 제3선언문"을 채택하였다.(박지동, 2000, 371~383쪽)

이러한 언론자유수호투쟁은, 유신체제 출범 1년여 만에 본격화한 각 계각층의 저항, 함석헌, 장준하, 계훈제 등의 재야인사 30여 명에 의한 1973년 12월 24일 '헌법개정청원운동본부' 결성과 '개헌청원100만인서명 운동' 등으로 이어지는 저항운동과 맥락을 같이 하였다.(박지동, 2000, 379 ~380쪽) 하지만 이 시기 언론민주화운동은 그 의의에도 불구하고 전술한 바와 같이 조직적이지 못하고 일회적이어서 그 성과가 미약하였다. 1974 년 2월 동아일보사 경영진이 언론자유수호투쟁에 앞장섰던 몇몇 기자를 일반직으로 발령 내자 젊은 기자들이 이에 반발하기 시작하였고, 이들은 반발 수단 중의 하나로 지속적인 운동이 가능한 언론노동조합 건설을 시 도하였다. 그런데 유신정권은 합법적으로 보장된 언론노동조합 설립을 각 종 편법을 이용하여 방해하였다. 이러한 방해를 물리치고, 1974년 3월 6일 동아일보 기자 33명이 전국출판노동조합[*] 동아일보사지부 창립총회를 열

---

[*] 당시의 전국출판노동조합은 출판에만 해당하는 노조가 아니라 사실상 범 언론노조라고 할 수 있었다. 그들의 규약을 보면 "본 조합은 조합의 선언·강령·규약에 찬동하는 전국의 인쇄·출판·신문·방송· TV·예술·연예·특수인쇄·제책·지물가공 등 각 사업장에 종사하는 노동자로서 가입 절차를 필한 자로 조직한다"(5조)고 명시되어 있었다.

었다. 규약(운영세칙)과 사업계획서 등을 채택하고, 조학래 기자를 지부장으로 하는 임원 및 집행기구를 구성하는 한편, 7일 오전 서울시에 노조 설립신고를 마쳤다. 33인이 발기한 출판노조는 곧 196명으로 늘어났다.(동아일보사노동조합, 1989, 42~45쪽)

동아일보사 경영진들은 노조와의 양립은 불가하다며 노조 간부 13명을 해임하였다. 탄압은 내부에서만 일어난 것이 아니었다. 해임된 노조 간부들이 당시 동아일보 사장 김상만을 상대로 해고효력정지 가처분 신청을 서울민사지법에 내고 투쟁하고 있는 동안, 노조 설립신고 처리를 미루고 있던 서울시는 1974년 4월 5일 "노조의 임원 전원이 현재 동아일보사에 재직하지 않고 있다"는 것을 명분으로 접수 30일 만에 신고서류를 지부장 앞으로 반송하였다. 신고서가 반려되자 동아일보사 경영진은 노조를 결성하지 말라는 요구조건을 내걸고 해직기자들을 복직시켰다.(박지동, 2000, 385~388쪽) 그리고 당시 해고무효 소송과 노조 설립신고 반려에 대한 소송에서 사법부가 보인 행태 역시 서울시와 동일하였다. 정권의 의도를 경영진, 서울시, 사법부 등이 공유하였다고 할 수 있다. 즉 총체적 탄압의 시기였던 셈이다.

자유언론실천운동과 『동아일보』 광고탄압

자유언론실천운동　　　박정희 정권은 국민의 여론을 무시하고 힘으로 국민에게 유신체제를 강요하는 한편, 언론에 대한 통제를 더욱 강화하였다. 정권의 위기가 더욱 심화되어 이미 정상적인 방법으로는 통제가 불가능하였기 때문이다. 1974년 1월 초 긴급조치 1·2호를 발동하여 개헌 논의를 완전히 금지하고, 이어 4월 3일 긴급조치 4호를 발동하여 수많은 학생·종교인·지식인을 민청학련사건으로 투옥시켰다. 1974년 2학기에 접어들면서 대학에서는 수많은 학생들이 다시 민주회복을 외치면서 정치범 석방, 고문자 처벌 등을 요구하는 시위를 벌였다. 언론인들도 이에 호응하여 언론민주화운동을 다시 시작하였다.

한국기자협회(기협) 동아일보분회는 1974년 10월 24일을 거사일로 잡고 준비 작업을 진행하였다. 이 와중에 10월 23일 중앙정보부는 『동아일보』에 보도된 서울대 농대생 시위 기사와 관련해 송건호 편집국장과 박중길 방송뉴스부장, 한우석 지방부장 등 3명을 연행하였고, 이에 항의하기 위해 기자들은 연행된 간부들이 돌아올 때까지 철야농성에 돌입하였다.(김언호, 1987, 292쪽) 10월 24일 오전 9시 15분 기자협회 동아일보분회는 '자유언론실천선언대회' 개시를 선포하였다.(동아자유언론수호투쟁위원회, 2005, 115~116쪽) 이날 대회에는 동아일보사 편집국·출판국·방송국 소속 기자 180여 명이 참석하였다. 선언의 핵심은, 언론자유는 스스로 획득하는 것이므로 실천을 통해 확보하자는 내용이었다.

『동아일보』 기자들의 자유언론실천선언은 곧 전국의 신문·방송·통신 기자들의 자유언론실천선언으로 번졌다.(강준만, 1998, 235쪽) 하지만 동아일보 기자들의 실천은 이익추구와 탄압에 익숙해진 경영진의 반대에 부딪혔다. 기자들과 회사 측의 주장이 팽팽하게 맞서면서, 기자들의 제작 거부로 11월 22일자가 휴간되기도 하였다. 그럼에도 그동안 금기시되었던 개헌 문제가 사설로 등장하는 등 지면은 쇄신되어갔다. 기자협회 동아일보분회는 '자유언론실천특별위원회'를 구성하여 중앙정보부의 보도지침을 무시하였으며, 그동안 관성화된 제작 방식을 개혁하려 노력하였다. 그리고 외부의 지시에 의해 기사가 바뀌거나 축소되는지 등을 감시하였다. 문제가 발생하면 『알림』이라는 소식지를 통해 기자들에게 알렸다.(동아자유언론수호투쟁위원회, 1987, 38쪽)

동아방송 PD·아나운서·기술직·업무직 사원들도 자유언론실천에 동참하였다. 이들은 '동아방송자유언론실행총회'를 개최하고, 실행위원회를 발족시켰다. 이들은 외부세력의 탄압에 굴하지 않고 진실보도를 하겠다는 내용의 결의문을 채택하였다. 이후 실행위원회는 부정기 소식지를 발행하였다. 우선 『알림』이라는 이름으로 세 차례 내고, 『SPOT』라는 제목으로 바꾸어 14차례 발행하였다. 그리고 이를 통해 외부 간섭 배제와 편성·제작의 자율권 보장을 주장하였다. 동아방송에서는 1월 28일에 방영된 〈정계야화〉 중 4월혁명 당시 4월 18일 고려대 시위학생들이 정치폭력배에게 테러당하는 장면 때문에 정부가 재방송을 편성에서 삭제하라고 지시한 사건이 발생하였다. 이에 PD들은 퇴근하지 않고 철야농성하면서 토론과 협의를 거듭하였다. 협의 결과에 따라 결국 2월 2일 8시 30분에 테이프를 송출기에 걸었다. 이 사안을 기점으로 동아일보사는 주조정실 폐쇄→오류동 송신소에 제작 및 보도 관련 직원 접근 금지→송신소에서 임시 테이프 방송→직원 무더기 무기정직·해직의 순서를 밟게 되었다.(김학천, 2006)

광고탄압과 국민의 언론민주화운동의 확산　　계속되는 탄압에도 『동아일보』 기자·PD들이 언론자유 수호투쟁을 벌이고 제작 거부 등과 같은 방법으로 저항하자, 박정희 정권은 동아일보사 경영진을 압박하기 시작하였다. 박정희 정권은 광고주들을 압박하여 1974년 12월 16일부터 『동아일보』 광고를 중단시켰다. 박정희 정권 들어 기업으로서 규모가 성장한 신문사들은 광고 재원 의존도가 80%에 달하였다. 따라서 광고 중단과 같은 탄압은 경영진을 압박할 수 있는 가장 유효한 수단이 되었다. 광고탄압이 본격화한 지 한 달 만인 1975년 1월 25일 기준으로 『동아일보』 광고가 급감하여 평상시 상품광고의 98%가 떨어져나갔다는 동아일보사 관계자들의 주장도 있지만(동아자유언론수호투쟁위원회, 2005, 145쪽), 광고의 개수나 광고액에 관한 명확한 자료는 없다. 단지 객관적 수치로 나타낼 수 있는 광고 지면의 변화를 보면, 1974년 12월 1일부터 광고 중단이 있기 전인 12월 19일까지 일반 상품광고가 차지하는 지면이 36% 정도였는데, 12월 20~30일에는 30.2%, 1975년 1월 13.9%, 2월 9.6%, 3월 6.3%, 4월 6.2%, 5월 4.8%, 6월 4.2% 그리고 7월 들어 광고 중단이 끝나기 전인 16일까지 3.7%로 격감하였음을 알 수 있다.(유영일, 1988, 69쪽) 동아일보 광고탄압이 알려지면서 이에 대한 국내외 비판 여론이 들끓기 시작하였다. 원로 언론인 홍종인은 1974년 12월 19일 동아일보사를 찾아가 후배 언론인들을 격려하고, 당일 날짜『동아일보』2판 1면에 광고를 냈다. 개인 이름으로 낸 첫번째 광고였다. 이 광고의 위쪽엔 동아일보사 광고국장 김인호 명의로 대광고주들의 광고 중단 사실과 개인·사회단체의 의견·격려광고를 부탁하는 내용의 사고社告성 광고가 게재되었다.(동아자유언론수호투쟁위원회, 2005, 159쪽)

하지만 12월 20일부터『동아일보』광고해약이 본격화되었다. 12월 20일 4시경 한일약품의 광고 담당 책임자가 동아일보사로 찾아와 이유를 분명히 밝히지 않은 채 광고 동판을 회수해 갔다. 같은 날 오후 6시 30분경에는 대한생명보험 중역 한 사람이 찾아와 "1974년 연말까지 실리기로 예정돼 있던 12월치 미게재분에 대해서는 금전적 불이익을 감수할 용의도 있으니 더 이상 광고를 게재하지 말 것"을 요청하였다. 그로부터 나흘 뒤인 12월 24일 무더기 광고해약 사태가 일어났다. 럭키그룹, 롯데그룹, 오리엔트시계, 미도파백화점, 일동제약, 종근당제약, 한국바이엘, 태평양화학 등 10여 개 대광고주가 일제히 광고계약을 취소하였다. 25일부터는 극장 광고도 일제히 끊겼다.(동아자유언론수호투쟁위원회, 2000, 31쪽)

『동아일보』기자들은 12월 25일 오전 편집국에서 긴급총회를 열었다.

편집 간부들도 자리를 함께 한 이날 총회에서 기자들은 자유언론실천 의지를 재확인하고, 회사에 "광고계약의 전면적 철회 경위를 즉각 신문과 방송에 자세히 보도하고, 철회된 광고면을 백지 그대로 제작할 것"을 건의하였다. 하지만 회사는 거절하고 자제할 것을 요구하였다.

1974년 말부터 각계각층의 성명서와 결의문이 쏟아져 나왔다. 한국기자협회는 광고란이 사실상 백지 상태가 된 1974년 12월 20일자 신문이 발행되자, 회장단 및 언론자유특별대책위원회를 긴급 소집하여, 광고해약 압력을 통한 경제폭력을 비난하고 투쟁을 결의하는 내용의 성명서를 채택하였다. 야당인 신민당은 12월 26일 긴급당직자회의를 열어 광고탄압에 대한 대책을 협의하였다. 당직자회의는 『동아일보』 광고주들에 대한 광고해약 압력을 새로운 수법의 언론탄압으로 규정하고, 사태의 진상을 조사·규명하기 위해 진상조사위원회를 구성하는 한편, 정부가 언론탄압을 중지하라는 국내외 여론을 교묘히 벗어나기 위해 광고주에게 압력을 가하고 있음을 비난하는 내용의 성명을 발표하고, 국회 문공위원회 소집을 요구하기로 하였다. 12월 27일 천주교정의구현전국사제단은 광고해약이 정부의 압력 탓이며 범국민적 구독운동을 전개하겠다는 내용의 성명을 발표하였다. 같은 날 자유실천문인협의회는 '광고해약은 자유언론실천에 대한 지능적인 봉쇄로 즉각 해소되어야 한다'는 내용으로, 민주수호국민협의회는 모든 국민이 『동아일보』 기자들의 자유언론실천투쟁을 지원하자는 내용으로 성명을 발표하였다. 한국기독교교회협의회는 12월 28일 격려광고를 호소하는 내용을 포함한 성명서를 발표하였다. 성명서 및 결의문 발표는 1975년에도 계속 이어졌다.

1975년 새해로 접어들면서 성금 기탁, 독자 확장, 구독료 선납과 같은 '동아돕기운동'은, 신문 광고지면에 자유언론운동을 격려하고, 민주주의와 인권 회복, 사회정의 실현을 촉구하는 내용의 개인 의견을 싣는 격려광고 형태로 바뀌었다. 신년호『동아일보』4면엔 "본란은 동아일보 사원의 언론자유수호를 지지하는 광고입니다"라는 설명문과 함께 "언론자유수호 격려"라는 1단짜리 컷이 달린 본격적인 격려광고란이 처음으로 등장하였다. 신년 연휴가 끝난 뒤 처음 발행된 1월 4일자 신문은 8면 전체를 "암흑 속의 횃불"이라는 제목이 붙은 천주교정의구현전국사제단의 의견을 싣는 격려광고에 할애하였다. 이 의견광고에는 원주교구 지학순 주교의 양심선언을 비롯해, 1974년 7월부터 1975년 1월 3일까지 열린 64차례의 인권회복기도회에서 발표된 결의문·메시지·선언문 등의 요지가 수록되었다.

광고탄압으로 고통받고 있는 동아일보사를 지원하기 위한 시민의 활동도 한층 조직화된 형태로 나타났다. 민주회복국민회의 상임대표 윤형중 신부는 1월 10일『동아일보』광고를 해약한 기업의 제품에 대한 불매원칙을 결의하였다. 한국기자협회는 1월 11일 또다시 동아일보사에 대한 유신 정권의 경제폭력 중지와 3,000여 명 기협 회원의 연대적 저항운동을 촉구하는 내용의 성명을 발표하였다.

그러나『동아일보』기자들이 처절한 사투를 벌이고 있음에도 다른 신문·방송들은 이를 외면하였다.『동아일보』에 대한 광고탄압 사태가 발생하자 대구의『매일신문』과 부산의『국제신보』를 제외한 대부분의 신문들은 "일부 신문에 대한 광고해약"이라는 제목의 기사를 지면 한 구석에 1단으로 처리하였다. 이러한 제작 태도는 각 신문사 발행인들이 언론인들과 인식을 달리하는 것에서 기인하였다고 보아야 할 것이다.(김언호, 1987, 332쪽) 반면『조선일보』를 비롯한 각 신문사 기자들은 경영진의 비겁한 자세에 항의하면서 잇달아 결의문·선언문을 발표하였다. 조선일보사 편집국과 출판국 기자들은 13일 광고해약 사태를 비난하고, 자유언론수호를 주장하는 내용의 4개 항으로 이루어진 결의문을 채택하였다. 중앙매스컴(중앙일보와 동양방송)과『한국일보』기자들도 잇따라 선언문·결의문을 발표하였다. 『국제신문』, 『매일신문』, 『충청일보』, 『영남일보』, 대구문화방송, 기협 전북도지부 등도 『동아일보』 기자들과의 공동투쟁을 다짐하는 엇비슷한 내용의 선언문·결의문을 발표하였다. 그동안 침묵을 지켜오던 한국 신문편집인협회도 1월 15일 모임을 가진 뒤, 10·24선언 이후 일선 기자들에 의해 진행되어온 언론자유수호투쟁을 당연하고도 순수한 것으로 평가하고, 『동아일보』에 대한 광고탄압을 즉각 시정할 것을 촉구하였다.

당시에 격려광고를 내는 것은 물질적인 부담을 고려하지 않더라도 그리 쉬운 일이 아니었다. 정권의 탄압이 있었기 때문이다. 동아일보사로 광고를 신청하러 가려던 가톨릭노동청년회의 남녀 직원이 사무실을 나서자마자 모 기관원에 의해 여직원이 연행되었고 이 때문에 남자 직원만이 문안을 가져와 광고 게재를 요청하였다. 한편 익명으로 국민의 백지광고가 쇄도하자 중앙정보부 등에서는 익명광고를 낸 사람을 색출하려 노력하였다. '육군 중위'라는 이름으로 격려광고가 게재되기도 하였는데, 육군보안사령부는 1975년 1월 14일 밤 광고국장 등 3명의 사원을 연행하였다. 동아일보사의 사원들은 이에 항의, 이들이 회사로 돌아올 때까지 농성하기로 결의하고, 15일 밤부터 400여 명의 사원들이 철야농성에 들어갔다. 기자들은 이날 정오 긴급총회를 열어 보안사의 불법 연행에 엄중 항의하는 내용의 성명을 발표하고, 이 날짜 신문 1면에 4단짜리 기사로 이를 보도하였다. 또 『동아일보』 1975년 1월 25일자는 모 대학교수의 격려광고에 대해 교수의 이름을 밝히라는 요구를 받았다는 내용의 기사를 게재하고, 해약 사태의 주체를 밝히면 이름을 공개하겠다고 하였다.(동아일보사노동조합, 1989, 94~95쪽)

『동아일보』 기자 해고와 이에 대한 저항　광고탄압과 이에 대한 저항이 점점
거세지는 와중에 동아일보사는
1975년 2월 28일 오전 11시 제49회 정기주주총회를 열고 임원진을 개편하
였다. 주총은 사내의 질서와 기강을 확립할 것, 경영 난국을 극복하기 위해
가능한 모든 수단을 강구하여 경영을 합리화할 것 등을 결의하였다. 새로
선임된 주필 이동욱은 취임 인사말을 통해 "회사 내 무허가 집회와 유인물
배포는 용납할 수 없다"고 밝혔다. 또한 인사규정과 복무규정을 개정해 근
무시간 내외를 막론하고 회사의 허가 없는 사내집회를 금지시켰다. 회사
측의 이러한 움직임은 자유언론실천특위와 방송의 실행위원회 활동을 겨
냥한 것이었다. 그리고 1975년 3월 8일 경영난을 이유로 느닷없이 기구 축
소를 단행하여, 심의실, 기획부, 과학부, 출판부를 없애고 사원 18명을 전
격 해임하였다. 해임된 기자들 중에는 자유언론투쟁의 핵심 역할을 해온
기자 안성열과 노조지부장 조학래 등이 들어 있었다. 『동아일보』 기협분회
는 해임 조치를 즉각 철회할 것을 요구하였다. 그러나 오히려 회사 측은 3
월 10일 기자 장윤환과 박지동 2명을 추가로 해고하였다.

　이에 맞서 『동아일보』 기자들은 해임된 기자들의 즉각 복직 등을 요구
하며 제작 거부에 들어갔다. 회사 측은 기자들의 농성으로 신문 제작이 불
가능해지자 타 신문사의 인쇄시설을 빌려 신문을 제작하였다. 경영진은
같은 날 신임 분회장에 취임한 기자 권영자를 포함한 17명을 무더기 추가
해임하는 것으로 제작 거부에 응답하였다. 이에 항의하여 150여 명의 사원
들이 3층 편집국과 4층 방송국에서 농성에 돌입하였다. 특히 23명의 기자
들은 2층 공무국을 점거한 채, 자유언론 압살과 무더기 해임에 항의하여
무기한 단식농성에 들어갔다. 『동아일보』 기자들은 3월 12일자 "자유언론
실천백서"에서 정권이 언론계 이간질을 통해 탄압하고 있다고 지적하고,
해임된 선배·동료 20명을 원직 복귀시킬 것을 정부와 경영진에게 요구하

였다. 이와 함께 역시 언론자유수호투쟁을 이유로 조선일보사가 취한 2명 해임, 16명 파면, 37명 무기정직 등의 조치도 철회할 것을 요구하였다.

농성이 시작된 날부터 재야, 성직자, 문인, 정치지도자, 교수, 학생 등 많은 민주인사들이 위로방문하며 격려하였다. 그리고 동아일보사 경영진에게 무더기 해임 즉시 철회와 『동아일보』 및 동아방송 정상화를 요구하였다. 특히 14일 농성장을 찾은 박형규, 홍성우, 백기완, 공덕귀, 이태영 등과, 직접 참석하지 못하고 격려와 성명서 발표를 위임한 윤보선, 함석헌, 천관우, 김대중 등은 "동아사태에 대한 우리의 호소"라는 제목의 성명서를 발표하였다. 3월 15일 편집국장 송건호는 기자들을 무더기 해임한 사태에 책임을 지고 사의를 표명하였다. 송건호는 김상만 사장에게 해임사원 전원 복직을 건의하고 그렇지 않을 경우 발생할 위험에 대해 경고하였다.

농성 엿새째인 3월 17일 새벽 3시경 일단의 인물들이 용접기를 사용해 2층 공무국 안으로 들어갔다. 이들은 폭력을 행사하며 농성자들을 강제로 끌어내었으며, 이 과정에서 기자 정연주 등 5명이 부상하였다. 제작 거부 사원들은 18일 동아자유언론수호투쟁위원회(동아투위)를 구성하고, 기자 권영자(전 기협 분회장, 문화부 차장)를 위원장으로 추대하였다. 동아투위는 우선 매일 아침 출근시간에 맞춰 동아일보사 앞에 모여 항의시위를 벌이는 한편, 권력과 야합한 동아일보사의 배신·기만극과 박정희 독재정권의 악랄한 언론탄압 및 한국 언론의 반민주적 행태를 고발하는 데 전력하기로 결의하였다. 3월 17일 새벽까지 제작 거부 농성에 동참한 기자, PD, 아나운서 등은 모두 165명에 달하였다. 회사 측은 제작 거부 사원이 '일부 극소수'라고 허위 선전하였지만, 실은 신문·방송·잡지 실무제작진의 절반이 넘는 숫자가 제작 거부에 동참하다 쫓겨났다.

동아일보사는 제작 거부 사원들이 강제 축출된 뒤에도 회사 밖에서 계속 투쟁하자, 3월 27일 다시 12명을 해임하고 7명에게 무기정직처분을 내

동아투위 농성장에서 농성에 필요한 집기들을
나르고 있는 기자들

렸다. 징계 당사자에게 한마디의 사전 통고도 없이 사내 게시판에조차 공
고하지 않은 채 전격적으로 취한 조치였다. 회사 측은 동아투위에 남아 투
쟁을 계속할 사람과 회사로 복귀할 사람의 윤곽이 어느 정도 드러나자, 4
월 11일 또다시 기자·PD·아나운서 등 75명에게 무기정직처분을 내렸다.
이로써 3월 8일 이후 이날까지 동아일보사로부터 해직 또는 무기정직처분
을 받은 사람은 모두 132명에 이르게 되었다.

　동아투위는 동아일보사에서 강제로 축출된 후 3개월 동안 김상만 사
장 앞으로 서신을 보내는 등 여러 경로로 대화를 시도하였으나 모두 무위
로 돌아가자, 결국 법률적인 해결을 시도하였다. 김재관 등 121명의 사원
들이 1975년 6월 21일 대표이사 김상만을 상대로 '해임 및 무기정직처분
무효확인 청구 소송'을 서울민사지법에 냈다. 소송의 청구 요지는 헌법 제

28조(국민 근로의 권리)와 근로기준법 제27조 1항(사용자는 근로자에 대하여 정당한 이유 없이 해고·휴직·정직·전직·감봉·기타 징벌을 하지 못한다)을 위배하였다는 것이었다. 서울변호사회와 서울제일변호사회에서 선정한 김제형, 김춘봉, 이일재, 황인철 변호사가 무료 변론을 하였다.

1975년 8월 19일에 1심 재판이 시작되어 1976년 7월 12일이 되어서야 선고공판이 열렸다. 거의 1년 가까이 재판이 진행된 것이다. 선고공판에서는 김병익, 박지동, 서권석, 임부섭 등 5명이 승소하였으나, 김재관 등 나머지 64명은 기각 판결을 받았다. 부분 승소이기는 하지만 동아투위는 그때까지 내세웠던 자유언론실천투쟁의 정당성이 공인된 것으로 보고 승소한 기자 5명의 회사 복귀를 촉구하는 한편, 기각 판결을 받은 나머지 사원들의 항소를 제기하였다. 하지만 1978년 1월 9일 항소심 선고공판에서 재판부는 1심의 일부 승소 판결을 뒤엎고, 동아투위 위원 62명에 대해 전원 패소 판결을 내렸다. 동아투위는 "지금까지 내세웠던 자유언론실천활동이 이미 1심 판결에서 그 정당성이 공인"된 것이라며 대법원에 상고하였으나, 대법원 민사부(재판장 임항준, 판사 주재황, 양병호, 나길조)는 1979년 1월 30일 "이유 없다"며 전원 기각하였다. 이로써 소송은 3년 7개월 만에 부당하게 해고당한 동아투위 위원들의 패소로 끝났다.

『조선일보』 기자들의 언론민주화운동　　　『조선일보』 기자들도 각종 언론자유수호선언에 동참하였다. 하지만 그러한 노력은 결실을 거두지 못하였다. 그러던 중『동아일보』 기자들의 자유언론실천투쟁이 벌어졌다. 이에『조선일보』 기자들도 편집국 내에 '언론자유수호 특별대책위원회'를 만들었다. '언론자유수호 특별대책위원회'는 지면을 검토하여 필요한 뉴스 게재를 요구하고, 누락될 경우 그 경위를

독자에게 알릴 것을 결의하였다.(조선자유언론수호투쟁위원회, 1993, 116쪽)

반면 조선일보사는 1974년 12월 18일 '편집권 침해'를 이유로 기협 부회장인 외신부 기자 백기범과 문화부 기자 신홍범을 해임하였다. 두 기자가 17일자 4면에 실린 유정회 소속 의원 전재구의 이름으로 나간 "허점을 보이지 말자" 제하의 기사가 외부 청탁에 의해 실렸으며, 특히 결론 부분은 현 사회를 일방적인 입장에서 보고 있으므로 부당하다는 뜻을 편집국장에게 전달한 것이 편집권을 침해하였다고 문제 삼았다. 조선일보사는 1974년 12월 17일 오후 편집국장을 통해 회사 징계회의에서 결정한 견책을 통고하였고, 이들이 거부하자 18일 즉각 해임하였다.

백기범 기자와 신홍범 기자가 해고된 다음날인 12월 19일 편집국 기자 100여 명은 정태기, 주돈식, 강인원, 최규영 등의 주도로 편집국에서 비상총회를 열고, "백기범과 신홍범 두 기자의 해임은 10·24언론자유수호선언과 이에 따른 자유언론실천운동에 대한 억압"이라고 주장하고, 해임 철회를 요구하며 농성을 전개하였다. 농성 다음날인 12월 20일 새벽 2시 사측을 대표하여 편집부국장 김윤환이 기자 대표들과 협상을 벌인 끝에 "두 사람을 3개월 안에 복직시키겠다"고 공약하고, "만약 이 공약이 실현되지 않으면 편집부 국장 3인이 인책·총사퇴하겠다"는 내용의 문안을 직접 작성하였다. 이에 기자들은 농성을 해제하였다. 하지만 두 기자의 복직 시한이 임박하자 사측은 복직 약속을 부인하였다. 이에 대해 기협 조선일보분회 집행부는 1975년 3월 6일 기자총회를 개최하여 10·24선언에 따라 투쟁한다는 내용의 제1선언문과 결의문을 채택하고, 두 기자의 즉각 복직 등을 요구하며 신문 제작을 거부하고 농성에 돌입하였다. 이에 대해 방우영 사장은 "제작 거부를 계속할 경우 전원 파면시킬 것이며, 부·차장들만으로 신문을 제작할 것"이라고 선언하였다. 기자들이 제작 거부에 들어가자 부·차장들은 다른 신문을 베끼는 작업을 하였고, 기자들은 부·차장들에게 각성을 촉구하는 내용의 서한문을 띄웠다.

농성 이틀째인 7일 회사 측은 기협 분회장 정태기를 비롯한 집행부 5명 전원을 파면하였다. 기자들은 8일 김명규를 분회장으로 하는 제1차 임시집행부를 구성하였다. 임시집행부는 "조선일보의 지령은 1975년 3월 7일로 정지되었음을 선언한다"는 내용을 담은 제2선언문을 발표하고, "7명 기자의 부당 해임을 즉각 철회하라" "조선일보는 경영자의 신문이 아니며 오로지 민족과 민주시민의 신문임을 거듭 확인한다" "우리는 현 편집국장단의 인책 사퇴와 정론지의 복귀 등 우리들의 주장이 관철될 때까지 계속 투쟁할 것을 다짐한다"는 내용의 결의문을 채택하였다.(박지동, 2000, 426쪽)

전화선이 끊기고, 정문에는 바리케이드가 쳐지고, 수십 명으로 증원된 낯선 경비원들에 의해 폐쇄된 편집국 안에서 기자들은 농성을 계속하였다. 농성 6일째인 11일 낮 12시 편집국 부·차장으로는 처음으로 정치부 차장 이종구가 농성에 합류하였다. 이종구는 해임된 12명의 기자는 복직되어야 한다고 주장하면서, 신문 제작에 참여하였다는 논공에 따라 호혜적인 처우를 받을 생각이 없다고 선언하였다. 회사 측은 이종구의 농성 참여를 구실로 이날 낮 1시 이종구를 비롯하여 박범진, 최장학, 유장홍 등 4명의 기자를 다시 파면하였다. 이로써 조선일보사는 11일까지 16명을 파면하고, 37명에게 무기정직의 징계를 내렸다. 경영진은 인사 조치를 발표한 뒤, 11일 오후 7시 30분 편집국에서 농성 중이던 기자들을 완력으로 끌어냈다. 12일 오전 기자들은 회사 정문 앞에 모이려고 하였지만 경찰의 제지로 실패하였다. 이후 21일 '조선일보자유언론투쟁위원회'(조선투위)를 결성하였다. 한편 조선일보사는 4월 4일 또 다시 18명을 파면 조치하였다. 이후 조선투위는 동아투위와 연대하여 언론자유수호투쟁위원회를 결성한 후 지속적인 언론민주화운동을 펼쳤다.

조선일보사 경영진이, 『동아일보』 기자들의 자유언론수호선언·실천선언이 나올 때마다 "2등은 해야 한다"며 은근히 자사 기자들을 부추겼다는 증언도 있다.(조선자유언론수호투쟁위원회, 1993, 138~140쪽) 그랬던 조선일보사 경영진이 동아일보사에 대한 정권의 탄압이 심해지자 기자들을 해직하는 등 직접 탄압에 나섰는데, 이는 조선일보사 경영진이 이미 언론 본연의 기능보다는 경영을 중심으로 사고하는 존재였음을 여실히 보여준다.

동아일보사와 조선일보사에서 기자들이 대량 해직되고 난 뒤에도 제도언론에서 언론민주화운동이 전혀 일어나지 않은 것은 아니다. 1978년 6월 7일 중앙매스컴 사원 일동은 삼성그룹으로부터의 경영 독립, 협업 중심 체제 구축, 인사고과제도 철폐, 부당해임 사원 복직, 급여 현실화 등을 포함한 7개 항으로 구성된 결의문을 채택하였다. 무기한 지속할 것을 선포하였던 이 투쟁은 중앙매스컴 경영진으로부터 전면적으로 수락하겠다는 약속을 받고 마무리되었다.(박지동, 2000, 461~462쪽) 경향신문사에서도 1974년 경향신문사와 MBC의 통합 이후 입사한 기자들이 1979년 '통합동지회'를 만들고 비밀 모임을 운영하였는데, 1979년 6월 19일 모임의 대표이던 고영재 기자가 『경향신문』의 왜곡된 논조를 비판하고 나섰다. 그는 "경향인에게 고함"이라는 제목의 유인물을 낭독하고 농성을 하였는데, 그는 이 유인물을 통해 『경향신문』 고정란 「경향의 눈」에 게재된 "선진 농업 한국 발돋움한다" 제하 칼럼의 왜곡된 논조를 비판하였다.[*] 9월 12일에는 통합동지회 기자들이 직무정지 가처분을 당한 신민당 김영삼 총재의 호칭을 즉각 김 씨로 바꾼 것에 항의하는 농성을 하였다. 이 농성을 통해서 편집국장으로부터 공정보도에 대한 약속은 얻어냈지만, 당시 중심에 있던 기자 고영재, 박우정, 표완수가 편집국 밖으로 인사조치되었다.(윤덕한,

---

[*] 고영재는 당시 『조선일보』가 농정 실패를 다루는 "흔들리는 한국 농정"이라는 특집 기사를 연재하고 있었을 정도로 농촌이 붕괴되고 있음이 명확한데도 농촌이 발전하고 있다는 내용의 칼럼을 게재한 것은 명백히 현실 왜곡이며, 『조선일보』 기사에 대한 친여지(親與紙)의 반격이라고 보았던 것이다.

하지만 이러한 언론민주화운동은 유신 말기에 발생하였으며, 대다수 언론으로 확산되지 못하고 일회성으로 끝난 측면이 있다. 따라서 동아·조선 사태 이후 한국 언론은 암흑기에 들어갔다고 할 수 있다. 1960년대 후반부터 강화되었던 기관원들의 활동이 아니라도 대부분 신문들의 기사는 '보도지침'에 의해 획일적으로 변하고 있었다. 따라서 언론이 아닌 다른 수단이 언론의 역할을 대신하는 것은 불가피하였다. 그 한 축에 해직된 재야 언론인들과 출판의 역할이 있었다.

긴급조치하 해직기자의 저항　　유신체제기를 흔히 긴급조치 시기라고 한다. 특히 긴급조치 9호는 유신체제기 언론 통제의 핵심 기제였다. 유신정권은 1975년 5월 23일 긴급조치 9호를 선포하였다. 이 긴급조치 9호는 그동안의 긴급조치를 총괄하는 것이나 마찬가지였다.(김민환, 2002, 606쪽) 즉 긴급조치 9호는 유언비어 날조와 유포, 학생들의 불법 집회와 시위, 재산 해외도피, 불법 해외이주, 공무원의 수뢰 및 회계 부조리 등을 엄단하고, 유신헌법을 부정·반대·왜곡·비방하고 개정 및 폐기를 주장·청원·선동하거나 이를 보도하는 일체의 행위를 금지하고, 그 위반자는 영장 없이 체포할 수 있도록 하는 것을 그 내용으로 하였다. 5월 30일에는 언론기관의 긴급조치 위반 여부를 심의할 보도심의위원회를 설치하였으며, 6월 19일에는 방송법을 위반하여 벌금형 이상의 처벌을 받을 경우 무선국 허가를 취소할 수 있도록 전파관리법을 개정하였다.

긴급조치 9호는 언론뿐만 아니라 출판까지도 통제하였다. 1977년 8월 27일 긴급조치 9호에 저촉되는 11종의 출판물을 적발하여 배포·판매를 금지하였다. 같은 해 12월 9일 대검찰청 특별수사부는 『한국경제신문』 등 5

개 일간지를 각종 부조리 혐의로 수사하고, 문공부에 『한국경제신문』 『종합신문』 『전광산업신보』 폐간을 건의하였다. 문공부는 12월 12일 『한국경제신문』을 폐간시키고, 『군경민보』 등 월간지 18종의 등록을 취소하였다.

긴급조치에 따른 언론통제가 강화되는 동안, 동아투위와 조선투위는 1970년대 후반 이후 한국 자유언론투쟁의 선도역할을 해왔다. 동아·조선 양 투위는 두 회사가 신문지면과 동아방송의 막강한 파급력을 이용하여 양 투위를 '일부 극소수 난동분자' 또는 '민족의 적'으로 몰아붙이고 사태를 왜곡 선전하는 데 대응하기 위해, 자신들의 주장과 사태의 진상이 담긴 유인물을 제작하여 종교계와 지식인 사회에 배포하였다. 동아투위는 강제 축출당한 뒤, 유신체제가 끝날 때까지 17명이 구속되고 7명이 구류처분을 받았으며, 80여 명이 중앙정보부 등 수사기관에 연행돼 조사를 받는 등 지속적인 탄압을 받으면서도 "민주인권사건일지"와 『동아투위소식』을 작성·배포하는 등 언론민주화운동을 지속하였다.

"민주인권사건일지"사건은 동아투위 수난사 가운데 가장 큰 사건이었다. 1978년에 들어서면서 동아투위는 성명서를 발표하여, 당시 한국에서 끊임없이 발생하는 사건들, 즉 일련의 대학생 시위사건, 동일방직사건, 수많은 양심범 투옥사건 등을 보도하지 않고 묵살해버리는 것은, 그 자체로 범죄이자 민중에 대한 배반이라며 제도언론을 비판하였다. 그리고 진정한 민주·민족언론은 이를 알려야 하며, 재야언론인인 자신들은 진정한 민주·민족언론인으로서 언론자유와 사실 보도의 권리를 가진다고 선언하면서, 자유언론을 압살하는 모든 제도와 법은 철폐되어야 한다고 주장하였다.(『동아투위소식』 1978년 1월 1일자)[*] 동아투위는 이러한 주장을 실천에

---

[*] 이 성명서는 언론자유가 기자의 것이 아니라 민족과 민중의 것임을 밝혔다는 점에서, 당시 언론민주화운동이 전체 민주화운동과 맥을 같이 하였음을 엿볼 수 있게 해준다.(김언호, 1987, 278쪽)

옮기는 작업의 일환으로 『10·24 4주년 특집』을 작성하여, 1978년 10월 24일 명동 한일회관에서 개최된 '10·24자유언론실천선언 4주년 기념식'에서 배포하였다. 여기에는 "진정한 민주·민족언론의 좌표"와 "보도되지 않은 민주인권사건일지(1977~1978년)"가 포함되어 있었다. "보도되지 않은 민주인권사건일지"에는 1978년 10월 당시 지난 1년간 제도언론에서 전혀 보도하지 않았거나 보도하였더라도 집권층 홍보나 체제 비호를 위해 왜곡 보도한 사건들, 특히 전국 대학의 학생운동, 종교계, 노동자, 그리고 여러 민권단체의 인권운동 등과 관련한 125건이 기록되었다.(민주언론운동협의회, 1988, 29~30쪽) "진정한 민주·민족언론의 좌표"는 "자유언론을 압살하는 모든 제도와 법을 철폐하라"는 주장을 담은 글이었다.

경찰은 이날의 두 기사가 긴급조치 9호를 위반하였다며 총무 홍종민을 연행하였다. 이틀 뒤에는 위원장 안종필과 안성열, 박종만 등을 연행하였다. 그리고 30일에는 이에 항의하여 언론탄압에 저항할 것을 호소하는 "현역 언론인에게 보내는 글"을 발표하였다는 이유로 위원장대리 장윤환, 총무대리 이기중, 이규만, 임채정, 정연주, 김종철 등을 연행하였다. 연행된 위원 중 안종필, 장윤환, 안성열, 홍종민, 박종만, 김종철 등 6명이 11월 10일 구속되었다. 나머지는 불구속 입건되었다. 이듬해인 1979년 1월 9일에는 『동아투위소식』 1978년 송년특집호에 민주인권사건일지사건과 관련하여 "구속 기소된 일곱 동지의 기소 내용"이라는 기사에 공소사실을 게재한 것이 또 문제되어 위원장대리 윤활식, 총무대리 이기중 및 성유보가 연행되어 모두 구속되었다.(동아자유언론수호투쟁위원회, 2000, 66쪽) 이 사건의 변호에는 인권변호사 22인이 참여하여 변론하였으나, 대법원은 10명의 위원 중 안종필 등 8명에게 징역 1~2년과 자격정지 1~2년을, 위원장대리 윤활식에게 징역 10월과 자격정지 1년에 집행유예 2년을, 위원 이기중에게 징역 1년과 자격정지 1년에 집행유예 2년을 각각 선고하였다. 경찰은

『동아투위소식』을 배포한 행위까지 문제 삼았다. 동아투위 위원들은 언론 민주화운동의 일환으로 『동아투위소식』을 배포하였다가 탄압을 당하였다. 위원 이영록과 이태호는 『동아투위소식』을 대학가에 배포하여 반정부시위를 선동하였다는 긴급조치 9호 위반 혐의로 1975년 6월 24일과 25일에 각각 서울 서대문경찰서에 연행돼 조사를 받고 7월 9일에 석방되었다.

이처럼 언론인에 대한 탄압이 계속되는 가운데, 동아투위 위원들은 경찰의 방해로 월례회도 가지지 못하는 상황에 처하였다. 하지만 1977년 12월 30일 동아·조선 양 투위 이름의 "민주·민족언론선언" 발표, 1978년 4월 7일 신문의 날 기념 성명서 발표, 1979년 3월 9일 기독교회관의 '구속언론인을 위한 기도회'와 석방 촉구 성명 발표, 4월 27일 '구속 문인들을 위한 문인의 밤' 행사에서 시국 성명 발표, 5월 9일 동아일보사 앞 시위 등 언론 민주화운동을 이어갔다.(강준만, 1998, 252~254쪽) 또한 대부분의 위원들은 재야 민주인사들과 연계하여 반독재투쟁을 한 혐의로 수시로 연금되거나 미행당하였으며, 예비검속 차원에서 여러 차례 경찰서나 중앙정보부에 연행되어 1~5일씩 조사받았다.

이처럼 유신체제기 언론계의 민주화운동은 정권의 언론탄압에 대항하는 기자·PD들의 저항운동이었다. 언론사 내부에서 저항하던 기자들은 해직을 당하여 제도언론 밖의 재야언론인으로 밀려났어도, 당시 제 역할을 못하던 제도언론을 정상화하고 이들의 기능을 대신하기 위해 투쟁조직들을 만들어 언론민주화운동을 지속하였다. 이러한 언론민주화운동은 당시 민주화운동과 상호작용을 하였다. 언론이 민주화운동을 전달하지 못하는 상황을 극복하기 위해 언론민주화운동이 일어났고, 민주화운동세력들은 이들의 투쟁을 지원하였다. 또 제도권 언론에서 쫓겨난 언론인들은 민주화운동과 결합하여 언론민주화운동은 물론 사회민주화운동에도 기여하였다. 그중 하나의 모습이 출판 분야로 진출한 해직언론인들이다.

2
출판계의 민주화운동

출판문화운동

출판계의 민주화운동은 크게 출판물의 생산과 유통이라는 두 분야, 즉 출판사를 설립하고 비판적인 인문사회과학 서적을 생산하는 출판문화운동과, 지역을 중심으로 민주주의 기반인 민주적 시민을 양성하고 민주화운동의 중심세력을 형성하는 것을 목적으로 하였던 양서협동조합(양협)운동으로 나뉘어 전개되었다. 기자들이 정권과 그에 순응하는 경영진에 의해 축출당하고 언론이 암흑기에 들어서면서 한국 사회는 소통이 막힌 사회가 되어갔다. 이러한 시기에 그나마 소통을 이어준 것은, 비판적 인식의 확산과 억압당한 민주화운동의 새로운 출구 역할을 해낸 출판 영역의 확대였다고 할 수 있다. 출판은 해직된 언론인들을 비롯한 지식인의 새로운 활동 공간이었으며, 이들이 주도하여 출판한 인문사회과학 서적들과 이들의 유통 공간인 서점은 비판적인 지식인들 연대를 위한 공간이었다.

먼저 출판문화운동을 살펴보면, 출판은 출판인, 저자, 독자라는 세 주체의 의식과 실천에 따라 이루어지는 현상인데, 한국 출판계는 1970년대 중반 이후 이들 세 주체의 관계가 수직적·일방적 구조로부터 질적 변환을 거쳐 수평적·쌍방적 연대 관계로 진전하였다고 평가할 수 있다.(김언호, 1987, 11쪽) 특히 출판인에게서 큰 변화가 일어났다. 즉 『동아일보』와 『조선일보』의 해직언론인 중 일부와, 정권에 의해 쫓겨 난 해직교수들, 현실 비판적인 일부 문인들 그리고 학생운동 출신 인물들은 소규모 자본으로도 가능한 출판사를 창업하게 되었고, 이들이 모여 인문사회과학 출판사 집단을 형성하였다. 해직기자들은 출판 행위를 신문에서 하지 못한 정론지 실천의 연장선으로 보았고, 해직교수와 문인들도 학문적 견해를 피력하거나 독재정권의 비민주성을 폭로할 수 있는 광장으로 보았다.(한국출판문화운동사편집위원회, 2007, 151~152쪽) 학생운동 출신들은 현장의 이론적 요구를 적극 반영하려 노력하였다.(이기훈, 2005, 505쪽) 당시 이들이 운영하였던 출판사들은 자본 규모가 작았을 뿐 아니라 운동성을 가지고 시작하였기 때문에, 이들은 책의 저자·기획자·영업자로 1인 3역을 담당하는 어려움을 겪기도 하였다. 집필자를 외부에서 찾기보다 책의 성격을 분명히 하기 위해 발행인 스스로 저자가 되기도 했고, 발행인들이 해당 분야의 전문 지식인으로 인문사회과학 도서들의 기획자가 될 수 있는 조건을 갖추고 있기도 했기 때문이다.(조상호, 1997, 66쪽) 1970년대 비판적 지식인들이 경영한 주요 출판사나 잡지사로는 창작과비평사(백낙청), 뿌리깊은나무(한창기), 한길사(김언호), 문학과지성사(김병익), 전예원(전병석), 두레(정태기, 신홍범), 청람문화사, 과학과인간사, 정우사, 백제출판사, 청년사(정성현) 등이 있었다.* 이들 출판사 대표들은 '수요회'라는 모임을 결성하

---

* 김언호는 1970년대 중·후반부터 새롭게 형성된 출판세력 군으로 창작과비평사, 문학과지성사, 한길사, 지식산업사, 열화당, 홍성사, 평민사, 까치, 전예원, 전망사, 청람, 정우사, 종로서적 등과 전통 깊은 기독교서회, 분도출판사 등과 더불어 새롭게 등장한 한국신학연구소를 언급하기도 한다.(김언호, 1987, 13쪽)

고 출판정보 교환, 친목도모 등을 꾀하였는데, 여기에는 창작과비평사(김윤수, 백낙청), 한길사(김언호), 까치(박종만), 문학과지성사(김병익), 범우사(윤형두) 등이 속하였다.(한국출판문화운동사 편집위원회, 2007, 153쪽) 학생운동 출신들이 만든 출판사로는 새밭, 청사, 풀빛, 광민 등이 존재하였다.

두번째 주체인 저자로서 활동한 대표적인 사례는 『민족지성의 탐구』 『한국민족주의의 탐구』 『한국현대사론』 등을 저술한 해직언론인 송건호, 『전환시대의 논리』 『우상과 이성』을 저술한 해직교수 리영희, 그리고 비판적 문인으로 『겨울공화국』의 양성우, 『황토』의 김지하 등을 언급할 수 있다.(한국출판문화운동사 편집위원회, 2007, 152쪽) 직접 저자로 활동하지는 않았지만 당시 인문사회과학 서적 확산에 기여한 해직언론인들의 활동도 있었다. 『동아일보』 해직기자들이 외신부 차장이었던 이인철을 중심으로 1976년 4월에 결성한 '종각번역실'의 활동이 그것이다. 창립회원으로는 이종대, 박순철, 박지동, 정영일, 우승용이 있었으며, 나중에 김종철, 황의방, 장윤환, 정연주, 송재원 등이 가세하였다. 이 밖에도 윤성옥, 국흥주, 조영호, 이부영, 이해찬 등이 간헐적으로 작업에 참여하였다.(조상호, 1999, 236~237쪽) 이들의 활동은 1975년 기금을 마련하기 위해 권영자를 중심으로 에리히 프롬의 『건전한 사회』를 공동 번역한 것을 계기로 시작되었다.[*] 당시 종각번역실의 활동은 민주화운동의 수단이기보다는 생계와 투위 기금 마련을 위한 것이었지만, 종각번역실이 번역한 본 회퍼의 전기 『죽음 앞에서: 본 회퍼의 최후』(김종철 역, 청년사) 『말콤 엑스』(김종철 역, 창작과비평사), 에리히 프롬의 『소유냐 삶이냐』(김진홍 역, 홍성사) 『드레퓌

[*] 단 책의 역자명은 김병익으로 하고 범우사에서 간행하였다. 이들은 상당수의 책들에서도 역자들의 이름을 직접 쓰지 않고 이름을 빌려 쓰는 관행을 되풀이하였다.

표5 유신정권 시기 금서 목록

저자	서명	출판사	출판년도
강춘봉	『단상단하』	현대문화사	1975
구스타보 구티에레스	『해방신학』	분도출판사	1977
권지숙 외	『반시』 제4집	한겨레	1979
김경수	『목소리』	현대문학사	1975
김경수	『이 상투를 보라』	선경도서출판사	1977
김동길	『길을 묻는 그대에게』	삼민사	1978
김병익	『지성과 반지성』	민음사	1977
김용기	『운명의 개척자가 되자』	배영사	1975
김우종	『그래도 살고픈 인생』	학진출판사	1975
김우창	『궁핍한 시대의 시인』	민음사	1977
김윤환 외	『한국노동문제의 구조』	광민사	1978
김응삼	『오늘의 민족노선』	한일출판사	1975
김정길	『우리의 가을은 끝나지 않았다』	효석	1978
김지하	『황토』	한길문고	1970
김홍철	『전쟁과 평화의 연구』	박영사	1977
라이머	『학교는 죽었다』	한마당	1979
마르쿠제	『위대한 거부』	광민사	1979
마르쿠제	『이성과 혁명: 헤겔과 사회이론의 융성』	문명사	1970
문병란	『죽순밭에서』	한마당	1979
박현채	『민족경제론』	한길사	1978
박형규	『해방의 길목에서』	사상사	1974
백기완	『자주고름 입에 물고 옥색치마 휘날리며』	시인사	1979
브라이덴슈타인	『인간화』	한국기독교교서회	1971
송건호 외	『해방전후사의 인식』	한길사	1976
송건호	『한국민족주의의 탐구』	한길사	1977
신동엽	『신동엽전집』	창작과비평사	1975
신석상	『속물시대』	관동출판사	1977
싱클레어	『정글』	광민사	1979
안병욱	『A교수 에세이 21장』	삼육출판사	1974
양성우	『겨울공화국』	화다	1977
염무웅	『민중시대의 문학』	창작과 비평사	1979
우인기	『건국전야의 비화』	대학공론사	1976
유동우	『어느 돌멩이의 외침』	대화출판사	1978
이기용	『9대 국회 13인 전집』	한국정경사	1975
리영희	『우상과 이성』	한길사	1977

저자	서명	출판사	출판년도
장익 옮김	『세상에 열린 신앙』	분도출판사	1977
장준하	『죽으면 산다』	사상사	1975
전 미카엘 외	『노동자의 길잡이』	가톨릭출판사	1977
정연희	『갇힌 자유』	삼익	1974
조기탁	『밀 경작』	삼현출판사	1975
조용범	『한국 자본주의의 원점』	법문사	1976
조태일	『국토』	창작과 비평사	1975
존스	『제3세계와 인권운동』	물결	1977
파울로 프레이리	『페다고지』	한국천주교평신도회	1979
프란츠 파농	『대지의 저주받은 자들』	광민사	1979
한완상	『산업선교를 왜 문제시 하는가』	한국기독교교회협의회	1978
허요석	『한국의 문제들』	인간사	1975
현기영	『순이 삼촌』	창작과 비평사	1977
황명걸	『한국의 아이』	창작과 비평사	1976

스: 진실과 허위, 그 대결의 역사』(황의방·윤성옥 역, 한길사) 등에서 보듯이, 우회적인 방식으로 당시 비민주적인 정치체제를 비판하려는 의도가 있었다는 점에서 민주화운동의 일환이었다고 보아야 할 것이다.

출판문화운동의 또 하나의 주체인 독자로는 인문사회과학 서적의 중요한 소비자로 등장한 대학생 집단이 있다. 1970년대 후반 당시 학생운동권에는 혁명이론과 사회구성체론 등 사회과학적 접근에 대한 관심이 증대하였다.(이기훈, 2005, 503쪽) 이처럼 운동성이 강하며 인문사회과학 서적에 관심이 많은 대학생들에게 비판적 사고의 입문서와 같았던 리영희의 『전환시대의 논리』(1974, 창작과비평사), 조용범의 『후진국경제론』(1978, 박영사), 박현채의 『민족경제론』(1978, 한길사) 같은 국내 서적은 물론, 스위지·돕의 경제학이론서, 프랑크·아민의 종속이론 저서, 프란츠 파농류의 제3세계 민족·민중운동 저서, 마오쩌뚱의 저작, 변증법에 관한 다양한 저서 등 자본주의 세계체제를 다룬 번역 이론서들이 널리 보급되었다.

한편 당시 주목해야 할 변화 중 하나는 노동자가 수동적 독자의 틀을 벗어나 자신들의 현실을 자각하고 직접 글로 옮기는 적극적 저자로 나서기 시작하였다는 점이다. 이 또한 출판이라는 매개체를 통해 이루어진 민주화운동의 한 모습이다. 『어느 돌멩이의 외침』(유동우, 1978, 대화)이 그 대표적인 사례다. 그리고 이러한 변화는 책의 독자층을 소수 운동권에서 운동에 직·간접으로 연결된 대중 일반으로 확산시켰다.

민주화운동의 일환이었던 인문사회과학 서적 출판에 대해 유신정권은 판매금지로 대응하였다. 당시 판매금지처분은 소수에게 읽히는 사회과학 서적 일반보다는 일반인들에게 영향이 컸던 한국 사회를 비판한 이론서나 문학서에 집중되었다. 유신체제하에서 금서 목록으로 확인된 것은 〈표5〉와 같다.(한국출판문화운동사 편집위원회, 2007, 41~42쪽)•

양서협동조합운동

앞에서 언급한 출판인, 저자, 독자의 세 주체를 잘 이어줄 수 있는 중요한 조직이 양서협동조합이었다. 양서협동조합운동은 부산에서 시작되었으며, 부산 양협이 타 지역 양협운동의 산파역할을 하였다고 할 수 있다. 부산 양협은 서울대 사범대 재학 중 기독교학생회총연맹 활동을 하던 김형기가 1974년 민청학련사건으로 복역한 뒤 1976년 부산으로 내려가, 부산에서 활동하던 기독청년들을 중심으로 민주화운동, 문화운동, 시민운동,

---

• 『출판문화운동사』는 이강민의 「70년대 '문제' 딱지 붙은 책들」(『정경문화』 1984년 12월호)와 박원순의 『국가보안법 연구 2』(1992, 역사비평사, 134~135쪽)를 인용하여 정리하고 있다. 그런데 이 목록에도 빠진 서지 부분이 있어 필자가 가능한 부분을 추가하였다.

환경운동, 생활협동조합운동을 아우를 수 있는 조직체로서 책과 협동조합을 연결하는 양협을 착안한 것에서 비롯되었다.(차성환, 2004, 69~71쪽)

초기 양협은 외형적으로는 반체제조직이 아니었다. 당국의 감시를 받지 않기 위해 '건전하고 온건한 시민들의 사회개혁운동 내지 생활향상운동'을 표방하고, 공개된 민주인사는 배제하려 하였다. 1978년 4월 5일 창립총회를 열고, 4월 22일 양서 이용의 근거지로서 '협동서점'을 개점하였다. 초대 이사장에는 변호사 이흥록, 전무에는 김희욱을 선임하였다. 양협은 정관에서 설립목적을 문화 향상, 경제적 민주주의와 협동주의에 입각한 자주·자립적 경제질서 확산으로 규정하였으며, 민주화운동이나 정치적 민주화를 표방하지는 않다.(부산민주운동사편찬위원회, 1998, 327쪽) 하지만 실질적 지향점은 민주화운동에 있었다고 하겠다.(차성환, 2004, 79쪽) 부산 양협은 양서 구입·판매와 지역사회 개발사업을 주요 사업으로 설정하였다.

부산 양협은 대중성을 강조하였지만, 당시 모일 공간이 부족하였던 민주화운동세력들이 결집하는 공간으로 기능하였다. 부산 양협은 시간이 갈수록 경찰의 감시 대상이 되었고, 부마항쟁을 수사한 군경합동수사단은 양협을 배후세력으로 지목하고 조직체계를 날조하였다. 총책은 중부교회 목사 최성묵, 자금책은 변호사 김광일, 총책 밑의 2명의 중간보스로 학원담당책 김형기와 교회 및 노동담당책 박상도 등으로 허위 조직도를 그렸다. 하지만 증거가 없는 데다가 10·26정변이 일어나자 10월 말경 관련자들은 방면되었다. 그럼에도 10·26정변 후 계엄사령부는 부산 양협 이사장 이흥록에게 해산을 종용하였고, 이에 부산 양협은 긴급이사회를 개최하여 1979년 11월경 해산하였다.

부산 양협이 설립된 이후 1년여 만에 양협운동은 전국으로 확산되었다. 영남권에 마산·대구·울산, 수도권에 서울·인천·수원, 호남에 광주·전

1970년대 서울지역 서점 밀집가였던 종로 6가의 모습

주, 충청에 대전·청주 등 전국 11개 도시에 양협이 설립되었다. 확인되지
는 않았으나 제주도에도 존재하였다고 한다. 양협이 확산될 수 있는 조건
은 부산과 비슷하였다. 민주화운동세력의 공간이 허용되지 않았던 당시
상황을 돌파할 수 있는 하나의 수단으로 양협운동을 활용하려 하였던 의
도가 컸다. 그러나 확산의 과정에서는 인적 연대가 중요하였다. 마산, 울
산, 대구는 부산 양협을 모델로, 그리고 서울은 부산 양협의 인사가 연결이
되어 시작되었고, 다른 지역은 서울 양협 결성이 관심을 불러일으킴으로
써 설립되었다. 그리고 광주는 서울 양협을, 수원은 부산과 서울 모두를 모
델로 하여 설립되었다.(차성환, 2004, 147쪽) 여타 지역에 서울 양협이 영
향을 미친 것은 서울이 민주화운동에서 중심이었던 면도 있지만, 서울 양
협의 핵심 인맥이 기독교청년운동과 결합해 있어서 한국기독청년협의회
EYC 등의 조직을 활용하기 쉬웠기 때문이고, 양협의 주요 수단인 도서가
주로 서울에서 출판되고 있었다는 상황이 작용하였다.(김진영, 2003, 324)

전국으로 확산되었던 양협은 대구, 광주와 같이 1980년 5월 신군부의 계엄사의 압력으로 해산당하거나, 공안 당국의 감시로 활동이 위축되면서, 마산, 서울 등처럼 재정난으로 인해 점차 문을 닫았다. 특히 서울 양협 해산은 지역 양협들로부터 받지 못한 미수금에 기인하는 바가 컸는데, 이것은 서울 양협이 지역 양협 확산에 기여하였음을 입증하는 것이기도 하다.

양협은 겉으로는 소비자협동조합이자 시민문화운동을 전개하는 문화운동체였지만, 실질적으로는 민주화운동을 표방하지 않은 민주화운동 조직이었다고 할 수 있다. 그 근거는 첫째, 양협을 주도하고 조직한 세력이 부산지역의 기독교청년운동세력 중 민주화운동의 중심인물이었다는 점, 둘째, 양협의 기본철학인 안티고니쉬 철학* 또는 조합주의 사상은 반파시즘적 소자산가 민주주의 사상이었다는 점, 셋째, 운동의 주체들이 양협을 조직한 목적이 민주화운동의 저변을 확대하고 대중성을 확보하는 데 있었다는 점, 넷째, 양협이 보급한 서적이 민주화운동의 사상적 토대를 강화하였다는 점, 다섯째, 양협을 민주화운동의 매개체로 활용하려는 다양한 세력이 참여하였다는 점, 여섯째, 대부분의 지역에서 양협은 정치적 이유로 탄압받고 강제로 해산되었다는 점 등이다.(김진영, 2003, 351쪽) 또 진보적 출판운동의 관점에서도 양협은 판로를 확대하는 유효한 조직으로서 중요한 기능을 하였다.

---

* 안티고니쉬운동은 캐나다 동북부인 노바 스코티아(Nova Scotia) 지방의 안티고니쉬(Antigonish)에 자리잡고 있는 세인트 프란시스 자비어(Saint Francis Xavier) 대학을 중심으로 전개된 농어촌개발과 지역사회교육 사업이다. 협동조합운동에 기반을 두고 주민의 자치 능력을 개발할 필요성을 강조하였다.

제 **3** 장
지식인과 문화예술인의 민주화운동

1
유신체제 성립과
지식인·문화예술인의 상황*

1971년 12월 비상사태 선언, 1972년 10월 유신체제 성립으로 박정희 체제의 지배 질서는 형식적·절차적 민주주의조차 희화화시키는 노골적인 독재체제로 변화하였다. 이러한 체제 경직화에 1차적으로 반응한 사회세력은 야당, 재야, 종교계, 지식인과 문화예술인, 그리고 대학생 등 상층 엘리트 집단이었다. 특히 지식인과 문화예술인은 학문과 문화예술이라는 직종의 특성상 자유주의적 성향이 강한 세력이었기에 권위주의 체제와 날카롭게 대립하게 되었다. 요컨대 체제 경직화는, 이전 같았으면 정치 상황에 별다른 관심을 기울이지 않았거나 심지어 친정부적이기까지 하였을 많은 자유주의적 지식인과 문화예술인들로 하여금 반정부적 입장을 취하도록 만들었다.

문인간첩단사건 조작, 민청학련사건과 인혁당 관련자 처형, 김지하와

---

* 여기서 지식인은 주로 대학교수를 지칭한다. 지식인은 매우 광범위한 영역에 걸쳐 존재하며, 유신체제기 저항운동의 대부분은 지식인 위주로 전개되었다. 재야로 지칭된 대다수의 인사들도 지식인이었다고 할 수 있다. 그러나 여기에서는 다른 부분과의 중복을 피하기 위해 대학교수 중심의 지식인운동만을 다룰 것이다.

지학순 주교 투옥, 수백 명의 교수 해직 등 유신체제하에서 거의 일상화되다시피 하였던 국가권력의 노골적 탄압은 수많은 지식인·문화예술인들로 하여금 반정부투쟁의 의지를 다지게 하였다. '막걸리 반공법'으로 상징되듯이 국가권력의 자의적 권력행사는 학술 및 예술 활동의 여지조차 심각하게 훼손하는 것이었기에 지식인과 문화예술인들의 반감은 더욱 강화되었다. 문화예술과 학문에 대한 권력의 일상적 검열은 자유를 필수조건으로 하는 학문과 문화예술 활동에 결정적 제약이 되었다. 심지어 개인의 신체와 감각에까지 확장된 국가권력의 검열을 순순히 받아들인다는 것은 지식인과 문화예술인이기를 사실상 포기한다는 것과 다름없었다. 요컨대 국가권력의 상궤를 넘어선 폭력성과 강압성은 지식인·문화예술인의 저항과 짝을 이루게 되었다.

유신체제를 전후해 지식인·문화예술인의 민주주의 인식이나 신념화가 남달랐을 가능성은 농후하였다. 해방 이후 한국은 미국식 자유민주주의를 국가의 공식 통치원리로 수용하였고 또 그것을 제도화하였다. 그 이후 자유민주주의 또는 민주주의는 일종의 보편적 정치원리로 내면화하게 되었다. 게다가 해방 이후 본격화된 근대적 분과학문 체계 및 교육제도는 미국의 그것을 모델로 한 것이었다. 해방 이후 본격적인 공교육의 세례를 받은 세대들에게 민주주의는 일반적 상식에 가까운 것이었다. 요컨대 유신체제 성립 전후 민주주의는 한국 사회에서 지배적인 가치·제도·이데올로기·관습이 되었으며, 민주주의적 제반 원칙이 현실에서 구현되지 않으면 않을수록 역설적으로 민주주의에 대한 확신은 더욱 커져갈 수 있는 상황이었다.

1970년대 지식인 사회의 민주주의 인식 수준이 높았다고 보기는 힘들었다. 1960년대 중반까지도 지식 수준이 낮은 사람에게는 투표권을 제한해야 한다는 주장이 공공연하게 제기될 정도로 한국인의 민주주의 인식은 일천하였다. 1970년대의 민주주의 인식은 사실상 1950년대 엘리트 지식인들에 의해 수입·이해된 미국식 자유민주주의의 기본 교양이나 교과서에 개진된 일반화된 수준을 넘어서는 경우가 드물었다.

> 우리나라는 지금 자유민주주의에 대해 서구적 민주주의라는 명목을 붙여 마치 남의 물건 다루듯이 함부로 취급하는 시대에 돌입해 있다. 자유민주주의는 인류의 오랜 역사를 통해 〔……〕 발전시켜온 생존양식이며 인간의지이다. 그것은 인류의 보편성에 입각한 이념이며 제도이고 보편적 가치이고 생활이다. 자유민주주의에는 서구적 자유민주주의나 동양적 자유민주주의가 따로 있을 수 없는 것이다. 자유민주주의는 문자 그대로 자유민주주의일 따름이다 〔……〕 자유민주주의에 그 어떤 제약성이나 특수성을 붙여 실현하고자 할 때, 그것은 이미 자유민주주의의 본질에 어긋나는 것 〔……〕 지구상에는 지금 사실상 자유민주주의의 지도이념이 인류 공동의 보편적 원리로 인식되고 있는 사실을 부인할 사람이 없다고 판단 〔……〕 공산국가까지도 사실상 자유민주주의의 지도 원리를 자기들 나름대로 원용 〔……〕 선거야말로 민주주의 최대 공약수 〔……〕 '민주선거의, 민주선거에 의한, 민주선거를 위한 정치'가 정치적 신조 〔……〕(정일형, 1978, 14~17쪽)

야당과 재야를 넘나들었던 한국의 대표적 엘리트의 위와 같은 진술은 1970년대의 민주주의 이해 수준을 단적으로 보여준다. 하지만 민주주의는 그 이해의 질적 수준과는 무관하게 한국의 엘리트 집단에게 움직일 수 없는 원칙으로 수용되고 있었고, 또 현실의 정치적 행위를 규정하는 이념적 동기였다. 민주주의는 인권, 언론자유, 사상·양심의 자유, 집회 및 결사의 자유 등과 연동되면서 반정부활동의 유력한 준거가 되었던 것이다.

민주주의와 함께 민족주의 또한 유신체제 성립 이후 중요한 저항담론으로 활용되기 시작하였다. 급속한 산업화와 함께 서구적 생활양식과 가치체계가 대중적으로 확산되기 시작하였고 '빠다에 버무린 깍두기'란 비아냥거림이 나올 정도로 민족적인 것에 대한 관심이 증폭되었다. 더욱이 박정희 정권이 민족담론을 지배담론으로 적극 활용하면서 민족적인 것에 대한 사회적 관심은 더욱 높아졌다. 이러한 상황 아래 저항담론에서도 민족주의는 중요한 가치로 취급되기 시작하였다. 대학가에서 탈춤의 부활, 마당극운동, 문학계의 '민족문학론' 등에서 볼 수 있듯이 전통적인 것, 민족적인 것이 저항운동의 중요한 이념적·실천적 자원으로 주목받게 된 것이다.

지식인과 문화예술인의 반정부운동은 그 자체로도 중요하지만, 민주화운동에 지적 권위를 제공하면서 여타 사회세력의 저항운동을 활성화시킨다는 점에서, 일종의 저항운동의 리트머스 시험지와 같은 것이라고 할 수 있다. 1970년대 지식인·문화예술인들의 역할 역시 이러한 점에서 주목해야 할 것이다. 즉 지식인·문화예술인들은 체제 경직화가 초래하는 광범위한 중간층 사회세력의 반발을 상징하는 것이었다. 나아가 유신체제를 전후한 시기 지식인·문화예술인 등 상층 엘리트 집단의 유신반대투쟁은 기층 대중의 정치적 감수성을 예민하게 자극하는 것이었으며, 1970년대 민중론의 대두와도 밀접하게 관련되었다.

2
지식인의 민주화운동

박정희 정권의 탄압과 지식인의 대응

1970년대 초반까지 박정희 정권의 지식인 탄압은 직접적이거나 전면적인 것은 아니었다. 주로 재야정치단체에 개입하거나 여타의 공안사건 등에 연루된 인사들에 대한 선별적 탄압이 주된 양상이었다. 1970년대 초반부터 지식인 사회는 박정희 정권의 권위주의 지배에 대해 커다란 동요를 보였다. 즉 1971년 8월 서울대 문리대 교수 70여 명이 대학자율성 보장을 요구하는 건의안을 제출하고, 상대의 대학자치선언, 공대의 교수평의회 설치 요구 등 교수들의 집단행동 움직임이 가시화되고 있었다.* 하지만 박정

---

* 1970년대 초반 유신체제 이전 대학교수들의 각종 선언 상황은 다음과 같다.(『1970년대 민주화운동』 4, 1,952쪽; 한국기독교사회문제연구원, 1983, 248쪽)
  1971년 8월 18일: 서울대 문리대 교수들, 자주선언 발표. "대학의 자율성, 처우개선, 도서 및 실험실습시설의 확충" 등을 요구.
  1971년 8월 21일: 서울대 상대교수회의, "대학자치선언" 발표. "대학자율성 보장" 등 3개 항 요구.
  1971년 8월 23일: 서울대 교수평의회 600여 명 참석하에 총회를 개최하고 "대정부건의문" 채택. 대학자치의 제도화 촉구 이후 전국 각 대학으로 파급. 1971년 8월 23일 경북대 교수협의회와 부산대 교수협의회, "자주선언" 발표.

희 정권은 이에 대해 전면적 탄압책을 동원하지는 않았다. 1970년대 초반 김지하필화사건과, 1973년 10월 유럽간첩단사건 연루 혐의로 중앙정보부에서 조사받던 중 사망한 최종길 교수의 예에서 보듯이, 박정희 정권은 특정 사건에 연루된 지식인들을 선별적으로 탄압하는 방식을 취하였다.

그러나 유신체제 선포 이후 대학교수 등 지식인 집단과 박정희 정권 간의 긴장은 돌이킬 수 없는 수준으로까지 격화되기 시작하였다. 유신 직후 잠시 주춤하였던 민주화운동은 1973년 하반기 이후 학생운동을 중심으로 점차 활성화되기 시작하였다. 이와 함께 지식인·대학교수들의 저항도 활발해지기 시작하였다. 1973년 11월 5일 오전 11시 서울 YWCA 1층 식당에서 15인의 지도적 지식인들이 "시국선언"을 발표하고, '인권과 민권의 민주체제 재건'을 위해 전 국민이 궐기해 투쟁할 것을 호소하였다.[*] 1973년 11월 14일에는 김정준 학장 등 한신대 교수 10명이 학장실에서 "민주주의의 회복과 전 국민의 인간화를 촉구한다"는 내용의 선언문을 발표한 후 전원 삭발투쟁을 감행하였다.(『조선일보』 1973년 11월 18일자)

1970년대 중반을 넘어서면서 박정희 정권의 지식인 탄압은 점차 그 도를 더해갔다. 체제 경직화가 지식인 사회 전반의 동요를 불러왔고, 이에 대해 박정희 정권은 더욱 강한 대응을 불사함으로써 체제와 지식인 사회의 대립은 점차 전면화되고 격화되는 양상을 보여주었다. 대학교수들의

1971년 8월 25일: 충남대 교수협의회와 충북대 교수협의회, 자주선언. 부산대 교수협의회, "자율결의문" 채택.

1971년 9월 4일: 제주대 교수협의회와 진주농대 교수, "자주선언" 발표.

1971년 9월 13일: 지방국립대 교수협의회, "자주선언" 발표.

[*] "시국선언"은 "법치원칙 파괴, 정보정치로 인한 불신 풍조, 특권층의 부정부패, 빈부격차, 집회·언론·학원·종교의 자유 억압, 3권 장악에 의한 독재체제 구축을 규탄"하는 내용이었으며, 서명인 15인은 강기철, 계훈제, 김숭경, 김재준, 김지하, 박삼세, 법정, 이재오, 이호철, 정수일, 조향록, 지학순, 천관우, 함석헌, 홍남순 등으로 당대 각 분야의 대표적 지식인들이 거의 망라되었다.(한국기독교사회문제연구원, 1983, 260쪽)

저항이 격화되자 박정희 정권은 무더기 해고로 맞섰다. 1975년 10월 김동길·김찬국·서남동·이계준·양인응·성내운(이상 연세대), 이문영·김용준·이세기·김윤환(이상 고려대), 한완상(서울대), 노명식·박경화(경희대), 이우정(서울여대), 남정길(전북대), 윤식(국민대), 안병무·문동환(한신대) 등이 해고됨으로써 본격적으로 해직교수들이 양산되기 시작하였다. 이들 중 개신교 신자인 이문영, 서남동, 안병무, 이우정, 문동환 교수 등은 '갈릴리교회'를 세워 활동하기도 하였다.(한국기독교사회문제연구원, 1983, 313~314쪽) 대학교수 해직의 정점을 이룬 것은 1976년 전국의 대학교수 460명을 파면·해직시킨 '교육계 대학살'이었다. 이로부터 해직교수협의회가 조직되는 한편, "민주교육선언" 발표와 "우리의 교육지표"사건 등 지식인들의 조직적이고 체계적인 저항운동이 전개되기 시작하였다.

해직교수협의회 결성과 지식인 저항운동의 전개

비판적인 대학교수들에 대한 탄압은 다만 해직에 그친 것이 아니라 구속 등의 사법적 제재로까지 이어지기도 하였다. 1970년대 후반 대표적인 지식인 탄압 사례로 리영희필화사건을 들 수 있다. 1977년 11월 23일 『우상과 이성』 『8억인과의 대화』가 반공법에 저촉된다는 혐의로 저자인 한양대 해직교수 리영희를 구속하고 발행인 백낙청을 불구속함으로써 야기된 이 사건은, 12월 3일 조선자유언론수호투쟁위원회의 항의성명서 발표를 위시해 즉각적으로 광범위한 지식인의 반발을 불러왔다.(한국기독교사회문제연구원, 1983, 324쪽)

당시 교수들의 조직적 활동을 이끈 대표적인 조직은 기독자교수협의회와 해직교수협의회였다. 기독자교수협의회는 1957년에 조직되어 애초기독교 신자 교수들과 기독학생총연맹 실무자로 구성된 단체로 출발하였으나, 1970년대 유신정권의 비민주적 행태가 노골화되면서 저항적 성격이 강화되기 시작하였다. 서남동, 문동환, 김동길, 안병무, 이문영, 김용준, 서광선, 한완상, 이우정 등 참여 교수들의 면면을 보더라도 민주화운동과 밀접한 관련이 있었다. 교수라는 직업상 학술행사나 강연활동을 위주로 하였지만, 정권의 탄압이 거세지는 상황하에서 성명서 발표나 진정서 제출 등의 활동도 전개하였다. 1972년 제10회 협의회의 토론 주제는 "대학의 자율화와 기독자 교수의 사명"이었고, 1975년 제13회 협의회 토론 주제는 "한국의 현실과 기독자 교수"였다. 이러한 학술적 활동 이외에도 1973년 12월 3일에는 "구속학생 석방을 위한 진정서"를 대통령 및 관계 장관에게 발송하기도 하였다.(한국기독교사회문제연구원, 1983, 269쪽) 기독자교수협의회 구성원의 상당수는 해직교수협의회와 중복되기도 하였는데, 이는 기독자교수협의회가 그만큼 민주화운동과 밀접하게 관련되어 있었다는 것을 입증해준다.

해직교수협의회는 1978년 4월에 결성되었다. 해직교수협의회 결성에는 백낙청의 역할이 지대하였다. 1977년 12월 2일 백낙청, 성내운 등 해직교수 13인은 "민주교육선언"을 발표하여 반정부운동을 전개하였다. 해직교수들은 이 선언을 통해 3개 요구사항*을 제기하였는데, 정권의 탄압에 대한 수동적이고 방어적인 성격이 강한 것들이었다. 이어 12월 16일에는 리영희필화사건에 대하여 해직교수 13인이 성명서를 발표하였다.** 이러

---

* 3개 요구사항은 다음과 같다.
  1. 양심적이고 용감한 학생들의 즉각 석방과 복교를 강력히 요구한다.
  2. 투옥된 모든 애국민주인사들의 즉각 석방과 공민권 회복을 요구한다.
  3. 부당하게 해직된 교수들의 복직을 강력하게 요구한다.
** 서명자는 김동길(연세대), 김병걸(경기공전), 김용준(고려대), 김윤수(이화여대), 김찬국(연세대), 남정길(전북대), 노명식(경희대), 성내운(연세대), 안병무(한신대), 염무웅(덕성여대), 이계준(연세대), 이우정(서울여대), 한완상(서울대) 등 13인이었다.

한 활동의 결과로서 성내운을 회장으로 하여 1978년 4월 13일 해직교수협의회가 결성되었던 것이다.[*]

해직교수협의회의 주요 활동방식은 각종 성명서 발표 등의 형태가 주를 이루는 것이었다. 1978년 10월 20일에 정보기관의 학원사찰, 교수들의 학생 동태 감시 등 타락한 교육풍토에 대해 "우리들의 입장"이라는 제목의 성명서를 발표한 것이 그 일례였다. 성명서 내용은 ① 진리 탐구와 전달의 자유 보장 ② 학생자치활동 보장 ③ 학원사찰 금지 ④ 국민교육헌장 파기 및 일제교육 잔재 박멸 ⑤ 리영희, 송기숙, 임영천 교수 석방 ⑥ 유신헌법과 긴급조치 9호 폐지 ⑦ 교육자들의 책임 완수 등을 촉구하는 것이었다.(한국기독교사회문제연구원, 1983, 353쪽)

해직교수협의회 결성은 지식인들의 저항운동이 대학사회를 벗어난 조건하에서도 계속될 것임을 알리는 것이었고, 나아가 개별 교수들의 양심에 근거한 운동이 조직적이고 지속적으로 전개될 것임을 예고하는 것이었다. 즉 '교수운동'이라 부를 만한 상황이 벌어지게 된 것이었다. 아울러 해직교수들의 조직적 활동은 재직교수들을 추동하는 역할을 하기도 하였다. 동료 교수들이 해직되어 유신반대투쟁을 전개하는 것 자체가 재직교수들에게는 커다란 부담이었고, 결국 그들을 행동으로 이끄는 중요한 계기가 되었다. 이것을 잘 보여주는 것이 "우리의 교육지표"사건이었다.

"우리의 교육지표"사건은 전남대 교수 송기숙을 중심으로 진행되었다. 점증하는 박정희 정권의 독재정치 속에 "교수 자리를 지키고 있다는 사실

[*] 발기인은 서명자 13인 외에 문동환(한신대), 백낙청(서울대), 서남동(연세대), 이문영(고려대), 송정석(연세대) 등 총 18인이었다. 회원은 김동길(연세대), 김병걸(경기공전), 김윤수(이화여대), 김용준(고려대), 김인국(연세대), 남정길(전북대), 노명식(경희대), 명노근(전남대), 문동환(한신대), 문병란(조선대), 배영남(전남대), 백낙청(서울대), 서남동(연세대), 성내운(연세대), 송기숙(전남대), 송정호(연세대), 안병무(한신대), 안진오(전남대), 염무웅(덕성여대), 우창웅(부산교대), 임영천(조선대), 이계준(연세대), 이문영(고려대), 리영희(한양대), 이우정(서울여대), 이재현(서울대), 이홍길(전남대), 정창렬(한양대), 한완상(서울대) 등 29명이었다.(한국기독교사회문제연구원, 1983, 324~325·332쪽)

자체에 모욕감을 견디지 못하였던" 송기숙은 1978년 3월 무렵 서울의 백낙청을 통해 안병직, 성내운 등을 소개받아 협의하였는데, 해직교수는 제외하고 재직교수들로만 교육선언 발표를 결의하였다. 송기숙의 활약으로 전남대에서만 11명의 재직교수들이 동참하였고, 전국적으로 50여 명의 교수들이 동참할 것으로 예상되었다. 그러나 전국 교수들의 연합성명이 불러올 파장을 우려한 일부 교수들의 동요로 개별 학교별로 성명서를 발표하기로 방침이 변경되는 와중에, 발표조차 못하고 발각될 것을 우려한 성내운은 외신기자를 대상으로 전남대 교수들이 "우리의 교육지표"를 발표하였다고 선언해버렸다. 결국 전남대 교수들은 자의반 타의반으로 교육지표를 선언한 모양이 되었고, 타 대학의 후속 성명은 없었다.°

　1978년 6월 27일에 발표된 "우리의 교육지표"의 내용은 "국민교육헌장"의 비민주적 요소 비판, 학원민주화, 구속학생 석방, 교육자 자신의 인간적 양심과 민주주의에 대한 정열에 기초한 교육 등을 다짐하는 내용이었고, 선언 서명자 11명 전원이 연행·해임되었으며, 주모자 격으로 송기숙 교수가 구속되었다.°° 이에 종교계·문화계 등의 항의 성명이 이어지면서, 전남대·조선대를 중심으로 대학생들의 시위가 격화되었다.°°°

　"우리의 교육지표"사건은 박정희 체제 지배담론의 중심적 위치에 있었

° 　사건 일지는 전남대학교 호남학연구단 "우리의 교육지표" 선언기념사업추진위원회 편, 2008, 288~ 295쪽을 참조할 것.

°° 　선언에 참가한 교수는 송기숙, 명노근, 김정수, 김두진, 김현곤, 배영남, 안진오, 이석연, 이홍길, 홍승기, 이방기 등이었다.

°°° 1978년 6월 29일 700여 명의 전남대 학생들이 양심교수 석방과 어용교수 퇴진, 학원사찰 중지 등을 요구하며 도서관 2·3층을 점거하여 단식농성에 돌입하는가 하면, 경찰과 투석전 끝에 100여 명이 연행되었다. 다음날인 6월 30일에는 "전남대 민주학생 선언문"을 낭독하고 도서관 점거농성을 계속하였다. 학교 밖에서는 광주 YMCA 앞 등 광주 시내 전역에 걸쳐 가두시위가 산발적으로 전개되었다. 경찰의 폭력적 진압으로 학생 100여 명이 부상하는가 하면, 이틀간 500여 명이 연행되었다. 7월 4일에는 조선대생 김용출, 박형준, 양희승, 유재도 등 4명이 전남대 학생들과 함께 시위를 하려다 미수에 그치고 교내에 반정부 유인물 500여 장을 살포한 혐의로 구속되었다. 7월 24일에는 성내운 전 연세대 교수가 이 사건과 관련하여 구속되었다.(한국기독교사회문제연구원, 1983, 341~343·358쪽)

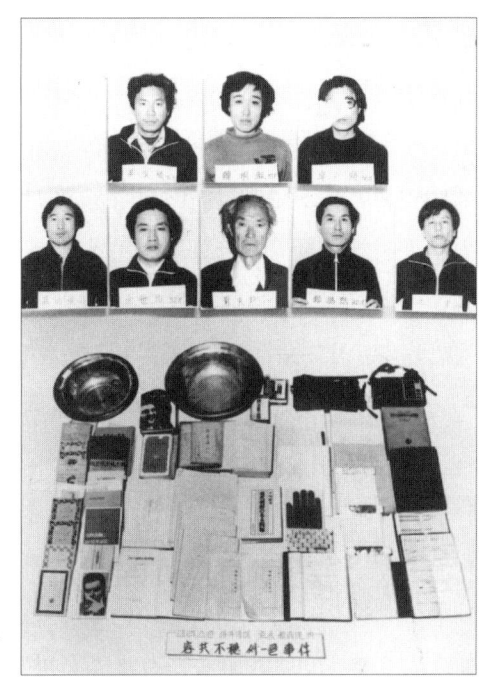

용공 조작된 크리스챤아카데미사건 연루
자 사진과 증거물들

던 국민교육헌장을 정면 비판함으로써 치열한 담론투쟁을 촉발시켰다는
데 의의가 있었다. 국민교육헌장 제정 당시 별다른 반대가 없었다는 점에
서 "우리의 교육지표"사건은 박정희 정권은 물론이고 그 지배담론에 대한
비판적 인식의 심화를 보여주었다고 할 수 있다. 그러나 "우리의 교육지
표"사건은 여타 대학의 동조 성명이 좌절된 점, 교수들의 연합성명이 좌절
된 점 등에서 드러나듯이 교수들의 조직적·사상적 연대가 매우 취약한 상
황에서 이루어졌다. 박정희 체제의 독재정치에 대한 비판과 환멸이 점차
확산되어가고 있는 상황임에도 교수들의 저항운동 수준은 그리 높지 않았
다고 할 수 있다. 이는 해직교수들이 수백 명에 달하였음에도, 극히 일부의
교수들만이 해직교수협의회에 참여한 점에서도 확인된다.

지식인운동의 정점은 1979년 3월 9일 발생한 '크리스챤아카데미사건'이었다. 한명숙의 연행으로 시작해 이우재, 김세균 등의 크리스챤아카데미 간사들은 물론, 정창렬, 유병묵 등의 대학교수, 심지어 최순영(YH무역), 장현자(반도상사), 이총각(동일방직) 등 교육수료생들까지 중앙정보부에 체포되어 모진 고문을 당하였다. 급기야 크리스챤아카데미 원장인 강원룡 목사가 연행되어 조사를 받기에 이르렀다. 중앙정보부는 이 사건을 용공사건으로 몰고 가려 하였으나, 실제 목적은 대중운동의 중견 간부를 양산하려는 시도를 무력화시키기 위한 것이었다.

중앙정보부는 이 사건이 아카데미와 직접적인 관련이 없는 불온사상을 가진 불법 지하용공서클 사건이라는 점을 강조하였고, 『현대사상연구』 『경제학 교과서』『자본론』『공산당 선언』 등 불온서적의 취득·복사·배포, 북한 찬양·동조 등의 반공법 위반 혐의를 씌웠다. 그리고 구속된 사람들에 대한 면회를 차단한 상태에서 고문과 강압으로 진상을 조작·왜곡하는 방향으로 수사를 진행하였다. 하지만 결국 항소심에서 '용공서클' 혐의는 무죄로 판결났다.*

이 사건은 지식인 저항운동이 기층 대중운동과 연결점을 찾기 위한 시도의 일환으로 볼 수 있다. 지식인의 사회적 특성상 대중운동과의 결합 없이 저항운동의 확산과 발전은 기대하기 어려웠고, 크리스챤아카데미는 바로 지식인과 대중운동 간부들의 연계를 모색할 수 있는 공간으로 기능하였다.

---

* 구속자는 한명숙(크리스챤아카데미 여성사회간사), 이우재(크리스챤아카데미 농촌사회간사), 황한식(크리스챤아카데미 농촌사회간사), 장상환(크리스챤아카데미 농촌사회간사), 신인령(크리스챤아카데미 산업사회간사), 김세균(크리스챤아카데미 산업사회간사), 정창렬(한양대 교수) 등이었고, 연행된 사람은 하정화(자료실 간사), 강원룡(크리스챤아카데미 원장), 유병묵(전 중앙대 교수), 박현채, 양정규, 신혜수(교회여성연합회), 김병태(건국대교수), 이대용, 임낙경, 이건우, 윤일숙(출판사 직원), 김선화(크리스챤아카데미 전 직원), 최순영(YH노조 지부장), 장현자(반도상사노조 지부장), 이총각(동일방직노조 지부장), 박순희(원풍모방노조 지부장), 이영순(콘트롤데이타노조 지부장) 등이었다.(『1970년대 민주화운동』 4, 1,525~1,562쪽)

3
문화예술인의 민주화운동

문학계의 민주화운동

근대 이후 문학계는 한국의 가장 대표적인 지식인 집단 중의 하나였다. 문학인들은 문학계를 넘어 사회적으로 매우 중요한 지식인으로 역할 하는 경우가 많았으며, 강한 대중성에 기반한 문학인들의 활동은 사회적 영향력이 매우 컸다. 특히 4월혁명 이후 1960년대 '순수문학─참여문학' 논쟁에서 보듯이 문학인들은 강한 현실참여 경향을 드러내는 경우가 많았다. 실존주의와 관련되어 '앙가주망'은 문학계의 오래된 화두였다. 이러한 상황 속에서 산업화 효과가 나타나면서 문학계에서는 리얼리즘 논의를 비롯해 다양한 문학적 시도들이 나타났다. 그러나 이러한 움직임은 점점 경직되어가고 있던 권력과 첨예한 갈등을 수반하게 되었다.

1970년대 문학계의 민주화운동은 사실상 자유실천문인협의회(자실)로 집약된다고 할 수 있다. 명칭에서 드러나듯이 '자유'는 문학계의 주요한 화두였고, 이때 자유의 구체적 의미는 '국가권력으로부터의 자유'를 의미하였다. 자실은 당시 주요한 저항문인 대부분을 망라하였으며, '민족문학

작가회의'를 거쳐 현재의 한국작가회의로 개칭되어 이어지고 있다. 따라서 1970년대 문학계의 민주화운동의 중요한 흐름은 자실의 활동을 중심으로 서술될 수 있을 것이다.

1974년 11월 15일 고은, 신경림, 백낙청, 염무웅, 조태일, 이문구, 황석영, 박태순 등은 유신체제에 반대하는 내용의 "문학인 시국선언문"을 발표하고 가두시위를 전개하기로 결의한 뒤, 11월 18일 광화문 4거리에서 선언문을 발표하고 가두시위를 전개하였다. 이를 통해 1970년대 문학계 민주화운동의 핵심 조직이었던 자실이 탄생하였다.

자실의 탄생은 이미 1970년대 초반부터 예고되었다고 할 수 있다. 1969년 3선개헌 이후 박정희 정권의 반민주적 독재 경향은 더욱 노골화되었고, 이에 대한 문학계의 저항 또한 격렬해져갔다. 그 상징적 사건이 김지하의 「오적」필화사건'이었다. 1970년『사상계』5월호에 발표된 장시「오적」은 김지하, 부완혁, 김승균 등의 구속을 불렀다. 문학계에서 전개한 석방운동은 지식인과 재야 전반으로 확대되었다. 김지하의 필화사건은 여기서 그치지 않고 1972년 4월『창조』에 발표된 담시「비어」필화사건으로 이어졌다. 이 사건으로 잡지 판매금지 조치가 취해지고, 구중서를 위시한 30여 명의 문인이 연행되어 조사를 받기도 하였다. 이러한 맥락 속에서 1971년 4월 19일 '민주수호국민협의회'가 결성되자, 이호철, 김지하, 남정현, 염무웅, 최인훈, 방영웅, 박태순 등이 문학계 대표 격으로 참가하였다. 곧이어 진행된 4월 27일의 대통령 선거에 문인참관단을 조직하여 전국 투표장에 파견하였다.

이렇게 문학계의 민주화운동이 진행되는 와중에 1972년 '10월유신'이 단행되어 유신체제가 성립하였다. 이에 문학계의 민주화운동은 곧 유신반대투쟁으로 더욱 격화되었다. 유신체제 성립 이후 문학계의 유신반대투쟁의 본격화를 알린 것은 1973년 12월 24일에 개최된 '민족문학의 밤'이었다. 백기완이 주도하던 백범사상연구소가 주최한 '민족문학의 밤'에서 '개헌청원100만인서명운동'이 개시되었고, 이듬해인 1974년 1월 7일에는 "문인 61인 개헌지지성명"이 발표되었다. 성명서는 민족문학, 기본적 인권, 헌법개정 청원, 민주주의와 사회정의 등을 강조하면서 유신반대투쟁으로서의 성격을 분명히 하였다.

개헌지지성명을 발표한 61인은 전원이 연행되어 조사를 받았다. 그리고 이는 소위 문인간첩단사건으로 연결되었다. 즉 1974년 1월 25일 이호철, 김우종, 정을병, 임헌영, 장백일 등이 재일교포가 발행하는 『한양』이 좌경잡지임에도 불구하고 글을 발표하였다는 혐의로 '간첩단'의 일원이 되어 구속되었던 것이다.* 이에 고은 등이 주도하여 문학인 295명의 이름으로 문인간첩단사건은 표현의 자유를 억압하는 것임을 주장하는 내용의 진정서를 제출하였다.

이러한 배경하에서 고은이 총책임을 맡고 이문구, 염무웅, 박태순 등이 주도하여 1974년 11월 18일 "문학인 101인 선언문"을 발표하고 가두시위를 전개하였다. 그리고 이를 통해 자실 결성을 공식화하였다.** 문학인 선언을 준비하던 문인들은 개별적 저항의 한계를 절감하고, 조직적이고 체계적이며 지속적인 저항행동을 담보하기 위한 조직체 건설의 필요성을

* 사실 『한양』에는 김동리, 조현연, 모윤숙 등 대표적인 극우파 문인들도 글을 발표하였기에 당국의 '간첩단' 운운은 명백한 조작이었다. 구속 문인들의 형량은 다음과 같았다. 이호철 징역 1년 6개월 자격정지 2년 집행유예 3년, 장병희 징역1년 자격정지 1년 집행유예 2년, 김우종 징역 1년 자격정지 1년 집행유예 3년, 임헌영 징역1년 자격정지 1년 집행유예 2년, 정을병 무죄.(한국기독교사회문제연구원, 1983, 275쪽)
** 자실의 최초 명칭은 '문학인 표현자유 실천투쟁위원회'가 시안으로 제출되어 '표현자유 문학인 실천투쟁위원회' '문학인 자유실천투쟁위원회' '자유실천 문학인투쟁위원회' 등을 거쳐 '자유실천문학인위원회'로 의견이 모아졌다가 최종적으로 '자유실천문인협의회'로 결정되었다. 표현자유가 자유라는 좀더 포괄적인 것으로 확대된 것과 투쟁이 생략된 점, 위원회가 협의회라는 좀더 느슨한 조직체로 변경된 것 등이 눈에 띈다. 논의 과정을 통해 현실을 감안한 유연한 온건론이 대두된 것이 아닌가 생각된다.(박태순, 1984, 503쪽)

공감하게 된 것이었다. 자실은 고은을 대표 간사로 하고, 신경림, 염무웅, 황석영, 조해일, 박태순이 간사를 맡았으며, 김광섭, 이헌구, 이희승, 김정한, 박두진 등을 고문으로 추대하였다. "문학인 101인 선언문"은 부정부패와 왜곡된 근대화에 따라 민중들의 생존이 위협당하고 있음을 강조하면서, 김지하를 비롯한 구속인사 석방, 언론·출판·집회·결사 및 신앙·사상의 자유 보장, 서민 대중 생존권 보장 및 노동법의 민주적 개정, 자유민주주의에 따른 헌법 개정 등을 요구하였다.(박태순, 1984, 504~505쪽)

한편 자실은 유신반대투쟁을 전개하면서 다양한 연대활동을 펴나갔다. 유신체제 선포 이후 유신반대투쟁을 전개하던 재야, 지식인, 야당 등이 연합하여 1974년 11월 27일 '민주회복국민회의'를 발족하였는데, 이헌구, 김정한, 김규동, 김병걸, 백낙청, 고은 등이 발기인으로 참여하였다. 민주회복국민회의는 선언문을 통해 한국의 특수한 상황 속에서 민주주의의 보편적 본질을 구현·발전시켜야 함을 강조함으로써, 박정희 정권의 한국적 민주주의 주장과 날카로운 대립각을 세웠다.

자실의 활발한 유신반대투쟁은 곧 박정희 정권의 직·간접적인 탄압을 불러왔다. 김병걸(경기공업전문학교)은 압력에 의해 결국 사표를 내고 말았고, 백낙청(서울대 문리대)은 사직을 거부하자 파면당하였다. 이 밖에도 장백일, 김우종, 임헌영, 정을병 등도 사직을 당하였다. 또한 1974년 12월 7일에는 박종우가 주도한 괴문서 "한국문학인시국선언"사건이 발생하여 자실이 공격을 받기도 하였다.* 선언문의 내용이 박정희 정권의 주장을 그대로 되풀이하고 있었기 때문이다. 하지만 이는 자실 회원의 명의를 도용하여 자실을 혼란에 빠뜨리고 약화시키고자 한 공작정치의 산물이었을 가

---

* 이 사건은 박정희 정권의 주장을 되풀이하는 내용의 선언문을 문인들에게 발송하여 찬반을 물은 것이었는데, 발기인 명단에 오른 사람들 중에는 사전 허락도 없이 임의로 명의를 도용당한 이들도 있었다.(박태순, 1984, 511~513쪽)

능성이 높았다.

정권의 탄압에도 불구하고 자실 및 문학계의 저항은 그치지 않고 계속되었다. 1974년 12월 16일 국제 펜PEN 한국본부에서 성명서를 발표하고, 김지하 석방, 김병걸·백낙청에 대한 부당 조치 철회, 장백일·김우종·임헌영·정을병 회원의 복직 등을 주장하였다. 특히 1975년 들어 김지하 석방운동은 문학계는 물론 종교계를 비롯해 지식인 사회 전반으로 확대되었으며, 국제적으로도 커다란 이슈가 되었다.

박정희 정권은 김지하가 자신의 옥중수기 「고행-1974」(『동아일보』 1975년 2월 26일자)에서 인혁당사건을 고문에 의한 조작극이라고 주장하자, 1975년 3월 13일 그에 대한 형집행정지를 취소하고 재투옥하였다. 이튿날인 3월 14일 엠네스티 한국지부는 "무조건 즉시 석방"을 요구하는 전보를 대통령에게 보냈으며, 8월 21일에는 김수환, 윤보선, 김영삼, 양일동, 천관우, 함석헌 등이 김지하 석방을 요구하는 공동성명을 발표하는 등 김지하 석방운동은 지속적으로 벌어졌다. 1976년 2월 16일 전주에서 신·구교 합동으로 김지하 석방을 위한 기도회가 개최되었고, 12월 19일에는 볼트만 등 세계적 신학자 260여 명이 '김지하 시인의 신앙에 대한 보증 서명'을 하기도 하였다.(한국기독교사회문제연구원, 1983, 306~319쪽)

1978년 이후로는 '문학의 밤' 행사 형식을 빌린 활동이 특징적이었다. 1978년 12월 12일 서울, 원주 등 전국 9개 도시에서 '김지하 문학의 밤' 행사가 잇따라 개최된 것을 필두로 1979년 1월 11일에 원주와 전주 가톨릭문화관에서, 같은 해 2월 6일에는 자실 주최로 인천에서 '김지하 문학의 밤'이 개최되어 학생 등 1,000여 명이 참석하는 성황을 이루었다.●

● 자실의 '김지하 문학의 밤' 행사는 계속해서 대구(2월 12일), 마산(2월 13일), 부산(2월 14일), 대전(2월 26일), 청주(3월 6일), 목포(3월 12일), 서울(3월 13일) 등 총 13회에 걸쳐 전국에서 개최되었다.(한국기독교사회문제연구원, 1983, 357·359~360쪽)

한편 문학계의 민주화운동은 직접적인 반정부투쟁으로 전개되었을 뿐 아니라 문학계 내의 비민주적 관행에 대한 도전으로도 나타났다. 그 대표적인 사례가 1974년 말과 1975년 초에 걸쳐 문학계의 중요한 이슈가 되었던 한국문인협회(문협) 이사장 선거였다. 1962년에 결성된 문협은 보수 우파 성향의 문단 조직이었고, 초대 이사장 전영택 이래 박종화, 김동리, 서정주, 조연현 등 보수 문인들이 주요 구성원이었다. 문협은 특히 정부 보조금을 통해 문단 행사를 치름으로써 관변단체적 성격마저도 강하여 많은 문제를 노정하고 있었다. 이사장 선거 또한 각종 불협화음과 부정이 만연해 있는 상황이었다. 그런데 김동리와 조연현의 대결로 예상되었던 1975년 이사장 선거가 김동리의 불출마로 조연현의 무난한 당선이 예상되던 차에 이호철이 출마선언을 함으로써 관심이 증폭되었다. 자실은 "문인들을 위한 문협이 아니라 문협을 위해 문인들을 굴종"시키는 문단 내부의 모순과 병폐를 개혁하기 위해 이호철을 적극 후원하기로 결정하고 활발한 활동을 전개하였다.(박태순, 1983, 515쪽)

이호철은 창작과 표현의 자유를 강조하면서 문협 이사장 선거에 출마하였다. 하지만 조연현 후보 측의 갖은 회유와 편법적 투·개표에 항의해 개표 도중 퇴장하였고, 개표 결과 조연현이 당선되었다. 문협 이사장 선거는 당시 언론의 주된 관심의 대상이 되기도 하였으며, 보수적인 기존 문단에 해방 후 세대라 할 수 있는 새로운 세대가 도전하는 것으로 여겨졌다.(『동아일보』 1975년 1월 10일자)

문학계의 저항이 강화될수록 박정희 정권의 탄압 또한 도를 더해갔다. 1970년대 후반 대표적인 탄압 사례는 양성우 사건이었다. 광주 중앙여고 교사로 재직 중 1975년 2월 시 「겨울공화국」으로 파면을 당한 양성우는 1977년 6월 장편시 「노예수첩」을 일본 『세카이』에 게재한 혐의로 구속되었다. 그리고 시집 『겨울공화국』을 출판·배포한 혐의로 고은과 조태일도 구속되었다.(『1970년대 민주화운동』4, 1,634~1,664쪽) 1978년 4월 24일에는 대한성공회 강당에서 자실과 백범사상연구소 공동주최로 문인 700여명이 참석한 가운데 '민족문학의 밤' 행사를 개최하였는데, 경찰은 이를 문제 삼아 고은과 백기완을 연행조사하기도 하였다.(한국기독교사회문제연구원, 1983, 332쪽)

정권의 탄압이 전방위적이고 집요하게 지속되자 각 분야별 고립·분산성을 극복하기 위한 연대가 모색되었다. 그 대표적인 것으로는 당시 『동아일보』 기자들의 자유언론수호투쟁에 동참해 백지광고 등 다양한 지원활동을 전개한 것을 들 수 있다. 자실은 1975년 1월 26일 간사회를 통해 자유언론운동을 지지하는 돌출광고를 문인들이 매일 번갈아가면서 게재하기로 결정하였다. 이에 따라 1월 27일부터 3월 12일까지 총 39회의 지지광고가 게재되었다. 그러나 이후로는 『동아일보』의 변질에 따라 지지광고 중지를 결정하였다.(박태순, 1984, 529쪽) 이 외에도 1978년 5월 26일 자실과 해직교수협의회가 공동성명을 발표하였으며,* 같은 해 6월 29일에는 전남대 교수들의 "우리의 교육지표"를 지지하고 송기숙 교수를 즉각 석방할 것을 요구하는 내용의 성명서를 발표하였다.

문화예술계의 민주화운동

1970년대 문화예술계의 민주화운동은 영화, 미술, 음악, 탈춤부흥운동 등 다양한 영역에서 이루어졌지만 가장 주목할 만한 것은 대학가 중심의 탈

---

* 이들의 성명서 내용은 "양심에 따라 생각하고 표현할 자유와 사실을 사실대로 알 권리는 누구도 구속하지 못함"을 천명한 것이었으며, 김지하, 양성우 두 시인과 리영희 교수 및 모든 양심수를 석방할 것을 촉구하였다.(한국기독교사회문제연구원, 1983, 337쪽)

춤부흥운동이었다. 미술계에서는 '현실과 발언' 동인 집단의 활동이 주목되었고, 노래패도 대학가에 나타나기 시작하였다. 하지만 오윤, 강요배, 손장섭 등이 참여한 '현실과 발언'은 1979년 12월이 되어서야 발족하였고, 메아리와 한소리 등의 노래패도 1977~1978년에야 결성되는 등 대부분 1970년대 후반에 집중되었다. 물론 1970년대 초반부터 대학가에서는 〈해방가〉〈정의가〉〈선구자〉 등이 전해지고 있었으며, 종교계를 중심으로 〈흔들리지 않게〉〈우리 승리하리라〉〈오! 자유〉같은 외국의 민권운동 노래들도 불리곤 하였다. 하지만 이를 본격적인 노래운동으로 보기는 힘들다. 다만 〈아침이슬〉(1970년)을 작곡한 김민기의 활동은 독보적인 것이었다. 김민기는 〈아침이슬〉뿐 아니라 1970년대 중반 이후로는 〈기지촌〉〈강변에서〉와 같은 민중 현실을 담아내는 노래를 만들기 시작함으로써, 향후 노래운동에 매우 큰 영향을 미치게 되었다. 김민기의 노래들은 금지곡이 되거나 발표조차 되지 못하였음에도 불구하고 입에서 입으로 전해져 민주화운동 진영의 중요한 노래로 자리 잡게 되었다. 이러한 분위기하에서 메아리 (1977년 서울대), 한소리(1978년 이화여대) 등의 노래패가 생겨나 개인 차원이 아닌 조직적 수준의 노래운동이 발생하게 되었던 것이다.

노래운동은 1970년대까지 매우 초보적인 수준에 머물러 있었고, 미술운동 또한 마찬가지였다. 이는 곧 1970년대가 문화운동의 발생기에 해당하는 것이었음을 의미한다고 볼 수 있다. 1960년대 이래 현실과 밀착된 문화예술계의 움직임은 대부분 문학 쪽에서 이루어졌고, 여타 분야들은 상대적으로 뒤늦게 운동이 이루어졌다고 할 수 있다.

이러한 점에 비하여 대학가의 탈춤부흥운동은 상당히 일찍부터 전개되었다. 이미 1960년대부터 전통 연희와 놀이문화에 대한 일정한 관심이 태동하고 있었는데, 1964년 서울대에서 거행된 '민족적 민주주의 장례식'은 1970년대 마당굿의 초기 형태라고 할 수 있다. 이러한 흐름 속에서

1965년 조동일, 김지하 등의 주도로 '민속극연구회−말뚝이'라는 모임이 만들어져 이후 탈춤부흥운동의 기초를 이루었다.[*] 그러나 본격적인 문화운동으로서의 탈춤부흥운동은 1970년대에 들어서서 전개되었다.

1970년 서울대에서 봉산탈춤이 공연된 이후 부산대(1970년), 서울대(1971년) 이화여대, 연세대, 서강대(1973년), 중앙대, 한양대(1975년) 등에서 탈춤 관계 모임이 결성되었다.(채희완, 1982, 205쪽) 1978년경에는 탈춤반이 등록된 학교만 서울에 24개, 지방에 9개나 되었고, 탈꾼의 숫자도 수천 명을 넘어서 있었다. 1970년대 후반 대학가의 탈춤부흥운동이 본격화되면서 거의 모든 대학에 탈춤 관련 동아리가 결성되는 등 대학가 탈춤부흥운동의 저변은 매우 넓었다. 아울러 대학 판소리연구회 등을 통해 민속에 대한 새로운 이해와 접근이 1970년대 후반부터 시도되었다.

탈춤부흥운동의 저변이 넓어지면서 자연스럽게 대학 간 연대활동도 이루어지게 되었다. 첫 연대활동은 1974년 10월 의정부 삼호원에서 서울대·이화여대·연세대·서강대 4개 학교 연합공연으로 이루어졌다. 연대활동은 더욱 확대되어 1978년 청평에서 12개 대학의 탈패가 모임을 갖고 범대학적 문화패 조직의 필요성을 논의하였다.

1979년부터는 기능수련과 함께 이념서클과 동일한 학습 커리큘럼을 진행시키고자 하였고, 현장교육활동이나 정치운동 일선에 직접 나서는 경우도 있었다. 현장성 강화방침은 농촌 순회공연활동으로 이어졌다. 일회적이고 지식인 중심적이라는 반성 속에서도 해남·함평 등지에서의 활동은 상당한 성과를 거두기도 하였다.(박인배 외, 2005, 40∼42쪽)

한편 노동계에서는 대학생들의 현장 진출과 함께 1977년부터 인천 도

---

[*] 아울러 대학가 탈춤운동의 씨앗은 백기완의 전통연희에 대한 관심, 심우성, 김세중(후일 무세중으로 개명)의 역할, 해서탈춤에 관심이 많았던 서울대 이두현 교수 등의 영향을 받았다고 할 수 있다.(주강현, 2005, 634쪽)

시산업선교회에서 노동자들에게 탈춤을 가르치는 장이 마련되었고, 1978년 동일방직사건이 터지면서 연극공연이 논의되었다. 우여곡절 끝에 9월 22일 서울 기독교회관에서의 금요기도회 '고난 받는 동일방직 근로자를 위한 기도회' 2부에서 연극 공연이 이루어졌으며, 그 과정에서 경찰과의 충돌이 발생하였다. 이 밖에도 반도상사노동조합(1978년), 원풍모방노동조합(1979년), 한국콘트롤데이타노동조합(1979년)에 탈춤반이 생겼다.(박인배 외, 2005, 42~44쪽)

한편, 서울대, 이화여대 등의 대학가 탈춤반 출신들은 1974년 무렵부터 '한두레'라는 모임을 만들고, '광범위한 민중문화권 형성'을 목표로 구체적 작품을 모색하였다. 그 결과로 〈미얄〉과 〈공장의 불빛〉이 만들어졌다. 특히 〈공장의 불빛〉은 1970년대 문화운동의 종합결정판이라 할 만하였다. 여기에서는 마당극 형식에 노래까지 가미하여 노동문제를 정면으로 다루고자 하였다. 김민기 작곡, 채희완 안무로 1978년 말 시연된 〈공장의 불빛〉은 카세트테이프로 제작되어 광범위하게 보급되었다.(박인배 외, 2005, 45쪽)

〈표6〉을 통해서도 알 수 있듯이, 탈춤부흥운동은 광범위한 영역에 걸친 주제를 다루었으며, 그 형식도 마당극, 노래극, 판굿 등 매우 다양하게 실험되었다. 1970년대 후반으로 갈수록 각 분야별 역량을 집대성하는 종합극 형식의 활동이 두드러지게 되었고, 이념성과 조직성을 더해가게 되었다.

탈춤부흥운동의 이념적 자원은 민족주의와 민중론이었다. 민족주의는 1960년대까지 저항운동 진영에서 중심적인 역할을 하였다고 보기 힘들었으며, 오히려 박정희 정권의 지배담론으로 이용되는 경우가 많았다. 그런데 1970년대 들어서면서 대학가, 지식인 등을 중심으로 저항운동 진영에서 민족주의에 대한 관심이 크게 고조되었다. 그 배경으로는 산업화의 진

표6 1970년대 마당굿 공연 현황

문제의식	공연 이름	주요내용	공연 연도	기타
농촌 문제	진오귀 미얄 고구마	농민협업 문제 이농 문제 함평고구마사건	1973년 1976년 1976년	탈춤·판소리·마당극 탈춤·농악 탈춤·농악
공장 문제	미얄 동일마당 공장의 불빛	노동조건 노사 문제 노사 문제	1978년 1978년 1979년	서사무용극 서사마당극 서사노래굿
변두리 및 지역사회 문제	돼지꿈 덕산골 이야기 한줌의 흙 난장이	변두리 삶 박흥숙 사건 박흥숙 사건 변두리 삶	1977년 1978년 1979년 1979년	마당극 서사마당극 서사극 마당극
종교 문제	금관의 예수 예언 민족해방놀이 애순이 예수의 생애 예수전	민중선교 문제 광야의 시험 출애굽과 민족해방 에스더 생애 예수의 생애 예수의 생애	1972년 1975년 1975년 1975년 1977년 1978년	마당극 무용극 마당극 탈춤 마당극 마당굿
역사의식	동학 허생전 노비문서	동학농민혁명 조선후기 사회 문제 천민항거	1974년 1977년 1979년	서사노래 마당극 마당극
일반 사회 및 기타	상여행진 진동아굿 씻김굿 마스게임	대학장례 언론 문제 사회 문제 매스컴 문제	1975년 1975년 1977년 1978년	판굿 서사마당극 탈춤 마당극

출처: 채희완, 1982, 211쪽

전에 따른 서구화에 대한 경계, 지배정권의 지속적인 민족주의 담론 강조에 따른 대응 등을 들 수 있을 것이다.

탈춤부흥운동은 민중적인 것에 대한 관심과 밀접한 관련을 가지는 것이기도 하였다. 지배층의 문화 대신 피지배층의 전통문화를 계승·발전시킨다는 취지에서 시작된 마당극운동으로서의 탈춤부흥운동이었기 때문이다. 이는 곧 지배체제와 저항운동 진영이 민족적인 것의 성격을 둘러싼 치열한 담론적 헤게모니 대결을 펼치게 될 것임을 의미하였다.

대학가의 탈춤부흥운동의 전개와 관련해 1974년 대학가와 지식인 사회에서 크게 문제가 되었던 '청년문화론'에 대한 언급이 필요하다. 청년문화담론이 처음 등장하였던 것은 1970년 『세대』 2월호에 게재된 남재희의 「청춘문화론」이었다고 할 수 있지만, 『동아일보』 1974년 3월 29일자에 실린 김병익의 청년문화 소개 기사가 본격적인 신호탄이었다. 이후 대학가와 지식인 사회를 중심으로 청년문화론에 대한 신랄한 비판이 잇따랐고, 그 기조는 "빠다에 버무린 깍두기"(『대학신문』 1974년 6월 3일)라는 비난에서 드러나듯이 무분별한 외래풍조 추종이라는 것이었다. 즉 '68혁명'을 이끈 서구 청년문화의 저항과 비판 정신이 생략된, 저급하고 외형적인 모방에 그친 것이 청년문화라는 것이었다. 탈춤부흥운동은 바로 이러한 청년문화(대중문화)에 대한 반발로 민족적인 것에 대한 강렬한 열망을 간직한 것이었다.

또 하나의 흥미로운 점은 박정희 정권이 1960년대 이래 추구해왔던 소위 민족문화정책과 탈춤부흥운동이 묘한 비교점을 제공한다는 것이다. 즉 박정희 정권은 문화재법의 발효와 더불어 종묘제례악, 양주별산대(1964년), 남사당놀이, 갓일, 판소리, 통영오광대, 고성오광대, 강강술래, 은산별신제, 진주삼천포농악(1966년), 강릉단오제, 한산모시, 북청사자, 거문고산조, 봉산탈춤, 동래야유(1967년) 등을 잇달아 무형문화재로 지정하였다. 탈춤 등의 놀이가 다수를 차지하고 있음을 알 수 있는데, 이것은 1970년대 대학가 탈춤부흥운동의 활성화와 묘한 유사성을 보여준다고 하겠다.(주강현, 2005, 614쪽)

4

지식인·문화예술인 민주화운동의
성격과 논리

1970년대 유신체제에 맞선 지식인·문화예술인의 민주화운동은 민주주의 이념과 가치에 기반한 것이었다. 유신체제의 폭압은 해방 이후 구조화된 민주주의적 가치·관행과 날카롭게 대비되었고, 엘리트 지식인들의 저항을 유발하였다. 자유민주주의를 자유주의와 민주주의의 결합으로 본다면, 당시 민주화운동의 논리는 주로 자유주의적 가치들에 근거한 것이었다. 유신 선포 이후 인민주권의 원칙 훼손이라는 차원에서 개헌청원운동이 전개되기도 하였지만, 정권의 탄압이 노골화되면서 사상·양심·집회의 자유와 같은 자유주의적 가치들이 전면화되는 양상이 전개되었다.

민주화운동의 또 다른 특징은 정권의 탄압에 대항한 방어적 성격이 강하였다는 점이다. 민주주의는 그 자체로 강조되기보다는 정권의 탄압에 의해 훼손되는 가치들을 둘러싸고 집중 부각되었다. 이러한 수동적·방어적 성격의 민주화운동 논리는 "민주회복" "민주수호" 등의 슬로건을 통해서도 확인된다. 즉 이미 보편적 가치로 승인되고 제도화된 민주주의가 심각하게 침해받고 있다는 인식하에서 기존의 민주주의적 가치들을 수호·회복하기 위한 방어적 차원의 투쟁이 전개된 것이었다. 이는 곧 서구의 자유

1978년 기독교회관에서 열린 옥중문학인의 밤 행사에서 연설하는 시인 고은

민주주의를 보편적 가치로 승인하였다는 것을 의미하는 것이기도 하였다.

　서구에서 기원한 민주주의의 보편성을 승인한다는 것은 민주주의와 함께 지식인·문화예술계의 저항운동담론으로 두드러진 역할을 한 민족주의와 묘한 대비를 이루는 것이기도 하였다. 4월혁명 정세 속에서 학생운동과 혁신세력이 통일을 중심으로 한 민족담론을 제기하였고, 6·3항쟁에서도 민족주의가 중요한 역할을 하기는 하였지만, 5·16쿠데타 이후 민족주의는 오히려 박정희 정권의 주요한 지배담론으로 활용되는 양상이었다. 민족적 민주주의, 민족중흥, 조국근대화 등으로 표현된 박정희 정권의 민족주의담론이 지배담론의 중요한 부분을 구성하였던 것이다. 반면에 저항운동 진영의 민족담론은 그리 선명하지 못하였다.

　따라서 1970년대 민족주의담론이 민주화운동 진영의 주요한 담론 자원으로 활용되기 시작한 것은 주목할 만한 것이었다. 민주화운동 진영은 1970년대 들어 민족주의에 대한 관심을 높여갔고, 그것은 곧 민족적인 것의 발견이었다. 즉 해방 이후 최초로 '우리 것'에 관한 관심, 자민족 문화에 관한 문화적 정체성을 일깨워준 민족문화운동이 시작된 시대였다는 평가를 받을 만하다.(주강현, 2005, 624~625쪽)

이러한 상황 속에서 백낙청이 시민문학론에서 민족문학론으로 선회한 것은 상징적 의미가 있는 것이었다. 백낙청의 시민문학론은 프랑스혁명 이후 시민의식에 기반을 두고 소시민적 가치까지 포함하면서 인류 보편을 지향하는 것이었다.• 그러나 1970년대 이후 백낙청의 시민문학은 민족문학으로 전화되었고, 보편적 시민(계급)보다 민족적 특수가 강조되기 시작하였다.•• 민족문학론은 분단을 결정적 요소로 파악하면서, 민족적 위기의식에 기반한 민족문학의 필요성을 강조하였다.(백낙청, 1975) 나아가 보편적 인간해방 또한 민족문화에 근거해야 함을 주장하기에 이르렀다.(백낙청, 1978) 민족적인 것에 대한 관심은 다만 백낙청 개인 차원의 문제가 아니었다.

탐라는 문화적 변방이며 행정적 벽지이기 이전에 틀림없이 민족의 얼과 맥박이 살아 뛰는 한국의 자랑스러운 국토"이며, "중앙에 비교하여 변방이 아니라 사실은 쓰러져가는 우리의 전통문화에 새로운 활력을 공급할 전위의 자리인 것이다. 이제는 이곳에서 파문을 던져 외래문화가 범람하는 저 한복

• "우리가 '소시민'과 대비시켜 우리의 미래를 위한 이상으로 내걸려는 '시민'이란, 프랑스 혁명기 시민계급의 시민정신을 하나의 본보기로 삼으면서도 혁명 후 대다수 시민계급의 소시민화에 나타난 역사의 필연성은 필연성대로 존중해주고, 그리하여 그러한 필연성을 기반으로 하여—또는 그와 다른 역사적 배경인 경우 그와 다른 필연성을 기반으로 하여—우리가 쟁취하고 창조하여야 할 미지·미완의 인간상인 것이다." (백낙청, 1969, 465쪽)

•• 이호철은 『창작과 비평』이 1969년 15호를 하나의 '분수령'으로 하여 전환한 것으로 파악하였다. 즉 15호까지는 모더니즘에 입각해 김수영, 방영웅 등이 주목되었으나, 16호에서 신동엽 유고 특집을 다룬 이후 '토착적인 것'에 대한 관심으로 전환되었다는 것이다. 이에 대해 백낙청도 '외래지향적 취향'을 청산하고 토착화 과정이 본격화된 것이 1970년대 초기였다고 하였다.(「'창비' 10년: 회고와 반성—창간 10주년 기념좌담회」『창작과 비평』 1976년 봄호; 백낙청회화록간행위원회, 2007, 130~131쪽)

판까지 전파시켜야만 할 것이다.*

　인용문에서 보듯이 민족적인 것은 변방의 제주도에서도 결정적으로 중요한 것이었다. 오히려 '한복판'인 중앙은 이미 외래문화에 점령당한 곳으로 이해되었고, 변방인 제주도가 '민족문화의 전위'로 배치된 양상이었다. 변방 제주도는 '민족적인 것'을 매개로 '민족의 얼과 맥박'이 살아 있는 '한국의 국토'가 될 수 있었다. 이는 곧 민족주의가 가진 통합력과 동질화를 의미하는 것이었다. 같은 민족이라는 전제하에 중앙과 변방, 섬과 뭍이 하나의 동질적 민족, 국토로 통합되고 있는 것이다. 중앙의 엘리트 지식인과 변방의 무명 예술가는 '민족과 국토'에 대한 동일한 상상을 통해 동질적 집단주체가 될 수 있었고, 그것을 가능케 하는 것이 곧 '민족의 얼과 맥박'을 재현하는 민족문화였던 것이다.

　그런데 민족문학·민족문화에 대한 민주화운동세력의 관심은 박정희 정권이 강조한 민족주의적 주장이나 언설들과 비교·검토되어야 할 필요가 있다. 박정희 정권의 '한국적 민주주의'와 '민족문화' 중흥정책에 대한 오해를 불식하는 것으로부터 민족문학에 대한 논의를 시작해야 할 만큼 박정희 정권의 민족담론은 만만치 않은 파급력을 갖고 있었다.(백낙청, 1975, 35쪽) 사실 민주화운동 진영이 강조한 가치 및 담론들은 박정희 정권 쪽과 치열한 헤게모니 투쟁의 대상이 되었던 것으로 보인다. 박정희 정권이 내세운 한국적 민주주의, 민족중흥, 조국근대화, 민족주체성, 민족문화 등의 가치와 슬로건은 비판적 지식인·문화예술인들의 민주주의, 민족주의, 근대화 등에 대한 인식과 날카롭게 대립되면서도, 또한 기본 가치범주의 차

---

* 1980년 10월 제주도 탐라민속문화연구회 '수눌음' '항파두리놀이' 공연 중에서(채희완, 1982, 219쪽에서 재인용)

원에서는 서로 공유하고 있는 것이기도 하였다. 서로 경쟁 대상을 가짐으로써 오히려 이들 가치들의 의미와 그 효과가 배가될 수도 있었을 것이고, 또 내용적 인식의 치열함도 더하였을 것이다. 민주화운동 진영과 박정희 정권 사이의 담론적 경합 과정에서 중요한 차이를 노정하였던 것은 '민중'이었다.

> 민족과 민중을 민속문화 속에서 통합하고, 민족적 민주주의에 대한 젊은이다운 열정을 놀이판에서 발견한 대학민속극운동은 그러한 놀이판이 곧 오늘의 삶의 현장임을 뚜렷이 하여 '일하는 것'과 '노는 것'을 민중적 변증법으로 통일함으로써 놀이정신을 통해 민중의 공동체사회를 이루기 위한 새로운 예술운동으로 나아가게 되었다.(채희완, 1982, 218쪽)

인용문에서 강조하고 있는 '민족적 민주주의'에 대한 인식, '외래문화'의 범람에 대한 비판 등은 사실상 언설의 수준에서는 박정희 정권이 강조하였던 민족문화, 민족주체성 등과 상당히 유사한 양상을 보여준다고 할 수 있다. 심지어 불온시되던 민족문학이 정부 측에서 민족문학을 들고 나온 이후 그러한 위험이 사라졌을 정도로, 박정희 정권의 민족담론 활용 전략은 민주화운동 진영의 그것과 묘한 관계에 있었다.(「분단시대의 민족문화」『창작과 비평』 1977년 가을호, 337쪽) 결국 박정희 정권과 민주화운동 진영은 민족주의를 둘러싼 진정성을 놓고 경합 관계에 놓이게 되었다.

> 사이비 민족주의를 근본적으로 극복하는 것은 참다운 민족주의를 실현함으로써, 그러니까 정치·경제·문화의 모든 면에서 민족의 자주성과 존엄성을 확립함으로써, 사이비 민족주의를 통한 상징 조작을 할 필요성이나 그럴 가능성을 없애버림으로써만 가능합니다. 그러므로 우리 주변의 일부 민족문화

론에 대한 반발이 곧 민족문학·민족문화를 위한 노력 자체에 대한 부정으로 나타난다면 이는 결과적으로 우리의 민족적 각성을 지연시키고, 그만큼 사이비 국수주의의 수명을 연장시키는 일이 될까 두렵습니다. 진정한 민족주의의 실현과 민족문화의 건설을 위해 〔……〕(백낙청, 1974, 「좌담: 리얼리즘과 민족문학」『월간중앙』10월호〔박인배 외, 2005, 28~29쪽에서 재인용〕)

'사이비 민족주의'를 배격하고 '참다운 민족주의' '진정한 민족주의'를 확립하는 것이 중요하다는 주장은 곧 어느 것이 사이비이고 어느 것이 진정한 것이냐를 둘러싼 담론적 헤게모니 경합을 불가피하게 유발하는 것이었다. 자신의 진정성을 증명하는 것은 결코 만만한 일이 아니었다. "어용 '관주도 민족주의'와는 다른, 민족적 현실의 위기를 타개할 수 있는 '저항적 민족주의'의 문학적 실천"을 과연 어떻게 증명할 것인가.(박인배 외, 2005, 29쪽) 이러한 언설의 형태적 유사성을 구분해주는 중요한 차이가 '민중'이었던 것으로 보인다. 민족의 실체를 민중으로 설정함으로써, 무모순적이며 계급적 적대를 사상한 박정희 정권의 '국민' 또는 '민족'과 구분되는 집단주체를 사유할 수 있게 되었고, 이는 곧 민중의 민주주의, 민중적 문화 등으로 확장되어 민주화운동 전반의 주체 설정에 중요한 역할을 하게 된 것이다.

지식인·문화예술인 민주화운동은 기본적으로 엘리트운동의 성격을 벗어나기 힘들었다. 이들의 운동에 광범위한 대중적 참여가 있었다는 증거는 찾기 힘들다. 민족문학 진영에 있었던 다수의 인사들은 최인호류의 청년문화를 '매우 불건강한 현상'으로 보고 있었고, 소비문화나 '저질의 대중문화'에 영합하는 문학을 힐난하고 있었다. 심지어 소비문화가 생길 객관적 이유가 없는 상황에서 상업주의나 소비문화가 권위주의를 이용해 자리를 잡으려 한다고까지 인식하였다. 이른바 퇴폐문화에 대한 정부의 단속도 지엽적이고 신경질적인 것으로 보아 불만스러워했다. 이들은 한국 문화가 "서구 자본주의·자유주의·개인주의 문화의 영향"을 받아 "서구문화의 식민지 내지 반식민지적 양상"을 띠고 있는 것으로 파악하였다.(「분단시대의 민족문화」『창작과 비평』1977년 가을호, 305~306쪽) 따라서 이들에게 민족적 위기의식에 기반한 민족문학 이외의 대중문화는 퇴폐적 소비주의 이상으로 인정받기 힘들었다.(「'창비' 10년: 회고와 반성」『창작과 비평』1976년 봄호, 148~149쪽)

1960년대와 마찬가지로 1970년대에도 대다수 지식인들이 강한 엘리트주의 성향을 보이고 있는 상황에서 민중 개념의 등장은 운동의 향방에 대해 중요한 시사점을 던지는 것이었다. 이들이 생각한 민중은 역사발전의 주체였으며, 서구의 퇴폐적 소비문화로부터 격리시켜야 될 규범적 집단이었다. 다양한 지점에서 정권과 담론적 경합 과정에 있었던 민주화운동 진영으로서는 선험적·규범적 집단주체로서의 민중을 발견함으로써 체제와의 차이를 분명히 하고 운동의 대중적 토대를 구축하고자 하였던 것이다.

제**4**장

인권운동

1

유신체제 수립과 인권유린

유신체제가 수립되자 다양한 영역에서 반대와 저항이 일어났다. 그중 가장 첨예한 대립이 발생한 지점이 바로 인권의 영역이였다. 인권 문제는 사실 매우 광범위한 영역에 걸친 것일 수 있었다. 원리적으로 인간의 권리가 침해받는 모든 곳에서 인권 문제가 제기될 수 있는 것이었기에 정치·사회·경제 등 거의 모든 영역에서 인권운동이 가능할 수 있는 것이었다. 그러나 현대사회에서 인권 문제는 주로 자본주의의 모순, 국가의 인권 침해, 사회집단·개인 등 포괄적 관계에서의 억압, 사회의 왜곡된 가치관 등에 의해 발생된다고 할 수 있다.(이정은, 2001, 455~456쪽) 이러한 점에 비추어 보자면 박정희 체제기 인권운동의 주요 원인은 국가의 인권침해와 자본주의적 산업화에 따른 노동 문제 등으로부터 나왔다고 할 수 있지만 특히 전자의 경우가 문제가 되었다.

노골적으로 인권유린을 자행하였음에도 불구하고 유신정권은 공식담론 영역에서만큼은 민주주의와 인권의 가치를 인정하는 모습을 보여주었다. 유신헌법은 '자유민주적 기본질서'에 입각한 '민주공화국'을 표방하였으며, 고문 금지와 국민의 인권 보호를 강조하였다. 나아가 박정희는 인권유린이 반인류적 죄악이라고까지 주장하였다.

> 인권을 경멸하거나 무시하거나 이것을 짓밟는 일은 곧 사람이 스스로의 존
> 엄을 부정하고 모독하는 것일뿐더러, 나아가 사회 정의와 인류의 평화를 위
> 협하고 파괴하는 가장 큰 죄악이 아닐 수 없으며, 여기서 인권의 존중도 보
> 장도 없는 공산주의가 왜 모든 자유민주주의 국가의 국민들이 인류 공동의
> 적이라고 하는가에 대한 명백한 대답을 얻는 것〔……〕(『박정희대통령 연설
> 문집』 1~16, 340~341쪽)

박정희 정권은 원론적으로는 인권을 인정하였지만, 실질적으로는 반
공·경제개발 논리로 그것을 회수하였다. 즉 보편적 원리로서 인권을 인정
하면서도, 실질적으로는 한국의 특수한 사정을 근거로 인권의 가치를 무
화시켰다. 여기서 특수한 사정의 핵심은 경제개발이 절대적으로 필요한
'후진국'이라는 것과 남북분단이었다. 박정희는 1968년 12월 10일 제20회
세계인권선언일 치사에서 "경제건설 없이 빈곤을 면할 길은 없는 것이며,
빈곤을 추방하지 않고서는 인권은 확보될 도리가 없는 것"이라고 단언하였
다.(『박정희대통령 연설문집』 1~16, 394쪽) 반공을 이유로 인권을 유보하는
행태는 굳이 설명이 필요 없을 정도였다.

물론 박정희 정권의 인권에 대한 관심은 단지 담론상의 언설로만 그친
것은 아니었다. 실제로 법무부 검찰국 산하에 인권옹호과를 만들고 『인권
연보』를 발행하기까지 하였다.(이정은, 2001, 433~434쪽) 『인권연보』는
1962년부터 1970년대 초반까지 계속 발간되었다. 그러나 이러한 활동은
쿠데타 직후 취약한 지지기반 확대를 위해 이전 정권과의 차별성을 강화
하려는 정략적 시도였던 것으로 보인다. 실제 『인권연보』는 국가의 인권정
책을 홍보하는 내용과 국가에 등록된 인권단체들의 활동을 주로 다루는

정도였다.* 자유민주주의를 지배담론으로 내세우는 한, 인권 등의 민주주의적 모든 가치를 전면 부정할 수는 없었기에 끊임없이 자신의 지배질서를 민주주의, 인권, 자유 등의 가치 개념으로 정당화하고자 한 시도였다.

박정희 정권이 형식적 수준에서나마 인권 문제를 언급한 것은 국제적 수준의 압력과 무관하지 않았다. 1948년 유엔의 세계인권선언 선포는 그 압력의 구체적 예라고 할 수 있다.** 유엔의 결의로 탄생한 한국은 미국 주도의 자본주의 진영의 강력한 영향력하에 있었고, 그 영향력은 정치·군사적 측면뿐 아니라 이데올로기와 담론 영역에서도 마찬가지였다. 즉 서방 진영의 자유주의, 민주주의, 인권 등의 도덕적·이데올로기적 가치는 한국의 공식 영역에서 최고의 가치로 인정될 수밖에 없었던 것이다.***

체제정당화 담론상으로는 인권을 운운하였지만, 실제 유신정권의 움직임은 그것을 거의 완벽하게 부정하는 것이었다. 특히 긴급조치는 헌법에 보장된 개인의 기본권에 대한 광범위하고 자의적인 제한 조치를 가능케 하여 인권 문제를 발생시킬 수 있는 핵심적 억압 기제였다. 또한 유신체제 선포를 전후해 형식적인 인권 업무마저 폐지함으로써 명실 공히 반인권적 지배 형태를 확립하였다.(이정은, 2008, 185쪽) 간첩사건 등 공안사건

---

* 『인권연보』 발간사 중의 다음과 같은 구절은 이러한 의도를 잘 보여준다. "우리나라는 자유민주주의 국가의 기치를 높이 들고 출발한 지 벌써 10여 년이 지났으나, 인권옹호에 관해서는 이를 전담할 정부기구조차 하나 없이 형식적인 구호만 되풀이해온 것이 지난날의 실정이었습니다. 그러나 다행히도 조국의 민주 재건을 목표로 하여 궐기한 혁명정부는 신속·과감한 제반 시책과 더불어 적극적인 인권옹호 활동을 전개하기 위하여 1962년 5월 20일 법무부 검찰국에 인권옹호과를 신설함으로써 제도적 기반을 마련하였습니다."(이정은, 2001, 433~434쪽에서 재인용)
** 세계인권선언의 배경과 동서 양 진영의 논쟁 등에 대해서는 유네스코한국위원회 엮음, 1995 『인권이란 무엇인가』를 참조할 것.
*** 예컨대 개신교계 대표적 저항 지식인이었던 안병무는 세계인권선언이 마그나 카르타 이래 서구의 다양한 인권선언의 집약이며 성서의 내용과 일맥상통하는 것이라는 입장을 가지고 있었다. 그는 "인권은 하느님이 준 것임을 천하에 선포하고, 이를 세계인이 공통으로 고백한 것"이라고 하였다. 그는 인권은 천부의 것으로 신성불가침이며, 인간이 만들어낸 어떤 것으로도 침해될 수도 양보할 수도 없으며, 이는 성서에 근거한 것이라 하였다.(안병무, 1977 「기독교와 인권과 저항」 『씨올의 소리』 4·5월호)

관련자와 체제비판적인 지식인·학생 등은 물론이고, 야당 국회의원, 심지어 공화당 간부에게까지 서슴지 않고 구속과 고문을 자행한 박정희 정권은 필연적으로 인권 문제의 광범위한 발생을 불가피하게 만들었다. 즉 역설적으로 박정희 정권은 인권 문제의 광범위한 확산을 초래하여 인권운동 발전에 중요한 기여를 한 셈이었다.

　박정희 정권 시기 인권유린의 대표적 기구는 중앙정보부였다. "공포와 억압의 상징인 중앙정보부는 미행과 도청, 불법 연행과 고문으로 얼룩진 유신체제기 대한민국의 대표 브랜드"였다. 중앙정보부뿐 아니라 보안사령부, 치안본부 등 군대와 경찰조직 또한 인권유린의 핵심적 도구 중의 하나였다. 수사기관의 인권유린을 견제하고 감시해야 할 사법기관은 이미 절대 권력의 시녀가 되어 거의 아무런 역할도 하지 못하였다. 이러한 상황이었기에 '박정희 시대'는 "인권이 실종되고 고문이 번성한 시기"였다.(박원순, 2006, 312쪽) 유신정권의 야만적 인권유린의 실태는 1971년 '재일교포 학생학원침투간첩단사건'으로 보안사에 체포되어 혹독한 고문 끝에 난로를 뒤집어쓰고 자살을 시도한 서승의 경우에서 잘 나타난다. 얼굴과 온몸이 문드러지고 지문조차 없어져 발가락 지문을 찍어야 하였다는 이 참혹한 고문은 유신정권의 인권유린 실상의 빙산의 일각에 불과하다.*

　이 밖에도 같은 해 11월의 '서울대생내란예비음모사건', 1972년 유신 선포 직후의 야당 의원 고문, '검은10월단사건', 1973년 서울대 법대 최종길교수고문치사사건, 남산부활절연합예배사건 등 고문은 끊이지 않고 계속되었다. 1974년에는 민청학련사건과 제2차 인혁당사건을 거쳐 1979년 크리스챤아카데미사건과 남민전사건에 이르기까지 유신정권의 고문과 인권유린은 체제의 마지막 순간까지 잔혹하고도 지속적으로 자행되었다.

---

* 서승의 참혹한 고문 과정 및 19년에 걸친 수감 생활에 대해서는 서승, 1999를 참조할 것.

유신정권의 인권유린은 다만 시국사건이나 공안사건 등에 국한된 것은 아니었다. 사회적으로 주목받는 학생이나 저명인사들이 관련된 사건에서만큼 크게 문제화되지는 않았지만, 일반인을 대상으로 한 고문과 인권유린 또한 일상적으로 자행되고 있었다. 오히려 공안사건 관련 인권유린 사건은 사회적으로 드러나는 경우가 많았던 반면, 일반 시민을 대상으로 한 각종 인권유린 실태는 거의 문제화되지 않았다는 점에서 더 큰 문제가 아닐 수 없었다.[*] 이에 따라 다양한 차원에서 인권이 문제화되고, 또 그것을 운동과 실천으로 극복하고자 하는 움직임이 일어난 것은 어쩌면 지극히 당연한 일이었다.

---

[*] 일반 시민을 대상으로 한 각종 고문 및 인권유린 사건들에 대해서는 박원순, 2006, 423~432쪽을 참조할 것.

2
인권운동단체의 성립과
인권운동 전개

인권운동단체의 성립

한국 최초의 인권단체는 1953년에 조직된 '국제인권옹호 한국연맹'이라고 할 수 있다. 이 단체는 '대한인권옹호연맹'으로 출발하였으나, 1955년 4월 국제기구 가입과 함께 단체명을 변경한 것이었다. 또한 박한상이 1961년에 설립한 '한국인권옹호협회'가 있다. 이 외에 법무부에 등록되어 있는 단체로는 법무부 인권옹호과, 검찰청 인권상담소, 각 변호사회 인권상담소, 여성법률상담소, 한국노총 등이 있다. 그러나 이들 단체나 기관들의 활동은 대부분 법률 자문 정도에 그쳐, 인권단체로 보기 어려웠다.(이정은, 2001, 446~447쪽)

　　사회운동의 형태로 인권운동이 본격화된 것은 1970년대 이후라고 할 수 있으며, 그 출발을 알린 것은 1972년 3월 28일 국제엠네스티 한국지부의 설립이었다. 특정 정부, 정치적 집단, 이데올로기, 경제적 이해 또는 특정 종교에 대해 독립적이며 모두에게 공평하게 활동한다는 원칙하에 설립된 이 단체는 25명의 회원으로 설립되었으며, 정치범을 위한 임시구호기금을 설치하고, 고문반대 캠페인(1973년) 등의 활동을 벌였으나, 유신 말기 간부가 구속되는 등의 고초를 겪기도 하였다. 설립 당시 이사장에 김재준, 전무에 윤현, 이사에 양수정, 민병란, 한승헌 등이 참여하였다.(한국기독교사회문제연구원, 1983, 253쪽)

각종 시국사건과 공안사건이 빈발하고 유신체제의 폭압성이 노골화하면서, 인권운동 또한 치열해지고 조직적 수준도 더욱 강화되었다. 이에 따라 국제기구의 지부 형태가 아닌 독자조직으로 설립된 단체가 KNCC 인권위원회였다. 이 조직은 1960년대 말 도시산업선교회의 노동운동 과정에서 체감한 인권 문제의 심각성을 배경으로 하였다고 할 수 있는데, 보다 직접적인 계기가 된 것은 1973년 4월의 부활절연합예배사건이었다. 이 사건을 통해 개신교회는 유신정권의 정체를 실감하게 되었고, 인권위원회 결성을 준비하게 되었다. 게다가 이듬해인 1974년 민청학련사건으로 다수의 구속자가 나오면서 인권위원회 조직은 더욱더 탄력을 받게 되었다.

결국 민청학련사건 관련자들에 대한 인권유린을 막고 지속적이고 안정적인 인권운동을 펼치기 위해 특별위원회 형태로 KNCC 인권위원회가 설립되었다. 이후 종로 5가 인권위원회 사무실은 명실 공히 1970년대 '한국 인권운동의 메카'라는 평을 들을 정도로 중요한 역할을 하였다. 인권위원회의 중요한 활동 방식은 기도회를 여는 것이었다. 목요기도회는 인권회복을 위한 정치적 발언을 하는 장소로 활용되고 조직화의 장이 되었는데, 1974년 9월 '구속자가족협의회'(구가협)가 만들어진 것이 대표적인 사례였다.* 윤보선 전 대통령의 부인 공덕귀 여사가 회장, 연세대생 김학민의 아버지 김윤식이 부회장, 김한림이 총무를 맡아 발족한 구가협은 구속

---

* 구가협의 전신은 1973년 11월 9일에 결성된 '구속학생가족대책협의회'였다. 이 조직은 구속학생 가족만을 대상으로 한 것이었으나, 다른 가족들도 포함시켜야 된다는 문제제기가 받아들여져 구가협으로 확대된 것이었다.(김설이·이경은, 2007, 48쪽)

자 인권옹호를 위한 다양한 활동을 펼쳤으며, 1976년에는 '양심범가족협의회'로 개편되어 지속적 활동을 전개하였다.

1974년 9월 23일에는 민청학련사건 연루 혐의로 지학순 주교가 구속되면서 천주교정의구현전국사제단(사제단)이 결성되었다. 인권회복과 민주회복을 기치로 내세우고 창립된 사제단은 인권단체로만 규정할 수 없는 성격을 지니고 있었지만, 인권운동 분야에서도 중요한 활동을 전개하였다. 사제단은 창립과 함께 기도회를 가진 다음, 곧바로 가두시위에 나서는 등 적극적인 실천을 전개해나갔다. 이보다 앞서 천주교 측에서는 1970년 정의평화위원회(정평위)가 발족되었다. 정평위는 비공식 단체인 사제단과 달리 교구 산하의 정식 기구로 설립되었기에 한층 더 안정적인 활동 토대를 가질 수 있었다. 더욱이 1975년 2월 주교단 의결로 모든 기도회를 주관하게 됨에 따라 천주교 내 정평위의 위상은 더욱 높아졌다.*

노동계에서도 인권단체가 결성되었다. 산업화의 진전과 더불어 열악한 근로조건 및 저임금에 기반한 노동 문제가 새로운 사회 문제로 떠오르면서, 이를 인권의 관점에서 접근하는 시각이 등장하였고, 이러한 맥락에서 전태일의 분신으로 당시 노동 문제의 상징과도 같았던 평화시장 노동자들의 비참한 근로조건과 저임금 문제를 해결한다는 목적으로 1977년 10월 25일 '평화시장 근로자 인권문제협의회'가 결성되었다.(『1970년대 민주화운동』 5, 1,984쪽)

한편 종교계·노동계 등에서 인권운동 단체가 설립되는 것과 함께 각 분야를 망라한 인권운동 단체도 등장하였다. 인권운동은 원리적으로 인간의 권리가 침해되는 모든 영역에서 가능한 운동이라 할 수 있었기에 분야별 단체들이 가지는 조직 위상의 한계를 극복할 필요성이 제기된 것이었

* 정평위 창립 과정과 조직 위상에 대해서는 본서 제3부 제1장 제2절을 참조할 것.

다. 이에 따라 1977년 12월 29일에는 신·구교, 학계, 법조, 언론, 노동운동 관계자 등 각계 인사 32명이 참가해 '한국인권운동협의회'가 결성되었다. 한국인권운동협의회는 결성 직후인 1978년 1월 24일 "자유·민주·인권은 국민 모두가 지키고 키워나가자"는 제목의 발족 성명서를 발표하고 정식 활동에 돌입하였다.* 1978년 6월 9일에는 조직을 확대하여 회장에 함석헌, 부회장에 문익환, 김승훈, 송건호, 성내운, 공덕귀를 추대하고, 각계각층을 망라한 중앙위원 118명을 선임하였다. 또한 인권 문제에 대한 원칙을 서술한 "오천만의 인권"을 발표하기도 하였다.(『1970년대 민주화운동』 5, 1,990쪽)

1978년 5월 12일에는 민청학련사건 등으로 투옥되었던 청년학생들이 주축이 되어 '민주청년인권협의회'(민청협)를 결성하였다. 이들은 민주회복운동에 헌신할 것을 다짐하는 "창립선언"을 발표하고 다양한 활동을 시작하였다.(『1970년대 민주화운동』 5, 1,989쪽) 이들의 활동은 곧 중앙정보부의 주목을 받게 되었고, 급기야 창립 직후인 1978년 5월 25일 운영위원** 6명 전원이 정보부에 연행되어 조직 설립에 관해 조사받고 탈퇴를 강요받았다. 이에 민청협은 5월 26일 즉각 성명서를 발표하여 중앙정보부원의 구타와 모욕에 대해 항의하는가 하면, 6월 2일에는 재차 중앙정보부원의 폭행·고문에 대한 항의와 인권탄압 중지, 국민대중 생존권 보장 등을 요구하는 성명서를 발표하였다. 인권운동협의회 또한 민청협 간부들을 연행하고 폭행한 것에 대해 항의하는 내용의 성명을 발표하였는데, 이는 인권운동 단체들 간의 연대가 이루어지는 모습을 보여주는 것이었다.(한국기독교사

---

* 집행부 구성을 보면 회장 조남기 목사, 부회장 김승훈 신부, 총무 안성열 기자(동아투위), 서기 김상근 목사 등으로 종교계의 영향력이 컸다고 할 수 있다.
** 민청협의 운영위원은 정문화, 박계동, 김학민, 문국주, 배경순, 장만철 등이었고, 상임고문으로 윤보선, 성내운, 고은, 천관우, 지학순, 박형규, 문익환 등이 추대되었다.

회문제연구원, 1983, 337~338쪽)

인권운동의 전개 과정

인권운동을 원리적으로 '인간의 기본권 침해에 대한 저항'이라고 규정한
다면, 1970년대 인권운동 범주에 들어갈 수 있는 영역은 대단히 다양하다.
그러나 인권이란 가치를 내세우고 주요한 사회운동으로 등장한 것으로만
국한해서 본다면, 크게 두 부문으로 구분할 수 있다. 첫째는 국가폭력에 의
한 희생자들의 인권 문제를 제기하는 것이고, 둘째는 노동자·도시빈민 등
의 생존권과 인간다운 삶을 인권의 차원에서 접근하는 것이다.

전자는 주로 종교계를 통해 이루어졌다고 할 수 있는데, 주된 형태는
주요 시국사건에 대한 인권 차원의 접근이다. 1970년대 들어 다양한 형태
의 반유신반독재 저항운동이 거세어지고, 또 그에 따른 인권유린이 큰 문
제가 되면서, 종교계의 인권운동도 활성화되기 시작하였다. 특히 1974년
민청학련사건은 전례가 없는 막대한 수의 구속자 양산과 연행자에 대한
혹독한 고문으로 인권 문제가 큰 사회적 관심을 끌게 되는 중요한 계기가
되었다.

후자는 1970년 전태일의 분신으로 상징되는 노동자·도시빈민의 비참
한 삶에 대한 인권운동 차원의 관심이었다. 전태일의 분신을 계기로 1970
년 11월 14일 서울대 법대에서 조직된 '민권수호학생연맹 준비위원회'의
전태일 추도식 거행은 그 구체적 사례였다. 여기서 인권 대신 '민권'이란
용어를 사용하였다는 점이 흥미롭다. 1977년 10월 25일에 신·구교 및 재
야인사들로 결성된 '평화시장 근로자 인권문제협의회'도 노동문제를 인권
의 차원에서 접근한 조직적 사례가 될 것이다.

1970년대, 특히 유신체제 성립 이후 인권 문제가 중요한 사회정치적 이슈로 등장하게 된 요인은 1차적으로 국가폭력의 노골적인 인권탄압에 있었다. 그러나 다른 한편으로는 해방 이후 국가 수준에서 제기된 인권 개념의 효과가 있었음도 고려해야 될 것이다. 한국의 인권운동은 주로 1970년대 이후 전개된 것으로 이해되고 있다. 하지만 그 이전까지 국가에 의해 제기된 형식적·제도적 차원의 인권 가치가 실질적 의미가 거의 없는 것이라 해도, '인권 개념은 그 자체로 의식 고양이나 주체 각성'에 중요한 역할을 하며 '인민들의 저항의 근거'가 될 수 있는 것이었다.(이정은, 2008, 188쪽)

이것을 잘 보여주는 사례가 세계인권선언 기념일을 활용한 도시산업선교회의 활동이었다. 도시산업선교회는 1970년 이후 세계인권선언 기념일을 전후해 '인권을 위한 기도주간'을 정하고, 인권기도회 등을 개최하여 인권 문제를 환기하는 주요한 계기로 삼고자 하였다. 1973년 기념일에는 '교회와 인권 기도주간' 선포와 함께 한·미·일 3개국 정부에 건의문을 보내어 노동법 개정, 노동3권 보장 등의 내용을 건의하기도 하였다.(이정은, 2008, 207~208쪽)

비록 인권이 국가권력조차도 인정할 수밖에 없는 보편적 가치이기는 하지만, 인권에 근거한 운동을 진행한다는 것은 현실적으로 많은 제약을 수반하는 것이기도 하였다. 즉 유신체제의 폭압하에서 거의 모든 형태의 저항운동은 반공을 비롯한 이데올로기 공세를 받아야만 하였고, 보편적 인권조차도 '빨갱이'에게는 적용될 수 없다는 분위기를 극복해야 하였다. 이러한 정세하에서 종교계가 나선 것은 이데올로기 공세를 피할 수 있는 유리한 조건인 것만은 분명하였다.

유신체제 선포 직후 잠시 주춤하였던 반정부투쟁이 이듬해인 1973년 하반기부터 학생 중심으로 다시 활성화되기 시작하면서, 인권운동 또한 본격화되기 시작하였다. 1973년 11월 27일 새문안교회에서는 언더우드

기념 학술강연회를 마친 후, 광화문까지 횃불시위를 벌여 22명이 연행되는 사건이 발생하였다. 이들이 내건 구호는 "교회사찰 중지" "구속학생 석방" "언론자유 보장" "한일각료회담 반대" 등이었고, 새문안교회 대학생회 명의로 "호소문"을 발표하기도 하였다. 이튿날인 11월 28일에는 한국기독교교회협의회가 '참된 자유와 평화'를 기원하는 '구국기도회'를 기독교회관에서 개최하였다. 기도회 후 한국기독학생총연맹 회원 30여 명이 "구속학생 석방" "교회사찰 중지" 등의 구호를 외치며 가두시위를 전개하였고, 22명이 연행되었다.(한국기독교사회문제연구원, 1983, 265쪽) 그 결과 구속학생가족대책협의회가 결성되기도 하였다.

인권 문제가 더욱 첨예해지게 된 중요한 계기는 1974년의 민청학련사건과 인혁당재건위사건이었다. 천주교의 명망 있는 인사였던 지학순 주교 구속에서 드러나듯이 정권의 탄압은 도를 더해갔고, 이에 정비례해 종교계를 위시한 각 부문에서의 인권운동도 고양되어갔다. 1974년 11월 11일 명동성당에서 여자수도회 주최의 기도회, 11월 20일 천주교정의구현전국사제단 주최의 인권기도회 등이 개최되었다. 후자의 경우 명동성당에서 성직자, 수도자, 신자 등 1,500여 명이 참가한 가운데 개최되었는데, 미사, 유해행렬, 성모 동굴기도, 철야기도 등의 방식으로 진행되었다.(명동천주교회, 1984, 144쪽) 1974년의 중요한 인권운동으로는 지학순주교구속사건과 함께 김지하 석방운동이 있었다. 김지하는 「오적」 「비어」 등의 필화사건으로 구속과 출감을 거듭하였고, 종교계를 위시해 사회 각 분야에서 김지하 석방운동이 다양하게 전개되었다.

1975년 들어서도 구속인사 석방운동 등의 형태로 인권운동이 계속되었다. 천주교정의구현전국사제단은 1월 9일 명동성당에서 80여 명의 성직자와 2,000여 명의 신자들이 참석한 가운데 '인권과 민주 회복을 위한 기도회'를 개최하였고, 2월 6일에는 당시까지 최대 인파인 3,500여 명이 참

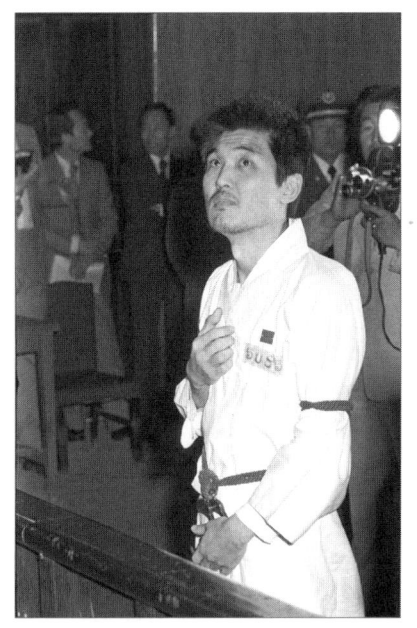

민청학련사건 배후 조종 및 내란 선동 등 혐의로
사형을 선고받는 김지하

석한 가운데 인권회복을 위한 기도회를 개최하였다. 이후에도 주요한 시
국사건마다 구속자가 속출하였고, 이에 따른 인권운동 또한 지속적으로
전개되었다. 1979년 9월 10일에는 1,800여 명이 참석한 가운데 가톨릭 전
주교구 사제단, 전주교구 정의평화위원회 등 네 단체가 전주성당에서 '인
권과 교권 수호를 위한 전국기도회'를 개최하였다. 참석자들은 기도회 후
2km 떨어진 전동성당까지 침묵시위를 벌인 후, 1,000여 명이 전동성당에
서 철야기도회를 가졌다.(한국기독교사회문제연구원, 1983, 382~384쪽)

　　유신체제 선포 이후 인권운동에서 중요한 역할을 한 단체 중의 하나는
구속자가족협의회였다. 특히 구가협은 인권유린을 당한 직접 당사자들의
가족들이 결성한 조직이라는 점에서 주목할 만하였다. 가족이라는 견고한
유대관계에 입각한 구가협의 활동은 치열하고 헌신적이었으며, 이후 양심
범가족협의회를 거쳐 1980년대 민주화실천가족운동협의회로 이어져 한국

인권운동의 중요한 조직적 실체가 되었다. 구가협은 결성 이후 목요기도회와 명동기도회에 참여하는 것은 물론, 1974년 11월 11일 50여 명의 가족이 전·진·상 교육관에서 단식기도회를 열고 이후 종로로 진출해 시위를 전개하기도 하였다. 또한 구가협은 1975년 4월 10일 "시국위기선언문"을 발표하여 "유신철폐" "민주세력 구속·연금 철회" "학원자유 보장" "종교탄압 중지" "중앙정보부 해체" 등 5개 항을 요구하였다.(한국기독교사회문제연구원, 1983, 310쪽)

구가협의 뒤를 이어 1976년 10월 14일에 재발족한 양심범가족협의회도 활발한 활동을 전개하였다. 1977년 8월 16일에는 이희호 등 회원 50여명이 선별적 8·15석방 조치를 비판하면서, 구속자 전원 무조건 석방 요구 등을 내걸고 서울제일교회에서 항의농성에 돌입하였다. 하지만 경찰의 제지로 밤 11시경 강제 해산되었다.(『1970년대 민주화운동』 4, 1,417쪽) 1978년 4월 19일에는 구속자 가족들이 수유리 4·19묘지 참배 후 "구속자를 석방하라" 등의 플래카드를 들고 노래를 부르다가 경찰과 충돌하였고, 그 과정에서 경찰로부터 폭행을 당하였다. 이에 양심범가족협의회는 4월 21일 수유리 4·19묘지 참배사건에 관한 호소문 "만천하에 호소합니다"를 발표하여 불법구타 범인 색출·처벌을 요구하였다. 이어 같은 해 6월 2일에도 구속자 가족들이 금요기도회 후 기독교회관 앞에서 시위를 벌이다 경찰 폭력으로 해산당하였다. 1979년 9월 13일에는 양심범가족협의회 회원 60여 명이 기독교회관에서 29일간의 농성을 끝내면서 "독재의 억압과 수탈을 타파하기 위해 힘을 모아 싸우자"는 내용의 성명서를 발표하였다.(『1970년대 민주화운동』 4, 1,450~1,451쪽)

인권운동은 노동 영역에서도 전개되었다. 이미 1950년대 후반부터 산업현장에 대한 선교활동을 전개해온 기독교계는 1970년대 들어 도시산업선교회를 결성하면서부터 본격적인 활동을 전개하게 되었다. 노동 문제에 대한 기독교계의 참여가 확산되는 양상을 상징적으로 보여준 것은 1969년 10월 24일 시민회관에서 개최된 "사회발전과 노동 문제 대강연회"였다. 산업선교에 참여하고 있던 9개 단체 주최로 개최된 이 강연회에는 김수환 추기경, 강원룡 목사 등 신·구교계의 대표적 인사들이 참가해 노동자 인권 문제에 대한 기독교계의 입장을 천명하였다. 그 기본은 산업화에 대해 "인간이 있고 경제가 있다"는 입장하에 노동자 및 인간의 소외 문제를 제기하는 것이었다.(조승혁, 1978, 31쪽) 이들은 "인간은 하느님이 주신 지상의 가치이며, 인간을 자신의 형상대로 지으신 하느님은 인간을 모든 속박으로부터 해방시키며, 인권의 침해가 없는 사회"를 이루는 것이 목적이라는 인식을 가지고 있었기에 인권 확립이야말로 교회의 지상의 과제가 되는 것이었다. 1970년대 후반 무렵에 이르면 이러한 인식이 확고하게 정립된다고 볼 수 있다.(조승혁, 1978, 28쪽) 기독교계의 이 같은 입장은 1977년 3월 10일 노동절을 맞이하여 한국교회사회선교협의회가 발표한 "1977년 노동자 인권선언서"에 집약되었다. 이 선언은 "노동자의 인권은 천부적인 것"임을 천명하고, 노동3권을 비롯해 근로조건, 어용노조 등의 문제를 제기하였다.(조승혁, 1978, 36~37쪽) 기독교계 산업선교에서 인권의 문제는 곧 정치적 문제로 이해되었다. 즉 노동자의 권익 문제는 단순히 한 사람의 문제가 아니라 "정치적 현실에서 빚어지는 문제"라는 인식을 갖게 되었고, 인권침해에 대해 법적 투쟁은 물론 정치적 투쟁까지 필요함을 강조하였다.(조승혁, 1978, 29쪽) 그런데 이러한 인식은 "인권옹호에 대한 운동을 정치운동으로 규탄하고 몰아세우는" 경향을 비판하는 입장과 묘한 대조를 이루는 것이었다.(안병무, 1977, 27쪽)

'평화시장 근로자 인권문제협의회'는 1977년 11월 18일 전태일 7주기 추도식을 갖고, 이소선 및 구속노동자 석방, 노동운동 탄압 중지 등을 요구하는 내용의 성명서를 발표하였다.(『1970년대 민주화운동』5, 1,985쪽)

버스 안내양에 대한 인권유린도 노동인권 문제 가운데 중요한 하나의 사회적 이슈였다. 당시 버스회사들은 안내양들의 소위 '삥땅'을 방지한다는 명목으로 알몸수색 등의 야만적 인권유린을 자행하여 사회적 물의를 빚고 있었다. 이러한 상황에서 1976년 1월 5일 버스회사 측의 삥땅 추궁으로 안내양 이영옥이 할복·항의하는 사건이 발생하였다. 이 사건으로 서울 YWCA연합회는 계수기 사용 중단과 근로조건 개선을 위한 건의문을 주요 관계기관에 보냈고, 1월 17일부터 계수기가 철거되기도 하였다.(『1970년대 민주화운동』 5, 1,976쪽)

구속자 인권 중심의 종교계의 인권운동은 학생운동권의 동향과 밀접하게 관련되는 것이었다. 민청학련사건 등으로 구속자가 대거 발생하면서 학생운동권도 구속자 석방을 주요한 이슈로 내걸고 지속적인 시위를 전개하였다. 1974년 9월 17일 고려대 총학생회가 구속학생 석방을 요구하는 유인물을 작성한 것을 필두로, 9월 18일 서울대 공대생 3명에 대한 구속학생 석방청원 서명운동이 이어졌다. 9월 23일에는 4,000여 명의 이화여대생이 교내 강당에서 열린 예배시간을 이용해 "정당한 법적 절차 없이 체포·구금·고문하는 불법행위를 즉각 중지하라"고 주장하였다. 이들은 구속학생 석방 등을 요구하면서 6개 항의 결의문을 채택하고, 서명운동과 시위를 전개하였다. 이어 서울대, 고려대, 한국신학대, 감리교신대 등의 학생들이 차례로 교내외에서 성토대회 및 시위를 벌였다. 10월에 들어서도 1일 서울대, 2일 서울대 치대, 8일 서울대 법대 등의 학생들이 구속학생 석방 서명운동을 전개한 데 이어, 10일 고려대생 2,000여 명이 구속학생 석방을 요구하며 교내시위를 감행하였다. 그리고 서울대 상대생들이 고려대 앞까지 진출하여 시위를 감행하였다. 대학의 시위는 10월 중순부터는 전국으로 번져나가 중앙대, 동국대, 건국대, 부산대, 전남대, 충남대 등의 학생들이 구국선언문 등을 채택하고 일제히 성토대회, 농성, 시위 등을 벌였고, 이어 경북대, 동아대, 숭전대, 성심여대, 서울신학대 등 전국 대학에서 시위가 일어났다. 이로 인해 10월 18일경에는 전국 대학이 거의 휴교 상태에 이르렀다. 11월에 들어서도 1일 한양대 학생들이 시위를 하였고, 11일 경동교회 대학생들이 횃불시위를 벌였다.(이재오, 1984, 335~339쪽)

1970년대 후반 들어서는 인권운동협의회의 활동이 두드러졌다. 인권운동협의회는 1978년 2월 27일 제1회 인권강좌를 개최하고자 하였으나, 당국이 총무 안성열을 연행하고 강사인 천관우, 김동길을 비롯한 관련자들을 가택연금시켰다. 그러나 인권운동협의회는 모임을 강행하여 "우리의 인권 현실"과, 국민의 저항권을 주장한 "한국 국민의 인권선언"을 발표하였다.* 같은 해 3월 16~18일에는 회장 조남기 목사, 총무 안성열 기자, 서기 김상근 목사, 이재정 신부 등 인권운동협의회 집행부가 연쇄 연행되어 활동 상황에 대해 조사를 받았다.(『1970년대 민주화운동』 5, 1,175쪽)

1970년대 후반 인권운동에서 새롭게 떠오른 문제 중의 하나는 구속학생들의 병역 문제였다. 유신정권은 학생운동가들을 강제로 군대에 보냄으로써 학생운동을 약화시키려 획책하였다. 이에 민청협은 1979년 10월 8일 수형학생 병역 문제 공청회를 열고자 하였으나 정권의 탄압으로 무산되었다.**

인권운동과 관련해 이른바 인권변호사 '4인방'으로 일컬어지는 황인철, 홍성우, 조준희, 이돈명 등의 활동도 중요하였다. 민청학련사건과 긴급

---

* 당국은 이를 방해하려고 집행부를 연행하거나 감시하였고, 교계 인사 등 다수를 가택연금시켰다. 그리고 오태순 신부, 이재정 신부 등을 연행하였다.(한국기독교사회문제연구원, 1983, 328쪽) "우리의 인권 현실"은 미 국무부의 "한국 인권 문제에 관한 보고서"를 논박하고, 유신체제하 한국의 참담한 인권 현실을 신랄하게 고발한 종합보고서였다.(『1970년대 민주화운동』 5, 1,969~1,975쪽)
** 이우회(민청협 회원, 회장), 송진섭(EYC간사) 등 공청회 개최자 전원에 대해 구류 5일이 내려졌다.(한국기독교사회문제연구원, 1983, 384~385쪽)

조치, 언론자유수호투쟁 등이 격화되면서 인권변호사들의 역할도 점점 늘어나게 되었고, 변론 자체가 인권운동의 중요한 활동 영역이 되었다. 이외에도 강신옥, 이세중, 박세경, 유현석 변호사 등이 인권변호활동을 전개하였다. 그러나 인권변호는 아직 개인 또는 몇몇 뜻 맞는 사람끼리의 개별적 활동에 머무르고 있었다. 조직적 형식을 갖지 못한 인권변호활동의 한계는 분명하였다.(박원순, 2003, 253~348쪽 참조)

인권운동은 외국인 선교사들의 활동으로도 확장되었다. 1975년에는 구가협 후원회장을 맡기도 하였던 시노트(한국명 진필세) 신부가 박정희 정권의 인권유린에도 불구하고 미국의 원조가 계속되는 것을 비판한 혐의, 인혁당사건 사형수 가족들과 접촉하고 장례식 사진을 촬영한 혐의 등으로 체포되어 추방 명령을 받았다. 이에 천주교를 비롯한 각계의 추방 반대운동이 전개되었다. 시노트 신부 또한 "인권운동은 죄가 될 수 없으며, 따라서 나는 죄가 없는 것으로 안다"라며 강력하게 저항하였다. 또 다른 외국인 성직자였던 조지 오글(한국명 오명걸) 목사 또한 인혁당사건 관련자들과 접촉한 혐의로 추방 명령을 받아 각계의 항의가 이어졌다.

외국인 선교사들의 활동은 개인적인 차원뿐 아니라 나름의 조직적 틀을 가진 것이기도 하였다. 그 대표적인 것이 1970년대 초에 만들어진 월요모임이었다. 1970년대 초반 허버트 화이트 목사가 주도하여 만든 미국인들의 '50인모임'을 모태로 하여, 1972년 가을 결성된 월요모임은 8~20명의 재한 외국인 선교사를 중심으로 만들어졌으며, 1970년대 내내 민주화운동 및 인권운동에 많은 도움을 주었다.(김설이·이경은, 2007, 81쪽) 월요모임은 한국과 관련된 해외 정보를 국내 민주화운동 진영에 소개하거나 반대로 국내의 고문·인권유린 사례들을 해외 언론에 전달함으로써, 박정희 체제에 대한 비판여론 조성에 중요한 역할을 하였다. 이러한 활동의 주요 매체가 『진실보고서』였다. 이외에도 수배자 보호, 미 대사관 항의시위

등을 조직하기도 하였다.[*]

　1970년대 인권운동의 딜레마 중의 하나는 소위 '좌익수' 또는 간첩 혐의 사건 관련자들에 대한 태도였다. 인혁당사건 및 각종 좌익용공 혐의사건, 그리고 남조선민족해방전선준비위원회(남민전)사건 관련자들은 구가협 등 인권운동 단체들의 기피 대상이기도 하였다. 인혁당사건은 오글 목사가 구명운동을 호소하기 전까지 구가협의 운동 대상이 되지 못하였다.(김설이·이경은, 2007, 62~63쪽) 그나마 인혁당사건은 오글 목사의 호소 이후 구가협의 구명운동 대상이 되었지만 남민전사건 관련자들의 경우는 사정이 달랐다. 남민전사건 관련 가족들은 일명 '남씨네'로 불렸는데, 그만큼 정식 명칭 사용조차 금기시되는 분위기였다.[**] 남민전사건 관련자들에 대해서는 어떠한 형태의 구명운동도 전개되기 힘들었고, KNCC 목요기도회에서조차 외면하였다. 종교적 울타리 밖의 남민전사건 관련자들에게는 심지어 양말 하나, 담요 한 장조차 주어지지 않았다고 한다.[***] 그만큼 한국 사회의 반공 이데올로기는 거대한 성채였다. 기독교 계통 인권운동단체조차 레드콤플렉스의 성채를 벗어나기 힘들었다.

인권운동의 논리와 특징

인권운동은 1970년대 민주화운동의 핵심적 영역 중의 하나였다. 독재정권의 저항운동 탄압은 개별 행위자에 대한 극심한 인권유린으로 연결되었

---

[*]　월요모임에 참여하였던 선교사들의 활동 회고는 짐 스텐츨 엮음, 2007을 참조할 것.
[**]　남민전사건 관련자 가족들의 구명운동에 대해서는 김설이·이경은, 2007을 참조할 것.
[***]　문익환 목사, 김승훈 신부 등 극히 일부의 지원 외에 남민전사건 관련자들이 인권단체의 도움을 받
　　게 되는 것은 1980년대 민가협 창립 이후라고 한다.(김설이·이경은, 2007, 162~165쪽)

고, 운동의 고양과 정권의 탄압이 상호 상승곡선을 그릴수록 인권운동 또한 확산·발전될 수밖에 없었다. 인권운동은 또한 정권의 탄압과 부도덕성을 고발하는 데 중요한 역할을 하였다. 보편적 인권에 근거한 정권에 대한 비판은 세계적 관심을 끌 수도 있었고, 반공 이데올로기가 극성을 부린 당대 담론지형에서 정권 공격의 유효한 경로가 될 수도 있었다. 요컨대 인권운동 분석을 통해 1970년대 민주화운동의 중요한 특징이 밝혀질 수 있을 것이다.

1970년대 인권운동의 두드러진 특징은 정권의 탄압에 따른 반사적 성격이 강하였다는 점이었다. 즉 인권운동은 체제 경직화라는 특수한 정세의 산물로 등장하였으며, 운동의 발전은 곧 국가권력의 탄압 강화를 조건으로 하는 것이었다. 유신정권은 분단과 후진성이라는 한국적 특수성을 강조하면서, 민주주의와 인권의 문제를 끊임없이 유보하고자 하였다. 이른바 '민족중흥의 역사적 사명'을 위해서 현재의 부자유와 고통을 감내하라는 것이 유신정권의 주문이었으며, 이것이 한국의 숙명적인 현실이라고 유신정권은 강변하였다.

유신정권의 특수성 강조 논리에 대항하는 인권운동의 논리는 보편적 인권의 가치를 강조하는 것이었다. 정권의 탄압과 인권운동의 관계는 논리적 수준에서도 유사하게 반복되었다. 유신정권이 한국의 특수한 현실을 강조하면 할수록 인권운동은 유보할 수 없는 인간의 보편적 권리를 주장하였다. 이는 곧 인권이 정치적 측면 또는 사상·양심의 자유와 같은 추상적 가치 영역으로 집중되는 양상과 연결되었다.

여기서 인권의 보편성은 근대 서구가 규정한 가치에 근거한 것으로 보인다. 즉 인권운동의 논리는 주로 서구에서 확립된 근대적 인간관, 자유주의적 가치에 근거하였다. 천부인권설에서 나타나는 절대적이고 보편적인 인권에 근거해 제반의 억압과 부자유를 극복하기 위한 운동으로 나타났던 것이다. 이러한 입장은 곧 기독교 논리와 접합되기도 하였다. 1970년대 인권운동을 주도하였던 종교계의 인권관은, "인권회복, 인간회복, 민주회복은 체제와 정권의 차원을 뛰어넘는 인간적 양심의 요구"라는 인식에서 보이듯이, 보편적·절대적 자연권에 근거한 것이었다.(천주교정의구현전국사제단, 1975, 161쪽)

기독교 교리상에서 인간은 하느님의 형상대로 빚어진 피조물이었기에 최고의 가치를 지니는 것이었고, 인간의 권리는 누구도 침범할 수 없는 절대적인 것으로 상정되었다. 따라서 인간의 권리가 침해된다고 여겨지는 모든 영역의 운동은 본질적으로 인권의 차원에서 접근 가능한 것이었다. 천주교가 자신의 활동을 『가톨릭인권운동사』로 정리하거나, 도시산업선교회의 산업선교활동이 노동자인권운동으로 이해되는 것은 이러한 맥락에서 가능한 것이었다. 즉 정치, 사회, 학원, 노동 등 거의 모든 분야의 저항운동이 인권의 견지에서 이해될 수 있는 것이었다.

그렇지만 기독교계의 인권운동은 사실 정치적 성격을 강하게 띠는 것이었다. 민청학련사건 관련 구속자 석방을 맞이해 김관석 목사는 "우리의 인권투쟁은 정치적 소외를 극복하고, 새로운 정치의 구원이라는 문제를 제기"하였음을 강조하면서, "근본적으로 종교와 정치는 별개의 것이라는 종래의 통념을 깨뜨렸다"고 주장하였다.(김관석, 1975, 20쪽) 기독교계는 인권이 단지 개인의 문제가 아니라 당시 한국 사회의 정치적 억압과 밀접히 관련된 문제라고 인식하고 있었고, 인권 문제 해결은 정치적 민주화와 직결된다고 파악하고 있었다. 요컨대 기독교계 중심의 인권운동은 유신체제와의 정치적 대립각을 날카롭게 하는 것이었다.

한편으로는 종교계의 인권운동 논리와 일정한 편차가 있는 주장도 제기되었다. 민족주의적 입장에서 인권운동은 그 자체로 의미를 갖기보다는, 통일운동을 비롯한 민족주의적 과제를 수행하기 위한 조건으로 배치되기도 하였다. 즉 인권운동은 "통일운동과 민족총화운동의 기본 여건"으로 설정하여야 한다는 주장이 그것이었다.(「하나의 세계를 지향하는 한민족의 이상」『독서신문』332·333호, 1977; 백낙청회화록간행위원회, 2007, 263쪽) 이러한 입장은 '민족적 현실'에 대한 독특한 해석에 근거한 것이었다. 분단이야말로 당대 현실의 모든 고통과 모순의 근원이기에, 인권 또한 통일을 통해서 보장될 수 있는 것으로 보았던 것이다. 여기서 보편적 인권은 특수한 민족 현실로 규정되고 있다.

인권운동에서 방어적 성격이 강했다는 것은 곧 기존 국가체제의 내부적 가치를 통해 저항의 근거를 확보하였다는 것을 의미한다. 한국의 국가체제는 기본적으로 미국식 자유민주주의에 근거해 자신의 질서를 구축하였다. 그것이 비록 형해화되고 형식적인 것이라 해도, 형식의 압력을 무시할 수는 없었다. 즉 한국의 국가체제는 제도적·행정적 국가장치뿐 아니라 이데올로기적 국가장치 또한 미국을 통해 서구 근대국민국가의 그것을 준용하였다. 요컨대 서구 근대의 보편성을 승인하고 그 정당화 메커니즘을 차용하였으며, 그 결과 한국의 헌법은 서구적 보편성의 규정하에 성립하게 된 것이다. 이로부터 국가체제의 형식적·규범적 틀(헌법)과 현실의 국가권력 사이에는 일종의 역사적 틈이 발생할 소지가 다분하였다. '근로기준법 준수'를 요구하는 '준법투쟁'에 목숨을 걸어야 하였던 전태일의 분신은 이 같은 규범과 현실 사이의 간극이 저항운동의 중요한 정당화 자원으로 활용된 한국현대사의 역설을 잘 보여준다.

당대의 국가권력이 헌법 규범을 담보하지 못한다고 판단되었을 때, 그 보편성의 현실적 근원인 구미 선진국은 또 다른 권위로 등장할 수 있었다. 유신정권의 특수성 논리와 비민주적 탄압에 대응하는 인권운동의 또 다른 특징은 미국을 중심으로 한 구미 선진국의 영향력이 크게 작용하였다는 점이었다. 미국은 자유, 민주 등과 함께 인권의 가치가 한국으로 유입되는 중요한 역할을 하였고, 이는 오글 목사, 시노트 신부 등의 사례나 카터 행정부의 인권외교를 통해서 확인된다. 특히 1960년대 세계교회협의회WCC와 미국교회협의회NCCUSA의 '진보적인 신학적 전환'은 제3세계 인권에 대한 교회의 책임을 강조하는 것으로, 한국 기독교계 인권운동에 커다란 영향을 미쳤다.*

그러나 한편으로 미국은 한국의 인권운동의 비판 대상이 되기도 하였다. 주지하듯이 카터 행정부의 인권외교는 미국 대외정책과 밀접하게 연동되는 것이었기에 한국 내의 인권보다 미국의 국익이 우선되는 것이었다. 1970년대 인권운동 진영 또한 이 점을 알고 있었고, 포드와 카터 대통령 방한 반대시위는 인권유린 정권을 지원하는 미국에 대한 항의였다. 요컨대 한국 인권운동에 있어 미국은 이중적인 모습으로 다가왔던 것이다.

인권운동을 주도하였던 기독교단체들 대부분이 미국 및 유럽 기독교 조직과 긴밀한 연계하에 활동하였으며, 또 그 권위를 통해 정권에 대한 저항을 조직하였다. 미국을 중심으로 한 구미 국가에 저자세일 수밖에 없었던 정권으로서는 국제적 기독교 단체들의 압력을 무시할 수 없었다. 한국의 기독교계는 스스로를 구미 기독교 국가의 권위와 정통성에 종속시킴으로써, 동일한 종속성을 보여주었던 국가권력에 대해 비교적 유리한 저항지점을 확보할 수 있었던 것이다. 요컨대 서구적 보편성과 기독교적 보편세계는 매우 밀접한 관련하에 있었으며, 한국과 같은 비서구 지역에 거부하기 힘든 권위로 다가왔다.

현존 국가권력의 가혹한 탄압하에서, 그 국가체제의 근원인 근대적 보편성에 호소하는 전략은 나름대로 탁월한 효과를 나타냈다. 이러한 보편성에 호소하는 전략을 담아내는 유효한 틀이 종교와 가족이었던 것으로

* 이에 대한 자세한 내용은 본서 제3부 제1장을 참조할 것.

보인다. KNCC 인권위원회를 비롯해 주요한 인권운동 단체들은 개신교와 가톨릭 등 주로 기독교 계통이었다. 사실 종교계는 인권운동뿐 아니라 민주화운동의 상당 부분을 떠맡고 있었기에, 이는 그렇게 특이한 양상은 아니었다. 정치적·이데올로기적 제약을 뚫고 보편성에 호소하는 인권운동은 비정치적 영역으로 취급되는 종교적 틀을 통해 더욱 효과적으로 진행될 수 있었던 것이다.

1970년대 인권운동은 종교와 함께 '가족운동'적 성격을 강하게 띠었다. 주지하듯이 구가협으로 상징되는 구속자 가족들의 헌신적 투쟁은 인권운동의 중핵을 이루었다고 해도 과언이 아니었다. 이것은 물론 국가권력의 노골적 폭력 앞에서 가족과 같은 1차적 관계 외에 적극적 활동이 힘들었다는 사정의 반영일 것이다. 또한 가족은 이데올로기적 국가장치로 배치된, 국가조차도 승인할 수밖에 없는 보편질서로 받아들여졌다. 더욱이 충효가 강조되는 국가적 이데올로기 공세 속에서 가족은 일종의 예외적 공간이 되었다. 물론 국가가 가족에 앞서는 가치임이 끊임없이 강조되었지만, 가족의 독립적 가치를 전면 부정할 수는 없었다. 따라서 가족은 국가권력의 잔인한 폭력과 반공 이데올로기 앞에서도 자신의 기본적 정당성을 보장받을 수 있는 드문 가치였다.

한편으로 종교·가족이 인권운동의 주요 주체로 등장하게 되었다는 것은 그만큼 당시 한국 사회의 운동영역, 나아가 정치적 활동영역이 매우 협소하였음을 반증하는 것이기도 하였다. 좌파운동은 오직 비합법 영역에서만 가능하였고, 보수정당들이 주도하던 제도권 정치부문조차 심각하게 위축된 상황하에서 가족·종교를 떠난 인권운동의 가능성은 극히 제한적이었다. 이는 곧 인권운동 영역의 협소화를 의미하는 것이었다. 즉 정권의 집중적 탄압 대상이었던 학생, 재야, 지식인, 종교계 인사 등 주로 상층 엘리트들과 그 가족 중심으로 전개된 것이 1970년대 인권운동의 주요한 특징 중의 하나였다. 따라서 인권운동이 광범위한 대중적 토대를 확보하기는 쉽지 않았고 민중의 사회경제적 불평등과 같은 문제와 결합하는 데에도 한계가 있었던 것으로 보인다. 기독교 계통에서 노동 문제를 인권의 시각으로 접근하기도 하였지만, 인권운동의 중심은 주로 엘리트였던 구속자들에 대한 구명운동의 성격이 짙었다.

보편적 인권에 근거하였음에도 1970년대 인권운동은 반공 이데올로기를 넘어서지는 못하였다. 남민전사건을 위시해 소위 '좌익수' 가족들에 대한 무관심은 이를 보여주는 대표적 사례이다. 그만큼 반공 이데올로기가 강력하였다고도 할 수 있겠지만, 한편으로 인권운동의 보편성이 시대적 특수성을 벗어날 수 없었던 것이기도 하였다. 배제되어야 할 대상이 있는 보편성이란 이미 더 이상 보편일 수 없는 것이었다. 인권유린 현실을 비판하기 위해 보편적 인권 이념에 근거하는 것은 지극히 자연스러운 것이기도 하였지만, 그 보편적 인권 주장조차 특수한 정세의 규정 속에 특수한 주장으로 봉쇄된 것이었다. 보편성의 압력이 현존 국가권력에 대해 상당히 효과적인 저항의 자원으로 기능함과 동시에, 인권운동 진영 또한 현존 국가권력과 그 이데올로기적 압력이라는 특수성으로부터 자유로울 수 없었던 것이다. 그럼에도 불구하고 1970년대 인권운동은 '인간의 권리'에 대한 사회적 관심을 제고시키고, 또 그것을 획득하기 위한 실천을 조직함으로써, 국가권력의 폭력성과 자의성을 비판하기 위한 중요한 가치를 환기시켰음은 분명하였다.

1

노동운동

유신체제하의 노동조건

1970년대, 특히 유신체제기는 노동 문제를 중심으로 한 산업화의 누적된 모순이 폭발한 시기였다. 1960년대 후반 이후 급속히 증가한 이농에 따른 도시로의 인구 집중은 광범위한 노동자계급을 형성하였다. 이 시기 한국사회는 1950년대와 1960년대 초반에 비해 급격히 변화하였지만, 노동조건은 이전 시기보다 악화되었다.

이 시기 노동운동을 둘러싼 몇 가지 구조적인 변화를 살펴보면 다음과 같다. 첫번째, 농촌인구의 이농을 통한 도시 유입이 급격하게 증가하였으며 산업구조 역시 광공업 중심으로 변하였다. 〈표7〉에서 보듯이 1966년 42 : 13으로 농업 부문의 3분의 1에 불과하던 광공업 부문의 국민총생산액은 1976년에 이르면 23 : 25로 농업 부문을 약간 추월하고, 1981년에는 광공업 부문의 국민총생산액이 압도적으로 늘어나 농업 부문의 갑절 가까이 되었다.

표7 산업별 국민총생산의 구성비 추이 (단위:%)

연도	농림수산업	광공업[*]	사회간접자본[**]
1966	42.5	13.4	44.1
1971	27.2	17.5	55.3
1976	23.2	25.1	51.7
1981	16.9	30.6	52.5

출처: 변형윤, 1989, 238쪽

1970년대 이후 공업이 급격히 성장하면서 임노동자의 수도 급격히 증가하였다. 그런데 임노동자 수의 급격한 증가는 농촌 피폐화로 인해 도시로 집중된 농촌인구에 의해 이루어졌다. 1960년대 불균형성장정책과 영세소농구조하에서 농촌경제 소득은 여전히 도시 노동자에 크게 미치지 못하였고, 1975년을 고비로 급감하였다. 그 밖에도 1971~1980년 사이에 농가 부채가 27배 정도 급증하였으며, 전 가족이 도시로 이농하는 경우가 비일비재하였다.

〈표8〉에 나타난 바와 같이 이농 인구는 1971년과 1975년 사이에 폭발적으로 증가하게 되어 연평균 9.7%를 기록하였고, 1976~1980년 사이에는 14.1%라는 기록적인 비율로 급증하였다. 그 결과 도시로 집중된 농촌인구는 대부분 저소득과 부족한 주거 조건으로 인해 도시 주변 판잣집에서 거주하였으며, 상대적 과잉 인구를 형성하면서 저임금·장시간 노동을 강제하는 원천으로 작용하였다.(이원보, 2004, 338~339쪽)

도시인구는 1965년부터 1973년 사이에 연평균 6.5%라는 세계에서 유례를 찾아보기 힘든 속도의 증가율을 보였다. 이러한 도시인구의 증가는

[*] 광업 및 제조업
[**] 기타 서비스업 포함

표8 농가인구 및 농촌인구 유출 추이 (단위: 천 명)

기간	1961-1965	1966-1970	1971-1975	1976-1980
(A) 유출인구	894	3,308	2,561	3,380
연 평균치	179	662	512	676
(B) 이농인구	1,884	1,754	2,524	2,424
연평균치	118	377	351	505
총유출율	3.3	9.5	9.7	14.1
총유입율	7.0	16.7	11.9	13.2

출처: 김준·이종구, 2002, 17쪽

도시 내부의 자연적인 인구 증가(2.2%)보다 이농(4.3%)으로 인한 것이었다. 1949년과 1955년 사이의 인구 이동이 약 180만 명이었음에 비추어 볼 때, 1967년에서 1976년 사이 670만 명의 도시로의 인구 이동은 가공할 만한 것이었다. 10년간 전체 인구의 20%가 이동한 셈이었다.(강준만, 2002, 168쪽) 이들 이농 인구는 대부분 도시빈민층과 노동자층을 이루며, 1970년대 노동현장과 노동운동의 물질적 기반을 형성하였다.

두번째로 노동시간을 살펴보자. 전 산업의 주당 노동시간은 1970년 51.6시간, 1975년 50시간, 1980년 51시간으로 점증하는 추세를 보였다. 특히 생산직 노동자는 1978년의 경우 월간 260시간으로 전문기술직이나 관리직의 평균 노동시간이 각각 217시간과 216시간이었던 것에 비해 여전히 장시간 노동이 유지되었다. 이는 저임금체제와 이를 이용한 사측의 노동시간 연장 때문이었다. 노동자들은 생계비의 절반에 머무는 임금 때문에 연장근로와 휴일근로를 통해 생계비를 보충해야 하였고, 사측은 최대 이윤 확보를 위해 장시간 노동을 강요하였던 것이다.(이원보, 2004, 346~347쪽)

〈표9〉의 노동시간의 추이에서 1974년과 1978년을 비교해보면 월간 노동시간은 218시간에서 260시간으로 점차적으로 증가하는 추세였으며, 월

표9　1970년대 생산직 노동자의 노동시간 추이

연도	월간 노동시간(시간)	월간 노동일수(일)
1973	218	25
1974	218	25
1975	221	26
1976	222	27
1977	240	26
1978	260	26
1979	253	25

출처: 노동부, 『노동통계연감』 각 연도

간 노동일수도 1980년에 이르기까지 25~27일에 달했다. 뿐만 아니라 국
제노동기구ILO 자료에 기초한 각국별 제조업 노동자 노동시간은 1972년에
필리핀 44.2시간, 싱가포르 49.5시간, 일본 42시간, 한국 51.6시간이었는
데, 1978년에는 싱가포르와 일본이 각각 49시간과 40.6시간으로 다소 감
소한 반면, 한국은 52시간으로 1972년에 비해 오히려 다소 증가하고 있는
추세를 보여준다. 물론 이는 1960년대 후반의 57~58시간에 비해서는 감
소한 것이지만, 노동시간의 점차적 단축보다 장시간 노동의 유지 경향이
강하였음을 보여준다. 이는 노동력 공급과잉인 상태에서 고용을 유지하기
위해 사용주의 장시간 노동 요구를 감내할 수밖에 없었던 사회적 조건, 그
리고 노동자 측의 교섭능력 부족 등에서 그 원인을 찾을 수 있을 것이
다.(이옥지, 2001, 131~132쪽)

　세번째로 주목해야 할 것은 1970년대 임금 수준이다. 〈표10〉을 통해
1970년대 노동자의 저임금을 직종별로 비교해보면, 1975년 생산직은 사
무관리직의 절반 수준이며 전문기술직 및 행정관리직과도 큰 격차를 보였
다. 이런 추이는 1980년에 들어서도 좁혀지지 않았다.

표10 1970년대 직종별 임금 추이 (1975~1980년/단위: 원)

연도	전문기술직	행정관리직	사무관리직	판매직	서비스직	생산직
1975	36,034	98,511	54,095	34,845	26,364	25,494
1976	92,400	159,393	74,679	42,964	36,052	34,820
1977	136,004	220,958	103,668	52,182	47,865	46,639
1978	157,375	254,301	119,312	75,774	57,890	57,979
1979	211,487	338,227	142,219	98,375	77,259	78,434
1980	285,504	485,826	196,199	119,560	108,425	111,476

출처: 노동부, 『노동통계연감』 각 연도

표11 1970년대 학력별 및 성별 임금 추이 (1975~1980년/단위: 원)

	1975	1976	1977	1978	1979	1980
평균	46,654	64,308	77,375	104,132	146,442	150,747
남자	60,319	82,871	102,924	135,089	189,278	192,589
여자	25,465	36,396	45,199	58,662	80,159	85,674
중졸 이하	32,019	43,246	53,889	72,947	104,034	113,143
남자	41,910	55,569	71,013	95,467	137,536	149,178
여자	21,829	31,436	40,074	51,082	70,060	76,744
고졸	55,982	73,144	88,939	116,898	157,790	155,647
남자	61,754	81,917	102,222	133,650	181,929	180,687
여자	37,855	48,522	58,900	76,947	101,033	99,665
초대졸	76,248	106,256	131,112	174,469	232,884	226,763
남자	80,515	114,334	142,121	188,656	251,037	242,170
여자	55,543	73,747	83,988	111,965	151,724	157,563
대졸 이상	120,021	167,982	204,955	269,998	364,010	338,208
남자	123,573	172,354	209,747	278,539	376,535	348,513
여자	77,187	117,842	144,085	164,684	205,895	210,981

출처: 노동부, 『노동통계연감』 각 연도

임금격차는 〈표11〉의 학력별·성별 임금 추이에서도 확인할 수 있다. 1975년 통계를 보면, 대부분 여성 노동자에 해당되는 중졸 이하의 경우 여성 노동자의 임금 수준은 남성 노동자에 비해 절반에 불과하였다. 1979년

표12 기능별 근로자 구성비 (단위 %)

기능 성별	총수	관리 사무직	전문 연구직	기술자	자격증소지 기능자	무자격증 기능자	수습근로자	단순 및 기타 근로자
남	100	19.7	3.2	3.9	13.0	30.4	8.9	20.9
여	100	9.7	1.2	0.2	1.5	1.5	18.8	23.8

출처: 김영자, 1967, 13쪽

통계를 보면 대다수 여성 노동자들에 해당되는 중졸 이하 여성의 임금은 7만 60원인 데 비해, 대졸 이상 여성은 20만 5,895원으로 거의 세 배에 가까운 수준이었다. 이러한 성별·학력별 임금격차는 이들에게 있어서 상대적 박탈감을 포함한 잠재적인 불만의 소재였다.

네번째로 노동자들의 숙련도와 연관된 자료를 보면, 관리직이나 전문연구직을 제외한 여성 노동자들은 남성에 비해 상대적으로 자격증이나 기능이 없다고 기록되어 있다. 〈표12〉에 따르면 여성 가운데 기능 보유자는 100명 중 3명꼴이고, 절반에 가까운 42명 정도가 수습 또는 무기능자로 분류되어 있다.

다음으로는 유신체제기를 전후한 노동 관련 법·제도의 변화를 살펴보도록 하자. 1961년 쿠데타 직후 박정희 정권은 집권 초기에 과도한 정치지향성을 지녔던 기존의 대한노총을 해체하고 한국노총을 중심으로 위로부터 산별체계 형태로 노조를 재조직하였다. 그러나 1960년대 후반에 이르면서 노조에 대한 박정희 정권의 시각은 변하였다. 1969년 대통령비서실에서 대학교수들을 주축으로 노동상황 연구를 위한 위원회를 구성하였는데, 이 위원회는 '기업 수준'에서 노조를 조직할 것을 권고하였다.(이옥지, 2001, 95쪽)

유신체제기를 전후해서 노사관계는 더욱 심한 법적·제도적 제약을 받게 되었다. 중요한 변화 양상을 보면, 첫번째, 유신과 긴급조치 등 비상사

표13 1960~1970년대 집단적 노동관계법의 주요 개정 내용 및 단결권 보장 양상

1960년대	1970년대
1) 근로기준법 개정(1961년): 경제개발 과정에서 저항을 약화시키기 위한 것(퇴직금 제도, 휴업지급, 휴식시간 등 예외 조항 다수) 2) 집단적 노사관계법(1963년) - 노동조합법: 경쟁적 조합 설립 금지("복수노조 금지") 자유설립주의(행정관청에 의한 신고·허가제) 부당노동행위: 처벌주의→구제주의 산별노조의 강제조항("전국적 규모의 단일 조직 형태" 지향 또는 전제) - 노동쟁의조정법: 공익사업범위 확대 사전승인제(상급단위노조) 쟁의 적법 여부 심사(노동위원회) 긴급조정권 제정(보건사회부 장관) 3) 『외국인 투자기업의 노조 및 노동쟁의 조정에 관한 임시 특례법』 제정 - 강제 중재 및 노조 설립 제약	1) 국가보위특별조치법(1971년) - 비상사태하 단체행동·교섭권의 주무관청 조정 결정권 부여 - 국가안보 및 동원에 해가 될 우려가 있을 경우 단체행동에 대한 규제 가능 2) 유신헌법(1972년) - 노동3권을 법률을 통해 유보 가능 - 국민경제에 커다란 영향을 주는 사업장(공익사업장)에 대한 단체행동 제한 및 금지 가능 3) 노동관계법 개정(1973년) - 노동조합법 노사협의회('강제적' 생산성 협의기구)와 노조 기능 분리 노동쟁의의 제기: 총회 결의 사항으로 규정 기업별·사업장별 노조의 지향("교섭주체로 산하노조, 노사협의회 조항 삭제") - 노동쟁의 조정법 공익사업체 범위 확장 쟁의 적법성 판정: 노동위원회→행정관청 이전 (노동정책 = 행정지도의 대상)

출처: 변형윤, 1989, 238쪽

태 아래에서 노조는 자율적인 단체행동·교섭권을 박탈당하였으며, 특히 국가안보 및 동원에 위해가 될 우려가 있다는 이유로 단체행동은 제약되었다. 두번째, 이전 시기 형식적으로나마 존재하였던 노동3권을 법률을 통해 유보할 수 있는 통로가 만들어졌다. 세번째, '강제적' 생산성 협의기구인 노사협의회를 노조와 기능적으로 분리함으로써 노조의 독립성을 약화시켰으며, 1960년대 제도적으로 지향하던 산별노조를 기업별·사업장별 노조로 재편시켰다. 마지막으로 이전 시기보다 공익사업체의 범위를 확대하고 노동쟁의의 적법성을 판정하는 기구를 노동위원회에서 행정관청으로 이전시킴으로써, 유신체제기 노조와 고용주 간의 관계는 행정지도의 대상으로 전락하였다. 〈표13〉이 보여주듯이, 유신헌법과 국가보위특별조

치법 등에 근거해서, 공익사업장에서 단체행동 제한, 강제적 협의기구 설치, 그리고 노사관계를 행정지도의 대상으로 위치시킨 사실 등은, 제한적이나마 보장되었던 노동3권의 총체적인 제약을 제도화시킨 셈이었다. 이러한 조건하에서 전태일의 분신과 노동 문제가 수면 위로 부상하게 되었다.

1960~1970년대 노동관계법 개정의 주요 내용은 다음과 같다. 첫째, 1963년 노동조합법에 근거, 노조원이 해당 사업장 근로자의 3분의 2 이상인 경우 노사 간 협약에 의한 노조의 유니언숍이 인정되었다. 둘째, 1973년 개정 노동쟁의조정법에 근거, 이전 시기 냉각기간 종료 후에도 중재 개시 후 20일간 쟁의행위가 금지되었던 데 비해, 냉각기간 종료 여부와 관계없이 중재 개시 후 즉각 쟁의행위가 금지되었다. 셋째, 1960년대 공익사업장의 범위는 운수, 통신, 수도·전기·가스공급, 의료·공중위생, 체신, 전매 및 조폐, 유류, 증권거래소·은행이었으나, 1973년 개정법에는 여기에 국가·지방자치단체, 국영기업을 추가하였다. 넷째, 쟁의조정과 관련, 1960년대까지는 일반사업장의 경우, 알선 – 조정 – 중재(공익사업장은 조정 – 중재)였지만, 1973년 법 개정으로 행정관청이 알선 절차를 담당하게 되고, 알선 기간을 규정(일반사업장 10일 이내, 공익사업장 15일 이내)하는 실질적인 강제중재의 형식을 띄게 되었다.

민주노조 탄생: 유형을 중심으로

일반적 의미에서 자본주의 사회에서 노조는 자본의 전횡에 대한 노동자들의 '방어 조직'이었으며, 단체교섭 및 노동법 입법은 노동자들의 저항의 결과물이었다. 하지만 한국의 경우, 노조의 결성 경로가 서구와는 크게 달랐다. 1953년 이후 국가의 노동 입법이 선행하였고, 뒤이어 국가의 후원 아래 노조가 태동하였다. 이것은 노동조합이 국가의 정책적 선택의 범위 및 경제·기업적 조합주의 안으로 제한될 수밖에 없었던 '역사적 유산'이었다. 따라서 산업화 시기 노동운동에서 노조가 노조다운 형식과 실천, 그리고 담론을 지닌 경우는 극히 '예외적'이었다.

1970년대 이전 1960년대 노동운동은 크게 두 시기로 나누어볼 수 있다. 앞 시기는 1961년 5·16쿠데타에서 1963년 노동관계법 개정이 공포되기 전까지의 시기로, 4월혁명 직후 상승하였던 노동운동은 경기침체와 물가앙등 그리고 사용자의 임금체불, 해고, 직장폐쇄 등에 대해 진정, 고발, 탄원 등 수동적 대응을 하는 데 그쳤다. 하지만 1963년 이후 합법적 노동운동이 가능해진 시기의 양상은 상이하였다. 이 시기 노동운동은 노동쟁의를 중심으로 나타났는데, 경제성장의 성과 배분에서 소외된 노동자들의 경제투쟁을 중심으로 전개되었다. 노조는 노동법개악 저지투쟁과 제도정책 개선투쟁을 비롯하여, 산업별 통일 교섭을 모색하기도 하였다. 더불어 강화도심도직물사건에서 나타난 교회단체의 노동 문제에 대한 발언도 이 시기 가시화되었다.(이원보, 2004, 141~143쪽)

물론 1970년대 노동운동은 초기부터 조직적 양상으로 전개된 것은 아니었다. 1970년 벽두에 미지불 임금 지급을 요구하였던 한진 파월 노동자들의 KAL빌딩 점거 농성, 광주대단지 도시빈민들의 봉기, 그리고 1974년 현대조선 노동자들의 폭동 등은 비조직적이고 폭력적인 양상으로 전개되었다. 비인간적인 노동조건과 임금체불 그리고 정부의 보호대책 부재 등이 잇단 자생적 노동 봉기의 기본 원인이었다. 또한 1970년대 노동운동은 지도부의 어용성이 강하였던 한국노총 아래에서 자율적인 성장을 하기에는 근본적 제약 요인을 안고 있었다. 한국노총은 자율적인 노동조합 육성보다는 지도부 내에서의 세력 확장에 관심이 많았으며, 기층 조합원의 이해와 요구를 적극적으로 반영하는 조직·교육 활동에는 소극적이었다.

체불임금 지급을 요구하며 KAL빌딩 앞에서 경찰과 대치 중인 한진 파월 노동자들

어용노조로서 기능하였던 한국노총이 노동자들의 권익을 대변하지 못하자 자율적인 노동조합의 형태로 이른바 '민주노조'라고 불리는 독립노조들이 1970년대에 새롭게 탄생하였다.* 이들은 이전 시기 기층 조합원과 무관하게 움직이던 노조와 조합원을 변화시키는 중추적인 역할을 해나갔다. 이와 함께 유신체제기에 들어서면서 노동쟁의의 이슈도 상당히 바뀌었다. 유신 이전에는 임금인상과 노동조건 개선이 노동쟁의의 주요 이슈였다. 하지만 유신 초기에 접어들면서 노조 결성을 둘러싼 이슈가 쟁의의 절반을 넘었다.(이원보, 2004, 398~399쪽) 이들 가운데는 동일방직처럼 어용노조를 극복하고 민주노조를 쟁취한 경우도 존재하였지만, 어용노조와의 투쟁에서 실패한, 잘 알려지지 않은 사례들도 존재한다.

또 대부분의 민주노조는 여성 노동자들이 다수인 섬유(방적·방직, 스웨터, 봉제), 가발, 전기·전자, 식품, 제약 등 대부분 수출산업 업종에서 결성되었다. 비록 1970년대 민주노조는 조직, 구성, 인적 자원, 재정 등에서 취약한 구조를 지니고 있었지만, 다른 노조와 구분되는 몇 가지 특징을 지녔다. 우선 기층 조합원을 중심으로 노조민주주의를 확립시키기 위한 노력을 전개하였으며, 이를 위해 각종 조합원 교육을 전개하였다. 대표적으로 자체 조합원 교육, 야학 및 종교단체와 노동교육기관을 통한 교육 등을 적극적으로 실시하였다. 다음으로 비록 단위 사업장 수준이지만 지속적이고 조직적인 투쟁을 전개하여 임금인상과 노동조건 향상을 성취하였다. 특히 유신체제기 교섭권과 파업권이 확보되지 않은 조건 아래에서 농성, 시위, 태업 등 준법투쟁에 기초한 단체행동을 통하여 노동조건을 향상시

---

* 이 글에서 민주노조 이외의 노조를 어용노조라고 지칭하는 것은 아니다. 다만 국가가 후원하는 어용노조 지도부에 대해 직접적인 저항을 수행한 노조들을 민주노조라고 지칭한다. 간과해서 안 될 문제는 민주노조가 1970년대 노동조합운동을 주도하였던 것은 사실이지만, 그 외에도 많은 노조들이 노동조합의 독립성과 자율성을 사수하기 위해 투쟁하였다는 점이다. 지면의 한계로 민주노조 이외의 많은 사례를 모두 다루는 작업은 이후 연구과제로 남겨두고자 한다.

켰다. 세번째로, 민주노조는 간부들 수준에서의 교류와 연대를 통해, 단위 사업장에서 문제가 발생할 경우 공동으로 문제를 해결하고자 하였다. 이는 1970년대 후반에는 협신피혁민종진질식사사건(1977년), 여의도연합예배장시위사건(1978년) 등 단위사업장 및 개별 노동자 수준의 연대투쟁을 시도하는 것으로 나타나기도 하였다. 끝으로, 민주노조들은 1979년 10·26 정변 이후 한국노총 민주화를 시도하였는데, 이는 1979년 섬유노조정상화추진위 결성, 1980년 노동기본권확보전국궐기대회 등으로 나타났다.(이원보, 2004, 417~419쪽)

　다음으로 노동자 조직률과 노동쟁의의 전체적 성격을 간략히 정리해 본다. 우선 1970년대 들어서 노총 조직 노동자 수는 100만 명을 넘어섰고, 전체 피고용자 대비 조직률은 1970년 12.4%에서 1979년 16.8%까지 상승하였다. 구체적으로 남녀별 노동자 구성과 조직률에도 변화가 나타났다. 1970년 33.2%이던 여성 노동자의 구성비가 1976년에는 41.4%로 증가하였다. 전체 조직률도 1970년 12.4%에서 1979년 16.8%로 증가하였다.(이원보, 2004, 337쪽) 특히 남녀 조직률을 보면, 남성은 1962년 13만 8,348명에서 1971년 36만 7,530명으로 2.8배 증가한 데 비해, 여성은 같은 기간 3만 7,817명에서 12만 6,181명으로 3.3배 증가하였다. 1979년에는 1970년에 대비, 남성은 72만 2,421명으로 2배가, 여성은 37만 1,587명으로 3.2배가 증가하였다. 이 같은 여성 조합원 증가는 여성이 다수인 섬유, 화학, 제조업 분야 노조가 늘어난 데서 기인하였다. 전체적인 조합원 수도 1970년에는 자동차, 섬유, 철도, 연합, 외기, 화학 등 순서였으나 1979년에는 섬유, 화학, 자동차, 금속, 광산 등 순으로 변화하였다.(이원보, 2004, 162·377쪽)

　그러나 조직률은 조합원 수의 절대적인 성장에 비해 크게 높아지지 못하였는데, 그 이유는 먼저 노조 결성을 가로막는 노사협의회와 행정관청의 직권 남용 등 제도적인 제약을 들 수 있다. 두번째로, 공무원과 교원 등

표14 노동쟁의의 발생 원인별 구분 (단위: 건, %)

	노조 결성에 따른 쟁의	임금인상 노동조건 개선	휴폐업·해고 임금체불	법정수당 퇴직금 요구	기존 노조 파괴 조직분규	정치적 쟁의	합계
유신이전	15	13	7	-	-	-	35
	(42.8)	(37.1)	(20.0)	-	-	-	(100.0)
유신전기	36	10	7	2	4	-	59
	(61.0)	(16.9)	(11.8)	(3.3)	(6.7)	(100.0)	
유신후기	7	6	6	3	5	4	33
	(21.2)	(24.2)	(18.1)	(9.0)	(15.1)	(12.1)	(100.0)
원인별 합계	58	31	20	5	9	4	127
	(45.6)	(24.4)	(15.7)	(3.9)	(7.0)	(3.1)	(100.0)

출처: 이원보, 2004, 398쪽

이 법에 의해 조직 대상에서 제외되었기 때문이며, 세번째로, 자본가들의 부당행위가 광범위하게 자행되었기 때문이다. 그 밖에 조합원 수가 증가하지 못했던 이유는 재벌기업이나 중규모 사업장보다 상대적으로 노동자에 대한 노조 조직화가 용이하였던 광범위한 중소영세 사업장 부분에 조직활동을 집중했기 때문이었다.(이원보, 2004, 382쪽)

1970년대 초반 노동쟁의는 주로 임금인상 요구와 권리분쟁이 대부분을 차지하였지만, 실질적인 노동쟁의로 발전한 경우는 드물었다. 1970년에 90건, 1971년에 109건의 노동쟁의 발생 신고가 있었지만, 실제 쟁의행위로 발전하였던 경우는 각각 4건과 10건에 불과하였다. 합법적인 노동쟁의 이외에도 사용자의 횡포에 대응하는 진정, 고발, 부당노동행위 구제신청 등이 발생하였다. 1970년대에 발생한 노동쟁의를 발생 원인별로 분석하면 〈표14〉와 같다.

〈표14〉에 의하면, 유신 선포 이전에는 노조 결성에 따른 쟁의가 15건(42.8%)이었으나, 유신 전기에는 36건(61.0%)으로 급격히 증가하였다. 유신 전기에 노조 결성으로 인한 쟁의가 절반 이상을 차지한 것은 유신 이후

노조 결성 자체가 법적·제도적으로 차단당하였기 때문이었다. 한편 유신 후기에 이르면 노동쟁의 발생 원인은 다양화되는데, 이는 정부의 억압적 노동정책이 상당히 약화되었던 데 기인한다. 하지만 노동쟁의 발생 빈도는 합법적 노동쟁의가 가능하였던 1960년대에 비하면 높은 편이었다. 국가보위법이 발동되기 이전인 1966~1971년에 전체 노동쟁의 건수의 9.8%만이 쟁의행위를 수반하였던 데 비해, 1975~1978년 사이에 단체행동을 수반한 노동쟁의는 전체의 26%인 546건에 달하였다. 집단행동 방식은 작업 거부와 농성이 압도적이었으며, 그 외에도 식사 거부, 시위, 집단 진정 등이 준법운동의 방식으로 활용되었다.(이원보, 2004, 398~400쪽)

한편 1970년대 노총의 단체협상 양상을 살펴보면, 유신 선포 이전에는 1960년대와 유사하였지만, 1972년 이후 단협은 국가보위법에 의해 금지되었으며, 노동조건 결정은 단일사업장에서 노동청에 조정을 신청해 그 결정에 따르도록 되었다. 노총은 '도시근로자 최저이론생계비'란 독자적 임금정책을 만드는 등 실태를 조사하기도 하였지만, 임금인상의 대부분은 최저생계비에 미치지 못하는 저조한 것이었다.* 1970년대 단협은 전반적으로 기업별로 체결되었고, 근로기준법, 산업재해보상법 등 노동조건에 대한 규범적 부분들은 법 규정을 그대로 나열하는 수준이어서 법정기준 확보를 위한 시행세칙이나 법정기준 이상의 근로조건을 확보하지는 못하였다. 그 밖에 유니언숍, 전임자 인정 등 집단적 노사관계를 규정하는 내용은 유지되었으나, 근무시간 중 노조활동은 회사의 사전 승인을 받아야 하였다. 유니언숍의 경우, 사용자들은 이를 인정함으로써 노동자들을 노조

* '도시근로자 최저이론생계비'는 1969년 섬유노조가 최초로 작성하였던 것을 기초로 1975년 한국노총이 대한산경조사연구소에 의뢰하여 작성하였고, 1976년과 1977년에는 '우리나라 도시근로자 최저이론생계비의 연구'를 한국생산성본부에 위촉하여 작성하였다. 이는 1970년대 후반 한국노총의 자료로 통합된 뒤에 노조의 임금인상 요구와 임금정책 수립을 위한 기초자료가 되었다.(이원보, 2004, 385쪽)

통제하에 두고 노조 지도부에게 전임제, 조합비 일괄공제 등 혜택을 부여함으로써 이들을 관리하고자 하였다.(이원보, 2004, 386~387쪽)

그 밖에 1970년대 노총이 중점을 둔 활동은 정책대안 마련과 정부에 대한 건의였다. 1970~1979년 사이 정책 건의는 173건으로, 특히 1972년 이후 크게 증가하였다. 또한 노총은 청와대, 경제기획원, 보사부, 노동청 등 정책자문기구에 참가하였지만, 스스로의 요구를 관철시키기 위한 어떠한 조직적 행동도 보여주지 않았다. 단지 대의원대회나 근로자의 날에 결의문을 채택하는 정도가 고작이었다.(이원보, 2004, 389쪽)

노총과 다른 방향으로 운동을 전개하였던 1970년대 민주노동조합을 유형화하면, 첫번째는 1970년대 전반에 기존 회사지배적 노조에서 자주적 노조로 변화한 원풍모방과 동일방직 등을 들 수 있다. 이들 노조는 기존 어용노조를 '민주화'시킨 경우이다. 두번째 유형으로는 노조가 없는 상황에서 자주적 노조를 결성한 사례로, 청계피복, YH무역, 반도상사, 삼원섬유, 콘트롤데이타˚노조 등을 들 수 있다. 이들 민주노조도 초반에는 산별노조인 한국노총의 산하조직으로 지부장과 간부들은 노총의 대의원, 중앙위원 등을 맡았지만, 한국노총의 준국가기구화가 진행됨에 따라 이들과 대립·

˚콘트롤데이타는 미국 미네소타주 미니애폴리스에 본사를 둔 회사로, 1977년 세계 33개국에 지사가 있었으며 연간 매출이 20억 달러가 넘는 미국의 다국적기업이다. 1967년 종업원 40명으로 한국공장을 설립하여 79년에는 2,400만 달러의 수출과 순이익 650만 달러를 기록할 정도로 성장하였다. 콘트롤데이타노동조합은 1973년 12월 20일 금속노조 남서울지역지부의 분회로 결성되었다. 교회단체의 지원으로 결성된 노동조합은 결성 직후부터 임금 및 노동조건 개선, 남녀차별 철폐 등을 위해 노력하였다. 그 결과 3년 만에 여타 기업에 비해 가장 뒤떨어져 있던 임금 수준과 노동조건 등을 급속하게 향상시켰다. 또한 구로공단 내 다른 사업장의 노조 결성을 지원하기도 하였으며, 10·26정변 이후에는 금속노조 민주화투쟁에도 적극적으로 참여하였다. 하지만 외자기업이었던 관계로 상대적으로 노조활동이 수월하였던 콘트롤데이타노조도 1980년 5·17 전국비상계엄 이후 정화 조치에 의해 지부장과 부지부장이 사퇴하고 난 후부터 본격적인 파괴공작에 직면하였다. 이영순 지부장은 1979년에 크리스챤아카데미사건으로, 1980년 5월에는 '김대중내란음모사건'으로 합동수사본부에 연행되어 조사를 받았다. 1980년 8월 이영순 지부장과 유옥순 부지부장이 정부의 강압에 의해 상근간부직을 직권정지 당하면서부터 본격적인 탄압이 시작되었다.

갈등하면서 독자적인 길을 걷다가 1980년 신군부 집권을 전후로 각각 해산되었다.

회사지배적 노조에서 자주노조로: 동일방직, 원풍모방

동일방직노동조합

첫번째 유형은 조합원의 힘으로 기존 어용노조를 밑으로부터 자주적·민주적 형태로 변환시킨 경우이다. 동일방직노동조합은 회사명이 동양방직이었던 1946년에 결성되었다. 동일방직노조는 애초에는 조선노동조합전국평의회(전평) 산하 노조로 출범하였지만, 전평이 와해된 이후 대한노총 산하 노조로서 명맥을 유지하였다. 그리고 1961년 섬유노조 동일방직지부로 재편되었다. 그러나 노동조합은 조합원과 유리된 채 소수의 기술직 남성들에 의해 독점되어 있었고, 회사의 한 부서처럼 인식되던 형편이었다.(동일방직복직투쟁위원회, 1985, 32쪽) 이 와중에 1970년대에 들어서서 인천 도시산업선교회 조화순 목사의 주도로 민주노조가 만들어졌다. 1970년대 노동조합의 민주화는 밑으로부터의 조직화와 교회단체의 지원이 결합해서 이루어낸 성과였다. 그리고 이를 위해서는 사전 조직화와 기존 어용노조 지도부와의 단절이 필요하였다. 유신체제하에서 그러한 과정을 거치기 위해서는 상상을 초월하는 용기와 자율성을 필요로 하였다.

동일방직노조가 민주노조로 바뀌는 과정에서 주길자가 지부장으로 선출되었는데, 주길자는 한국 노조운동 역사상 최초의 여성 지부장이었다. 여성 지부장의 탄생은 한국 노동운동사에서 매우 '획기적'인 것이었으며, 노동운동사에서 분수령을 이루었다.(이원보 외, 2002)

주길자의 당선은 인천 도시산업선교회가 준비한 '계획의 산물'이었다.

당시 도시산업선교회 소모임 성원들은 대의원을 선출하기 전에 부서마다 존재하는 소그룹에서 자기 부서의 대의원을 미리 무기명투표로 선출, 여기서 선출된 여성 후보를 지지하도록 '사전 조직'을 꾸렸다.(박정세, 1992) 과거에는 대의원의 절반 이상이 남성이었지만, 이제 사전 조직화를 통해 여성 노동자 자신들의 대표인 대의원을 다수 선출할 수 있게 되었다. 그 결과 1972년 대의원 선거에서 여성들이 대거 대의원에 당선되었고, 그 여세를 몰아 제24대 지부장 선거에서 도시산업선교회 회원은 아니었지만 나이가 많고 지도력과 신망이 있던 노조 부녀부장 주길자를 지부장으로 선출하였다.

1972년 말 당시 전국섬유노조 조합원의 83.2%가 여성이었고, 동일방직은 1,383명의 조합원 가운데 1,214명이 여성이었다. 그만큼 여성이 노동조합의 지부장으로 선출될 수 있는 가능성은 항상 열려 있었지만, 실제 노조 내 여성의 역할과 위치는 미미하였다. 이런 와중에 동일방직에서 여성 지부장이 등장한 것은 자신들의 조직적 대표체로부터 배제되고 주변화된 여성 노동자들에게는 '혁명적 변화'였다. 하지만 사측과 남성 노동자들은 여성 지부장 탄생을 달가워하지 않았다. 대의원대회 이후 중앙정보부 요원들이 산업선교회 회원들을 미행하는 일도 있었으며, 욕설, 협박, 부당해고, 사표 강요, 부서 이동 등 여성 노조원과 지부장 등을 무시하는 일도 잦았다. 후일 동일방직 지부장이 된 이총각에 따르면, 1972년 5월 여성 집행부에 대해 그들은, "계집애들이 뭘 아냐, 1년도 못 돼서 손들고 나올 거다"라고 하면서 무시하였다. 그리고 "야, 너희들이 우리하고 동등해?"라면서, 여성 노동자들을 대등하게 대우하지 않았다. 지부장을 "지부장"이라 부르지 않고 "이총각, 이총각"하고 불렀다.(박수정, 2003, 25~27쪽)

주길자 집행부 이후 1976년 이영숙 집행부도 사측에 고분고분하지 않고 노동조건 개선 등을 요구하였다. 이에 사측은 여성 집행부 무력화를 위해 1976년 대의원대회를 계기로 본격적인 공작에 들어갔다. 사측은 직포과 주임인 고두영 등 24명의 사측 인물들이 대의원으로 선출되도록 공작하였다. 집행부 지지세력에 대해서는 부서 이동, 경위서나 시말서 제출 등을 강요하였는데, 1976년 5월 노조 임원 정의숙에게 야간작업 중 졸았다는 이유로 무기한 출근정지 처분을 내리고, 이에 항의하는 조합원을 다른 부서로 이동시킨 것 등이 대표적이었다. 이러한 사측의 탄압에 해당 부서 조합원들이 진정서를 제출하자, 사측은 징계로 위협을 하였다. 노조 집행부는 6월에 "저희들의 고통에 귀를 기울여주십시오"라는 제목의 호소문을 배포하였고, 이에 사측은 징계를 철회하였다.

이런 와중에 사측 대의원들은 대회소집요구서를 제출하였다. 집행부는 1976년 6월에 대회 불참, 대의원 매수 등을 이유로 고두영 등 사측 대의원에 대한 징계를 섬유노조에 건의하였다.* 노조 집행부는 7월에 다시 대의원대회를 소집하였으나, 사측 대의원들은 참석하지 않고 오히려 서울지법 인천지원에 징계효력정지 가처분 신청을, 경기도지사에게 "대의원대회 소집권자 지명요청서"를 제출하였다. 이에 인천지원이 가처분 신청에 "이유 있다"는 판정을 내리자 섬유노조는 대회 연기를 지시하였다. 하지만 경기도지사는 고두영을 대회소집권자로 지명하여 23일에 대회를 개최할 것을 명령하였다. 다른 한편 섬유노조는 7월에 중앙위에서 고두영 등에 대해 제명 및 무기한 권한정지 징계 조치를 결의하였고, 이에 노조 집행부도 경기도지사를 상대로 행정처분 취소청구소송을 제출하였다. 이런 상황에서 20일 인천 동부경찰서가 호소문 배포를 이유로 이영숙 지부장 등을 연행하였다. 고두영 측은 강당 문을 잠그고 사측 대의원을 중심으로 대의원대

* 고두영 등 사측 대의원들은 1976년 4월 3일 지부 대의원대회 개최를 공고하였음에도 불구하고 야유회를 떠나버려 대의원대회를 무산시켰으며, 같은 해 4월 23일 속개된 대의원대회에서는 이들에게 돈으로 매수당하였다고 폭로한 2명의 대의원의 신상발언이 제기되어 대회가 다시 무산되었다.

회를 강행하여, 고두영을 지부장으로 선출하였다. 이 사실이 알려지자 200여 명의 기숙사생들이 노조사무실에 결집하여 지부장 석방, 대회 무효, 노조탄압 중지 등을 외치며 농성을 전개하였다. 퇴근자까지 가세하여 800여 명이 철야농성, 파업농성에 참가하였다. 이에 사측은 전기와 수도를 끊고 화장실을 폐쇄하였지만 농성은 25일까지 이어졌다. 25일에 경찰이 기동대를 출동시켜 해산시키려고 하자 조합원들은 알몸으로 경찰과 대치하였다. 하지만 경찰과 남성 노동자들이 강제로 이들을 해산시키고 72명을 연행하였다.

한편 7월 29일에 열린 섬유노조 전국대의원대회는 동일방직사건을 둘러싸고 그 책임을 물어 방순조 집행부에 대한 불신임을 가결하고, 부산지부장인 김영태를 신임 위원장으로 선출하였다. 김영태 집행부는 초기에 고두영을 지부장으로 인정하지 않는 등 사태를 해결하려는 듯했지만, 관계기관과 관계 개선이 우선이라고 언급하며 사건 수습에 적극적으로 나서지 않았다. 본부에 기대를 걸던 이영숙 집행부는 11월에 지부를 사고지부로 규정하고, 사태를 수습해달라고 김영태 위원장에게 지부장의 모든 권한을 위임하는 위임장을 제출하였다. 섬유노조 본부(섬유본조)는 이풍우를 수습책임위원으로 임명해 개입하기 시작하였다. 하지만 섬유본조는 사원노조에 가입할 것을 강요하였다. 이에 지부는 이제 섬유본조에 대한 투쟁을 개시하였다. 12월에 "섬유노조는 근로자의 아픔을 대변하라"는 제목의 호소문을 전국에 배포하였다. 그리고 1977년 1월에는 '동일방직사건수습투쟁위원회'를 구성하여, 2월에 명동성당에서 '동일방직사건 해부식'을 개최하기로 결정하였다.

해부식 날짜가 다가오자 노동청은 조정에 나섰다. 2월에 노정국장 주재로 사원노조 가입을 백지화하라는 지부 요구를 수용하는 차원에서 합의가 이루어졌다. 하지만 일부 남성 노동자들이 지부의 대의원 선거 방식에 불만을 품고, 대의원 투표일인 2월 28일에 지부사무실을 점거하는 등 소란을 피웠다. 3월 30일의 대의원대회도 난동으로 정회되었다. 하지만 4월 4일 남성 노동자들의 점거농성에도 불구하고, 대의원대회가 강행되어 이총각이 지부장으로 선출되었다.(이옥지, 2001, 158~163쪽; 이원보, 2004, 495~502쪽)

원풍모방노동조합

1963년 9월 원풍모방(1975년 한국모방에서 원풍모방으로 개칭)에 섬유노조 분회가 결성되었으며, 1967년에 지부로 승격되었다. 원풍모방 노조원들은 1967년에 조합비 유용 등을 문제 삼아 지부장을 물러나게 하였다. 하지만 조합원의 지지를 받는 이를 지부장으로 선출하지는 못하였다. 이때 선출된 정영오 지부장은 노조사무실 설치, 지부장 상근, 3교대제 전환 등의 성과를 올렸다. 하지만 노조원들에 대한 교육을 시행하지 않았고, 거듭해서 조합비를 부당하게 지출하였다. 그리고 1968년에 임금인상이 되지 않은 것에 불만을 가진 강금옥 등 노동자들이 기계를 멈추고 파업을 일으켰는데, 이 사건으로 주동자가 해고되었지만 노조는 아무런 대책도 마련하지 못하였다.(이옥지, 2001, 164쪽) 게다가 노동조건도 전혀 개선되지 않았다. 1970년대 초반까지도 원풍모방 노동자들은 다른 회사에 비해 일당이 낮았으며, 연말 상여금은 2년간이나 밀렸다. 이러한 상황에서 회사는 노동자들이 지각할 경우 특근시간 공제 등으로 노동자들을 통제하기까지 하였다. 그럼에도 노조 집행부는 2년간 단협 갱신 체결을 보류한 채 어용 행태만을 되풀이하였다.

이러한 가운데 원풍모방노조의 어용성을 타파하기 위한 움직임이 일부 노조원들 사이에서 일어났다. 원풍모방 노조원들의 노조정상화투쟁은 도시산업선교회와의 연계하에서 이루어진 퇴직금받기투쟁에서 출발하였다. 근로기준법 제2장 제30조 규정에 의하면, 퇴직한 종업원이 퇴직금을 요구하면 회사는 14일 안으로 지불하게 되어 있는데도, 회사는 "이날 와봐라, 저날 와봐라" 하면서 퇴직금 지불을 차일피일 미루었다. 당시 원풍모방은 261명에게 지불해야 하는 1,518만 2,292원의 퇴직금을 연체하고 있었다. 수십억 원의 자금을 운영하는 회사가 돈이 없어서 못 주겠다는 이유를 대는가 하면, 소위 회사 간부라는 사람들이 퇴직금을 받으러 온 사람들에게 "이것들 다 뭐하는 사람들이냐, 다 내보내라"고 하는 등 폭언을 일삼았다. 그리고 몇 푼 안되는 퇴직금을 몇 달 만에 내주면서 거지에게 동냥 주는 식으로 내던지며 "이것이라도 받으려면 받고 싫으면 관둬라"는 등 모욕적인 언동을 취하였다. 이렇게 불이익을 당하면서도 달리 호소할 곳이 없던 퇴직 노동자들은 도시산업선교회를 찾아가 협조를 요청하였다. 이들은 1971년 4월 12일 영등포 도시산업선교회 회관에서 모여 자신들의 문제를 협의하였다. 그리고 4월 18일 퇴직자 28명이 모여 '한국모방 퇴직금받기 투쟁위원회'를 조직한 뒤, 노동청장에게 진정서를 보냈다.(원풍모방 해고노동자 복직투쟁위원회 편, 1988, 43~45쪽)

　　그러나 노동청의 반응은 냉담하였다. 노동청은 두 차례에 걸친 질의에 대해서 아무런 조치 및 회답이 없었는데, 이러한 노동청의 태도는 투쟁위원회로 하여금 '노동문제 사회화'를 선택하도록 만들었다. 투쟁위원회는 사회단체에 공조를 요청하였다. 이에 1971년 5월 12일 가톨릭노동청년회 JOC가 종교계, 학생단체 등과 공동명의로 원풍모방 정상화대책 협의를 위한 모임을 갖고, 원풍모방 문제를 본격적으로 사회화시켰다. 이어 한국산업선교연합회, 한국노사문제연구협의회, 고려대 노동문제연구소, 민주수호청년협의회, 숙명여대 학생회 대표 등이 이들 퇴직 노동자에게 법적·재정적 뒷받침을 해주기로 합의하였다. 이처럼 퇴직 노동자들의 퇴직금 문제가 사회화되자 노동청은 원풍모방 사장 박용운을 근로기준법 위반으로 입건, 검찰에 송치하였다. 하지만 사장이 입건되었다고 해서 퇴직금 문제가 해결된 것은 아니었다. 법적 호소가 가시적인 성과를 내지 못하자, 투쟁위원회는 4월 19일에 청와대, 국무총리실, 내무부, 서울시, 검찰, 노총, 신문사 및 방송국에 진정 및 탄원서를 제출하였다. 하지만 모두 "노동청으로 이첩하였으니 양지하시라"고만 회신하였다. 노동청은 영등포지방사무소에 해결을 지시하였다는 말만 하였고, 지방사무소에서는 "검찰에 고발하는 것 이상 할 수가 없다"며, "아직 고발하지 않은 사람들의 것이나 받아보자"고 할 뿐이었다.(원풍모방 해고노동자 복직투쟁위원회 편, 1988, 45~46·256~259·269~271쪽)

퇴직 노동자들의 투쟁에도 불구하고 노조 집행부는 아무런 대책도 세우지 않고 어용적 행태만을 계속하였다. 이에 조합원들은 1972년 5월, 정영오 지부장을 불신임하고 지동진을 새로운 지부장으로 추대하고자 하였다. 당황한 사측은 대의원대회를 세 차례나 연기하면서 지동진을 해고하고자 하였다. 이에 7월 1,000여 명의 노동자들이 지동진에 대한 부당노동행위가 일어날 경우 행동통일을 한다는 데 서명을 하였고, 60여 명의 조합원들은 7월 8일에 '한국모방노동조합 정상화를 위한 투쟁위원회'를 조직하고, 섬유노조에 대의원대회 소집요구서를 제출하였다.

사측이 지동진을 노량진 공장으로 전출시키자, 8월 9일 노조정상화투쟁위원회는 저임금, 부당해고, 퇴직금 공제 서약서, 대의원대회 지연, 조합비 유용, 지동진의 부당 전출 등에 대한 문제를 지적한 호소문을 대통령에게 보냈다. 그리고 이날 2시 퇴근반을 시작으로 농성에 돌입하였다. 농성대오는 선언문과 결의문을 낭독하였다. 7시에 전 공장의 작업이 중단되자, 각 공장에 있던 노동자들이 몰려나왔다. 순식간에 1,400여 명이 농성에 결합하였다. 비상사태 선포로 단체행동이 금지된 상황에서 파업농성이 시작된 것이다. 밤 10시가 되어도 농성 열기가 가라앉을 것 같지 않자, 사측은 지동진의 원직 복직과 대의원대회 개최일자 명시를 약속하고, 노량진경찰서는 파업농성에 따른 법적 책임을 묻지 않겠다고 약속하였다. 농성 요구가 수용되자 농성자들은 밤 11시에 해산하였다.(이옥지, 2001, 455쪽)

노조정상화를 위한 농성투쟁 과정에서 승리한 원풍모방 노동자들은 8월 17일의 대의원 선출에 집중하기로 하였다. 노조정상화의 핵심적 관건은 민주파의 지동진을 지부장으로 선출하는 것에 있었고, 그것은 대의원 선출에 달려 있었기 때문이다. 즉 다수의 민주파 대의원들을 당선시켜 17일에 개최될 대의원대회에서 지동진을 지부장으로 선출하고, 그것을 통해 노조민주화를 추진하고자 하였던 것이다. 사측이 담임들을 대의원에 당선시키기 위한 준비를 진행하고 있는 가운데, 노조정상화투쟁위원회는 현장에서 신임을 받고 부서에서 통솔력이 있는 조장급 여성 노동자들을 대의원으로 선출하기 위해 치밀한 준비를 진행하였다. 14일 당일 사측은 사원과 담임을 동원해서 투표 장소에 진을 치고 공포 분위기를 조성하였다. 식당에서 실시된 선거는 다음날 새벽에야 종료되었다. 결과는 투쟁위원회의 승리였다. 총 42명의 대의원 가운데 여성 29명, 남성 13명으로 여성이 압도적 우위를 점하였다. 하지만 상황이 종료된 것은 아니었다.(원풍모방 해고노동자 복직투쟁위원회 편, 1988, 58쪽) 투쟁위원회는 여성 대의원들의 표이탈을 막기 위해 회사 주변의 의용촌에 있는 여관에서 대의원대회 날까지 합숙을 하기로 하였다. 대의원들은 출근 때도 집단적으로 행동하였다. 밤 10시와 새벽 6시에 퇴근하는 대의원들을 밖에서 동료들이 대기하고 있다가 같이 여관으로 오기도 하였고 승용차를 빌려 타고 오기도 하였다. 여관에 모인 대의원들은 회의 진행법과 절차에 관한 공부를 하였다. 대회 때의 발언자를 정해서 연습도 하였다. 경험이 없는 대의원들이기에 만약의 실수를 방지하기 위해 철저를 기하였던 것이다. 사측이 작업장, 주거지, 고향 등까지 돌아다니며 금품, 뇌물, 지위 보장, 협박, 가족 동원 등을 통해 대의원 포섭에 열을 올리던 것이 1970년대 상황이었다. 이러한 조건 아래에서 대의원 '보호'는 중요한 사안이었다. 특히 당선된 여성 대의원 대부분은 노조의 의사결정 과정에서 원천적으로 배제되어온 탓에 아무런 경험이 없었기에 더욱 그러하였다.

이러한 조직력을 갖출 수 있었던 주된 원인은 대의원 교육과 사전 조직화 때문이었다. 대의원 선출* 공고가 게시되자 각 부서에서는 작업 시간 중 틈틈이 의견을 조정하고, 조정이 원활하지 않을 때는 식사 시간 등을 이용해 협의를 한 뒤 후보를 내정하는 등 현장 노동자들의 목소리를 하나로 모으는 데 주력하였다.

소모임도 중요한 역할을 하였다. 1970년대 박정희 정권과 한국노총은 민주노조의 소모임을 '점조직' 혹은 '소조'에 비유하였다. 하지만 이들의 악선전과는 달리 민주노조의 초기 형성과 재생산은 소모임이 없었다면 불가능하였을 것이다. 그 대표적인 사례가 원풍모방노조였다. 원풍모방에는 노조가 민주화되기 전인 1970년 6월부터 많은 소모임들이 존재하였다. 그러한 소모임은 원풍모방노조가 1970년대 10년간 민주노조로 존속할 수 있었던 기본적인 힘이었고, 특히 1972년 방용석 민주 집행부가 본격적으로 출발할 수 있었던 기반이 되었다.(원풍모방 해고노동자 복직투쟁위원회 편, 1988; 박순희, 2001)

소모임은 현실 개선을 위한 노동자들의 자발적 요구로 조직되기 시작하였다. 어용노조하에서 노동자들은 더 이상 개별적 차원의 문제 해결이 어렵다고 판단하고, 조직적 차원에서 문제를 해결하기 위해 소모임을 만

---

* 원풍모방노조의 대의원 선출 방식은 다음과 같다. ①각 부서별, 반별로 선출하되 조합원 30명당 대의원 1인씩을 선출하였고, 20명 이하인 경우 다른 부서와 통합해 선출하였다. ②대의원 선출은 입후보 제도로 하되 과반수 득표를 당선으로 하였다. ③투표방식은 연기명 비밀투표로 하였다. ④선거관리위원회는 상집간부 전원으로 구성하고, 투·개표 시 반드시 현장 각 부서 담임 및 반장이 참관하여 그 결과를 확인하도록 하였다.

들기 시작하였다. 초기에 샛별, 소띠, 빅토리 등 소규모 모임으로 시작된 조직들은 쥐띠, 뿌리, 역부공, JOC 모임, 친목회 등 20여 개 조직으로 확대되었다. 1970년 8월에는 가톨릭 신자 전체 모임인 성우회가 조직되었고, 1971년 10월경부터는 영등포 도시산업선교회 등과 교류하면서 소모임이 확대되었다. 모임의 장소는 주로 도시산업선교회, JOC, 노조사무실, 자취방, 기숙사 등이었다.(원풍모방 해고노동자 복직투쟁위원회 편, 1988, 161~162쪽) 특히 몇몇 노동자들은 1971년 10월경부터 가톨릭 도요안 신부, 영등포 도시산업선교회, 경수산업선교회의 안광수·조지송 목사 등과 친교를 맺어 소모임을 만들었다. 당시 '무궁화팀'이란 이름으로 활동하였던 원풍모방 내 가톨릭 신자 8명은 1970년 6월 투사 선서식을 하고, 일반회원 접촉과 예비팀 발족을 서둘렀다. 이들은 주 1회 모임을 가졌으며, 다음해 7월에는 15인으로 '소나무팀'이라는 예비팀을 결성하였다. 또한 해고된 교우敎友 이길우 등을 만나 노조의 문제점을 파악하고, 8월 30일에는 가톨릭 신자 전체모임인 '성우회'를 발족하였다. 그리고 이듬해 1월 23일 JOC 노동자들의 투사모임에서는 세 가지 주요 활동 목표를 다음과 같이 설정하였다.(원풍모방 해고노동자 복직투쟁위원회 편, 1988, 42쪽)

① 올해는 노조 임원으로 파고들어가기 위해 적극적인 활동
② 노조 대의원대회에서 진정으로 노동자를 대변할 수 있는 지부장을 선출하도록 계몽
③ 예비팀 발족과 확장에 중점을 두어 활동

하지만 가톨릭 신자들만의 힘으로 노조 민주화를 이루기는 어려웠다. 이때 중요한 계기가 되었던 것이 초대 민주노조 지부장 지동진과 이들의 '만남'이었다. 1972년 2월 투사모임 후 당시 회사 경비원이던 지동진 등이

그들을 찾아왔다. 그들은 1971년 대의원대회에서 발언 문제로 해고된 이 길우를 통해 성우회 등의 소식을 듣고 찾아왔던 것이었다. 지동진 등은 "한국모방 문제도 많은데 왜 외부에서만 활동하려고 하는가" "대의원대회 가 5월에 있는 것을 아는가" "지난해 7명의 대의원이 해고된 사실을 생각 해보았는가" 등의 질문을 던지며 함께 일할 것을 제안하였다. 성우회 투사 들은 시간을 두고 사내 성원들을 살펴본 결과, 사내에 성우회원 40인, 도 시산업선교회회원 70인, 신협 조합원 50인이 존재함을 파악하고, 이들의 힘을 모을 수 있는 방법을 모색하기 시작하였다. 1972년 2월 오후 2시 수 녀원에서 가진 모임에서 이들은 원풍모방이 안고 있는 문제를 해결하고 그것을 지원하기 위해 A반은 안광수 목사가, B반은 조지송 목사가, C반은 도요안 신부가 지도하기로 하고, 지동진 등을 만난 사실은 비밀에 붙인 채 6월까지 활동하기로 하였다. 이들은 애초 5월에 개최할 예정이던 대의원 대회가 열리지 않자 1,200명의 조합원 구제회를 조직해서 1,047명의 서명 으로 대의원대회 소집투쟁을 전개하였다. 이것이 앞서 서술한 '한국모방 노동조합 정상화 투쟁위원회'(7월 8일)로 이어졌다.(원풍모방 해고노동자 복직투쟁위원회 편, 1988, 42~43쪽)

원풍모방노조 전성기에는 노조 내 7~8명으로 구성된 소모임이 50~ 60개가 조직되어 모두 500명 규모의 조합원이 활동하였다. 원풍모방의 소 모임은 여러 가지 형태를 띠었다. JOC, 도시산업선교회 등과 무관하게 취 미활동에 기초한 소모임들도 존재하였으며, 불교, 여호와의 증인 등 교단 별로 소모임이 만들어지기도 하였다. 소모임에 기초한 강한 조직력을 지 녔던 원풍모방노조는 종교 신자에 대한 '조직적 배려'에도 신경을 썼다. 그 대표적인 사례가 여호와의 증인 신자들이었다. 원풍모방은 양복 기지를 만들면서 군복 기지와 군용담요 기지도 생산하였는데, 여호와의 증인들은 군용품 생산을 거부하였다. 이런 상황이 닥치면 기계배치 등 현장의 분위기가 가라앉곤 하였다. 이런 곤란한 상황에 직면해서도 노조는 조장과 반장들을 모아 토론을 벌여, 작업지시가 내려지기 전에 분쟁이 일어나지 않도록, 동시에 신자들의 마음이 상하지 않게끔 작업배치가 이루어지도록 하였다.(박순희 인터뷰, 2002년 12월 30일; 박수정, 2003, 154쪽) 그리고 이들 소모임은 노조민주화 이후 노조에서 전체적으로 관장하면서 노조의 기본적인 동력이 되었다.(박순희 인터뷰, 2002년 12월 30일)

이처럼 소모임을 유지할 수 있었던 기반은 다름 아닌 '교육'이었다. 원풍모방노조에서는 시기별로 조합원 교육, 대의원 교육, 상집간부 교육, 남자 조합원 교육, 종교별 교육 등 2~3명만 모여도 교육을 실시하였다. 특히 소모임의 경우, A·B·C반별, 작업부서별로 교육이 실시되었으며, 지도는 주로 상집간부 및 노조 상근자들과의 대화를 통해 이루어졌다. 소모임은 자체 활동 및 교육을 다양한 형식과 내용으로 실시하였다. 예를 들면 당시 저임금에도 몸치장을 하기 위해 빚을 지고 사는 여성 노동자들을 변화시키기 위해 직포과 소모임인 세븐클럽에서는 '멋 부리지 않기' '사치하지 않기' '옷 빌려 입지 않기' '고운 말 쓰기' '욕하지 않기' 등의 "실천약속"을 하기도 하였다.(박수정, 2003, 148쪽)

그 밖에도 가난한 동네와 부자 동네를 각각 돌아다니면서 서로 보고 느낀 것을 공유하는 프로그램도 존재하였다. 방문 교육을 다녀와서 여성 노동자들은 가서 보고 온 것을 놓고 서로 토론하였다. 단적으로 두 동네를 비교해보니 "냄새부터 다르더라"라는 이야기가 나오기도 하였다. 부자 동네에서는 장미꽃 냄새가, 가난한 동네에서는 쓰레기 냄새가 난다는 말이었다.

이러한 생생한 교육은 하나의 소모임에서만 이루어졌던 것이 아니라, 교육의 방식과 내용을 다른 부서의 여성 노동자에게 전수·확산시켰다. 이렇게 소모임활동이 활발해지자 굳이 노조가 소모임을 활성화시킬 필요성이 없어졌다. 오히려 신입 여성 노동자가 입사하면 소모임 성원들은 서로 자기 소모임에 가입시키기 위해 '쟁탈전'을 벌일 정도였다.(박순희 인터뷰, 2002년 12월 30일) 소모임들은 모두 동일한 내용 혹은 방식으로 운영되지는 않았지만, 주요 투쟁이나 행사 때는 '별동대' 역할을 하였다. 특히 대의원 및 노조에 적극적인 활동가 중 다수가 소모임활동을 통해 발굴되었다. 이처럼 소모임에서 교육과 여가가 분리되지 않고 결합됨으로써 여가가 고통스런 작업장에서 경험의 단절만이 아닌, 자신의 노동에 대한 '새로운 의미 규정'을 하도록 강제되었다.(정미숙, 1993, 116쪽)

원풍모방노조에서 또 한 가지 주목되는 점은 대의원대회의 형식이었다. 대의원대회에서 적극적인 의견과 요구를 개진하고 고용주에 대해 압력을 행사하는 것은 민주노조에서만 볼 수 있던 현상이었다.(원풍모방 해고노동자 복직투쟁위원회 편, 1988, 152쪽) 회사 식당에서 개최되는 대의원대회는 200~300명의 조합원과 각 부서 과장급 이상의 간부들이 방청하는 가운데 진행되었다. 지부장의 대회사와 회사 측의 축사에 이어 결산 및 예산안 심의, 사업보고 및 사업계획안 심의, 임원 선출까지는 사전에 검토된 내용이므로 순조롭게 회의가 진행되었다. 그러나 기타 토의과정에서는 각 부서에서 논의된 근로조건 개선 요구 및 고충처리 등 불만사항이 봇물을 이루며 사용자와 부서장에 대한 성토장으로 변하기 일쑤였다. 대의원들은 회사 대표의 즉석답변을 요구하여 방청한 조합원들로부터 열렬한 박수갈채를 받아 회사 간부들을 궁지에 몰아넣는 동시에 조직적 결속을 다지기도 하였다.

이와 같이 대의원대회나 현장 소모임은 단지 형식적인 절차가 아니었다. 대의원대회는 구체적인 현장의 요구를 모아서 이를 조합원 자신의 경험과 목소리로 모아내는 장이었다. 다시 말하면 대의원대회는 현장 내 노동자의 힘과 권력을 표출하고, 이를 기반으로 고용주를 압박하는 과정이자 노조원들을 교육시킬 수 있는 '산교육의 장'이었다. 단적인 예로 지도부는 현장에서 노사협상이 잘 안되면 소그룹장을 통해 수시로 협상 과정 및 정보를 있는 그대로 공개하였다. 또한 노동자들은 쉬는 시간만 되면 노사협상이 진행되는 장소로 몰려와 관심과 지원을 보냈고, 교섭위원들도 그 자리에서 조합원들에게 상황을 보고하였다. 이처럼 지도부-대의원-소모임으로 이어지는 네트워크가 강화된 결과, 원풍모방노조의 조직력이 극대화될 수 있었다.(임재수 인터뷰, 2002년 12월 30일) 민주노조가 보여준 이 같은 자율적인 노조 운영은 외부의 일방적인 주입과 지시에 의한 것이 아니었다. 그 바탕에는 기층 노동자rank-and-file worker에 기반한 요구 수렴 및 간부 선출의 절차, 그리고 지도부에 대한 집단적 신뢰에 기초한 현장 노동자권력이 존재하였던 것이다.(원풍모방 해고노동자 복직투쟁위원회, 1988, 152~156·158~159쪽)

결국 1972년 8월 17일, 대의원대회에서 지동진이 지부장으로 선출되었다. 이후 사측은 노조 간부 14명을 해고하고, 25명을 부서 이동시키는 등 41명에 대해 보복 조치를 취하고, 400여 명을 기숙사에서 퇴출시키겠다고 협박하였다. 이에 조합원들은 퇴근 거부로 맞섰다. 사측이 연장근로 강요, 지동진 지부장 폭행, 무기휴업 공지 등을 시행하자, 600여 명의 조합원들이 명동성당에 결집하여 농성에 돌입하였다. 사태가 심각해지자 중앙정보부가 중재에 나섰고, 조합원들은 징계 해제와 보복 중단 등을 약속받은 후 귀가하였다. 하지만 다음날 사측은 조합원을 국가보안법 위반으로 고발하고 경찰이 간부 14명을 연행하였다.

사태가 사회화되자 사측은 노조와 교섭을 갖고, 노조의 자주적 활동 보장, 9월 30일까지 단협 체결 등을 내용으로 하는 합의서에 서명하고, 구속된 2명을 석방하였다. 하지만 이후 단협 과정에서 사측이 임금인상 등에 대해 인색한 태도를 취하였다. 이에 조합원들은 태업을 전개하였다. 사태가 장기화되자 사측은 일당 인상 등 노조 측의 요구를 수용하여 10월에 단협을 체결하였다. 이는 국보위법 발효 이후 최초의 단협 체결로, 단체행동이 법적으로 금지된 비상사태 아래에서도 태업 등 준법투쟁을 통해 투쟁이 성공할 수 있다는 가능성을 보여주었다.(이원보, 2004, 456쪽; 이옥지, 2001, 167쪽)

무노조에서 자주노조 건설을: YH무역, 반도상사, 삼원섬유, 청계피복

YH무역노동조합

노조가 없는 상황에서 처음부터 민주노조를 만든 사례들도 있었는데, YH무역의 사례가 대표적이다. YH무역은 1966년 장용호에 의해 설립된 가발 수출업체로 1970년에는 12억 7,000여만 원의 순이익을 낼 정도로 번창하였으나, 무리한 사업 확장과 경영 부실로 1974년에는 은행 부채가 6억여 원으로 늘어날 정도로 사세가 기울었다. 게다가 도급제를 기초로 하였던 극심한 노동 강도와 저임금으로 인해 노동자들의 불만은 점차 높아져가고 있었다.(박수정, 2003) 특히 숙련공과 비숙련공 간의 임금격차는 노동자들의 불만을 가중시켰다. 이런 와중에 1975년 3월 건조반의 작업거부사건이 발생하였다. 이 사건은 작업감독의 인사이동이 계기가 되었지만 본질적으로는 무리한 노동과 낮은 임금이 원인이었다.(한국노동자복지협의회, 1985, 23쪽) 건조반 200여 명 전원은 작업을 거부하고 회사의 감시를 피하기 위해 상봉천주교회에 집결하였고, 여기서 여성 노동자들은 JOC에서 활동하던 이철순으로부터 노동조합에 대한 소개를 받게 되었으며, 이것이 노동조합 결성의 필요성을 자각하게 된 최초의 계기가 되었다. 작업거부사건은 비록 실패로 끝났지만, 여성 노동자들의 자발적인 단결의 가능성을 보여줌과 동시에 노조에 대한 관심을 촉발시킨 계기가 되었다. 작업거부사건 이후 노동조합의 필요성을 절감한 여성 노동자들은 섬유노조와의 연락하에 노조 결성을 시도하였다.

1975년 최순영은 평소 입바른 소리를 잘해서 현장에서 신뢰를 받던차에 기숙사방 친구인 민경애로부터 노조에 대한 이야기를 듣게 되었다. 민경애는 최순영에게 "노조라는 것이 있는데 우리 노동자에게 참으로 좋은 것이래. 이걸 읽어보고 생각이 있으면 오늘 퇴근 후에 ○○다방으로 잠깐 나와. 회사에 발각되면 큰일 나니까 아무에게도 말하지 마"라고 말한뒤, 『노동조합이란 무엇인가』라는 제목의 팸플릿 1장을 꼬깃꼬깃 접어서건네주었다.(한국노동자복지협의회, 1985, 27·44쪽; 박수정, 2003, 95쪽)

다음날 다방으로 나가자 건조반 조장으로 파업에 앞장섰던 4명과 섬유본조 조직부장 임동수가 나와 있었다. 하지만 섬유본조의 지원은 노조결성에 크게 도움이 되지 않았다. 섬유본조는 노조의 수적인 증대, 조직 확대에만 관심이 있었다. 신규조합 결성 시에도 조합원의 권리의식을 앙양하는 것보다 조합 간부직의 매력을 강조해 참여를 이끌어내려 했다. 심지어 임동수는 "지부장은 현장 일은 관두고 아침에 출근해 공장에 별 문제가없는지 돌아보고 신문이나 보고 회전의자만 돌리면 됩니다"라고까지 말하였다.(한국노동자복지협의회, 1985, 33~55쪽; 최순영, 2001; 박수정, 2003) 이는 YH무역노조 결성이 섬유노조의 '내부 갈등'과 깊숙하게 연관되어 있었음을 시사한다.

최순영 등이 노조를 조직하려고 하자, 회사는 신원철이란 남성을 앞세워 새로운 노조를 결성한 뒤 노조를 팔아먹으려 하였다.[*] 사측은 결코 노

---

[*] 산업화 시기 막 의식이 깨기 시작한 여성 노동자들이 노조를 만들려고 할 당시, 상급 노조가 결성을 도와 일단 노조를 결성한 뒤, 회사로부터 거액의 금품을 제공받고 주동자를 밀고해서 부당 해고시키고 어용노조를 만드는 이른바 '조합 팔아먹기'가 빈번하였다.

조를 인정하려고 들지 않았으며, 최순영에 대해 회유, 자진사퇴 협박, 간접적 폭력 행사 등 다양한 방법으로 압력을 가하였고, 결국 첫번째 노조 결성 시도는 실패로 끝났다. 이후 1975년 4월 20일 어린이대공원에서 회사 남성 직원들만이 모여 두번째로 노조 결성을 시도하였지만 또 한 번의 실패를 겪었다. 연달아 1975년 5월 14일 청량리 용봉정 중국음식점에서 세번째로 노조 결성을 시도하였으나 이 역시 실패하였다. 결국 YH무역 노동자들은 1975년에 민주노조가 결성되기까지 세 차례에 걸친 실패를 경험하였다.(박수정, 2003, 95쪽) 이 과정에서 사측은 주동 노동자들에게 해고, 좌천, 출장, 부서 이동 등의 조치로 탄압을 가하였으며, 현장에서 잔업 연장, 활동적인 노동자 미행, 공장 외부 모임 적발, 기숙사생 외출 금지 등 보복 조치를 취하였다. 또한 사측은 모든 관리직 남성 사원·직원에 대한 총동원령을 내려 출·퇴근 노동자를 감시·미행하고 그에 대한 보고를 의무화하였다.(한국노동자복지협의회, 1985, 26~30·32쪽)

세 차례에 걸친 노조 결성 노력이 좌절된 이후 최순영은 해고된 주동자 4명 및 섬유노조와 노조 결성 방식에 관해 협의하여 '방향 전환'을 시도하였다. 즉시 '공개적인 노조 조직'을 시도한 것이었다. 해고자 4명은 출퇴근 시간에 노동자들을 공공연히 만나 노조의 필요성을 주장하면서 노조에 대한 교육과 선전을 수행하는 동시에,『노동조합을 만듭시다』『노동조합이란 무엇인가』등의 팸플릿을 배포하는 등 적극적이고 변화된 모습을 보였다. 이에 대한 사측의 대응은 즉각적이었다. 팸플릿을 회수하기 위해 기숙사 마당에 줄을 세워 한 사람씩 속옷까지 검사하였다. 그리고 사내방송을 통해 회사 사정으로 기숙사 외출을 절대 금지하며, 유인물을 소지하고 있다가 발각되는 자는 발각 즉시 해고하고, 유인물 소지자 중 자진해서 회사에 신고하면 책임을 묻지 않고 용서한다고 발표하였다.(한국노동자복지협의회, 1985, 33쪽)

하지만 이들은 출퇴근 시간을 이용한 팸플릿 배포 등 공개 활동과 동시에 비공개 작업도 진행하였다. 당시 조직화 과정에서, 최순영의 친구 민경애로 하여금 현장 내부 조직화를 담당하게 하였고, 이들 간의 본격적인 조직적 동원을 위해 최순영은 해고자와 섬유본조와의 연락을, 최순영의 기숙사방 동료인 포스터반의 이곡지와 김수자는 포스터반 동원을, 재봉반의 박준분과 박현황은 재봉반을, 친목 모임인 세븐클럽의 어인자가 수제반을 각각 담당하는 등 역할을 분담하였다.(한국노동자복지협의회, 1985, 34쪽) 예를 들어 기숙사 안에서 조합교육을 실시할 때, 노조에 대해서 알고 싶은 사람은 기숙사 몇 호실로 모이라는 내용의 '쪽지'를 돌린 후, 사측에 발각되지 않기 위해 신발을 모두 기숙사 방 안으로 넣은 채 모여 모든 불을 꺼놓고 이불을 덮은 채로 교육을 진행하였다.

노조 결성에 세 차례나 실패하고 마지막 시도에서 성공한 YH무역노조는 1979년 신민당사 농성 이전까지는 영등포 도시산업선교회 등과 거의 직접적인 관계를 맺지 않았으며, 초기 조직화를 시도할 때 상대적으로 양심적인 간부였던 섬유노조 교육부장 표응삼의 지원을 받았다.[*] 그는 최순영에게 회의 진행 시 의사봉 두드리는 법, 총회하는 법 등을 일요일에 도봉산 등지에서 만나 가르쳐주었고, "섬유본조 저거 다 어용이고 도둑놈들이니까 말 듣지 마라"고 조언하기도 하였다. 그 밖에도 최순영은 표응삼으로부터 크리스찬아카데미를 소개받고 원풍모방 박순희 및 당시 여성 지부장들과의 만남도 주선받았다.(박수정, 2003, 98~99쪽) 회사 측은 한발 늦게 관리과 감독을 내세워서 서울 의료지부 산하 분회로 어용노조를 구성하였

---

[*] 표응삼(표영삼, 1925~2008)은 대표적인 재야 동학 연구자이다. 1925년 평안북도 구성에서 태어나 어린 시절 동학운동에 몸 바친 조부 표춘학의 인도로 천도교에 입도하였다. 하지만 1977년 동학 연구에 들어서기 전, 그는 섬유노조 교육활동가로서 활약하였다. 특히 YH무역노조 결성과 교육을 포함, 섬유노련 활동가로 여러 노동조합 지도자들을 연결시켜주는 역할을 하였다. 「노동조합과 지도자: 이상적인 지도자상」(1973) 등을 노동운동 당시 집필하였다.

지만, 섬유노조로부터 인정을 받지 못하였다.[*]

마침내 1975년 5월 24일 오후 8시 청량리 새서울예식장에서 노조 결성식을 개최하기로 하고 보안 및 내부 동원을 점검하였다. 24일 아침 각반의 주요 멤버들은 동료들과 외출복을 입고 출근하여, 퇴근 후 작업복을 가게에 맡겨두고 예식장으로 가기로 결의하였다. 이 과정에서 관리과장이 사전에 노조 결성 움직임을 알아차리고 이를 저지하려고 하였으나, 최순영의 순간적인 재치로 위기의 순간을 모면하였다.(최순영, 2001; 한국노동자복지협의회, 1985, 35쪽) 하지만 결성식 장소인 예식장에 섬유본조 간부가 오지 않았다. 결국 오후 9시 50분 우남빌딩 9층 섬유본조 사무실에서 노조를 결성하였다.(한국노동자복지협의회, 1985, 38~40쪽)

노조 설립 직후 사측은 조합 간부에 대해 회유, 매수, 부당전출 등 방해 공작을 전개하였지만, 노조는 500여 명으로부터 가입원서를 받는 데 성공하였다. 하지만 사측의 지속적 탄압으로 노동자들은 위축되었고, 노조 활동에 앞장서려는 사람들도 줄어들었다. 노조는 부당노동행위에 항의하였으나, 사측은 5월에 지부장과 부지부장을 해고하고, 지부장이 회사에 매수되었다고 허위선전을 벌였다. 이에 YH지부를 지원하던 섬유노조는 해고 노동자들과 섬유본조 임원들이 조를 짜서 회사 주변 가게를 돌아다니며 신고필증이 나오면 정상적인 노조활동을 할 수 있을 것이라고 격려하였다. 그 결과 노조의 조직 활동이 활기를 띠고 노동자들이 다시 가입원서를 쓰기 시작하였다. 섬유본조도 회사 근처에 독립가옥을 전세 내어 해고자들이 거주할 수 있게 해주고, 매일 교육을 실시하였다. 그리고 6월에 부

---

[*] 반도상사와는 반대로 YH무역에서는 섬유본조가 여성 노동자들과 결합하여 회사 측의 어용노조화를 저지하였다. 이런 차이가 났던 이유는, 섬유본조의 김영태와 박은양 일파는 YH무역노조를 어용화해 의류노조 산하에 두려고 하였던 반면, 전 섬유노조 위원장이던 방순조 일파는 YH무역노조를 인정하고자 하였던 내부 파벌 간 세력다툼 때문이었다. 결국 사측과 결탁하여 노조를 어용화하려던 김영태와 박은양의 시도는 실패하였다.(이옥지 2001, 202쪽)

당노동행위 구제신청을 서울시노동위원회에 제출하였다. 결국 노동위원회는 노사 양측을 중재하여 지부장과 부지부장 해고 철회, 부당전출자 복귀, 정상적 노조활동 협조 등 5개 항에 합의하게 하였다. 하지만 해고자 4명은 복직하지 못하고 해고수당을 받고 퇴직하고 말았다.* 이것은 YH무역노조 결성이 어느 정도 사측과 섬유본조 간의 '타협'에 의해 이루어졌기 때문이었다. 이들의 해고를 조건으로 사측이 노조 결성을 용인한 것이었기 때문에 YH무역노조 결성은 완전한 승리로 보기는 어렵다. 6월 30일 노조 신고필증이 나온 다음날 노조는 상무집행위를 개최하여, 각 부서 임원을 선출하고 자체 조직기반 강화, 조합원 교육 등을 중심으로 조합원 의식화 교육에 중점을 두고 노조의 기반을 형성하였다.(이옥지, 2001, 202~204쪽)

반도상사노동조합

반도상사노조는, 산업선교회의 활동이나 주변 민주노조의 확산에 의해 결성되거나, 어떤 결정적인 사건을 통해 독립적 노조가 결성된 사례이다. 1970년대 초 민주노조가 하나씩 둘씩 결성되면서 주위 공장의 노동자들을 자극하였다. 동일방직이 자리 잡았던 인천지역은 공단 밀집지역이었으며, 노동자 주거지역이 곳곳에 산재하였다. 그만큼 노동자들 사이에 소문이 빨리 퍼질 수 있는 조건이 형성되어 있었다. 인천 만석동 동일방직에서 여성을 지부장으로 하는 민주노조가 만들어졌다는 소식은 부평공단으로 퍼져나갔고, 여성 노동자들 사이에는 자신들의 공장에서도 여성 지부장이 있어야 한다는 목소리가 높아져갔다.

럭키그룹 산하 1,700명 규모의 대공장인 반도상사는 1960년대 가발

---

* 해고된 4명의 이름은 김경숙, 박금숙, 이옥자, 전정숙이다. 이들은 아직도 민주노조운동사에서 제대로 알려지지 않고 있다.

붐을 타고 설립되어 1970년대에 의류봉제업으로 전환하였다. 부평공장
은 1,200여 명 이상이 여성인 공장이었다. 당시 반도상사 여성 노동자들
은 연장·철야작업, 몸수색, 관리자들의 구타와 폭언, 폐결핵에 걸린 노동
자에 대한 자의적 해고, 화장실 가는 것조차 허락을 받아야 하는 일, 생산
직과 관리직에 대한 차별 등 경험을 공유하면서 노조의 필요성을 절감하
였다. 반도상사의 노조 결성 움직임은 1973년 12월부터 3개월간 지속된
인천 도시산업선교회의 '부평지역 여성지도자 훈련'에서부터 시작되었
다. 교육에는 반도상사 이외의 노동자들도 참여하였으나 대부분 일찍 포
기한 데 비해, 반도상사 노동자들은 매우 열성적으로 참여하였다. 이 훈
련에 참여하였던 한순임은 동료들과 함께 각 부서의 리더 격인 14명을 만
나 조직을 규합하고, 26명으로 구성된 그룹을 결성하였다. 이들은 내부
모임을 거쳐 파업에 돌입할 것을 결의하고 호소문을 작성해서 현장에 들
어갔다.

이들은 1974년 2월 26일 오전 출근과 함께 임금인상, 폭행 사원 처벌,
강제잔업 폐지, 기숙사 시설 개선 등의 요구조건을 내걸고 파업에 돌입하
였다. 파업 전날, 기숙사와 탈의장에 유인물이 배포되었지만, 출퇴근자 그
리고 기숙사생 가운데 누구도 파업 계획에 대해 사측에 알리지 않았으며,
이들을 중심으로 바리케이드를 치고 파업을 시작하였다. 파업과 함께 한
순임이 취지 연설과 호소문 낭독 등을 하고, 4명이 신문사 등에 호소문을
전달하였지만 무시당하였다. 이들은 1974년 2월 1,000여 명의 여성 노동
자들의 연좌시위를 시발로 농성을 시작하여 14시간 만에 노동청 국장 중
재로 7개 항의 약속을 받아내고 파업을 일단락지었다.(이옥지, 2001, 194~
197쪽; 장현자, 2002)

농성을 계기로 노동자들은 노조 결성을 시도하였다. 이에 사측은 반장
이나 조장의 직위 해제, 작업장 이동 등으로 이들을 지치게 하고, 남성 노

동자들을 매수하여 섬유본조와 연락하여 집행부를 장악하고자 하였다. 하지만 3월 대의원대회 때 사전에 사측에 매수된 여성 노동자의 폭로로 사측과 섬유본조의 사전 각본이 탄로나자, 회의장은 농성장으로 돌변하였다. 농성이 다음날까지 이어지자 부평경찰서 경찰관 50여 명이 노동자들을 해산시키고 21명을 연행하였다. 이후 사측은 가발부와 봉제부 간 균열을 조장하였고, 노조 결성 중심인물인 한순임, 옥판점, 장현자 등 21명은 연행되었다. 이리하여 노조 결성대회는 연기되었다. 한순임 등은 남산 수사기관에 연행되어 파업 당시 배포한 호소문이 간첩의 지령에 의한 것이라는 거짓 자백을 강요당하였고, 무수히 구타를 당한 끝에 이틀 만에 석방되었다. 결국 노동자들은 섬유노조 본부를 방문, 노조 결성을 더 지연시키면 연합노조에 가입할 수 있다고 경고하며 조속한 노조 결성을 요구하였다. 그리하여 4월 15일 조례 시간에 반도상사지부가 결성되었으며, 지부장에는 한순임이 당선되었다. 하지만 결성 이후 한 달이 지나서야 신고필증이 발급되었고, 이를 평계로 사측은 단협을 거부하였다. 이에 노조는 노동청에 조정 신청을 냈으나, 노조 반대파에 의해 노조가 비민주적이라는 내용의 진정서가 제출되면서 조정 신청은 기각되었다.(이원보, 2004, 473쪽; 이옥지, 2001, 198~199쪽) 6월 대의원대회 직전에 현 노동조합 집행부 반대파인 사측 봉제부 노동자들은 주요 노조 간부직을 자신들에게 내주기를 요구하였으나, 양자 간의 갈등을 섬유노조 조직국장이 중재를 하여 부지부장 1명을 노조에 상근시킨다는 조건으로 단협을 체결하였다.

삼원섬유노동조합

삼원섬유노동조합은 부평공단 내에서 최초로 결성된 노동조합이었다. 삼원섬유는 한국수출산업공단 제4단지인 부평공단 내 외국인투자기업으로 스웨터를 짜는 공장이었는데, 공단 내 편직업체 중 시설과 보수 등이 가장 좋은 편이었다. 하지만 노동자들은 장시간 노동, 해고수당 미지급, 직업병, 강제 철야작업, 관리자의 폭행, 차별대우 등 악조건에 시달렸고 결국 1973년 10월경부터 근로조건 개선을 요구하는 투쟁을 조직하였다. 이를 계기로 유동우 등 남성 노동자 10여 명이 폭포클럽을 조직하였다. 폭포클럽 회원들은 도시산업선교회에서 의식화 교육을 받으며 조직적 활동을 개시하였다. 1973년 4월부터 도시산업선교회 평신도 훈련모임에 참석하였던 유동우는 근로기준법을 공부하며 편직공을 중심으로 동력회를 조직하였다. 이후 '열매' '기적' '샘' '다이아몬드' 등 여성 노동자 소모임이 가공부까지 확대되어 자체적으로 회칙을 만들고 자수 놓기, 책 읽기 등 내부 모임을 운영하였다. 이를 통해 대부분이 근로기준법을 숙지하게 되었다.

편직부 여성 노동자들은 1973년 11월부터 소모임을 중심으로 이른바 '상금제도'를 폐지하기 위해 '시간 지키기 운동'을 전개하였다. 이들은 매월 생산실적이 우수한 3명에게 상금을 주고 부진한 5명을 해고하는 상금제도의 모순을 지적하면서, 동료가 일자리를 잃게 하지 말자고 설득하였다. 그 결과 모든 사람들이 8시 30분 이전에 일을 하지 않게 되었다.(유동우, 1977) 한편 사측은 1973년 11월 임금지급 방식을 일급제로 변경하였는데, 생산량은 도급제와 동일한 수준을 요구하였다. 유동우 등은 근로감독관에 호소해보았지만 무시당하였다. 이에 노동자들은 11월 중순경 부서별로 부분 파업을 개시하였다. 사측은 이에 대한 보복으로 임금인하 조치를 단행하였다. 이에 반대하여 편직공 130여 명이 무기한 농성에 돌입하였다. 파업이 지속되자 12월 사측은 부평경찰서에 연락하였고, 경찰은 파업이 국보법 위반임을 경고하였다. 노동자들이 불응하자, 노동청 인천지방사무소 소장과 근로감독관 5명이 출동하여 사측의 불법 조치를 확인하고, 노동자들의 요구를 수용할 것을 지시하였다. 하지만 12월 3일 사측은 애초와 달리 노동자들에게 잘못을 인정하는 각서를 제출하지 않으면 해고하겠다고 위협하였다. 노동자들은 다시 작업 거부에 돌입하였고, 사측은 각서 제출 지시를 철회하였다.

드디어 12월 12일, 섬유노조 경기지부 삼원섬유분회가 결성되었다. 분회장에는 유동우가 선출되었다. 하지만 공단 내 유일한 노조였기에 사측과 정부의 협박과 압력은 다른 노조들보다 극심하였다.(이옥지, 2001, 178~189쪽; 이원보, 2004, 462~465쪽) 특히 조합장인 유동우는 노조 결성 직후 많은 심적 고통에 시달려야 하였다. 분회 조직부장과 쟁의부장에 대한 구타와 해고, 사측의 사주에 의한 일부 노동자의 노조 탈퇴원서 제출 등 때문이었다. 노조 탈퇴 원인 중 하나가 조업 단축으로 인한 '급료인하'였다. 사측은 근로기준법을 지킨다는 명분하에 노동시간을 10시간에서 8시간으로 단축하였고, 그 결과 임금이 낮아졌다. 노동자들 사이에는 "노조는 무엇을 하는 곳이냐" "굶어 죽기 전에 노조를 때려부수자" 등의 말이 난무하였다. 노조원들은 유동우에게 "내일 잘 산다고 오늘 굶을 수는 없지 않소?" "차라리 노조를 없애는 것이 낫지 않소?"라고 항의하기도 하였다.(유동우, 1983, 111~113·168~171쪽)

이러한 삼원섬유의 사정은 초기 노조 결성 과정에서 노조에 대한 노동자들의 인식을 단적으로 드러내준다. 노동자들은 노조가 즉각적인 임금인상을 가능하게 해줄 것이라고 기대하였다. 그러나 삼원섬유의 경우는 반대였다. 노조가 요구하였던 노동시간 단축은 임금 자체를 감소시켜 노동자들의 불만을 샀다. 이런 사건은 초기 대부분 조합원들의 권리의식이 낮거나 노조에 대한 구체적인 상이 결여되어 있음을 알 수 있게 해주는 대목이다. 장기적인 권리의식, 노조라는 조직을 통한 단결, 연대 등 의식이 노동자들에게 자연스럽게 생기는 것은 아니었다. 오히려 그런 것은 조합장이 던져주어야 할 무엇으로 여겨졌다. 이처럼 노조를 새로 만드는 것은 조직의 결성이지 그 자체가 조직을 '공고화 혹은 안정화'시키는 것으로 보기

는 어려웠다.(유동우, 1983, 168~169쪽 참조)

　자기 자산이나 지불능력이 있는 대기업을 제외한 대부분 사업장의 노동자들은 지속적으로 저임금과 고용불안에 시달렸다. 특히 노동력의 공급과잉이 지속되는 조건에서 노동자들, 특히 영세·중소기업 노동자들의 잦은 이직은 일반적이었다. 그것이 생존을 위한 하나의 선택이었기 때문이다. 따라서 당시 노동자들의 권리의식을 일방적으로 '낮다' 혹은 '높다'는 식으로 구분하고 규범적으로 비판하는 것은 정당하지 않다. 더군다나 노동자들은 제도권 교육과정에서 참여, 연대, 민주주의 등의 담론보다는 복종, 국가, 충성이라는 담론에 길들여져 온 것도 사실이었다. 조합원들은 노조를 통해 연대감을 형성하기보다는 노조라는 매개를 통해 자신의 어려움을 극복하고자 하는 경향이 강하였다. 결국 무임승차하겠다는 것이나 마찬가지였다. 정당이 지구당 및 당원에 기초하지 못할 때 소수 정치엘리트에 의해 좌지우지되는 '간부 정당'이 되듯이, 노조 역시 '간부 노조'cadre union가 될 여지가 있었고, 한국의 초기 노조들은 대개 그런 형편이었다. 또한 초기에는 민주노조조차 본부에 대한 '의존성'이 강하였다. 예를 들어 초기 노조 결성을 주도하였던 노동자들이 알고 있는 것은, 근로기준법이 있다고 하니 법을 준수해서 노조를 결성해야겠다는 수준이었다. 이들은 여전히 임금인상 등을 정부가 해줘야 되는 것으로 인식하였지, 노동자들이 단결을 통해 쟁취해야 한다는 것을 제대로 인식하지 못하였다. 이 때문에 노조 결성 과정, 그리고 정부와 공권력의 생리를 잘 알고 있었던 섬유본조 간부들은 성사되기 어렵겠다 싶은 노조 결성은 절대로 관여하려고 하지 않았다.(유동우, 1984)

　마침내 1973년 12월 29일 노조 신고필증을 받았다. 하지만 분회 간부 17명 가운데 5명을 잃었다. 이후 활동은 초기 남성 노동자 중심에서 여성 노동자 중심으로 변화하였다. 노조 결성 후 8개월이 지난 시점에 17명 간부 중 13명이 여성으로 변화하는 등 노조의 새로운 활력을 여성들이 불어 넣었다.(이옥지, 2001, 178~189쪽; 이원보 2004, 464쪽)

청계피복노동조합

1970년대 한국노동운동의 산실이자 상징으로 알려진 청계피복노조는 민주노조운동에서 다소 특이한 위치를 지닌다. 청계피복노조는 주로 남성 활동가를 중심으로 움직였으며, 특히 지식인들과 노조활동가 간의 연계가 두드러졌다. 1969년 3선개헌반대투쟁이 좌절되면서 선진적 학생운동가들은 기존 반정부투쟁이 지닌 정치편향성 등의 한계를 지적하고, 독재체제의 장기화에 대비하는 장기적 대안을 모색하였다. 비록 '사회 변혁'이라는 용어를 사용하지는 않았지만, 이들 사이에는 민주화와 사회변화를 포괄적이고 구조적으로 사고하는 경향이 대두하였다.(김준·이종구, 2002, 206쪽) 이들은 사회운동을 통해서 사회 저변의 대중적 역량을 축적하여 이를 조직화하고, 이러한 역량 결집을 통해 사회변혁을 추구해야 한다고 강조하였다. 1970년대 노동 문제에 대해 관심을 가진 지식인, 특히 학생운동 진영의 흐름을 나누어보면 아래와 같은 몇 개 그룹이 존재하였다. 먼저, 학생·재야운동의 일환으로 노동운동과 접촉을 가진 장기표, 조영래, 김근태, 이창복 등을 들 수 있다. 두번째, 도시산업선교회나 크리스챤아카데미 등 종교계의 노동운동 지원단체에서 간사 활동 등을 통해 노동 문제에 대해 관심을 가지고 그것을 실천에 옮긴 사람들이다. 대표적인 인물로는 인재근, 최영희, 손학규, 김세균, 신인령 등을 들 수 있다. 세번째로, 독자적이지만 고립된 이른바 1970년대 대학생 출신 노동자 제1세대로 분류되는 부류이다. 대표적으로는 신금호, 김문수, 문성현, 정윤광, 김영곤, 김영준 등의 흐름이다. 이 경우는 조직된 흐름이라기보다, 개인적인 결의나 준비를 통해 현장 노동자 생활과 노동조합 경험을 쌓은 사례이다. 이들 가운데 첫

평화시장 다락방 작업장

번째 범주의 지식인들이 청계피복노조와 긴밀한 관계를 지속적으로 형성
해갔다.

　청계피복노조 결성 당시 상황을 구체적으로 살펴보면 다음과 같다. 전
태일 장례 당시 어머니 이소선은 평화시장에서 노조 결성을 인정할 것, 하
루 16시간 일하던 것을 8시간으로 줄일 것, 매주 하루를 쉬게 할 것, 정기
적인 급료 지급을 검토할 것, 적어도 1년에 한 번 모든 노동자들에게 건강
검진을 실시할 것, 다락방을 철거할 것, 보조공(시다)의 임금을 2배로 올리
고 고용주가 직접 지급할 것, 환기구를 설치할 것 등의 8개 요구조건을 제
시하였다.(전순옥, 2003, 274쪽) 이에 노동청은 11월에 휴일휴가, 임금인
상, 8시간근무제 등 8개 항목을 준수하겠다는 서약을 기업주들로부터 받
아내고, 근로감독관 3명을 해직하며, 근로기준법 적용 범위를 16인 이상
고용업체로 확대하겠다고 밝혔다.(이원보, 2004, 429쪽) 그리고 11월 22일
에 노총 회의실에서 전국연합노조 청계피복지부를 결성하고, 지부장에 노

총 국제부 차장 김성길을, 부지부장에 최종인 등 4명을 선출하였다. 이때 가입한 조합원은 516명이었다. 당시 영세사업장으로 노조를 결성하는 것이 불가능하다고 여겨진 조건하에서 지역지부를 결성한 것은 이례적인 일이었으며, 노동청장이 노조 결성을 지원한 것도 유례를 찾기 힘든 경우였다.(이옥지, 2001, 145쪽)

전태일의 장례 직후, 이소선과 전태일의 동지들은 장례 직전 사측이 약속한 노조사무실을 찾아갔지만 한 군데도 열려 있지 않았다.(오효진, 1987; 이소선, 1990; 전태일, 1988; 조영래, 1983) 이에 흥분한 이소선과 전태일의 동지들이 평화시장주식회사 사무실로 찾아가 책상과 집기를 닥치는 대로 부수며 항의하자, 그제서야 사무실 열쇠꾸러미를 내주었다. 하지만 며칠 뒤 다시 노조사무실 문은 굳게 잠겨 있었고, 이소선과 삼동회 회원들은 경비들에게 쫓겨났다. 이에 이소선과 김동환 목사, 삼동회 회원들은 을지로 6가에 있는 경기여관에 모여 투쟁의 방향에 대해 논의하였다. 일단 이들이 선택할 수 있는 방도는 평화시장 문제를 사회화시켜 여론에 압력을 넣는 것이었다. 이들은 러닝셔츠에 8개 항의 요구조건을 빨간 글씨로 쓰고, 국회의사당에 들어가 작업복을 벗고 농성을 하기로 하였다. 이들은 여관까지 따라온 형사를 물리치고 국회의사당으로 향하였으나, 정문에서 국회 경비원에 잡혀 몸싸움을 벌인 끝에 경찰에 연행되었다. 하지만 국회의사당사건은 신문에 크게 보도되었고, 이런 천신만고 끝에 노조사무실을 확보하였다.(이소선, 1990)

이후 청계피복노조는 1971년 가을에 시장상가 노동자들의 근로조건을 조사한 결과, 14시간 이상 장시간 노동, 노조 가입을 이유로 한 차별대우 등을 적발하고, 노동위원회에 구제 신청을 내서 조합활동을 보장하고 차별대우를 하지 않겠다는 내용의 약정서를 받아냈다. 1972년에는 주휴제 위반 업체를 조사하여 사용자들에게 시정을 요구하였으며, 그 이후에도 시정이 되지 않을 경우 근로감독관에게 진정해서 시정하도록 하였다. 1973년에도 체불노임 진정사건 처리, 주휴제 위반 업체와 야간작업 위반 업체 등에 대한 정기적인 조사, 기관지 『청계피복노조』 창간, 새마을노동 교실 개방 등을 성공적으로 추진하였다. 또 1973년 10월 단협 갱신 때는 노조 설립 이후 최초로 4개 상가가 통합교섭을 시작하여, 그간 미싱사가 지불해오던 임금을 사용주가 직접 지불하도록 하고 최저임금도 6,000원으로 정하였다. 다음해인 1975년에는 노조 간부들이 주휴제 위반 업체 조사에 나서, 을지상가 67개 업체 중 30개 업체의 위반 사항을 발견하고, 사용주 대표와 협의하여 단전을 실시하였다. 이후에 다시 이를 위반하자 노동청 중부지방사무소를 항의방문해서 근로감독과장으로부터 12시간 노동 단축, 주휴제 실시, 다락방 철거 등을 약속받았다. 그러나 12월에 이 역시 이전 상태로 돌아가자 노조사무실에 모여든 50여 명이 근로시간 단축, 주휴제 실시가 이루어질 때까지 무기한 농성에 돌입하였다가 노동청의 개선 약속을 받고 해산하였다. 1976년에는 견습공 임금을 미싱사가 지불하는 임금제도를 개선하여 직불제를 시행할 것을 요구하였다. 3월에 각 공장별로 미싱사들이 사용주 직불을 요구하자 사용주가 주동자를 해고하는 사건이 발생하였다. 이에 노조는 시위를 계획하는 등 대응을 준비하였고, 결국 관계 당국의 조정으로 임금제도 직불제에 합의하게 되었다.(이옥지, 2001, 324~325쪽)

이처럼 초기부터 유신체제가 허용한 활동의 경계를 넘나들었던 민주노조에 대한 국가의 조치는 일관된 억압이었다. 산업화 시기 노동 문제에 대한 최종결정권은 노동청이 아닌 '중앙정보부'라는 국가정보기관이 가지고 있었다. 실제로 노동청이 하는 일은 거의 없었다고 해도 과언이 아니다. 당시 평화시장의 고용주들은 부당노동행위를 감시하기 위해 일시적으로 전국의 근로감독관이 모두 평화시장 주변으로 몰렸을 때만 잠시 노동시간을 지켰을 뿐이었다. 근로감독관들이 철수하면 다시 원상태로 돌아가는 식이었다.(이승철 인터뷰, 2003년 5월 8일) 이처럼 청계피복노조는 다른 사업장보다 유달리 심하게 정부와의 직접적인 대립을 겪으며 형성되었고, 이런 경향은 이후 노조활동에서도 지속되었다.

민주노조운동의 전개과정: 사업장별 사례를 중심으로

1970년대에 전개된 노동운동은 우선 민주노조를 중심으로 한 노조운동, 두번째로 한국노총을 중심으로 한 제도권 노동운동, 세번째로 노조운동에 속하지 않는 간헐적이고 비조직적이지만 폭발적인 저항, 마지막으로 종교 단체와 지식인 등의 노조 지원 등으로 나누어볼 수 있다. 이 가운데 세번째 영역인 현대조선 노동자 봉기, 한진 노동자 폭동 등을 제외하고 이른바 조직운동이라고 볼 수 있는 노동운동을 중심으로 1970년대를 개괄한다면, 한국노총으로 대변되는 흐름과 민주노조 및 교회단체·지식인운동의 흐름으로 크게 구분할 수 있을 것이다. 민주노조운동을 살펴보기에 앞서 한국 노총이 전개한 조직운동을 간략하게 살펴본다.

1970년에 들어서 산업별노조가 17개로 늘어난 노총은, 1970년 전태일의 분신과 '외국인투자기업 노동조합 및 노동쟁의 조정에 관한 임시특례법' 제정 등 급박한 상황 변화에 대해 적극적인 대응에 나서 외국인투자기업의 노동규제에 대한 저지투쟁과 정치 참여 등을 선언하였다. 그러나 이는 일회적 반발로 그쳤으며, 오히려 노총 내 조직분쟁이 재연되었다. 섬유·외국인기업노조 조직분규 외에도 1970년 12월, 노총 대의원대회에 반대파가 불참하거나 조합비 납부를 거부하는 등의 파행을 거듭하였다. 이에 노총은 참신한 조직 기풍 진작을 위하여 1971년에 '노총신풍운동 추진

요강'을 마련하였지만, 이런 움직임은 별다른 진전을 보이지 못하였다. 1976년에도 섬유노조에서는 인천지부 동일방직사건을 제대로 수습하지 못했다가 조직분규가 재연되어, 부산지부장 김영태가 당시 위원장 방순조를 임기 도중 불신임으로 사퇴시켰고, 이는 다시 하부 조직에 대한 탄압과 지부장·집행부 교체 등으로 이어졌다. 노총 내 조직분쟁은 각자 조합원 요구를 반영한 명분이나 이유가 존재한다고 주장하였으나, 실제 이념이나 정책에 기초한 것이 아닌 계파 간 주도권 다툼의 성격이 강하였으며, 이는 임원 선거 이후에도 지속되어 패배한 파벌은 선거 무효를, 승리한 측은 보복을 통한 반대세력 무력화를 지속적으로 기도하였다.(이원보, 2004, 368·371~372쪽)

한편 1971년 정부가 국가비상사태를 선언하자, 노총은 "비상시국하의 우리 노동자의 자세를 밝힌다"는 제목의 성명을 통해 이를 지지하였으며, 1972년에는 "국가비상사태하에서의 운동방향"을 통하여 안보 우선의 새 가치관 정립을 최우선으로 내세우고, 타협을 통한 실리주의 노동운동을 전개하고, 참여자로서 새마을운동의 기수가 될 것을 다짐하였다. 이처럼 유신체제에 대한 노총의 순응은 유신체제에 대한 지지로 이어졌고, 이는 '유신체제하의 운동기조'란 이름으로 국가이익 우선주의 원칙에 입각하여 생산성 향상을 통한 분배 원천 증대 등을 강조하는 것으로 나타났다.

그러나 이와 무관하게 1960년대 노총이 지녔던 조직력은 제도적·법적으로 약화되어갔다. 1973년 정부는 노동조합법에서 '전국적인 규모를 가진 노조'와 '산하 노동단체'란 표현을 삭제함으로써 산별노조는 법률상 근거를 상실하여 급속히 약화될 위기에 직면하였다. 표면적으로 산별노조는 1960년대와 비슷한 모습을 띠고 있었지만, 1970년대에 들어 단체교섭권과 단체행동권을 박탈당함으로써 조합원 참여 기제는 상실되었다. 또한 노조는 단체교섭에서 정부의 조정 결정을 받아들여야 하였기 때문에 단협

준비에서 교섭까지 조합원의 의사 반영이나 투표를 할 필요가 없어지고 말았다.(이원보, 2004)

이처럼 노총이 제 역할을 제대로 수행하지 못하자 노동자들은 노총과는 관계없이 단체행동을 벌이기 시작하였다. 단체행동 자체가 반드시 처벌을 받는 것은 아니었으며, 단위사업장 노조가 무엇인가 쟁취하기 위해서는 어떤 형태든 단체행동이 필수적이었기 때문이다. 물론 노조민주화투쟁도 존재하였다. 하지만 민주노조는 결성만큼이나 유지하는 것 또한 쉬운 일이 아니었다. 특히 유신체제하에서 노동3권이 근본적으로 제약을 받는 제도적 조건, 노조활동에 대해서 극심한 반감을 가진 고용주, 단체 활동에 대해 가해지는 정부와 공권력의 탄압, 그리고 상급 노조의 통제 등은 노조의 생존 자체를 위협하였다. 그 밖에도 대일화학, 인선사 등 투쟁에 성공하지 못해 노조가 해산되거나 어용노조로 회귀하는 경우도 있었고, 경성방직, 방림방적, 대한모방, 남영나일론 등 어용노조하에서 전개된 평조합원들의 적극적인 노동조건 개선투쟁 등도 존재하였다.

동시에 유신체제하에서 연대투쟁도 초보적 형태로 존재하였는데, 1960년대의 경우 상급노조인 산별노조나 노총이 공동투쟁을 이끌었지만, 1970년대에는 분산된 단위사업장별 투쟁이 주를 이루었다. 개별 노조 간, 노동자 간의 연합으로 항의투쟁 등이 전개된 경우도 부분적으로 존재하였다. 먼저 1977년 협신피혁 노동자 민종진의 가스질식사 사건에 대해 청계피복, 반도상사, 인선사, 방림방적 등 서울과 인천지역 노동자들은 "노동자들을 더 이상 죽음으로 몰아넣지 말라"는 제목의 성명을 발표하고 항의농성을 전개하였다. 다음으로 1978년 3월 한국 기독교회관에서는 동일방직 똥물사건, 도시산업선교회와 가톨릭노동청년회 활동을 공산주의로 모는 악선전에 대한 인권 교육이 진행되었다. 이때 취재기자가 한 명도 보이지 않자 강좌에 참여하였던 동일방직, 원풍모방, 방림방적, 해태제과 등 노동자들은 기독교방송국 9층 보도국에 들어가 항의를 하였고, 기자들과 언쟁을 벌였다. 이 항의투쟁으로 잠시 방송이 중단되었으며, 방송국 직원과 경찰은 항의하던 노동자들을 구타하며 해산시켰다. 그리고 1978년 부활절 연합예배 시위투쟁을 들 수 있다. 동일방직 대량해고가 확실해지던 시점인 1978년 3월, 45만 명이 운집한 가운데 여의도광장에서 열린 부활절연합예배 때 동일방직, 방림방적, 남영나일론, 삼원섬유, 원풍모방 소속 여성 노동자들이 노동3권 보장, 동일방직사건 해결, 체불노임 지급 등을 외치며 시위를 벌였다. 노동자들이 언론에서 전혀 다루어지지 않는 노동 문제를 호소하기 위해 예배에서 시위를 감행하였던 이날 사건으로 예배와 중계방송이 중단되었다.(이옥지, 2001, 312~324쪽)

이런 조건하에서 민주노조들이 어떤 방식으로 대응하고 노동조합 활동을 전개하였는지에 대해 각 사업장별 사례를 살펴본다.

원풍모방노동조합　　　원풍모방노조는 1970년대 민주노조 가운데 가장 강력한 조직력을 가지고 있었다. 다른 민주노조들의 경우 사측과 정부의 지속적인 탄압에 못 이겨 3~4년 만에 해산되거나 어용화의 길을 걸었다. 하지만 원풍모방노조는 대의원을 중심으로 아래로부터의 조직력에 바탕을 둔 강력한 현장 권력을 기반으로 준법투쟁을 전개하여 사측과 공권력에게 탄압의 빌미를 제공하지 않고 10년간 민주노조로서 존속하였다. 특히 1974년 회사의 부도와 이에 따른 노사 공동경영을 통한 노조 승계 등 어려운 조건에서 강한 조직력과 탄력적인 전술을 통해 민주노조를 유지했다는 점에서 원풍모방노조는 1970년대 민주노조의 일상적 활동의 '전형'典型을 보여주었다고 해도 과언이 아니다.* 특히 대의원 및 조합원 교육, 유연하지만 전투적인 전술, 노사 대등한 협상력과 강고

한 현장 권력은 1970년대 노조운동이 가질 수 있었던 '최대치'였다. 노조 부지부장이었던 박순희의 말에 따르면, 원풍모방노조는 한 달에 한 번꼴로 큰 싸움을 조직하였고, 그 결과 현장에서 자기 권리의 일상적 확보, 기숙사에서의 노동자 자치, 임명제가 아닌 순번제에 의한 조장과 반장 선출 등을 얻어냈다. 또한 조합원 2,100명 가운데 700명을 늘 움직일 수 있을 정도의 조직력을 지니고 있었다.(박수정, 2003, 156~157쪽)

1973년에 들어서 회사가 부도 위기에 직면하자, 노조는 지동진을 위원장으로 하고 각 부서 과장 12인을 부위원장으로 하는 수습대책위원회를 구성하였다. 그리고 부사장 등 회사 간부들로부터 실질적 회사 운영권을 넘겨받았다. 대책위는 공장 가동책을 마련하여, 정부와 채권자인 제일은행에게 협조와 지원을 호소하였다. 그리하여 제일은행으로부터 운영자금을 지원받고, 감독관청의 협조하에 자체 운영을 진행하였는데, 1973년 7월 말에 이르러서는 회사 운영이 정상을 되찾았다. 10월에 대책위는 130일간의 운영 보고를 하고, 현금, 미수금, 3개월간 작업 계약량 등을 새로운 경영진에게 인계한 뒤 해산하였다. 그러나 새로운 경영진은 다시 경영부실을 초래하였다. 그 와중에 사장이 지부장 지동진을 구타하는 사건이 벌어졌고, 이로 인해 사장이 구속되었다. 1974년 1월에 임시주총을 개최하여, 회사정상화 대책을 마련하였다. 회사 소유 주식 190만 주 가운데 20%를 노동자들에게 무상 양도하고, 지부장을 전무이사로 선임하였다. 이로써 한국 최초의 노사공동경영체제가 출범하였고, 1974년 6월에는 임금을 30%까지 인상할 수 있었다. 하지만 누적된 부채의 원리상환금 부담으로

---

* 원풍모방이 다른 사업장에 비해 장기간 민주노조를 유지할 수 있었던 요인 중 하나로 남성 대의원 수를 제한하는 제도를 들 수 있다. 1970년대 노조 민주화 및 유지에서 가장 큰 난관은 남성 대의원의 배신 혹은 남성 노동자에 의한 노조 무력화였다. 원풍모방노조는 이러한 사례를 참조해서 1973년 이래 전체 대의원 및 상집간부 선출에서 남성 노동자의 비율이 20%를 넘지 못하도록 제한하였다.

다시 회사가 공매될 상황에 처하였고, 이에 노조는 10월 조합원 총회를 개최하여 제일은행에 대해 전원 고용승계, 미지불 퇴직금과 고용승계자에 대한 퇴직금 정산, 인수 시 휴업수당 지급 등을 요구하였다. 결국 11월 제일은행으로부터 이상의 조건을 모두 수락받았다. 12월 원풍모방이 원풍산업 그룹에 공매 낙찰되면서 노사관계는 정상화되었다.(이원보, 2004, 467쪽)

하지만 원풍산업 그룹이 회사를 인수한 뒤에도 노조를 파괴하려는 시도는 계속되었다. 1975년 2월 대의원 선거를 앞두고 방용석 지부장이 구속되었다. 이에 조합원들은 서명운동, 진정서 발송, 리본 달기, 항의집회, 구치소 도보 행진 등을 통해 지부장 석방을 이루어냈다. 또 1975년 7월 하절기 휴가를 휴무에 포함시키려는 기획, 8월의 집단해고사건 등에 대해서 적극적인 준법투쟁을 전개해 이를 무효화시켰다. 그 밖에 1975년 가을 원풍모방 인수 후 최초의 단협 체결 시에도 준법투쟁이 부분적으로 활용되었다. 사측이 인수 때와 달리 노동조건을 악화시키고 유니언숍을 오픈숍으로 바꾸려고 하여 노사협의가 난항을 겪자, 조합원들은 3일간 철야농성, 두 차례 준법투쟁, 한 차례의 노사협의회를 통해 단협 체결을 관철시켰다.

1976년 10월 방용석 지부장이 기숙사 사감 취임 시 "대통령이 일개 회사 인사발령도 하는 세상인가"라고 발언한 것으로 인해 영장 없이 연행되었다. 이에 조합원들은 200~300명씩 노조사무실에서 농성을 단행하였다. 이후 지속적 농성과 임시대의원대회를 통한 서명탄원서 제출 등을 전개하자, 연행 7일 만인 11월 24일에 석방되었다.

12월 제1공장과 제2공장에서 연말상여금을 지급하였는데 그 금액이 서로 달랐다. 이에 전년도 노사 간 협의 사항에 위배되는 조치라고 항의하면서, 조합원 100여 명이 본사로 가서 약속 이행을 촉구하였다. 결국 12월 29일 노조의 끈질긴 노력으로 제2공장 상여금을 160%로 인상하는 데 합의하였다. 그 결과 1979년 현재 원풍모방은 동일 업종 가운데 임금 수준도 가장 높았고, 퇴직금과 상여금 제도가 정착되었으며, 일요일과 공휴일 휴무제가 제도화되었다. 그 밖에도 남녀 간 임금격차를 좁혀 여성 노동자의 임금을 남성의 55~60%까지 상승시켰다. 또한 이미 민주노조 초기부터 결혼퇴직제 철폐가 명시화되어 이를 안착시켜나가기도 하였다.

한편 1979년 임금인상 교섭 시에 노조는 노조 파괴 시도가 진행되고 있다는 것을 알게 되었다. 임금인상이 결정되기 전부터 현장에서는 임금이 대폭 인상되었으며 지부장이 매수되었다는 등의 소문이 유포되어 내부적 혼란을 가져왔다. 마침내 남자 1명이 여자 10명을 포섭하여 노조를 파괴한다는 말이 떠돌게 되자, 노조에서는 그 방식이 동일방직 파괴 과정과 흡사하다는 데 주목하여 진상을 밝히기로 하였다. 조사 결과 소문의 진원지가 직포과 직원인 것으로 드러났고, 관련자들에 대한 사표 수리, 경고 처분, 해고 요구 등을 통해 사건은 일단락되었다.

하지만 4월에 회사가 갑작스럽게 국제그룹으로 넘어갔다. 원풍모방은 경영상 하자도 없었으며 16억 원의 순이익을 올린 기업이었다. 이후 1979년 8월 YH사건을 계기로 유신체제는 '외부세력 실태 조사'라는 명목으로 기독교도시산업선교회의 용공성과 다른 노조 및 조합원 간의 관계에 대해 조사하기 시작하였다. 민주노조에 대한 파괴 시도는 10·26정변 이후 '서울의 봄'이란 개방기 속에서 일단 유보되었다가 1980년 5월 17일 계엄령 전국확대실시 이후 재개되었다. 이후 1980년 7월 계엄사 합동수사본부는 방용석 지부장을 김대중내란음모사건과 연루시켜 체포하면서, 원풍모방 노조에 대한 파괴를 시작하였다. 이후 12월에 48명의 노동조합 간부를 연행하자, 노동조합은 1981년에 접어들며 집행부를 재정비하고 사측의 부당한 단체협약 갱신교섭 지연 및 조합원 해고에 맞섰다. 하지만 회사 측은 1981년 9월 27일 사측 사원과 정체를 알 수 없는 남성 등 100여 명을 동원하여 정선순 조합장을 협박하고, 현장에서 농성을 벌이는 조합원들을 강제로 끌어내어 쓰레기 하치장에 내버렸다. 이후 조합원들은 출근투쟁 등을 벌였으나, 열성 조합원들에 대한 사표 강요와 11월 12일 핵심간부 11명 전원 체포로 1970년대 마지막 남은 민주노조인 원풍모방노조는 결국 파괴되고 말았다.

삼원섬유노동조합   삼원섬유노조는 1970년대 상급 어용노조에 의해 민주노조가 약화된 사례인 동시에, 민주노조에서 여성 조합원이 주도한 변화가 명시적으로 나타난 사례이기도 하다. 하지만 노조가 결성되었다고는 해도 노조활동은 여러 가지 난관에 봉착하였다. 후술하는 바와 같이 삼원섬유노조에는 간부 중 여성 노동자의 낮은 비율, 소극적인 단결의식, 자신의 문제를 지부장이 해결해주기를 바라는 사고방식 등 여러 문제가 남아 있었다.

삼원섬유의 경우 전체 300명의 노동자 가운데 남성은 80명에 지나지 않았다. 하지만 초기에는 노조 운영과 간부 선출이 남성 중심으로 이루어졌다. 초기 분회 임원 17명 가운데 여성 노동자는 불과 4명에 불과하였다. 이는 간부의 선출에서만이 아니라 노동자들이 대부분의 일상을 보냈던 작업장에서도 유사하게 나타났다. 남녀가 함께 일하는 편직부에서는 노조 결성 이전부터 현장의 모든 결정권을 남성들이 장악하였고, 여성 노동자들의 의견은 참고조차 되지 않았다. 간혹 임금인상투쟁이나 연장근로 거부 등 집단행동이 일어나도 남성들이 행동을 지시하면 여성들은 따라하는 식이었다.

이 문제는 중요한 시사점을 가진다. 먼저, 산업화 시기 노동체제의 수준에서 볼 때 노동자계급 일반이 정치사회와 시민사회로부터 배제되어 있었지만, 이와 더불어 여성 노동자들의 경우는 또 하나의 '배제 메커니즘'에 의해 적극적인 노동조합 참여가 어려웠다. 그것은 노조와 작업장에서의 '성별 위계질서'에 기인하였다. 노조 운영에서 여성이 배제된 것은 여성이 수적으로 적기 때문이 아니었다. 오히려 민주노조가 있는 대부분 사업장의 경우 여성 노동자가 70% 이상을 차지하였다. 또 하나 주목해야 할 점은 여성 노동자들의 잠재력이 매우 컸다는 점이다. 산업화 시기 민주노조운동에서 "여성 없는 민주노조운동은 존재할 수 없다"고 할 정도로 여성 노동자들의 역할은 컸다. 이전 시기 노동조합은 남성이 조합 간부직을 거의 독점하였기 때문에 수적으로 다수인 여성 조합원들의 의사가 반영되지 못하는 근본적인 한계가 존재하였다. 앞서도 설명하였듯, 이는 삼원섬유도 마찬가지였다. 그러나 점차 여성 노동자들이 분회에서 자신들의 의사를 적극적으로 피력하고, 현장에서 불합리한 처우와 차별에 대해 공공연하게 반발하고, 이들이 중심이 된 소모임이 활성화되고, 간부들 가운데 다수를 여성 조합원들이 점하게 되면서 이들이 노동조합민주화를 주도하게 되었다. 일례로 1974년 1월에는 임금삭감에 반발하여 가공부 여성 조합원 150여 명이 아침부터 작업을 거부하였다. 사측은 경찰을 부를 것이라고 협박하였지만 결국 노조 요구를 수용하였다. 또 부평단지 내 5개 스웨터 사업장에서 노조 간 임금 교섭이 진행되어, 타사업체에 비해 낮은 수준이나마 보장금을 확정하였으며, 5월에는 임금협정을 체결하였다. 하지만 사측은 협정을 이행하지 않고 노조 참여자들에 대해 임금을 낮게 책정하였다. 이에 따라 조합원의 노조 이탈 및 사직 사태가 벌어졌다. 노조가 시정을 요구하며 노동청에 고발을 하자, 5월 25일에 노동청 중재로 임금 재인상 조정에 합의하였고, 9월에는 협약임금보다 다소 상회하는 임금을 받았다.(이옥지, 2001, 178~189쪽)

삼원섬유노조는 결성된 후 4개월이 되는 1974년 3월, 임금 부분을 제외하고는 단협의 내용에 대한 합의를 대부분 이루어냈다. 그에 따라 분회장 상근, 유니언숍 시행, 노조사무실 제공 등이 실시되었다. 1974년 6월에는 노조가 정상적 활동을 할 수 있게 되었다. 8월에는 첫 노사협의회가 개최되어 고충처리 문제와 생산성 향상 등에 대한 회의를 개최하였으며, 횡포가 심한 반장 교체 요구, 현장 관리자들의 부당한 처사에 대한 작업 거부 등의 활동을 전개하였다.(이옥지, 2001, 185~186쪽)

조합원의 지지에도 불구하고 삼원섬유노조는 그 활동이 약화되었는데, 그것은 상급 노조에 의한 것이었다. 1970년대 한국노총이 단위 노조의 자율성을 약화시킨 사례 가운데 대표적인 것 중 하나가 삼원섬유 지부장이었던 유동우 제명사건이었다. 당시 섬유본조와 지부, 분회간의 관계에서 대부분의 결정권은 섬유본조가 가지고 있었다. 이는 분회 노조의 자율성을 결정적으로 약화시키는 제도였다. 특히 유신 선포 이후 한국노총은 노동문제 사회화를 최대한 억제하는 노동조합 활동을 추구하였다. 다시 말하면 민주노조운동이라는 이름이든 다른 형식이든 간에 기층 노조를 한국노총의 '통제'하에 두고자 하였다. 상급 어용노조는 고용주 및 정부와 결합하여 지도자 매수, 조합원 제명 및 탄압 등 다양한 방식으로 민주노조를 무력화시키고자 하였다.

삼원섬유 지부장인 유동우는 제명 직전 경기도지부 조직부장을 겸임하고 있었다. 하지만 도시산업선교회와 연결된 유동우를 탐탁지 않아 했던 경기지부장 박수영은 유동우를 명령불복종으로 몰아 제명시켰다. 박수영이 유동우에게 경기지부 쟁의부장 상근 근무를 지시하였으나, 유동우가 분회 조합원들을 대상으로 하는 활동을 이유로 이를 거부하였던 것이 제명의 이유였다. 당시 유니언숍 상태에서 유동우는 회사 측으로부터도 해고당하였다. 이에 삼원섬유 노동자들은 분회장 선거를 실시하여, 사측의 회유 속에서도 부분회장인 권병희를 분회장으로 선출하였다. 그리고 1975년에도 단체협약을 체결하고 태업 압력을 통해 민주노조를 유지하였다.

하지만 1976년 5월 삼원섬유는 채산성이 맞지 않는다는 이유로 폐업을 선언하였다. 노조는 상여금과 수당 등을 제대로 받아내는 활동을 중심으로 하다가 해산하고 말았다.(유동우, 1983, 175~192쪽; 이옥지, 2001, 188~189쪽)

반도상사노동조합　　　반도상사노동조합은 결성 첫해인 1974년 임금인상 37.9%과 상여금 220% 등을 획득하였다. 더불어 단협을 체결하고, 섬유본조나 지부 주최로 노조 간부와 대의원 및 조합원 등에 대한 교육을 실시하였다. 또한 노조 결성 이전에는 근로기준법에 규정된 월차, 연차, 생리휴가, 퇴직금 지급 등이 이루어지지 않았으나, 노조가 만들어진 이후에는 기숙사와 식당 시설 개선, 기숙사 사감 처벌, 퇴직금제 확립, 연월차제 확립 등을 획득하였다. 노조는 준법투쟁과 파업 등을 반복하면서 성장하고, 매년 자체 교육과 소그룹 운영을 통해 노조 기반을 형성하였다. 1975년에는 노조 소식지 『한마음』을 발간하였고, 이를 통해 노조에 대한 이해도 증진, 요구사항 수렴, 간접 교육 등을 도모하였다. 그 외에도 1975년 반도신용협동조합을 통해 회원들이 필요할 경우 전세금 등 목돈을 대여해주는 금융제도를 정착시켰다. 이는 생필품 구판사업과 더불어 정착되었다. 1976년에는, 종전에는 폐결핵 환자들은 발병 즉시 해고되었지만, 이제 폐결핵 환자가 발생할 경우 회사로부터 휴직조치를 취하도록 하고, 이들을 조합으로 출근하여 일하게 하며, 조합원들의 모금액으로 휴직 기간 약값을 보상하도록 조치하였다. 그 밖에 현장 관리자의 폭언, 인격 비하 발언 등이 있을 경우 공개사과를 하도록 강제하기도 하였다.

　하지만 사측은 반도상사노조가 정상화된 1974년 4월 이후에도 노조 파괴공작을 계속하였다. 사측은 배구대회를 통한 가발부와 봉재부 이간, 관리과장이 이끄는 봉선회라는 어용조직 결성 등을 통해 남녀 노동자 간,

부서 간의 분열을 조장하였다. 하지만 그럴수록 노조의 단결은 강화되어 갔고, 봉선회는 1976년경에 유명무실해지고 말았다.

1977년에는 한순임 지부장의 임기가 만료되고 장현자 지부장이 선출되었고, 이전보다 안정적인 노조활동이 가능해졌다.* 단협에 의해 합법적인 신입사원 교육과 매일 순회교육 실시 등이 보장되면서 신입사원들의 노조 가입이 증대되었다. 하지만 1977년 임금인상 교섭이 쉽게 진행되지 않았다. 이에 5월 임금인상을 요구하면서 노조사무실에서 밤을 새우고 태업을 통해 생산 저하, 중식 거부 등을 단행하였다. 결국 5월 5일 사측은 노사협의회에서 30% 임금인상에 합의하였다. 그리고 6월에 사측이 상여금 지급 날짜를 연기하자 이에 항의하였고, 간부의 폭언에 대해 중식 거부로 맞섰다. 이러한 사건들은 사측의 공개사과로 마무리되었다.

1978년 2월에 들어서 동일방직사건이 터지자 사측은 도시산업선교회를 비난하는 내용의 교육을 실시하고, 일방적으로 잔업시간을 공고하여 잔업을 강요하였다. 이에 노조는 잔업시간 공고를 철회하지 않을 경우, 준법투쟁을 할 것임을 경고하였다. 결국 잔업시간은 수정되었다. 1978년 임금인상 투쟁도 27%로 합의가 이루어지기 전까지 며칠 동안 생산량을 저하시키는 태업을 전개해야만 하였다.

한편 1978년은 반도상사가 업종전환을 단행하던 시점이었는데, 부산공장 일부가 부평공장으로 이동하였다. 이를 이용해 사측은 남성 노동자들을 동원하여 노조를 약화시키고자 하였다. 1978년 4월 『한마음』 배포를 둘러싼 공장장과의 다툼, 1979년 5월 QC경진대회에서 조직 분규를 야기하는 공장장의 발언에 항의한 사건 등이 일어났다. 이때마다 노조는 연장근로 등을 거부하는 준법투쟁을 통해 공개사과를 받아냈다. 1979년 YH사

---

* 한순임 지부장을 둘러싼 논란에 대해서는 김원, 2006, 제6장을 참조할 것.

건 직후 노조는 사망한 김경숙 조합원을 추모하는 플래카드와 검은 리본을 부착하였는데, 이때 사측이 현수막을 철거하여 노사간 싸움이 발생하였고, 특히 이후에 형사가 노조 간부들을 미행하고, 도시산업선교회와의 관계를 조사하기도 하였다. 또 9월에는 노조 간부들을 부당하게 이동시켜 모두 같은 방에 몰아놓고 일하게 함으로써, 간부와 평조합원 간 경쟁을 야기하는 등 노조활동을 방해하기도 하였다. 그러나 이런 사측의 노조 무력화 시도에도 불구하고, 반도상사노조는 지속적인 준법투쟁과 노조의 조직력으로 1980년 '서울의 봄' 시기까지 사측과 대등한 교섭력을 유지하였다.(이옥지, 2001, 345~353쪽)

청계피복노동조합　　　　1970년 11월 전태일의 분신 이후 청계피복노동조합은 '민주노조의 상징'이 되었다. 청계피복노조 10년의 역사는 조합원들의 분신, '9·9결사투쟁'에서와 같은 빌딩에서의 투신, 자살 기도, 단식투쟁, 연좌농성과 이에 따른 체포·기소·구속의 연속이었다. 청계피복노조는 1972년 4월 여성 노동자 권익 신장을 목적으로 '새마을노동교실'을 설립·운영하기 시작하였다. 1975년 2월부터 사용주들이 노동교실 운영권을 일방적으로 뺏으려는 데 맞서 7시간 동안 농성투쟁을 벌인 끝에 요구조건을 전면 관철시켰다. 그 결과 유림빌딩 3·4층을 임대해 노조 관리하에 노동교실을 지속적으로 운영하게 되었다.

　1976~1977년에는 연대 활동을 전개하였다. 1976년 9월 풍천화섬 노동자 500여 명이 추석 작업을 거부하고 기숙사에서 시위농성을 벌였는데, 양승조 총무부장은 풍천화섬 시위 주모자 박숙녀의 도피를 도왔다. 이로 인해 양승조는 9월 13일 범인 은닉죄隱匿罪로 구속되었다. 이에 청계피복노조는 양승조 석방을 위해 활발한 투쟁을 전개하였다. 이듬해인 1977년 7

청계피복노조 새마을노동교실 개관식

월에는 협신피혁 노동자 민종진이 폐수처리장에서 경비 절감을 위해 안전
시설을 가동하지 않은 채 폐수 처리를 하다가 가스중독으로 질식사하였
다. 한강성심병원에서 민종진의 장례식이 거행된 후, 서울·인천 등지 200
여 명의 노동자들이 유해 작업장 감독 강화, 임금인상 시행, 근로기준법 준
수, 노동3권 보장을 요구하며 영구차 시위를 하였다. 그 과정에서 경찰과
의 충돌이 발생하여, 노동청 앞마당에서 연좌농성을 전개하였고, 이소선
등 42명이 연행되었다.

　1977년은 청계노조에 있어서 전환점이 된 해였다. 1977년 7월에 장기
표의 재판정에서 노동 문제가 거론되자 이소선이 구타 자국을 보이며 법
정에서 항의하였다. 태릉경찰서 형사들이 이소선을 연행하려고 하자 조합
원 50여 명이 격투 끝에 이들을 물리치고 노동교실로 모여 대치하였다. 그
직후 이소선은 연행되었고, 조합원들은 이소선 석방과 노동교실 반환을
요구하며 결사투쟁인 9·9결사투쟁을 전개하였다. 이 투쟁이 전개되는 과

정에서 민종덕 투신, 신승철과 박해창의 할복 기도, 전순옥과 임미경 투신 기도 등 많은 피해가 났다.

이상에서 살펴본 대로 초기 민주노조 활동가들의 전형적인 투쟁방식은 시위와 농성 등으로 노동 문제를 사회화시키는 과정을 통해 노동청과 고용주 측에 압력을 가하며 노조의 요구사항을 관철시키는 것이었다. 여기에는 두 가지 의미가 내포되어 있다. 하나는 이러한 방식이 1970년대 초반, 아직 노동 관련 집단행동이 제도화되지 않은 시점에서 노조가 항의하는 '전형적인 방식'이었다는 점이다. 박정희 정권의 노동정책은 초기부터 체계적이고 일관된 틀을 가진 것은 아니었다. 정치적 차원이든 경제적 차원이든 개별 노조 및 전체 노동 부문에 대한 포섭 전략은 일관적이지 않았다. 1960년대 노동법과 노사관계는 최소한 노조를 '법인'法認하는 정책이었다. 하지만 1972년 이후 한국노총이 유신체제에 대한 노골적인 지지, 공공연한 노사 간 협조 선언과 이를 위한 공장새마을운동 전개 및 노사협의회 상설화 등 역조합기구화하는 일련의 과정에서 정부는 실제적인 노조 '부인'否認 정책으로 전환하였다. 민주노조의 직접적이고 전투적인 집단행동의 상당수는 개별 노사관계에 대한 국가의 무원칙적인 개입과 강제적 조치에서 비롯되었다.(구해근, 2000) 이런 조건에서 청계피복노조의 활동이 1970년대 노동운동사에서 지니는 의미는, 유신체제가 설정해놓은 노조 활동의 제도적 한계를 항상 침범하는 단체행동으로 민주노조가 할 수 있는 '최대치'를 보여준 점이라고 할 수 있다.(최장집, 1988, 133·136쪽)

다른 하나는 청계피복노조가 특수하게도 지식인 및 학생(운동)과의 연계하에서 활동하였다는 점이다. 전태일은 한자가 많은 근로기준법에 관한 책을 보며, "나에게 대학생 친구가 한 명만 있었더라면"이라고 소원하였다고 한다.(전태일, 1988; 이소선, 1990; 조영래, 1983) 1970년대 한국 사회에서 대학생은 '특수한 존재'였다. 1980년대 졸업정원제가 실시되면서 전국적으로 대학생 수가 증가하였지만, 1970년대만 해도 대학 진학은 사회적 신분 상승을 보장하는 것이었고, 여성 노동자들이 그토록 소망하던 '사무직'이 되는 첩경이었다.(백영서 외, 2002) 하지만 전태일의 생각처럼 대학생들이 근로기준법에 대해서 다 알고 있거나 노동 문제에 대한 구체적인 인식을 지니고 있는 것은 아니었다. 오히려 전태일의 죽음을 계기로 대학생, 구체적으로 학생운동세력이 노동 문제에 많은 관심을 가지게 되었다. 이런 학생운동의 흐름 속에서 노동운동과 학생·지식인과의 결합 문제가 제기되었다.[*] 당시 평화시장에는 장기표, 이재오, 김문수, 김근태, 이광택, 이영희, 김세균, 장명국 등 수많은 1970년대 사회운동 관계자들이 몰려들었다. 대표적으로 장기표는 1971년 내란음모사건으로 구속된 이후 구속·구류·수배의 연속 속에서도 청계피복노조와 관련을 맺었다. 학생·지식인과 청계피복노조의 결합은 전태일 장례식을 학생장으로 치르는 문제에서부터 시작되었다.(김기용, 2004) 당시 장기표는 수배망을 뚫고 거의 날마다 이소선을 만났다. 이소선은 노동교실 실장으로 청계피복노조에 직접 관여하였고, 장기표는 배후에서 각종 유인물을 쓰고 전략을 수립하였다. 장기표는 노동조건 개선에 주력하였던 청계피복노조를 정치투쟁의 장으로 끌어낸 인물이었다. 장기표는 한때 '김씨 아저씨'라는 가명으로 평화시장에 위장취업한 일도 있었다. 장기표가 개입한 대표적인 예로는 사용주들이 정부의 세금 인상에 대해 철시 등으로 맞설 때 노조도 힘을 합쳐 투쟁에 임하게 한 것, 한영섬유 노동자 김진수 타살 사건이 일어났을 때 사건의 내막을 알려주며 그의 어머니와 함께 투쟁하게 한 것 등을 들 수 있다. 이처럼 이들은 개별적으로 청계피복 노동자들을 만났고, 노조활동에 음으로 양으

---

[*] 1970년대 학생운동 활동가들의 노동운동에 대한 기록으로는 정윤광, 2001; 주대환, 2001; 문성현, 2000 등을 참조할 것.

로 영향을 미쳤다.(이승철 인터뷰, 2003년 5월 8일)

1970년대 청계피복노조의 활동과 투쟁은 전투성을 강조하였다.(이소선, 1990; 민종덕, 2003) 청계피복노조의 전투적 투쟁을 둘러싼 구체적인 배경과 맥락은 무엇보다 '연대 대상과 방식의 특이성'에서 찾아진다. 1970년대 전반에 걸쳐 학생운동이 노동운동과 '조직적 연계'를 가진 경우는 거의 없었으며, 대부분 성명서 및 연대 선언 등이 일반적인 양태였다. 장기표가 청계피복노조와 가졌던 연계가 장기적으로는 조직적 전망이 있었을지도 모른다. 하지만 당시 운동의 수준에서는 개인과 개인 혹은 개인과 노조 간의 연대가 일반적이었다. 이것은 몇 가지 요인에 의해 추론할 수 있다. 당시 학생운동은 노동운동 및 민중운동에 이념적·조직적인 지도를 할 만한 수준이 아니었다. 오히려 초보적인 수준에서 노동자의 정서와 경험을 이해하고, 노조 및 조직운동에 대한 지식 및 경험이 부족한 노동자들에게 방법론을 전달해주는 정도였다. 그러나 청계피복노조는 다소 양상이 달랐다. 장기표 검거에서도 드러나는 바와 같이, 장기표는 이승철, 박문담 등과 노동 문제에 대하여 정기적으로 논의를 하였고, 장기표가 검거된 곳도 이들과의 약속 장소인 다방이었다. 이런 사실은 장기표와 청계피복노조 및 서울지역 노동운동 활동가 간에 상당히 지속적인 관계가 존재하였다는 것을 알려준다.(민종덕, 2003; 이소선 1990)

1970년대 운동 전반에 걸쳐서, 특히 여성 노동자 사업장이나 도시산업선교회 관련 사업장 노동조합 간부들은 대학생이 접근하는 것을 달가워하지 않았다.(최영희 인터뷰, 2003년 3월 24일) 그러나 청계피복노조는 다소 다른 조건이었다. 동일방직노조나 반도상사노조와 달리 청계피복노조 '지도부'는 여성이 아니라 삼동회 멤버와 이소선 주변 남성 활동가들이었다. 노조의 형태도 평화시장 일대의 조건으로 인해 연합노조의 형태였고, 동일방직노조나 YH무역노조 등과는 조직화의 매개가 달랐다.* 600

여 개가 넘는 모든 사업장에 대한 통제가 사실상 불가능하였던 조건에서 고용주와 정부는 근로기준법을 어기기 일쑤였다. 따라서 "극한투쟁을 해야만 정부가 조건을 들어준다"는 것이 노조 간부들의 인식이었다.(김기용, 2004; 이승철 인터뷰, 2003년 5월 8일) 특히 이동이 잦은 사업장의 특성은 안정적인 멤버십을 기반으로 한 조직 활동보다는 공권력의 탄압에 즉각적으로 대응하여 시위, 농성 등 전투적 투쟁을 벌이도록 하였다.(장명준, 1971; 장상철, 1988) 그리고 재야 및 외부 인사와의 교류가 상대적으로 많았던 것도 여타 노조와는 다른 투쟁방식을 취하게 만든 배경이 되었다.

학생 및 지식인과의 연계는 노동교실 운영에서도 이루어졌다. 노조가 중등교실을 운영하고 조합원들을 교육하기 위해서는 그에 맞는 강사진들이 구성되어야 하였다. 노조에서 강사진을 수소문한 끝에 당시 현직 중·고등학교 교사들로 구성된 '상황극단'과 연결되었다. 극단 단원들은 노동교실 강의를 맡겠다고 자청하였다. 이재오(가명 이민)가 이끄는 '상황극단'의 단원들은 학생운동을 하였거나 민주화운동을 하는 의식 있는 지식인들이었다. 이들과 노조의 연결이 문제될 것에 대비해, 노조에서는 야학 강사들을 구한다는 광고를 일간신문에 게재하고, 단원들은 그 광고를 보고 응모한 것으로 위장하였다.(민종덕, 2003) 이 밖에도 전남대 이양현, 서울대 김세균 등이 청계피복노조의 연대 사업과 풍천화섬노조 결성 등에 깊숙이 개입하였다.

이처럼 청계피복노조 활동의 특징은 노조 자체의 특수성과 지식인의 적극적인 개입에서 비롯되었다. 청계피복노조는 1970년대 내내 전투적 투쟁을 전개하였던 것으로 알려졌으나, 이러한 해석은 민주화담론에 의해

● 더불어 서로 다른 지역적 상황 때문에 청계피복노조 이후에 나타난 민주노조는 청계피복노조와 동일한 발전방식이나 조직구조를 따르지 않았다.

만들어진 측면이 있다. 실제로 청계피복노조의 조직력은 매우 취약하였고, '파업 자체도 어려운 상황'이 지속되었다. 청계피복노조에 대한 공권력의 외부 개입과, 이에 대한 대항 그리고 장외 투쟁 및 전투적인 시위 전개 등이 반복되었고, 노조는 9·9결사투쟁을 기점으로 불안정화되었다. 조합원들의 조직적인 힘으로 노동조합이 결성된 것이 아니라, 전태일의 분신항거가 커다란 사회 문제가 되어 여론의 힘에 의해 결성된 측면이 강하였던 조직적 한계가 존재하였기 때문이다. 시장 내에는 700여 개의 사업장과 1만 2,000여 명 정도의 조합원들이 존재하였지만, 투쟁에서 동원이 가능하였던 최대 인원은 300여 명에 불과하였다. 이 숫자는 이승철이 지부장이던 1976년 풍천화섬사건 당시 참여 인원이었는데, 청계피복노조 규모라면 적어도 3,000명은 참여해야 조직력에 기반한 투쟁 전개가 가능하였다. 이렇게 소수만이 참여했다는 것은 당시 청계피복노조의 조직력에 한계가 있었음을 보여주는 사건이었다.(이승철 인터뷰, 2003년 5월 8일)

한편 1973년 5월 21일 청계피복노조는 노동교실 운영권을 되찾아 개관식까지 마쳤으나, 노동교실은 온전한 의미에서 '자율적인 공간'은 아니었다. 이는 중앙정보부를 정점으로 하는 정보기관이 노동교실을 매개로 노동조합을 감시·통제하고자 하였기 때문이었다. 그러나 노동조합의 거센 반발과 조합원들의 강력한 투쟁으로 이런 통제를 더 이상 유지할 수 없게 되었다. 이런 상황에서 정보 당국은 다른 방식으로 청계피복노조에 대한 통제를 준비하였다. 그것은 다름 아닌 청계피복노조의 상급 조직인 어용노조를 통한 조합 간부에 대한 감시와 통제였다. 상급 조직에서 파견된 간부들은 평화시장 출신 노조 간부들이 노조 운영의 경험이 없다는 것을 이용해서 노조 운영의 실무적인 사항들을 청계피복 노동자들에게 지도하였다. 동시에 이들은 노조운동의 방향이나 정책 결정에도 일정한 영향을 미쳤다. 이러한 노조 내부의 조건 때문에 파견된 간부와 청계피복 출신 간부

간에 갈등이 생길 수밖에 없었다. 특히 이소선과 어용노조에서 파견된 간부들 간의 대립은 대단히 심하였다.(이소선, 1990 ; 민종덕, 2003) 상급 어용노조에서 파견된 간부들은 이소선이 현장에서 일을 하지 않는, 노사관계의 직접적인 당사자가 아니기 때문에 노조활동에 관여하는 것은 '불법'이라는 논리를 내세워 그녀를 노조활동에서 노골적으로 배제시키고자 하였다. 이런 복잡한 상황은 청계피복노조 지도부 내부에서 삼동회와 이소선을 중심으로 이른바 전태일 정신을 계승하려는 전투적 노조운동세력, 그리고 파견된 상급 간부들 사이의 균열을 낳았다. 이는 전태일이라는 노조의 정체성이자 상징을 둘러싼 행사와 정부와의 관계, 노동교실 사용 등 곳곳에서 드러났다.

그러나 여전히 지도부는 미숙하였고 불안정한 상태였다. 이 와중에 노동교실을 둘러싸고 9·9결사투쟁이 발생하였는데, 그 표면적 원인은 이소선의 '법정투쟁' 때문이었다. 정보 당국은 비록 노동교실 운영에 직접적으로 간섭하거나 영향을 미치지는 못하였으나, 보이지 않는 곳에서 늘 감시하고 있었다. 노동교실 골목 입구의 구멍가게에는 중부경찰서 정보과 형사들이 상주하면서 노동교실의 동향을 파악하였고, 중앙정보부 요원들도 보이지 않는 곳에서 늘 감시하였다. 특히 중앙정보부 요원은 노동교실에 걸려있던 육영수 사진이 어떻게 해서 떼어지게 되었는가에 대해 집요하게 추궁하였다. 공권력과 청계피복노조의 이러한 갈등은 전투적 노조와 공권력 간의 문제이기도 하였으나, 정권 스스로도 인정한 전태일이라는 상징과 이를 약화시키려는 공권력 간의 지속적인 긴장관계이기도 하였다. 그리고 1970년대 청계피복노조라는 조건 아래에서 이 긴장의 끈을 쥐고 있던 개인이 바로 이소선이었다. 이소선은 단지 전태일의 어머니라는 개인 차원의 존재가 아니었다. 초기 노조의 기반이 취약할 때 조합원들의 생계와 일상을 보장해주었으며, 노조가 어려움에 처하였을 때 혹은 전투적 집단행동으로 인해 노조 간부들이 구속 등 신변에 위험을 겪을 때, 이들을 보호해줄 수 있었던 상징이었다. 또 조직적·실무적인 능력의 한계로 고통받는 지도부에게 학생운동가나 비판적 지식인을 연결시켜준 것도 이소선이었다. 바로 공권력의 압력으로부터 노동자들을 막아주는 역할을 하였던 이가 이소선이었다.(이승철 인터뷰, 2003년 5월 8일) 존재 조건상으로 이소선은 청계피복노동조합의 구성원이 될 수 없는 제3자였지만, 제3자라는 불법적인 한계마저 극복할 수 있는 위치에 있었다.

이러한 조건이 극대화되어 발생하였던 사건이 청계피복노조의 9·9결사투쟁이었다. 1977년 봄에 임금인상 문제가 서울시 직권조정에 붙여지고, 그해 5월에 32% 임금인상 조정 결정이 내려졌다. 하지만 결정은 이행되지 않았고, 이에 7월 민종진 장례식에 참여하였던 조합원들은 직권조정 이행을 촉구하는 농성을 벌였다. 이후 경찰은 청계피복노조를 탄압할 기회를 보다가 7월 22일에 이소선을 검거하였다. 이에 조합원들은 대책위원회를 구성한 후, 8월 이소선 석방, 노동교실 반환, 노동청 약속사항 실천 등을 요구하는 내용의 "결사 선언"을 발표하였다.(이옥지, 2001, 326쪽)

9·9결사투쟁은 말 그대로 '결사적'이었고, 비타협적이고 전투적인 지도부를 중심으로 한, 1970년대 노조운동에서는 드문 '선도투쟁'이었다. 투쟁의 정서와 집단적 행동 양식은 이전 청계피복노조의 연장선상에 있었다. 하지만 9·9결사투쟁을 전후한 1977년 7월 22일 이소선 구속과 노조 지도부의 검거 및 도피로 청계피복노조의 조직력은 크게 약화되었다. 9·9 결사투쟁은 크게 네 단계로 나누어 볼 수 있는데, '노동교실 진입' '경찰과의 대치 국면에서 지도부의 전투적인 행동 및 할복 투쟁' '양승조 지부장의 중재에 의한 협상' '해산과 연행' 단계로 구분 가능하다.●

───

● 이상의 전개 과정은 이소선, 1990; 민종덕, 2003; 이태호, 1982 등을 참조해서 재구성.

우선, 9월 9일 오후 1시 30분경 200여 명의 노동자들이 시장 일대에 깔린 사복형사들의 눈을 피하여 노동교실 앞으로 몰려갔다. 교실 건물 정문 앞에는 2명의 경찰이 지키고 있었다. 앞장섰던 민종덕(당시 노조 총무부장)이 그들에게 "우리 교실에 좀 들어가겠습니다"라며 물러날 것을 요구하자, 그들은 못 들어간다고 하면서 민종덕의 멱살을 잡고 뒤에서 두 팔로 목을 졸랐다. 이때 재단보조였던 신승철이 민종덕의 목을 조르고 있던 경찰관에게 석유를 뒤집어 씌웠고 다른 여성 노동자들이 또 한 명의 경찰관을 습격함으로써 이들은 쫓겨갔다. 이 틈을 타 노동자들 40명이 교실 안으로 뛰어 들어갈 수 있었다. 그러나 이 순간 이미 기동경찰대가 노동교실 앞에 도착하여 교실 주위를 겹겹이 포위하였고 나머지 노동자들을 교실 밖으로 몰아냈다. 노동교실에 들어간 40명의 노동자들은 급히 교실로 통하는 입구의 셔터를 내리고 3층에 있는 책상·의자 따위로 바리케이드를 쳐서 창문과 문을 막았다.

두번째 단계인 경찰과의 대치는 오후 3시경부터 시작되었다. 이 단계에서 무려 5명이 자해와 할복을 거듭하였다. 제2의 전태일이 되겠다는 극단적인 저항 속에 노동교실 내부가 뿌연 연기로 가득 찬 채 투쟁이 전개되었다. 기동경찰대는 주변 건물 옥상에 빽빽이 들어차서 노동자들이 농성하고 있는 방들의 창문으로 몰려들었으며, 그중 50여 명은 노동교실 옆에 붙어있는 가정집의 문을 부수고 교실 건물 내부로 들어왔다. 그들은 한 손에 수갑 하나씩을 들고 있었고 어깨에는 최루탄 기구를 둘러메고 또 한 손에는 곤봉을 쥐고 있었다. 이때부터 노동자들과 경찰대 사이에 처참한 난투극이 벌어졌다. 노동자들은 4개의 방마다 입구까지 쳐들어온 경찰들이 휘두르는 곤봉에 대항하여, 형광등, 거울, 책장유리 따위에서 깨어낸 유리 조각들을 집어던졌고 남자들은 걸상 등에서 빼낸 몽둥이 따위로 경찰에 대항하였다. 이웃 건물 옥상에서 유리 창문으로 넘어 들어오려던 기동대들은 이 기세에 눌려서 한 사람도 넘어오지 못하였다. 한편 건물 안에 들어온 경찰들은 바리케이드로 쌓아놓은 책상과 걸상들을 집어던지고 부수어버리고 셔터를 올려서 아래층과의 통로를 트고 노동자들을 곤봉으로 마구 구타하였다. 시간이 흐를수록 투쟁의 양상은 노동자들에게 불리해져갔다. 이때 3층에는 노동자가 4~5명밖에 없었는데, 20여 명의 경찰이 방 안에까지 들이닥쳤다. 이 순간 노동자 민종덕이 창문을 열고 올라서서 기동대에게 "물러가지 않으면 내가 뛰어내려 죽겠다"고 소리쳤다. 노조 부녀부장 이순자가 울면서 민종덕을 붙들려고 하였으나, 기동대가 그의 말을 들은 척 만 척하고 노동자들을 끌어내리려고 하자, 민종덕은 그대로 땅으로 뛰어내려 떨어졌고, 사지를 뻗은 채 움직이지 않았다.

한편 4층에서는 노동자들이 재단판 두 개로 문을 막고 싸우고 있었는데 경찰들이 그것을 부수고 방으로 들어오려 하고 있었다. 이때 신승철이 경찰들을 향하여 "물러가라"고 소리를 지르며 거울 유리를 깨어 들고 창문 위로 뛰어올라서 유리칼로 두 차례 배를 가르고 "물러가지 않으면 모두 다 뛰어내리겠다"고 다시 소리를 질렀다. 또한 박해창은 유리조각으로 팔의 동맥을 끊으려고 팔을 15cm 가량 그었다. 이와 동시에 노동자들은 방 안에 있던 신문지 등을 모아서 휘발유를 뿌리고 불을 질러놓고는 경찰들을 향해 "들어오면 다 같이 죽자"고 울부짖었다. 순식간에 온 방 안에 연기가 가득 찼고 재단판도 시꺼멓게 타들어가기 시작하였다. 극도로 당황한 경찰들은 모두 물러갔고 얼마 후 소방대가 소방호스로 물을 뿜어 넣어 타오르는 불길을 잡았다. 소방대가 뿌린 물이 교실 바닥에 고이자, 신승철의 배와 박해창의 팔목에서 흘러내리던 피가 번져서 온 방 안이 벌겋게 물들었다. 노동자들은 극도로 흥분하여 모두 창문으로 몰려가 아래를 내려다보면서 개미떼처럼 모여 있는 기동경찰들에게 "어머니를 당장 모셔 와라, 모셔오지 않으면 모두 다 죽어버리겠다"고 외쳤다. 이때부터 경찰 측은 "요구조건을 다 들어줄 테니 모두 내려오라"고 회유 작전으로 나오기 시작하였으며, 중부서장과 정보과장은 길에서 마이크를 통하여 "지금 어머니를 모시러 갔으니까 흥분을 참고 조금만 기다려라"고 방송을 하였다. 시간이 흘렀으나 이소선은 여전히 나타나지 않았다. 기다리다 지친 노동자들은 또 다시 흥분하기 시작하였다. 이때가 오후 6시경, 노동자 김주삼이 유리조각으로 배를 몇 차례 그었으며, 신승철은 다시 "어머니를 모셔 와라"라고 외치면서 한 번 더 할복을 하였다. 이와 때를 같이 하여 전태일의 여동생인 전순옥이 웃통을 벗어서 아래로 던지며 창문에 올라가 뛰어내렸다. 순간 몇 명의 여성 노동자들이 전순옥의 다리를 붙잡고 통곡하였다. 전순옥은 발 하나만 잡히고 머리는 땅을 향한 채 공중에 매달려 발을 버둥대면서 "놓아라, 날 죽게 해달라"고 울부짖었다. 또한 미싱보조 임미경도 웃통을 벗고 유리조각을 집어 들고 다른 창문 위로 뛰어 올라가 배를 긋고 뛰어내리려고 하였다. 다른 노동자들이 몰려들어 유리조각을 빼앗고 창문에서 끌어내리려고 하자, 임미경은 이를 뿌리치면서 "평화시장에서 남자 한 사람 목숨 바쳤으니까, 제2의 전태일은 여자가 되어야 한다. 딴 사람 희생할 것 없이 내가 죽겠다"고 소리치면서 몸부림을 쳤다. 두번째 할복한 신승철은 노동교실 아랫길과 이웃 건물 옥상에 가득 찬 경찰들을 향하여, "앞으로 40분간 여유를 주겠다. 그 안에 어머니를 이 자리에 모셔오지 않으면, 너희들도 다 여기 들어와서 싸워서 같이 죽자. 왜 우리만 늘 착취 혹사당하다가 죽을 때도 억울하게 혼자 죽으라는 법이 있느냐. 빨리 모셔오든지 같이 죽든지 40분 안에 결단하라"고 외쳤다. 이때 정보과장은 경찰들을 보고 "다들 내려가라"고 고함을 질러 철수시켰으며 "어머니를 40분 안에 데려올 테니 진정하라"고 회유하였다.

이처럼 격화되었던 농성은 지부장과 경찰 측에 의해 진정되는 단계로 접어들었다. 노동자들은 "어머니를 석방하라" "노동교실을 돌려달라"고 적힌 종이 플래카드를 건물에다 펼쳐 내려뜨리고 창문에 몰려서서 〈억울가〉 〈투쟁가〉 등의 노래를 불렀다. 40분 정도 시간이 지났을 때, 노동자들이 다시 흥분하기 시작하자 노조지부장 양승조가 올라왔다. 그는 "저 사람들이 어머니를 석방하는 데 법적인 절차가 있어서 한 열흘은 걸린다고 좀 기다려달라고 말하는데, 내가 내려가서 교섭을 더 해보고 올라올 때까지 기다리고 있으라"고 말하고는 내려갔다가, 8시 반경이 되어 다시 올라왔다. 그는 노동자들이 요구한 사항인 ①이소선 어머니 석방 ②노동교실을 원 계약기간인 10월까지 사용하도록 해줄 것 ③오늘의 사태에 대해서는 어떤 신문도 하지 않으며 구속하지 않을 것 등 세 가지 사항을 모두 경찰에서 받아들였으니 내려가자고 권유하였다. 지부장의 해산 제의를 둘러싸고 노동자들은 약 1시간 반 가량 실랑이를 벌였다. 대부분의 노동자들은 경찰 측의 각서가 없는 한 말만으로는 믿을 수 없으니 해산하여서는 안 된다고 강하게 주장하였다. 이윽고 밤 10시경에 노동자들은 몇 시간 동안 계속 피를 흘리면서 치료를 받지 못하고 있는 신승철, 박해창 등 동료들의 안위와 "지부장의 입장을 살려줘야 한다"는 일부 노동자의 주장을 받아들여, 경찰의 약속을 믿어보기로 하고 아래층으로 모두 내려갔다.

53명의 노동자들이 교실 문 앞으로 내려가자, 문 앞에서부터 큰길까지 양쪽으로 기동경찰들이 물샐틈없이 늘어서 있었다. 그들이 큰길 입구까지 다다랐을 때 철조망을 친 기동대 버스가 대기하고 있다가 그들을 전부 실어서 중부서로 데리고 갔다.

여기까지가 9·9결사투쟁의 전말이다. 이 사건 이후 이소선 구속, 다수 현장 지도부 검거 및 도피로 청계피복 노조는 조직력이 크게 약화되었다.[*] 이처럼 청계피복노조는 노조 본연의 기능보다는 민주화운동, 투쟁을 통한

[*] 연행 후 노조의 상황에 대해서는 민종덕, 2003 참조.

문제 해결, 이소선과 전태일이라는 노조 상징의 수호에 더 많은 힘을 쏟았다. 문제는 전투적 지도부의 잇따른 장외 투쟁이 지도부의 지속적인 불안정성을 가져왔고, 그 가운데에는 지식인층의 개별적인 개입이란 문제가 결부되어 있다는 것이었다.

동일방직노동조합[*]　　동일방직 여성 노동자들의 투쟁은 1970년대 민주 노조들이 전개한 대표적 투쟁 가운데 하나이다. 이들의 투쟁은 재야운동 등과 연계되어 다양한 형태로 전개되었다. 먼저 전체적인 사건일지를 정리해보면 〈표15〉와 같다.(동일방직복직투쟁위원회, 1985; 석정남, 1984; 한국기독교교회협의회, 1984)

　　1976년 7월 알몸투쟁[**] 이후 노조는 사측과 노조 정상화에 합의하였지만, 문제는 많이 남아 있었다. 아직 대의원 선출 및 새로운 집행부 구성이라는 과제가 남아 있었고, 사측 대의원 및 이미 동일방직노조 무력화 방침을 세운 섬유본조와 다시 대립하게 될 가능성이 농후하였기 때문이다. 이는 새로운 수습위원회 구성에서 드러났다. 수습위원 13명은 노조 측 7명과, 문명순·박복례 등 친사 측으로 분류되는 6명으로 구성되었다. 선거 일자는 1977년 2월 28일로 정해졌다. 하지만 이날 선거는 새벽에 남성 노동자 175명이 노동조합 사무실에 난입해 투표함을 부수는 등 난동을 피우는 바람에 무산되었고, 다시 한 차례 선거를 치러야만 하였다. 이런 복잡한 갈등을 거치면서 드디어 1977년 4월 4일에 선거가 치러졌는데, 이 선거에서

---

[*] 이 부분은 김원, 2005b를 재구성해서 작성하였다.

[**] 1976년 7월 민주노조를 무력화하려는 사측에 의해 주도된 대의원대회에서 새로운 지부장이 선출되자, 민주노조 조합원들은 농성에 돌입하였다. 농성 사흘째 경찰이 농성 노동자들을 강제로 끌어내리고 하자, 조합원들은 알몸으로 이에 저항하였다. 이 투쟁으로 72명이 연행되었고, 100여 명이 부상을 입었다.

표15 동일방직노조 사건일지 (1978년)

2월 21일	지부 대의원대회가 반집행부파의 '똥물 투척' 등에 의한 방해로 유산됨.
2월 23일	섬유본조는 동일방직노조를 사고지부로 규정하고 업무 일체를 '조직수습책임위원'에게 인계하도록 함.
3월 6일	섬유본조가 지부장을 비롯한 지부 집행부 임원 4명을 '반노동조합 활동'을 이유로 제명 처분함.
3월 24일	사측은 3월 10일 한국노총의 근로자의 날 기념식장에서 전개한 데모와 서울 명동성당에서 단행된 단식농성(3월 10~23일) 등 항의집회에 참가한 107명의 조합원에 대해 무단결근을 이유로 경기도 지방노동위원회에 '해고의 예고 예외 신청'을 함.
3월 29일	경기도 지방노동위원회가 해고의 예고 예외 신청을 받아들임. 4월 1일 사측이 126명의 조합원을 집단 해고함.
4월 10일	섬유노조 위원장 김영태는 해고자 126명의 블랙리스트를 작성, 전국 노조와 사업장에 배포함.
4월 26일	해고 노동자(65명)는 섬유본조와 동일방직 '조직수습책임위원'에 의해 결정된 대의원 선거를 저지하기 위해 직장에 침투하여 농성 벌임.
4월 27일	동일방직 '조직수습책임위원' 주재로 대의원 선거를 실시, 조·반장 중심으로 대의원이 선출되고 지부장 박복례 등 새 집행부가 구성됨.
5월 16일	해고 노동자들이 '임시 전국섬유노동조합 동일방직지부'를 결성하고 추송례가 지부장 직무대리를 맡음.
5월 31일	서울민사지법은 동일방직노조 집행부에 대한 섬유노조의 제명처분효력정지 가처분 신청을 기각함.
7월 30일	해고 노동자들은 섬유노조 대의원대회에서 김영태 섬유노조 위원장 재선 저지투쟁을 전개함.

이총각을 필두로 하는 이른바 '민주파'가 승리하여 이들로 노조 집행부가 구성되었다.(동일방직복직투쟁위원회, 1985 ; 석정남, 1984 ; 조화순, 1992)

　　대부분 자료들은 당시를 매우 고무적인 분위기로 기록하고 있지만, 감추어진 문제가 있었다. 『동일방직노동조합운동사』를 포함한 대부분의 글에는 문명순*을 어용이자 민주노조 파괴자로 서술하고 있다. 당시 지부장이던 이총각도, "그들〔문명순과 박복례〕이 그렇게 된 것〔사측으로 돌아선 것〕은 야심이 있었기 때문이에요. 문명순은 집행부를 맡았는데, 박복례는 간부 자리 줄 정도는 아니지만 그런 야심이 있었어요. 자기 야심이 채워지지 않으니까 따로 행동〔똥물 투척 등 반노조행위〕을 한 거죠"라고 증언하고

---

* 똥물사건시 문명순은 사측의 집행부 파괴에 관여하였으나, 똥물사건이 일어난 날 새벽에 의문의 교통사고로 사망하였다.(동일방직복직투쟁위원회, 1985 ; 석정남, 1984 ; 추송례, 2002)

있다.(박수정, 2003, 30쪽) 그렇지만 과거 노조 대의원이던 여성들이 어째서 이런 행동까지 했는지, 또한 이들을 사측으로 분류하여 어용·반집행부라는 이름으로 기록하는 것이 적절한지에 대해서는 다소 의문이 제기된다.

문명순은 석정남*이 양성공 시절부터 존경하던 지도공이었다.(석정남, 1984, 29쪽) 양성공 당시 그녀들의 눈에 비친 문명순은 '경외'敬畏 그 자체였다. 하지만 투쟁하는 과정에서 문명순의 의식상에 변화가 생겼다. 그녀는 "이런 식〔알몸시위 등의 사건〕으로 계속 어려움을 당하다 보면 투쟁에도 한계가 있는 법이며 잘못하면 죽도 밥도 안 될 것이니, 수습위원 말대로 우선 반이라도 살려놓고 다시 조직 정비를 하자"는 의견을 제시하였다. 당시 섬유노조에서 파견된 수습위원인 이풍우를 중심으로 한 수습위원들은 노조무력화 공작을 노골적으로 시도하고 있었다. 정부와 고용주 측은 이 갈등을 노동자 간의 갈등이라고 주장하였지만, 실제로는 여성 민주노조 대 반집행부의 대립으로 나타났다. 섬유노조는 동일방직노조를 '사고지부'로 지정하였고, '수습책임위원회'에 전권을 넘겨서 노골적으로 동일방직노동조합을 '회사조합'company union으로 무력화시키고자 하였다. 이러한 와중에 이풍우는 문명순 등과 접촉하였다. 문명순 등이 수습위원들과 접촉하고 있다는 사실을 안 노조 측은 이들을 경계하였다. 문명순 등은 노조 내부에서 고립되어갔으며, 급속하게 사측으로 기울어졌다.(동일방직복직투쟁위원회, 1985 ; 석정남, 1984)

이영숙이 지부장을 사퇴하자, 후임 지부장 선거에 문명순과 이총각이 각각 출마하였다. 이총각은 도시산업선교회 소모임에 기반한 민주파 지도자로, 문명순은 사측과 밀착된 후보로 출마한 것이었다.(동일방직복직투쟁

---

* 석정남과 추송례는 모두 동일방직노조의 열성 여성 활동가들로, 초기 의식화 과정에서 문명순에게 큰 영향을 받은 인물들이다. 자세한 내용은 두 여성 노동자가 쓴 수기인 석정남, 1984; 추송례, 2001·2002를 참조할 것.

위원회, 1985; 석정남, 1984) 문명순과 이총각 두 사람은 모두 도시산업선교회에서 조화순 목사의 지도하에 소모임을 통해 활동하였던 지도자들이었다. 당시 노조활동가들 대부분이 그랬듯이, 동일방직은 조화순 그리고 인천 도시산업선교회의 영향력이 '매우' 큰 상징적 사업장이었다. 초기 민주노조가 만들어질 때 인천 도시산업선교회는 사전에 여성 노동자들로 하여금 라인별 대의원을 내정하게 해서 대의원 선거에서 승리하도록 하였다.(조화순, 1992) 그리고 도시산업선교회는 노조 운영 등에도 매우 깊숙이 개입하였는데, 노조 간부 인선 및 투쟁방향 설정에서도 도시산업선교회의 영향력이 행사될 정도였다. 여성 노동자의 의식화 과정에서 도시산업선교회의 역할은 결정적이었다. 권리와 자립이란 단어를 여성 노동자들에게 가르치고 깨닫게 해준 장본인은 조화순이었다.

민주노조가 출범하고 도시산업선교회의 지원하에 여성 집행부가 등장한 이후 노조와 사측은 노골적인 충돌을 반복하였고, 그 과정에서 알몸시위사건도 일어났다. 노조는 투쟁만 하는 투쟁조직은 아니었다. 하지만 조화순이 중심이 된 도시산업선교회는 정부가 도시산업선교회 비난 논리로 사용하는 극한투쟁은 아닐지라도, 비타협적인 투쟁, 노동 문제의 사회화라는 방향으로 노동조합을 이끌었다.* 그러한 가운데 문명순 등을 비롯하여 노조 내부에 비타협적 투쟁보다 사측과의 협상을 강조하는 흐름이 형성되었고, 이 흐름을 도시산업선교회와 지도부는 '어용'으로 간주하였다.

다음으로 살펴볼 것은 동일방직노조의 명동성당 농성 및 현장 복귀를 둘러싼 문제이다. 사측과 국가, 그리고 한국노총에 의한 똥물사건** 이후

---

* 그렇게 된 데에는 불가피한 상황 탓도 있다.
** 동일방직노조 집행부는 1978년 2월 21일에 신규 대의원 선출을 위한 공고를 붙였는데, 2월 20일에 남자 공원 10여 명이 노조사무실로 들이닥쳐 투표함을 부수고 노조 간부를 폭행한 사건을 '똥물사건'이라고 부른다. 노조 간부들이 노조사무실에서 철야로 경계를 서고 있던 중 21일 새벽 5시 40분경에 한

에도 사측은 도시산업선교회와 집행부를 비난하는 현수막을 내걸고, 섬유
본조 조직대원을 동원하여 공포 분위기를 조성하였으며, 여관을 전세 내
어 반노조 교육 등을 실시하였다. 노조 집행부는 토론 끝에 현재 상황이 기
업 내 노조활동 유지를 위한 투쟁을 할 시기가 아니며, 노조를 되찾기 위해
서는 회사, 관계 당국, 노총 등을 상대로 하는 투쟁이 불가피하다는 판단을
내렸다. 주요 간부들이 제명되고, 회사 내 노조활동이 어려워지자 조합원
들은 투쟁 장소를 회사 외부로 이동하여 투쟁을 전개하였다. 1978년 3월
10일의 한국노총 근로자의 날 기념식장에서 정동호 위원장이 개회사를 읽
는 도중, 조합원들은 "김영태는 물러가라" "동일방직 문제를 해결하라" "우
리는 똥을 먹고 살 수는 없다"며 구호를 외쳤다. 기념식장 밖으로 끌려나온
조합원 31명 가운데 28명은 당일 밤 훈방으로 풀려나왔고, 나머지 3명은
25일간 구류 처분을 받았다. 나머지 조합원들 중 이총각 등 17명은 명동성
당에서 무기한 단식농성에 들어갔다. 그 외 50여 명의 노동자들은 3월 12
일에 인천 답동성당에서 무기한 농성을 전개하였다.(동일방직복직투쟁위원
회, 1985 ; 석정남, 1984 ; 조화순, 1992 ; 이원보, 2004, 531~532쪽)

　　하지만 조합원들에게 복귀 기회가 전혀 주어지지 않은 것은 아니었
다. 다시 말해서 명동성당에서 농성이 정리된 이후 동일방직 여성 노동자
들에게 현장으로 돌아갈 수 있는 기회는 있었다. 당시 인천 중앙정보부 조
정관*이었던 최종선**은 다음과 같이 회고하였다.(최종선, 2001)

　국노총과 회사 측의 사주를 받은 남성 노동자 5~6인이 방화수통에 똥을 담아와 고무장갑을 낀 손으
　로 선거하러 오는 여성 조합원들의 얼굴과 옷에 닥치는 대로 똥을 발랐다. 이후 전국섬유노조는 3월 6
　일 동일방직노조를 사고지부로 처리하고, 이총각 지부장과 부지부장 2인, 총무부장 등 4인을 '도시산
　업선교회와 관련이 있는 반조직행위자'라는 이유로 제명하였다.
● 　'조정관'은 유신체제기 중앙정보부 산하의 기관으로 각 지역마다 존재하였다. 이들은 노사관계, 사회
　문제 등의 사회화·외부화를 사전에 차단하는 역할을 하였다.
●● 고문에 의한 의문사로 사망한 고 최종길 교수의 동생인 최종선에 대해서 반도상사 지부장이던 장현자
　는 그가 반도상사의 내부 문제에 개입하여 노조에 유리한 상황을 조성해준 이력을 가지고 있는 것으

해고노동자 복직을 요구하는 동일방직 노동자들

동일방직은 교사 5~6명을 채용해 산업체 특별학급 6학급을 만들고, 상여금
도 400%로 올리고, 통근버스도 3대 구입하여 종업원 출퇴근에 사용하도록
조치하였습니다. 그러면서 노조원들에게는 이제 농성을 풀고 회사로 돌아가
라고 종용하였습니다. 〔……〕 이때 저는 농성자들에게 '복직 보장'과 '구속
자 석방'을 약속하도록 관계기관을 통하여 통보하도록 하였습니다. 그러나
이들은 돌아오지 않았습니다. 할 수 없이 공고를 붙였습니다. "사흘 이상 무
단결근이면 해고가 가능하다"는 법조문을 설명하는 내용이었습니다. 개인별
로도 "모월 모일 모시까지 회사로 돌아보면 모든 일을 불문에 붙이겠다"고
통지문을 다 보냈던 것으로 기억됩니다. 저는 그때 개인적으로 조화순 목사

로 회고하였다.(장현자, 2002) 따라서 최종선의 증언은 어느 정도 신뢰성을 가지고 있다고 볼 수 있다.
최종선의 개인적인 이력과 개인사에 대해서는 최종선, 2001을 참조할 것.

라든지 인천교구의 신부님들에게 섭섭하였던 게 사실입니다. 제 생각엔 그
때 노조원들을 회사로 돌려보내는 것만이 오늘날까지 해고자 복직이 이뤄지
지 않을 정도로 사태가 복잡해지는 것을 막는 길이었다고 생각합니다. 농성
조합원들은 회사에 복귀하라는 요청에 50여 명씩 화수동 교회에서 나와 만
석동의 회사 정문 앞까지 떼를 지어 갔다가는 다시 돌아가는 등 조롱하는 기
색이 역력하였습니다.

명동성당 농성은 이미 동일방직 사건을 단위 노조에 국한된 문제가 아
닌 '전국적인 문제'로 만들었다.(동일방직복직투쟁위원회, 1985; 추송례,
2001·2002) 노조와 조합원들은 다시 똥물사건 이전으로 상황을 돌려달라
고 요구하였지만, 여성 노동자들이 자신의 문제를 스스로 결정할 수 없는
상황이 되었다. 조합원 추송례는 자신의 수기에서 당시 자신도 현장으로
돌아가는 것이 두려웠다고 회고하였다.(추송례, 2002, 119~120쪽) 동일방
직 문제의 사회화를 둘러싼 사실과 기억들은 당시 농성에 참여하였던 여
성 노동자들과 지도부, 인천 도시산업선교회의 판단 그리고 1970년대 여
성 민주노조운동과 동일방직 노조의 자율성에 대한 새로운 해석의 필요성
이 제기된다.

YH무역노동조합   YH무역노조는 초기에는 섬유노조와 가톨릭노동
                     청년회의 지원을 통해 출발하였지만, 시행착오를
거치면서 준법투쟁과 단체행동을 배합하여 기층 조합원의 힘에 기초한 조
합운동을 대중화시켰다. YH무역노조는 기존 어용노조와 다른 임원 선출,
조직 운영, 회의 및 조직화 방식 등을 보여주었다. 물론 처음부터 민주노조
운영이 순조롭게 이루어졌던 것은 아니었다. 특히 초기 노조활동은 여러

가지 어려움에 봉착하곤 하였다.

YH무역노조는 노조 신고필증이 나온 다음날인 1975년 7월 1일 제1차 상임집행위원회를 개최하였다. 초기 노조의 활동 목표는 적극적인 조직 활동 전개와 사내질서 안정을 기한다는 것이었다. 비록 노조가 합법화되었지만 조직력이 취약하였으므로, 활동 목표를 사측과의 정면대결보다 사내질서 안정에 초점을 맞추었던 것이다. 하지만 이런 노조의 초기 입장은 깊이 있는 토론의 결과는 아니었다. 오히려 노조에 대한 고용주의 억압적 상황 및 분위기에 의해 결정된 것이었다. 노조 결성 이후에도 사측은 최순영 지부장을 무시하고 노사협상을 계속 거부하였다. 그렇지만 노조가 만들어지자 양자 모두 노사협의라는 '게임의 룰'을 익히지 않으면 안 되었다. 실제로 사측은 곧바로 태도를 바꾸어 '노무과'를 설치해서 노조에 대응하였다. 그러나 사측은 노사협의에서 노조 측 요구를 모두 거부하였다. 결국 노조는 7월 22일 서울시에 '단체협약에 관한 단체교섭 조정결정 신청'을 제출하였다. 그리하여 노무과장 윤재호와 지부장 최순영 간에 예비교섭이 이루어지고, 9월 1일 제2차 노사협의회가 개최되었다. 하지만 노조 측 요구는 거의 관철되지 않고 회사 측 주장이 대부분 반영되는 것으로 합의되었다. 사원들에게는 100% 보너스가 지급되었지만, 노동자들에게는 추석 보너스로 2,000~3,000원 씩을 지급하기로 합의되었다. 이에 노동자들의 차별대우에 대한 불만은 고조되어갔다. 추석 이후 개최된 노사협의에서도 연장근로수당, 임금인상 등의 사안에서 결과적으로 사측에 끌려 다녔는데, 그 결과 근로기준법에 명시된 최하한선에도 미치지 못하는 조건에 합의하고 말았다.(한국노동자복지협의회, 1984, 65쪽; 이옥지, 2001, 356쪽)

이어 12월 8일 노조 상집회의가 개최되었다. 노조원들은 무엇보다 차별대우에 목소리를 높였다. 부녀부장이 "아무리 차별대우가 법적으로 금지되어 있더라도 그런 차별대우(생산직과 관리직 간 상여금 차등 지급)는 우

리 회사뿐만이 아니라 다른 회사에서도 있어온 것이 아닙니까?'라고 발언
하자, 이에 반대하는 목소리가 사무장, 쟁의부장, 상집 등에서 터져 나왔
다. 상집회의는 연말 상여금 100% 요구를 결의하고 구체적인 방안을 논의
하였다. 또한 상집회의에서는 지난 노사협상에서 노조의 가장 큰 문제를
기층 조합원에 기초하지 못한 협상임을 강조하고, 조합원 교육과 동원에
대해 언급하였다. 한편 12월 15일 다시 노사협의회가 개최되었지만 협의
는 결렬되었고, 18일에 상집회의가 개최되었다. 그러나 사측은 여전히 생
산직에 대한 상여금 지급을 거부하였고, 이에 조합 간부들은 분노하였
다.(한국노동자복지협의회, 1985, 68~71쪽)

노조 지도부는 노사간 협상 결렬 혹은 사용자 측의 비타협적인 태도가
노동자들의 낮은 권리의식에 기인하는 것으로 판단하고, 단체행동에 대해
매우 신중한 태도를 취하였다. 노조는 '법을 지키는 선'에서 집단행동을 전
개하기로 결정하였다. 구체적으로는 "아침조회에 참석하지 않는다" "8시
간 작업 후 연장근로를 하지 않는다" "휴일근무는 하지 않는다" 등 '법망
이내로' 투쟁 수위를 정하였다. 유신체제하에서 국가의 제재는 초기 민주
노조 간부들에게도 곤혹스러운 문제였다. 이는 조합원의 반응에서도 나타
났다. 당시 조합원들은 준법투쟁에 대해서도 상당한 두려움을 가진 상태
였다. 하지만 이런 한계에도 불구하고, 교육과 의견 수렴 과정에서 기존 노
조에서는 보이지 않던 노조원의 '참여와 절차적 합리성'을 담보하였다. 이
러한 점은 여성 민주노조의 특징이었다. YH무역노조가 노조원들의 의견
을 수렴해나가는 과정을 박태연의 회고를 통해 살펴보면 다음과 같다.(김
지선 외, 2002)

상집간부들이 임원회의에서 제일 먼저 무엇을 다룰 것인지 논의가 되면, 상
집회의를 통해서 다시 그것을 한 번 재점검을 하구요. 거기서 대략적인 골격

이 서면 그 다음에 대의원대회를 소집해요. 저희는 대의원 밑에 서기나 총무가 두 사람이 있었어요. 그 밑에 적어도 7∼8명의 조합원이 있거든요. 이래서 아까 56개의 단위가, 한 40∼50명 단위가 됐고요. 그래서 대의원대회에서는 임원회의 상집회의에서 좀 심층적으로 다뤘던 내용을 한 번 더 숙지하고 거기에 대해서 한 번 더 논의를 했어요. 그 다음에 그렇게 해서 좀 추가되고 첨가될 거 되면, 안을 만듭니다. 조합원 교육안 내지 조합원에게 사업 설명할 수 있는 안을 만들어요. 안을 만들어서 대의원, 제가 지금 정확하게 기억은 안 나는데, 대의원 그룹의 한 다섯 개 그룹의 간부 부장이 상집 중에 무슨 교육부장이든 아니면 교선부장이든 하여튼 간부 부장 한 사람하고 붙어서, 한 다섯 개 그룹 대의원과 거기 조합원들의 교육이 들어가요. 기숙사에 그룹 토의하였던 발표들이 쫙 나붙어져 있었어요. 토론한 장소는 기숙사 방이었어요. 다 쫙 흩어져서 자기가 발언하였던 것이 다 붙어져 있었어요. 그러면 내가 무슨 대의원 소속이 되어 있으면, 그 소속의 차트만 가서 보면 자기가 발언하였던 것이 다 기록되고 이것을 또 한 번 묶는 과정이 있었어요. 56개 그룹이면, 같은 것끼리 묶는, 이게 크리스챤아카데미에서 배운 방식이에요.

이러한 과정을 통해 조합원들은 점차 스스로 자신의 권리를 주장할 줄 알게 되었고, 자신의 존재와 노동조합의 필요성, 단결 등의 가치에 대해 자각하였다. 12월에 조합원들은 준법투쟁을 개시하고 일요일 근무를 거부하였다. 사측은 황급히 노사협의회를 요청하여 20% 상여금 지급을 제안하였으나, 노조는 이에 불응하였다. 노조는 협상 결과를 즉각 조합원들에게 공개함으로써 참여도를 높였다. 결국 12월 30일 노사협의에서 상여금 50%를 확보함으로써 노조는 최초의 단체행동을 통해 큰 성과를 얻었다. 이후 1976년 노조는 섬유본조의 도움을 받으면서 임금인상, 호봉조정 등 단협

조정을 이루었는데, 사측은 조합원의 관심을 돌리기 위하여 새마을 숙박교육을 보냈다. 노조는 이를 역으로 이용하여 숙박교육을 노조교육으로 활용하는 등 조직력 강화 활동을 계속하였다. 1977년 노조는 정부 최저임금기준인 2만 원에도 못 미치는 임금인상안으로 사측과 협상하였는데, 그 결과 조합원들이 반발하였고 재협상은 불가피하였다. 하지만 사측은 임금재인상을 거부하였고, 이에 대해 노조는 아침조회, 연장작업, 야간작업 거부를 결의하였다. 이러한 준법투쟁이 3일간 지속되자 사측은 7월 15일 노사협의를 제안하여 임금인상에 대해 재협상을 하였다. 비록 재협상 결과는 미미하였지만, 조합원의 의식 수준과 단결력은 한층 강화되었다. 1977년 7월 사측이 노조의 힘을 약화시키기 위해 기숙사 인원 배치를 일방적으로 개편하자 노조는 이를 거부하였다. 이에 회사는 휴업 명령을 내렸으나, 노조가 근로기준법 99조와 100조 위반임을 지적하자, 회사는 고발당하지 않기 위하여 노조가 제안한 기숙사 자치회 구성을 받아들일 수밖에 없었다.(이옥지, 2001, 358~360쪽; 한국노동자복지협의회, 1984, 102~105쪽) 그리고 1977년 노조는 대의원 야외교육대회, 한문반, 녹지중학교, 동일교회 야학, 영클럽, 등반대, 탈춤반 등을 발족하고, 여러 소그룹 활동을 전개하여 노조 조직력을 한층 강화하였다.

1978년 노조는 사측이 임금인상 요구를 무시할 것이 예측되자 미리 선수를 쳐서 서울시에 직권조정을 요청하였다. 노조는 서울시 조정 결정에 따른 인상 총액을 모든 노동자에게 동일하게 나누어주는 정액인상을 요구하였다. 이러한 노조의 요구에 반발하는 회사 측에 대해 노조는 임금 인상의 취지는 물가상승에 따라 실제로 줄어든 임금분을 메우는 데 있다고 주장하면서, 모든 노동자들에게 같은 액수를 일괄적으로 조정하도록 하였다.

이런 와중에 5월 정기대의원대회에서는 종업원이 1976년 2,000명에서 1978년 5월 현재 550여 명만 남은 상황을 지적하며, 사측이 신분 불안을 조장하며 사람들을 떠나게 하고 있다는 주장이 제기되었다. 사측은 더 이상 인원 감소는 없으며, 휴업을 실시할 경우에는 노사합의에 따르겠다는 확답을 하였다. 하지만 이런 사측의 말이 거짓임은 바로 다음해인 1979년 3월에 드러났다. 노조는 휴업과 해고를 노사합의로 실시할 것, 상여금을 관리직과 동일하게 300% 지급할 것, 중식을 무료로 제공할 것, 자동승급제를 실시할 것 등을 요구하였다. 하지만 사측은 이를 거부하였던 것이다. 이에 노조는 시청에 직권조정을 신청하였고, 몇 차례 협의를 거듭한 끝에 상여금 220% 지급, 승급 연 40원, 휴일 1일 추가 등을 내용으로 단협을 갱신하였다.(이옥지, 2001, 362~363쪽)

1979년 폐업을 둘러싸고 또 한 차례 투쟁이 일어났다. YH무역은 가발산업을 통해 급속히 성장하였다. 그러나 특혜 수출 및 외화 도피 등으로 기업 부실이 심화되어 폐업과 인원 감축을 반복하다가, 결국 1979년 3월 30일에 4월 말 폐업한다는 내용의 공고를 붙였다.(한국노동자복지협의회, 1985, 134~135쪽) 이어 1979년 4월 17일 노동청 박창규 차장, 진동희 전 사장, 박정원 사장 등은 폐업 등을 둘러싼 YH무역노조와의 협의에서 근로기준법에 의한 고용승계를 보장할 것을 노조 측에 약속하였다. 그러나 이어진 협의에서 이들은 약속을 어겼다. 사측은 노동청에 모든 책임을 돌리고, 노동청은 상황 변화로 약속 이행이 어렵다고 주장하였다. 그 사이에 회사는 노조가 강성인 탓에 회사 인수가 이루어지지 않는다는 등 루머를 퍼뜨리고 일거리를 제공하지 않음으로써 인원의 자연감소를 유도하였다. 이 모든 것은 사전 계획의 일부였다.(한국노동자복지협의회, 1984, 173쪽)

회사는 1977년경부터 부분적으로 라인을 정리하면서 본 공장을 정리하려고 시도하였다. 이에 노조에서는 하청 공장에 대한 조사를 통해 원료를 하청으로 빼돌리는 문제를 회사 측에 제기하며 항의하였다. 이 문제는 한동안 잠잠하다가 다시 공장이 이전한다는 이야기가 나돌고 조합원들이 불안해하는 과정이 반복되었다. 이 모든 과정은 사측이 노동조합을 약화시키고 파괴하기 위해 짜둔 계획에 따라 이루어졌다. 다시 말해서 폐업은 이미 조합원들에게 예견된 오랜 싸움의 마지막 국면이었다. 노조 간부들은 폐업을 맞으면서 이것이 마지막 싸움일지도 모른다는 생각을 하였으며, 사측에 의해 폐업이 예고되었을 때 고용주가 YH무역을 더 이상 운영하지 않으리라는 것을 내심 짐작하고 있었다. 드디어 8월 6일 저녁 퇴근시간을 기해 사측은 일방적 폐업공고를 냄으로써 투쟁은 '장기화' 국면에 들어섰다.(한국노동자복지협의회, 1985, 182~184쪽)

사태 장기화가 예상되자 노조는 장기농성을 위한 장소로 기숙사를 선택하고, 회사정상화 대책위원 52명은 대책회의를 가졌다. 사측은 일방적인 폐업을 강행하였고, 노동청 및 정부는 장기농성을 조속하게 해산시키고자 하였다. 바로 이 국면에서 YH무역노조는 최초이자 마지막으로 외부세력과 연계를 맺었다. 이러한 선택은 투쟁을 주도했던 지도부만의 역량으로 회사의 정상화를 쟁취한다는 것은 기대하기 어려웠기 때문이었다. YH사건을 사회적으로 알려서 '문제화'시키는 작업이 최우선 과제였다는 것이다. 노조 섭외부는 한국교회사선교협의회, 영등포도시산업선교회 등 종교단체, 인권단체 등에 도움을 요청하였고, 다음날에는 통일당 양일동, 영등포 도시산업선교회의 인명진 등이 농성장을 방문하였다. 지도부는 사측이 가족을 동원해 농성을 해산시킬 것에 대비해서 가족에게 투쟁의 정당성을 알리는 편지를 쓰게끔 하였다. 하지만 상황은 점차 나빠졌다. 사측은 퇴직금과 해고수당을 법원에 공탁供託한 뒤, 8월 8일부터는 기숙사 단전 및 단수를 실시하였다. 이제 사태는 막바지까지 이르렀다. 이날 저녁부터 경찰의 강제 해산과 깡패 동원 소문도 나돌기 시작했다. 이에 노조는 식당의 식탁, 의자, 걸레자루 등을 끌어다가 바리케이드를 설치하고, 만일의 사태에 대비하여 최소한 자기방어를 위해 방충망이 달린 합판을 뜯어 몽둥이를 준비하기도 하였다. 이런 긴장감 속에 조합원은 활동이 편한 반바지 차림으로 "정상화 아니면 죽음이다"라는 머리띠를 호주머니에 넣고 비상금, 운동화 등을 준비한 뒤 옷을 입은 채로 취침하였다. 지도부는 조합원들이 잠이 든 사이 제2의 농성 장소에 대해 논의를 시작하였다.(최순영, 2001)

사태는 급박하게 흘러갔다. 새벽 4시 "비상"이라는 다급한 불침번의 외침과 동시에 기숙사의 철문이 5~6명의 남자들에 의해 뜯겨졌다. 대책위원 52명은 농성 장소를 신민당사로 정한 뒤, 기숙사에 남을 50명을 제외하고 여러 팀으로 나누어 차비를 분배, 2분 간격으로 한 팀씩 기숙사를 빠져나가기로 하였다. 그리고 이동 장소 누출을 우려해, 팀장을 제외한 조합원들에게는 명동성당으로 향하는 것으로 알렸다. 또 신민당사로의 이동을 은폐하기 위해 기숙사에 남은 50여 명은 농성 때 부르던 노래 등을 녹음한 것을 스피커를 통해 크게 틀어놓고 농성을 진행하였다.(한국노동자복지협의회, 1985, 186~187쪽) 이들이 신민당사에 모두 모인 시간은 오전 9시 30분이었다. 4층 강당에 모인 조합원들은 회사의 일방적인 공장 폐쇄에 대한 정치적 해결을 요구하며 농성을 벌였다. 조합원들은 "우리들을 나가라면 어디로 나가란 말이냐" "배고파 못 살겠다, 먹을 것을 달라"고 쓰인 플래카드를 걸고, "정상화 아니면 죽음이다"라고 쓰인 머리띠를 두르고 있었다. 당시 선명 야당의 기치를 내걸고 신민당 총재에 당선되었던 김영삼은 농성장을 방문, 조합원들을 격려하고 정부에 대해 "YH무역 여공들이 신민당사에 와서 농성하고 있으니, 관계 당국의 책임자들이 와서 그간의 경위와 당국의 대책을 밝혀달라"고 요청하였다. 홍성철 보사부장관은 노동청장을 보내기로 하는 한편, 여성 노동자들의 자진 해산을 종용하였다. 8월 9일 낮 12시에 조합 상집회의를 연 조합원들은 대책과 행동 통일방침에 대

해 다음과 같이 결의하였다.(한국노동자복지협의회, 1984, 191쪽)

① 사건이 해결되기 전에는 절대로 당사에서 나갈 수 없다.
② 일체의 개인행동을 삼간다.
③ 외부에 대한 조합 측의 의사전달은 의장단에게 일임하고 개인적인 의사를 발표하지 않는다.
④ 각 팀의 구성원 중 문제가 발생하면 이를 즉각 의장단에게 보고하고 신속히 대책을 강구한다.
⑤ 낭설로 인한 동요를 없애기 위해 바깥의 소문에 접하면 내부에서 먼저 분석한 후 판단한다.
⑥ 전 조합원들이 시종 진지한 자세와 엄숙한 분위기를 지킨다.
⑦ 당사 내 기물은 깨끗이 사용하고 항상 정리정돈하며 질서를 지킨다.

일단 YH 여성 노동자들이 신민당사에 들어가자 상황은 급변하였다. 문제가 정치화되면서 이전 회사 내 농성 시에는 한 줄도 실리지 않던 폐업 관련 기사들이 '정치면'에 크게 부각되는 것을 보고, 여성 노동자들은 신문지 주변을 에워싸고 몰려들어 마구 울 수밖에 없었다. 여성 노동자들의 눈물은 자신들의 문제가 이렇게 사회 문제로 알려질 수 있다는 사실에 대한 기쁨의 눈물인 동시에, 여공의 노동 문제는 신문 가십거리로도 취급하지 않았던 사회와 언론에 대한 분노의 눈물이었다. 하지만 여성 노동자들을 신민당사로 끌고 들어온 지도부는 심각하였다. 이런 신문 기사 하나로 회사가 정상화되고 YH무역 문제가 해결될 것으로는 생각하지는 않았기 때문이다. 신민당은 당사를 에워싼 기동대를 돌려보낼 것을 요청하는 한편, 여성 노동자들의 자진 해산을 위한 교섭을 벌였다. 그러나 조합 대표들은 "사건의 여론화만으로는 우리의 문제가 해결될 수 없다" "식비가 부담된다면 우리가 지금 이후로 금식하겠다" "신민당의 노력을 알고 있지만 사건이 해결될 때까지만 있게 해달라. 시끄러워서 업무에 방해된다면 침묵으로 투쟁하겠다"며 문제 해결 없이는 당사를 벗어나지 않겠다는 단호한 태도를 취하였다.(한국노동자복지협의회, 1984, 192쪽)

8월 10일 신민당은 국회 보사위원회의 소집을 요구하고 당내에 사회노동문제대책위원회를 구성하는 한편, 대정부 비난 성명을 발표하였다. 하지만 여당의 거부로 국회 보사위원회의 소집은 결렬되었고, 정부는 신민당에 여공들을 해산시키라는 요구만을 되풀이하였다. 오후 2시경에 YH무역의 박정원 사장과 진동희 전임 사장이 신민당사를 방문하여 농성 여성 노동자들에게 회사를 은행관리로 넘겨 폐업을 철회하겠으니 농성을 중지하라고 요청하였다. 조합원들은 수속이 이루어지는 즉시 농성을 풀겠다고 대답하였으나, 경영진 쪽은 이후 아무런 연락도 주지 않았다. 신민당은 당사 주변의 경찰들을 철수시키라고 계속 요청하였지만, 오히려 경찰들은 당사 주변을 더 압박하면서 긴장감이 높아갔다. 8월 10일 밤 10시 40분경 조합원들은 긴급결사총회를 열어 결의문과 성명서를 낭독하고, 경찰이 강제 해산을 시도할 경우 최후의 한 사람까지 죽음으로 맞설 것을 결의하였다. 그리고 다음과 같은 행동지침을 정하였다.(한국노동자복지협의회, 1984, 197쪽)

① 경찰이 들어오지 않는 한 절대로 먼저 행동하지 않는다.
② 창문과 문을 지키며 결사적으로 항쟁하겠다는 뜻을 보여줌으로써 경찰의 공격을 사전에 방어한다.
③ 그래도 경찰이 침입해 올 경우 빈 사이다병을 들고 폭력에 대항한다.
④ YH노동조합 종결대회를 개최한다.

여공들은 진압 직전에 결사대회를 가졌다. 종결대회는 조국과 민족을 위한 묵념, 분신한 전태일 열사와 순직 노동자들에 대한 묵념, 부모형제에 대한 마지막 인사와 〈애국가〉 〈노총가〉 〈세계노총가〉를 부르는 순서로 진행되었다. 당시에는 총회라고 불린 이 대회는 여성 노동자들의 급박한 분위기와 불안한 심리적 상태를 고스란히 보여주었다. 11시 30분 종결대회를 마친 여성 조합원들은 "경찰들 물러가라"는 구호와 함께 창밖으로 빈병을 던지면서 고함을 질렀다. 김영삼 신민당 총재는 조합원들을 진정시키는 한편, 서울시경 국장에게 당사를 포위한 경찰들을 즉시 철수시킬 것을 다시 요청하였다. 시경은 곧 경찰을 철수시키겠다고 응답하였지만, 여전히 철수 조치는 이뤄지지 않았다. 드디어 8월 11일 새벽 2시, 갑작스러운 자동차 경적 소리와 함께 소란이 일기 시작하였다. 경찰의 농성진압 작전, 이른바 '101호작전'이 시작된 것이었다. 1,000여 명의 경찰들은 소방차와 고가 사다리차, 물탱크차 등을 동원하여 당사 정문과 창문으로 진입하여 4층 강당에서 농성하고 있던 조합원들뿐 아니라 김영삼 총재와 국회의원, 기자 등을 무차별 구타하였다. 조합원들은 경찰이 밀어닥치자 사이다병을 깨들고 저항하기도 하였고 창문을 깨고 뛰어내리려 하기도 하였지만 경찰에 의해 저지되었다. 이 진압 과정에서 대의원 김경숙이 왼쪽 팔 동맥이 절단되고 타박상을 입은 채 당사 뒤편 지하실 입구에 쓰러져 있는 것이 발견되어 녹십자 병원으로 옮겨졌으나 새벽 2시경 숨을 거두었다. 진압 직후 조합원들은 7개 경찰서에 분산 수용되어 조사를 받았고, "신민당사에 간 것은 잘못임을 인정합니다. 다음에 이런 일이 재발하면 어떤 처벌도 달게 받겠습니다"라는 내용의 각서에 서명하였다. 12일 오후 조사를 마친 조합원들은 YH무역 본사 입구에 설치된 '퇴직금 지급소'에서 퇴직금을 받았다. 그러나 회사가 약속한 8개월분의 월차수당과 구정 보너스 50%가 없는 것을 확인한 조합원들은 퇴직금 수령을 거부하기도 하였으나, 경찰의 강권과 설득에 의해 퇴직금을 수령하고 버스에 실려 강제로 고향으로 실려 갔다.(한국노동자복지협의회, 1984, 198~208쪽) YH무역노조의 신민당사 농성은 이렇게 종결되었다.*

결론적으로 YH무역노조 지도부 그리고 여성 노동자들의 투쟁은 '절반의 성공'이었다. 당시 유신에 대한 가장 대중적인 정치적 반대세력이자 농성이 최대의 힘을 얻을 수 있었던 신민당을 점거함으로써 YH무역 회사 정상화 문제를 '사회화', 아니 '정치화'시켰다. 여기서 하나 짚고 넘어가야 할 것은 여성 노동자들이 신민당사라는 장소를 필요로 하였던 것만큼 신민당도 여성 노동자들이 필요할 수 있었다는 점이다. '폐업'이란 상황 아래에서 이러한 상호 필요성에 의한 농성은 최대의 효과를 낼 수 있었다.

지식인과 노동운동

지식인과 노동운동의 연계는 주로 1980년대적 현상으로 알려져 있지만, 1970년대 유신체제하에서도 초보적인 수준에서 노동운동에 대한 개입 시도가 존재하였다. 1969년 3선개헌반대투쟁이 좌절되면서 선진적 학생운동가 사이에서는 과거의 반정부투쟁이 지닌 정치편향성 등의 한계를 절감하고, 독재체제의 장기화에 따른 장기적 대안을 모색할 필요가 있다는 입장이 대두되었다. 이런 입장을 지지하는 이들은 다음과 같이 몇 가지 유형으로 나뉘어 노동운동에 개입하기 시작하였다.

첫째, 독자적이지만 고립된 이른바 1970년대 대학생 출신 노동자 제1

---

* 이하 자세한 내용은 생략한다. 신민당 농성에 대한 보고서로는 한국노동자복지협의회, 1984; 최순영, 2001 등을 참조할 것.

세대로 분류되는 부류로, 신금호, 김문수, 문성현, 정윤광, 김영곤, 김영준 등이 대표적이다. 이 경우는 초보적인 조직화 혹은 개인적인 결의나 준비를 통해 현장 노동자 생활과 노동조합 경험을 쌓은 사례이다. 1970년대 중반 이후 학생운동 내부에는 정치투쟁의 중요성을 강조하는 노선과 민중운동 활성화를 강조하는 '현장론'이 대두하였다. 전자는 국가의 억압이 강화된 시기에 더욱 강력한 선도투쟁을 통해 학생대중의 각성과 전체 운동의 패배의식을 극복해야 함을 강조하였다. 반면 후자는 기존 정치투쟁을 우선시하는 학생운동이 운동의 고립을 초래한 것으로 인식하고, 노동현장에서 노동대중을 의식화·조직화하는 작업을 통해 궁극적인 변혁을 추구해야 한다고 주장하였다. 김문수의 경우, 이미 1970년 방학기간 중 공장에 취업하여 노동 체험을 하는 공장활동을 시도하기도 하였다. 당시 많은 수의 대학생들이 농촌활동을 떠났으나, 그는 친구 3명과 함께 "노동자가 대단히 중요하다는 막연한 생각에서 공장활동을 택하였다."(김문수, 1986)

둘째, 도시산업선교회 등 단체를 통해 개입한 흐름이다. 한국에서 초기 도시산업선교의 역사를 보면, 초기인 1960년대에는 경인지역 이외에도 전국의 주요 산업거점(대전, 대구, 울산, 부산, 안양, 함백 등)에 도시산업선교회가 존재하였다. 하지만 시간이 지나면서 서울과 경인지역을 제외한 지역의 산업선교조직들은 재정적인 문제와 실무자 인력 확충의 어려움 등의 이유로 실질적인 활동이 정지되었다. 반면 경인지역의 활동은 1970년대 들어 더욱 활성화되었다.(조승혁, 1981, 81쪽) 당시 전국적 분포를 통계자료를 통해 확인해보면 〈표16〉과 같다.

도시산업선교가 처음부터 노동자들에게 우호적인 반응을 얻은 것은 아니었다. 초기 산업선교는 산업전도란 이름으로 노동자 현실에 주목하기보다 선교에만 집중하였다. 그러다가 산업전도에서 산업선교로 전환하였는데, 그 이유는 무엇보다 산업전도에 대한 노동자들의 부정적인 인식 때

표16　지역별 도시산업선교 실무자 수 (1978년 3월 1일 현재)

지역 종별	서울	안양	인천	청주	구미	부산	제주	광주	기타	계
산업선교	24	4	8	2	2	2	-	2	-	44
도시선교	9	-	-	-	-	-	1	1	4	15
합계	33	4	8	2	2	2	1	3	4	59

출처: 조승혁, 1981, 81쪽

문이었다. 노동자들은 고용주의 지원 아래 진행되는 산업전도 과정에서 '고용주와 산업전도'의 밀착된 관계를 보며 산업전도자들을 복음을 전파하는 사람들이 아니라 고용주의 친구 정도로 생각하였다. 둘째, 산업화가 점차 심화됨에 따라 종교적인 노동윤리보다 좀더 체계화된 노동자 통제방식이 공장 내부에 도입되었기 때문이었다. 과학적이고 체계화된 노동관리 방식의 도입으로 고용주들은 더 이상 산업전도를 필요로 하지 않게 되었고, 고용주와 협력을 바탕으로 하였던 산업전도는 점차 침체하게 되었다. 하지만 선교 정책이 산업선교로 전환됨에 따라 산업전도 시기에 교단과 교구가 직접 사업을 전개하던 방식이 사라지고, 산업선교회 '실무자'들의 자율성이 확대되는 역설적 결과가 초래되었다. 실무자들의 자율성 확대는 1970년대 인천과 영등포를 핵심으로 하는 산업선교회가 적극적인 노조 지원 활동을 할 수 있게 된 중요한 배경이었다.(홍현영, 2002, 18쪽) 산업선교회의 활동과 조직 변화를 간략히 살펴보면 〈표17〉과 같다.(김준·이종구, 2002, 220~223쪽)

셋째, 크리스챤아카데미에서의 교육을 통해 개입한 흐름이 존재했다. 크리스챤아카데미는 현실개혁이라는 큰 목표를 지니고 1965년 '한국기독교학술원'이라는 이름으로 설립되었다. 크리스챤아카데미를 주도하였던 인물은 경동교회 강원룡이었다. 크리스챤아카데미 설립은 독일 에반젤리켈아카데미운동과의 연계가 결정적이었다. 2차 대전 이후 '대화운동'으로

표17 도시산업선교의 활동과 조직 변화

	초기(1958~1967년)	중간기(1968~1972년)	현단계(1973~1981년 당시)
조직	· 주로 교단이 지역에 실무자를 파송하는 하향식 방법(예장, 성공회, 구세군) · 일부는 지역교회와 목사의 관심에서 출발하여 교단이 이를 인정하는 상향식 방법(감리교, 기장)	· 활동이 미미한 일부 교단 및 지역 조직의 중단과 새로운 조직 확산 · 도시선교 시작 · 연합적인 도시산업선교활동체 조직 · 교단의 역할은 지원조직으로 변화하고 지역조직이 활동의 중심이 됨	· 지역의 선교단체들을 주축으로 하는 상향식 조직 완성 · 전국단위 조직 결성(1975년 한국교회 사회선교협의체→1976년 한국교회사회선교협의회)
선교 지역 및 대상	· 5개 대도시와 1개 탄광지대 · 모든 산업인(사용주, 관리자, 노동자)	· 지방 산업선교조직의 약화 · 경인지방은 확산·강화 · 노동자와 도시빈민으로 명확화	· 1970년대 후반 다시 전국적으로 대상 지역 확대 · 사람이나 조직만이 아니라 '문제와 사건'을 중심으로 활동 · 기독교인과 비기독교인을 구분하지 않게 됨
선교 내용과 방법	· 실무자 훈련에 역점 · 예배 중심의 활동 · 평신도 교육, 훈련 · 공장목회에 중점을 두면서 교육활동, 복지활동을 병행	· 노동자와 도시빈민 조직화와 권익옹호라는 목표가 분명해짐에 따라 노동자교육, 노동조합 조직 육성, 노사협력 관계 조성에 역점을 둠	· 노동문제, 도시빈민문제에 적극적으로 개입 · 노동운동의 자율화를 위한 적극적 노력과 지원 · 목회활동 강화(노동교회, 빈민교회의 확산) · 정부, 악덕 기업주와의 마찰과 충돌을 불사 · 민주화운동과 결합
신학적 입장	· 전도에 중점을 두었지만 점차로 사회 속의 교회의 책임에 대해 고민	· 산업전도에서 산업선교로 전환(도시선교의 출범에 따라 도시산업선교로) · 개인 구원보다 사회 구원에 역점을 두는 "하나님의 선교"라는 신학적 입장 채택	· "하나님의 선교"라는 입장이 체화되고 적극화 · 교회선교에서 사회선교로 · 민중 개념 흡수("섬겨야 될 구체적인 예수는 바로 민중") · 사회적 구조적 모순으로부터 민중을 해방시키는 것이 바로 구원 · 민중과 함께 고난을 당하기 ('고난당하시는 그리스도')

출처: 채희완, 1982, 211쪽

독일 사회의 문제점을 해결하고자 하였던 에반젤리켈아카데미의 이념을 받아들여, 크리스챤아카데미도 사회 문제에 대한 조사연구, 대화운동, 교육과 훈련 등을 집중적으로 진행하였다. 1964년에는 서울 수유리에 '대화운동의 기지, 연구와 훈련의 센터'인 아카데미하우스가 만들어졌고, 1970년에 들어서는 '인간화'를 한국 사회가 추구해야 할 이념으로 내세웠다. 한국 사회의 비인간화는 빈부, 통치자와 피통치자, 도시와 농촌, 노동자와 자본가 등 사이에 형성된 단절을 의미하였고, 이런 양극화를 해결하기 위해서는 중간집단 육성이 필요하다는 것이 크리스챤아카데미의 생각이었다.(이임하, 2005, 530~531쪽) 강원룡에 의하면, "중간집단이란 우선 자율적이고 민주적인 바탕 위에 형성되어 힘없는 민중 속에 뿌리를 박는 집단"으로, "민중과 엘리트가 동등하게 연대하여 참여"하며, 그 기능은 "힘을 가지지 못한 사람에게 힘을 불어넣어주면서, 억압자에게는 압력을 가하는 압력집단의 역할을 하는 동시에 화해와 통합의 역할을 담당"하는 것이었다.(강원룡, 1993, 28·50쪽)

바로 이전 시기 대화모임의 어려움, 교육훈련 경험, 새롭게 형성된 이념들이 결합되어 등장한 것이 '중간집단 육성 강화를 위한 프로그램'이었다. 1973년부터 구체적인 중간집단교육을 준비학기 시작한 크리스챤아카데미는 우선 연구위원회를 구성하고 각 분야별로 교회교육, 여성교육, 산업교육, 학생교육 위원회를 구성하였다. 당시 직접 교육을 맡았던 간사들은 농촌사회 이우재, 산업사회 신인령, 여성사회 한명숙 등으로 구성되었다.(이임하, 2005, 533쪽) 구체적으로 산업사회 중간집단교육은 노동자 개개인의 성장이 아니라, 교육을 통해 노동운동을 활성화시킨다는 집단적인 목적을 지니고 있었다. 간사들은 중간집단교육의 이념과 일반적인 틀을 훼손하지는 않았지만 지향점은 강원룡 등과 다소 달랐다. 즉 개신교 지식인들이 추구하던 '인간화된 사회'의 현실적인 모델은 국민의 참정권과 기본권이 보장되는 서구 자유민주주의 체제였으며, 이들은 서구 합리주의적 가치관이 한국 사회에 도입되어 권위주의적인 사회가 자유민주주의로 변화되기를 희망하였다.(홍현영, 2002, 21쪽) 하지만 크리스챤아카데미 내부의 간사들의 경우 강원룡 등 목사들의 지향과 다소 상이하였다.(김세균 인터뷰, 2002년 12월 26일; 이우재, 1991b)

크리스챤아카데미는 산업사회 교육의 성격을 노조 교육으로 설정하고, 노조 간부들을 주된 교육 대상으로 선정하였다. 이는 교육을 통해 새로운 노조를 만들기보다 기존 어용화된 노조 속에서 민주노조의 가능성을 형성하려는 의도에서 비롯된 것이었다. 이 교육은 1974년부터 1979년까지 1차 과정을 11회, 2차 과정을 5회 실시하였고, 피교육자는 각각 602명과 103명에 달하였다. 또 1974~1975년 초기 지부장이나 분회장 중심의 교육은 1976년부터 중간 간부, 대의원, 일반 조합원으로까지 확대되었다. 이처럼 교육생의 범위가 확장된 것은 기존 교육이수자들이던 간부급의 요청에 따른 것이었다.

한편 당시 교육은 강의와 토론을 배치해서, 자신의 경험을 반성하고 노동운동에서 새로운 임무를 자각하는 데 중점을 맞추었다. 강사와 간사들은 노동자들이 자본주의 모순과 계급 문제의 본질을 인식해야만 노동 문제 해결이 가능하다고 생각하였다. 당시 교육은 중간집단교육 이외에도 정치경제학 관련 내용과 노동조합 관련 내용들이 포함되어 있었다.(이임하, 2005, 546~549·565쪽) 당시 크리스챤아카데미에서는 일부 선진적인 여성 노동자를 대상으로 사회과학 학습을 진행하였다. 1970년대 노동자를 대상으로 한 의식화 교육에 대해서는 잘 알려져 있지 않지만, 크리스챤아카데미 간사를 맡았던 신인령은 민주노조 지도자인 여성 노동자들에게 사회과학 교육을 시켰던 주인공 가운데 한 명이었다.

강의와 토론 학습이 종료되면 '공동체 과제 작업'이 진행되었는데, 이는 다른 노동교육에서는 찾아볼 수 없는 크리스찬아카데미만의 독특한 교육방법으로, 교육생이 스스로 문제점을 찾고, 이에 대한 해결방안을 공동으로 모색하도록 하는 방법이었다. 1단계에서는 각 분반의 보고자를 교육생 가운데에서 선출하고, 그간 노조의 문제점을 10개씩 쓰게 하여 분반별로 이를 정리하였다. 2단계에서는 전 교육생이 모여 정리된 사항을 보고하고, 3단계에서는 분반별 토론을 진행한 뒤, 4단계에서 다시 전체 교육생이 모인 가운데 보고하고 교육 진행자가 논평을 하는 식이었다.(이임하, 2005, 550~551쪽) 당시 크리스찬아카데미 간사였던 김세균에 의하면, 노동자들은 대화식 교육을 통해 자신들이 느껴왔고 경험하였던 것 가운데 정리하지 못한 것을 명확한 지식의 형태로 정리할 수 있었다.(김세균 인터뷰, 2002년 12월 26일)

한편, 후속 활동으로 1975년부터 노동사례연구회가 운영되었는데, 연구회는 정기적으로 모여 노동운동과 연관된 사례를 연구하고 회원 서로 간의 친목을 도모하였다. 연구회의 목요토론회와 연구회지는 노동계 전체 여론을 형성하고 정보를 제공하기도 하였으며, 노동자로서의 연대의식을 형성하는 계기로 작용하기도 하였다.(이임하, 2005, 567~568쪽) 산업선교회와 같이 직접 개인과 조직을 만드는 방식도 하나의 방법이었지만, 거기에는 적지 않은 문제가 있었다. 이런 점에서 노동자들 스스로 노조 결성의 주체가 될 수 있도록 조건을 만들었던 아카데미의 의식화 교육은 중요한 의미를 지녔다고 할 수 있다.(이임하, 2005, 572~574쪽)

마지막으로 이러한 흐름과 달리 비제도적 교육기관을 통해 노동자 의식화 교육을 시도하였던 흐름도 있었다. 소위 '노동야학'이 그것이다.[*] 1970년대 야학은 두 가지 흐름으로 전개되었다. 하나는 정부가 주도하였

---

[*] 이하 노동야학 관련 내용은 천성호, 2009, 266~344쪽에 전체적으로 근거해서 집필되었다.

던 계몽적 형태의 재건야학에서 변화된 새마을학교, 고등공민학교, 야간학교, 직업청소년학교 등의 흐름으로, 이 흐름은 청소년 및 노동자들에게 교육 기회를 제공하고 국가 주도의 노동력 형성이라는 관점에서 시도되었다. 재건야학에서 이후 개칭된 새마을청소년학교나 직업학교, 공민학교 등은 국가 주도하에 설립되었지만, 대부분의 교육내용, 재정, 교사, 교사校舍 지원은 자원 활동가들의 노력에 의해 이루어졌다. 또 하나의 중요한 흐름은 노동자들의 열악한 노동조건을 개선하고자 하는 취지에서 다양하게 전개되었던 노동야학이었다.

1970년대 들어서 본격적으로 노동야학이 등장하게 되었다. 초기 야학 교사들은 가난한 이들에 대한 시혜적 차원에서 접근하였기 때문에 학생과의 동일화된 삶의 지향을 실천하기에는 역부족이었다. 학생들에게 교사들은 '나와는 다른 존재'였으며, 감사한 존재로 머물렀다. 하지만 교사인 대학생 지식인들이 각종 조사·지원 활동 등을 통해 점차 노동현장과 도시빈민의 삶의 현장과 결합해가면서, 시혜적 차원이 아닌 초보적인 의식화 교육의 모습을 띠면서, 배우는 자와 가르치는 자 사이의 평등한 관계를 설정하려는 노력이 시도되었다.

1970년대 노동야학들은 주로 도시빈민들이 거주하는 지역과 노동현장 주변에 만들어졌다. 1976년 3월 동대문구 이문동에서 새마을상록중학교가 설립되었는데, 이름은 새마을학교였으나 민간의 자발적인 노력에 만들어진 야학이었다. 또한 YMCA에서 이루어진 야학활동 역시 민간단체들의 주도적인 노력에 의해 운영되었다. 봉천지부에서 설립한 YMCA새마을학교(서울특별시 관악구 봉천3동 산98번지)에서는 초등학교를 졸업하고 중학교에 진학하지 못한 교육생들에게 대학생 13명이 학과를 분담하여 중학교 과정을 가르쳤다.

하지만 무엇보다 노동야학을 상징적으로 보여주는 사례는 청계피복노

1970년대 야학의 풍경

조의 노동교실이었다. 이소선은 전태일의 뜻에 따라 노동자들과 함께 청계피복노동조합을 결성하고, 노조를 운영하는 와중에 조합원들을 대상으로 중학교 과정을 공부할 수 있는 '새마을노동교실'을 YWCA의 도움으로 1972년에 개설하였다. 저녁 8시부터 10시까지 2교시로 진행되었던 새마을노동교실은 7평밖에 되지 않는 공간에 56명의 수강 신청자가 몰리는 바람에 어쩔 수 없이 절반에 가까운 26명은 돌려보내야 했을 정도로 관심이 높았다. 노조에서는 교실을 확보하기 위해 노력하다가 1972년 육영수의 도움으로 설립기금을 마련하였다.

이러한 과정을 겪으면서 청계피복 새마을노동교실은 점차 체계화된 교육체계를 갖추었다. 운영은 교양교육반, 기술교육반, 도서실의 세 가지 부문으로 나누어 이루어졌다. 교양교육반은 초등학교를 졸업한 연소 노동자들에게 중학교 기초과정을 교육시키고, 교양교실에서는 일반 노동자들에게 일상생활에 필요한 자질 향상 교육을 실시하였다. 그 외에 조합원 의식과 참여 의식을 계발하고, 활동가로서 갖추어야 할 이론과 기법을 배우게 하여 조합원들의 의식 향상을 도모하였다. 이처럼 노동교실은 노동자들의 계급의식을 고취하고, 조합원으로서의 참여를 통해 자신의 권리를 찾아가도록 하는 것이 기본적인 목표였다. 그러나 실제로 참여하는 조합원들은 기본적인 권리 획득을 검정고시로 해결하려고 하였다. 따라서 기초교양교실은 큰 성과를 얻지 못하였고, 오히려 기술교육이 현실적이었다. 참여자들 역시 기술을 배워 작업현장에서 활용하고, 조합활동에도 적극적으로 참여하게 되었다. 중등과정의 교양교육반을 통해 16개월 동안 중등과정을 배우고, 이 외에 노동상식, 자치회, 연극 등을 하게 되고, 문맹자에게 한글을 가르쳐주기도 하였다. 강학*은 노조에서 구하거나 "야학 강사를 구한다"는 광고를 일간신문에 게재하여 공모하기도 하였다. 그러나 1977년 2월 긴급조치 위반과 청계노조 배후조종 혐의로 구속된 장기표의 재판정에서, 검사와 재판장에게 강력한 항의 발언을 한 이소선이 법정을 모독한 혐의로 연행되고 노동교실은 폐쇄되었다. 이에 청계노조는 이소선 연행을 규탄하며, 이소선 석방과 노동교실 탈환을 위해 1977년 9·9결사투쟁을 전개하였다.

이처럼 노동교실에서는 조합원 교육과 권익을 보장하기 위한 교육을 전개하였다. 또한 교육의 내용으로 노동야학과 생활야학, 검정고시야학을 결합한 체계를 가지고 있었는데, 이는 당시 1970년대 야학이 세 가지 성격으로 분화하게 되는 한 단면을 보여준다. 또한 노동교실의 중요한 의미는 보수적이고 계몽적인 검정고시야학의 흐름과 달리 생활야학과 노동야학 등장의 막을 열었다는 점이다.

한편 1970년대 중반부터 지역의 현장 노동자들을 위한 노동야학이 생겨나게 되었다. 경동교회, 제일교회, 형제교회, 복음교회, 동신교회, 시온교회, 동대문성당 등에서 야학이 개설되었던 것이다. 이들 야학은 의식 있는 대학생들이 노동자들을 모집해서 개설한 '노동야학'이었다. 노동야학은 검정고시야학처럼 중·고등학교 진학을 위한 검정고시 합격을 목표로 한 것이 아니라, 노동자들이 처한 현실에서 출발해 그 현실에 맞는 것들을 배우고 가르치는 과정에서 스스로 각성하고 단결해서 자신의 처지를 개선하는 것을 목표로 하는 의식화 교육에 중점을 둔 야학이었다. 그중에서도 경동교회 야학생들의 '동화모임'과 복음교회와 시온교회 야학생들의 '평화모임'은 노조의 핵심 역량이 되었다.

1978년 빈민지역인 난곡에서 만들어진 낙골야학은 생활야학에서 노동야학으로 변화하는 모습을 잘 보여주고 있다. 처음에 교사로 참여하였던 이들은 가톨릭노동청년회 대학생 회원 등이었다. 이들은 모금과 수익

● 강학(講學)이란 야학의 교사를 지칭하는 용어로 본래 '가르치고 배운다'는 의미이다. 즉 강학은 학강(야학 학생)이 처한 삶의 과정과 현실을 배움으로써 스스로 성찰과 비판을 이룬다. 강학과 학강의 관계는 일방적인 교육자와 피교육자를 넘어서는 인간적으로 평등한 관계인 관계론적 인식으로 파악되었다.

사업을 통해 50만 원을 준비해서 장소를 마련하고, 주위 인맥과 모집광고를 통해 지역의 공장 노동자나 일용직에 종사하는 학생들을 모집하였다. 야학 수업은 국어, 영어, 수학, 한문, 신문사설, 국사 등을 중심으로 이루어졌지만, 검정고시야학에서 하는 교과서 위주의 수업방식을 탈피해 『씨올의 소리』 『사상계』 등의 글을 읽었다. 한문은 신문 사설을 교재로 응용하였으며, 국사는 직접 교재를 제작하여 사용하였다.(허준, 2001, 56쪽) 낙골야학은 1979년 정부의 탄압으로 잠시 활동이 중단되었다가 1980년 봄에 다시 야학 수업을 재개하였다. 6개월 단위로 수업이 이뤄졌고, 수업과목은 정치, 수학, 한문, 경제, 국사, 영어 등이었다. 일부 교사들은 야학활동을 통해 노동현장으로의 투신을 위한 준비 작업을 진행하는 동시에 도시빈민 지역에서 진보적 청년들을 육성하기도 하였다.

신림동, 봉천동, 성남 등지에서도 노동야학이 생겨났다. 특히 성남 야학은 신림동, 봉천동 야학 등과의 교류를 추진하였다. 그러한 교류의 결과 여러 야학 학생들의 글을 모은 『비바람 속에 피어나는 꽃』을 출간하기도 하였다.

그 외에도 한국기독학생총연맹은 1960년대 농촌, 광산촌, 공장 등 구체적 삶의 현장에 들어가 그곳의 생활을 체험하는 프로그램을 진행시켰다. 학생사회개발단(학사단) 활동을 통해 경험을 쌓은 이들은 학생 대중운동의 기본 전략을 농촌 문제에서 도시 문제로, 자선사업에서 사회개혁으로, 개체운동에서 사회운동으로의 3단계로 나아가는 것으로 설정하고, 1969년은 '문제 발굴의 해', 1970년은 '문제 고발의 해', 1971년은 '문제 해결의 해'로 규정하고 활동을 전개하였다.(『1970년대 민주화운동』 1, 99쪽) 학사단은 도시에서는 공장지대와 철거지대의 실태를 파악하는 동시에, 농촌에서는 진료활동과 하절기 학교 개설 및 근로봉사를 전개하였다. 이런 기독학생회의 현장 경험들은 빈민 문제와 노동 문제가 단순히 그 자체의 문제가 아닌 정치·경제 등 구조적 조건들과 연결되어 있음을 인식하는 계기가 되었다. 구체적으로 다방 근로자의 권익보장활동을 위한 노조 건설, 중국요식업체에서 일하는 한국인 종업원의 권익 보장, 봉천동에서의 주민 조직화사업, 한 달 동안 공장에 취직해서 노동자의 생활을 체험하는 공장활동 등을 전개하였다. 1977년에 들어오면서 학사단 활동은 산업학사단 활동, 도시학사단 활동, 농촌학사단 활동으로 나뉘어 전개되었다. 같은 해 이들은 『야학활동지침서』 『야학활동안내서』 『야학의 연원과 전개과정』 등을 발간하였다. 1979년에는 도시학사단은 15개 팀이 도시빈민지역이나 공단지역에서 야학활동을 전개하고 있었으나, 정부의 강력한 제지로 5개 팀만이 활동을 계속할 수 있었다.

수도권 이외에 대표적인 노동야학으로 꼽을 수 있는 사례가 광주 '들불야학'이었다. 들불야학의 창립 움직임은 1978년 5월초부터 있었다. 당시 전남대 학생운동에 헌신적으로 참여하였던 박기순은 노동야학이 민중에 대한 직접적인 관심 및 노동 현장과의 진지한 접촉을 위해 매우 시급하다고 생각하였다. 그는 야학활동이 상대적으로 학생운동을 위축시킬 수 있다는 우려를 표명하는 사람들에게 야학 창설이 침체에 빠진 학생운동을 활성화하고 과학화하는 데 이바지할 것이라고 역으로 설득하였다.°

이런 준비과정을 거쳐 들불야학은 광천동 천주교회 교리 강습실에서 1979년 7월 23일 5명의 강학과 35명의 학생들이 참석한 가운데 시작되었다. 1979년 12월에는 학생 수가 두 배로 늘어났다. 들불야학의 강점은 지역 주민운동과의 밀접한 결합을 추진한 점이었다. 공장노동자들을 대상으로 수행하는 활동 이상으로 광천시민아파트를 중심으로 한 주민들에게 깊

° 박기순은 대학생으로 운동을 하다 퇴학당해 공장에 다니면서 야학에 열중하다 과로와 연탄가스 질식으로 1978년 12월에 사망하였다.

은 신뢰를 심어나갔다. 또한 많은 강학들이 야학활동에 새로이 합류하였다.(임낙평, 1987, 57쪽)

하지만 1979년 5월에 접어들면서 야학에 대한 탄압이 더욱 심해졌다. 지도교수, 학생과, 상담지도관실, 대학 출입 형사, 부모 등을 통해 들어오는 압력은 강학들을 고통 속에 몰아넣었다. 학교 당국은 야학을 그만두지 않으면 강제 휴학시키겠다고 통보하였다. 윤상원, 박관현 등 강학들은 회의를 열어 "학생을 학교 밖으로 몰아내려는 처사에 대항하여 진리의 싸움의 벌여나가자"고 결의하였다. 이들은 들불야학 강학의 이름으로 결의문을 작성해 학생처장에 전달하였다. 또 5월 중순에 '광주공단 실태조사보고서'를 전남대 신문에 연재하였고, 야학 탄압에 대한 유인물을 살포하기도 하였다. 이들은 이러한 조사를 계기로 야학팀 육성과 현장 투신의 계기를 마련하려고 하였다. 또한 이런 조사 작업은 서울, 목포, 순천 지역의 서클과 연대를 맺으려는 목적도 있었다. 실태조사에는 들불야학팀을 주축으로 하여 서울대 의대생 3명 등 서울지역 야학팀 5명과 조선대생 2명이 참여하였다. '광주공단 실태조사'는 1978년 겨울에서 1979년 2월까지 실시되었는데, 처음 2주 동안은 학습을 하고 나머지 기간은 300명 이상을 대상으로 설문조사를 진행하였다.

또한 이들은 야학의 목적에 부합하는 교재를 새로 만들고, 암기식이 아닌 대화식의 수업을 통해 문제의 해결점을 스스로 찾아가는 방식을 채택하였다. "독재정권을 타도하자"라고 일방적으로 가르치는 것은 하나의 지식을 전달하는 것일 뿐이므로 이를 지양하고, 왜 타도해야 하는지를 학생들의 삶과 경험 속에서 찾아내는 방식으로 수업을 진행하였다. 들불야학의 학생들은 자신이 이전의 생활과 야학을 통해서 바뀐 자신의 감정을 글로써 표현하였는데, 이것이 바로 들불야학에서 나온 세 권의『들불야학문집』이다.

1980년 광주민중항쟁 직후 들불야학은 한동안 중단되었다가 살아남은 강학들과 노동자들의 노력으로 일시 재개되었다. 하지만 계속되는 탄압과 자체적 한계를 극복하지 못하고, 1981년 10월 제4기 졸업생을 마지막으로 막을 내렸다.

유신체제하 민주화운동과 노동운동

서구의 경우 노동운동은 산업화 초기 개별 자본의 출혈적 착취와 기존의 특권—노동과정에서의 자율권 등—을 방어하기 위한 운동이었다. 바로 남성 장인artisan을 중심으로 전개된 직종조합운동, 러다이트운동(기계파괴운동)이나 비밀결사 조직 등이 대표적인 사례이다. 초기 1세대 노동계급들은 언론의 자유와 정치·사상의 자유를 위해, 그리고 자유방임주의라는 인간관계를 타락시키는 독트린에 맞서 싸워왔다. 바로 산업화와 민주주의가 진전되는 과정에서 전개된 노동계급의 운동은 정치적 운동이자 사회적 권리를 쟁취하기 위한 운동이었다.

반면 1970년대 한국에서의 노동운동은 서구와는 다소 다른 양상을 나타냈다. 서구에서 부르주아지의 존재에도 불구하고 민주주의가 진전되었다면, 1970년대 한국 노동운동은 매우 복잡한 양상을 띠고 전개되었다. 한국은 서구와 달리 개발주의를 지향하는 국가가 자본주의화를 주도하였으며, 이는 전 사회적 힘을 '경제성장'이란 통합된 목표에 맞추는 것이었다. 이 점에서 1970년대 노동운동은, 러다이트운동이 자유방임주의에 극렬히 반대하였던 것과 달리 '경제성장' 자체에 대해서는 거의 문제제기를 하지 않았다. 오히려 임금과 노동조건 등 노동시장에서 노동자들에 대한 집단적인 권리 신장과 보호를 위해, 동시에 국가에 의해 통합된 어용노조에 대항하기 위해 지난한 투쟁을 전개하였다.

억압적이고 노동배제적인 국가, 분절적 노동시장, 실질적으로 기업별로 조직된 노동조합과 정부에 통합된 한국노총, 그리고 취약한 친노동자 정당 및 정치세력 등 열악한 조건에도 불구하고 유신체제기 노동운동은 여성·비숙련 노동자들에 의해 밑으로부터 자생적으로 분출하였다는 점에서 주목할 만하다. 유신체제기 노동운동이 지속적이고 강렬한 투쟁을 전개할 수 있었던 것은, 비록 도시산업선교회, JOC, 크리스찬아카데미 등 교회단체의 지원이 존재하였지만, 무엇보다 여성 노동자들의 자각에 기초하였기 때문이다. 소모임, 클럽, 대의원 등 현재 노동자 운동에서 쉽게 발견할 수 있는 조직들의 맹아가 이들에게는 거의 유일한 조직적 무기였다. 그밖에도 자본과 국가의 지속적인 탄압에도 불구하고 비교적 성공적으로 노조 내 민주주의를 유지한 점, 초기에는 교회단체의 지원을 받아 노조를 결성·운영하였으나 1970년대 후반에 들어서 그 한계를 인식한 사실, 그리고 비록 개인적 차원이나마 노조 간부들 간의 연대투쟁의 가능성 제시 등의 성과를 달성하였다.

이상에서 살펴본 민주노조운동의 전개과정을 조직, 단협과 임금협상, 쟁의, 그리고 연대활동 등을 통해 정리해보면 다음과 같다. 우선 노조 조직과 관련해서 생각할 때 이 시기 민주노조는 안정적이었다고 평가하기 어렵다. 소모임 및 대의원과 교육체계를 통해 장기적으로 안정적인 조직을 유지하였던 원풍모방을 제외하면, 대다수 민주노조는 상급노조와 개별 고용주의 노조 자율성 침해, 분산된 사업장 체계로 인한 조직적 불안정, 도시산업선교회 등의 개입으로 인한 조직적 불안정 등을 공유하고 있었다. 물론 이전 시기 어용노조나 무노조 시기에 비해, 기층 조합원의 참여로 인한 조합 내부 민주주의가 강화된 측면은 존재하지만, 일상적인 조직적 불안 요소가 내부에 상존하고 있었다.

두번째, 단체협약협상과 임금협상의 경우에도 개별 고용주와 안정적인 협상체계를 지닌 경우는 많지 않았다. 가능한 법적인 테두리 안에서 임금협상과 단체협약을 조정한 경우도 존재하였지만, 매우 낮은 수준의 임금인상과 노동조건의 제도적 개선조차 법적·제도적으로 제약된 상황하에서 이는 풀기 어려운 문제였다.

세번째, 쟁의행위와 관련해서 본다면, 유신체제하에서 단체행동권 자체가 제약된 구조적 조건은 민주노조로 하여금 준법투쟁과 불법쟁의를 넘나드는 실천을 강제하였다. 민주노조는 법적 강제 이외에도 단위사업장 문제가 사회화될 경우 이를 방어할 조직적 기반이 취약하기 때문에, 농성이나 점거투쟁 등을 사용하였던 청계피복노조의 경우를 제외하고는 노동문제의 외부화를 적극적으로 선택하기 어려웠다. 동일방직의 사례에서 확인할 수 있는 것처럼, 노동쟁의가 불법화·사회화되었을 경우 단위 노조 자체가 붕괴되기도 하였다.

네번째로, 직접적 행동과 시위 등에 기초한 일부 민주노조의 활동은 노조 조직력이 그만큼 취약하다는 것을 간접적으로 보여준다는 점이다. 1970년대 민주노조 가운데 지속적으로 노사 간의 협상을 통해 안정적인 조직력을 보여준 사례는 원풍모방노조 정도였다. 그 외의 노조들은 2～3년 정도의 짧은 민주노조 운영과 고용주측의 잦은 도발로 인해 조직력이 취약한 편이었다. 조직력의 강약을 막론하고 노조가 제기하였던 이슈는 임금인상, 노동조건 개선, 노조민주화 등 근로기준법의 준수와 국가의 노동자 보호를 요구하는 수준이었다.(최장집, 1988, 134쪽) 문제는 이러한 이슈들이 처리되는 방식과 그 과정에서 노조의 저항이 조직·표출되는 방식이었다. 정당을 통한 정치적 포섭·동원이 봉쇄되고 노동자들의 단결권이 법적·제도적으로 봉쇄된 조건에서, 노조의 선택 역시 불규칙적이며 불안정할 수밖에 없었다. 이러한 현상은 지도부와 기층 노동자들이 투쟁에 나서는 데 있어 조직적 동원력의 취약함으로 드러났고, 그 대표적인 사례가 청계피복노조였다.

마지막으로 연대투쟁과 관련하여 본다면, 민주노조들 사이에서 느슨한 수준이나마 연대 및 지원이 존재하였다는 점이다. 특히 도시산업선교회나 크리스챤아카데미와 연계된 민주노조들은 조합원과 지도부 사이에서의 교류와 연대가 낮은 수준에서 이루어졌다. 단적인 예로 YH무역노조 지부장이었던 최순영은 표응삼으로부터 크리스챤아카데미를 소개받았고, 회의진행법, 총회 진행, 교육방법 등을 교육받았다. 그리고 표응삼은 최순영과 원풍모방 박순희 및 당시 여성 지부장들과의 만남을 주선하였다.(박수정, 2003, 98~99쪽) 이를 통해 민주노조운동의 핵심 간부들 간의 연계가 만들어졌다. 이들 여성 노동자들은 '여성해방노동자기수회'를 조직해서 여성 문제에까지 관심 영역을 확대하였지만 한계도 분명하였다. 이들의 연대는 개별 민주노조의 투쟁을 격려하고 지원하는 내용의 성명서 발표 정도에 머물렀을 뿐, '공동투쟁'을 계획하거나 실행하는 단계까지 이어지지는 못하였다. 물론 이런 면에서 크리스챤아카데미 교육이 참가자의 의식 변화를 일정 정도 이루었지만, 조직화까지 이어지지 못하였다는 평가도 가능하다. 하지만 노동운동 외부와의 연대는 거의 이루어지지 않거나 기피되는 경우가 많았다. 청계피복노조의 경우를 제외하고 민주화운동 등과의 연대활동은 지극히 개인적인 수준에 그쳤다. 이는 1980년 서울의 봄 시기 민주노조운동이 한국노총 민주화를 넘어서는 민주화투쟁에 결합하지 않은 사례에서도 확인할 수 있다.

1970년대 노동운동은 자신의 정치·경제적인 문제를 스스로 해결하기에는 한계를 안고 있었다. 노동운동 스스로의 대안이념이 결핍된 조건에서 교회단체라는 우산은 점차 노동운동의 독자적인 발전에 한계를 지워주었고, 지식인 역시 대안적 이념을 노조에게 제시하기에는 근본적 한계를 가지고 있었다. 노조 의식화 교육도 권리의식 고양에 집중되는 등 자체적 한계가 내재하였다. 또한 간헐적으로 발생하였던 치열한 단위사업장 노동 문제의 사회화는 전투적 양상을 보이긴 하였지만 자신들의 문제를 해결하는 근본적인 해답은 아니었다. 여전히 노동자들과 그 운동은 민주주의의 문제를 자신이 아닌 다른 행위자―재야, 야당, 지식인―의 문제로 사고하였다는 점에서 정치적인 사고로 발전하지는 못하였다. 그 외에도 단위사업장 민주노조의 역량을 다른 사업장으로 폭넓게 확산시키지 못한 점, 조직 보위 논리가 부분적으로 존재하였던 점 등은 당대적 한계로 지적되어야 할 것이다. 이런 면에서 1970년대 노동운동은 그 역동성에도 불구하고 한걸음의 추가 전진을 위해서는 1980년대 초반이라는 시간의 경과가 필요하였다.

2
농민운동

유신정권의 농민정책과 농촌 현실

1970년대 고도의 경제성장에도 불구하고 한국 농민들의 사정은 조금도 나아지지 않았다. 오히려 농민들의 처지는 상대적으로 악화되었다. 한국 농민들은 일제강점기를 거쳐 분단정부 수립 이후에도 여전히 수탈의 대상이 되어왔으며, 그러한 상황에서 많은 농민들은 토지와 고향을 버리고 도시로 떠났다. 토지를 가지지 못한 빈농들이 먼저 농촌을 떠났고, 점차 자작농까지 이농 대열에 합류하였다. 비록 농촌에 남은 농가라 하더라도 그 자식들은 고등교육을 받기 위해 혹은 '수출역군'이 되고자 거의 도시로 떠났고, 주로 나이 많은 사람들만이 농촌에 남았다. 1970년대 민중운동의 한 축을 이루었던 농민운동의 배경을 진단하기 위해서는 유신정권의 농민정책과 그에 조응하는 농민들의 현실을 살펴볼 필요가 있다.

한국은 전통적으로 농업국이었음에도 역대 정권은 농민들을 홀대하였다. 이승만 정권은 1950년 농지개혁을 단행하였지만, 그것은 해방 이후 표출되어온 농민들의 열망을 외면할 수가 없어 억지로 행한 불철저한 것이었다. 게다가 이승만 정권은 분배농지의 지가상환금과 각종 세금을 현물로 납부하게 하여 농민들에게 커다란 부담을 지웠는데, 이때 정부는 농민들로부터 시가의 40%에 불과한 가격으로 현물을 수납하였다.(장종익, 1988, 129~130쪽) 그리고 이승만 정권은 저농산물가격정책을 시행하였는데, 이를 가능하게 하였던 것은 미국 잉여농산물의 도입이었다. 전후복구 원조라는 명목으로 들어온 미국 잉여농산물은 전체 농산물의 가격을 폭락시켜 농민들로 하여금 생산을 기피하게 만들었다. 결국 이승만 정권의 불철저한 농지개혁과 농민홀대정책으로 인해 농가경제가 악화되어 농가의 부채는 늘어만갔고 소작제마저 재생되기 시작하였다.

쿠데타로 정권을 잡은 박정희는 경제성장을 제1의 과제로 설정하고, 농업개발에도 많은 관심을 기울였다. 그것은 생존권의 위협을 받고 있는 농민들의 요구를 수용함으로써 군사정권의 정치적 지지기반을 확고히 하려는 목적에서였다.(김태일, 1991, 148쪽) 쿠데타 정권은 제1차 경제개발5개년계획을 수립하고 농업생산력 증강에 의한 농가소득 증대를 에너지원·기간산업 확충과 더불어 계획의 중점 목표로 설정하였다. 그리고 목표 달성을 위해 '농어촌고리채정리법'(1961년 6월 10일) '농업협동조합법'(1961년 7월 29일) '농촌진흥법'(1962년 3월) '농산물가격유지법'(1961년 6월 27일) '개간촉진법'(1962년 2월) 등을 제정하고, 이 법에 따라 통합 농협(1961년 8월 15일)과 농촌진흥청(1962년)을 발족하고, 농업구조개선정책 심의위원회(1962년)를 설치하였으며, 자립안정농가조성사업(1965년)을 전개하였다.

박정희 정권이 농업·농민지지정책을 채택한 것은 농업을 진흥시키기 위해서라기보다는, 미국이 잉여농산물 원조를 유상으로 전환하였기 때문이다. 즉 아직 공업화가 진전되지 않은 한국으로서는 식량 수입을 위한 외화를 조달하기 어려웠으므로 국내 농업생산을 증대시켜 식량난을 완화해야 하였던 것이다.(장상환, 2006, 31쪽) 그리고 공업화가 본격적으로 진행되면서 농업개발은 등한시되었고, 농촌고리채를 정리하고 그 대신 농협을 통해 유리한 농업자금을 늘리겠다던 당초의 계획도 축소되었다. 더욱이 1963~1964년 곡가파동을 겪으면서부터는 농업생산 및 농가경제 안정을 위해 제정된 농산물가격유지법이 오히려 물가안정을 위한 저곡가 유지의 근거로 전락하였다.(한국가톨릭농민회 편, 1999, 15쪽)

농업·농민지지정책은 1960년대 중반을 넘어서면서부터 더욱 후퇴하였다. 경제정책의 기조가 수출주도형 산업을 우선 성장시키는 것으로 바뀌면서 저농산물가격정책으로 나아갔다. 종속성과 독점성을 자기 성격으로 하는 재생산구조하에서 자본이 자신의 안정적 축적기반을 위하여 필연적으로 저임금을 요구하며 그러한 상황에서 저농산물가격은 물가안정과 저임금을 가능케 할 뿐 아니라, 또 다른 한편에서는 농가경제를 압박하여 이농을 늘게 함으로써 산업예비군을 증가시켜 저임금하에서도 안정적으로 노동력 공급원을 확보할 수 있게 해주기 때문이다.(박광서, 1990, 7~14쪽)

박정희 정권의 농민홀대정책은 1960년대 후반부터 약간씩 변하기 시작하였다. 박정희 정권은 제2차 경제개발5개년계획의 중점목표 중의 하나로 식량자급과 영농다극화를 통한 농가소득 향상을 설정하였다. 그리고 이를 위한 정책수단으로 수리시설 확충, 경지확장 및 정리, 영농기술 보급을 통한 단위생산성 제고, 잠업·축산 기술 향상 등을 제시하였다.(정영일, 1984, 50쪽) 이 계획에 따라 1969년 이중곡가제를 실시하여 농민들에게 상대적으로 높은 가격을 보장해주었으며,[*] 농어촌소득증대특별사업을 벌여 농가의 수지 개선을 도모하였다. 그리고 신품종인 통일벼를 보급하고, 새

---

[*] 1970년대 정부의 쌀수매가는 평균생산비에는 미치지 못하더라도 시장가격에 근접하거나 시장가격보다 높았다.

마을운동을 대대적으로 전개하여 농촌근대화사업을 추진하였다. 하지만 제2차 경제개발5개년계획은 투자 배분에서 농업부문의 비중이 지나치게 낮았을 뿐 아니라, 정책집행 과정에서 시행착오와 연이은 가뭄 등 악조건의 탓으로 농업 성장의 실적이 크게 부진하였다. 그리고 도농 간의 소득격차가 크게 확대되어 갑작스러운 인구의 도시집중으로 인해 많은 사회 문제가 야기되었다.(정영일, 1984, 51쪽)

박정희 정권의 농업·농민지지정책은 제3차 경제개발5개년계획에서 더욱 분명해졌다. 제3차 경제개발5개년계획의 기본목표 중의 하나가 주곡 자급과 4개 강 유역 개발이었으며, 중점목표 중의 하나가 농어촌 경제를 혁신적으로 개발하는 것이었다. 이를 위해 식량 증산을 통한 주곡 자급과 농어민 소득 증대, 경지정리와 기계화 촉진, 농어촌 전화電化 및 농어촌 도로망 확충 등의 시책을 추진하였으며, '농지의 보전 및 이용에 관한 법률'(1972년 12월)을 제정하고, 농기계 생산업체를 전문화·계열화하고자 하였다. 3차 계획은 2차 계획과는 달리 대규모의 항구적 기반 조성사업과 생산자가격 지지에 입각한 주곡자급화로 정책 방향을 전환하는 동시에, 투자 계획에 있어서도 농업부문의 비중을 크게 확대시킴으로써 농업생산 확충이나 농가소득 향상의 측면에서 높은 성과를 거둘 수 있었다.(정영일, 1984, 53쪽)

박정희 정권의 농업·농민지지정책의 결과 농민들의 사정은 약간 호전되어 1975년경에는 쌀의 국내 자급이 달성되고, 크게 벌어졌던 도농 간의 소득격차도 크게 완화되어 농가의 실질소득이 도시근로자의 실질소득을 일시 역전하기도 하였다.* 하지만 이러한 정책들은 그동안의 농민홀대정

---

* 전 도시근로자 가구의 연평균 실질소득(1975년 가격 표시)은 1965년 41만 원, 1970년 78만 원, 1975년 86만 원, 1980년 145만 원이었고, 농가 1호당 실질소득(1975년 가격 표시)은 1965년 45만 원, 1970년 58만 원, 1975년 87만 원, 1980년 100만 원이었다.(정영일, 1984, 61쪽)

1970년대 농수로 공사에 한창인 농민들

책으로 인해 발생한 사회경제적 문제를 해결하기 위한 것으로, 진정으로 농민을 위한 것이었다고 보기는 어렵다. 즉 ① 당시 자본축적의 장애요인으로 대두되고 있던 '식량 수입으로 인한 국제수지 문제'를 해결하고, 자본축적의 기초로서 저임금·저곡가정책을 유지하며, ② 도농 간 소득격차로 인한 사회·정치적 문제를 해결하기 위한 것이었다.(김태일, 1991, 150쪽)

1970년대 후반 식량자급에 만족한 박정희 정권은 농업·농민지지정책을 철회하고 다시 철저한 저농산물가격정책으로 환원하는(김태일, 1991, 150~151쪽) 등 농업정책상에서 커다란 변화를 보였다. 제4차 경제개발5개년계획은 3차 계획과는 달리 농업부문 투자의 비율을 상당히 낮추면서 기본 시책의 방향을 ① 쌀·보리 자급 유지와 밀·콩·옥수수 등 부족 양곡 수입을 통한 식량 공급 안정 ② 농외 소득원 개발에 의한 소득증대와 농어촌 생활환경 개선 등으로 설정하는(정영일, 1984, 53쪽) 등 농업개발을 등한시하였다. 게다가 관료들은 반농민적 농업정책을 농민들에게 일방적으로 강요하면서 실적 쌓기에만 급급하였다.

박정희 정권의 쌀값지지정책의 후퇴는 농가의 생산의욕을 감퇴시키고 농가경제를 전반적으로 악화시켰다. 또한 1978년 이래 물가안정책의 일환으로 행해져온 축산물을 비롯한 고추, 마늘 등 각종 농산물 수입은 극심한 가격파동을 일으킴으로써 농민들에게 막대한 경제적 손실을 입혔으며, 개방농정으로의 전환은 식량자급률을 급속히 떨어뜨렸다.(정영일, 1984, 53쪽)

이상에서 살펴본 바와 같이 역대 정권은 대체적으로 농업의 희생 위에 공업을 성장시키는 정책을 취해왔다. 1970년대 한국 농촌사회는 박정희 정권의 농민홀대정책으로 인해 점차 붕괴되어 갔다. 우선 박정희 정권이 추진한 수출주도형 경제성장정책으로 인해 농가경제는 악화일로를 걸어 도시와 농촌 간의 소득격차는 현격하게 벌어졌다. 농가소득이 감소하면서 농가부채가 1971년의 2만 9,500원에서 1976년 17만 600원, 1980년 80만 8,400원, 1981년 104만 4,000원으로 급증하였고(농업중앙회, 1982, 35쪽), 농가경제는 파탄지경에 이르렀다.

둘째, 농촌인구가 급격히 감소하였다. 도농 간 소득격차가 커지고 부채가 늘어나면서 농민들은 먹고살 길을 찾아 하나둘씩 농촌을 떠나기 시작하였다. 그 결과 우리나라의 총인구는 계속 증가하였음에도 농촌인구는 1960년 1,456만 명에서 1967년 1,608만 명으로 늘어난 이후 감소 추세로 바뀌어 1970년에는 1,442만 명, 1980년에는 1,083만 명으로 줄었다. 이에 따라 농촌인구 비율도 1960년 58.3%, 1965년 55.1%, 1970년 44.7%, 1975년 37.5%, 1980년 28.9%로 급격히 감소하였다.(정영일, 1984, 34쪽) 농촌인구와 함께 농가호수도 감소하였다. 하지만 농촌인구가 1967~1982년간 연평균 2.3%씩 감소한 데 비해, 농가호수는 연평균 1.7%씩 감소하였다.(이영기, 1984, 139쪽) 농가호수에 비해 농촌인구의 감소율이 크다는 것은 농촌에 남은 농가도 젊은이를 중심으로 구성원의 일부가 이농하였다는

표18 1970년대 산업별 GDP (단위: 십억 원)

연도	농업·임업·어업	광공업 (광업, 제조업, 전기, 가스, 수도, 건설)	서비스업	총부가가치	국내총생산
1970	13,749.9 (20.7%)	11,915.8 (17.9%)	40,747.7 (61.4%)	66,413.4	69,046.0
1971	14,287.5 (20.0%)	12,802.7 (17.9%)	44,465.4 (62.1%)	71,555.6	74,737.5
1972	14,749.9 (19.7%)	13,676.7 (18.3%)	46,335.0 (62%)	74,761.6	78,076.7
1973	15,759.3 (18.9%)	17,554.4 (21.1%)	49,932.8 (60%)	83,246.5	87,472.7
1974	16,644.6 (18.7%)	19,996.0 (22.5%)	52,255.5 (58.8%)	88,896.1	93,755.1
1975	17,365.6 (18.4%)	22,238.2 (23.6%)	54,675.8 (58%)	94,279.6	99,331.3
1976	19,017.4 (18.3%)	25,993.3 (25.1%)	58,700.0 (56.6%)	103,710.7	109,832.9
1977	119,452.2 (17.1%)	30,802.0 (27.2%)	63,232.9 (55.7%)	113,487.1	120,810.5
1978	17,378.5 (14.1%)	37,699.7 (30.6%)	68,049.8 (55.3%)	123,128.0	13,2040.0
1979	19,222.7 (14.6%)	40,249.2 (30.7%)	71,900.2 (54.7%)	131,372.1	140,996.2
1980	15,491.4 (12%)	39,680.6 (30.6%)	74,314.5 (57.4%)	129,486.5	138,897.9

출처: 한국은행 "경제활동별 GDP 및 GNI(실질, 분기 및 연간)"(http://www.kosis.kr)를 이용하여 작성

것을 나타낸다.

셋째, 농촌사회가 붕괴되면서 전 산업에서 농업이 차지하는 비중도 줄어들었다. 〈표18〉에 의하면 농업생산액의 비중은 1970년대 내내 감소하였다. 특히 1978년 이후(1979년은 제외)에는 비중이 급격히 감소하였을 뿐아니라 절대생산액조차 감소하였다. 농업생산액의 감소는 농민홀대정책

으로 인한 농민들의 생산의욕 상실과 이농으로 인한 농가인구의 감소에 기인하였다.

넷째, 농업생산이 저조해지면서 식량자급도가 1981년 43.2%로까지 낮아지고 농산물 수입량이 크게 늘어나 국내 농업생산기반을 근본적으로 뒤흔들었다. 박정희 정권은 물가상승과 수입자유화 압력의 근본원인을 농수산물이라 보고 1978년부터 외국농축산물 수입정책을 확대하였다. 그리하여 쇠고기, 돼지고기, 양고기, 고구마, 고추, 양파, 참깨, 땅콩, 콩 등이 거의 무제한적으로 수입되었다.(한국가톨릭농민회 편, 1999, 33·63쪽) 농림수산물 수입액은 1975년 13억 달러에서 1980년 31억 달러로 급증하였다.(장상환, 2006, 35쪽)

이처럼 농업·농민홀대정책으로 농촌사회가 혼란스러워지자 박정희 정권은 농촌 문제를 호도하기 위하여 1971년부터 '농촌새마을운동'을 전개하였다. 새마을운동은 농촌근대화와 농가소득 증대를 표방하였지만, 농민의 이익을 보장하기 위한 것은 아니었다. 박정희 정권이 새마을운동을 추진한 목적은 다음과 같다.

① 농민의 노동력을 자원봉사라는 형식으로 동원해서 독점자본이 농촌을 보다 효과적으로 지배하고 수탈할 수 있도록 사회간접자본(도로, 다리 등)을 건설한다.

② 과잉생산된 철근, 시멘트, 슬레이트 등 토목, 건축자재를 대량 소비하여 경기를 부양시키고 농가의 소비를 조장한다.

③ 농민 빈곤의 원인을 정부 정책이 아니라 농민이 '자조, 협동, 자립의 의지를 못 가졌다'는 데로 돌리고 책임을 농민에게 떠넘긴다.

④ 정치적으로는 정부의 권력에 직접 충성하는 농촌지도자를 육성한다.(한국가톨릭농민회 편, 1999, 34쪽)

새마을운동은 농민들의 자주적 의사를 수렴하지 않은 채 정부의 주도 하에 일방적으로 추진되었다. 말단 행정기관과 농협을 앞세워 새마을운동을 강행함으로써 많은 문제점을 초래하였고, 이는 농민들의 저항을 불러왔다.

농민운동단체의 결성과 활동

1950~1960년대의 농민단체 농민권익을 옹호하는 것을 목적으로 하는 농민운동단체가 결성된 것은 1970년대부터이지만 그 이전에도 농민단체는 결성되어 있었다. 대한독립촉성농민총연맹(대한농총)과 한국농촌문화연구회 등이 그것이다. 대한독립촉성농민총연맹은 1947년 8월 31일 전국농민조합총연맹에 맞서 결성되었는데, 분단정부 수립 이후 유상몰수·유상분배의 농지개혁, 농촌계몽운동, 농업도서 출판사업, 협동조합운동 등을 전개하였다. 하지만 농민들의 권익 옹호에는 별다른 역할을 하지 못하였다. 대한농총은 1952년 12월 16일 제5차 전국대의원대회에서 대한농민회로 명칭을 변경하였으나, 이후 별다른 활동을 전개하지 못한 채, 1955년 6월 제8차 대의원대회 이후 존재 자체가 흐지부지되었다.(이우재, 1986, 80~82쪽) 이후 5·16쿠데타 세력의 퇴역군인(전 중앙정보부장 김용순)의 후원을 얻어 한국농민회를 결성하기 위한 시도가 있었으나, 결성 과정에서 내분이 발생하여 제대로 조직체의 기능도 하지 못하고 사라졌다.(이우재, 1991, 296쪽)

한국농촌문화연구회는 1954년 3월 1일 조직되었으며, 1959년 8월 20일 제1회 농촌지도자 연수훈련을 개시한 이후 농민교육 활동에 주력하였다. 그리고 1968년 12월 7일 농민교육원을 건립하였으며, 1969년 8월 1일에는 월간 『농민문화』를 창간하였다. 교육 내용은 단순한 기술교육과 함께 농업 문제 일반과 농민 문제의 의식화 내용도 포함되어 있었다. 『농민문화』는 농민의 교양교육과 농업 문제 인식 등을 내용으로 하는 농민 문제의 종합지적인 성격을 가지고 있었다.(이우재, 1991, 229쪽) 하지만 1977년 3월 27일 농민교육원을 새마을운동의 승화·발전을 목적으로 하는 새마을교육원으로 개편하는 등 관변단체적 성격에서 크게 벗어나지 못하였다.

이들 단체 외에도 1962년 2월 김용기 장로가 경기도 광주에 설립한 가나안농군학교를 비롯하여 대전의 복지농로원과 기독교연합봉사회, 캐나다선교회의 이리농장, 충북 괴산의 육우개발협회,[*] 가톨릭농촌청년회 등 농민교육이나 농촌개발을 목적으로는 기관들이 있었다. 그러나 이들 기관의 교육사업이나 농촌개발사업 내지 농촌운동들은 그 교육 내용, 그리고 사업 목적이나 방법에 있어 농민운동적 감각이나 목적을 가지고 있었던 것은 아니다.(이우재, 1991, 188쪽)

관변단체도 조직되었다. 이승만 정권은 농사기술을 보급한다는 명목으로 농촌진흥청 산하에 전국 4H구락부를 조직하였다. 4H구락부는 기술보급과 사회교육적 차원에서 각 마을마다 청소년들을 중심으로 조직되었는데, 자원지도자가 4H 청소년들을 지도하였다. 자원지도자들은 전국자원지도자연합회를 구성하였는데, 주로 4H 자원지도자가 전국적으로 면·군·도 단위조직을 갖게 되었다. 전국적인 조직을 갖게 되면서 이들 조직체는 단순한 농촌교도사업의 지도자로 머무는 것이 아니라 농민의 요구를 반영하려는 움직임을 갖고 농업정책 시정 등을 요구하게 되었다. 전국자원지도자연합회는 1960년대 이후 농민권익운동단체로 전환하고자 몇 차

---

[*] 충북육우개발협회는 육우보급운동을 중심으로 부락개발사업을 전개하였는데, 사업 전개 과정에서 부락 내에 각종 협동사업을 추진하고 부락민을 교육하는 등 의식화와 조직화를 통해 운동성을 갖게 하였으며, 운동단체에 가입하여 활동하는 데까지 발전하였다.(이우재, 1986, 90~91쪽)

례 시도하였으나 좌절되었으며, 결국 농사교도사업체로서의 자기성격을 벗어나지 못하였다.(이우재, 1991, 181·187~188·229쪽)

이처럼 1950~1960년대에도 농민단체들이 결성되어 있었지만, 농민들의 권익을 옹호하는 농민운동은 전개되지 못하였다. 농민운동의 태동은 1970년대 전반 가톨릭농민회, 크리스챤아카데미, YMCA 등 여러 기관들의 농민들을 대상으로 한 교육사업에 의해 그 기반이 마련되었다.

가톨릭농민회 결성과 활동 농민들을 대상으로 가장 먼저 교육사업을 전개한 기관은 가톨릭농민회였다. 가톨릭농민회는 1964년 10월 3일 가톨릭노동청년회JOC 산하에 설치된 농촌청년부에서 비롯되었다. 1966년 8월 가톨릭노동청년회 전국평의회는 농촌청년부를 완전히 분리시키기로 결의하였으며, 이에 따라 농촌청년부는 가톨릭농촌청년회JAC로 재편되었다. 가톨릭농촌청년회는 1966년 10월 17일 경북 구미에서 전국 남녀 대표 30여 명이 참석한 가운데 창립총회를 개최하였다. 가톨릭농촌청년회 전국본부는 1967년 이후 양계·양돈·양송이 재배 등 농촌수익사업을 전개하고, 야간학교와 신용협동조합 등을 조직하여 운영하였다. 그리고 1968년 4월에는 『농촌청년』이라는 월간 기관지를 창간하였다.(한국가톨릭농민회 편, 1999, 16~19·570쪽)

하지만 가톨릭농촌청년회의 활동은 주로 계몽사업과 관련된 것으로 당시 농촌 사회가 안고 있던 문제를 근본적으로는 해결할 수 없었다. 활동 과정에서 이러한 한계를 인식하게 된 가톨릭농촌청년회는 문제 해결을 위해 1970년 8월 25~27일 경북 왜관에서 '응답하는 교회'를 주제로 하여 전국가톨릭농민회의를 개최하였다. 여기서 농촌 문제의 정치·경제·사회와의 구조적 관련성이 인식되었으며, 농촌활동의 방향에 대한 활발한 토론이 이루어졌다. 1971년 4월 22~23일에는 경북 구미에서 전국 농민대표 27명이 참가한 가운데 '농가소득의 향상'이란 주제로 '전국농민대표자회의'를 개최하였다. 그리고 1971년 8월 25~27일에 '농업문제세미나'를 개최하였는데, 이 세미나는 한국 농업의 근본문제에 사회과학적으로 접근하고 그에 따른 농촌활동의 질적인 전환을 요구하였다.(한국가톨릭농민회 편, 1999, 26~28쪽)

가톨릭농촌청년회는 먼저 조직개편을 도모하였다. 가톨릭농민운동 조직강화위원회가 1971년 11월 20일 결성되어 가톨릭농촌청년회를 확대개편하기로 결정하고 그 준비를 해나갔다. 제3차 전국대의원대회가 1972년 4월 5~7일 왜관에서 개최되었고, 이 대회에서 가톨릭농민회가 결성되었다.(한국가톨릭농민회 편, 1999, 28·35쪽) 가톨릭농민회는 창립대회에서 농협 문제의 중요성을 회원 및 농민들에게 인식시키고 농협민주화활동을 통하여 농민들을 자각시키며 조직을 강화하기 위해 연간 사업목표를 '농협민주화'로 세울 것을 결의하는(한국가톨릭농민회 편, 1999, 35쪽) 등 새로운 방향의 농민운동을 모색하는 가운데, 농민들의 권익을 옹호하기 위한 활동을 전개하였다.

가톨릭농민회는 창립대회 이후 지역 단위의 조직을 결성해나갔다. 1973년 7월 17일 경기연합회가 제일 먼저 결성되었고, 1973년 8월 20~21일에는 광주 계림동천주교회에서 열린 도내 지도자연수회에 참석하였던 25명의 대표들이 가톨릭농민회 전남지부를 결성하였다. 그리고 전남지부는 1974년 3월 9일 전남연합회로 승격되었다.(한국가톨릭농민회 편, 『농촌청년』 제22·23·25호) 이어 전북연합회(1976년 1월 9~10일), 강원지구연합회(1976년 2월 6일 결성 후 다음해 춘천교구연합회가 분리되어 나가면서 원주교구연합회로 명칭 변경), 충남연합회(1976년 4월 9~10일), 경북연합회(1977년 2월 1일 결성 후 안동교구가 분리해나가면서 대구교구연합회로 명칭 변경), 충북연합회(1977년 7월 30일), 안동교구협의회(1974년 8월 4일 결성 후 1978년 12월 27~28일 안동교구연합회로 개편), 춘천연합회(1977년 11월 8일), 경남연합회(1977년 12월 19일) 등이 각각 결성되었다.(김태일, 1991, 64~65쪽; 한국가톨릭농민회, 1999, 45~46쪽)

가톨릭농민회는 합천 농민들의 노임요구투쟁을 지원하였다. 경남 합천군 초계면 170여 명의 농민들은 전천후 농업을 위한 용배수로 공사에 종사하였지만, 그 노임을 받지 못하고 있었다. 가톨릭농민회는 이 지역 농민들의 체불노임 780여만 원을 받아내기 위한 활동에 적극 협력하였다. 그리고 안성 경지정리부정사건과 하우스용 파이프 회사의 부정을 시정하기 위한 구미 농민들의 노력을 적극 지원하였으며, 구미공단부지용 농토 매입을 둘러싸고 전개된 농민들의 권익옹호를 위한 활동에도 협력하였다.(한국가톨릭농민회 편, 1999, 39쪽)

하지만 가톨릭농민회의 활동은 농촌 현실과 결부되지 못하고 계몽운동적 성격에서 완전히 벗어나지는 못하였다. 이에 따라 농민운동의 방향을 전환해야 한다는 주장이 제기되었다. 가톨릭농민회는 1973년 12월 전국 각 지역에서 활동하고 있는 지도자 42명이 참가한 가운데 다락방에서 제2차 전국지도자훈련회를 개최하였는데, 여기서 농민운동의 방향을 재확인하였다. 참가한 지도자들은 당면한 농업·농민문제로 농산물가격 문제, 토지 문제, 농민의 주체의식 결여 및 농촌의 비민주적 요소 등을 지적하고, 이러한 문제를 해결하기 위해서는 농민 자신의 의식화와 지도자의 정신자세 및 현실에 맞는 활동방법 등이 중요하다는 결론을 내렸다.(한국가톨릭농민회 편, 1999, 38쪽)

농민들과 함께 할 수 있는 활동을 전개하기 위해서는 농촌 현실을 정확하게 파악할 필요가 있었다. 이에 가톨릭농민회는 실태조사를 실시하였다. 먼저 농지임차관계조사를 실시하였다. 가톨릭농민회는 건국대학교 농

표19 미곡의 정부 수매가격, 시장가격 및 생산비 (단위: 원/정곡 80kg)

	수매가격	평균생산비 A	평균생산비 B	시장가격
1960	1,059	1,313		1,687
1962	1,650	1,422		2,801
1964	2,967	1,636		3,324
1966	3,306	2,495		3,750
1968	4,200	3,403		5,140
1970	7,000	4,642		7,153
1972	9,888	6,115		9,728
1974	15,760	8,683		17,821
1975			(통일쌀 24,345, 일반쌀 27,639)	
1976	23,200	13,891	통일쌀 27,154, 일반쌀 30,267	22,815
1977			통일쌀 32,480, 일반쌀 35,030 (통일쌀 39,840, 일반쌀 41,600)	
1978	30,000	20,665	신품종 45,178, 일반쌀 43,445 (53,000)29,100	
1979			신품종 54,900, 일반쌀 51,074	
1980	45,750	40,238		56,021

* 평균생산비 A는 부산물생산비를 공제한 금액임.
  평균생산비 B는 가톨릭농민회의 조사결과이며 ( ) 안은 한계생산비임.
  시장가격은 11월~익년 1월간의 평균가격.

출처: 농수산부 및 농협중앙회(정영일, 1984, 48쪽에서 재인용); 한국가톨릭농민회 편, 1999, 43·48·58·
  64·81쪽

업문제연구소 연구팀의 협조를 얻어 1974년 2월에서 8월까지 7개월에 걸쳐 9개 시·도, 62개 군, 70개 부락의 총 4,554호의 농가를 대상으로 소작농의 구성비, 소작료율, 소작 관행 등을 상세히 조사하였다. 1974년 9월 조사결과를 『농지임차관계실태조사보고서 — 소작농 실태를 중심으로』라는 책자로 발표하였는데, 소작농은 전 농가의 29.1%, 소작면적은 전 경작면적의 16.4%, 소작료는 79.4%가 전체 생산량의 50%를 차지하고 있었다.(김병태·이우재, 1974) 1975년에도 소작 실태를 조사하여 8월 15일 『농지임차관계실태조사보고서 — 소작관행을 중심으로』를 발간하였다. 여기서는 이전

보고서의 집계에서 빠진 항목들을 분석하는 동시에 현행의 소작관행을 중심으로 소작농의 실태를 요인별로 교차분석하였다.(김병태·이우재, 1975)

농지임차 실태조사에 이어 가톨릭농민회는 1975년부터 쌀생산비조사에 착수하였다. 가톨릭농민회는 농가 경제가 파탄지경에 이른 원인 중의 하나가 역대 정권들의 저농산물가격정책이라고 보고, 정부의 수매가격이 터무니없이 낮게 책정되었음을 논증하기 위하여 정확한 쌀생산비를 산출하고자 하였다. 정부가 제시한 수매가격과 평균생산비를 가톨릭농민회가 조사한 평균생산비를 비교하면 〈표19〉와 같다.

정부의 발표에 의하면, 1960년대 말 이후 정부의 쌀수매가는 평균생산비보다 훨씬 높으며 시장가격에 근접하거나 시장가격보다 높았다. 하지만 가톨릭농민회가 조사한 바에 의하면, 수매가와 시장가격은 영농을 계속할 수 있는 한계생산비는 물론이고 평균생산비에도 훨씬 미치지 못하였다.

이 외에도 가톨릭농민회는 보리·담배·고추·옥수수 생산비조사(1978년), 취락구조개선사업 실태조사(1978년), 농민의식조사(1979년), 감류농지세 실태조사(1979년), 노풍피해 실태조사(1979년) 등을 실시하였다.(이우재, 1991, 261쪽) 이러한 농촌 상황에 대한 실태조사를 기반으로 하여 가톨릭농민회는, 1970년대 중반부터 농협민주화, 쌀생산비 보장, 함평고구마피해보상, 경지정리피해보상, 강제경작 반대, 을류농지세 부당징수 시정, 새마을사업 강제집행 반대, 저농산물가격 반대, 농민운동탄압 저지 등 농민들의 권익을 옹호하기 위한 활동에서 중요한 역할을 수행하였다.

크리스챤아카데미의 농민중간집단교육　1970년대 농민운동에 직·간접으로 중요한 역할을 한 또 하나의 기구는 크리스챤아카데미였다. 크리스챤아카데미는 자주적 노동운동가를 양성할 목적으로 1965년에 설립되었으며, 1974년부터 중간집단육성 프로그램을 통해 노동자, 농민, 청년, 여성들에 대한 교육을 시작하였다.(이우재, 1986, 90쪽) 농민중간집단교육은 1974년 11월에 처음 실시된 후 1975년부터 본격적으로 이루어졌다.(김태일, 1991, 176쪽)

크리스챤아카데미 농민교육의 취지와 목적은 한국 사회의 제반 양극화현상을 해소하는 데 기여하고, 자유와 평등에 입각한 인간화 실현에 이바지할 수 있는 중간매개집단을 육성·강화하는 것이었다. 교육내용은 전문이론가들에 의한 농업 문제의 사회과학적 인식과, 농민들 자신의 경험제시와 사례 연구를 통해 운동의 구체적 방법을 모색하는 것이었으며, 교육과정에는 농민들이 처한 위치 및 상황 인식을 통한 올바른 삶의 자세 정립, 개인 각자가 자신의 삶을 선택하고 이를 실천하기 위해 굳은 결의와 약속을 하는 것 등을 통해 운동가로서의 자기 의지를 확고히 하는 프로그램도 있었다.(이우재, 1986, 90쪽)

크리스챤아카데미 농민교육은 독일 기독교 원조기관의 자금지원에 의하여 이루어졌는데, 중간집단 1차교육, 중간집단 2차교육, 중간집단 3차교육, 부락개발과정교육, 후속교육 등으로 나뉘어져 진행되었다. 중간집단 1차교육은 1974년 11월부터 1979년 3월 소위 크리스챤아카데미사건으로 농민중간집단교육이 중단될 때까지 23회에 걸쳐 실시되었으며, 총 792명이 참가하였다. 2차교육에는 6기에 걸쳐 총 201명이, 3차교육에는 3기에 걸쳐 65명이 각각 참가하였다. 부락개발교육은 두 차례 실시되었으며, 총 45명이 참가하였다. 농촌신협교육과 농촌여성교육도 각각 한 차례씩 실시되었는데, 참가자 수는 각각 30명과 41명이었다. 이들 교육생들의 절반 정도가 가톨릭농민회의 회원이 되거나 아카데미교육동문회를 만들어 농민운동에 참가하였다.(이우재, 1991, 190·194·221~222·237~238쪽)

YMCA의 농촌사업　　　　YMCA는 해방 후 정체성 혼란을 겪다가 1960년
　　　　　　　　　　　　　대 후반 들어 운동성을 회복하고 사회적 책임에
대해 새롭게 각성을 하기 시작하였다. 한국YMCA는 1971년 10월 대구에
서 열린 제21차 전국대회에서 사회개발사업에 참여하기로 결의하고, 사회
개발사업의 기본방향을 소외된 대중의 자발적인 참여를 통한 지역사회 조
직, 시민의식 개발, 주체적인 대중문화 창조로 설정하였다. 이를 실천하기
위하여 '사회개발특별위원회'를 구성하였는데, 사회개발특별위원회는 제
22차 전국대회(1974년)에서 '사회문제위원회'로 개편되었다.

　　사회문제위원회는 농촌에 일정한 수준의 사회운동을 형성할 목적으로
"YMCA 농촌사업안"을 작성하였다. 이 계획의 골자는 농촌사업을 3단계
로 나누어 추진하되, 각 단계의 목표는 기초조직 육성(제1단계), 지도력 육
성(제2단계), 전국적인 유대 강화(제3단계) 등으로 설정하고, 기간은 각 단
계 3년씩 총 9년으로 한다는 것이었다.*

　　YMCA는 이 농촌사업안에 의거하여 교육과 지도력 양성에 초점을 두
고 1975년 11월부터 제1차 농촌사업(1976~1978년)을 추진하였다. 제1차
농촌사업은 기본방향을 협동화와 민주화에 두었지만, 1차적으로 협동화를
강조하였다. 그것은 민주화도 곧 협동의 실천과정에서 이루어진다고 보았
기 때문이다. 그리하여 당시 한국 사회에서 성공적으로 운영되고 있던 신용
협동조합과 양곡조합을 기초조직 육성단계의 기본사업으로 채택하였다.**

　　제1차 농촌사업의 또 하나의 중요한 부분은 부락개발사업이었다. 농

---

* 계획은 매 단계 3년씩 총 9년(1976~1986년)에 걸쳐 농촌사업을 추진하는 것이었으나, 실제로는 16년
　간(1975년 11월~1991년 5월)에 걸쳐 진행되었다.
** 신용협동조합은 캐나다에서 신용협동조합 지도자교육을 받고 온 메리 가브리엘라 멀허린 수녀에 의
　해 1960년 5월 1일 부산 메리놀병원에서 처음으로 설립되었으며, 1964년에 55개의 신용협동조합이 모
　여서 한국신용협동조합연합회를 창설하였다. 양곡협동조합은 서울YMCA의 '사회개발단'사업의 일
　환으로 시작되었는데, 1974년 3월부터 경기도 화성군 장안면 수촌리 2개 마을에 양곡은행이 개설된
　것을 시발로 경기도 일원 13개 지역에 양곡협동조합이 설립되었다.

표20 제1차 농촌사업(1976~1978년) 결과

구 분	계획	실제	대비
신용협동조합	60	66	+6
양곡조합	48	27	-21
시범부락개발	5	1	-4

촌사업을 수행하는 과정에서 부락개발사업의 필요성이 제기되었고, 농촌사업 실무자의 제안에 따라 1978년 4월 의정부 다락원에서 제1회 부락개발 지도자교육을 실시하였다. 이후 부락개발 지도자교육은 YMCA농촌사업의 중요한 사업이 되었다.

〈표20〉에서 보는 것처럼 YMCA농촌사업은 1차 사업 기간에 66개의 신용협동조합과 27개의 양곡조합을 결성하여 농가 경제의 일부를 실제로 해결하는 등의 성과를 올렸다. 그리고 신용협동조합운동을 통해 농민교육과 협동정신, 농민들의 권리 옹호에 접근할 수 있다는 자신감을 가질 수 있었으며, 양곡조합운동을 통해서는 도시와 농촌을 연결할 수 있는 중요한 계기를 마련하였다. 하지만 부락개발사업은 부진하였다.

1차 사업에서 부락개발사업의 성과가 부진하였던 것은 한국YMCA가 농촌 문제의 구조적 심각성을 정확히 간파하지 못한 결과였다. 부락종합개발 사업을 통해 지역적인 협동체를 만들고, 이런 지역단위의 협동체가 생기면 전국적인 협동운동체로 발전시켜 농촌운동이 경제 중심의 협동운동에서 사회운동, 농민권익옹호운동으로 발전할 수 있을 것으로 기대하였지만, 신용협동조합이나 양곡조합으로 농촌 사회가 안고 있는 구조적 문제를 해결할 수는 없었다.

1차 농촌사업이 어느 정도 성과를 거두면서 조직을 확대하는 사업과 조직된 농민들을 교육하는 문제가 관심사로 부상하였다. 2차 농촌사업(1979~1983년)은 조직적 기반 강화를 위한 농민교육과 축산협동조합이라

는 새로운 영역을 개척하였다. 하지만 1980년대 초반 국내외적으로 경제
상황이 변화하면서, 농촌사업을 재평가하고 향후 사업방향을 어떻게 설정
할 것인지에 대한 문제가 제기되었다. 신용협동조합운동은 한국 경제의
마이너스 성장과 신용협동조합 승인제도 변경으로 전면적 궤도 수정이 불
가피해졌고, 양곡조합 또한 조직적 기반을 점차 상실해갔다. 이후 YMCA
농촌사업은 농민들의 권익 문제와 부락개발을 중심으로 변화되었다.(대한
YMCA연맹, 1991, 9~36쪽; 윤호창 「1970 ·80년대 YMCA농촌운동의 전개와
성격」)

기독교농민단체 결성　　개신교에서도 농민을 대상으로 한 교육활동을 전
　　　　　　　　　　　　　개하였다. 1976년 기독교청년회가 농촌개발사업
을 개시한 이후, 1978년 3월 8일 개신교 농민운동단체의 효시인 전남기독
교농민회가 결성되었다. 전남기독교농민회는 1970년대 중반 전남지역의
개신교회를 중심으로 농촌 교회 평신도와 청년들이 농민운동에 참여하면
서부터 태동하기 시작하였다. 이들은 크리스챤아카데미 농민교육을 통해
농업·농민문제에 관한 사회과학적 인식을 갖추었으며, 농민의 주체적 참
여를 통한 농민운동만이 당면한 농업·농민 문제를 해결할 수 있다는 확신
을 가졌다. 처음에는 가톨릭농민회를 통해 농민운동에 참여하거나 농촌현
장에서 자발적으로 농민 소모임을 조직하여 활동하기 시작하였다. 이 과
정에서 한국기독교청년협의회 농촌분과위원회와 연관을 맺고 활동하는
교회의 농촌 청년들이 합류하면서 기독교농민회의 씨앗이 뿌려졌다. 이후
소모임으로부터 출발한 전남지역의 농민 활동가들은 1977년 12월 서울 기
독교선교교육원에서 민중신학자, 기독교신자교수, 기독교인권운동세력,
기독청년, 농촌목회자 등과 함께 세미나를 개최하고, 기독교농민운동 조

직체의 필요성에 대해 논의하였다. 1978년 2월 한국기독교청년협의회 농촌분과위원회의 지원으로 농촌 청년들을 대상으로 농촌청년교육을 실시하면서 농촌청년조직의 기반을 확보하고, 이를 토대로 '전남기독교농촌청년회 준비위원회'를 결성하였다.(한국기독교농민회 편, 1992, 9~10쪽) 전남기독교농촌청년회 준비위원회는 몇 차례의 조직 준비모임을 가지면서 창립 준비를 진행하였는데, 그 과정에서 농촌 청년들만으로 이루어진 조직보다는 일반 농민들이 전체적으로 참여할 수 있는 농민조직을 결성하는 것이 더 바람직하다는 문제제기가 있었다. 결국 전남기독교농민회를 창립하는 것으로 결정이 났다.(김태일, 1991, 68~69쪽) 이 결정에 따라 1978년 3월 8~9일 전남 해남군 신월교회에서 무안, 해남, 강진, 보성, 영암 등지의 50여 명이 참여한 가운데 전남기독교농민회가 조직되었다. 전남기독교농민회의 활동 목적은 "그리스도의 복음의 빛 아래서 농민의 경제적·사회적·정치적 지위 향상을 도모하고, 민족 전통을 이어받은 주체적 농민문화를 창조하여 민주화와 협동화를 통한 정의롭고 자유로운 사회발전에 기여"(회칙 제3조)하는 것이었다.(한국기독교농민회 편, 1992, 10~11쪽)

전남기독교농민회는 1978년 무안지역협의회, 1979년 해남지역협의회를 조직하는 등 16개의 지회를 조직하였다. 조직 기반이 점차 확충되면서 전남기독교농민회는 농민의 경제적 이해를 실현하기 위한 활동을 전개하였다. 전남기독교농민회는 지역단위 농민운동에 전력하는 한편, 전국 단위의 기독교농민회를 조직하기 위한 활동에도 주도적으로 참여하였다. 그러한 노력의 결과 1978년 12월 전남, 전북, 경남, 경북, 충남, 충북 등지의 농민활동가들이 전주에서 회합을 갖고 '전국기독교농민회 준비위원회'를 결성하였다.(한국기독교농민회 편, 1992, 13~14·19쪽)

농민운동의 전개

1970년대 초기의 농민운동　　　농민운동은 1970년대에 가서야 일어나기
시작하였는데, 농촌 현실이 열악하였음에
도 1950~1960년대에 농민운동이 전개되지 못한 것은 한국전쟁과 농지개
혁의 영향이 크다고 할 수 있다. 첫째, 한국전쟁으로 말미암아 농민운동세
력이 몰락하였다. 농민운동조직은 붕괴되고 활동가들은 죽거나 월북하였
다. 둘째, 한국전쟁 이후 반공 이데올로기가 한국인의 사고를 지배하면서
농민들 사이에 계급의식이 형성되기 어려웠다. 셋째, 농지개혁 단행으로
토지에 대한 농민들의 기대가 제한적으로나마 충족됨으로써 농촌 문제의
근본 원인이 은폐되었다. 역대 정권들은 농촌 문제의 원인이 농민 내부에
있는 것처럼 선전하면서 농민들의 계급의식 형성을 방해하였다. 그리하여
1950~1960년대에는 전후 복구와 재건을 위한 농촌계몽운동과 농민들의
의식 및 생활 개선운동, 증산을 위한 운동 등 정부의 필요를 뒷받침하는 캠
페인성 운동만 있었다.

　　그러던 가운데 1956년 '한국농업문제연구회'라는 진보적 연구자들의
모임이 결성되었는데, 이를 거쳐 간 대학생들을 중심으로 방학을 이용한
농촌봉사활동의 맹아가 마련되었다.(권영근, 2006, 75쪽) 그리고 4월혁명
후에는 일부 민족·민주운동세력이 농민들의 생존권 문제에 지속적인 관심
을 기울였다. 그들은 우리 사회가 아직 일제강점기와 같은 식민지반봉건
사회의 성격을 가지고 있으며 농민이 민주변혁을 주도할 것이라는 '농촌
현장론'을 견지하였다. 서울대학교의 농촌문제연구 서클인 '향토개척단' •

• 1960년대 향토개척단은 농민의 비인간적인 삶과 고통의 원인이 근본적으로 빈곤에 있다고 보고, 농촌
활동의 목적과 내용을 빈곤 타파를 위한 제반 프로그램을 실천하는 데 두었다.(김태일, 1991, 186쪽)

과 대학 간 연합 서클인 '전국대학농촌문제연구회연합회' 등이 대표적이다.(김태일, 1991, 165쪽) 1964년에는 5·16쿠데타로 폐쇄되었던 한국농업문제연구회의 뒤를 이어 '한국농업근대화연구회'*가 결성되었는데, 이 모임은 진보적 인텔리의 연구활동에서 한 걸음 더 나아가 협업운동을 전개하고 협동조합에 대한 실천적인 문제를 제기하며, 대학생과 일반 대중을 상대로 한 '금요강좌'를 통해 농업 문제 해결의 중요성을 일깨우고 실천력 향상을 도모하는 대중학습과 교양운동을 전개하였다. 또한 대학생 농활을 지도하는 한편, 농촌에 들어가 농민운동을 준비하는 사람들을 훈련시키는 장으로서의 역할을 하였다.(권영근, 2006, 78쪽)

하지만 1950~1960년대 대부분의 농촌활동가들은 농업·농민 문제의 원인이 농업과 농민 내부에 있는 것으로 인식하였다. 이러한 경향은 1970년대 초까지 이어졌으나, 1972년 가톨릭농민회 결성을 전후하여 농민운동은 커다란 변화를 맞았다. 1971년 8월 25~27일 가톨릭농촌청년회는 '선진국 농업의 생산과잉과 한국 농업'이라는 주제로 서울 협동교육연구원에서 '농업문제세미나'를 개최하였다. 세미나를 통해 미국 잉여농산물의 도입으로 인해 한국 농업의 생산성이 현저히 저해되었다는 것과, 독점자본이 농업의 구조적 희생을 제도적으로 강요해왔다는 것을 확인하였다. 그리고 한국 농업 문제가 심화된 원인은 정부의 잘못된 공업 위주의 성장정책에 있다는 점에 의견 일치를 보았으며, 정부의 모순된 경제정책에 기인하는 농업 문제는 오직 농민들의 주체적 단결로만 해결할 수 있다는 것을 모든 농민들이 자각해야 한다고 주장하였다.(한국가톨릭농민회 편, 1999, 28쪽)

1972년 가톨릭농민회 창립은 농민권익을 옹호하기 위한 활동이 전개되는 계기를 마련하였다. 그리고 '농업근대화연구회' 출신들의 주도하에

---

* 한국농업근대화연구회는 1985년 이후 한국농어촌사회연구소로 이름을 변경하였다.

1974년부터 실시된 크리스챤아카데미의 농민중간집단교육은 농민들을 사회과학에 토대를 둔 본격적인 민중운동가로 육성하는 데 공헌하였다.(권영근, 2006, 78~79쪽)

농민단체를 중심으로 농민운동의 새로운 방향을 모색하려는 노력이 경주되고 있을 때, 정부의 일방적인 행정적 강요에 반대한 농민들의 자연발생적인 투쟁이 전개되었다. 1970년대에 들어서면서 시행된 새마을사업도 일방적으로 농민들에게 일방적으로 강요된 농업정책의 하나였는데, 1970년대 농민운동은 새마을사업 시행 과정에서 저질러진 비리와 부정에 대한 농민들의 저항에서 비롯되었다. 경지정리사업 부정에 대한 안성군 농민들의 항거가 대표적 사례이다. 안성군 농민들은 경기도 당국과 기호농지개량조합을 상대로 1972년 2~9월에 걸쳐 투쟁한 결과, 경지정리 후 농지분배 과정에 개입된 부정을 밝혀내고 국유지를 무상으로 분배받았다.(한동민 외, 2006, 330~344쪽)

1970년대 중반 이후의 농민운동　　　1970년대 중반 가톨릭농민회와 크리스챤아카데미가 농민들의 권익을 옹호하기 위한 활동에 관여하면서 농민운동이 본격적으로 전개되기 시작하였다. 그리고 대학생들의 변화된 농촌활동도 농민운동 전개에 나름의 역할을 하였다.* 1970년대 중반 이후의 농민운동은 여러 유형으로 전개되

---

* 1970년대 중반 이후 대학생들의 농촌활동은 이념서클을 중심으로 전개되었으며, 이념서클들은 농업·농민문제에 대한 사회과학적 인식을 바탕으로 지속적이고 조직적으로 활동을 전개해나갔다. 당시 이념서클에서는 농업문제의 핵심이 인간과 인간 사이의 사회관계의 모순에 있으며, 그 해결은 민중의 주체적 역량 강화에 의한 구조적 해결이어야 한다고 인식하였다. 당시 이념서클 단위의 농촌활동은 농민운동의 측면지원이라는 민중지향성을 명확히 한 점과 그 활동방법의 일관성·체계성·지속성을 확보하였다는 점에서 농촌활동의 새로운 전기를 구축하였다고 할 수 있다.(김태일, 1991, 186~187쪽)

었지만 농협민주화활동, 반농민적 농업정책과 일방적 강제행정에 대한 저항, 피해보상투쟁 등이 중심이었다.

농협민주화활동

농협민주화활동은 가톨릭농민회가 농협민주화를 주요 활동목표의 하나로 설정하면서 시작되었다. 가톨릭농민회가 농협민주화활동을 전개한 것은 농협이 농민들의 권익을 옹호하는 단체가 아니라 오히려 농민을 통제하는 기관이라고 인식하였기 때문이다. 1970년대 농민에 대한 통제기관으로 기능하였던 농협의 설립은 1951년 대한독립농민총연맹의 주도하에 결성된 농협중앙연합회로 거슬러 올라간다. 하지만 이 조직은 곧 유명무실해졌다. 그러한 상태에서 1957년 1월 농업은행법안과 농협법안이 국회에서 통과되어 2월 24일 공포되었다. 이 법안들은 이승만의 반대로 우여곡절을 겪다가 1958년 3월 7일 개정된 법이 공포되고, 4월 1일에 농협이 정식으로 발족되었다. 하지만 정부의 지원을 받지 못한 채 농협은 거의 활동정지 상태에 빠지고 말았다. 현재의 '농협'은 5 ·16쿠데타세력에 의해 설립되었다. 5 ·16군사정권은 1961년 8월 15일을 기하여 농협과 농업은행을 통합하였다. 하지만 '농협조합장 임원 임면에 관한 임시조치법'을 만들어 농협으로 하여금 농민의 권익을 보장받기 위한 정치활동을 하지 못하게 하고, 조합장을 농민조합원들이 직접 선출하지 못하게 하였다. 그 결과 농협은 행정기관과 같은 관료조직의 속성을 띠게 되었다.(장원석, 1989, 158~161쪽) 농협 직원들은 관료주의적 행정으로 농민을 통제하였는데, 특히 강제출자, 강제저축, 공동판매정책 등은 농민들의 원성의 대상이었다.

가톨릭농민회는 농협이 지닌 문제점을 해결하기 위해서는 농협을 민주화하는 것이 중요하다고 인식하였다. 이러한 인식 위에서 1972년 가톨릭농민회 창립대회는 농협 문제의 중요성을 회원과 농민들에게 이해시키고, 농민들을 자각시키며, 조직을 강화하기 위해 '농협민주화'를 연간 사업 목표로 설정하기로 결의하였다.(한국가톨릭농민회 편, 1999, 35쪽)

가톨릭농민회는 농협민주화활동을 전개하기에 앞서 농협을 연구·분석하기로 하였다. 농협에 관한 연구토론회를 1972년 6∼7월에 전국 각 지역에서 개최하였는데, 연구토론회의 결과 농협 문제에 대한 농민들의 관심 수준이 매우 낮다는 판단을 내렸다. 이에 따라 농협에 관한 농민들의 관심을 제고하고자 "농협문제세미나"를 개최하고자 하였으나, 10월유신으로 인해 무산되고 말았다.(한국가톨릭농민회 편, 1999, 35∼36쪽)

유신 선포 이후 농협을 민주화하기 위한 활동은 제대로 전개되지 못하다가 1976년에 와서야 재개되었다. 가톨릭농민회는 1976년 이후 매년 농협민주화를 활동목표로 설정하였다. 가톨릭농민회는 농협민주화활동을 전개하기에 앞서 『단위농협 정관』『농협임시조치법』『농협과 조합원』 등의 자료를 단위조직에 배포하는 등 농협에 대한 농민들의 이해도를 높이는 활동을 전개하였다. 이와 함께 회원들을 중심으로 7건의 농협강제출자 문제를 해결하였다.(한국가톨릭농민회 편, 1999, 49쪽)

농협강제출자 거부투쟁을 전개하면서 가톨릭농민회는 농협민주화와 농민 문제를 해결하기 위해서는 전국 농협의 실태에 대해 정확히 조사할 필요가 있음을 느꼈다. 그리하여 1976년 전국 49개 단위농협에 대한 실태조사를 실시하여 농협 문제의 본질과 그 심각성을 널리 알렸으며, 1977년 2∼3월에는 각 지구 총회에서 총 300여 명을 대상으로 농협민주화활동과 조사결과에 관해 교육하는 한편, 3∼5월 8개 도 46개 군 75개 단위조합의 조합원 785명에 대한 설문조사를 실시하였다. 이 실태조사를 토대로 8월 16일 대전 가톨릭문화회관에서 회원 150여 명과 농협 관계 인사들이 참석한 가운데 농협문제세미나를 개최하였다. 세미나에 참가한 농민들은 ① 조합장 임면에 관한 임시조치법을 철폐하여 조합장 직선제를 실시하라 ② 농협은 부당한 출자의무화를 즉각 중단하라 ③비료가격을 인하하고 비료의 자유판매제를 실시하라 ④농협은 비료 부정도입으로 인한 농민 피해 40억 원을 변상하라 ⑤함평고구마피해 농가의 피해액을 즉각 보상하라 ⑥농협 은 대정부 의존적 운영에서 벗어나 농민에게 돌아오라 등의 주장을 내세 웠다.

가톨릭농민회는 조사보고를 요약하고 세미나 내용을 담은 팸플릿 "농 협, 무엇이 문제인가"를 발행하여 전국 조직에 보급함으로써 농협에 대한 올바른 인식을 갖도록 하는 데 전력을 기울였다. 그리고 농협강제출자 거 부를 위한 조직적 활동을 전개하였다. 우선 농민회 소식지에 농협민주화 활동의 필요성, 활동 사례, 강제출자의 부당성을 제기함과 동시에, "조합 원 동의 없이 출자금 떼는 것을 시정하자" "출자 강요 있을 수 없는 일" "출 자에 관한 농협법 규정" 등의 유인물을 제작·배포하였다. 또한 농협중앙회 가 지시한 '77개 단위조합 출자조성 요령'을 5월 실무자 회의에서 검토해 대책을 강구하고, 조합원 동의 없는 강제출자의 부당성을 계몽·선전하였 으며, 각 도별 지도자 훈련 등 각종 교육프로그램을 통해 광범위한 농협민 주화활동을 전개하였다. 그 결과 전국 31개 단협(군조합)에 대해 회원 및 분회원들이 강제출자 문제 해결을 중심으로 하는 농협민주화활동을 전개 하게 되었다. 활동의 내용은 ①비료 구입 및 하곡·추곡·잡곡 수매 시 출자 강요 거부 ②비료 조별판매제 시정 ③농약강매 거부 및 반납 ④추곡수매 대금 20%에 대한 6개월 예금 요구 거부 ⑤개인창고 건립 조합장 사임 ⑥ 출자동의서 거부 ⑦단협 이사회에서 출자의무화 계획 부결 ⑧함평고구마 수매 약속 불이행으로 인한 보상운동 ⑨기타(적금대부의 거절 시정, 총대임 명 해결, 대부보장 불이행으로 인한 손실 항의) 등이었다.(한국가톨릭농민회 편, 1999, 49·55~56쪽)

1978년과 1979년에도 가톨릭농민회는 농협에 대한 농민들의 문제의식을 깨우치기 위해 노력하였다. 1978년에는 농협민주화활동에 관한 지역 현장 지도자 훈련을 실시하고, 『농협법규집』『총대선출규정』 등의 학습자료를 간행·배포하였으며, 1979년에는 『농협민주화활동 안내서』『농업법령 및 제 규정』 등을 제작하여 배포하고, 조합장 임면제 철폐를 여론화하기 위해 1,000명을 대상으로 농민 의식을 조사하는 등의 사업을 전개하였다.(김태일, 1991, 275쪽)

가톨릭농민회는 농협민주화를 위한 기초조사를 계속하는 한편, 강제 출자 거부 등 농협이 자행하는 비민주적 처사에 항의하는 투쟁도 전개하였다. 1978년에는 48개 분회에서 64회에 걸쳐 출자금 강제 징수에 항의하고 이를 거부하는 활동을 전개하였으며, 군조합 운영의 민주화를 도모하기 위한 총대임원 등의 선거 실시, 비료 조별판매의 부당성 시정, 공제 가입 강요 거부, 강제출자 시정 및 조합 운영의 민주화를 위한 서명운동(3개 지역), 단위조합장 임명에 조합원 의사 반영 등 농협민주화를 위한 현장활동을 전개하였다. 1979년에도 이 같은 활동을 지속적으로 전개한 결과, 15개의 농협에서 조합원이 직접 총대를 뽑는 성과를 냈다. 그리고 8개 지역에서 비료 강매에 대한 항의·거부운동을 전개하였고, 농약 판매량 배정 및 강매 등을 시정하였다. 특히 경남 울주에서는 규산질 강매 할당에 대해 부락민들이 집단적으로 항의하여 전량을 회수시키고, 이 사건에 대해 면장과 단협장의 공개사과를 얻어내는 성과를 이뤄냈다. 그리고 전북 1개 군 5개 면에서는 출자 상황을 중심으로 한 "농업문제 실태조사"를 통해 강제출자 시정운동을 집단적으로 전개하였다.(한국가톨릭농민회 편, 1999, 74·82쪽)

반농민적 농업정책과 일방적 강요행정에 대한 저항

박정희 정권은 저임금에 기초한 경제성장을 뒷받침하기 위해 저곡가정책 등 농민의 희생을 전제로 하는 농업정책을 수립하고 이를 일방적으로 농민들에게 강요하였다. 그리고 반농민적 정책으로 인한 농가 경제 피폐화의 원인을 은폐하기 위하여 소위 '농촌근대화'라는 기치를 들고 새마을사업을 전개하였다. 이에 따라 1970년대의 농민운동은 반농민적 농업정책을 일방적으로 강요하는 지역의 일선 행정관료와의 싸움이 주를 이룰 수밖에 없었다.(이우재, 1986, 100쪽) 농민들은 1974년부터 준관료기구로서 농민을 통제하던 농협을 민주화하기 위한 활동과 함께, 박정희 정권의 반농민적 농업정책과 일방적 강제행정에 맞서 자신들의 권익을 옹호하기 위한 투쟁을 전개하였다.

농민들은 먼저 정부의 저곡가정책에 맞서 쌀생산비를 보장받기 위한 활동을 전개하였다. 쌀생산비보장활동은 정부가 저농산물가격정책의 근거로 제시한 쌀생산비의 허구성을 밝히기 위하여 가톨릭농민회가 1975년부터 실시한 쌀생산비조사를 근거로 하여 전개되었다. 가톨릭농민회는 1975년 10월 28일 전국 8개 도 26호 농가를 대상으로 실시한 쌀생산비조사 사업의 결과를 발표하고, 11월 20일 대전 기독교연합봉사회관에서 "쌀생산비조사 보고연구대회"를 개최하여(한국가톨릭농민회 편, 1999, 43~44쪽) 정부 수매가격의 부당성을 성토하였다. 이후 쌀생산비조사 보고대회는 매년 개최되었다. 1977년에는 10월 1일 쌀생산비조사 중간집계를 발표하고 "1977년 추곡수매에 대한 건의문"을 관계 당국, 국회, 언론기관, 농민 등에 보냈다. 그리고 쌀생산비보장 서명운동을 전국적으로 벌이는 한편, 11월 5일 쌀생산비조사를 완료하고, "추곡수매에 대한 우리의 주장"을 발표하였다. 서명운동에는 2만여 명이 참가하였다. 이어 11월 21일과 22일에 걸쳐 "추수감사제 및 쌀생산비조사 보고대회"를 1,000여 명이 참가한 가운데 대전에서 개최하였다. 참가자들은 쌀생산비 보장과 농협민주화를 촉구하였다.(한국가톨릭농민회 편, 1999, 58~59쪽)

1978년에는 쌀생산비보장활동이 대대적으로 전개되었다. 가톨릭농민회는 9월 1일자로 "추곡수매에 대한 우리의 주장" 1만 부와 보조유인물 9,000부를 발행하여 경제 당국, 국회의원, 정당, 언론기관, 전국 교회와 유관단체 등에 보내고 조직망을 통해 전국에 배포하였다. 이로부터 약 1개월 동안 전국적인 서명운동을 진행하여 5만 2,000여 명의 서명을 받았다. 9월 30일에는 대전에서 공동기자회견을 갖고 "추곡수매와 노풍피해보상에 관한 우리의 견해"를 발표하였다. 그리고 "농민도 인간이다" "잃어버린 농민의 권리를 찾자" "쌀생산비를 보장하라" 등의 주장을 내걸고, '1978년 쌀생산자대회 및 추수감사제'를 원주(11월 13~14일, 1,200여 명), 대전(11월 16~17일, 800여 명), 상주 함창(11월 21~22일, 1,000여 명), 광주(11월 27~28일, 1,300여 명) 등 전국에서 개최하였다. 나아가 조사항목을 늘려 보리, 담배, 옥수수 등의 생산비까지 조사하였다.(한국가톨릭농민회 편, 1999, 64~65·78쪽)

1979년에도 쌀생산비보장운동을 전개하였으나, 당국의 탄압을 받아 제대로 전개되지 못하였다. 7월 중순에는 전년도 조사를 기초로 생산비 추정치를 산출하여 "1979년도 추곡수매에 대한 우리의 주장"과 "수매가 인상 요구에 관한 정당성" 등의 유인물을 제작하고, 이를 경제 당국, 국회, 언론, 유관단체 등에 보내고 가톨릭농민회 조직망을 통해 전국에 배포하였다. 그리고 7월 중순부터 서명운동을 전국적으로 전개하였지만 전면적 탄압을 받아 계획대로 추진되지 못하였으며, 쌀생산자대회 역시 계엄령 선포로 개최하지 못하였다. 이에 계획을 수정하여 전국농민추수감사제를 12월 12일 대전에서 개최하였으며, 12월 19일에는 원주에서 지방대회를 개최하여 연인원 3,000여 명이 참가하였다.(한국가톨릭농민회 편, 1999, 81~82쪽)

쌀생산비보장활동 외에도 농민들은 하곡과 추곡 수매량 제한, 무분별한 외국농축산물 수입 등 반농민적 농업정책에 반대하는 활동을 전개하였다. 1979년에는 부안·함평 지역에서 양파 등 농산물 수입반대 서명운동까지 전개하였으며, 농산물 수입반대에 대한 성명서를 처음으로 발표하였다.(한국가톨릭농민회 편, 1999, 81쪽)

농민들은 자신들의 권익을 지키기 위한 활동도 전개하였다. 가톨릭농민회는 농촌에서 농협 다음으로 많은 문제를 일으키고 있던 농지개량조합에 대한 투쟁을 전개하였다. 박정희 정권은 1970년 1월 12일 '농촌근대화촉진법'을 공포하여 토지개량조합을 농지개량조합으로 개칭한 뒤 구획정리사업과 농지개량사업을 관할하게 하였다. 농지개량조합의 주도하에 경지정리사업이 추진되는 과정에서 수많은 부정이 저질러졌고, 농민들은 이에 대한 투쟁을 전개하였다. 1976년 5월 전남 구례군 광의면에서 저질러진 경지정리 부정을 바로잡고자 농민들이 투쟁하였고(이우재, 1991, 255쪽), 1977년에는 가톨릭농민회의 주도하에 경지정리 보상을 둘러싸고 농민들의 항의가 있었다.(한국가톨릭농민회 편, 1999, 61쪽) 1978년에도 전남 광산군 신도면에서 실시된 경지정리사업 과정에서 피해를 입은 농민들이 투쟁을 전개하였다.(이우재, 1991, 256쪽) 1979년에는 고성의 농민들이 농지개량조합과 미등기된 8만여 평의 토지에 대한 소유권을 놓고 투쟁을 시작하였다.(한국가톨릭 농민회 편, 1999, 81쪽)

부당한 조세 징수에 대해 항의하고 이를 시정하기 위한 활동도 전개되었다. 농민들이 부담해야 하는 농지세에는 갑류농지세와 을류농지세가 있는데, 이중 갑류농지세의 부담이 훨씬 컸지만 분규가 많았던 것은 오히려 을류농지세였다. 이는 을류농지세의 세액 산정방식이 매우 복잡하였기 때문이다. 1977년 가을 전남 강진읍 소재 전업농민들은 과다하게 산정되는 을류농지세의 부당성을 지적하며 시정을 요구하였고(이우재, 1986, 110쪽), 1979년에는 충북·원주·안동·전남 등 5곳의 농민들이 을류농지세가 부당하게 과다 부과되자 문제를 제기하고 이를 바로잡고자 하였다. 수세 징수도 부당하게 집행되는 경우가 많아, 1979년에는 6개 지역에서 부과된

수세의 부당성을 지적하고 이에 항의하는 등의 활동을 전개하였다.(한국가톨릭농민회 편, 1999, 80쪽)

이 외에도 농민들은 공장부지 매입에 대한 보상 내지 반대를 위한 활동, 소하천 공사에 따른 사유지 침해에 대한 항의, 농업노동자 권익보호, 수매 부정에 대한 항의, 부당한 하천사용료 부과에 대한 시정활동, 전화사업 체불노임 요구투쟁, 부정사료 공급에 대한 항의, 배수시설 잘못으로 인한 농지침수 피해보상 요구투쟁, 감자·봄보리·토마토 불량 종자에 대한 피해보상투쟁을 전개하였다.

박정희 정권 시기 일선 행정기관들은 정부의 농업정책에 따른 실적 쌓기에만 급급해 개별 농민이 처한 상황을 전혀 고려하지 않고 하나의 시책을 모든 농민들에게 일률적으로 강요하였다. 농민들은 일선 행정기관들의 이 같은 일방적 강요행정에 대해서도 항의하였다. 일률적 강제행정의 대표적 사례로 신품종 재배 강요, 초가지붕 강제 철거 등 새마을사업 부당·강제 집행 등을 들 수 있다.

박정희 정권은 식량자급을 내세우며 통일벼 재배를 권장하였으나 일부 농민들은 이를 따르지 않고 질 좋은 일반품종의 벼를 경작하였다. 이에 일선 행정기관들은 면서기 등을 앞세워 일반벼 모판을 짓밟는 등 횡포를 부렸다. 그리고 박정희 정권은 새마을사업의 일환으로 지붕개량을 농민들에게 권장하였다. 나아가 지붕을 개량하지 않는 농가에 대해서 물리력을 동원하여 초가지붕을 강제로 철거하기까지 하였다. 그 바람에 농가 지붕들은 보온효과가 훨씬 떨어지는 슬레이트 지붕으로 급속히 바뀌어갔다.

농민들은 1977년 일반벼 모판을 짓밟고 초가지붕을 강제로 철거하는 일선 행정기관의 횡포에 맞서 싸웠다. 강제 지붕개량 거부투쟁은 1978년에도 계속되었으며, 1979년에는 13개 지역에서 일반벼 재배를 방해하는 일선 공무원들의 횡포에 맞서 싸웠다.(한국가톨릭농민회 편, 1999, 61·78·

80쪽) 이 외에도 농민들은 강제 객토사업, 강제 경지정리 등의 일방적 강요행정에 반대하는 투쟁을 전개하였다.

피해보상투쟁

농민들에게 일방적인 농업정책을 강요한 박정희 정권은 일선 행정기관을 앞세워 농민들에게 농작물 품종까지 지정하여 강제로 경작케 하였다. 이로 인해 커다란 피해를 입은 농민들은 피해보상투쟁을 전개하였다. 그 대표적 투쟁이 노풍피해보상활동과 함평고구마사건이다.

1978년 정부는 벼 4,200만 섬 생산이라는 목표를 설정해놓고 이를 달성하기 위해 농민들에게 '노풍' 등의 신품종을 경작할 것을 강요하였다. 각도·시·군·읍·면의 직원들은 아예 미리 사표를 제출해놓은 채 필사적으로 신품종 경작을 강요하였다. 마산시의 경우, 일반품종의 벼를 심은 농가에 대해서는 그 명단을 동 게시판에 공고하고 그들이 출타할 때는 교통편의도 제공하지 말도록 산하 동장들에게 지시하였으며, 충남 서산군의 경우에는 일반벼 못자리를 아예 짓밟아버리는 행패를 부리기도 하였다. 경기도 화성군 향남면에서는 못자리를 짓밟은 뒤 갈퀴질까지 하였다. 하지만 일선 공무원들이 경작을 강요한 신품종(주로 노풍)의 이삭은 패기 시작할 무렵부터 썩어가기 시작하였고, 농약도 아무런 소용이 없었다.

이에 가톨릭농민회는 1978년 12월 6일~1979년 1월 10일 사이에 전국 241호 농가를 대상으로 노풍피해 실태에 관한 설문조사를 실시하였다. 조사결과 농가당 노풍재배 평균면적은 1,289평, 1보당 평균피해량은 쌀 4.55가마, 농가당 평균피해량은 쌀 19.55가마인 것으로 판명되었다. 하지만 정부의 피해보상액은 전체 피해액 1,382억 원의 19.2%인 265억 원에 불과하였으며, 70% 이상의 피해 농가에 대해 무상으로 지급키로 한 정부 양곡도 22만 섬에 불과하였다.

이에 1979년 1월 23일 충남 홍성군 홍성읍의 노풍피해 농민들이 "노풍피해보상을 공정히 하라"고 쓴 플래카드를 들고 홍성읍사무소 광장에 몰려나가 세 시간 동안 집단농성을 하였다. 이후 전국에서 공정하고 합당한 피해보상을 요구하는 농민들의 항의가 이어졌다.(한국가톨릭농민회 편, 1999, 67~68쪽) 전북 완주군 고산지역 농민들도 노풍피해보상을 요구하고 나섰다. 고산지역 농민들은 가톨릭농민회 회원들을 중심으로 노풍피해보상대책위원회를 구성하고, 피해조사서를 만들어 신품종 피해 및 보상 실태조사와 서명운동을 함께 추진하였다. 1979년 3월 17일부터 10일간 실태를 조사한 결과 노풍피해보상 과정에서 수많은 부정과 비리가 저질러졌음이 드러났다. 이에 농민들은 부정과 비리를 바로잡고 적절한 보상을 할 것을 요구하였다. 일선 행정기관들이 집요하게 방해공작을 펼쳤으나 농민들은 가톨릭농민회 전북연합회의 지원을 받아 끈질긴 투쟁을 전개하였다. 결국 6월 21일 도 당국으로부터 피해 전액에 해당하는 1,000만 원의 보상금과, 다시는 강제행정을 하지 않겠다는 약속을 받아냈다.(한국가톨릭농민회 편, 1999, 69~71쪽) 노풍피해보상활동은 전남북과 충북 등의 32개 분회에 의해서도 전개되었다. 이러한 보상활동으로 전북 임실의 경우 500만 원을 보상받았다.(한국가톨릭농민회 편, 1999, 80쪽)

함평고구마사건도 대표적인 피해보상투쟁의 하나였다. 1970년대에는 농협이 농민들에게 특정작물 재배를 종용해놓고 그 결과에 대해서는 나 몰라라 하는 경우가 종종 발생하였다. 즉 재배작물을 전량 수매하겠다는 농민들과의 약속을 쉽게 저버리는 일이 비일비재하였던 것이다. 함평고구마사건도 농협의 이러한 행태로 인해 일어났다.

1976년 9월 농협 전라남도지부와 함평군농협은 건고구마 대신 생고구마를 높은 가격에 전량 사들이겠다는 수매 방침을 발표하였다. 농민들은 농협의 약속을 믿고 전년보다 높은 가격을 제시하는 상인들에게 고구마를

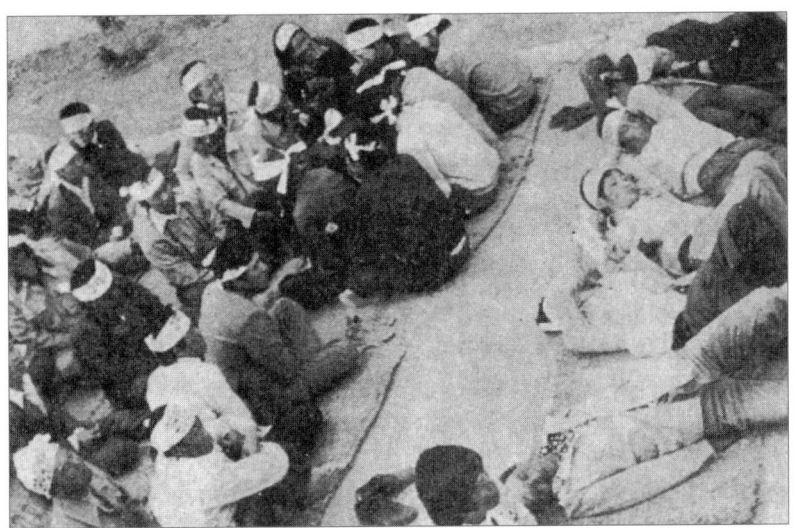

고구마 피해보상을 요구하는 함평 농민들

팔지 않고 농협이 수매할 날만 기다렸다. 하지만 농협은 산발적으로 일부 소량만 수매해가거나 수매계획에 차질이 생겼다며 수매를 거절하였다. 출하 시기를 놓친 고구마가 길거리에 방치된 채 썩어가자 농민들 중 일부는 중간상인들에게 헐값으로 팔기도 하였다. 농협의 약속불이행으로 큰 피해를 입은 농민들은 1976년 11월 17일 가톨릭농민회 전남연합회 총무를 맡고 있던 서경원과 노금노, 임재상, 임정택, 김양혁 등 5명을 중심으로 '함평고구마피해보상대책위원회'(위원장 임정택)를 구성하고, 당국에 피해보상을 요구하는 등 농협의 횡포에 조직적으로 대응하였다. 대책위원회가 20일간 조사한 결과에 의하면, 1976년 12월 30일 현재 4개 면, 1개 읍, 9개 마을, 160호 농가의 피해액은 309만 원에 달하였다. 1977년 1월 11일 함평 천주교회에서 피해농가 대표와 농민회원들이 모인 가운데 조사 결과를 농협 측에 전달하고, 빠른 시일 내에 전액 보상할 것과 18일까지 회답이 없을 경우 보상이 이뤄질 때까지 투쟁한다는 내용의 결의문을 채택하였다.

농협이 책임을 회피하면서 문제 해결에 적극적으로 나서지 않자, 대책위와 가톨릭농민회 전남연합회는 1977년 4월 22일 광주 계림동 천주교회에서 '고구마피해보상을 위한 기도회'를 개최하였다. 이후 가톨릭농민회 전남연합회는 각계에 피해보상을 요구하는 유인물을 보내거나 사건의 진상을 알리는 기도회를 여는 등 지속적으로 피해보상을 요구하였다. 그 결과 전남지사로부터 농수산부의 현지조사를 토대로 대책을 강구하겠다는 약속을 받아냈다. 그리고 농수산부와 농협중앙회는 4월 25일부터 5월 2일까지 현지 실태조사를 벌였다. 피해액은 가톨릭농민회가 조사한 것보다도 많은 것으로 드러났으나, 농협 도지부장만 인사조치되고 사건은 해결되지 않았다. 오히려 말단 행정기관을 동원하여 피해보상을 요구하는 농민들을 조직적으로 탄압하였다.

이에 농민들은 전국민적 관심과 여론에 호소하기 위해 서울, 대전, 부산 등 대도시와 농촌을 찾아다니면서 사건의 진상을 폭로하고 동참을 호소하였다. 농민들은 1977년 11월 22일 대전에서 "함평고구마사건에 대한 농협의 처사를 규탄한다"는 내용의 "우리의 결의"를 밝혔다. 하지만 농민들의 요구는 수용되지 않았다. 이에 가톨릭농민회 회원을 중심으로 한 농민들은 최후의 수단으로 '농민기도회'를 열어 농협이 사건 해결에 적극 나설 것을 촉구하고자 하였다. 그리고 가톨릭농민회는 1978년 1월 전국대의원총회를 개최하여 '함평고구마사건'을 특별의제로 심의하고, "전국적 차원에서 문제해결 활동을 적극적으로 추진하여 신속히 해결"할 것을 결의하였다. 1978년 4월 24일 광주 북동천주교회에서 전국 각지의 회원 700여 명이 모인 가운데 윤공희 주교와 농민회 지도신부단의 공동집전으로 '농민을 위한 기도회'가 열렸다. 기도회에서 가톨릭농민회 농민들은 함평고구마피해보상과 농민회 탄압 중지, 구속회원 석방 등을 요구하고, 철야 연좌농성에 이어 단식농성에 돌입하였다. 단식 중 농민회원들은 "전국 회원에게 보내는 글"을 발송하여 전국 회원들의 성원을 촉구하였다. 4월 28일부터 당국의 요청에 의해 협상이 시작되어 단식 5일째인 29일 농협이 피해액 309만 원을 보상하고 강제 연행된 이들을 석방하는 데 합의가 이뤄졌다. 5월 2일 단식 농성 중 연행된 이상국과 조봉훈마저 석방됨으로써 단식농성은 마무리되었다.(최정기 외, 2005, 109~111쪽; 한국가톨릭농민회 편, 1999, 59쪽; 김태일, 1991, 277쪽)

농민운동 탄압과 그에 대한 대응

춘천가톨릭농민회사건   가톨릭농민회를 중심으로 농민운동이 활발하게 전개되자 박정희 정권은 가톨릭농민회에 대한 탄압을 강화하였다. 1978년 2월에 연행되어 조사를 받았던 춘천교구 가톨릭농민회 유남선 회장과 가톨릭농민회 전국본부 협동사업부장 정성헌이 4월 6일과 9일에 춘천과 대전에서 각각 연행되었다. 경찰은 『춘천교구 농민회보』 1977년 12월 27일자에 게재된 기사 가운데 "농민들의 민주화능력 부족이라는 미명하에 조합장을 국가가 임명하여, 조합장은 농민이 아닌 장관, 도지사, 군수에게 충성한다. 농협의 대의원인 총대는 저희들끼리 적당히 임명하여 총대 선거권자인 농민은 자기들의 총대가 누구인지도 모른다"는 구절과, 학원시위에 관한 소식 내용 중 일부를 문제 삼았다.(한국가톨릭농민회 편, 1999, 274~278쪽)

가톨릭농민회에서는 4월 18일 전국 지도신부, 춘천교구연합회 지도신부, 임원 등으로 긴급대책위원회를 구성하였고, 5월 8일 춘천교구연합회는 춘천 죽림동 천주교회에서 500여 명의 회원 및 교우들이 참석한 가운데 '농민·근로자들을 위한 기도회'를 개최하였다. 기도회에서는 "선언문"이 발표되었는데, 유남선·정성헌 무조건 석방, 농민회에 대한 모함과 폭행고문을 가한 자에 대한 응분의 조처, 농민회 탄압 전면적 중단 등을 촉구하였다.(한국가톨릭농민회 편, 1999, 280~281쪽) 이어 5월 15일 서울 봉천동천주교회, 5월 16일 동대문천주교회에서 기도회가 개최되는 등 유남선과 정성헌 구속에 대한 항의가 전국적으로 확산되었다. 정부 당국은 5월 26일 기도회에서 유남선과 정성헌의 구속 경위를 소개하였다는 이유를 들어 춘천교구연합회 부회장 박명근을 긴급조치 9호 위반으로 또 구속하였다. 이에 가톨릭농민회는 6월 19일자로 "성명서"를 발표하여 유남선·정성헌·박명근을 무조건 석방할 것, 가톨릭농민회에 대한 사찰·모함·협박·구속 등의 탄압을 전면적으로 중단할 것, '농협 조합장 임면에 관한 임시조치법'을 즉각 철폐할 것 등을 주장하였다.(박정원 외, 2005, 92~93쪽)

가톨릭농민회의 투쟁에도 불구하고 정성헌과 유남선은 7월 29일 선고 공판에서 징역 5년 자격정지 5년을 선고받았고, 박명근은 징역 3년 자격정지 3년을 선고받았다. 고등법원에서는 정성헌과 유남선이 징역 2년 자격정지 2년, 박명근은 집행유예를 선고받았다.(한국가톨릭농민회 편, 1999, 72~74·271~273쪽)

크리스찬아카데미사건 1970년대 후반부터 반유신민주화투쟁이 활발하게 전개되자 위기를 느낀 박정희 정권은 민주세력에 대한 탄압을 강화하였다. 정부 당국은 1974년부터 노동자·농민·청년·여성들을 대상으로 한 중간집단육성 프로그램을 통해 농민운동가와 노동운동가를 양성해오던 크리스찬아카데미에 대해서도 공권력을 휘둘러 관련자들을 구속하였다. 소위 크리스찬아카데미사건이 발생한 것이다.

경찰은 1979년 3월 9일 크리스찬아카데미의 여성사회간사 한명숙을 연행한 데 이어, 3월 13일에는 농촌사회간사 이우재·황한식·장상환과 산업사회간사 김세균·신인령 등을 구금하고 가택을 수색하여 서적 등을 압수하였다. 그리고 정창렬, 김병태, 유병묵 등 교수들을 뚜렷한 이유 없이 구속하였으며, 윤일숙과 그의 조카, 아카데미의 농촌사회교육을 받았던 임낙경·이건우, 30여 명의 농민들, 대학 강사 이은영, 아카데미의 산업사회교육을 이수하였던 노동조합 간부 등을 대량으로 연행하였다.

관계 당국은, 이 사건이 아카데미와는 직접적인 관련이 없으며, 다만 연행된 사람들 각각이 불온사상을 가진 불법 지하용공서클에 관련되어 있는 것이라고 밝혔다. 각 언론에는 "불법 용공서클 일당 검거"(『경향신문』), "불법 용공서클 적발, 크리스챤아카데미 침투"(『한국일보』) 등의 제목으로 대대적으로 보도되었다. 당국이 발표한 이들의 혐의는 『현대사상연구』『경제학 교과서』『자본론』『공산당 선언문』 등 불온서적을 취득·복사·배포하고, 북한을 찬양·동조하는 발언을 하며, 북한 방송을 청취하는 등 반공법을 위반하였다는 것이었다. 그리고 이들이 의식화 교육을 통해서 사회주의 사상을 주입하였다는 것이었다.

크리스챤아카데미대책위원회와 각계 인사들은 성명서·청원서를 통해 이 사건이 고문과 강압에 의해 조작·왜곡되었다고 주장하였다. 이 주장은 항소심에서 '용공서클' 혐의에 대한 무죄판결이 내려짐으로써 정당한 것임이 확인되었다.(민주화운동기념사업회 연구소 편, 2006, 356쪽) 하지만 이 사건으로 인해 1970년대 농민운동의 한 축을 담당하던 크리스챤아카데미의 중간집단육성 프로그램이 중단되는 바람에 농민운동가 양성은 상당히 위축되었다.

안동농민회사건(오원춘사건)　　　가톨릭농민회에 대한 박정희 정권의 탄압은 1979년에도 이어졌다. 안동가톨릭농민회 청기분회장 오원춘을 납치하여 테러를 가하였던 것이다. 오원춘에 대한 테러는 불량 감자종자로 인한 피해보상활동에서 비롯되었다.

　1978년 영양군 당국은 잎담배의 후작으로 유휴농지 활용을 극대화하여 농가소득을 증대한다는 구호 아래 군내 5개 면에 가을감자 재배를 적극 권장하고, 감자종자 시마바라를 50kg 1포당 8,000원의 가격으로 농가에 배급하였다. 그런데 종자가 불량하여 재배농가의 80% 이상이 감자의 싹이 트지 않아 농사를 망쳤다. 그런데도 당국에서는 보상 대책을 전혀 마련하지 않았다. 이에 청기분회원들이 중심이 되어 당국에 책임을 추궁하는 한편, 1978년 10월 5일 '청기 감자피해보상 대책위원회'를 구성하고, 한 달 간에 걸쳐 피해실태조사를 완료한 결과, 34호 농가의 총 피해액이 780만 원으로 추산되었다. '청기 감자피해보상 대책위원회'는 군수와 군농협 조합장에게 두 차례에 걸쳐 서면으로 피해보상을 건의하였으나, 군 당국은 무성의한 태도로 일관하였다. 1979년 1월 23일 천주교 안동교구 사제들이 피해현장을 방문하는 등 문제가 확대될 조짐을 보이자 군 당국은 서둘러 대책안을 제시하였으나, 특별한 내용이 없었다. 이후 농민들은 안동교구 사제단의 지원을 받으며 끈질긴 활동을 전개하였는데, 그 결과 피해액 전액을 보상받는 성과를 일궈냈다.

　그런데 1979년 5월 5일부터 22일까지 이 보상활동에 앞장섰던 오원춘이 납치·테러를 당하는 일이 발생하였다. 6월 13일 오원춘은 그간의 납치 사실을 영양 본당의 정희욱 신부에게 보고하였고, 이 사실은 16일 안동교구 교구장 두봉 주교에게까지 보고되었다. 6월 27일에는 사제회의에서 정희욱 신부가 오원춘납치사건을 보고하였고, 정희욱·김기·류강하·정호경(안동가농 지도신부) 등을 중심으로 대책위원회가 구성되었다. 대책위원회는 오원춘 면담과 자체조사, 경찰을 통한 사실 확인 등으로 사건의 실체적 진실을 파악하기 위해 노력하였다. 그 과정에서 7월 5일 오원춘이 제1차 양심선언을 하였다. 오원춘은 "양심선언문"에서, 자신은 양심에 따라 교구 정의평화위원회 조사단과 농민회 조사단 및 본당 신부 등에게 납치에 관한 사실을 밝혔으며, 그 내용은 차후에 어떠한 일이 있더라도 엄연한 '사실'이며, 만약 번복된다면 이는 외부적 압력이나 위협에 의한 강제적 결과라고 선언하였다.(천주교 안동교구 편, 1996, 143쪽)

7월 17일 천주교 안동교구는 오원춘납치사건의 전모를 밝히는 "짓밟히는 농민운동"이라는 문건을 제작하고, 이를 정의구현전국사제단 조직을 통해 전국에 일제히 배포하였으며, 18일에는 천주교 안동교구 정의평화위원회, 가톨릭농민회 안동교구연합회, 안동교구 사제단 등이 영양경찰서장과 청기지서장에게 오원춘 납치사실에 대한 답변요구서를 발송하였다.(천주교 안동교구 편, 1996, 93~98쪽) 그리고 7월 25일 가톨릭 안동교구는 그간의 조사내용을 바탕으로 하여 오원춘이 중앙정보부에 연행되어 조사를 받다가 행방불명되었다고 발표하고, 7월 30일 안동 목성동성당에서 제1차 기도회를 개최하였다. 기도회 중 사건경위를 발표하였는데, 경찰이 교구청에 난입하여 오원춘, 권종대, 정재돈(안동가농 총무), 정호경 등을 강제로 연행하였다. 오원춘의 실종사건이 중앙정보부에 의한 것이라는 발언 및 양심선언이 허위사실 유포라는 이유였다. 7월 31일 권종대는 석방되었으나, 오원춘, 정호경, 정재돈 등은 계속 대공분실에서 감금상태로 조사를 받았다.

이에 안동교구는 8월 6일 목성동 본당성당에서 김수환 추기경과 전국 사제단 신부 120여 명, 가톨릭농민회원 300여 명, 평신도 400여 명 등 900여 명이 참가한 가운데 오원춘사건 전국기도회를 개최하였다. 이 기도회에서 김수환 추기경은 "가난한 사람들의 교회가 되기 위해"라는 제목으로 강론하였다. 기도회 참가자들은 밤 11시부터 성당에서 나와 안동시청 분수대까지 가두시위를 하면서 "구속자 석방" "농민운동 탄압 중지" "긴급조치·유신헌법 철폐" "종교탄압 중지" 등의 구호를 외치며 가두촛불시위를 감행하였다. 안동경찰서 앞에서는 100여 명의 경찰과 충돌하여 연좌시위를 벌였다. 이 사건으로 가톨릭농민회원 등 7명이 구류처분을 받았으며, 농민과 사제들 80여 명이 목성동성당에서 8월 22일까지 농성에 들어갔다.

경북도경은 8월 10일 오원춘, 정호경, 정재돈을 긴급조치 9호 위반 혐의로 구속했다고 발표하였다. 발표 내용은, 오원춘은 지난 5월 5일부터 22일까지 사사로운 일로 포항·울릉도 등지를 여행하고 나서 "모 기관원에 의해 강제 납치되어 15일간 감금·폭행당하였다"고 허위사실을 조작·유포하였으며, 정호경 신부는 두봉 주교의 지시에 따라 오원춘 납치사실을 조사하여 정부가 농민부흥을 짓밟고 농민을 천시하며 정당한 농민운동을 탄압하고 민주주의를 말살하려 한다는 등의 현실적으로 있을 수 없는 내용의 성명문을 멋대로 날조·전파하였다는 것이었다. 8월 15일 대구지검은 그간의 수사결과를 발표하였으며, 16일에는 가톨릭농민회와 도시산업선교회에 대한 대통령 특별조사령이 공포되었다.

8월 14일 대전 가톨릭문화회관에서 전국사목국장단회의가 개최되었다. 이 회의는 안동교구 '오원춘사건'에 대한 "결의문"을 채택하였다. 결의문은 성직자, 수도자, 평신도들에게 전국과 지역에서 개최되는 기도회에 참여할 것을 촉구하였으며, 8월 16일 대표단을 안동 농성현장에 파견하기로 하였다. 사목국장단은 주교단에 대해 안동사태에 관한 주교회의 임시총회 개최를 촉구하는 내용의 "건의문"도 채택하였다. 전국사목국장단회의의 결의에 따라 8월 20일 정의평화위원회 주최로 명동성당에서 전국기도회가 개최되었으며, 기도회는 인천, 수원, 대전, 광주, 전주, 마산 등 전국적으로 확산되었다.

가톨릭농민회에 대한 탄압과 온갖 비방이 난무하는 가운데 9월 4일 1차 공판이 열렸다. 오원춘은 공소사실을 대부분 시인하였으며, 변호인 심문에 시종 울면서 답변하였다. 9월 25일 2차 공판이 열렸는데, 법원이 방청객을 270명으로 제한하여 입정하지 못한 신부, 수녀, 신도 등 400여 명이 법정 밖에서 공정한 재판을 요구하며 노래를 부르는 등 항의하였다. 이날의 소란으로 김병로 등 7명이 즉심에 넘겨져 구류 5일을 받았으며, 가톨릭농민회 전국연합회 회장 최병욱은 9월 30일 '집회 및 시위에 관한 법률' 위반 혐의로 구속되었다. 10월 8일 개정된 3차 공판에서 오원춘은 징역 3년 자격정지 3년을 구형받았다. 10월 14일 가톨릭 안동교구 사제단은 "오원춘사건 보고서"를 발표하여, 경찰 측 발표는 사실과 다르며, 재판 과정에서 경찰의 조작 과정이 폭로되었다고 밝히고 재판은 요식행위에 불과하다고 주장하였다. 그리고 12월 8일 오원춘사건 관련자들은 모두 석방되었다.(천주교 안동교구 편, 1996, 106~146쪽)

1970년대 농민운동의 성격과 의의

1950~1960년대에도 농민운동이 전개되었지만, 그것은 농민들의 권익을 옹호하는 계급적 관점에서가 아니라 다분히 계몽운동적 관점에서 전개되었다. 즉 이 시기 농민운동은 농촌청년들이 지역사회에 봉사하고, 자신들이 처한 농촌 및 농업 환경을 변화시키는 자주적인 활동을 통해 청년교육을 달성하고, 신앙을 생활화하자는 이념에서 시작되었다. 농민들은 농업·농민 문제의 원인과 해결책을 자신들의 내부에서 찾았다. 그리하여 기본사업인 교육활동을 통한 새 영농기술 보급, 협동조직활동, 생활개선활동, 봉사활동 등이 주로 전개되었다.(김태일, 1991, 111·144쪽) 하지만 그 과정

에서 농민들은 농업·농민 문제가 자신들 내부에만 있는 것이 아니라는 점을 차츰 인식하기 시작하였다.

1970년대 농민운동의 가장 중요한 두 가지 과제는 농협민주화와 농산물생산비보장 등 농민의 권익 옹호였다. 이 과제를 완수하기 위해 농민들은 농협을 민주화하기 위한 활동을 전개하였고, 반농민적 농업정책과 일방적 강요행정에 대해 저항하면서 농민의 권익을 옹호하기 위한 활동을 전개하였다. 그리고 일방적 농업정책으로 인해 입은 피해를 보상받기 위한 투쟁을 전개하였다.

농협민주화활동, 권익옹호활동, 피해보상투쟁 등으로 이루어진 1970년대 농민운동은 기본적으로 농민들의 계급적 이익을 옹호하는 것을 목표로 하는 것이었다. 하지만 이러한 투쟁은 말단 행정기관과 농협의 비민주적이고 강제적이며 자의적인 정책 집행과 부정부패 등을 규탄한 것으로, 행정기관과 농협의 비민주적 처사를 비판하였다는 점에서 민주화운동의 일환이라 할 수 있다. 농민들 역시 "농업협동조합을 농민의 입장을 대변하는, 농민에게 경제적 이익을 주고 농민의 사회적 지위를 높여주는, 자주·자발 정신을 토대로 하는 민주적 협동조합으로 발전시키는 것이 농촌근대화, 농촌민주화의 지름길이며 한국민주주의 건설의 기초적인 작업이다"라고 주장하면서, 농협민주화를 한국 사회 민주화와 연결시키고 있었다.(편집부, 1977, 5~6쪽; 한국가톨릭농민회 회원일동, 1977)

그러나 1970년대 농민운동은 많은 문제점과 극복해야 할 과제 또한 안고 있었다. 우선 1970년대의 농민운동은 당시 한국 사회의 정치·경제 체제의 성격을 근본적으로 변화시키려는 것은 아니었다. 이미 존재하는 정치·경제·사회 체제의 정통성을 인정하는 가운데, 부분적인 제도 개선이나 국가 말단기관 및 농협 등의 부패와 비리, 불공정한 권력 행사를 지적하고, 그들이 법률에 명시된 권한을 정해진 제도와 절차에 따라 불편부당하게 행사해줄 것을 요청하는 수준에 머무르고 있었다. 농민들의 결사체적 자유와 민주정치적 권리, 농민들의 이익단체 결성을 보장하라는 정치적 요구가 등장하기도 하였지만, 전체적으로 보면 경제적 수준의 요구가 대다수였다. 소작농이 전체 농민의 절반 정도를 차지하고 약 30%의 농민이 50%를 넘는 고율 소작료의 멍에를 지고 있을 정도로 영세소농경제 문제와 소작농 문제가 1970년대 한국 농업의 기본 특성과 문제점이었음에도, 토지 문제가 농민운동의 과제로서 제기된 바는 없었다. 단지 '3정보 상한제 철폐 문제'만이 운동권에서 다루어졌을 뿐이다. 둘째, 1970년대 농민운동은 가톨릭농민회의 지도하에 이루어진 결과, 그 근본이념이 그리스도의 공동체적 정신을 실현하는 데 두어지는 등 종교적이고 계몽적인 성격에서 완전히 탈피하지 못하였다. 셋째, 운동 형태 역시 "부분적으로는 투쟁적인 방식이 있었지만, 전반적으로는 진정서, 이의서, 건의서 제출 등 청원의 방법 내지 교회에서의 기도회, 단식농성 등 소극적인 수준에 머물러 있었다." 넷째, 투쟁 주체도 당사자인 농민대중이 아니라 농민회의 간부나 신부들이 그 중심이었다.(김태일, 1991, 118~119·144쪽; 이우재, 1991, 240쪽; 박연섭, 1986, 297쪽; 김종헌, 1995, 33쪽)

하지만 1970년대의 농민운동은 비록 종교적이고 계몽운동적인 범주에서 크게 벗어나지 못하였다 하더라도 점차 사회구조적 측면에서 농업·농민 문제를 파악하고 그 해결책을 찾기 시작하였다. 그리고 1980년대 농민운동이 대중적이고 투쟁적으로 전개될 수 있는 기반을 마련하였다.

3
도시빈민운동

유신체제기 도시빈민의 현실과 박정희 정권의 도시빈민정책

유신체제기 도시빈민의 삶

급격한 산업화의 부수적 현상인 도시빈민층 형성은 제2차 경제개발5개년계획이 실시된 1966~1971년에 집중적으로 이루어졌다. 농업 희생을 발판으로 이루어진 산업화 과정에서 수출을 주도하였던 제조업 부문의 고용 확대와 노동자들의 실질임금 인상이 이루어지면서 이농현상이 더욱 심해진 것이다. 이러한 인구의 도시집중 현상은 유신체제기에도 계속 이어졌다.

그러나 농촌을 떠나 도시로 이주한 사람들은 애초의 기대와 달리 안정된 일자리와 주거공간을 확보하기 힘들었다. 이들은 연령, 교육수준, 기술 등의 면에서 전형적인 자본제적 임노동관계에 직접적으로 포괄되기에는 부적절한 상태에 있는 경우가 많았고, 설혹 그러한 기회가 주어진다 해도 그것은 중소·영세 사업체의 비숙련직 정도였기 때문이다. 따라서 대부분의 도시빈민은 일용노동, 영세자영업에 종사하며 불안정한 고용 상태에 놓여 있었다.

가구주의 불안정 고용에서 비롯되는 소득 불안정은 노동 가능한 가구원의 취업을 통해 보완되었다. 도시빈민 여성은 파출부, 행상, 가내부업 등에 종사하여 부족한 가계 소득을 조금이라도 메우고자 하였고, 아이들 역시 중고등학교에 입학하기보다는 학업을 그만두고 취업하는 경우가 많았다.

별로 가진 것 없이 도시로 이주한 사람들이 접근할 수 있었던 주거공간은 무허가 불량주택밀집단지였다. 더욱이 그들에게는 잠자리보다 일자리가 더 급하였기 때문에 무허가 불량주택단지는 청계천변, 이촌동 일대 등과 같이 상대적으로 일거리를 쉽게 찾을 수 있는 도심 주변의 야산·구릉지·하천변에 형성되었다. 무허가 불량주택밀집단지, 즉 판자촌은 부족한 상하수도, 좁은 골목, 붕괴 위험이 도사리고 있는 축대, 비가 새는 지붕과 냄새 나는 좁은 방, 공동화장실 등 도시빈민의 가난하고 고달픈 삶을 그대로 드러내는 공간이었다.

도시빈민은 불안정 고용과 열악한 주거환경이 낳은 또 다른 문제를 겪어야만 하였다. 저임금·저소득 상황에서 도시빈민은 최소한의 생계유지를 위해 노동시간을 연장하고 노동강도를 강화할 수밖에 없었고, 이는 건강 악화로 이어졌다. 또한 과밀하고 비위생적인 주거환경은 도시빈민이 전염성 질환에 쉽게 노출되는 결과를 낳았다.(국토개발연구원, 1989, 199~200쪽) 그러나 그들에게 의료기관의 문턱은 너무 높았다. 1963년 의료보험법이 제정되면서 시작된 의료보험제도는 도시빈민과 무관하였고, 이때 실시된 의료보험제도는 사업장의 강제 가입이 아닌 임의 가입의 형태를 띠었기 때문에 몇몇 대기업을 제외하고는 거의 대부분의 사업장이 실시를 보류하였다. 또한 1977년에 실시된 의료보호제도는 저소득 빈곤층에 대해 의료비의 일부 또는 전부를 국가가 부담해주는 제도로서, 주로 생활보호 대상자, 사회복지시설 수용자, 의료부조대상자에게 지급되었다. 따라서

도시빈곤층 중 극빈층만이 그 대상이 되어 대다수의 도시빈민은 여전히 의료 혜택을 받을 수 없었다. 역시 정부의 홍보성 정책에 불과하였던 것이다. 그들은 아파도 그저 참을 수밖에 없었고, 결국에는 노동력 재생산이 불가능해지면서 더 깊은 가난의 수렁에 빠지는 일이 허다하였다. 교육 역시 도시빈민의 큰 문제였다. "자식 손에 삽자루 쥐게 하지는 않겠다"라든가, "아비 어미 못 배운 게 한이 되어 꼭 학교는 제 원하는 대로 보내고 싶은데……"라는 말을 쉽게 들을 수 있었음에도 불구하고(조은·조옥라, 1992, 65쪽), 도시빈민 아동들의 중·고등학교 취학률은 그리 높지 않았다. 아이들은 낮은 소득과 열악한 주거환경으로 인해 제대로 공부할 수 없었고, 가계소득에 도움이 되기 위해 일찍부터 취업해야 했다. 또한 취학 전 아동의 육아는 생계유지를 위해 어떤 형태로든 일해야만 하는 도시빈민 여성에게는 해결하기 벅찬 문제였다.

박정희 정권의 도시빈민정책　　국가의 빈곤 대책은 다양한 사회보장제도 마련을 통해 사회안전망을 구축하는 것으로부터 출발한다고 할 수 있다. 이 점에서 유신체제기 박정희 정권의 도시빈민정책을 언급하는 것 자체가 어불성설일 수 있다. 불량주거밀집단지를 대상으로 한 주거정책 외에는 그 어떤 도시빈민정책도 찾아보기 어렵기 때문이다. 그 마저도 도시빈민의 주거 문제를 개선하고 나아가 빈곤을 해결하는 방향에서가 아니라 개발의 관점에서 마련되었다.

　　박정희 정권이 제2차 경제개발5개년계획 시기에 추진하였던 '강제 철거 후 철거민의 집단이주 또는 시영아파트 입주권 지급' 정책은 광주대단지사건, 와우아파트붕괴사건 등으로 주춤하게 되었다. 특히 광주대단지사건은 도시빈민의 집단적 저항이 민주화운동으로 발전할 수 있는 가능성을

산비탈을 따라 다닥다닥 붙은 판잣집들

보여주었기 때문에, 박정희 정권은 도시의 자본주의적 개발이라는 정책
목표를 지향하면서도 도시빈민을 포섭해 그들의 힘을 순화시켜야 할 필
요가 있었다. 이에 따라 도심의 무허가 정착지를 시 외곽으로 재배치하는
데 성공한 박정희 정권은 유신체제 성립 이후 도시빈민정책의 중심을 양
성화정책으로 이동해갔다.(김수현, 1999, 224쪽) 이것은 대규모의 강제 철
거를 지양하고 주민들의 자력에 의한 주택 개량을 정부가 지원하는 방식
(현지개량방식)으로 재배치된 무허가 정착지를 양성화하는 것이었다. 박
정희 정권은 개발정책의 추진 과정에서 소외되어온 도시빈민의 잠재된
저항을 통제하면서, 동시에 '자조'라는 명분 아래 그들을 동원하고자 하
였던 것이다.

　그러나 양성화정책은 그 대상을 도시계획에 저촉되지 않는 집단주택
단지, 토지 불하가 가능한 지역, 건축법 규정 내의 무허가 건물 등 일정한
요건을 갖춘 지역으로 한정하였기 때문에 전체 무허가 건물의 20~30% 정

도만이 대상이 될 수 있었다.(『조선일보』 1971년 6월 6일·1973년 2월 1일·1974년 4월 3일자) 또한 이러한 제한성으로 인해 그 정책 효과 역시 클 수 없었다. 박정희 정권이 유신체제기 내내 양성화라는 정책 기조를 유지함과 아울러 '주민의 자력'에 의한 무허가 정착지 재개발을 추진하였던 것도 이런 까닭에서였다.

박정희 정권은 1973년 3월 '주택개량 촉진에 관한 임시조치법'을 제정하여, 정부 주도 아래 '주민의 자력'으로 재개발을 추진하고자 하였다. 이는 재개발지구 내의 불량 건물을 모두 철거한 후, 정부가 도로, 상하수도 등의 기본시설 건설과 택지 조성을 맡고, 조성된 택지를 기존 주민들에게 환지해 개별적으로 주택을 건설하도록 하는 사업이었다.(『조선일보』 1973년 7월 28일·9월 22일자) 1971년까지 도심 무허가 정착지 재배치가 일단락된 상황에서 임시조치법에 의거한 재개발은 빈도나 규모가 이전 시기에 비해 적었지만, 1974년부터 연차적으로 실시되었다. 그러나 이 재개발사업은 토지 구입과 건축에 소요되는 자금을 주민들이 부담하는 방식이었기 때문에, 대부분의 도시빈민이 배정된 토지를 매각하고 또 다른 무허가 정착지로 옮겨갔다. 이렇게 사업의 실효성에 문제가 드러나자, 박정희 정권은 1976년부터 전면 철거 후 구획정리 방식을 지양하고, 기존 가로망 활용과 철거 최소화로 '주택개량 촉진에 관한 임시조치법'의 실효성을 높이고자 하였다.(『조선일보』 1976년 3월 23일자)

한편 유신체제기 철거민 대책은 '이주보조금 지급, 시영아파트 입주권 지급, 집단이주정착을 위한 단지 조성'의 세 가지 형태로 전개되었다. 집단이주정착지 조성은 주로 강북지역의 인구 분산을 위해 강남지역에 택지를 조성하고, 가구당 27평 또는 30평씩 분양해서 연립주택 건립을 장려하는 정책으로, 1960년대의 집단이주정착과 다를 바 없었다. 예컨대 1972년에 이주가 실시된 신월·신정 단지의 경우, 2년 뒤에도 상하수도, 전기 시설 등이 제대로 보급되지 않았고 도심과의 교통이 불편해서 90% 이상이 전매 후 다시 도심 주변으로 이주하였다. 결국 이 방식은 1975년 이후 유휴 시 유지의 고갈로 중단되었다. 시영아파트 입주권 지급은 주민 저항과 재정 투융자의 문제를 동시에 해결하는 철거민 대책으로 선호되었지만, 시영아 파트가 철거민의 사회·경제적 여건과 주거 수준을 고려하지 않은 주택이 었기 때문에 철거민들에게는 '그림의 떡'에 불과하였다. 즉 철거민의 입주 능력 한계로 대부분의 시영아파트 입주권은 투기 자본을 거쳐 봉급생활자 등의 무주택 중간계급에게 전매되었다. 이주보조금 지급은 서울시가 "영 세민 생활보호 대책"이라는 명목하에 철거민들에게 10~50만 원의 보조금 을 지급하는 정책이었다. 초기에는 집단이주 거부 가구나 시영아파트 낙첨 자에게 지급하는 보조수단으로 시행되다가, 보상비용을 절감할 수 있고 사 후 행정관리가 불필요하다는 정책적 편의로 인해 점차 철거민 대책의 주축 이 되었다. 그러나 보조금액은 시 외곽 무허가 정착지의 세입금 최저 수준 에도 못 미쳐 이주보조 기능을 하지 못하였다.(장세훈, 1989, 206~209쪽)

박정희 정권의 도시빈민 주거정책은 "70년대 말에는 서울 시내에 단 한 동의 무허가 건물도 남기지 않을 것"이라는 양택식 서울특별시장의 계 획대로 이루어지지 않았다.(『조선일보』 1973년 2월 1일자) 그것은 도시빈민 의 현실에서 벗어난 양성화이자 자력 개발이었기 때문에 무허가 정착지는 확대·재생산되었다. 한 연구는 이를 두고 "빈민들에 대한 대책이 실패한 것이 아니고, 전혀 다른 의도의 정책, 즉 상류층을 위한 주거지 확대 또는 업무용 시설 확대 대책의 성공에 따른 부작용에 불과한 것이다"라고 평가 하였다.(국토개발연구원, 1989, 82~83쪽) 1980년대 철거반대투쟁의 상징 인 목동이 1970년대 철거민 집단이주정착지였다는 사실이 이를 증명한다.

도시빈민의 저항과 저항 조직화

저항 조직화를 위한 첫걸음:
기독교계의 도시빈민선교기구 설립

폭발적으로 늘어나는 도시빈민과 그들의 열악한 생활에 주목하고 조직화를 시도한 사람들은 기독교계의 사회참여세력이었다. 그들은 1960년대부터 교회의 사회적 책임과 현실참여를 강조하는 '제2차 바티칸공의회' 정신과 '하느님의 선교' 신학을 수용하고, 한국 현실에서 그것을 실천하고자 하였다. 도시빈민과 관련된 최초의 실천은 1968년 9월에 설립된 연세대 도시문제연구소 내 도시선교위원회의 활동이었다. 연세대 도시문제연구소 설립과 도시선교위원회의 활동은 개혁적 성향의 미국 북장로교 선교부의 지원에 크게 힘입었다. 미국 북장로교 선교부는 제3세계 선교의 일환으로 연구소의 재정을 지원하고, 선교사를 파견해 도시선교위원회의 훈련프로그램을 지도하도록 하였다.(노정현·박형규의 증언) 가톨릭과 개신교를 아우르는 도시선교위원회는 도시빈민의 의식화·조직화를 담당할 활동가 훈련프로그램을 운영하였고, 이 훈련프로그램 참가자들은 1970년대 도시빈민운동의 선구자가 되었다.

박형규(도시선교위원회 위원장, 목사), 권호경(도시선교위원회 훈련생, 전도사) 등 도시선교위원회 활동가들은 1971년 9월 1일 도시선교위원회와 별개로 수도권도시선교위원회를 설립하였다. 서울지역 시민아파트 입주자들의 시청 앞 시위에 이어 1971년 5월에 정부가 15년 분납 상환인 시민아파트 융자금을 일시에 완납할 경우 시민아파트의 전매를 허용하겠다는 방침을 발표하자, 이미 전체 거주자의 30%에 달하는 시민아파트 전매입자들을 중심으로 정부 방침에 대한 반발이 강하게 일어났다.(『조선일보』1971년 5월 13일자) 도시선교위원회 훈련프로그램 참가자들은 그들의 불만을 정부 방침 백지화를 요구하는 시위로 조직하였는데, 1971년 6월 30일에 있었던 시위는 훈련프로그램 참자가들의 예상과 통제 범위를 뛰어넘는 것이었다.(권호경의 증언) 광주대단지사건 등에서 도시빈민의 저항은 폭발적이었던 데 반해, 대학연구소의 틀 안에서 활동하는 것에는 분명한 한계와 제약이 있었기 때문이다.(권호경·노정현·박형규의 증언)

수도권도시선교위원회는 기존의 사회선교가 자선적 입장에 머물렀다고 비판하며, "지역사회 주민 스스로 자신들의 문제를 인식하고 스스로 힘을 모아 조직화된 세력에 의하여 자기가 살고 있는 지역사회의 환경을 개선하도록 하는 것"을 목표로 하였다.(수도권도시선교위원회, 1972) 이는 미국 사회운동 지도자 알린스키의 지역사회조직이론Community Organization Theory을 따른 것으로서 연세대 도시문제연구소 도시선교위원회 훈련프로그램의 기본 원칙이었다. 연세대 도시문제연구소 도시선교위원회의 훈련프로그램을 이끈 미국 북장로교 선교부의 화이트 목사는 1960~1970년대 미국 사회운동 지도자인 알린스키 아래서 훈련을 받은 인물로 한국 기독교, 특히 개신교 사회운동에 알린스키의 지역사회조직이론을 소개하였다. 알린스키의 지역사회조직이론은 파울로 프레이리의 교육이론과 함께 1970년대 기독교 사회운동에 많은 영향을 미쳤다. 도시문제연구소의 훈련프로그램을 통해 도시빈민선교를 시작하였던 수도권도시선교위원회 주체들은 알린스키의 지역사회조직이론을 활동 원칙으로 삼고, 자신들의 역할을 도시빈민운동의 촉매자·협력자로 한정하였다.

수도권도시선교위원회는 1971년 하반기에 기초자료 수집, 지역 조사, 실무자 훈련 등의 준비를 한 후, 1972년부터 4개 지역과 담당 실무자를 선정하여 본격적인 활동에 들어갔다. 지역 담당 실무자는 권호경 전도사(광주대단지), 전용환 전도사(인천 화수동), 김진홍 목사(송정동 일명 뚝방), 김동완 전도사(남대문시장) 등이었다.(수도권도시선교위원회, 1972) 이들은 각자 담당 지역에 들어가 주민들과 함께 생활하며 지역의 문제를 파악하고 해결 방법을 모색하였다. 아울러 실무자들은 매주 1회 모여 자기반성과 활동경험 교환, 다음 활동 전략 협의, 지역사회조직이론 연구, 국내외 사례 연구 등을 하였다.(수도권도시선교위원회, 1972)

1972년 10월 유신으로 모든 사회운동이 위축되면서 수도권도시선교 위원회도 어려움을 겪게 되었다. 수도권도시선교위원회는 이런 상황을 극 복하기 위해 1972년 11월부터 '답십리센터'를 열어 역량을 집중하였다. 답 십리센터 설립은 당시 수도권도시선교위원회 주무간사였던 권호경이 필 리핀 도시빈민지역 돈도Tondo에서 훈련받은 경험도 작용하였다.(권호경의 증언) 또한 1973년 1월 29일 총회에서는 조직 명칭을 수도권특수지역선교 위원회로 바꾸어 활동 대상 지역이 도시빈민지역임을 더 명확히 밝히고, 활동 지역을 청계천 일대로 넓혀나가기로 하였다.(한국특수지역선교위원 회, 발행연도 미상; 에큐메니칼현대선교협의체, 1973) '센터' 중심의 활동이 라는 새로운 활동방식이 마련되면서, 활동가들은 기존 지역에서의 활동을 유지하는 것 외에도 청계천 일대에서 '빈민지역아동실태조사', '빈민지역 건강문제조사' 등을 벌여나가며 주민 조직화를 모색하였다.

그러나 청계천 일대에서의 활동은 '남산부활절연합예배사건'으로 곧 중단되었다. 유신 선포 이후 박정희 정권은 사회 전체를 철저하게 감시·통 제하기 시작하였고, 수도권특수지역선교위원회 활동도 예외는 아니었다. 대표적인 예로 1973년 1월부터 3월까지 수도권특수지역선교위원회가 주 도한 신답초등학교 뚝방 학부모회 조직과 육성회비 감면·면제 요구활동은 이후 정보과 형사나 동사무소의 감시와 고발을 불러왔다. 법이 보장하는 범위 안에서의 복지 향상 활동조차도 감시와 통제 대상이 되었던 것이다. 이런 분위기에서 수도권특수지역선교위원회 활동가들은 위기의식을 느꼈 고(권호경의 증언), 민주화가 선행되지 않는다면 그 어떤 활동도 할 수 없 다고 판단하였다. 이러한 인식은 "유신헌법 실시 이후 정치적 질곡은 사회

곳곳을 극심하게 압박하여, 가난하고 눌림받는, 이 사회의 주인인 서민대중이 인간 본연의 모습을 되찾기 위한 운동은 이 정치적 압박과 질곡의 타파를 급선의 선교과제로 채택할 수밖에 없게 되었다"는 주장에서 잘 드러난다.(수도권특수지역선교위원회, 1976)

이들의 이러한 '정치투쟁 우선론'은 이후에도 계속 견지되었고, 그에 따라 수도권특수지역선교위원회 주요 활동가들은 다른 기독교 사회운동 세력과 함께 유신헌법과 긴급조치 폐지, 자유로운 개헌논의 보장 등을 요구하는 반독재민주화투쟁을 전개하였다. 1974년 1월 17~18일 이규상 전도사와 이해학 전도사는 개헌청원운동을 전개하다 입건되었고, 2월 16일 이들의 정당함을 전국 교회에 알리려던 권호경, 김동완 목사와 기독학생 16명이 긴급조치 1호 위반으로 구속되었다. 1975년 2월 12일에는 주민지도자 이철용이 유신헌법찬반국민투표 과정에 부정이 있었다고 항의하다 입건되어 구속당하였다.(한국특수지역선교위원회, 발행연도 미상) 이 과정에서 다수의 활동가들이 수배와 연행, 고문수사, 구속 등을 겪게 되었고, 센터도 수색과 감시의 대상이 되었다.

수도권특수지역선교위원회는 극도의 억압과 통제 속에서도 서대문구 성산동, 동대문구 이문3동 등으로 지역을 옮겨가며 센터 활동을 이어갔지만, 결국 침체의 길을 걷게 되었다. 활동가들이 미처 지역에 뿌리를 내리지 못한 상황에서 전개한 반독재민주화투쟁은 정치적 탄압을 불러왔고, 이것은 곧 조직 역량 손실로 이어졌다. 또한 주민들의 자주적 역량이 미약한 현실은 조직의 침체를 가속시켰다.

삶의 해체에 맞선 저항:　　광주대단지사건, 와우아파트붕괴사건 이

철거반대투쟁과 생활운동　　후 박정희 정권의 도시빈민 주거정책이

양성화와 자력개발을 기조로 하였음에도

불구하고, 유신체제기 내내 도시빈민은 집이 언제 철거될지 모르는 불안한 삶을 살았다. 아무런 대책이 없을 뿐 아니라 폭력적인 철거에 내몰린 도시빈민은 동사무소나 시 당국에 찾아가 항의하고, 철거반원에 맞서 싸우며, 박정희 정권의 개발 위주 주거정책에 저항하였다. 광주대단지사건 이후 주춤하였던 철거반대투쟁은, '주택개량 촉진에 관한 임시조치법'에 따라 정부 주도의 '자력 재개발'이 본격적으로 실시되는 1974년부터 다시 일어났다. 철거반대투쟁의 대표적인 사례는 송정18동(1973년 1~6월), 신설동(1974년 7월), 면목2동(1975년 4월), 답십리3동(1975년 4~6월), 중화동(1975년 7~12월), 이문1·3동(1975년 10~12월) 등에서의 철거대책활동이다.

송정18동의 경우, 1973년 1월 1차 철거 지시가 내려지자 '철거대책주민회'를 구성하고 당국에 "일일생활권에서 벗어나지 않는 정착지 제공 또는 가구당 20만 원의 이주비 지불"을 요구하며, 언론과 각계를 대상으로 선전활동을 펼쳤다. 주민회 활동을 도왔던 수도권특수지역선교위원회 활동가 이기성이 정보기관으로부터 '빨갱이'로 몰려 쫓기게 되기까지 하였지만, 주민들은 6개월에 걸친 대책활동의 결과, 1973년 8월 4일 영등포구 신월동에 가구당 15평씩의 땅을 지급받아 이주할 수 있었다.

신설동의 철거반대투쟁은 활동가가 발굴해낸 지역주민 지도자들이 중심이 되어 투쟁을 전개하였다는 점에서 주목할 만하다. 신설동 4번지는 1971년 말부터 철거 위기에 직면한 곳이었는데, 수도권특수지역선교위원회가 허병섭을 파견해 철거대책활동과 주민 조직화를 시도하였다. 이 과정에서 주민 이철용 외 10여 명이 주민 지도자로 성장하여 지역개발위원

철거 반대 시위 도중 경찰에 끌려가는 성북구 철거민

회를 조직하고(1974년 8월) 철거대책활동을 주도해갔다. 이들은 '공동주택 건립'이라는 철거 이후의 대안을 마련해 제시하였다. 하지만 당국으로부터 묵살당하였고, 이에 각계각층에 자신들의 처지를 알리는 선전활동을 펼쳤다. 그러나 주민들의 끈질긴 저항에도 불구하고, 1975년 2월 12일 국민투표 실시 직후 신설동 4번지는 기습적으로 철거되고 말았다.

　　답십리3동 청계천변 철거반대투쟁은 지역주민조직이 주도하고, 기독교 도시빈민선교 진영, 대학생 봉사활동조직 등이 지원한 투쟁이었다. 관할 구청장이 유신헌법찬반국민투표 이전 공식 석상에서 "철거는 없다"고 공언하였음에도 불구하고, 국민투표가 끝나자 1975년 5월 6일 철거 계고장이 발부되었다. 이에 주민들은 청년회, 부녀회 등의 주도 아래 시청 앞 시위를 벌였다. 수도권특수지역선교위원회 자료는 매일 1,000여 명의 주민들이 참석하였다고 하는데, 신문 보도에는 500여 명이 참석한 것으로 되어 있다.(『조선일보』 1975년 5월 8일자) 이들은 갑작스런 철거에 항의하며 대책을 마련할 수 있는 시기까지 철거를 연기하라고 요구하였다. 1972년 말부터 이 지역에서 활동해온 수도권특수지역선교위원회, 교회사회선교협의회, 여러 대학생 봉사단체도 철거의 부당성을 알리는 활동으로 이들을 지원하였다. 이런 조직적인 철거반대투쟁에도 불구하고, 정부는 6월 11일 이 지역 뚝방교회를 철거해버렸다. 철거반대투쟁의 중심 공간이었던 뚝방교회가 철거되면서 주민들도 당국의 철거 압력에 더 버티지 못하고 뿔뿔이 흩어졌다. 그러나 주민조직의 건설과 활동을 통해 이 지역 주민들의 의식이 성장할 수 있었고, 뚝방교회를 중심으로 철거반대투쟁에 적극적이었던 일부 주민들은 이주지에서 다시 교회를 설립하여 주민 조직화를 모색하였다.

중화동의 경우, 수도권특수지역선교위원회의 신동욱 활동가가 지역에 들어가 야간학교를 운영하며 주민 지도자들을 발굴하였고, 이들이 철거대책위원회를 조직해 활동하였다. 이들의 활동에서 눈에 띄는 것은 철거 과정에서 특히 더 소외되어왔던 세입자의 현실에 눈을 돌리고, 투쟁을 통해 세입자에게도 철거 보상금이 지급되도록 하였다는 점이다. 이는 도시빈민운동에서 세입자 문제가 핵심적인 과제 중의 하나임을 1980년대 이전에 이미 보여준 사례라고 할 수 있다.

철거와 재개발은 계속되었지만, 1975년 5월 긴급조치 9호가 발효되고 민방위대, 반상회 등을 통한 주민통제가 강화되면서, 철거지역 주민들의 집단행동은 완전히 봉쇄되었다. 주민들은 당국에 '선처'를 호소할 수 있을 뿐이었다. 1975년 6월 이문1·3동 주민들은 철거 계고장을 받고 하나둘 떠나갔고, 11월에 이르러 300여 세대만이 현지에 천막을 치고 남아 버티고 있었다. 이런 상황에서 신설동 철거반대투쟁 과정에서 주민 지도자로 성장한 이철용이 잔류 주민들을 만나 주민회의를 조직하고, 기독교계의 지지와 도움을 이끌어냈다. 또한 이들은 철거 연기를 주장하며 시청 앞 농성을 벌였다. 이들은 당국으로부터 핵심 요구사항은 거절당하였지만, 보상비 추가 지급과 월동을 위한 터 제공을 약속받고 집단이주할 수 있었다.

이상의 사례에서 알 수 있듯이 유신체제기 철거반대투쟁은 대체로 비슷한 형태와 수준에서 전개되었다. 이미 그 지역에서 활동하고 있던, 혹은 철거 문제 발생과 함께 투입된 수도권특수지역선교위원회 활동가들이 주민조직을 만들고, 이 주민조직을 중심으로 모인 지역주민들이 투쟁을 전개하였다. 그들은 철거 연기, 적절한 이주정착지 마련 또는 이주보상금 현실화를 요구하며, 각계각층에 대한 호소, 관련 기관장 항의 방문, 시청 앞 시위 등을 전개하였다. 이는 박정희 정권의 도시빈민 주거정책 자체에 대한 비판과 대안을 담지 못한 낮은 수준의 생존권투쟁이었다. 그러나 개발의 논리만이 횡행한 유신체제기에는 이것조차도 힘겨운 싸움이었다. 당국의 묵인 아래 자행된 철거반원의 폭력으로 도시빈민들의 삶터가 하루아침에 쑥대밭이 되는 것은 물론, 주민들이 크게 다치곤 하였다. 또한 활동가와 주민 지도자는 감시의 대상이 되거나 연행되었다. 그 과정에서 대다수의 주민들은 뿔뿔이 흩어져갔고, 조직화의 수준이 높았던 소수의 주민들만이 남아 집단이주정착, 추가 보상금 지급, 교회 설립* 등과 같은 일정한 성과를 얻을 수 있었다.

철거반대투쟁이 비교적 짧은 기간에 폭발적으로 전개된 데 반해, 도시빈민의 삶의 질을 규정하는 문제를 해결하기 위한 생활운동은 지속적이고 일상적인 형태로 전개되었다. 생활운동은 모든 도시빈민이 안고 살아가는 일상의 문제를 주민들 스스로 해결하고, 이를 통해 주민 조직화를 이루기 위한 것이었다. 고된 노동과 비위생적인 주거환경으로 인한 건강 악화, 아

---

* 이 시기 철거반대투쟁 속에서 설립된 교회는 초기 민중교회라고 할 수 있을 것이다.

이들의 적절한 보호와 교육 등이 생활운동의 중요한 이슈였다. 생활운동은 도시빈민운동 초기부터 많은 지역에서 시도되었는데, 교회를 중심으로 활동이 이루어졌던 성남(주민교회), 송정동(활빈교회), 답십리3동(뚝방교회), 하월곡동(동월교회) 등과, 활동가가 지역주민이 되어 장기적인 활동을 펼쳤던 난곡 등에서 더 활발히 진행되었다. 그 이유는 이러한 생활운동이 지역과 주민들에 대한 깊은 이해, 활동가와 지역주민들 사이의 지속적인 유대, 지역주민들의 자각과 자생력 등을 더 많이 요구하였기 때문이었다. 즉 교회라는 안정적 공간과 지역에 뿌리 내린 활동가의 존재가 그것을 가능하게 하였기 때문이었다.

생활운동은 보건의료활동, 탁아소와 유치원 운영, 생활 자립을 위한 공동노동, 지역 청소년 조직, 주부모임 등 다양하게 이루어졌다. 보건의료의 공공성에 대한 고민과 체계가 전혀 없던 이 시기에 도시빈민은 질병에 그대로 노출되어 있었다. 이런 상황에서 도시빈민운동 활동가들은 기독교계 의료봉사단체나 민중의 삶에 관심을 갖고 있는 의과대 내 학생단체들의 도움을 받아 보건진료활동을 펼쳤다. 나아가 주민들이 의료문제 해결의 주체가 되는 주민병원 혹은 의료협동조합 설립운동을 전개하였다. 성남 의료협동조합, 신설동 4번지 의료개발위원회, 난곡 희망의료협동조합 등은 의료협동조합 설립운동의 성공적인 사례로서, 도시빈민지역 의료 문제의 주체적 해결뿐 아니라 주민 조직화의 훌륭한 매개 역할을 하였다.

또한 도시빈민운동 활동가들은 방치되기 쉬운 도시빈민지역 아이들의 보육 문제를 해결하고, 도시빈민 여성들의 육아 부담을 해소하기 위해 탁아소와 유치원을 운영하였다. 이것 역시 도시빈민 여성을 조직화하는 데 중요한 매개 역할을 하였다. 도시빈민 여성들은 아이를 탁아소와 유치원에 맡기는 것에서 나아가 자모회를 만들고, 육아·지역문제 등에 공동의 목소리를 냈다.[*]

취학 전 아이들의 보육 문제 못지않게 취업 청소년의 교육 문제도 도시빈민지역의 중요한 문제였다. 도시빈민지역 청소년들은 가계수입을 보충하기 위해 일찍부터 노동시장에 진출할 수밖에 없었기 때문에 자연히 충분한 교육을 받을 수 없었다. 도시빈민운동 활동가들은 이들에게 교양교육이나 소박한 수준의 노동교육을 함으로써 그들의 배움에 대한 목마름을 조금이나마 해소해줄 수 있었다. 그리고 이 과정은 도시빈민지역 청소년·청년 조직화로 이어졌고, 이들 청년조직은 철거반대투쟁이 전개될 때 투쟁의 중심이 되기도 하였다. 중화2동의 봉화학당, 답십리3동의 옹달샘회, 청계천 야간학교, 성남 야간학교 등이 그 예이다.^{**}

도시빈민지역 생활운동에는 1970년대부터 반독재민주화투쟁 외에도 민중의 현실에 관심을 갖기 시작하였던 학생운동 인자의 개별적 참여,^{***} 개신교 기독학생운동의 조직적 참여가 한몫을 하였다. 특히 개신교 기독학생운동이 1969년부터 전개하였던 학생사회개발단은 도시빈민선교의 중요한 인력풀이었고(한국기독학생총연맹 학생사회개발단, 1976; 한국기독학생총연맹 학생사회개발단, 1975a; 한국기독학생총연맹 학생사회개발단, 1975b), 학생사회개발단 활동을 통해 유신체제기 도시빈민운동을 접하였던 학생이 1980년대 도시빈민운동에 투신한 사례도 적지 않았다.

도시빈민선교기구 해체와 도시빈민운동의 침체

생존권투쟁이 곧 정치투쟁으로 전환되고 모든 반독재민주화투쟁은 '빨갱

---

[*] 이 시기 탁아소·유치원 활동은 1980년대 후반부터 본격화하는 공동육아운동의 씨앗이기도 하였다.
^{**} 이러한 활동은 1980년대 이후 생활야학, 노동야학의 초기 형태라고 할 수 있을 것이다.
^{***} 도시빈민운동의 대부라고 할 수 있는 제정구가 대표적인 예이다.

이' 혐의를 받기 마련이었던 유신체제에서 수도권특수지역선교위원회의 활동, 특히 반독재민주화투쟁은 박정희 정권의 탄압을 불러왔다. 1975년 5월 긴급조치 9호가 발표된 후에는 정권의 탄압이 조직의 존립을 위협하는 수준에 이르렀다. 같은 해에 일어난 선교자금 유용 혐의 사건은 그 자체로 수도권특수지역선교위원회의 도덕성에 흠집을 내고 활동의 위축을 가져왔다. 1976년 5월에 일어난 반공법 혐의 사건—발생 후 불과 두세 달 만에 주요 관련자들이 모두 석방된 무리한 수사였음에도 불구하고—역시 수도권특수지역선교위원회를 '빨갱이'로 몰아붙여 활동의 위축을 가져왔다.

정권의 탄압과 그에 따른 실무 역량의 손실 및 활동 위축은 수도권특수지역선교위원회의 성격 변화로 이어졌다. 수도권특수지역선교위원회는 1976년 5월 반공법 혐의 사건 직후 조직 명칭을 한국특수지역선교위원회로 바꾸어 활동 지역을 수도권 외의 도시빈민지역과 농촌으로까지 넓히고 '교회성'을 전면에 내세웠다. 활동 목표를 "예수 그리스도의 복음을 통해 가난한 민중을 자각시키고, 그들에게 희망을 주는 교회공동체를 형성하려고 한다"라고 수정하고, 활동원칙도 '신조信條'라는 지극히 교회적인 수사로 표현하였다.(한국특수지역선교위원회, 발행연도 미상; 한국특수지역선교위원회, 1977) 도시빈민운동의 상황도 달라졌다. 박정희 정권은 1976년부터 '주택개량 촉진에 관한 임시조치법'의 실효성을 높이기 위해 기존 공간과 기간시설을 활용하고 철거를 최소화하는 것으로 재개발 방식을 바꾸었다. 또한 철거계획을 6개월 전에 통고하기로 결정해, 그동안 철거반대투쟁 때마다 제기되던 '대책 마련을 위한 철거 시기 연장' 요구를 반영하는 모양새를 취하였다. 1979년에 이르면 이주보조금도 두 배로 인상해 지급하였다. 이런 박정희 정권의 정책 변화에 철거반대투쟁은 다시 주춤해졌다. 일상적으로는 통·반을 매개로 한 민방위대 편성과 반상회 등을 통한 주민의 통제와 동원이 이루어지면서, 지역센터·교회·주민조직의 활동이 크게 위축될 수밖에 없었다. 또한 박정희 정권이 지지부진하였던 도시새마을운동을 1970년대 중반부터 적극적으로 추진하면서 새마을금고, 부녀회 활동 등의 새마을사업이 도시빈민지역에서 활발하게 전개되었는데(김선철, 1999, 91쪽; 내무부, 1976, 138쪽), 이는 도시빈민 조직화의 중요한 매개인 생활운동 영역을 잠식하는 것이었다.

결국 한국특수지역선교위원회는 1979년 2월에 조직을 해체하고, 전문적인 빈민선교 조직을 새로 만들기로 결정하였다. 그러나 이 결정은 뒤이은 유신체제의 종말, 광주민중항쟁 등 정치적 격변 속에서 실행되지 못하였다. 이로써 조직적인 도시빈민운동은 1980년대 도시빈민운동의 서막을 열었던 목동 공영개발 저지투쟁이 전개되기 전까지는 수면 아래로 가라앉게 되었다. 다만 멈추지 않는 개발주의로 인해 끊임없이 생존의 벼랑 끝에 내몰릴 수밖에 없었던 도시빈민들이 철거에 맞서 자살하거나 대책 마련을 요구하며 소규모 시위를 하는 소극적 저항은 계속 이어졌다. 또한 1970년대 도시빈민운동 과정에서 설립된 지역 센터나 교회들은 도시빈민 속에서 '그들과 함께 하며 그들을 조직하는' 활동을 계속해나갔다.

유신체제기 도시빈민운동의 의미와 역할

유신체제기 도시빈민운동은 기독교 사회운동세력에게 거의 전적으로 기대어 이루어졌던 탓에 기독교 사회운동에 대한 평가가 투영되어 도시빈민 문제의 본질을 꿰뚫지 못한 실패한 운동으로 평가받아왔다.(조희연 편, 1995, 228쪽; 정동익, 1985, 143~144쪽) 그러나 이러한 평가는 1980년대 이후 고양된 운동의 관점에서 유신체제기 도시빈민운동을 단면적으로 바라본 것이다.

유신체제기 도시빈민운동은 그 시기의 한계 속에서 출발한 운동이었다. 도시 문제와 도시빈민 문제는 개발주의의 결과와 파장이 드러나기 시작하는 1960년대 후반에 이르러서 대두하기 시작하였고, 기독교 내 진보 그룹이 그것을 '문제'로 인식하고 운동을 전개하기 시작한 때는 1970년대 초반이었다. 또한 도시빈민은 그 구성과 성격이 다양하고 체제에 대한 순응에 익숙해 있었기 때문에 철거로 생존의 벼랑 끝에 내몰렸을 때에야 비로소 저항하였다. 이러한 조건에서 전개된 유신체제기 도시빈민운동은 이제 막 걸음을 떼는 단계였다고 할 수 있다.

유신체제기 도시빈민의 자기 인식과 조직 역량은 초보적이었다. 그들은 자신의 현실을 국가·자본과의 관계 속에서 파악하지 못하였고, 스스로 조직을 만들고 운영해나가는 데도 미숙하였다. 수도권특수지역선교위원회를 중심으로 전개된 철거반대투쟁이나 생활운동 역시 주거, 고용, 교육 등 도시빈민의 문제를 근본적으로 파악하고 해결하는 수준은 아니었다. 그러나 유신체제기 도시빈민운동의 이러한 성격은 운동의 실패를 의미하는 것이 아니라, 도시빈민의 계급적 특성과 유신체제기 사회운동의 한계와 조직적 도시빈민운동의 형성기라는 상황을 반영하는 것이었다. 오히려 이 시기 도시빈민운동은 이후 도시빈민운동의 모델이 되었다는 점에서 중요한 의미를 갖는다.

먼저 '지역주민 스스로의 힘에 의한 문제 해결'이라는 유신체제기의 활동 원칙은 이후 도시빈민운동에서 '도시빈민의 주체화' '활동가의 지역주민 되기' 등과 같은 핵심 원칙으로 확립되었다. 1980년대 이후 도시빈민운동 활동가들에게 판자촌에 들어가 그곳 주민이 되고 그들과 같은 일을 하는 것은 운동의 시작이고 기본이었다. 또한 활동가들은 주민들과의 깊은 유대 속에서 주민 지도자를 발굴하고, 이들을 중심으로 주민을 조직화해나갔다. 그리고 이런 주민조직은 투쟁의 중심이었다. 이는 모두 유신체제기 도시빈민운동의 원칙을 수용하고 발전시킨 결과였다.

생활운동의 다양한 영역과 방식 역시 1980년대 이후 도시빈민운동·지역운동의 중요한 활동 모델이 되었고, 이제는 대안공동체운동에서 다시 새롭게 실천되고 있다. 생활운동은 '도시빈민의 근본 문제를 꿰뚫지 못한 개량운동'으로 비판받기도 하지만, 이러한 비판은 도시빈민의 현실과 유리된 과도한 평가이다. 도시빈민이 밑바닥 삶을 살아야 하는 현실에서 생활운동은 도시빈민의 삶과 직결된 문제들을 도시빈민 스스로 해결해나가려는 시도로서 도시빈민운동의 중요한 영역이었고, 도시빈민운동, 나아가 반독재민주화투쟁의 주체를 길러내는 장이었다.

한편 유신체제기 도시빈민운동은 철거반대투쟁 다음의 투쟁 목표는 무엇인지, 철거 이후 주민들을 어떻게 재조직할 것인지 등에 대해 별다른 답을 갖고 있지 못하였다. 따라서 도시빈민운동이 발전해가면서 활동가들은 철거반대투쟁의 일회성을 어떻게 극복할 것인지 고민하지 않을 수 없었다. 이러한 고민은 1980년대를 거쳐 1990년대까지도 거듭되었고, 점차 도시빈민운동의 과제를 주거권 실현, 직업별 조직화와 지역운동으로의 발전 등으로 설정하는 것으로 정리되어왔다.

참고문헌

『고대신문』,『대학신문』,『동아일보』,『서울신문』,『조선일보』,『경남대학보』,『경남도민일
　　보』,『광주일보』,『동아대학보』,『마산시사』(http://sisa.masan.go.kr/),『부대신
　　문』,『월간조선』,『한겨레신문』,『씨올의 소리』,『창작과 비평』
『1970년대 민주화운동』1～5(한국기독교교회협의회 인권위원회 편, 1987『1970년대 민주
　　화운동』1～5, 한국기독교교회협의회)
『박정희대통령 연설문집』1～16(대통령비서실 편, 1969～1979『박정희대통령 연설문집』
　　1～16, 대통령비서실)
『암흑 속의 횃불-7·80년대 민주화운동의 증언』1～8(기쁨과희망사목연구소, 1996～
　　2001『암흑 속의 횃불-7·80년대 민주화운동의 증언』1～8, 가톨릭출판사)
『의문사진상규명위원회보고서-1차』2(대통령소속 의문사진상규명위원회, 2003『의문사
　　진상규명위원회보고서-1차』2)
권호경의 증언(박재천, 권호경 자택, 2002. 10. 7; 박종렬, 민주화운동기념사업회 회의실,
　　2003. 7. 25)
김종세의 증언(유영국, 부산교육연구소 회의실, 2008. 12. 17)
노정현의 증언(박종렬, 노정현 자택, 2003. 9. 17)
박형규의 증언(박재천, 민주화운동기념사업회 이사장실, 2002. 10. 24; 박종렬, 민주화운
　　동기념사업회 회의실, 2003. 7. 25)
이철용의 증언(김성훈, 이철용 자택, 2005. 11. 2)

Huntington, Samuel P., *The Third Wave: Democratization in the Late Twentieth Cen-
　　tury* (Norman and London: University of Oklahoma Press, 1991)
Kang, In-Chul, "Religion and the Democratization Movement", *Korea Journal*,
　　40.2(Summer 2000)
Williams, Rhys H., "Religious Social Movement in the Public Sphere: Organization,
　　Ideology, and Activism," *Handbook of the Sociology of Religion* (Cambridge:
　　Cambridge University Press, 2003)

3·1민주구국선언 관련자, 1998『새롭게 타오르는 3·1민주구국선언』, 사계절

70년역사편찬위원회 편, 1994 『하나되는 교회 그리고 세계』, 대한기독교서회

「대통령긴급조치 제9호 위반사건 판결요지」『역사비평』78호(2007년 봄호)

「분단시대의 민족문화」『창작과 비평』1977년 가을호

가톨릭정의평화연구소 편, 1990 『한국 가톨릭교회와 소외층, 그리고 사회운동』, 빛고을출
　　　판사

강석률, 2004 「닉슨독트린과 데탕트 그리고 한미동맹: 억제의 추구와 동맹국간의 갈등」,
　　　서울대 석사논문

강수택, 2001 「박정희 정권 시기의 지식인론 연구」『사회와 역사』 제59집

강신모, 1999 「한국 JOC의 위기와 방향 모색」『가톨릭사회과학연구』 제11집

강원룡, 1993 『빈 들에서』 3, 열린 문화

강인순, 2001 『한국여성노동자운동사』 2, 한울아카데미

강준만, 1998 『카멜레온과 하이에나－한국 언론 115년사』, 인물과사상사

_____, 2002a 『한국 현대사 산책: 1970년대 편』 1, 인물과사상사

_____, 2002b 『한국 현대사 산책: 1970년대 편』 2, 인물과사상사

_____, 2002c 『한국 현대사 산책: 1970년대 편』 3, 인물과사상사

강현두·이강수, 1980 「대중문화정책에 대한 고찰」『한국의 사회와 문화』 제1집

경찰청, 2007 『경찰청 과거사진상규명위원회 백서』

고대 민주동우회, 2003 『민우지, 야생화 자료집』

고려대학교 100년사 편찬위원회, 2005 『고려대학교 학생운동사』, 고려대학교 출판부

고려대학교민주동우회 엮음, 2008 『고대학생운동 ①: 구술자료집, 3선개헌반대투쟁~긴
　　　급조치7호투쟁』, 대동출판사

고성국, 1992 「1978년 12·12총선－유신체제 붕괴의 전주곡」『역사비평』 18호

고원, 2008 「새마을운동의 농민동원과 '국민 만들기'」『국가와 일상』(공제욱 편), 한울

고은, 1996 『만인보』 제12권, 창작과비평사

고흥문, 1990 『정치현장 40년: 못다 이룬 민주의 꿈』, 무애

공덕귀, 1994 『나, 그들과 함께 있었네』, 여성신문사

공제욱 편, 2008 『국가와 일상』, 한울

구스타보 구티에레즈(성염 역), 1977 『해방신학: 역사와 정치와 구원』, 분도출판사

구해근, 2002 『한국노동계급의 형성』, 창작과비평사

국가정보원 과거사 진상규명을 통한 발전위원회, 2007 『국정원진실위보고서』 1~5, 국가
　　　정보원

국토개발연구원, 1989 『도시빈곤층 대책에 관한 연구』

국토통일원, 1984 『남북대화 백서』

권두영, 1969 「외기노조의 쟁의투쟁과정」『세대』 12월호

권영근, 2006 「해방 후 농민운동의 전개와 성격」『내일을 여는 역사』 23, 서해문집

권태억 외, 1994 『자료모음 근현대 한국탐사』, 역사비평사

긴급조치9호철폐투쟁30주년기념행사추진위원회 편, 2005 『30년만에 다시 부르는 노래』, 자인

김경문, 1969 「노동조합」『신동아』 3월호

김경숙 외, 1986 『그러나 이제는 어제의 우리가 아니다』, 돌베개

김관석, 1970 「SODEPAX」『기독교사상』 1970년 9월호

_____, 1975 「인권과 정치의 구원–긴급조치 관련 구속자 석방 환영 목요기도회에서」『씨올의 소리』 3월호

김교식, 1990 『다큐멘터리 박정희』 4, 평민사

김금수, 1986 『한국 노동문제의 상황과 인식』, 풀빛

김기선, 2004 「가짐 없는 큰 자유 제정구(1)」『희망세상』 제18호

김기식, 1997 「80년대 이후 학생운동세력의 사회진출: 고민과 모색」『역사비평』 39집, 역사비평사

김기용, 〈어머니의 힘, 이소선〉(한국방송공사에서 2004년 5월 21일 방송)

김기중, 1999 「전체주의적 법 질서의 토대, 주민등록제」『당대비평』 8호

김낙중, 1983 『한국노동운동사–해방후편』, 청사

_____, 2006 「박현채씨와의 인연」『아! 박현채』(박현채추모문집위원회 편), 도서출판 해밀

김대곤, 2005 『김재규 X–파일: 유신의 심장 박정희를 쏘다』, 산하

김대영, 2004 「박정희 국가 동원 메커니즘에 관한 연구–새마을운동을 중심으로」『경제와 사회』 제61권

_____, 2005 「반유신 재야운동」『유신과 반유신』(안병욱 외), 민주화운동기념사업회

_____, 2007 「연합체운동정치」『한국정치와 비제도적 운동정치』(정해구 외), 한울아카데미

김대중, 1975 「민족에의 경애와 신뢰 上」『씨올의 소리』 4월호

김대중씨납치사건진상조사위원회 편, 1987 『김대중 사건의 진상–납치사건에서 사형판결까지』, 삼민사

김대환, 1987 「국제경제환경의 변화와 중화학공업화의 전개」『한국경제론』(박현채 편), 까치

김동길, 1976 「한국인의 미국관」『씨올의 소리』 7월호

김동민, 1990 「한국 언론노동운동의 특성에 관한 연구」, 한양대 박사논문

김동춘, 1994 「1960, 70년대 민주화운동세력의 대항이데올로기」『한국정치의 지배이데올로기와 대항이데올로기』(역사문제연구소 편), 역사비평사

김동현, 1974 「르뽀 근로자」『신동아』 11월호

_____, 1975 「실업-불황의 현장」『신동아』 3월호

김말룡, 1984 「현대 한국천주교회와 노동운동」『한국천주교회 창설 200주년기념 한국교회사논문집』 1, 한국교회사연구소

김명배, 2009 『해방 후 한국 기독교 사회운동사: 민주화와 인권운동을 중심으로, 1960~1987』, 북코리아

김명숙, 2003 「박정희 국가동원 체제의 생체적 동원」『박정희 체제의 국가동원 메커니즘에 관한 연구』(성공회대학교 박정희동원체제 연구팀 편)

김문수, 1986 「어느 실천적 지식인의 자기반성-노동현장 속의 지식인, 김문수」『현장』 6집

김민남 외, 1993 『새로 쓰는 한국언론사』, 아침

김민배, 1995 「유신헌법과 긴급조치」『역사비평』 가을호

김민정, 1980 「길은 멀어도 외롭지 않네-노사협조로 타결된 청계피복 노조 11일 쟁의 전말기」『월간중앙』 6월호

김민환, 2002 『한국언론사』, 나남출판

김병곤, 2005 「나와 민청학련」『실록 민청학련-1974년 4월』 4(민청학련운동계승사업회 편), 학민사

김병태·이우재, 1974 『농지임차관계실태조사보고서-소작농 실태를 중심으로』, 한국가톨릭농민회

_____, 1975 『농지임차관계실태조사보고서-소작관행을 중심으로』, 한국가톨릭농민회

김보현, 2005 「박정희 정권기 저항엘리트들의 이중성과 역설: 경제개발의 사회-정치적 기반과 관련하여」『사회과학연구』 제13집 1호

_____, 2006 『박정희 정권기 경제개발-민족주의와 발전』, 갈무리

김사열, 1985 「70년대 이후 대구지역의 민중극운동」『일꾼의 땅 1-거친 들판에 씨앗을』, 분도출판사

김삼수, 1999 「1960년대 한국의 노동정책과 노사관계」『1960년대 한국의 공업화와 경제구조』(한국정신문화연구원 편), 백산서당

_____, 2002a「박정희 정권 시대의 노동정책과 노사관계－'단결금지'의 노동정책과 노사협의제」『사회경제평론』18호

_____, 2002b「한국자본주의 국가와 노동: 1970년대의 노동정책」『1970년대 산업화 초기 한국노동사 연구－노동운동사를 중심으로』(이종구 외), 노동부

_____, 2003「박정희시대의 노동정책과 노사관계」『개발독재와 박정희시대』(이병천 편), 창작과비평사

김삼웅 편저, 1997『사료로 보는 20세기 한국사: 활빈당 선언에서 전·노 항소심 판결까지』, 가람기획

김삼웅, 1984『민족·민주·민중선언』, 일월서각

_____, 1987『금서－금서의 사상사』, 백산서당

_____, 1990『한국곡필사 2－유신시대의 곡필』, 신학문사

_____, 1994『해방후 정치사 100장면』, 가람기획

김상근, 2006「왜 한국기독교교회협의회(KNCC)는 인권·민주화 운동에 나섰나」『내일을 여는 역사』제26호

김서중, 1996「정기간행물 관계법의 변천과 그 적용에 관한 연구」, 서울대 박사논문

_____, 2005「유신체제 권력과 언론」『유신과 반유신』(안병욱 외), 민주화운동기념사업회

김석준, 2003「부마민주항쟁의 사회문화적 배경」『부마민주항쟁 연구논총』, 민주공원

김선철, 1999「70년대 새마을운동과 국가－사회의 연계성」, 연세대 석사논문

김설이·이경은, 2007『잿빛시대 보랏빛 고운 꿈』, 민주화운동기념사업회

김성식, 1974「민주주의와 한국여성의 시대적 사명」『씨올의 소리』6월호

_____, 1979「한국인과 서양인」『씨올의 소리』6월호

김성진, 1999『한국정치 100년을 말한다』, 두산동아

김수현, 1999「서울시 철거민운동사 연구」『서울학연구』13호

김언호, 1975「르뽀 자유언론운동」『신동아』3월호

_____, 1977「소외학교」『대화』10월호

_____, 1987『출판운동의 상황과 논리－우리 시대의 출판운동에 대한 한 출판인의 현장 보고』, 한길사

김영곤, 2005「1970년대 민중운동과 민중 지향」『유신과 반유신』(안병욱 외), 민주화운동기념사업회

김영근, 1985「현대 한국천주교회와 가톨릭 학생운동」『한국천주교회 창설 200주년기념 한국교회사논문집』2, 한국교회사연구소

김영대, 2003 『도울 수만 있다면 이룰 수만 있다면』, 느낌이 있는 나무

김영명, 1992 『한국 현대 정치사』, 을유문화사

_____, 1997 「유신체제의 수립과 전개」 『한국현대정치사』 (한국정치외교사학회 편), 집문당

_____, 1999 『고쳐 쓴 현대한국 정치사』, 을유문화사

김영삼, 2000 『김영삼 회고록: 민주주의를 위한 나의 투쟁』 2, 백산서당

김영수, 2001 『한국헌법사』, 학문사

김영수, 2005 「유신체제의 지배적인 이데올로기와 이데올로기적 동원정책」 『유신과 반유신』 (안병욱 외), 민주화운동기념사업회

김영일, 1976 「저임금지대」 『신동아』 6월호

김영자 외, 1967 「윤락여성의 선도를 위한 좌담회」 『여성』 4월호

김영철, 2005 「내 젊은 날, 긴급조치 9호 철폐와 반독재민주화투쟁의 행보」 『30년만에 다시 부르는 노래』 (긴급조치9호철폐투쟁30주년기념행사 추진위원회 편), 자인

김용복, 1979 「한국 기독청년운동의 방향모색」 『기독교사상』 제252호

_____, 1982 「해방 후 교회와 국가」 『국가권력과 기독교』 (한국기독교사회문제연구원 편), 민중사

김원, 2003 「여공담론의 남성주의 비판: 전전 일본에 비추어 본 한국 사례를 중심으로」, 서강대 박사논문

____, 2004a 「70년대 민주노조와 교회단체: 도시산업선교회와 지오세 담론의 형성과 모순」 『산업노동연구』 10집 1호

____, 2004b 「여공의 정체성과 욕망: 1970년대 '여공 담론'의 비판적 연구」 『사회과학연구』 12집 1호

____, 2004c 「1970년대 '여공'의 문화: 민주노조 사업장의 기숙사와 소모임 문화를 중심으로」 『페미니즘 연구』 제4호

____, 2005a 「1970년대 가톨릭노동청년회와 노동운동」 『1970년대 민중운동 연구』 (차성환 외), 민주화운동기념사업회

____, 2005b 「민주노조운동과 여공」 『한국정치학회보』 겨울호

____, 2006 『여공 1970, 그녀들의 반역사』, 이매진

김윤, 2003 「무섭냐고? 천만에」 『실록 민청학련─1974년 4월』 1 (민청학련운동계승사업회 편), 학민사

김이정희, 2002 『여성운동하는 사람들』, 여성신문사

김인걸 외 편저, 1998 『한국현대사 강의』, 돌베개

김인동, 1985 「70년대 민주노조운동의 전개와 평가」 『한국노동운동론』 I (편집부 편), 미래사

김일철, 1991 「70년대 새마을운동의 전개과정과 농촌사회의 변화」 『한국의 사회와 문화』 제15집

김재규, 1980a 「항소이유서」 (김대곤, 2005 『김재규 X-파일: 유신의 심장 박정희를 쏘다』, 도서출판 산하에 수록)

_____, 1980b 「항소이유보충서」 (김대곤, 2005 『김재규 X-파일: 유신의 심장 박정희를 쏘다』, 도서출판 산하에 수록)

김재홍, 1998 『박정희의 유산』, 푸른숲

김정남, 2005 『진실, 광장에 서다: 민주화운동 30년의 역정』, 창비

김종렬, 1971 「사회정의 실현을 위한 권력정책에 관한 연구-Saul D. Alinsky를 중심으로」, 연세대 석사논문

김종헌, 1995 「경북지역 농민운동사 연구 1976~1994」, 경북대 석사논문

김준, 2002 「70년대 여성 노동자의 생활과 의식-이른바 '모범 근로자'를 중심으로」 『한국노동자 계급의 의식과 문화』 (노동사 학술대회, 2002. 6. 1~2)

____, 2003 「민주화운동과 교회: 개신교 산업선교를 중심으로」 『노동과 발전의 사회학』 (한국산업사회학회 편), 한울

김준·이종구, 2002 「시민사회와 노동운동」 『1970년대 산업화 초기 한국노동사 연구-노동운동사를 중심으로』 (이종구 외), 노동부

김지선·박태연·정명자·배옥병, 2002 「좌담: 노동운동과 나」 『1970년대 산업화 초기 한국노동사 연구-노동운동사를 중심으로』 (이종구 외), 노동부

김지형, 2008 『데탕트와 남북관계』, 선인

김진, 1992 『청와대 비서실』, 중앙일보사

김진규, 1995 「민주주의의 종소리는 국민 속에서 되살아 난다-김영삼 총재 제명파동」 『언론에 비친 한국정치: 1945~1995』 (한국기자협회 편), 한국기자협회

김진영, 2003 「부마민중항쟁과 양서협동조합」 『부마민주항쟁 연구논총』 (이행봉 외), 민주공원

김천배, 1983 「한국의 학생기독교운동: 1945~1960」 『한국역사와 기독교』 (기독교사상 편집부 편), 대한기독교서회

김춘선, 1978 「신동아 인터뷰: 한국노총위원장 정동호씨」 『신동아』 10월호

김충근, 1980 「사북탄광사태의 심층분석」『신동아』 6월호

김충식, 1992 『남산의 부장들』 2, 동아일보사

김태일, 1991 「한국의 농민운동과 국가, 1964~1990」, 고려대 박사논문

_____, 1995 「유신체제를 어떻게 볼 것인가」『역사비평』 32호

_____, 2005 「1970년대 가톨릭농민회와 농민운동」『1970년대 민중운동 연구』(차성환 외), 민주화운동기념사업회

김하기, 1992 「부마민주항쟁 13주년 기념 특별대담: 항쟁을 준비한 고독한 서생-황선용」『부마광장』 제5호, 부마민주항쟁기념사업회

김학준, 1975 「정치의 복권과 참여 민주주의」『씨올의 소리』 1·2월호

_____, 1985 「대한민국 국회에 있어서의 통일논의」『남북한 관계의 갈등과 발전』, 평민사

김학천, 「권력과 방송의 무한 대립」(http://www.pdjournal.com/news/articleView.html?idxno=10093)

김한종, 2005 「학교교육을 통한 국민교육헌장 이념의 보급」『역사문제연구』 15집

김흥수, 1998 「'1973년 한국 그리스도인 선언'의 작성과 배포 과정」『한국기독교역사연구소 소식』 제31호

김흥수, 2007 「한국민주화기독자동지회의 결성과 활동」『한국기독교와 역사』 제27호

김희경 외, 1996 『어처구니없는 한국현대사』, 지성사

꾸르실료 한국협의회, 1987 『한국 꾸르실료 20년사』, 가톨릭출판사

나보순 외, 1983 『우리들 가진 것 비록 적어도-근로자들의 글모음』 I, 돌베개

남영근, 1985 「현대 한국천주교회와 가톨릭노동청년운동」『한국천주교회 창설 200주년기념 한국교회사논문집』 2, 한국교회사연구소

내무부, 1976 『도시병리 진단과 그 치유를 위한 도시새마을운동의 전개방향』

_____, 1980 『새마을운동10년사: 자료편』

_____, 1990 『민방위제도 총설』

노가원, 1994 『청와대 경호실: 군사 정권 30년 비사』, 월간말

노동부, 1981 『구로공단 근로자 주거환경 개황』

노동청, 1968 「좌담: 산업재해 및 직업병은 어떻게 예방할 것인가」『산업과 노동』 2권 3호

_____, 1973 『노동행정 10년사』

노동청부녀소년담당관식, 1972 『근로여성 자료: 근로여성의 현황』 1, 노동청부녀소년상담실

노중선, 1985 『민족과 통일』 1(자료편), 사계절

노진귀·정금채·임상택, 1992 「운명교향곡 선율을 타며 등사기를 밀다」『영광입니다-고
　　　김병곤 회고문집』(김병곤기념사업회준비위원회 편), 거름

노찬백 외, 2002 『한국정치의 이해』, 형설출판사

농업중앙회, 1982 『농업금융의 현황과 개선방안』

다치가와, 2003 「취재사례비가 내란음모자금으로」『실록 민청학련-1974년 4월』1(민청
　　　학련운동계승사업회 편), 학민사

대한상공회의소, 1980 『근로자 의식구조 조사보고』

대한주택공사, 1992 『대한주택공사30년사』

대한YMCA연맹, 1991 『1976~1991 YMCA 농촌사업보고서』, 대한YMCA연맹 출판부

대통령소속 의문사진상규명위원회, 2003 『의문사진상규명위원회보고서-1차』2

도요한, 1972 「미국인이 본 한국의 노동문제」『노동공론』2권 3호

＿＿＿, 2000 「한국 가톨릭교회의 노동운동 참여」『한국 천주교회사의 성찰』(최석우신부
　　　수품50주년기념사업위원회 편), 한국교회사연구소

동국대학교 석림동문회, 1997 『한국불교현대사』, 시공사

동아대학교 6월항쟁 20주년 준비위원회·동아대학교민주운동사편찬위원회, 2007 『그대
　　　민족동아여! 자료로 보는 동아대학교 민주운동사』, 동아대학교 민주동문회

동아일보사노동조합, 1989 『동아자유언론실천운동 백서』, 동아일보사

동아자유언론수호투쟁위원회, 1987 『1974~1987 자료 동아투위 자유언론운동 13년사』

＿＿＿＿＿＿＿＿＿＿＿, 2000 『민주화운동 25년』, 다섯수레

＿＿＿＿＿＿＿＿＿＿＿, 2005 『자유언론』, 해담솔

동일방직복직투쟁위원회 편, 1985 『동일방직 노동조합 운동사』, 돌베개

마상윤, 2003a 「미완의 계획: 1960년대 전반기 미 행정부의 주한미군철수논의」『한국과
　　　국제정치』19권 2호

＿＿＿, 2003b 「안보와 민주주의, 그리고 박정희의 길: 유신체제 수립원인 제고」『국제정
　　　치논총』43권 4호

마인섭, 1999 「1970년대 후반기의 민주화운동과 유신체제의 붕괴」『1970년대 후반기의
　　　정치사회변동』(한국정신문화연구원 편), 백산서당

＿＿＿, 2000 「유신정권의 통치 행태와 중화학공업화: 정권의 사회적 기반과 통제 메커니
　　　즘」『한국 정치외교사논총』43권 4호

명동천주교회 편, 1984 『한국가톨릭인권운동사』, 명동천주교회

문성현, 2000 「나의 노동운동과 '살아있는 전태일들'」『역사비평』겨울호

문재인, 1997 「부림사건과 국가보안법 제7조의 위헌성」 『역사와 사회』(가담송기인신부화 갑기념논총간행위원회 편), 현암사

문종대, 1990 「1970년대 신문산업의 자본축적 과정」 『한국언론의 정치경제학』(김왕석 외), 아침

문지영, 2002 「한국에서 자유주의: 정부수립 후 1970년대까지 그 양면적 전개와 성격에 관한 연구」, 서강대 박사논문

미하원국제관계위원회 국제기구소위원회 편(서울대학교 한·미관계연구회 역), 1986 『프레이저 보고서: 유신정권과 미국의 역할』, 실천문학사

민방문제연구소, 1976 『민방위전서』

민종덕, 2003 『민종덕 이야기 마당』(http://www.juntaeil.org)

민종숙, 1977 「인간시장: 평화시장에서 일하는 미싱사의 1일 체험수기」 『대화』 4월호

민종숙 외, 1984 「보릿고개 대신 비철고개가-청계피복 여성노동자들의 생활방담」 『민중현실과 민족운동』(임영일 외), 돌베개

민주공원, 2003a 『민주공원과 함께 하는 부산민주운동사』

_____, 2003b 『부산지역 민주화운동 관련 인명록 발간사업 최종 보고서』

민주언론운동협의회 편, 1988 『보도지침』, 두례

민주화운동기념사업회 연구소 편, 2006 『한국민주화운동사 연표』, 민주화운동기념사업회

_____, 2008 『한국민주화운동사』 1, 돌베개

민청학련운동계승사업회 편, 1994 『비상보통군법회의판결문집』, 학민사

박관우, 1995 「유신비판으로 희생된 여장부 의원-선명 야당 출범과 김옥선 의원 파동」 『언론에 비친 한국정치: 1945~1995』(한국기자협회 편), 한국기자협회

박광서, 1990 「한국자본주의의 재생산구조와 농산물 수입개방」 『수입개방과 한국농업』(한국농어촌사회연구소 편), 한국농어촌사회연구회

박근원, 1985 「오늘의 선교론: 그 신학과 방법」 『한국 역사 속의 기독교』(함석헌 외), 한국기독교교회협의회

박근혜, 1979 『새 마음의 길』, 구국여성봉사단

박기남, 1988 「여성노동자들의 의식변화 과정에 관한 한 연구-1970년대부터 1980년대 중반까지」, 연세대 석사논문

박기호, 1984 「한국의 노동쟁의 I-현대한국노동운동의 제양상」 『한국자본주의와 임금노동』(박현채 편), 화다

박미숙, 1993 「70년대 여성노동운동의 활성화에 관한 경험세계적 연구-섬유업을 중심으

로」, 이화여대 석사논문

박상증, 1962 「한국 기독청년대회를 마치고」『기독교사상』 제59호

박성환, 1986 「반상회운영의 자율성에 관한 연구」, 서울대 석사논문

박수정, 2003 『숨겨진 한국여성의 역사』, 아름다운사람들

박순희, 2001 「정권·자본·어용노총의 탄압을 뚫고 선 '70년대 민주노조운동'－원풍모방 노동조합과 박순희 당기위원」『이론과 실천』 10월호

박승옥, 2002 「70년대 민주노조운동의 성장」『1970년대 산업화 초기 한국노동사 연구－노 동운동사를 중심으로』(이종구 외), 노동부

박승옥·오장미경, 2002 「경공업 부문의 노동운동」『1970년대 산업화 초기 한국노동사 연 구－노동운동사를 중심으로』(이종구 외), 노동부

박연섭, 1986 「80년대 농민운동의 비판적 고찰」『해방 40년의 재인식』 2(박현채 외), 돌 베개

박영식, 1985 「70, 80년대 노동운동에 대한 소고」『민중』 2호

박영주, 1989 「10·18 마산민중항쟁의 전개과정」『부마민주항쟁 10주년 기념 자료집』(부 마민주항쟁기념사업회·부마민주항쟁십주년기념사업회 편)

박영호, 1984 『산업선교 비판』, 기독교문서선교회

박원순, 2003 『역사가 이들을 무죄로 하리라』, 두레

＿＿＿, 2006 『야만시대의 기록』 2, 역사비평사

박인배·강성률·고명철, 2005 『격정시대의 문예운동－민족예술운동 30년사』, 한국민족예 술인총연합

박재순, 1990 『민중신학과 씨알사상』, 도서출판 천지

박정세, 1992 「1970년대 한국산업선교 방법론: 영등포 산업선교회의 클럽－방법을 중심 으로」『매지논총』 제9집, 연세대학교

박정원 외, 2005 『지역민주화운동사 편찬을 위한 기초조사사업 최종보고서－춘천·원주지 역』, 민주화운동기념사업회

박정희, 1978 『민족중흥의 길』, 광명출판사

박지동, 2000 「1970년대 유신독재와 민주언론의 말살」『한국 언론 바로 보기 100년』(송건 호 외), 다섯수레

박진도·한도현, 1999 「새마을운동과 유신체제」『역사비평』 여름호

박찬웅, 1979 『박정희·전두환의 난』 10(1978년), 아우내

박철규, 2003 「부마민주항쟁과 학생운동」『부마민주항쟁 연구논총』(민주공원 편)

박태순, 1984 「자유실천문인협의회와 70년대 문학운동사 (1)」 『실천문학』 5호

방혜신, 1993 「70년대 여성노동운동에서 여성 특수과제의 실현조건에 관한 연구」, 서강대 석사논문

방효덕, 1974 「74년도 노총 전국대의원대회 인상기」 『노동공론』 11월호

배긍찬, 1999 「1970년대 전반기의 국제환경 변화와 남북관계」 『1970년대 전반기 정치사회변동』 (정신문화연구원 편), 백산서당

배지영, 2001 「남상헌 지부장 가슴에 남은 사람-천영세, 신인령 노동자를 지독히 사랑했던 이들」 『노동사회』 12월호

_____, 2002a 「박순희 부지부장 가슴에 남은 사람-임재수 입사 동기에서 30년 삶의 동지로」 『노동사회』 1월호

_____, 2002b 「30년을 3년처럼 살아온 김은임 여성국장」 『노동사회』 3월호

백낙청, 1969 「시민문학론」 『창작과 비평』 여름호

_____, 1975 「민족문학의 현단계」 『창작과 비평』 봄호

_____, 1978 「인간해방과 민족문화운동」 『창작과 비평』 겨울호

백낙청회화록간행위원회 편, 2007 『백낙청 회화록』 1, 창비

변형윤 편, 1989 『한국경제론』, 유풍출판사

부마민주항쟁기념사업회·부마민주항쟁십주년기념사업회, 1989 『부마민주항쟁 10주년 기념 자료집』

부산대학교 총학생회, 1985 『거역의 밤을 불사르라-10월 부마민중항쟁사』

부산대학교민주화추진위원회, 1984 「올려라! 부마항쟁의 새 깃발을-79년 10·16 부마민중항쟁의 사회 경제적 배경」 『새벽 함성』

부산민주운동사편찬위원회, 1998 『부산민주운동사』, 부산광역시

부산민주항쟁기념사업회, 1997 「부마민주항쟁, 그날의 역사」 『부산 민주광장』 통권17호

불교사연구소 편, 1995 『한국 현대불교사 일지』, 중앙승가대학

사사편찬위원회, 2004 『CBS 50년사』, CBS

서경석, 2005 「민청학련과 KSCF 운동」 『실록 민청학련-1974년 4월』 4(민청학련운동계승사업회 편), 학민사

서관모, 1990 「한국사회의 계급구조」 『한국사회론: 현대 한국사회의 구조와 역사적 변동』 (김진균·조희연 편), 한울

서남동, 1975 「예수·교회사·한국교회」 『기독교사상』 제201호

_____, 1983 『민중신학의 탐구』, 한길사

서문현주, 1993 「청소년노동자 노동통제기제로서의 산업체학교 제도 연구: 취학노동자의 수기분석을 중심으로」, 한양대 석사논문

서승, 1999 『서승의 옥중 19년』, 역사비평사

서울대학교 교수민주화운동 50년사 자료집 편찬위원회, 2001 『서울대학교교수 민주화운동 오십년사』, 한모임

서울법대학생운동사편찬위원회 편, 2008 『서울 법대 학생운동사』, 블루프린트

서울특별시 교육위원회, 1981 『서울교육사』

서울YWCA, 2002 『서울YWCA 80년: YWCA 100년을 향하여 1922~2002』, 서울YWCA

서중석, 1985 「한국노총을 해부한다」 『신동아』 4월호

_____, 1988 「3선 개헌 반대, 민청학련투쟁, 반유신투쟁」 『역사비평』 창간호

_____, 1992 「333제 뼈대 44조 가사」 『고 김병곤 회고문집 - 영광입니다』(김병곤기념사업 회준비위원회 편), 거름

_____, 1997 「1960년 이후 학생운동의 특징과 역사적 공과」 『역사비평』 39집

_____, 2007 『한국현대사 60년』, 역사비평사

_____, 2008 『대한민국 선거이야기』, 역사비평사

석정남, 1976a 「인간답게 살고 싶다」 『대화』 11월호

_____, 1976b 「불타는 눈물」 『대화』 12월호

_____, 1984 『공장의 불빛』, 일월서각

성기철, 1995 「유신종말의 서곡, 여성 노동자들의 비명소리 - YH사건」 『언론에 비친 한국 정치: 1945~1995』(한국기자협회 편), 한국기자협회

손광주, 1995 「10·26총성 차지철 거동 미스터리」 『신동아』 3월호

손호철, 2003 「부마민주항쟁의 정치적 배경」 『부마민주항쟁 연구논총』(민주공원 편)

손홍규, 2004 「수유리 대화문화 아카데미를 찾아서: 대화의 정신, 닫힌 사회를 열어내다」 『희망세상』 제19호

송건호, 1990 『한국현대언론사』, 삼민사

송호근, 2000 「박정희 정권의 국가와 노동 - 노동 정치의 한계」 『사회와 역사』 58집

송효순, 1982 『서울로 가는 길』, 형성사

수도권도시선교위원회, 1972 「지역사회조직 및 주민환경 개선을 위한 선교사업 - 1972년도 총회 자료」

수도권특수지역선교위원회, 1976 「수도권 선교자금 사건의 진상」

순점순, 1984 『8시간 노동을 위하여: 해태제과 여성노동자들의 투쟁기록』, 풀빛

신광영·김현희, 1996 「여성과 노동운동: 70년대 여성노동운동을 중심으로」(1996년 후기
　　　사회학대회 발표논문)

신동아 편집부, 1966 「막바지에 이른 외기노조의 쟁의」『신동아』3월호

신동호, 2004 「긴조9호세대 비화—이심전심 유언비어 유포죄야」『뉴스메이커』596호

＿＿＿, 2007a 『70년대 캠퍼스』1, 환경재단 도요새

＿＿＿, 2007b 『70년대 캠퍼스』2, 환경재단 도요새

신두범, 1970 「근로자보호정책의 방향」『노동공론』제1호

신욱희·김영호, 2000 「전환기의 동맹: 데탕트 시기의 한미안보관계」(한국정치학회의 "한
　　　국정치사" 기획학술회의 발표문, 2000. 4. 7)

신일섭, 2008 「1978년 '교육지표 사건'의 역사적 의의」『민주주의와 인권』제8권 3호

신주백, 2005 「국민교육헌장 이념의 구현과 국사 및 도덕과 교육과정의 개편(1968～
　　　1994)」『역사문제연구』15집

심원안병무선생기념사업위원회 편, 1998 『갈릴래아의 예수와 안병무』, 한국신학연구소

심지연, 2002 「박정희정부하의 정당구도 분석(2): 1972～1979」『한국정당학회보』창간호

＿＿＿, 2004 『한국정당정치사: 위기와 통합의 정치』, 백산서당

안광수, 1978 「운동 현장에서 고통과 보람, 경수지역 산업선교 현장에서」『씨올의 소리』
　　　11월호

안병무, 1977 「기독교와 인권과 저항」『씨올의 소리』4·5월호

＿＿＿, 1985 「민족·민중·교회」『한국 역사 속의 기독교』(함석헌 외), 한국기독교교회협
　　　의회

안병용, 1990 「남민전」『역사비평』12호

안병욱 외, 2005 『유신과 반유신』, 민주화운동기념사업회

양관수, 2005 「독재의 폭압에 온 몸으로 저항하다」『30년만에 다시 부르는 노래』(긴급조
　　　치9호철폐투쟁30주년기념행사 추진위원회 편), 자인

양승조, 1991 「1970년대 민주 노조운동의 평가와 교훈」『한국노동운동 20년의 결산과 전
　　　망』(전태일기념사업회 편), 세계

양연수, 1995 「도시빈민운동의 태동과 그 발전과정」『한국사회운동사: 한국변혁운동의 역
　　　사와 80년대의 전개과정』(조희연 편), 한울

에큐메니칼현대선교협의체, 1973 『에큐메니칼현대선교협의체 1972년 하반기 활동보고서』

역사학연구소, 1995 『강좌 한국근현대사』, 풀빛

영등포산업선교회40년사기획위원회, 1998 『영등포산업선교회 40년사』, 영등포산업선교회

오명걸, 1977 「생선성과 노사협력」 『노동공론』 9월호

오성철, 2006 「조회의 내력」 『근대를 다시 읽는다』 1(윤해동 외), 역사비평사

오유석 외, 2004a 『민주화운동 관련 사건·단체사전 편찬을 위한 기초조사 연구(1970년대) 보고서』 I, 민주화운동기념사업회

_____, 2004b 『민주화운동 관련 사건·단체사전 편찬을 위한 기초조사 연구(1970년대) 보고서』 II, 민주화운동기념사업회

오유석, 2002 「박정희식 근대화 전략과 농촌 새마을운동」 『동향과 전망』 제55호

오창헌, 2001 『유신체제와 현대 한국정치』, 오름

오효진, 1987 「전태일의 어머니 이소선」 『월간중앙』 9월호

원풍모방 해고노동자 복직투쟁위원회 편, 1988 『민주노조 10년－원풍모방 노동조합활동과 투쟁』, 풀빛

원혜영, 2005 「에알이로즈를 아느냐」 『30년만에 다시 부르는 노래』(긴급조치9호철폐투쟁 30주년기념행사 추진위원회 편), 자인

유네스코한국위원회 엮음, 1995 『인권이란 무엇인가』, 오름

유동우, 1984 『어느 돌맹이의 외침』, 청년사

유병용·최봉대·오유석, 2001 『근대화전략과 새마을운동』, 백산서당

유시춘 외, 2005 『우리 강물이 되어－70·80 실록 민주화운동』 I, 경향신문사

유영국, 1997 「6월항쟁과 부마항쟁의 비교연구－부산지역을 중심으로」 『한국민주주의와 부산의 6월항쟁』(부산민주항쟁기념사업회 편), 도서출판 유월자료

유영일, 1988 「언론조직의 갈등 및 위기관리 연구－1974～1975 동아일보 광고해약사태를 중심으로」, 서강대 석사논문

유인태, 2004 「내가 겪은 민청학련 사건」 『실록 민청학련－1974년 4월』 2(민청학련운동계승사업회 편), 학민사

유재천, 1991 「한국언론의 생성과 발전과정」 『한국의 언론』 1(한국언론연구원 편), 한국언론연구원

유홍렬, 1971 「인터뷰: 소데빡스(Sodepax)란 무엇인가」 『경향잡지』 5월호

윤덕한, 2000 「전두환 정권 하의 언론」 『한국 언론 바로 보기 100년』(송건호 외), 다섯수레

윤보선, 1991 『외로운 선택의 나날: 윤보선회고록』, 동아일보사

윤선자, 2002 「유신체제하 범국민 민주화운동」 『한국근현대사연구』 제22집

윤일웅, 1984 「실록 가톨릭농민회」 『신동아』 4월호

_____, 1985 『재야세력들』, 평범서당

윤태림, 1973 「민족성격 개조론」『씨올의 소리』10월호

윤한봉, 2004 「빵잽이가 된 모범생」『실록 민청학련-1974년 4월』3(민청학련운동계승사
　　　업회 편), 학민사

윤해동, 2005 「'국체'와 '국민'의 거리-탈식민시기의 식민주의」『역사문제연구』15집

윤호창, 「1970 ·80년대 YMCA농촌운동의 전개와 성격」(http://www.ymcakorea.org/
　　　1925, 2008. 10. 22)

이경만, 1977 「광산촌: 어느 광부의 생활체험 수기 (상) (중) (하)」『대화』7 ·9 ·10월호

이경재, 1986 『유신 쿠데타』, 일월서각

이광일, 1998 「'반체제 운동'의 전개과정과 성격」『박정희를 넘어서』(한국정치연구회 편),
　　　푸른숲

＿＿＿, 2001 「YH 노동조합 투쟁과 유신체제의 붕괴」『20세기 한국의 야만』2(이병천·이
　　　광일 편), 일빛

이광택, 1977 「노동조합과 민주주의, 노동조합의 힘은 어디로부터 나오는가」『대화』2월호

이기우, 2000 「빈민운동과 한국 천주교회」『한국 천주교회사의 성찰』(최석우신부수품50
　　　주년기념사업위원회 편), 한국교회사연구소

이기택, 1987(1992) 『한국야당사』, 백산서당

＿＿＿, 1997 『호랑이는 굶주려도 풀을 먹지 않는다?』, 새로운사람들

이기훈, 2005 「1970년대 학생 반유신 운동」『유신과 반유신』(안병욱 외), 민주화운동기념
　　　사업회

이대수, 1984 「한국 기독청년 에큐메니칼운동의 전개와 현황」『기독교사상』제316호

이만섭, 1989 『증언대: 청와대 담판과 나의 직언』, 문호사

＿＿＿, 2009 『5 ·16과 10 ·26: 박정희 김재규 그리고 나』, 나남

이문영, 2008 『겁 많은 자의 용기-지켜야 할 최소에 관한 이야기』, 삼인

이부영, 1983 「70년대 한국사회와 언론」『언론과 사회』(한국기독교사회문제연구원 편),
　　　민중사

이상우, 1975 「신문30년」『신문연구』16권 2호

＿＿＿, 1985 『비록 박정희 시대(3)-반체제민권운동사』, 중원문화

＿＿＿, 1986 『박정권 18년-그 권력의 내막』, 동아일보사

＿＿＿, 1993 『박정희, 파멸의 정치공작』, 동아일보사

이성형, 1985 「국가, 계급 및 자본축적」『한국자본주의와 국가』(최장집 편), 한울

이세영, 2006 「'민중' 개념의 계보학」『우리 안의 보편성』(김경일 외), 한울

이소선, 1990 『어머니의 길-이소선 어머니의 회상』, 돌베개

이수자, 1983 「한국 영세 제조업 부문의 성별노동분업 연구-평화시장 의류봉제 공장의 사례를 중심으로」, 이화여대 석사논문

이영기, 1984 「고도 경제성장하의 농업의 현황과 당면과제」『한국농업문제의 새로운 인식』(박현채 외), 돌베개

이영석, 1987 『야당40년사』, 인간사

이영훈, 2000 『파벌로 보는 한국야당사』, 에디터

이영희, 2005 『한 지식인의 삶과 사상, 대화』, 한길사

이옥순, 1990 『나 이제 주인이 되어』, 녹두

이옥지, 2001 『한국여성노동자운동사』 1, 한울아카데미

이우재, 1984 「농가부채 실태와 그 문제점」『한국농업문제의 새로운 인식』(박현채 외), 돌베개

_____, 1986 『한국농민운동사』, 한울

_____, 1990 「통일전선운동의 전개」『한국사회운동사』(조희연 편), 한울

_____, 1991a 『한국농민운동사연구』, 한울

_____, 1991b 「1979년 크리스챤 아카데미 사건」『역사비평』 봄호

이우정, 1985 『한국 기독교 여성 100년의 발자취』, 민중사

이원보, 1978 「한국노동운동사 연구, 60년대 이후 노동운동을 중심으로」『산연논총』 3호

_____, 2004 『한국노동운동사』 5권(고려대노동문제연구소 편), 지식마당

이원보·이광택·유동우·신철영, 2002 「좌담: 1970년대 노동운동사를 어떻게 볼 것인가」『1970년대 산업화 초기 한국노동사 연구-노동운동사를 중심으로』(이종구 외), 노동부

이은진, 1984 「한국의 노동쟁의 II-사회적 구조분석」『한국자본주의와 임금노동』(박현채 편), 화다

_____, 2008 『1979년 마산의 부마민주항쟁-육군고등군법회의 자료를 중심으로』, 민주화운동기념사업회·부마민주항쟁기념사업회

이임하, 2005 「1970년대 크리스챤아카데미 사건 연구」『1970년대 민중운동 연구』(차성환 외), 민주화운동기념사업회

이재오, 1984(1987) 『해방 후 한국학생운동사』, 형성사

이정은, 2001 「한국에서의 인권개념 형성과정」『민주주의와 인권』 1권 2호

_____, 2008 「해방후 인권담론의 형성과 제도화에 관한 연구, 1945년~1970년대 초」, 서

울대 박사논문

이정희, 1997 「재야 정치집단의 민주화운동」『한국정치학회 97년 연례학술대회 자료집: 1997년 12월 4~6일』, 외교안보연구원

이종구, 2003 「1974년 4월 3일의 서울문리대 풍경」『실록 민청학련—1974년 4월』1(민청학련운동계승사업회 편), 학민사

이종범·최원규 편, 1995 『자료 한국근현대사 입문』, 혜안

이창복, 1974 「마산수출자유지역」『창작과 비평』가을호

이철, 2003 「민청학련 사건에서 사형수가 되기까지」『실록 민청학련—1974년 4월』1(민청학련운동계승사업회 편), 학민사

이태호, 1980 「어용노조, 그 실태」『월간중앙』6월호

＿＿＿, 1982 『70년대 현장』, 한마당

＿＿＿, 1983 「1970년대 노동운동의 궤적」『실천문학』제4호

＿＿＿, 1984 『불꽃이여 이 어둠을 밝혀라: 70년대 여성노동자의 투쟁』, 돌베개

＿＿＿, 1986 『노동현장의 진실』, 금문당

이해찬, 1986 「70년대 지식인·학생운동」『해방40년의 재인식』2(박현채 외), 돌베개

이현숙, 1992 『한국교회여성연합회 25년사』, 한국교회여성연합회

이화여자대학교, 1994 『이화 100년사』, 이화여자대학교 출판부

임규영, 2004 「민청학련사건과 나」『실록 민청학련—1974년 4월』3(민청학련운동계승사업회 편), 학민사

임낙평, 1987 『광주의 넋, 박관현』, 사계절

임영태, 1998 『대한민국 50년사』2, 들녘

임정남, 1984a 「동일방직사건의 전말」『신동아』12월호

＿＿＿, 1984b 「평화시장 노동자들이 원하는 것」『노동현실과 노동운동』, 돌베개

임지현·김용구 엮음, 2004 『대중독재론: 강제와 동의 사이에서』, 책세상

임지현·이상록, 2004 「대중독재와 포스트 파시즘」『역사비평』가을호

장남수, 1984 『빼앗긴 일터』, 창작과비평사

장동표 외, 2006 『지역민주운동사 편찬을 위한 기초조사 최종보고서—부산·경남 지역』, 민주화운동기념사업회

장명준, 1971 「전국연합노동조합 청계피복지부의 결성 및 운영에 관한 실증적 고찰」, 고려대 석사논문

장문석·이상록 엮음, 2006 『근대의 경계에서 독재를 읽다』, 그린비

장상철, 1988 「업종별 지역노조에 관한 연구: 청계피복노동조합의 사례」『원우논집』 16 호, 연세대 대학원총학생회

장상환, 2001 「1970년대 사회운동과 크리스찬 아카데미 교육」『이론과 실천』 11월호

_____, 2006 「오늘의 현실에서 다시 본 한국의 농업정책」『내일을 여는 역사』 23, 서해문집

장세훈, 1989 「도시화, 국가 그리고 도시 빈민」『불량촌과 재개발』(김형국 편), 나남

장원석, 1989 「현행 농협의 문제점과 개선방향」『한국 농업·농민문제 연구』 2(한국농어촌 사회연구소 편), 연구사

장을병, 1994 「부마민주항쟁의 정치사적 의미」(부마민주항쟁기념사업회 주최 부마민주항 쟁 15주년 기념 심포지움 발제논문)

장종익, 1988 「1950년대 미 잉여농산물 원조가 한국 농업에 미친 영향에 관한 연구」, 연세 대 석사논문

장준하 외, 1973 「외래문물의 홍수와 민족문화의 위기―우리의 주체성 상실이 뜻하는 것 (좌담회)」『씨올의 소리』 10월호

장준하선생추모문집간행위원회편, 1995 『민족혼·민주혼·자유혼』, 나남출판

장현자, 2002 『그때 우리들은』, 한울사

전교조부산지부 교과위원회, 1990 『부마민주항쟁사』

전국평협출판분과위원회 편, 1988 『한국천주교 평협 20년사』, 한국천주교평신도사도직협 의회

전남대학교 호남학연구단 우리의 교육지표 선언기념사업추진위원회 편, 2008 『〈선언〉 그 리고 투쟁의 기억』

전순옥, 2004 『끝나지 않은 시다의 노래』, 한겨레신문사

전인권, 2003 「박정희의 민주주의관: 연설문을 중심으로」『한국정치연구』 제11집 제2호

전재호, 2000 『반동적 근대주의자 박정희』, 책세상

_____, 2005 「유신체제의 구조와 작동 기제」『유신과 반유신』(안병욱 외), 민주화운동기 념사업회

전태일, 1971 「인간 최소한의 요구입니다」『신동아』 1월호

_____, 1988 『내 죽음을 헛되이 하지 말라』, 돌베개

전태일기념사업회 편, 1991 『한국 노동운동 20년의 결산과 전망』, 세계

전택부, 1979 『한국에큐메니칼운동사』, 한국기독교교회협의회

정경모, 2002 『찢겨진 산하: 김구·여운형·장준하가 말하는 한국 현대사』, 한겨레신문사

정근식 1999 「한국 민주화와 부마항쟁」(부마항쟁 20주년 기념사업회 주최 부마항쟁 20주

년 기념 학술심포지엄 발제논문)

정동익, 1985 『도시빈민연구』, 아침

정명기, 1985 「도시빈민선교의 이해」『한국역사 속의 기독교』(함석헌 외), 한국기독교교
　　회협의회

정미숙, 1993 「70년대 여성노동운동의 활성화에 관한 경험 세계적 연구─섬유업을 중심으
　　로」, 이화여대 석사논문

정발기, 2003 「NH회와 민우지 사건」『민우지·야생화 자료집』, 고대 민주동우회

정병진, 1992 『실록 청와대: 궁정동 총소리』, 한국일보사

정상호, 2005 「반유신 야당운동의 성과와 한계」『유신과 반유신』(안병욱 외), 민주화운동
　　기념사업회

＿＿＿, 2008 「정책이념으로서 대중경제론의 형성과정에 대한 연구」『기억과 전망』 18호

정성기, 2002 『탈분단의 정치경제학과 사회구성』, 한울

정성헌, 2000 「한국 천주교회의 농민운동」『한국 천주교회사의 성찰』(최석우신부수품50
　　주년기념사업위원회 편), 한국교회사연구소

정연순, 1998 「1970년대 노동교육 사례연구: 크리스챤 아카데미 산업사회 중간집단 교
　　육」, 서울대 석사논문

정영일, 1984 「한국농업의 현황과 당면과제」『한국농업문제의 새로운 인식』(박현채 외),
　　돌베개

정윤광, 2001 「유신반대학생운동에서 노동현장으로─민청학련, 서울지하철노동조합 투쟁
　　과 정윤광위원장」『이론과 실천』 창간준비 3호

＿＿＿, 2004 「반유신투쟁의 전개과정」『실록 민청학련─1974년 4월』 2(민청학련운동계
　　승사업회 편), 학민사

정일형, 1978 「민주주의와 선거」『씨올의 소리』 2월호

정진석, 1985 『한국현대언론사』, 전예원,

＿＿＿, 1992 「한국의 인쇄매체」『한국의 언론』 2(한국언론연구원 편), 한국언론연구원

＿＿＿, 1999 『총성 없는 전선: 격동의 한·미·일 현대 외교 비사』, 한국문원

정태헌, 2007 「긴급조치 9호와 학생운동」『한국의 식민지적 근대성찰』, 선인

정호경, 1984 「현대 한국 천주교회와 농민운동」『한국천주교회 창설 200주년기념 한국교
　　회사논문집』 1, 한국교회사연구소

＿＿＿, 1988 「한국가톨릭농민회: 그 역사와 이념」『종교신학연구』 제1집

정화영, 2005 「영원한 님, 그대의 길을 따라」『실록 민청학련─1974년 4월』 4(민청학련운

동계승사업회 편), 학민사

조갑제, 1987 『유고!』 1, 한길사

조국, 1988 「한국 근현대사에서의 사상통제법」 『역사비평』 창간호

____, 1992 『사상의 자유』, 살림터

____, 2001 『양심과 사상의 자유를 위하여』, 책세상

조명구, 1995 『적과 동지』, 한국문원

조병호, 2005 『한국기독청년학생운동 100년사 산책』, 땅에쓰신글씨

조상호, 1997 『한국출판의 언론적 기능과 시대적 역할에 관한 연구』, 나남사

____, 1999 『한국언론과 출판저널리즘』, 나남출판

조선자유언론수호투쟁위원회, 1993 『자유언론, 내릴 수 없는 깃발』, 두레

조승혁, 1978 「산업선교와 노동자의 인권」 『씨올의 소리』 11월호

____, 1981 『도시산업선교의 인식』, 민중사

____, 1984 『한국공업화와 노동운동』, 풀빛

조영래, 1983 『전태일 평전』, 돌베개

조은·조옥라, 1992 『도시빈민의 삶과 공간』, 서울대학교 출판부

조지송, 1997 「간추린 영등포 산업선교회 이야기」 『나의 삶 나의 이야기』 2(김찬국 외),
　　　　연이

조진태, 1977 『오늘의 충효교육』, 문종서관

조현연, 2001 「개발독재국가 위기 시기의 국가–제도정치의 성격과 변화」 『사회민주주의
　　　　와 사회운동의 동학』(조희연 편), 나눔의 집

조화순, 1992 『고난의 현장에서 사랑의 불꽃으로: 조화순 목사의 삶과 신학』, 대한기독교
　　　　서회

____, 2001 「여성노동자의 대모, 조화순 목사」 『함께 걸음』 12월호

조희연 엮음, 1990 『한국사회운동사』, 한울

조희연, 1991 「1970년대 비합법전위조직의 이념에 대한 연구–'남민전'을 중심으로」 『역
　　　　사와 현실』 제5권

____, 1993 『현대 한국 사회운동과 조직』, 한울

____, 1995 「민청세대·'긴조세대'의 형성과 정치개혁 전망」 『역사비평』 32호

____, 2002 「민주주의 이행과 과거청산」 『국가폭력, 민주주의 투쟁 그리고 희생』(조희연
　　　　편), 함께읽는책

____, 2004 「박정희 시대의 강압과 동의–지배, 전통, 강압, 동의의 관계를 다시 생각한

다」『역사비평』 67호

_____, 2005 「박정희 시대 재평가 논의의 인식론적 성격과 쟁점들」『해방 60년의 한국사
회』(학술단체협의회 편), 한울

_____, 2006 「장외정치, 운동정치와 '정치의 경계 허물기': 비합법전위조직운동, 재야운
동, 낙선운동, 광주꼬뮨」『우리 안의 보편성』(김경일 외), 한울

_____, 2007 『박정희와 개발독재시대』, 역사비평사

주강현, 2005 「반유신과 문화예술운동」『유신과 반유신』(안병욱 외), 민주화운동기념사
업회

주대환, 1999 「부마항쟁과 시민정신」(부마항쟁 20주년 기념사업회 주최 부마항쟁 20주년
기념 학술심포지엄 발제논문)

주동황, 1993 「한국정부의 언론정책이 신문산업의 변천에 미친 영향에 관한 일고찰—제1
공화국에서 제5공화국까지」, 서울대 박사논문

주태산, 1998 『경제 못 살리면 감방간대이: 한국의 경제부총리, 그 인물과 정책』, 중앙
M&B

중앙선거관리위원회, 1973 『대한민국선거사』 제1집

중앙일보 특별취재팀, 1998 『실록 박정희』, 중앙 M&B

지학순, 1983 『정의가 강물처럼』, 형성사

지학순정의평화기금 편, 2000 『그이는 나무를 심었다: 지학순 주교의 삶과 사랑』, 공동선

진실화해를위한과거사정리위원회, 2007 『2006년 하반기 조사보고서』

진중권, 2003 「죽은 독재자의 사회」『개발독재와 박정희시대』(이병천 편), 창작과비평사

짐 스텐츨 엮음(최명희 역), 2007 『시대를 지킨 양심』, 민주화운동기념사업회

차성환, 2004a 「양서협동조합운동의 재조명 1—부산양협운동의 전말」『기억과 전망』 가을호

_____, 2004b 「양서협동조합운동의 재조명 2」『기억과 전망』 겨울호

_____, 2005 「1971년 사회운동의 재평가」『1970년대 민중운동 연구』(차성환 외), 민주화
운동기념사업회

_____, 2007 「부마항쟁과 지역노동자 대중」『기억과 전망』 제17호

_____, 2008a 「부마항쟁 참여자 및 목격자 설문조사 보고서」『부산민중의 삶과 정치의
식』(부산민주항쟁기념사업회 부설 민주주의사회연구소 편)

_____, 2008b 「한국 현대사와 부마항쟁의 역사적 의의」(http://webzine.demopark.or.
kr/)

채광석, 1975 「오둘둘(5·22) 보고서」『씨울의 소리』 5월호(검열삭제원고)

채희완, 1982 「70년대의 문화운동」 『문화와 통치』(한국기독교사회문제연구원 편), 민중사

채희완·임진택, 1985 『한국의 민중극』, 창작과비평사

천성호, 2009 『한국야학운동사: 자유를 향향 여정 110년』, 학이시습

천주교 안동교구 편, 1996 『교구 농민회』

천주교 정의구현 전국사제단, 1975 「제3시국선언문-국민투표 실시에 부쳐」 『씨올의 소리』 1·2월호(검열삭제원고)

청사편집부 편, 1984 『70년대 한국일지』, 청사

최민화, 2004 「우리가 하나 되던 때」 『실록 민청학련: 1974년 4월』 2(민청학련운동계승사업회 편), 학민사

최순영, 2001 「유신독재를 무너뜨린 여성 노동자의 힘-YH 노조 투쟁과 최순영 부대표」 『이론과 실천』 창간준비 2호

최용호, 1999 「1970년대 전반기의 경제정책과 산업구조의 변화」 『1970년대 전반기의 정치사회변동』(한국정신문화연구원 편), 백산서당

최일섭, 1982 「반상회와 국민총화」 『새 시대의 반상회』, 내무부

최장집, 1988 『한국의 노동운동과 국가』, 열음사

_____, 1997 『한국 노동운동과 국가』, 나남출판

최정기 외, 2005 『민주화운동 관련 사건·단체사전 편찬을 위한 기초조사 연구보고서-광주·전남지역』, 민주화운동기념사업회

최정기, 2002 『비전향 장기수: 0.5평에 갇힌 한반도』, 책세상

최종선, 2001 「동일방직 사건에 대한 진술」(미출간 논문)

최종철, 1994 「'민중교회'의 변화에 대한 사회학적 고찰」 『경제와 사회』 제24호

최태룡, 1990 「한국사회의 계급구조」 『한국사회의 이해』(장상환·정진상 외), 한울

최현명, 2001 「1970년대 재야 민주화운동 연구」, 이화여대 석사논문

추송례, 2001 「어김없이 봄은 오는 가」 『실업일기』(추송례 외), 작은책

추송례 구술·박승호 기록, 2002 「새로운 삶이 거기 있었지요」 『기억과 전망』 제1호

편집부, 1970 「기독자교수협의회」 『기독교사상』 제141호

_____, 1977 「농업협동조합과 농민」 『농민회소식』 3월호

한국가톨릭노동청년회, 1986 『한국가톨릭노동청년회 25년사』, 분도출판사

한국가톨릭농민회, 1986 「한국가톨릭농민회 20년 약사」 『농민해방과 민족통일을 향하여』(한국가톨릭농민회 창립20주년 기념대회 자료집)

한국가톨릭농민회 편, 1999 『한국가톨릭농민회 30년사』, 샘

한국가톨릭농민회 회원일동, 1977 "성명서"(1977. 4. 22. 함평고구마 피해보상을 위한 기
　　도회에서 채택한 결의문)

한국가톨릭학생운동사 편찬위원회 편, 1995 『한국가톨릭학생운동사』 상, 홍익재

한국교육개발원, 1986 『한국교육정책의 이념』 2

한국교회사회선교협의회, 1986 『한국교회사회선교협의회 15년의 활동과 약사』, 한국교회
　　사회선교협의회

한국기독교교회협의회, 1984 『노동현장과 증언』, 풀빛

한국기독교교회협의회 편, 1983 『"가난한 이들에게 복음을": 한국교회 산업선교 25주년
　　기념대회 보고서』, 한국기독교교회협의회

＿＿＿＿＿＿＿＿＿＿＿＿＿＿＿, 1984 『1970년대 노동현장과 증언』, 풀빛

한국기독교교회협의회 도시·농어촌선교위원회 편, 1988 『가난한 이들에게 복음을』(한국
　　교회 도시·농어촌선교 30주년 기념대회 자료집), 한국기독교교회협의회

한국기독교교회협의회 도시산업선교문제대책위원회, 1979 『도시산업선교문제조사보고
　　서－불순세력 운운…의 문제를 중심으로』

한국기독교농민회 편, 1992 『한국기독교농민회 10년사』

한국기독교백주년기념사업협의회 여성분과위원회 편, 1985 『여성 깰지어다 일어날지어다
　　노래할지어다: 한국기독교여성 100년사』, 대한기독교서회

한국기독교사회문제연구원 편, 1983 『1970년대 민주화운동과 기독교』, 한국기독교사회문
　　제연구원

한국기독교산업문제연구원, 1978 『도시산업화와 교회의 사명』

한국기독교장로회 역사편찬위원회, 1992 『한국 기독교 100년사』, 한국기독교장로회출판사

한국기독청년협의회, 1985 「기독청년운동의 전개과정: 70년대 이후 교청, 교단청년, E.Y.C
　　운동을 중심으로」 『한국역사 속의 기독교』(함석헌 외), 한국기독교교회협의회

한국기독학생총연맹 50주년 기념사업회, 1998 『한국기독학생회총연맹 50년사: 한국기독
　　학생의 사회와 교회를 위한 발자취』, 다락원

한국기독학생총연맹 학생사회개발단, 1975a 『1975년도 전반기 학생사회개발단 계획』

＿＿＿＿＿＿＿＿＿＿＿＿＿＿＿＿＿＿, 1975b 『학생사회개발단 1975년 5월 활동계획안 및
　　예산안』

＿＿＿＿＿＿＿＿＿＿＿＿＿＿＿＿＿＿, 1976 『학사단 활동보고』

한국기독학생총연맹, 1985 「기독학생운동의 역사와 과제」 『한국역사 속의 기독교』(함석
　　헌 외), 한국기독교교회협의회

한국노동자복지협의회, 1984『YH노동조합운동사』, 형성사

한국노동조합총연맹, 1979『한국노동조합운동사』, 한국노총

한국민주노동자연합, 1994『1970년대 이후 한국노동운동사』, 동녘

한국사사전편찬회 편, 1990『한국근현대사사전』, 가람기획

한국신문편집인협회, 1987『한국신문편집인협회 30년사』

한국신문협회, 1982『한국신문협회 20년사』

한국여성유권자연맹, 1980『여성근로자 실태조사 보고서-구미, 구로공단을 중심으로』

한국정신문화연구원, 1999『1970년대 후반기의 정치사회변동』, 백산서당

한국정치연구회 정치사분과, 1993『한국현대사 이야기주머니』3, 녹두

한국천주교정의평화위원회, 1984a「어린이의 취업실태에 관한 조사보고서」『80년대 상황
　　과 논리』(이태호 편), 아침

한국천주교정의평화위원회, 1984b「5·17이후의 노동운동-노동운동에 대한 규제사례를
　　중심」『80년대 상황과 논리』(이태호 편), 아침

한국천주교중앙협의회 편역, 1994『교회와 사회: 사회교리에 관한 교회 문헌』, 한국천주
　　교중앙협의회

한국출판문화운동사 편집위원회, 2007『한국출판문화운동사』, 한국출판문화운동동우회

한국특수지역선교위원회, 발행연도 미상『사업보고서(1971~1976년)』

한국YWCA 50년사 편찬위원회, 1976『한국YWCA 반백년』, 대한YWCA연합회

한동민 외, 2006『지역민주화운동사 편찬을 위한 기초조사 최종보고서 관계 자료집-경기
　　지역』, 민주화운동기념사업회

한만길, 1997「유신체제 반공교육의 실상과 영향」『역사비평』가을호

한명희, 1998「아름다운 여성노동운동사, 한명희」『여성과 사회』제9호

한상권, 2001「교수재임용제, 악용실태와 해결방안」『법과 사회』제20권

한승헌 외, 1984『유신체제와 민주화운동』, 춘추사

한승헌, 1985,『유신체제와 민주화운동』, 삼민사

한윤수 편, 1980『비바람속에 피어난 꽃-10대 근로자들의 일기와 생활담』, 청년사

한일굴욕외교반대학생총연합회, 1964「민족적 민주주의를 장례한다」(김삼웅 편, 1984
　　『민족·민주·민중선언』, 일월서각)

함세웅, 1988「천주교정의구현전국사제단의 역사와 증언」『종교신학연구』제1집

＿＿＿, 1996「정의구현운동의 시대적 배경」『암흑속의 횃불: 7·80년대 민주화운동의 증
　　언』1, 기쁨과희망사목연구소

허승도, 1995 「유신 앞에서 폭발한 민중의 변혁의지―부·마 민중항쟁」『언론에 비친 한국 정치: 1945~1995』(한국기자협회 편), 한국기자협회

허준, 2001 「도시빈민학습자의 비판적 성인학습과정 연구」, 서울대 석사논문

홍금종, 1980 「개선되어야할 작업환경」『신동아』 6월호

홍보부, 1989 「가톨릭학생 운동사」『가톨릭대학생』 제4호, 서울대교구 가톨릭대학생연합회

홍사성, 1989 「민중불교운동의 평가와 전망」『민중불교의 탐구』, 민족사

홍석률, 2004a 「1970년대 전반 북미관계: 남북대화, 미중관계 개선과의 관련 하에서」『국제정치논총』 제44집 2호

_____, 2004b 「1970년대 전반 한미관계와 남북대화」『역사학논총』 제5호

_____, 2005 「유신체제의 형성」『유신과 반유신』(안병욱 외), 민주화운동기념사업회

홍성태, 2008 「주민등록제도와 총체적 감시사회의 형성」『국가와 일상』(공제욱 편), 한울

홍장표·정이근, 2003 「부마민주항쟁의 경제적 배경」『부마민주항쟁 연구논총』(민주공원 편)

홍현영, 2002 「1970년대 개신교의 도시산업선교회 활동」, 한양대 석사논문

_____, 2005 「도시산업선교회와 1970년대 노동운동」『1970년대 민중운동 연구』(차성환 외), 민주화운동기념사업회

황광우, 2007 『젊음이여 오래 거기 남아 있거라』, 창비

황병주, 2005 「국민교육헌장과 박정희 체제의 지배담론」『역사문제연구』 15집

_____, 2006 「박정희 체제의 지배담론과 대중의 국민화」『근대를 다시 읽는다』 1 (윤해동 외), 역사비평사

_____, 2008 「박정희 체제의 지배담론: 근대화담론을 중심으로」, 한양대 박사논문

황용연, 1995 「민중신학 평전: 기독학생운동의 기독교사상적 기초를 위해서」『시대와 민중신학』 제2호

인명 찾아보기

기타 찾아보기